VI

3° Le cercle, l'annexe et la subdivision (pour le territoire de commandement) ;
4° L'arrondissement administratif (pour le territoire civil) ;
5° La population ;
6° La superficie ;
7° La distance kilométrique à vol d'oiseau du chef-lieu de canton ;
8° Les villages, hameaux et fermes isolées établis dans le douar ou la tribu.

Outre les renseignements ci-dessus, la deuxième PARTIE indique l'année et la page du *Bulletin officiel* où sont insérés les décrets constitutifs des douars.

Il paraîtra régulièrement à la fin de chaque année un supplément indiquant les modifications apportées dans les circonscriptions administratives et les Tribus ou Douars compris dans ces remaniements.

Alger, le 1ᵉʳ mars 1879.

PREMIÈRE PARTIE

TRIBUS ET FRACTIONS DE TRIBUS

TABLEAU
DES
ARRONDISSEMENTS ADMINISTRATIFS & DES SUBDIVISIONS MILITAIRES
DES
TROIS DÉPARTEMENTS ALGÉRIENS

TERRITOIRE CIVIL	TERRITOIRE DE COMMANDEMENT

DÉPARTEMENT D'ALGER

4 Arrondissements administratifs	5 Subdivisions militaires
ALGER.	ALGER.
MILIANA.	AUMALE.
ORLÉANSVILLE.	DELLYS.
TIZI-OUZOU.	MÉDÉA.
	ORLÉANSVILLE.

DÉPARTEMENT D'ORAN

5 Arrondissements administratifs	3 Subdivisions militaires
MASCARA.	MASCARA.
MOSTAGANEM.	ORAN.
ORAN.	TLEMCEN.
SIDI-BEL-ABBÈS.	
TLEMCEN.	

DÉPARTEMENT DE CONSTANTINE

6 Arrondissements administratifs	4 Subdivisions militaires
BÔNE.	BATNA.
BOUGIE.	BÔNE.
CONSTANTINE.	CONSTANTINE.
GUELMA.	SÉTIF.
PHILIPPEVILLE.	
SÉTIF.	

ABRÉVIATIONS

Appl. du sén.-cons.	Application du sénatus-consulte.
Arr.	Arrondissement administratif.
Arr. jud.	Arrondissement judiciaire.
B. O.	Bulletin officiel des actes du Gouvernement.
Cant. jud.	Canton judiciaire.
Cere.	Cercle.
Com. ind.	Commune indigène.
Com. mix.	Commune mixte.
Com. pl. ex.	Commune de plein exercice.
Dép.	Département.
Douar-com.	Douar-commune.
Env.	Environ.
E.	Est.
Fract.	Fraction de tribu.
Hab.	Habitants.
Hab. ind.	Habitants indigènes.
Hect.	Hectares.
Ind.	Indigènes.
Jud.	Judiciaire.
Kil.	Kilomètres.
N.	Nord.
N.-E.	Nord-Est.
N.-O.	Nord-Ouest.
O.	Ouest.
P.	Page.
Pop. ind.	Population indigène.
Pop. tot.	Population totale.
Subd.	Subdivision.
S.	Sud.
S.-E.	Sud-Est.
S.-O.	Sud-Ouest.
Sup.	Superficie.
V.	Voyez.

RÉPERTOIRE ALPHABÉTIQUE
DES TRIBUS
ET DES
FRACTIONS DE TRIBUS

AB

Ababda. Tribu non soumise à l'appl. du sén.-cons. Rattachée à la com. ind., au cant. jud. et au cerc. de Laghouat, subd. de Médéa, dép. d'Alger. Pop. ind. 604 hab. Cette tribu se compose des fract. suivantes : Mehaïmar, Kerakria, Zaabria et Ouled-Ali.

Ababda et Kouaret. Fract. des Righa (ou douar Oued-Oughat). Com. ind., cant., cerc. et subd. de Médéa. V. *Righa*, tribu ou douar *Oued-Oughat*. Pop. ind. 131 hab.

Abadlia. (Sup. 56,000 hect.) Tribu non soumise à l'appl. du sénat.-cons. Rattachée à la com. ind. et au cerc. de Boghar, subd. de Médéa, dép. d'Alger, cant. jud. de Boghari ; — à 50 kil. S.-O de cette ville, sur l'Oued-Oureuk, affluent du Chélif. Pop. ind. 1,132 hab.

Abadlia. V. *Flaït et Abadlia*. Fract. de l'Oued-R'ir (Aghalik de Tuggurt). Com. ind., cant. jud. et cerc. de Biskra, subd. de Batna.

Abadna. Fract. des Ouled-Si-Yahia. Com. ind., cant. jud. et cerc. de Tebessa, subd. de Constantine. V. *Ouled-Sidi-Yahia-ben-Thaleb*, tribu. Pop. ind. 450 hab.

Abaziz. (Sup. 24,000 hect.). Tribu non soumise à l'appl. du sén.-cons. Rattachée à la com. ind. et au cerc. de Boghar, subd. de Médéa, dép. d'Alger, cant. jud. de Boghari ; — à 20 kil. S.-E de cette ville, à l'est de la route d'Alger à Laghouat. Pop. ind. 589 hab.

Abaziz. Fract. des Ouled-Moktar et Mouïadat-Chéraga. Com. ind., cant. jud., cerc. et subd. de Médéa. Pop. ind. 114 hab.

Abaziz ou **Abbaziz.** Tribu non soumise à l'appl. du sén.-cons. Rattachée à la com. ind., au cant. jud. et au cerc. de Djelfa, subd. de Médéa, dép. d'Alger ; — à 50 kil. S.-O de Djelfa. Pop. ind. 2,546 hab. Cette tribu se compose des fract. suivantes : Ouled-ben-Yahia, El-Assakria, Ouled-el-Bekkouch et Ouled-Sidi-Ahmed.

Abbad. V. *Ouled-Abbad*, tribu. Com. mix., arr. et cant. jud. de Mascara.

Abbès. V. *Beni-Abbès*, tribu. Com. ind., cerc. et cant. jud. d'Akbou, subd. de Sétif.

Abbès. V. *Ouled-el-Abbès*, tribu. Com. mix. d'Ammi-Moussa, cant. jud. d'Inkermann, subd. d'Oran.

Abbès. V. *Ouled-el-Abbès*, tribu. Com. mix. de Cassaigne, cant. jud. d'Inkermann, arr. de Mostaganem.

Abbès. V. *Ouled-el-Abbès*, tribu. Com. mix. de Frendah-Mascara, subd. de Mascara, cant. jud. de Mascara.

Abd-Allah. V. *Ait-Abd-Allah*. Employé fréquemment pour désigner le douar-commune de Mouqua de la tribu des Beni-Abbès. Com. ind., cant. jud. et cercle d'Akbou, subd. de Sétif, arr. jud. de Bougie.

Abd-Allah. V. *Ouled-Abd-Allah*, tribu. Com. ind., cant. jud., cerc. et subd. d'Aumale.

Abd-Allah. V. *Ouled-Abd-Allah*, tribu. Com. ind., cant. jud. et cerc. de Djelfa, subd. de Médéa.

Abd-Allah. V. *Ouled-Abd-Allah*, tribu. Cerc., can. jud. et subd. d'Orléansville.

Abdallah. V. *Ouled-Abd-Allah* du Hodna. Com. ind. et subd. de Batna, annexe de Barika.

Abdallah-ben-Aouf. V. *Ouled-Abdallah-ben-Aouf* des Ouled-Sultan. Com. ind. et subd. de Batna, annexe de Barika.

Abd-Allah-ben-Embarek. V. *Ouled-Abd-Allah-ben-Embarek* des Ouled-Sultan. Com. ind. et subd. de Batna, annexe de Barika.

Abd-el-Djebar. V. *Ouled-Abd-el-Djebar*, tribu. Com. ind., cant. jud. et cercle de Bougie, subd. de Sétif.

Abd-el-Djebbar. V. *Ouled-Abd-el-Djebbar* des Ouled-Sultan. Com. ind. et subd. de Batna, annexe de Barika.

Abd-el-Kader. V. *Ouled-Abd-el-Kader*, tribu. Com. ind., cant. jud. et cercle de Djelfa, subd. de Médéa.

Abd-el-Kader. V. *Ouled-Sidi-Abd-el-Kader* du Hodna. Com. ind. et subd. de Batna, annexe de Barika.

Abd-el-Kérim. V. *Ouled-Abd-el-Kérim*, tribu. Com. mix. et cerc. de Géryville, subd. de Mascara, cant. jud. de Saïda.

Abd-Elli. V. *Ouled-Abd-Elli* de l'Oued-Abdi. Com. ind., cerc. et subd. de Batna.

Abd-elli. V. *Ouled-Sidi-el-Abd-elli*, tribu et douar. Com. mix., cant. jud. et arr. de Tlemcen.

Abd-el-Nour. V. *Ouled-Abd-en-Nour*, tribu. Arr. de Sétif et de Constantine, cant. de St-Arnaud et de l'Oued-Athménia, com. mix. des Eulmas et de Châteaudun.

Abd-el-Ouahed. V. *Ouled-Abd-el-Ouahed*, tribu. Com. mix., cant. jud. et arr. de Mascara.

Abderrahman. V. *Ouled-Abderrahman* des Ouled-Sultan. Com. ind. et subd. de Batna, annexe de Barika.

Abd-er-Rezag. V. *Ouled-Abd-er-Rezag* de l'Oued-Abdi. Com. ind., cerc. et subd. de Batna.

Abd-er-Rezeg. V. *Ouled-Abd-er-Rezeg* des Beni-bou-Sliman. Com. ind. et cerc. de Biskra, subd. de Batna.

Abd-es-Selam. V. *Hassahas*, tribu et douar. Arr. de Bône, com. mix. et cant. jud. d'Aïn-Mokra.

Abdi. V. *Oued-Abdi*, tribu. Com. ind., cant. jud., cerc. et subd. de Batna.

Abdou ou Addou. V. *Beni-Addou*, tribu. Com. mix. et cant. jud. de Dra-el-Mizan, arr. de Tizi-Ouzou.

Abdou. V. *Ouled-Haddous*. Com. ind. et cerc. de Tiaret-Aflou, cant. jud. de Tiaret, subd. de Mascara.

Abed. V. *Teniet-el-Abed* de l'Oued-Abdi. Com. ind., cerc. et subd. de Batna.

Abed. V. *Beni-Abed*, tribu. Com. mix. et cerc. de Nemours, cant. jud. et subd. de Tlemcen.

Abeghaïn. (Sup. 4,620 hect.). Tribu non soumise à l'appl. du sén.-cons. Rattachée à la com. mix. et au cerc. de Nemours, subd. de Tlemcen, cant. jud. de Tlemcen; — à 35 kil. N.-O de Tlemcen. — NOTA : Le nom de cette tribu ne figure pas sur le tableau du dénombrement (1876) ; mais il figure dans la com. mix. de Nemours et dans le cant. jud. de Tlemcen.

Abid. (Sup. 3,899 hect.). Ancienne tribu, délimitée et érigée en douar. Com. par décret du 27 juillet 1870, *B. O.*, p. 357 et 359. V. *Abid*, douar-com. Com. mix. et com. pl. ex. de Dra-el-Mizan, cant. jud. de Dra-el-Mizan, arr. de Tizi-Ouzou. — NOTA : La plus grande partie de ce douar a été livrée à la colonisation pour l'agrandissement des territoires de Dra-el-Mizan, le surplus a été réuni aux M'kira, section de la com. mix. de Dra-el-Mizan.

Abid. (Sup. 14,942 hect.). Tribu délimitée et érigée en douar-com. par décret du 1er juin 1870, *B. O.*, p. 214. V. le douar *Oued-Seghouan* ou *Oued-Serhouan*. Com. ind., cerc. et cant. jud. de Médéa, subd. de Médéa. Cette tribu ou le douar Oued-Seghouan se compose des fract. suivantes : El-Hakoum, El-Gheraba, Kessamtia, Ouled-Hédim, Ouled-Rihel, Cheurfa, Labras et Téharit. Pop. ind. 3,153 hab.

Abid. V. *Ouled-Sidi-Abid*, tribu. Com. ind., cant. jud. et cerc. de Tébessa, subd. de Constantine.

Abid-Chéraga. Tribu (sup. 6,116 hect.) Délimitée par décret du 25 octobre 1865. B. O., p. 462. Divisée en deux douars. V. les douars Ouled-Senoussi et El-Kedadra, n°s 156 et 157 de la carte. Com. mix., cant. jud. et arr. de Mostaganem. Pop. tot. 1,194 hab.

Abid-el-Feraïlia. (Sup. 5,135 hect.) Tribu délimitée et érigée en douar-com. par décret du 30 septembre 1868. V. le douar Bou-Zehar, n° 74 de la carte. Com. et cant. jud. de Duperré, arr. de Miliana. Pop. tot. 1,442 hab. y compris la pop. de Sadok.

Abiod-Sidi-Cheïkh. V. El-Abiod-Sidi-Cheïkh, tribu. Com. mix. et cerc. de Géryville, subd. de Mascara, cant. jud. de Saïda.

Abizar. Fract. des Beni-Djennad-el-Ghorb. Com. ind., cant. jud. et cerc. de Fort-National, subd. de Dellys. Pop. ind. 1,140 hab.

Aboucha. V. Haboucha, tribu ou Haboucha, douar, n° 187 de la carte. Cant. jud. de Relizane, com. mix. de Frendah-Mascara, cerc. de Mascara.

Abouda. Fract. des Beni-Raten-ou-Fella. Com. ind., cant. jud. et cerc. de Fort-National, subd. de Dellys. Pop. ind. 672 hab. ; — à 3 kil. E. de Fort-National.

Abourerès. Fract. des Illoula-ou-Malou. Com. ind., cant. jud. et cerc. de Fort-National, subd. de Dellys. Pop. ind. 225 hab.

Açammeur ou **Assammeur.** Fract. du douar-com. des Beni-Oughlis (ancienne tribu) et kaïdat du même nom ; — à 30 kil. S.-O de Bougie. Com. ind., cant. jud. et cerc. de Bougie, subd. de Sétif, arr. jud. de Bougie. Pop. ind. 7,612 hab.

Achach. (Sup. 1,781 hect.) Tribu délimitée et érigée en douar-com. par décret du 5 décembre 1866. V. le douar-com. Arb-Si-Achour, n° 83 de la carte des douars. Com. mix. de Collo, cant. jud. de Collo, arr. de Philippeville.

Achach. Tribu non soumise à l'appl. du sén.-cons. Rattachée à la com. ind. de Biskra, cerc. de Biskra, cant. jud. de Biskra, subd. de Batna ; — à 190 kil. S.-E de Biskra et au sud du Chott Aslouj, près de la frontière de Tunis. La tribu des Achach comprend les fract. suivantes : Ouled-Ahmed, Achech et Rebaïn. Pop. ind. 3,443 hab.

Achach. Fract. du Djebel-Chéchar. Com. ind., cant. jud. et cerc. de Biskra, subd. de Batna. Pop. ind. 1,312 hab. ; — à 100 kil. N.-E de Biskra, sur l'Oued-el-Arab. Les Achach du Djebel-Chéchar se composent des fract. suivantes : Ouled-Tiffourour, 361 hab. ; Kheïran, 197 hab. ; Ouled-Tabet, 377 hab. ; Ouled-Naceur, 377 hab.

Achach. V. El-Achach, fract. d'Amar-Khaddou ou Ahmar-Kaddou. Com. ind. et cerc. de Biskra, subd. de Batna.

Achacha. (Sup. 10,000 hect.) Ancienne fract. du Dahra. Tribu non soumise à l'appl. du sén.-cons. Rattachée à l'arr. de Mostaganem, section de la com. mix. de Cassaigne, cant. jud. de Cassaigne ; — à 35 kil. N.-E de ce village. Pop. ind. 3,456 hab.

Achache. Tribu non soumise à l'appl. du sén.-cons. Rattachée à la com. mix., au cant. jud. et au cerc. de Nemours. Subd. de Tlemcen, dép. d'Oran ; — à 20 kil. S.-O de Nemours, sur la frontière du Maroc et sur la rive gauche de l'Oued-Melah. Pop. ind. 618 hab.

Achache. V. Beni-Achache, fract. des Beni-Yala. Cant. jud. d'Akbou, com. ind., cerc. et subd. de Sétif.

Achaïche. (Sup. 4,017 hect.) Ancienne tribu délimitée et érigée en douar-com. par décret du 9 octobre 1869. V. le douar-com. de Bou-Cherf. Com. ind. et cerc. d'El-Milia, cant. jud. de Mila, subd. de Constantine. Pop. ind. 1,904 hab. Le douar Bou-Cherf dépend actuellement du kaïdat de Bou-Cherf.

Achech. Fract. des Achach. Com. ind., cant. jud. et cerc. de Biskra, subd. de Batna. Pop. ind. 1,235 hab.

Achèche. (Sup. 22,720 hect.) Tribu non soumise à l'appl. du sén.-cons. Rattachée à la com. ind., au cerc., au cant. jud. et à la subd. de Batna ; — à 20 kil. S.-E de Batna. La tribu des Achèche est composée des fract. suivantes : Ouled-Maktouf, Oued-Moussa, Ouled-Sidi-bel-Kheïr, Ouled-Mellouk, Ouled-Amor-ben-Fadhel, Ouled-Fadhel, Ouled-Si-Mancer, Ouled-Fedhala, El-Atsamna, Oued-Erhab, Oued-Hamid, Beni-Maâfa, El-Amradça, El-Fetatcha. Pop. tot. 6,765 ind.

Achèche des Ouled-Ali et des Athaïfa, tribus de l'ancien cerc. de Guelma, rattachées à la com. ind. d'Aïn-Beïda. Cerc. d'Aïn-Beïda, subd. de Constantine. Les noms de ces fract. des Achèches ne figurent pas dans la composition territoriale des cant. d'Aïn-Beïda et de Guelma. Ces deux tribus ainsi que les Ouled-Daoud et Beni-Oudjana dépendent actuellement du kaïdat de Bled-Guerfa (cant. jud. de Guelma). Pop. ind. des Achèche, Ouled-Ali et Athaïfa, 4,035 hab.

Acheïch-Abd-Ali (orthographe du dénombrement de 1876). V. *Achèche* des Ouled-Ali du kaïdat de Bled-Guerfa. Com. ind. et cerc. d'Aïn-Beïda, cant. jud. de Guelma, subd. de Constantine, arr. jud. de Bône. Pop. ind. 2,561 hab.

Acheïch-Abd-Ali et Acheïch-Atatfa. V. *Achèche* des Ouled-Ali et *Achèche* des Athatfa du kaïdat de Bled-Guerfa. Com. ind. et cerc. d'Aïn-Beïda, cant. jud. de Guelma, subd. de Constantine. Pop. ind. 4,005 hab.

Acheïch-Athatfa ou **Acheïch-Statfa** (orthographe du dénombrement de 1876). Tribu dépendant du kaïdat de Bled-Guerfa. Com. ind. et cerc. d'Aïn-Beïda, subd. de Constantine, cant. jud. de Guelma. Pop. ind. 1,444 hab.

Achem. (Sup. 5,691 hect.) V. *Hachem*, ancienne tribu. Tribu délimitée et érigée en douar-com. par décret du 31 décembre 1866, désigné sous le nom de douar-com. *Oued-Deurdeur*, n° 64 de la carte. Com. pl. ex. d'Aïn-Sultan. Cant. et arr. jud. de Miliana.

Achem. V. *Hachem*, tribu. Com. pl. ex., com. mix. et cant. jud. de Bordj-bou-Arréridj, arr. de Sétif.

Achem-Darough. V. *Hachem-Darough*, tribu. Arr. de Mostaganem, dép. d'Oran, cant. jud. de Mostaganem.

Achem-Gheraba et Chéraga. V. *Hachem-Chéraga* et *Hachem-Gheraba*. Com. mix. de Frendah-Mascara, subd. de Mascara.

Achour. V. *Ouled-Achour* des Ouled-Rechaïch. Com. ind., cerc. et cant. jud. de Khenchela, subd. de Batna.

Acif-el-Hammam ou **Aït-Hammam.** Tribu non soumise à l'appl. du sén.-cons. Rattachée à la com. ind. de Bougie, cant. jud. et cerc. de Bougie, subd. de Sétif; — à 40 kil. O. de Bougie, sur la rive gauche de l'Oued-el-Hammam, limitant le dép. d'Alger. Pop. ind. 1,869 hab.

Adaoura-Chéraga. (Sup. 52,495 hect.) Tribu non soumise à l'appl. du sén.-cons. Rattachée à la com. ind., au cant. jud., au cerc. et à la subd. d'Aumale; — à 30 kil. S.-O d'Aumale. Pop. ind. 4,137 hab.

Adaoura-Gheraba. (Sup. 60,250 hect.) Tribu non soumise à l'appl. du sén.-cons. Rattachée à la com. ind., au cant. jud., au cerc. et à la subd. d'Aumale; — à 45 kil. S. d'Aumale. Pop. ind. 8,584 hab.

Addi. V. *Beni-Addi*, tribu et douar. Arr. de Guelma, com. mix. et cant. jud. de Guelma.

Addou ou **Abdou.** V. *Beni-Addou*, tribu. Com. mix. et cant. jud. de Dra-el-Mizan, arr. de Tizi-Ouzou.

Addou. V. *Ouled-Addou*, tribu. Cant. jud. et subd. de Tlemcen, com. mix. et cerc. de Lalla-Maghrnia.

Addou. V. *Ouled-Haddou*, tribu. Com. ind. de Tiaret-Aflou, cant. jud. et cerc. de Tiaret, subd. de Mascara.

Adeni. Fract. des Beni-Raten-bou-Adda. Com. ind., cant. jud. et cerc. de Fort-National, subd. de Dellys. Pop. ind. 975 hab.

Adi. V. *Ouled-bel-Addi* des Ouled-Sultan. Com. ind., cant. jud. et subd. de Batna, annexe de Barika.

Adidja. V. *Ouled-bou-Hadidja.* Com. ind., cant. jud. et cerc. de Biskra, subd. de Batna.

Adjadja. (Sup. 5,147 hect.) Ancienne tribu délimitée et érigée en douar-com. par décret du 8 août 1868, B. O., p. 856. V. *Hadjadja*, tribu et douar. Com. mix. et arr. de Mascara.

Adjadja. V. *Hadjadj*, tribu. Com. ind., cant. jud. et cerc. de Laghouat, subd. de Médéa.

Adjalat. Fract. des Mâamra. Com. ind., cant. jud. et cerc. de Laghouat, subd. de Médéa ; — à 30 kil. S. de Laghouat, à cheval sur l'Oued-el-Ferâa et l'Oued-Nili. Pop. ind. 182 hab.

Adjalot. Ce territoire comprend les tribus suivantes : Ouled-Sidi-Ahmed-ben-Saïd, Ouled-En-Nasser, Ouled-Sidi-Brahim. Com. ind. de Tiaret-Aflou, cant. jud. de Tiaret, subd. de Mascara ; — à 80 kil. S.-E de Tiaret. Pop. ind. 2,078 hab.

Adjama ou **El-Adjama.** (Sup. 6,730 hect.) Tribu délimitée et érigée en douar-com. par décret du 27 février 1869, B. O., p. 27, V. *Adjama*, douar. Com. mix. d'Ammi-Moussa, n° 11 de la carte, subd. d'Oran ; — à 24 kil. E. d'Inkermann et sur la limite E. du dép. Pop. ind. 1,364 hab.

Adjerès. V. *Ouled-Sidi-Hadjerès.* Com. ind., cant. jud., cerc. et subd. d'Aumale.

Adjina. V. *Ouled-bou-Adjina* des Ouled-Ali-ben-Sabor. Com. ind. et subd. de Batna, annexe de Barika.

Adjira. V. *El-Hadjira* des Temacin et Saïd-Ouled-Amor. Com. ind., cerc. et cant. jud. de Biskra, subd. de Batna.

AD·AE·AF·AG ET DES FRACTIONS DE TRIBUS) **AG**

Adjissa. (Sup. 2,100 hect. env.) Tribu non soumise à l'appl. du sén.-cons. Rattachée à la com. ind. de Bougie. Cant. jud. et cerc. de Bougie, subd. de Sétif; — à 26 kil. S.-O de Bougie. Cette tribu ne figure pas dans la composition territoriale du cant. de Bougie; elle dépend actuellement de la tribu des Ouled-Abd-el-Djebar. Pop. ind. 618 hab.

Adjissa. Fract. d'El-Harrach. Com. ind., cant. jud. et cerc. d'Akbou, arr. jud. de Bougie, subd. de Sétif. V. *El-Harrach*, tribu. Pop. ind. 1,154 hab.

Adjma. V. *Hadjhma*. Fract. des Ouled-Allane-Zékri. Com. ind., cant. jud., cerc. et subd. de Médéa.

Adrar-Amella. Fract. des Beni-Sedka-Ouadia. Com. ind., cant. jud. et cerc. de Fort-National, subd. de Dellys. Pop. ind. 437 hab.

Aezal. V. *El-Ahezal* du Hodna. Com. ind., cant. jud. et subd. de Batna, annexe de Barika.

Afenson ou **Afensou.** Fract. des Beni-Raten-ou-Fella. Com. ind., cant. jud. et cerc. de Fort-National, subd. de Dellys. Pop. ind. 186 hab. ; — à 2 kil. S.-E de Fort-National.

Affan. V. *Ouled-ben-Affan*, tribu et douar. Com. ind. de Tiaret-Aflou, subd. de Mascara.

Afhir ou **Afir.** Fract. des Beni-Ittourar, com. ind., cant. jud., et cerc. de Fort-National, subd. de Dellys. Pop. ind. 474 hab. ; — à 19 kil. S.-E de Fort-National.

Afla. V. *Ouled-bou-Afla* des Ouled-Sultan. Com. ind., cant. jud. et subd. de Batna, annexe de Barika.

Aff. V. *Ouled-bou-Aff*, tribu. Com. ind. de Tiaret-Aflou, subd. de Mascara.

Afla et Ouled-Arab. Fract. des Beni-Afeur et Djimla. Com. ind. et cerc. de Djidjelli, cant. jud. de Djidjelli, subd. de Constantine. Pop. ind. 639 hab.

Aghalik des Ghossels. (Sup. 61,942 hect.) Ce territoire (ancienne division) comprenait six tribus non soumises à l'appl. du sén.-cons. V. les tribus : 1° *Sidi-Ali-bou-Chdab*, n° 169, pop. 1,410 hab. ; 2° *El-Fehoul*, n° 171, 1,200 hab. ; 3° *S'bah-Chioukh*, n° 168, 1,110 hab. ; 4° *Tafna*, n° 170, 1,230 hab. ; 5° *Ouled-Alad*, n° 173, rattachée provisoirement à la com. mix. d'Hennaya, 1,151 hab. ; 6° *Zenata*, n° 172, 1,110 hab. Com. mix., cant. jud. et arr. de Tlemcen.

Aghbal ou **Arhbal.** V. tribu de *Gouraya*. Com. mix. de Gouraya, arr. d'Alger, cant. jud. de Cherchel. Pop. ind. 1,723 hab. Aghbal forme actuellement une section de la com. mix. de Gouraya ; — à 28 kil. O. de Cherchel.

Agouimine. Fract. des Beni-Khelili. Com. ind., cant. jud. et cerc. de Fort-National, subd. de Dellys. Pop. ind. 111 hab. ; — à 10 kil. E. de Fort-National.

Agouni. Fract. des Beni-Yala-Gheraba. Com. ind., cant. jud., cerc. et subd. d'Aumale, annexe de Beni-Mansour. Pop. ind. 242 hab.

Agouni-Ahmed. Fract. des Beni-Yenni. Com. ind., cant. jud. et cerc. de Fort-National, subd. de Dellys. Pop. ind. 346 hab.

Agouni-bou-Afir. Fract. des Beni-Fraoucen. Com. ind., cant. jud. et cerc. de Fort-National, subd. de Dellys. Pop. ind. 966 hab.

Agouni-bou-Rar. Fract. des Beni-Raten-ou-Fella. Com. ind., cant. jud. et cerc. de Fort-National, subd. de Dellys. Pop. ind. 188 hab.

Agouni-Djibane. Fract. des Beni-Raten-ou-Fella. Com. ind., cant. jud. et cerc. de Fort-National, subd. de Dellys. Pop. ind. 293 hab.

Agouni-Iguerane. Fract. des Beni-Sedka-Chenacha. Com. ind., cant. jud. et cerc. de Fort-National, subd. de Dellys. Pop. ind. 402 hab.

Agouni-N'-Tesselent. Fract. des Akbils. Com. ind., cant. jud. et cerc. de Fort-National, subd. de Dellys. Pop. ind. 699 hab. ; — à 15 kil. S.-E de Fort-National.

Agouni-ou-Fouzzou. Fract. des Beni-Sedka-Chenacha. Com. ind., cant. jud. et cerc. de Fort-National, subd. de Dellys. Pop. ind. 664 hab.

Agoussine. Fract. des Illoula-ou-Malou. Com. ind., cant. jud. et cerc. de Fort-National, subd. de Dellys. Pop. ind. 366 hab. ; — à 22 kil. S.-E de Fort-National.

Aguemoun. Fract. des Beni-Raten-bou-Adda. Com. ind., cant. jud. et cerc. de Fort-National, subd. de Dellys. Pop. ind. 326 hab. ; — à 10 kil. S. de Fort-National.

Aguemoun ou **Akmoun.** Fract. d'El-Harrach. Com. ind., cant. jud. et cerc. d'Akbou, arr. jud. de Bougie, subd. de Sétif. Pop. ind. 1,043 hab.

Aguemoun-Azem. Fract. des Beni-Raten-ou-Fella. Com. ind., cant. jud. et cerc. de Fort-National, subd. de Dellys. Pop. ind. 324 hab. ; — à 7 kil. S.-E de Fort-National.

Aguent-l'Ilkane. Fract. des Beni-Zikki. Com. ind., cant. jud. et cerc. de Fort-National, subd. de Dellys. Pop. ind. 94 hab.

Ahadouch. Fract. des Beni-Ittourar. Com. ind., cant. jud. et cerc. de Fort-National, subd. de Dellys. Pop. ind. 162 hab. ; — à 18 kil. S.-E de Fort-National.

Aharik. Fract. des Beni-Idjeur-Sahel. Com. ind., cant. jud. et cerc. de Fort-National, subd. de Dellys. Pop. ind. 151 hab.

Ahel-el-Ghafer ou **Ahl-bel-Gafer.** (Sup. 7,865 hect.) Tribu dépendant des Ouled-Riah, non soumise à l'appl. du sén.-cons. Rattachée à la com. mix. et au cerc. de Lalla-Maghrnia. Cant. jud. et subd. de Tlemcen ; — à 46 kil. S.-O de cette dernière ville et sur la rive droite de l'Oued-Tafna. Pop. ind. 843 hab.

Ahel-el-Ksar et Sebka. V. *Ahl-el-Ksar et Sebka*, tribu. Annexe des Beni-Mansour, com. ind., cant. jud. et subd. d'Aumale.

Ahel-Stitten ou **Stitten.** Tribu et ksar non soumis à l'appl. du sén.-cons. Rattachés à la com. mix. et au cerc. de Géryville, cant. jud. de Saïda, subd. de Mascara ; — à 20 kil. N.-E de Géryville, à 150 kil. S.-E de Saïda. Pop. ind. 2,905 hab.

Ahel-Zaiboun ou **Ahl-Zaiboun.** (Sup. 1,500 hect.) Tribu non soumise à l'appl. du sén.-cons. Rattachée à la com. mix. de Tlemcen. Cant. jud. et arr. de Tlemcen ; — à 8 kil. S.-O de cette ville et à cheval sur la route de Tlemcen à Nemours. Pop. ind. 690 hab.

Ahezal ou **Aezal.** V. *El-Ahezal* du Hodna. Com. ind. cant. jud. et subd. de Batna; annexe de Barika.

Ahl-Amour. Fract. des Zibans. Com. ind., cant. jud. et cerc. de Biskra, subd. de Batna. Pop. ind. 2,446 hab.

Ahl-Angad ou **Angad.** Tribu non soumise à l'appl. du sén.-cons. Rattachée à la com. mix. de Sebdou, cerc. de Sebdou, cant. jud. et subd. de Tlemcen ; — à 40 kil. S.-E de Tlemcen et à l'est de Dayet-el-Ferd, lac. Pop. ind. 334 hab.

Ahl-Eghris-Gheraba et Chéraga. (Sup. 15,918 hect.) Ancienne tribu délimitée et divisée en 2 douars par décret du 29 mai 1869, *B. O.*, p. 184. V. les 2 douars *Maoussa* et *Tirennifine*. Com. mix., cant. jud. et arr. de Mascara. Pop. tot. 4,542 hab. (non compris les centres européens). L'administration a installé dans le premier douar, le village de Maoussa et sur le deuxième, celui de Palikao.

Ahl-el-Euch. Fract. de l'ancienne tribu des Beni-Sliman. Rattachée à la com. ind. et au cant. de l'Arba. Annexe de l'Arba et subd. d'Alger ; — à 40 kil. S. de l'Arba et sur la rive droite de l'oued-Melah. Pop. ind. 3,403 hab.

Ahl-el-Guebli. Fract. des Beni-Sliman. Com. ind. et cerc. de Miliana, cant. jud. de Duperré, subd. d'Orléansville. Pop. ind. 204 hab.

Ahl-el-Hadjar ou **Ahl-el-Adjar.** Fract. des Beni-Meraheba. Com. ind. et cerc. de Miliana, cant. jud. de Duperré, subd. d'Orléansville. Pop. ind. 351 hab.

Ahl-el-Ksar et Sebkha aussi appelées **Ksar et Sebkha** d'après le dénombrement. (Sup. 22,100 hect. env.) Tribus non soumises à l'appl. du sén.-cons. Rattachées à la com. ind. d'Aumale, Annexe des Beni-Mansour, cant. jud., cerc. et subd. d'Aumale. En 2 parties : El-Ksar, à 28 kil. N.-E d'Aumale, sur la rive droite de l'Oued-Hammam-Ksenna, affluent du Sahel, et Sebkha, à 38 kil. S.-E d'Aumale, sur la limite du département. Ces tribus se composent des fract. suivantes : Zériba, Ouled-Abdallah, Ouled-Rached et Sebkha. Pop. ind. 2,402 hab.

Ahl-el-Oued. (Sup. 5,600 hect. env.) Tribu non soumise à l'appl. du sén.-cons. Rattachée à la com. ind. de Miliana. Cant. jud. et cerc. de Miliana, subd. d'Orléansville ; — à 20 kil. S.-O de Miliana et à cheval sur l'Oued-Tléta, affluent du Chélif. Cette tribu se compose des fract. des Ahl-el-Oued, Ouled-Ali et Ouled-Bendou. Pop. ind. 931 hab. La fract. d'Ah-el-Oued a une pop. ind. de 254 hab.

Ahl-el-Oued aussi appelée **Trara** ou **Grara et Ahl-el-Hammam.** Tribus non soumises à l'appl. du sén.-cons. Rattachées au cant. jud. de Tlemcen. Subd. de Tlemcen ; — à 38 kil. N.-O de Tlemcen, sur le littoral. Les noms de ces tribus ne figurent pas sur le tableau du dénombrement.

Ahl-el-Oued-Djebel ou **Ahl-el-Oued.** (Sup. 31,336 hect. env.) Tribu non soumise à l'appl. du sén.-cons. Rattachée à la com. mix. de Lamoricière, Cant. jud. de Lamoricière, arr. de Tlemcen ; — à 6 kil. N.-O. de Lamoricière, sur l'Oued-Chouli, affluent de l'Oued-Isser. Pop. ind. 3,419 hab.

Ahl-Tameksalet ou **Ahmed-Tameksalet.** (Sup. 10,380 hect. env.) Tribu dépendant des Ouled-Riah, non soumise à l'appl. du sén.-cons. Rattachée à la com. mix. et au cerc. de Lalla-Maghrnia, cant. jud. et subd. de Tlemcen ; — à 12 kil. S.-O de cette dernière ville, sur la route de Tlemcen à Nemours (rive droite de la Tafna). Pop. ind. 659 hab.

Ahl-Zalboun. V. *Ahel-Zalboun.* Com. mix., cant. jud. et arr. de Tlemcen.

Ahmar-Khaddou. Tribu dépendant du cerc. de Biskra. V. *Amar-Khaddou,* tribu. Com. ind. et cant. jud. de Biskra, subd. de Batna.

Ahmed. V. *Beni-Ahmed,* tribu ou douar *M'rabot-Moussa.* Com. mix. de Duquesne, cant. jud. de Djidjelli, arr. de Bougie.

Ahmed. V. *Beni-Ahmed,* tribu ou douar *Oued-Telbenet.* Com. ind., cant. jud. et cerc. de Miliana, subd. d'Orléansville.

Ahmed. V. *Ghiatra-Ouled-Ahmed.* Com. mix. et cerc. de Sebdou, cant. jud. et subd. de Tlemcen.

Ahmed. V. *Ouled-Ahmed,* tribu. Com. mix. et cant. jud. d'Inkermann, arr. de Mostaganem.

Ahmed. V. *Ouled-Ahmed,* fract. des Ouled-Sultan. Com. ind. et subd. de Batna, annexe de Barika.

Ahmed. V. *Ouled-Ahmed* du Hodna. Com. ind. et subd. de Batna, annexe de Barika.

Ahmed. V. *Ouled-Si-Ahmed,* tribu. Com. ind., cant. jud. et cerc. de Djelfa, subd. de Médéa.

Ahmed. V. *Ouled-Si-Ahmed-ben-Youssef,* tribu. Com. ind., cant. jud., cerc. et subd. de Médéa.

Ahmed. V. *Zaouia-Sidi-Ahmed.* Com. mix. et cerc. de Lalla-Maghrnia. Cant. jud. et subd. de Tlemcen.

Ahmed. V. *Zeribet-Ahmed.* Com. ind., cant. jud. et cerc. de Biskra, subd. de Batna.

Ahmed-ben-Abd-Allah. V. *Ouled-Ahmed-ben-Abd-Allah.* Fract. des Ouled-Sidi-Salah. Com. ind., cant. jud. et cerc. de Biskra, subd. de Batna.

Ahmed-ben-Ali. V. *Ouled-Ahmed-ben-Ali* des Ouled-Rechaïch. Com. ind., cant. jud. et cerc. de Khenchla, subd. de Batna.

Ahmed-ben-Embarek. V. *Ouled-Ahmed-ben-Embarek* des Ouled-Sultan. Com. ind., cant. jud. et subd. de Batna, annexe de Barika.

Ahmed-ben-Gassen. V. *Ouled-Sidi-Ahmed-ben-Gassen* du Hodna. Com. ind., cant. jud. et subd. de Batna, annexe de Barika.

Ahmed-ben-Miloud. Petite fract. d'El-Bekakia (tribu des Chorfat-el-Hamel). Com. ind., cant. jud. et cerc. de Bou-Sâada, subd. d'Aumale. Pop. ind. 89 hab.

Ahmed-ben-Mohamed. Petite fract. d'El-Hasinate (tribu de Chorfat-el-Hamel). Com. ind., cant. jud. et cerc. de Bou-Sâada, subd. d'Aumale. Pop. ind. 230 hab.

Ahmed-ben-Mohamed. Fract. des Ouled-Mohamed-ben-M'barek du grand kaïdat des Ouled-Aïssa. Com. ind., cant. jud. et cerc. de Bou-Sâada, subd. d'Aumale. Pop. ind. 138 hab.

Ahmed-ben-Mohamed. V. *Ouled-Sidi-Ahmed-ben-Mohamed,* tribu. Com. mix. et annexe de Zemmorah, cant. jud. de Relizanne, subd. d'Oran.

Ahmed-ben-Rahmoun. V. *Ouled-Ahmed-ben-Rahmoun* de l'Oued-Abdi. Com. ind., cerc., cant. jud. et subd. de Batna.

Ahmed-ben-Sadd. V. *Ouled-Ahmed-ben-Sadd,* tribu. Com. ind. et cerc. de Boghar, cant. jud. de Boghari, subd. de Médéa.

Ahmed-ben-Saïd. V. *Ouled-Si-Ahmed-ben-Saïd,* tribu. Com. ind. de Tiaret-Aflou, cant. jud. de Tiaret, subd. de Mascara.

Ahmed-ben-Youssef. V. *Ouled-Si-Ahmed-ben-Youssef,* tribu. Com. ind. et cerc. de Médéa. Cant. jud. et subd. de Médéa.

Ahmed-Recheïga. V. *Ouled-Ahmed-Recheïga,* tribu. Com. ind. et cerc. de Boghar, cant. jud. de Boghari, subd. de Médéa.

Ahmed-Tameksalet. V. *Ahl-Tameksalet,* tribu. Com. mix. et cerc. de Lalla-Maghrnia, cant. jud. et subd. de Tlemcen.

Ayadat. V. *El-Ayadhat* du Hodna. Com. ind., cant. jud. et subd. de Batna, annexe de Barika.

Aych. Fract. des M'chedallah. Com. ind., cant. jud., cerc. et subd. d'Aumale, annexe des Beni-Mansour. Pop. ind. 93 hab.

Aycha. V. *Beni-Aicha*, tribu. Com. ind. et cerc. d'El-Milia, cant. jud. de Mila, subd. de Constantine.

Ayd. V. *Beni-bel-Aïd*, tribu. Com. ind. et cerc. d'El-Milia, cant. jud. de Mila, subd. de Constantine.

Aydel. V. *Beni-Aïdel*, tribu. Com. ind., cant. jud. et cerc. d'Akbou, arr. jud. de Bougie, subd. de Sétif.

Aydoun. V. *Ouled-Aïdoun*, tribu. Com. ind. et cerc. d'El-Milia, cant. jud. de Mila, subd. de Constantine.

Aydous. V. *Haïdous*, fract. de l'Oued-Abdi. Com. ind., cerc., cant. jud. et subd. de Batna.

Aïn-Adjadja et Sidi-Khanled. Tribu et ksar de l'agalik d'Ouargla. Rattachés à la com. ind., au cant. jud. et au cerc. de Laghouat, subd. de Médéa. Pop. ind. 294 hab. Aïn-Adjadja et Sidi-Khanled ne figurent pas dans la composition territoriale du cant. de Laghouat.

Aïn-Amar-ou-Chott. De l'aghalik d'Ouargla. Ksar rattaché à la com. ind., au cant. jud. et au cerc. de Laghouat, subd. de Médéa. Pop. ind. 379 hab. Le nom de ce ksar ne figure pas dans la composition territoriale du cant. de Laghouat.

Aïn-Beïda. V. *El-Beïda*, kaïdat formé des douars-com. Oulmen, El-Hassi, Fkrina, El-Zerg et Oued-Nini ou Nini. Pop. ind. 5,856 hab.

Aïn-Douz. Territoire ind. situé entre les tribus Ahl-el-Ghafer et Ahl-el-Zalboun. Aïn-Douz, fait partie du cant. jud. de Tlemcen et de la tribu des Beni-Mester. Com. mix. et arr. de Tlemcen; — A 11 kil. S.-O. de Tlemcen. Sa pop. a été recensée avec celle de la tribu des Beni-Mester.

Aïn-el-Ibel. Fract. des Ksours. Com. ind., cant. jud. et cerc. de Djelfa, subd. de Médéa. Pop. ind. 386 hab.; — à 34 kil. S. de Djelfa, sur la route nationale d'Alger à Laghouat.

Aïn-Fedjera ou **Aïn-Sedjera.** Kaïdat comprenant les douars-com. de Mouladhoïn, Terraguelt, El-Mechtab, Rahia, Guern-Amar et Mesloula, de l'ancienne tribu des Haracta-el-Beïda. Com. ind., cerc. et cant. jud. d'Aïn-Beïda, subd. de Constantine. Pop. ind. 8,584 hab.

Aïn-Kerma. Zmala dépendant du cerc. de Tiaret, subd. de Mascara, cant. de Tiaret. Pop. ind. 256 hab.

Aïn-Khiar. (Sup. 2,731 hect.) Tribu érigée en douar-com. par décret du 17 juillet 1869. V. le douar *Aïn-Khiar* (ce douar dépend actuellement de la tribu de Nehed, kaïdat de l'Oued-el-Kébir), n° 98 de la carte. Com. ind. et cerc. de La Calle, subd. de Bône. Pop. ind. 515 hab.

Aïn-Madhi (Point géodésique). Ksar. Territoire non soumis à l'appl. du sén.-cons. Rattaché à la com. ind. de Laghouat. Cerc. et cant. jud. de Laghouat, subd. de Médéa; — à 50 kil. O. de Laghouat et sur le chemin de cette ville à Géryville. Ce ksar se compose de 3 fract. Ouled-Si-Ahmed-Tedjini, Ouled-Aïssa et Berraouia. Pop. ind. 518 hab.

Aïn-Sedjera ou **Aïn-Fedjera.** Kaïdat formé de douars-com. de Moulhadoïn ou Mouladhoïn, Terraguelt, El-Mechtab, Rahia, Guern-Amar et Mesloula. Est rattaché à la com. ind., au cerc. et au cant. jud. d'Aïn-Beïda. Cant. jud., subd. et arr. de Constantine. Pop. ind. 8,584 hab.

Aïn-Sefra. Ksar dépendant du cerc. de Sebdou, non soumis à l'appl. du sén.-cons. Rattaché à la com. mix. de Sebdou, Cant. jud. et subd. de Tlemcen; — à 244 kil. S.-E. de Tlemcen, sur le chemin de Géryville à l'oasis de Figuig (Maroc). La pop. d'Aïn-Sefra est comprise dans celle des Ksours.

Aïn-S'fissifa. Ksar. V. *Sfissifa*. Com. mix. et cerc. de Sebdou, cant. jud. et subd. de Tlemcen.

Aïn-Soltan. Fract. des Ksours. Com. ind., cant. jud. et cerc. de Djelfa, subd. de Médéa; — à 64 kil. S.-E. de Djelfa, sur l'Oued-Douéra, affluent de l'Oued-Djedi et sur le versant S.-E du Djebel-bou-Khaïl, point géodésique, altitude 1,500 mètres. Pop. ind. 108 hab.

Aïn-Tolba. Tribu désignée sous le nom de Djebala. V. *Djebala*, tribu. Com. mix., cant. jud. et cerc. de Nemours, subd. de Tlemcen. Pop. ind. 2,318 hab.; — à 12 kil. S.-E de Nemours.

Aïn-Turk. (Sup. 17,680 hect. env.) Tribu non soumise à l'appl. du sén.-cons. Rattachée à la com. ind. de Sétif. Cerc. et subd. de Sétif, cant. jud. d'Akbou; — à 50 kil. S.-E de ce village, sur la rive gauche de l'Oued-bou-Sellam, affluent du Sahel. Cette tribu se compose des fract. suivantes: Ouled-Yahia, Ouled-Semcha et Ouled-Abd-Allah. Pop. ind. de 2,231 hab.

Aïssa. V. *Ouled-Aïffa*, tribu. Com. ind., cant. jud. et cerc. de Djelfa, subd. de Médéa.

Aïssa. V. *Ouled-Aïssa*, tribu. Com. ind. de Bou-Sâada, cant. jud. et cerc. de Bou-Sâada, subd. d'Aumale.

Aïssa. V. *Ouled-Aïssa-Gueraïdj*, tribu. Com. ind. et cerc. de Tiaret-Aflou, cant. jud. de Tiaret, subd. de Mascara.

Aïssa. V. *Ouled-Aïssa*, tribu ou *Tharia*, douar. Com. mix. de l'Oued-Fodda, cant. jud. de Duperré, arr. d'Orléansville.

Aïssa. V. *Ouled-Sidi-Aïssa*, tribu. Com. ind. d'Aumale, cant. jud., cerc. et subd. d'Aumale.

Aïssa-bel-Abbès. V. *Ouled-Aïssa-bel-Abbès*, tribu (dépendant des Hachem-Chéraga). Com. mix. de Frendah-Mascara, cant. jud. et subd. de Mascara.

Aïssa-el-Adhab. V. *Ouled-Sidi-Aïssa-el-Adhab*, tribu. Com. ind., cant. jud., cerc. et subd. de Médéa.

Aïssa-el-Ouerq. V. *Ouled-Sidi-Aïssa-el-Ouerq*, tribu. Com. ind. et cerc. de Boghar, cant. jud. de Boghari, subd. de Médéa.

Aïssa-Mimoun. V. *Ouled-Aïssa-Mimoun*, tribu. Com. mix., cant. jud. et arr. de Tizi-Ouzou, dép. d'Alger.

Aïssa-Souaghi. V. *Ouled-Sidi-Aïssa-Souaghi*, tribu. Com. ind., cerc. de Boghar, cant. jud. de Boghari, subd. de Médéa.

Aïssi. V. *Beni-Aïssi*, tribu. Com. ind., cant. jud. et cerc. de Bougie, subd. de Sétif.

Aït-Abbou. V. *Fenaïa-Aït-Abbou*, tribu. Com. ind., cant. jud., cerc. de Bougie, subd. de Sétif et arr. jud. de Bougie. Pop. ind. 1,703 hab.

Aït-Abd-Allah. Fract. des Beni-Illiten, tribu. Com. ind., cant. jud. et cerc. de Fort-National, subd. de Dellys. Pop. ind. 298 hab.; — à 22 kil. S.-E. de Fort-National.

Aït-Abd-Allah nom donné généralement au douar-com. de Mouqua, de la tribu des Beni-Abbès. Com. ind., cerc. et cant. jud. d'Akbou, arr. jud. de Bougie, subd. de Sétif. V. *Mouqua*, douar-com., appellation officielle.

Aït-Abd-el-Ali. Fract. des Beni-Sedka-Ogdal, tribu. Com. ind., cant. jud. et cerc. de Fort-National, subd. de Dellys. Pop. ind. 446 hab.

Aït-Abd-ou-L'cul. Fract. des Beni-Sedka-Ogdal, tribu. Com. ind., cant. jud. et cerc. de Fort-National, subd. de Dellys. Pop. ind. 138 hab.

Aït-Abd-el-Krim. Fract. des Beni-Sedka-Ouadia, tribu. Com. ind., cant. jud. et cerc. de Fort-National, subd. de Dellys. Pop. ind. 456 hab.

Aït-Ahmed-Garets. Tribu non soumise à l'appl. du sén.-cons. Rattachée à la com. ind. de Bougie, cant. jud. et cerc. de Bougie, subd. de Sétif; — à 32 kil. O. de Bougie, sur le chemin de cette ville à Tizi-Ouzou. Pop. ind. 1,864 hab.

Aït-Agnâd. Fract. des Beni-Sedka-Chenacha, tribu. Com. ind., cant. jud. et cerc. de Fort-National, subd. de Dellys. Pop. ind. 202 hab.

Aït-Aïcha. Fract. des Beni-Idjeur-Djebel, tribu. Com. ind., cant. jud. et cerc. de Fort-National, subd. de Dellys. Pop. ind. 108 hab.; — à 27 kil. E. de Fort-National, et sur le versant N. du Bou-Alem, point géodésique, altitude 1,202 mètres.

Aït-Aïdhi. Fract. des Iril-N'zekri, tribu. Com. ind., cant. jud. et cerc. de Fort-National, subd. de Dellys. Pop. ind. 214 hab.; — à 30 kil. N.-E. de Fort-National et sur la rive gauche de l'Oued-Hammam.

Aït-Aïlem. Fract. des Beni-Menguellet, tribu. Com. ind., cant. jud. et cerc. de Fort-National, subd. de Dellys. Pop. ind. 345 hab.; — à 12 kil. S.-E. de Fort-National, point géodésique, altitude 802 mètres.

Aït-Aïmed. Fract. des Flisct-el-Bahr, tribu. Com. ind., cant. jud. et cerc. de Fort-National, subd. de Dellys. Pop. ind. 932 hab.; — à 14 kil. N. de Fort-National.

Aït-Aïssa-ou-Yahia. Fract. des Beni-Illiten, tribu. Com. ind., cant. jud. et cercle de Fort-National, subd. de Dellys. Pop. ind. 151 hab.

Aït-Aïssi. Fract. des Beni-Flick, tribu. Com. ind., cant. jud. et cerc. de Fort-National, subd. de Dellys. Pop. ind. 217 hab.; — à 25 kil. N.-E. de Fort-National.

Aït-Akhelef. Fract. de Beni-Idjeur-Djebel, tribu. Com. ind., cant. jud. et cerc. de Fort-National, subd. de Dellys. Pop. ind. 240 hab.; — à 32 kil. E. de Fort-National.

Aït-Ali. Fract. du douar-com. des Beni-Mellikeuch. Com. ind., cant. jud. et cerc. d'Akbou, subd. de Sétif, arr. jud. de Bougie. Pop. ind. 1,613 hab.

Aït-Ali. V. *Aït-Halli* de la tribu des Beni-Raten-bou-Adda. Com. ind., cant. jud. et cerc. de Fort-National, subd. de Dellys.

Aït-Ali-ou-Abdallah. Fract. des Azouza, tribu. Com. ind., cant. jud. et cerc. de Fort-National, subd. de Dellys. Pop. ind. 191 hab.; — à 30 kil. N.-E. de Fort-National.

Aït-Ali-ou-Harzoun. Fract. des Beni-bou-Drar, tribu. Com. ind., cant. jud. et cerc. de Fort-National, subd. de Dellys. Pop. ind. 1,056 hab.; — à 16 kil. S. de Fort-National.

Aït-Ali-ou-Mohand. Fract. des Illoula-ou-Malou, tribu. Com. ind., cant. jud. et cerc. de Fort-National, subd. de Dellys. Pop. ind. 525 hab.

Aït-Ali-ou-Temine. Fract. des M'chedallah, tribu. Com. ind., cant. jud., cerc. et subd. d'Aumale, annexe des Beni-Mansour. Pop. ind. 256 hab.; — à 56 kil. N.-E. d'Aumale.

Aït-Ali-ou-Yahia. Fract. des Beni-Ittourar, tribu. Com. ind., cant. jud. et cerc. de Fort-National, subd. de Dellys. Pop. ind. 335 hab.

Aït-Antar ou **Aït-Anteur.** Fract. des Beni-Yahia, tribu. Com. ind., cant. et cerc. de Fort-National, subd. de Dellys. Pop. ind. 337 hab.; — à 16 kil. S.-E. de Fort-National.

Aït-Amam. V. *Acif-el-Hammam*, tribu. Com. ind., cant. jud. et cerc. de Bougie, subd. de Sétif.

Aït-Ameur et Tifrat ou **Aït-Amer.** (Sup. 5,600 hect.) Tribu non soumise à l'appl. du sén.-cons. Rattachée à la com. ind. de Bougie, Cerc. et cant. jud. de Bougie, subd. de Sétif; — à 36 kil. O. de Bougie, sur le chemin de cette ville à Tizi-Ouzou. Pop. ind. 3,570 hab. Cette tribu se compose des fract. de Iksilen, Tizi-el-Kern et Aït-Saïd.

Aït-Arbi. Fract. des Beni-Ittourar, tribu. Com. ind., cant. jud. et cerc. de Fort-National, subd. de Dellys. Pop. ind. 222 hab.; — à 21 kil. S.-E. de Fort-National.

Aït-Ateili. Fract. des Beni-Raten-bou-Adda, tribu. Com. ind., cant. jud. et cerc. de Fort-National, subd. de Dellys. Pop. ind. 1,027 hab.

Aït-Aziz. Fract. des Illoula-ou-Malou, tribu. Com. ind. cant. jud. et cerc. de Fort-National, subd. de Dellys. Pop. ind. 300 hab.; — à 26 kil. S.-E. de Fort-National et sur le versant S.-O. du Chellala, point géodésique, altitude 730 mètres.

Aït-Berdjal. Fract. des Beni-Sedka-Ouadia, tribu. Com. ind., cant. jud. et cerc. de Fort-National, subd. de Dellys. Pop. ind. 256 hab.; — à 11 kil. S.-O. de Fort-National.

Aït-bou-Adda. Fract. des Beni-Ghobri, tribu. Com. ind., cant. jud. et cerc. de Fort-National, subd. de Dellys. Pop. ind. 720 hab.; — à 20 kil. N.-E. de Fort-National.

Aït-bou-Ali. Fract. des Beni-Djennad-el-Cheurg, tribu. Com. ind., cant. jud. et cerc. de Fort-National, subd. de Dellys. Pop. ind. 629 hab.; — à 17 kil. N. de Fort-National.

Aït-bou-Hini. Fract. des Beni-Ghobri, tribu. Com. ind., cant. jud. et cerc. de Fort-National, subd. de Dellys. Pop. ind. 333 hab.; — à 19 kil. N.-E. de Fort-National.

Aït-Bouhou. Fract. des Cheurfa, tribu. Com. ind., cant. jud., cerc. et subd. d'Aumale, annexe des Beni-Mansour. Pop. ind. 272 hab.; — à 63 kil. N.-E. d'Aumale.

Aït-bou-Madhi. Fract. des Beni-Sedka-Ogdal, tribu. Com. ind., cant. jud. et cerc. de Fort-National, subd. de Dellys. Pop. ind. 1,080 hab.

Aït-bou-Sliman. Fract. des Beni-Flick, tribu. Com. ind., cant. jud. et cerc. de Fort-National, subd. de Dellys. Pop. ind. 447 hab.; — à 32 kil. N.-E. de Fort-National.

Aït-Chebel. Fract. des Beni-Ghobri, tribu. Com. ind. cant. jud. et cerc. de Fort-National, subd. de Dellys. Pop. ind. 235 hab.; — à 33 kil. N.-E. de Fort-National, point géodésique, altitude 557 mètres.

Aït-Chelala. Fract. des Beni-Sedka-Ouadia, tribu. Com. ind., cant. jud. et cerc. de Fort-National, subd. de Dellys. Pop. ind. 225 hab.; — à 10 kil. S.-O. de Fort-National.

Aït-el-Adeur. Fract. des Beni-Djennad-el-Cheurg, tribu. Com. ind., cant. jud. et cerc. de Fort-National, subd. de Dellys. Pop. ind. 1,867 hab.; — à 22 kil. N.-E. de Fort-National.

Aït-el-Arbah. Fract. des Beni-Yenni, tribu. Com. ind., cant. jud. et cerc. de Fort-National, subd. de Dellys. Pop. ind. 696 hab.; — à 9 kil. S. de Fort-National.

Aït-el-Aziz. Fract. des Akbils, tribu. Com. ind., cant. jud. et cerc. de Fort-National, subd. de Dellys. Pop. ind. 770 hab.

Aït-el-Kaïd. Fract. des Beni-Sedka-Chenacha, tribu. com. ind., cant. jud. et cerc. de Fort-National, subd. de Dellys. Pop. ind. 383 hab.

Aït-el-Mansour. Fract. des Beni-Ittourar, tribu. Com. ind., cant. jud. et cerc. de Fort-National, subd. de Dellys. Pop. ind. 183 hab.

Aït-Erbah. Fract. des Beni-Ouassif, tribu. Com. ind., cant. jud. et cerc. de Fort-National, subd. de Dellys. Pop. ind. 269 hab.

Aït-Frah. Fract. des Beni-Raten-bou-Adda, tribu. Com. ind., cant. jud. et cerc. de Fort-National, subd. de Dellys. Pop. ind. 957 hab.

Aït-Heggue. Fract. des Beni-Raten-bou-Adda, tribu. Com. ind., cant. jud. et cerc. de Fort-National, subd. de Dellys. Pop. ind. 390 bab.

Aït-Hallal. Fract. des Beni-Sedka-Ouadia, tribu. Com. ind., cant. jud. et cerc. de Fort-National, subd. de Dellys. Pop. ind. 184 hab.

Aït-Halit. Fract. des Beni-Raten-bou-Adda, tribu. Com. ind., cant. jud. et cerc. de Fort-National, subd. de Dellys. Pop. ind. 423 hab.

Aït-Hammad. Fract. des Azouza, tribu. Com. ind., cant. jud. et cerc. de Fort-National, subd. de Dellys. Pop. ind. 435 hab.

Aït-Hamzi. Fract. des Akbils, tribu. Com. ind., cant. jud. et cerc. de Fort-National, subd. de Dellys. Pop. ind. 303 hab. ; — à 18 kil. S.-E. de Fort-National.

Aït-Hichem. Fract. des Beni-Khelili, tribu. Com. ind., cant. jud. et cerc. de Fort-National, subd. de Dellys. Pop. ind. 183 hab.

Aït-Hichem. Fract. des Beni-Yahia, tribu. Com. ind., cant. jud. et cerc. de Fort-National, subd. de Dellys. Pop. ind. 579 hab. ; — à 13 kil. S.-E. de Fort-National.

Aït-Khelifa. Fract. des Beni-bou-Youssef, tribu. Com. ind., cant. jud. et cerc. de Fort-National, subd. de Dellys. Pop. ind. 675 hab.

Aït-Khir ou **Aït-Kheïr.** Fract. des Beni-Khelili, tribu. Com. ind., cant. jud. et cerc. de Fort-National, subd. de Dellys. Pop. ind. 241 hab. ; — à 10 kil. E. de Fort-National, point géodésique, altitude 325 mètres.

Aït-Klehou. Fract. des Cheurfa, tribu. Com. ind., cant. jud., cerc. et subd. d'Aumale. Annexe des Beni-Mansour. Pop. ind. 236 hab.

Aït-Krlar. Fract. d'El-Harrach, tribu. Com. ind., cant. jud. et cerc. d'Akbou, arr. jud. de Bougie, subd. de Sétif. Pop. ind. 891 hab.

Aït-Ighzer. Fract. des Beni-Djennad-el-Bahr, tribu. Com. ind., cant. jud. et cerc. de Fort-National, subd. de Dellys. Pop. ind. 1,188 hab. ; — à 21 kil. N.-E. de Fort-National.

Aït-Ittouragh. V. *Beni-Ittourar*, tribu. Com. ind., cerc. et cant. jud. de Fort-National, subd. de Dellys.

Aït-Isaad. Fract. des Beni-Ghobri, tribu. Com. ind., cant. jud. et cerc. de Fort-National, subd. de Dellys. Pop. ind. 836 hab.

Aït-Lhassen. Fract. des Beni-Yenni, tribu. Com. ind., cant. jud. et cerc. de Fort-National, subd. de Dellys. Pop. ind. 1,286 hab.

Aït-Lhassen ou **Aït-Assen.** Fract. des Illoula-ou-Malou, tribu. Com. ind., cant. jud. et cerc. de Fort-National, subd. de Dellys. Pop. ind. 230 hab. ; — à 14 kil. S.-E. de Fort-National.

Aït-Mâamar. Fract. des Beni-Djennad-el-Ghorb, tribu. Com. ind., cant. jud. et cerc. de Fort-National, subd. de Dellys. Pop. ind. 1,064 hab.

Aït-Mansour-ou-Ali. Fract. des Beni-Fraoucen, tribu. Com. ind., cant. jud. et cerc. de Fort-National, subd. de Dellys. Pop. ind. 145 hab.

Aït-Mekki. Fract. des Beni-Fraoucen, tribu. Com. ind., cant. jud. et cerc. de Fort-National, subd. de Dellys. Pop. ind. 305 hab.

Aït-Mellal. Fract. des Beni-Yahia, tribu. Com. ind., cant. jud. et cerc. de Fort-National, subd. de Dellys. Pop. ind. 249 hab. ; — à 14 kil. S.-E. de Fort-National.

Aït-Merzou. Fract. des Beni-Raten-ou-Fella, tribu. Com. ind., cant. jud. et cerc. de Fort-National, subd. de Dellys. Pop. ind. 393 hab.

Aït-Messaïa. Fract. des Akbils, tribu. Com. ind., cant. jud. et cerc. de Fort-National, subd. de Dellys. Pop. ind. 994 hab.

Aït-Mimoun. Fract. des Beni-Raten-ou-Fella, tribu. Com. ind., cant. jud. et cerc. de Fort-National, subd. de Dellys. Pop. ind. 479 hab.

Aït-Mira. Fract. des Beni-Djennad-el-Ghorb, tribu. Com. ind., cant. jud. et cerc. de Fort-National, subd. de Dellys. Pop. ind. 766 hab.

Aït-Moussa-ou-Brahim. Fract. des Beni-Fraoucen, tribu. Com. ind., cant. jud. et cerc. de Fort-National, subd. de Dellys. Pop. ind. 170 hab. ; — à 7 kil. N.-E. de Fort-National.

Aït-N'zar ou **Aït-Ensar.** Fract. des Beni-Ittourar, tribu. Com. ind., cant. jud. et cerc. de Fort-National, subd. de Dellys. Pop. ind. 323 hab. ; — à 17 kil. S.-E. de Fort-National.

Aït-ou-Abbane. Fract. des Beni-Bou-Drar, tribu. Com. ind., cant. jud. et cerc. de Fort-National, subd. de Dellys. Pop. ind. 375 hab.

Aït-Ouarest-ou-Ali. (Sup. 3,205 hect.). Tribu délimitée et irigée en douar-com. par décret du 18 novembre 1868. V. le douar : *Aït-Ouarest-ou-Ali*, n° 176 de la carte. Com. ind., cant. jud. et cerc. de Bougie, subd. de Sétif. Ce douar a été recensé avec les fractions de Beni-Melloul et Beni-Bou-Aïssi. Pop. ind. 2,183 hab.

Aït-Ouassas. Fract. des Beni-Ittourar, tribu. Com. ind., cant. jud. et cerc. de Fort-National, subd. de Dellys. Pop. ind. 110 hab.

Aït-ou-Chellam. Fract. des Beni-Ghobri, tribu. Com. ind., cant. jud. et cerc. de Fort-National, subd. de Dellys. Pop. ind. 71 hab. ; — à 22 kil. E. de Fort-National.

Aït-ou-Hallan. Fract. des Beni-Sedka-Odgal, tribu. Com. ind., cant. jud. et cerc. de Fort-National, subd. de Dellys. Pop. ind. 271 hab.

Aït-ou-Maouch ou **Aït-Oum-Aouch.** Fract. d'El-Harrach, tribu. Com. ind., cant. jud. et cerc. d'Akbou, arr. jud. de Bougie, subd. de Sétif. Pop. ind. 524 hab.

Aït-N'zekri. V. *Iril-N'zekri*, tribu. Com. ind., cerc. et cant. jud. de Fort-National, subd. de Dellys.

Aït-Rahmoun. Fract. des Chourfa, tribu. Com. ind., cant. jud., cerc. et subd. d'Aumale, annexe des Beni-Mansour. Pop. ind. 387 hab.

Aït-Saïd. Fract. des Aït-Ameur, tribu. Com. ind., cant. jud. et cerc. de Bougie, subd. de Sétif, arr. jud. de Bougie. Pop. ind. 1,210 hab. ; — à 20 kil. O. de Bougie.

Aït-Saïd. Fract. des Beni-Idjeur-Sahel, tribu. Com. ind., cant. jud. et cerc. de Fort-National, subd. de Dellys. Pop. ind. 268 hab.

Aït-Saïd-ou-Zeggan. Fract. des Beni-Raten-bou-Adda, tribu. Com. ind., cant. jud. et cerc. de Fort-National, subd. de Dellys. Pop. ind. 382 hab.

Aït-Salah. Fract. des Beni-Idjeur-Sahel, tribu. Com. ind., cant. jud. et cerc. de Fort-National, subd. de Dellys. Pop. ind. 240 hab. ; — à 28 kil. E. de Fort-National, point géodésique, altitude 936 mètres.

Aït-Sidi-Ahmed. Fract. des Beni-Menguellet, tribu. Com. ind., cant. jud. et cerc. de Fort-National, subd. de Dellys. Pop. ind. 217 hab.

Aït-Sidi-Akbou ou **Aït-Sidi-Abbou.** Tribu non soumise à l'appl. du sén.-cons. Rattachée à la com. ind. de Bougie, cant. jud. et cerc. de Bougie, subd. de Sétif; — à 40 kil. N.-O. de Bougie, sur le littoral et confinant au dép. d'Alger. Pop. ind. 256 hab.

Aït-Sidi-Yahia. Fract. de Zerkfaoua, tribu. Com. ind., cant. jud. et cerc. de Fort-National, subd. de Dellys. Pop. ind. 402 hab. ; — à 34 kil. N.-E. de Fort-National.

Aït-S'lid. V. *Ou-Aït-S'lid*. Fract. des Beni-Menguellet, Com. ind., cant. jud. et cerc. de Fort-National, subd. de Dellys.

Aïn-Soltane ou **Aïn-Sultane** (1). Fract. des Beni-Bou-Youssef, tribu. Com. ind., cant. jud. et cerc. de Fort-National, subd. de Dellys. Pop. ind. 1,444 hab. ; — à 14 kil. 1/2 S.-E. de Fort-National.

Aït-Touddert. Fract. des Beni-Sedka-Ogdal, tribu. Com. ind., cant. jud. et cerc. de Fort-National, subd. de Dellys. Pop. ind. 650 hab.

Aït-Yacoub ou **Aït-Yagoub.** Fract. des Beni-Raten-bou-Adda, tribu. Com. ind., cant. jud. et cerc. de Fort-National, subd. de Dellys. Pop. ind. 612 hab.

Aït-Youssef-ou-Ali. Fract. des Beni-Ittourar, tribu. Com. ind., cant. jud. et cerc. de Fort-National, subd. de Dellys. Pop. ind. 130 hab.

Aït-Zellal. Fract. des Beni-bou-Chaïb, tribu. Com. ind., cant. jud. et cerc. de Fort-National, subd. de Dellys. Pop. ind. 800 hab. ; — à 12 kil. E. de Fort-National.

---

(1) Erreur de transposition. Cette tribu devait être placée à la page 8, après le nom *Aïn-Soltan*.

Aït-Zellal-ben-Rezil. Fract. des Beni-bou-Chaïb, tribu. Com. ind., cant. jud. et cerc. de Fort-National, subd. de Dellys. Pop. ind. 327 hab.

Aït-Zérara. Fract. des Flisset-el-Bahr, tribu. Com. ind., cant. jud. et cerc. de Fort-National, subd. de Dellys. Pop. ind. 1,405 hab.

Aït-Ziri. Fract. des Beni-Yahia, tribu. Com. ind., cant. jud. et cerc. de Fort-National, subd. de Dellys. Pop. ind. 519 hab.; — à 15 kil. S.-E. de Fort-National, point géodésique, altitude 1,031 mètres.

Aït-Zounou. Fract. des Flisset-el-Bahr, tribu. Com. ind., cant. jud. et cerc. de Fort-National, subd. de Dellys. Pop. ind. 2,370 hab.

Akaron ou **Akarou.** Fract. des Beni-Khelili, tribu. Com. ind., cant. jud. et cerc. de Fort-National, subd. de Dellys. Pop. ind. 307 hab.; — à 14 kil. N.-E. de Fort-National.

Akbils. (Sup. 1,300 hect. env.) Tribu non soumise à l'appl. du sén.-cons. Rattachée à la com. ind. de Fort-National. Cant. jud. et cerc. de Fort-National, subd. de Dellys; — à 18 kil. S.-E. de Fort-National, sur la route projetée de cette ville aux Beni-Mansour. Pop. ind. 3,096 hab. Cette tribu se compose des fract. suivantes : Agouni-N'Tesscient, Aït-Hamzi, Aït-el-Aziz, Aït-Messaïn et Aouelz-ou-Zemour et forme avec la tribu des Beni-bou-Youssef une section de la com. ind. de Fort-National.

Akerma. (Sup. 7,852 hect.) Tribu délimitée et érigée en douar-com. par décret du 10 juillet 1867, B. O., p. 979. Com. ind. d'Aflou, cant. jud. et cerc. de Tiaret, subd. de Mascara. Pop. ind. 836 hab. V. *Mechera-Sfa*, douar-com.

Akerma. Tribu non soumise à l'appl. du sén.-cons. Rattachée à la com. mix. et au cerc. de Géryville. Cant. jud. de Saïda, subd. de Mascara. Pop. ind. 802 hab. — NOTA : Le nom de cette tribu ne figure pas dans la composition territoriale du cant. de Saïda.

Akerma. Tribu dépendant des Hamyan-Chafa (v. la délimitation du cant. de Tlemcen), non soumise à l'appl. du sén.-cons. Rattachée à la com. mix. et au cerc. de Sebdou. Cant. jud. et subd. de Tlemcen, dép. d'Oran. Pop. comprise dans les Hamyan-Chafa.

Akerma-Chéraga. (Sup. 13,170 hect.) Tribu délimitée par décret du 23 novembre 1867, B. O., p. 298. Divisée en 2 douars. V. les douars-com. *Djerara* et *Hamadéna*. Com. mix. et cant. jud. d'Inkermann, arr. de Mostaganem. Pop. ind. 3,278 hab., non compris les Européens du village Hamadéna, nouvellement créé.

Akerma-Chéraga. Fract. des Ouled-Ammar, tribu. Com. ind., cant. jud. et cerc. de Teniet-el-Had, subd. d'Orléansville. Pop. ind. 152 hab.

Akerma-Ghéraba. (Sup. 8,025 hect.) Tribu délimitée par décret du 6 juin 1866, B. O., p. 377. Divisée en 3 douars. V. les douars 1° *Ghoualize*, 2° *Gueralria* et 3° *Garboussa*. Com. mix. et cant. jud. de Relizane, arr. de Mostaganem. Pop. ind. de la tribu 3,352 hab.

Akerma-Ghéraba. Fract. des Ouled-Ammar, tribu. Com. ind., cant. jud. et cerc. de Teniet-el-Had, subd. d'Orléansville. Pop. ind. 163 hab.

Akhérib. Fract. d'Oued-Abdi, tribu. Com. ind., cerc., cant. jud. et subd. de Batna. Pop. ind. 237 hab.

Akhoua. V. *Ouled-Oum-el-Akhoua*, tribu. Com. ind., cant. jud. et cerc. de Djelfa, subd. de Médéa.

Akkab ou **Akab.** V. *Ouled-Akkab*, fract. des Ouled-Sultan. Com. ind., cant. jud. et subd. de Batna, annexe de Barika.

Akkach. V. *Beni-bou-Akkach*, tribu. Com. ind., cant. jud. et cerc. de Fort-National, subd. de Dellys.

Aksa-ben-Ali. V. *Ouled-Aksa-ben-Ali*, fract. de l'Oued-Abdi, tribu. Com. ind., cerc., cant. jud. et subd. de Batna.

Alâa. V. *Ouled-Alâa* de l'ancien aghalik des Ghossels. Rattaché provisoirement à la com. de Hennaya. Cant. jud. et arr. de Tlemcen.

Alalma. V. *El-Alalma*, fract. des Douairs, ancienne tribu ou douar *Rétal*. Com. ind. cant. jud., cerc. et subd. de Médéa.

Alaoua. V. *Zerara-el-Alaoua*, fract. de la tribu de Zab-Chergui. Com. ind., cant. jud. et cerc. de Biskra, subd. de Batna.

Alem. V. *El-Alem*, tribu. Com. ind., cant. jud. et cerc. de Djidjelli, arr. jud. de Bougie, subd. de Constantine.

Alfa ou **Alffa.** V. *Ouled-Alffa*, Com. ind. et cerc. de Boghar, cant. de Boghari, subd. de Médéa.

Alfaouïa. V. *Lakdar-Alfaouïa*, tribu. Com. mix. et ind. de Batna, cant. jud. de Batna, partie dans l'arr. de Constantine et partie dans la subd. de Batna.

AL (RÉPERTOIRE ALPHABÉTIQUE DES TRIBUS **AL**

Alhaoua ou **Allaoua**. Fract. de l'Oued-Abdi, tribu. Com. ind., cant. jud., cerc. et subd. de Batna. Pop. ind. 98 hab.

Ali-el-Hammam. (Sup. 8,400 hect. env.) Tribu non soumise à l'app. du sén.-cons. Rattachée au cant. jud. de Tlemcen. Le nom de cette tribu ne figure pas dans l'arrêté du 30 décembre 1875, constitutif des com. mix. de Nemours et de Lalla-Maghrnia. Le tableau du dénombrement ne donne pas également le nom de cette tribu.

Ali. V. *Ouled-Ali*. Fract. des Achèche, tribu. Com. ind. et cerc. d'Aïn-Beïda, subd. de Constantine. V. *Achèche des Ouled-Ali*.

Ali. V. *Ouled-Ali*, tribu. Com. mix. et annexe d'Ammi-Moussa, subd. d'Oran, cant. jud. d'Inkermann.

Ali. V. *Ouled-Ali*. Fract. des Ben-Daoud, tribu. Com. ind., cant. jud. et cerc. de Bordj-bou-Arréridj, subd. de Sétif.

Ali. V. *Ouled-Ali*, tribu. Com. ind. et cerc. d'El-Milia, cant. jud. de Mila, subd. de Constantine.

Ali. V. *Ouled-Ali*, tribu. Com. mix., cant. jud. et arr. de Guelma.

Ali. V. *Ouled-Ali-Tahta* ou *Ouled-Ali*, tribu. Com. mix. de St-Lucien, cant. jud. de Ste-Barbe-du-Tlélat, arr. d'Oran.

Ali. V. *Ouled-Bou-Ali*, tribu. Com. mix. et cant. jud. de Relizane, arr. de Mostaganem.

Ali. V. *Ouled-el-Ali*. Fract. des Mahdid, tribu. Com. ind., cant. jud. et cerc. de Bordj-bou-Arréridj, subd. de Sétif.

Ali. V. *Ouled-Sadd-ben-Ali*. Fract. des Ouled-Sultan, tribu. Com. ind., cant. jud., cerc. et subd. de Batna, annexe de Barika.

Ali. V. *Ouled-Sidi-Ali-ben-Youb*, tribu. Com. mix. de Bou-Kanefis, arr. de Sidi-bel-Abbès, cant. jud. de Sidi-bel-Abbès.

Ali-Achicha. V. *Ouled-Ali-Achicha*, tribu. Com. ind., cant. jud. et cerc. de La Calle, subd. de Bône.

Ali-Ahmed-Medjedoub. V. *Ouled-Ali-Ahmed-Medjedoub*, tribu. Com. mix. et cerc. de Sebdou, cant. jud. et subd. de Tlemcen.

Ali-ben-Abd-Allah. V. *Ouled-Ali-ben-Abd-Allah*, fract. des Ouled-Ali-ben-Sabor, tribu. Com. ind., cant. jud., cerc. et subd. de Batna, annexe de Barika.

Ali-ben-Ameur. V. *Ouled-Ali-ben-Ameur*, tribu. Com. ind. et cerc. de Tiaret-Aflou, cant. jud. de Tiaret, subd. de Mascara.

Ali-ben-Daoud. V. *Ouled-Ali-ben-Daoud*, tribu de la com. ind. d'Aumale, cant. jud., cerc. et subd. d'Aumale.

Ali-ben-Flous. V. *Ouled-Ali-ben-Flous*, fract. des Beni-Oudjana, tribu. Com. ind., cant. jud. et cerc. de Khenchela, subd. de Batna.

Ali-ben-Mohamed. V. *Ouled-Ali-ben-Mohamed*, fract. des Ouled-Sultan, tribu. Com. ind., cant. jud. et subd. de Batna, annexe de Barika.

Ali-bou-Nab. V. *Ouled-Ali-bou-Nab*, fract. réunie aux Hachem. Com. mix. et cant. jud. de Bordj-bou-Arréridj, arr. de Sétif. Le territoire des Hachem tribu et des Ali-bou-Nab fract., a été réuni au territoire civil par arrêté du Gouverneur général. V. *Hachem*, tribu, pour la nouvelle division en sections de la com. mix. de Bordj-bou-Arréridj.

Ali-ben-Rouagued. V. *Oulad-Ali-ben-Rouagued*, fract. des Ouled-Sultan, tribu. Com. ind., cant. jud. et subd. de Batna, annexe de Barika.

Ali-ben-Sabor. V. *Ouled-Ali-ben-Sabor*, tribu. Com. ind., cant. jud., cerc. et subd. de Batna.

Ali-ben-Youb. V. *Ouled-Sidi-Ali-ben-Youb*, tribu. Cant. jud. et arr. de Sidi-Bel-Abbès, com. mix. de Bou-Kanefis.

Ali-ben-Zadboub. V. *Ouled-Ali-ben-Zadboub*, fract. des Ouled-Sultan, tribu. Com. ind., cant. jud. et subd. de Batna, annexe de Barika.

Ali-ben-Zeïna. V. *Ouled-Ali-ben-Zeïna*, fract. des Ouled-Sultan, tribu. Com. ind., cant. jud. et subd. de Batna, annexe de Barika.

Ali-Tahamment. V. *Ouled-Si-Ali-Tahamment*, tribu et douar. Com. mix. et cant. jud. de Batna, arr. de Constantine.

Allane-Béchich. V. *Ouled-Allane-Béchich*, tribu. Com. ind., cant. jud., cerc. et subd. de Médéa.

Allane-Zékri. V. *Ouled-Allane-Zékri*, tribu. Com. ind., cant. jud., cerc. et subd. de Médéa.

Allaoua. V. *Alhaoua*, fract. de l'Oued-Abdi, tribu. Com. ind., cant. jud., cerc. et subd. de Batna.

Allaouna. Tribu non soumise à l'appl. du sén.-cons. Rattachée à la com. ind. de Tebessa, cant. jud. et cerc. de Tebessa, subd. de Constantine; — à 50 kil. S.-O. de Tebessa et sur le chemin de cette ville à Biskra et à El-

AL-AM   ET DES FRACTIONS DE TRIBUS)   **AM**

Oued. Cette tribu se compose des fract. suivantes : Ouled-Saâd, Ouled-el-Amra, Ouled-el-Aïssaouï, Zéradma, Ouled-Chamokh, Ouled-Aoun-Allah, Ouled-Moussa, Ouled-Harrat, Ouled-Bougoussa, Djdour et Youks, d'une pop. totale de 5,846 ind.

Allema. V. *El-Alaïma*, fract. des Douaïr, tribu. Com. ind., cant. jud., cerc. et subd. de Médéa.

Allia. V. *Ouled-ben-Allia*, tribu. Com. ind., cant. jud. et cerc. de Djelfa, subd. de Médéa.

Allouan. V. *Bou-Allouan*, tribu et douar. Com. mix. d'Adélia, cant. jud. et arr. de Miliana.

Allouya. V. *Hallouya*, tribu. Com. mix. et cerc. d'Ammi-Moussa, subd. d'Oran, cant. jud. d'Inkermann.

Amaïlia. V. *Hamaïlia*, fract. des Ouled-Si-Yahia, tribu. Com. ind., cant. jud. et cerc. de Tebessa, subd. de Constantine.

Amal. V. *Ammal*, tribu et douar. Com. mix. de Palestro, cant. jud. de Ménerville, arr. d'Alger.

Amalou. Fract. des Beni-Aydel ou Beni-Aïdel, tribu. Com. ind., cant. jud. et cerc. d'Akbou, arr. jud. de Bougie, subd. de Sétif. Pop. ind. 2,424 hab.

Amam. V. *Oued-el-Hammam*, tribu. Com. mix., cant. jud. et arr. de Mascara.

Amama. V. *Nouader-Hamama*, fract. de l'Oued-Abdi, tribu. Com. ind., cerc., cant. jud. et subd. de Batna.

Amamra. (Sup. 9,515 hect.) Tribu délimitée et érigée en un douar-com. par décret du 26 octobre 1869, *B. O.*, p. 400. V. *Amamra*, douar, n° 166 de la carte. Com. mix. et annexe de Zemmorah, subd. d'Oran, cant. jud. de Relizane. Pop. ind. 1,722 hab.

Amamra. Tribu et kaïdat. (Sup. 107,892 hect.) Ancienne tribu délimitée et érigée en 5 douar-com. par décret du 8 septembre 1869. V. les douars : *R'mila*, n° 224 ; *Ouled-bou-Derhem*, n° 7 ; *Khenchela*, n° 223 ; *Ensigha*, n° 90, et *Ouled-Tamza*, n° 222. Com. mix. et ind. de Khenchela, subd. de Batna, cant. jud. et cerc. de Khenchela. Le nom du douar Oued-Tamza est remplacé par celui de Oued-Yagoub, dans le tableau du dénombrement de 1876. Pop. ind. 9,455 hab.

Amar. V. *Beni-Amar*, tribu. Com. ind., cant. jud., cerc. et subd. d'Aumale.

Amar. V. *Beni-Amar*, tribu. Com. ind., cant. jud. et cerc. de La Calle, subd. de Bône.

Amar-ben-Ali. V. *Ouled-Amar-ben-Ali*, tribu. Com. ind., cant. jud. et cerc. de La Calle, subd. de Bône.

Amar ou **Ammar.** V. *Ouled-Ammar*, fract. du Hodna, tribu. Com. ind., cant. jud. et subd. de Batna, annexe de Barika.

Amar. V. *Ouled-Amor*, tribu. Com. ind., cant. jud., cerc. et subd. de Batna.

Amazoul. Fract. des Beni-Fraoucen, tribu. Com. ind., cant. jud. et cerc. de Fort-National, subd. de Dellys. Pop. ind. 236 hab.

Amer. V. *Ouled-Amer*, tribu. Com. mix. et annexe de Zemmorah, cant. jud. de Relizane, subd. d'Oran.

Ameur. V. *Ouled-Si-Ameur*, tribu. Com. ind., cant. jud., cerc. et subd. d'Aumale.

Ameur. V. *Ouled-Ameur*, tribu. Com. ind., cant. jud. et cerc. de Biskra, subd. de Batna.

Ameur ou **Amer.** V. *Ouled-Ameur* des Beni-Oudjana. Com. ind., cant. jud. et cerc. de Khenchela, subd. de Batna.

Ameur. V. *Ouled-Ameur*, tribu. Com. ind., cant. jud. et cerc. de Bou-Sâada, subd. d'Aumale.

Ameur-Chéraga. (Sup. 16,744 hect.) Tribu délimitée et divisée en 4 douars-com. par décret du 16 juin 1866, v. également le décret du 14 juillet 1865, *B. O.*, p. 353. V. les douars *Ahsasnah*, n° 1 ; *El-Meraehda*, n° 2 ; *Ameur-S'rahoula*, n° 3 ; *Ouled-Nasseur*, n° 4 de la carte. Les deux premiers rattachés à la com. mix. et au cant. jud. de l'Oued-Zenati et les deux derniers à la com. mix. d'Aïn-M'lila et au cant. jud. des Ouled-Rahmoun, arr. de Constantine. Pop. tot. des Ameur-Chéraga, 5,597 hab.

Ameur-Dahra. (Sup. 35,546 hect.) Ancienne tribu délimitée et divisée en 5 douars par décret du 29 janvier 1868. V. les douars *Chabia*, n° 145 ; *Guelt-Zerga*, n° 149 (ce douar rattaché à la com. pl. ex. et au cant. de St-Arnaud) ; *Malah*, n° 146 ; *Guellal*, n° 147 ; *Medjounès*, en 2 parties, n° 148. Cant. jud., com. mix. et arr. de Sétif. Pop. tot. par douar : Guelt-Zerga, 2,134 hab. ; Malah, 1,186 hab. ; Guellal, 914 hab. ; Medjounès, 1,219 hab., Tot., 5,453 hab. — NOTA : Le douar de Chabia a été recensé avec les Ouled-Mansour, douar de l'ancienne tribu des Ameur-Ghebala.

Ameur-Ghebala. (Sup. 46,632 hect.) Ancienne tribu délimitée et divisée en 6 douars par décret du 18 mai 1867. V. les douars *Ouled-Adouan*, n° 139 ; *Ouled-Man-*

sour, n° 140; *Ouled-Ali-ben-Nacer*, n° 141; *Ouled-Sabor*, n° 142; *Guidjal*, n° 143; *Ben-Dhiab*, n° 144. Cant. jud., com. mix. et arr. de Sétif. Pop. tot. pour la tribu, 11,135 hab. y compris la pop. du douar Chabla de l'ancienne tribu des Amour-Dahra, recensée avec les Ouled-Mansour.

Amich. V. *Ouled-Amich*, fract. des Ouled-Sultan, tribu. Com. ind., cant. jud. et subd. de Batna, annexe de Barika.

Amid. V. *Oued-Hamid*, petite fract. des Ouled-Fedhala de la tribu des Achèches. Com. ind., cerc., cant. jud. et subd. de Batna.

Amideck. V. *Ouled-Hamideck*, tribu et douar. Com. ind. d'El-Milia, cant. jud. et annexe de Collo, subd. de Constantine.

Amkrès. Fract. des Beni-Zikki, tribu. Com. ind., cant. jud. et cerc. de Fort-National, subd. de Dellys. Pop. ind. 99 hab.

Amma. V. *Ouled-Hamma*, fract. des Ouled-Ali-ben-Sabor, tribu. Com. ind., cant. jud. et subd. de Batna, annexe de Barika.

Ammal. (Sup. 6,249 hect.) Ancienne tribu délimitée et érigée en douar-com. par décret du 6 mars 1869, *B. O.*, p. 90 (année 1870). V. *Ammal*, douar. Com. mix. de la Palestro, cant. jud. de Ménerville, arr. d'Alger, n° 122 carte.

Ammam. V. *Ouled-el-Hammam*, tribu. Com. mix., cant. jud. et arr. de Mascara.

Ammana. V. *Hammana*, fract. des Ouled-Khiar, tribu. Com. ind., cant. jud. et cerc. de Soukahras, subd. de Bône. Pop. ind. 1,149 hab.

Ammar. V. *Ouled-Ammar*, tribu. Com. ind., cant. jud. et cerc. de Teniet-el-Had, subd. d'Orléansville.

Ammar-Khaddou ou **Ahmar-Khaddou.** Tribu non soumise à l'appl. du sén.-cons. Rattachée à la com. ind. de Biskra. Cant. jud. et cerc. de Biskra, subd. de Batna; — à 45 kil. N.-E. de Biskra, sur le chemin de cette dernière ville aux Beni-Oudjana. Cette tribu renferme les fract. suivantes: El-Oulach, El-Achach, Ouled-Sliman-ben-Aïssa, Ouled-Youb, Ouled-Abderrahman, Beni-Melkem, Serahna et Cheurfa. Pop. tot. 2,275 ind.

Ammou. V. *Ouled-Hammou*, tribu. Com. mix. et cerc. de Lalla-Maghrnia, cant. jud. et subd. de Tlemcen.

Amor. V. *Ouled-Amar-ben-Ali*, tribu. Com. ind., cant. jud. et cerc. de La Calle, subd. de Bône.

Amor. V. *Ouled-Amor*, tribu. Com. ind., cant. jud. et cerc. de Biskra, subd. de Batna.

Amor-ben-Fadhel. V. *Ouled-Amor-ben-Fadhel*, fract. de la tribu des Achèches, com. ind., cerc., cant. jud. et subd. de Batna.

Amor-ben-Mahdi. V. *Ouled-Amor-ben-Mahdi*, fract. des Ouled-Ali-ben-Sabor, tribu. Com. ind., cant. jud. et subd. de Batna, annexe de Barika.

Amou. V. *Ouled-Hammou*, tribu. Com. mix. et cerc. de Lalla-Maghrnia, cant. jud. et subd. de Tlemcen.

Amoucha. (Sup. 18,983 hect.) Ancienne tribu délimitée et divisée en 5 douar-com. par décret du 16 juin 1869. V. les douars: *Kalaoun*, n° 208; *Takitount*, n° 209; *Mentano*, n° 210; *Teniet-el-Tin*, n° 211; *Guergour*, n° 212 de la carte. Com. ind., annexe et cant. jud. de Takitount, subd. de Sétif, arr. jud. de Bougie. Pop. ind. tot. 3,199 hab.

Amouïa. V. *Hamouïa*, fract. du Ferdjioua, tribu. Com. ind. et annexe de Fedj-Mezala, cant. jud. de Mila, subd. de Constantine.

Amouna. V. *Ouled-Hamouna*, fract. des Ouled-Sultan, tribu. Com. ind., cant. jud., cerc. et subd. de Batna, annexe de Barika.

Amoura. Fract. des Ksours. Com. ind., cant. jud. et cerc. de Djelfa, subd. de Médéa; — à 66 kil. S.-E. de Djelfa, sur le versant N.-E. du Djebel-bou-Khaïl, point géodésique. Pop. ind. 610 hab.

Amra. Fract. des Ksours. Com. ind., cant. jud. et cerc. de Djelfa, subd. de Médéa; — à 20 kil. N.-O. de Djelfa. Pop. ind. 460 hab.

Amradga. V. *El-Amradga*, petite fract. des Beni-Maâfa de la tribu des Achèches. Com. ind., cerc., cant. jud. et subd. de Batna.

Amran. V. *Beni-Amran*, tribu. Com. ind. et cant. jud. de l'Arba, annexe et subd. d'Alger.

Amran. V. *Beni-Amran*, tribu. Com. mix. des Issers, cant. jud. de Bordj-Menaïel, arr. de Tizi-Ouzou.

Amran. V. *Ouled-Amran*, tribu. Com. mix. et cerc. de Daya, cant. jud. de Sidi-bel-Abbès, subd. de Tlemcen.

Amran-Djebala. V. *Beni-Amran-Djebala*, tribu. Rattachée partie à la com. mix. de Duquesne, cant. jud. de Djidjelli, arr. de Bougie et partie à la com. ind. de Djidjelli, subd. de Constantine, cant. jud. de Djidjelli.

Amraoua. (Sup. 23,793 hect.) Ancienne tribu délimitée et divisée en 6 douars-com. par décret du 7 avril 1869, B. O., p. 155 (1870). V. les douars : 1° *Mekla*, n° 115 de la carte; 2° *Tikobaïn*, n° 116 de la carte; 3° *Sik-ou-Medour*, n° 117; 4° *Dra-ben-Khedda*, n° 120; 5° *Belloua*, n° 118; 6° *Sidi-Naman*, n° 119. D'après l'organisation, actuellement la tribu des Amraoua se compose des douars Mekla, Tikobaïn et de la fraction de Tamda. Pop. ind. 3,512 hab. Rattachés à la com. ind. de Fort-National, cant. jud. et cerc. de Fort-National, subd. de Dellys. Le douar Dra-ben-Khedda a été en grande partie livrée à la colonisation. Pop. ind. 1,018 hab. Com. mix., cant. jud., arr. de Tizi-Ouzou. Douar Sik-ou-Medour. Pop. ind. 1,447 hab., com. mix. cant. jud., arr. de Tizi-Ouzou. Belloua, douar, partie livrée à la colonisation pour l'agrandissement de Tizi-Ouzou. Pop. ind. 1,538 hab., com. pl. ex., cant. jud., arr. de Tizi-Ouzou. Sidi-Naman, douar, pop. ind. 2,693 hab., com. mix. et cant. jud. de Dellys, arr. de Tizi-Ouzou.

Amri. V. *El-Amri*, fract. des Ziban, tribu. Com. ind., cant. jud. et cerc. de Biskra, subd. de Batna.

Amria. V. *Ouled-el-Amria*, fract. du Hodna, tribu. Com. ind., cant. jud. et subd. de Batna, annexe de Barika.

Amrous. V. *Beni-Amrous*, tribu. Com. mix., cant. jud. et arr. de Bougie.

Amyane. V. *Hamyan*, tribu et douar. Com. mix. de la Mekerra, cant. jud. et arr. de Sidi-bel-Abbès.

Amza. V. *Ouled-Hamza*, tribu. Com. pl. ex. de Boghar et de Boghari, arr. d'Alger, cant. jud. de Boghari.

Amza. V. *Ouled-Hamza*, fract. des Ouled-Ali-ben-Sabor, tribu. Com. ind., cant. jud. et subd. de Batna, annexe de Barika.

Amza. V. *Ouled-Si-Hamza*, tribu. Com. ind. de Tiaret-Aflou, cant. jud. de Tiaret, subd. de Mascara.

Anatra ou **El-Anatra** (Sup. 7,820 hect. env.) Tribu non soumise à l'appl. du sén.-cons. Rattachée à la com. mix. et à l'annexe de Zemmorah, cant. jud. de Relizane, subd. d'Oran ; — à 12 kil. S. de Relizane et sur la rive gauche de l'Oued-Mina, affluent de l'Oued-Chélif. Pop. 664 ind.

Ancer ou **Ansar.** V. *Ouled-Encer*, fract. des Beni-Oudjana, tribu. Com. ind., cant. jud. et cerc. de Khenchela, subd. de Batna.

Aneb. V. *El-Aneb*, fract. des Beni-Ferah, tribu. Com. ind. et cerc. de Miliana, cant. jud. de Duperré, subd. d'Orléansville.

Angad. Tribu rattachée à la com. mix. et au cerc. de Sebdou, cant. jud. et subd. de Tlemcen. V. *Ahl-Angad*, tribu. Pop. ind. 1,334 hab.

Angala. V. *Ouled-Angala*, fract. de l'Oued-Abdi, tribu. Com. ind., cerc., cant. jud. et subd. de Batna.

Annacha. V. *Hannacha*, tribu. Com. ind., cant. jud., cerc. et subd. de Médéa.

Annech. V. *Ouled-Hannech*, tribu. Com. ind., cant. jud. et cerc. de Bordj-bou-Arréridj, subd. de Sétif, annexe de M'sila.

Annencha. V. *Hannencha*, tribu. Com. ind., cant. jud. et cerc. de Soukahras, subd. de Bône.

Anteur. V. *Ouled-Anteur*, tribu. Com. ind. et cerc. de Boghar, cant jud. de Boghari, subd. de Médéa.

Aoua. V. *Beni-Haoua*, tribu et douar. Com. mix. et cant. jud. de Ténès, arr. d'Orléansville.

Aouadja. Fract. des Beni-Bou-Douan, tribu. Com. ind. et cerc. de Miliana, cant. jud. de Duperré, subd. d'Orléansville. Pop. ind. 232 hab. ; — à 28 kil. S.-O. de Duperré et sur l'Oued-Aouadja, affluent de l'Oued-Rouïna.

Aouaïs. V. *El-Aouaïs*, fract. de Ouled-Cheikh. Com. ind., cerc. et cant. jud. de Miliana, subd. d'Orléansville. Pop. ind. 460 hab.

Aoummed. Fract. de Slouf, tribu. Com. ind., cant. jud. et cerc. de Teniet-el-Had, subd. d'Orléansville. Pop. ind. 695 hab. ; — à 25 kil. E. de Teniet-el-Had et sur la rive gauche de l'Oued-bou-Fechtak, affluent du Chélif.

Aoummeur. Fract. des Aziz, tribu. Com. ind., cant. jud. et cerc. de Teniet-el-Had, subd. d'Orléansville. Pop. ind. 291 hab.

Aoummeur. Fract. des Beni-Lent. Com. ind., cant. jud. et cerc. de Teniet-el-Had, subd. d'Orléansville. Pop. ind. 372 hab.

Aouana. V. *El-Aouana*, tribu. Com. ind., cant. jud. et cerc. de Djidjelli, arr. de Bougie, subd. de Constantine.

Aoaouchn. V. *Lakdar-el-Aoaoucha*, tribu. Com. ind., cant. jud. et cerc. de La Calle, subd. de Bône.

Aouara. V. *Haouara*, tribu, Com. ind., cant. jud., cerc. et subd. de Médéa.

Aouaret. V. *Haouaret*, tribu, Com. mix. de Frendah-Mascara, cant. jud. de Tiaret, subd. de Mascara.

Aouat. V. *Ouled-Aouat*, tribu. Com. ind. et cerc. d'El-Milia, cant. jud. de Mila, subd. de Constantine.

Aouf. V. *Ouled-Abdallah-ben-Aouf*, fract. des Ouled-Sultan, tribu, Com. ind., cant. jud. et subd. de Batna, annexe de Barika.

Aouf. V. *Ouled-Aouf*, tribu. Com. ind., cerc. et cant. jud. de Saïda, subd. de Mascara.

Aouhmmed. V. *Haouamed*, tribu et douar, Com. ind., cant. jud. et cerc. de Bou-Sâada, subd. d'Aumale.

Aouïssat. (Sup. 21,350 hect.) Tribu délimitée et divisée en 2 douars-com. par décret du 31 octobre 1868, *B. O.*, p. 1161. V. les douars *Aouïssat* et *Ouled-bou-Gheddou*. Com. ind. de Tiaret-Aflou, subd. de Mascara, cerc. et cant. jud. de Tiaret. Pop. ind. 1,345 hab. ; — à 10 kil. E. de Tiaret et confinant au dép. d'Alger.

Aouïta ou **Aouïta.** V. *El-Haouïta*, tribu et ksar, Com. ind., cant. jud. et cerc. de Laghouat, subd. de Médéa.

Aoun. V. *Ouled-bou-Aoun*, tribu. Com. ind., cant. jud., cerc. et subd. de Batna.

Aoun. V. *Sidi-Aoun*, fract. des Ouled-Saoud, tribu, Com. ind., cant. jud., et cerc. de Biskra, subd. de Batna.

Aourir. Fract. des Beni-Ghobri, tribu, Com. ind., cant. jud. et cerc. de Fort-National, subd. de Dellys. Pop. ind. 209 hab.

Aourir. Fract. des M'chedallah, tribu, Com. ind., cant. jud., cerc. et subd. d'Aumale, annexe des Beni-Mansour, Pop. ind. 160 hab. ; — à 12 kil. N.-O. de Beni-Mansour et à 60 kil. N.-E. d'Aumale.

Aourir-N'ameur-ou-Saïd. Fract. des Beni-Menguellet, tribu, Com. ind., cant. jud. et cerc. de Fort-National, subd. de Dellys. Pop. ind. 433 hab. ; — à 9 kil. S. de Fort-National.

Aourir-ou-Euimi. Fract. des Beni-Yala, tribu. Com. ind., cerc. et subd. de Sétif, cant. jud. d'Akbou. Pop. ind. 390 hab. ; — à 28 kil. S.-E. d'Akbou et à 2 kil. de la rive droite de l'Oued-Mahadjar, affluent du Sahel.

Aouriz-ou-Zemour. Fract. des Akbils, tribu. Com. ind., cant. jud. et cerc. de Fort-National, subd. de Dellys. Pop. ind. 330 hab.

Arab-Chéraga. Tribu non soumise à l'appl. du sén.-cons. Rattachée à la com. ind. de Biskra. Cant. jud. et cerc. de Biskra, subd. de Batna ; — à 30 kil. S.-E. de Biskra, sur la rive droite de l'Oued-Djedi et limitée à l'E. par le Chott-Melrir. Cette tribu se compose des fract. suivantes : El-Moualid, Kelatma, Ouled-Nacer-bou-Akkaz, Goundcha, Ouled-Agah, Ouled-Tkouts, Ouled-Aïda, Djednoun, Smaïl, Ouled-Ranem, Ouled-Sidi-Moussa, Ouled-Ameur, Ouled-Chaïb, Ouled-Moumen, Ouled-Moussa, Ouled-Sidi-Amar, Beni-Brabim, R'raba d'Oumach, Damber et Grich. Nehel et Remóugat. Pop. ind. 6,418 hab.

Arab-el-Bordj. Petite fract. comprise dans les Beni-Imloul de la tribu du Djebel-Chéchar. Com. ind., cant. jud. et cerc. de Biskra, subd. de Batna. La pop. ind. d'Arab-el-Bordj a été comptée avec celle d'Arab-el-Oudja et forme un total de 497 hab.

Arab-el-Oudja. Petite fract. comprise dans les Beni-Imloul de la tribu du Djebel-Chéchar. Com. ind., cerc. et cant. jud. de Biskra, subd. de Batna. La pop. ind. d'Arab-el-Oudja a été comptée avec la fract. d'Arab-el-Bordj et forme un total de 497 hab. ; — à 80 kil. N.-E. de Biskra et sur la rive gauche de l'Oued-el-Arab.

Arab-Ghéraba. Tribu non soumise à l'appl. du sén.-cons. Rattachée à la com. ind. de Biskra. Cant. jud. et cerc. de Biskra, subd. de Batna ; — à 50 kil. S.-O. de Biskra et confinant au dép. d'Alger. Pop. 2,832 ind. Les Arab-Ghéraba se composent des fract. suivantes, savoir: Ouled-Sahel, Ouled-Redir, Ouled-Mahmed, Ouled-Soltan, Ouled-Chaïb, Ouled-Sebiaï, Ouled-M'rits, Nouar et Ouled-Schaban, Ouled-Sidi-S'liman, Dreïssa, Bou-Azid et Ouled-Zid. — Nota : Les hab. de la fract. des Bou-Azid sont internés dans divers cerc. de l'Algérie et ceux des Ouled-Zid sont internés à Djelfa, subd. de Médéa.

Aracta-Djerma. V. *Haracta-Djerma*, Dahra et Guebala, tribus. Com. mix. et cant. jud. de Batna, arr. de Constantine.

Aracta-el-Beïda. V. *Haracta*, tribu. Com. ind., cant. jud. et cerc. d'Aïn-Beïda, subd. de Constantine.

Aracta-el-Mahder. V. *Haracta-el-Mader*, tribu, Com. mix. et cant. jud. de Batna, arr. de Constantine.

Araouat. V. *Haraouat*, tribu. Com. ind., cerc. et cant. jud. de Miliana, subd. d'Orléansville.

Arartsa. V. *Harartsa*, tribu et douar. Com. mix. et annexe de Zemmorah, subd. d'Oran, cant. jud. de Relizane.

Arassa. Fract. des Beni-Ourtilane, tribu. Com. ind., cerc. et subd. de Sétif, cant. jud. d'Akbou. Pop. ind. 1,201 hab. ; — à 24 kil. E. d'Akbou et sur le versant N.-O. du Djebel-Azrou, point géodésique, altitude 1,381 mètres.

Arazlia. V. *Harazlia*, tribu. Com. ind., cant. jud. et cerc. de Laghouat, subd. de Médéa.

Arbâa. V. *El-Arbâa*, fract. de l'Oued-Abdi, tribu. Com. ind., cerc., cant. jud. et subd. de Batna.

Arbâa. V. *Ouled-el-Arbâa* des Ouled-Sultan, tribu. Com. ind., cant. jud. et subd. de Batna, annexe de Barika.

Arbâa-ben-Ferah. V. *El-Arbâa* des Beni-Ferah. Com. ind. et cerc. de Miliana, cant. jud. de Duperré, subd. d'Orléansville.

Arbal. V. *Aghbal*, ancienne tribu non soumise à l'appl. du sén.-cons. Com. mix. de Gouraya, cant. jud. de Cherchel, arr. d'Alger. Pop. tot. 1,723 hab.

Arbaouat ou **El-Arbaouat.** Ksar non soumis à l'appl. du sén.-cons. Rattaché à la com. mix. et au cerc. de Géryville, cant. jud. de Saïda, subd. de Mascara ; à 70 kil. S.-O. de Géryville, et à 190 kil. S.-E. de Saïda. Pop. ind. 464 hab.

Arbâoun. Fract. du Babor, tribu. Com. ind., cant. jud. et annexe de Takitount, arr. jud. de Bougie, subd. et cerc. de Sétif. Pop. ind. 634 hab. ; — à 20 kil. N.-E. de Takitount.

Arb-el-Lalla. Fract. du Zouagha, tribu. Com. ind. et annexe de Fedj-M'zala, cant. jud. de Mila, subd. de Constantine. Pop. ind. 742 hab.

Arb-el-Oued. Fract. de l'Oued-Bousselah, tribu. Com. ind. et annexe de Fedj-M'zala, cant. jud. de Mila, subd. de Constantine. Pop. ind. 666 hab.

Arb-el-Oued-Chéraga. Fract. du Ferdjioua, tribu. Com. ind. et annexe de Fedj-M'zala, cant. jud. de Mila, subd. de Constantine. Pop. ind. 607 hab.

Arb-el-Oued-Ghaba. Fract. du Ferdjioua, tribu. Com. ind. et annexe de Fedj-M'zala, subd. de Constantine, cant. jud. de Mila. Pop. ind. 599 hab.

Arb-Filfila. (Sup. 6,628 hect.) Tribu délimitée et érigée en douar-com. par décret du 10 avril 1869. V. le douar *Arb-Filfila*, n° 205 de la carte. Com. et arr. de Philippeville, cant. jud. de Jemmapes.

Arbia. Fract. de l'Oued-Abdi, tribu. Com. ind., cerc. cant. jud. et subd. de Batna. Pop. 145 hab.

Arbil. V. *Harbib*, Fract. des Beni-Yala, tribu. Com. ind., cerc. et subd. de Sétif, cant. jud. d'Akbou. Pop. ind. 1,230 hab.

Arb-Skikda. (Sup. 6,951 hect.) Tribu délimitée et érigée en douar-com. par décret du 14 mars 1868. V. le douar *Arb-Skikda*, n° 49 de la carte. Com. mix. de Jemmapes, arr. de Philippeville, cant. jud. de Jemmapes.

Arch-Djerallah. Fract. des Beni-bou-Sliman, tribu. Com. ind., cant. jud. et cerc. de Biskra, subd. de Batna. La pop. ind. de l'Arch-Djerallah a été comptée avec diverses fract. des Beni-bou-Sliman et forme un tot. de 796 hab. ; — à 60 kil. N.-E. de Biskra et à 54 kil. S.-E. de Batna.

Archaoua ou **Harchoun** et partie des **Ouled-el-Aziz.** (Sup. 3,000 hect. env.) Tribu non soumise à l'appl. du sén.-cons. Rattachée à la com. mix. de Dra-el-Mizan, cant. jud. de Dra-el-Mizan, arr. de Tizi-Ouzou ; — à 6 kil. S.-O. de Dra-el-Mizan. Pop. tot. 1,759 hab. Une partie des Harchaoua a été livrée au service de la colonisation pour l'établissement du village de Bou-Haroun.

Aréma. V. *Ouled-Aréma*, tribu et anciens Azels domaniaux. Com. de l'Oued-Seguin, cant. jud. de l'Oued-Atménia, arr. de Constantine.

Arérib. Fract. des Beni-Djennad-el-Cheurg, tribu. Com. ind., cant. jud. et cerc. de Fort-National, subd. de Dellys. Pop. ind. 395 hab.

Argoub-Riahl. Fract. des Ouled-Khobbeb ou Ouled-Kebbeb, tribu. Com. ind. et annexe de Fedj-M'zala, subd. de Constantine, cant. jud. de Mila. La pop. ind. d'Argoub-Riahl est de 395 hab.

Arhbal ou **Aghbal.** Ancienne tribu non soumise à l'appl. du sén.-cons. Rattachée comme section à la com. mix. de Gouraya, cant. jud. de Cherchel, arr. d'Alger. Pop. tot. 1,723 hab. Au S. de la tribu de Gouraya.

Ariana. Fract. de la tribu de l'Oued-R'ir, com. ind., cant. jud. et cerc. de Biskra, subd. de Batna. Pop. recensée avec Djama, fract. de la même tribu.

Arib ou **Aribs**. Kaïdat. Comprend : 1° les douars-com. d'Oued-Ridan et d'Aïn-Bessem, rattachés à la com. ind. d'Aumale, et les douars : Sidi-Zouïka, Aïn-Tiziret et Sidi-Khelifa, rattachés à la com. mix. de Bouïra, cant. jud., cerc. et subd. d'Aumale. Pop. tot. du Kaïdat 7,619 ind.

Ariba. V. *Ouled-Ariba*, fract. du Hodna, tribu. Com. ind., cant. jud. et subd. de Batna, annexe de Barika.

Aribs. (Sup. 27,704 hect.) Ancienne tribu délimitée et divisée en 5 douars, par décret du 13 mars 1867, *B. O.*, p. 462. V. les douars ci-après désignés : 1° *Sidi-Zouïka*, n° 26 ; 2° *Aïn-Tiziret*, n° 27 ; 3° *Aïn-Bessem*, n° 28 ; 4° *Sidi-Kalifa*, n° 29 ; 5° *Kouïdat-Hamza*, n° 30 de la carte. Cant. jud., cerc. et subd. d'Aumale. Rattachés à la com. mix. de Bouïra, les douars : Sidi-Zouïka, Aïn-Tiziret et Sidi-Kalifa ; rattachés à la com. ind. d'Aumale, les douars : Aïn-Bessem et Kouïdat-Hamza. Pop. tot. 7,619 ind. Dans ce chiffre ne figure pas la pop. des villages européens d'Aïn-Bessem et de Bouïra.

Aribs. (Sup. 3,725 hect.) Tribu délimitée et érigée en douar-com. par décret du 24 avril 1867. V. le douar-com. d'*Aribs*, n° 63 de la carte. Com. pl. ex. et cant. jud. de Duperré, arr. de Miliana.

Arid-el-S'beta. V. *Ouled-Arid-el-S'beta*, tribu. Com. ind., cant. jud. et cerc. de La Calle, subd. de Bône.

Arif. V. *Ouled-Arif*, fract. des Beni-Oudjana, tribu. Com. ind., cant. jud. et cerc. de Khenchela, subd. de Batna.

Arif. V. *Ouled-bou-Arif*, tribu. Com. ind. et subd. d'Aumale, cant. jud. et cerc. d'Aumale.

Arithira. V. *El-Harthira*, fract. de la tribu de Tuggurt. Com. ind., cant. jud. et cerc. de Biskra, subd. de Batna.

Aroun. V. *Beni-Haroun*, azels domaniaux. Com. mix. et cant. jud. de Mila, arr. de Constantine.

Arous. Fract. des Beni-Raten-ou-Fella, tribu. Com. ind., cant. jud. et cerc. de Fort-National, subd. de Dellys. Pop. ind. 162 hab. ; — à 3 kil. N.-E. de Fort-National.

Arrach. V. *El-Harrach*, tribu. Com. ind., cant. jud. et cerc. d'Akbou, subd. de Sétif.

Arrar. V. *El-Harrar* du Chélif, tribu et douar. Com. mix. de l'Oued-Fodda, arr. d'Orléansville, cant. jud. de Duperré.

Arrid. V. *Ouled-Harrid*, tribu. Com. mix., cant. jud. et arr. de Guelma.

Arzor-Ouftis. Pour désigner la tribu des Beni-Meraï. (Sup. 4,860 hect.) Rattachée à la com. ind. de Takitount. Annexe et cant. jud. de Takitount, cerc. et subd. de Sétif. Pop. 425 ind. ; — à 12 kil. N. de Takitount et sur la rive droite de l'Oued-Aghrioun.

Asfel. V. *El-Ksar-el-Asfel*, fract. de l'Oued-Abdi, tribu. Com. ind., cant. jud., cerc. et subd. de Batna.

Asfel. V. *Teskifin-el-Asfel* de l'Oued-Abdi, tribu. Com. ind., cant. jud., cerc. et subd. de Batna.

Asker. V. *Ouled-Asker*, tribu. Com. ind., cant. jud. et cerc. de Djidjelli, subd. de Constantine, arr. jud. de Bougie.

Askeur. Fract. des Beni-Ittourar, tribu. Com. ind., cant. jud. et cerc. de Fort-National, subd. de Dellys. Pop. ind. 123 hab.

Asla. Ksar dépendant du cerc. de Sebdou, non soumis à l'appl. du sén.-cons. Rattaché à la com. mix. de Sebdou. Cant. jud. et subd. de Tlemcen ; — à 238 kil. S.-E. de Tlemcen, sur le chemin de Géryville à l'oasis de Figuig (Maroc). La pop. du ksar Asla est comprise dans les 4,698 hab. du territoire des Ksours dépendant du même cerc. (dénombrement de 1876).

Assana. V. *Hassahas*, tribu et douar. Com. mix. et cant. jud. d'Aïn-Mokra, arr. de Bône.

Assafia. V. *El-Assafia*, ksar. Com. ind., cant. jud. et cerc. de Laghouat, subd. de Médéa.

Assaïn. V. *Beni-Hassein*, tribu. Com. ind., cant. jud. et cerc. de Fort-National, subd. de Dellys.

Assameur. V. *Agammeur*, fract. du douar-com. de Beni-Oughlis. Com. ind., cerc. et cant. jud. de Bougie, subd. de Sétif. Pop. ind. 7,012 hab.

Assasna. V. *Hassasna*, tribu. Com. mix. de la Mekerra, arr. et cant. jud. de Sidi-bel-Abbès.

Assasna. V. *Hassasna*, tribu. Rattachée partie à la com. mix. de Relizane, arr. de Mostaganem et partie à la com. mix. et annexe de Zemmorah, cant. jud. de Relizane, subd. d'Oran.

Assasna-Chéraga. V. *Hassasna-Chéraga*, tribu. Com. ind., cant. jud. et cerc. de Saïda, subd. de Mascara.

Assasna-Gheraba. V. *Hassasna-Gheraba*, tribu. Com. ind., cant. jud. et cerc. de Saïda, subd. de Mascara.

Assein. V. *Beni-Hassein*, tribu. Com. ind., cant. jud. et cerc. de Bougie, subd. de Sétif.

AS-AT (ET DES FRACTIONS DE TRIBUS) **AT-AY-AZ**

Assen-ben-Ali. V. *Hassen-ben-Ali*, tribu. Com. mix. de Ben-Chicao, cant. jud. de Médéa, arr. d'Alger.

Assinat. V. *Hassinat*, tribu. Com. mix. de Frendah-Mascara, cant. jud. de Tiaret, subd. de Mascara.

Atallah. V. *Ouled-Si-Atallah*, tribu. Com. ind., cant. jud. et cerc. de Laghouat, subd. de Médéa.

Atatfa ou **Athatfa.** Fract. des Achèche, V. *Achèche des Athatfa*, fract. des Achèche. Com. ind. et cerc. d'Aïn-Beïda, subd. de Constantine.

Atba. V. *Saïd-Atba*, tribu. Com. ind., cant. jud. et cerc. de Laghouat, subd. de Médéa.

Atba-Djemala (Sup. 1,000 hect.) Tribu non soumise à l'appl. du sén.-cons. Rattachée à la com. mix. et au cant. jud. de St-Denis-du-Sig, arr. d'Oran; — à 6 kil. N.-E. de St-Denis-du-Sig et au N. de la ligne du chemin de fer d'Alger à Oran. Pop. ind. 249 hab. Les Atba-Djemala ont été soumis à l'appl. de la loi du 26 juillet 1873 (constitution de la propriété indigène).

Athatfa. Fract. des Achèche. Com. ind. et cerc. d'Aïn-Beïda, subd. de Constantine. V. *Achèche des Athatfa*, fract. des Achèche.

Athia ou **Attia.** V. *Atya*, tribu. Com. mix., cerc. et cant. jud. de Nemours, subd. de Tlemcen.

Atsamenia. Fract. des Aziz, tribu. Com. ind., cant. jud. et cerc. de Teniet-el-Had, subd. d'Orléansville. Pop. ind. 132 hab.

Atsamna. V. *El-Atsamna*, fract. des Ouled-Fedhala, tribu, com. ind., cerc., cant. jud. et subd. de Batna.

Atselats. Fract. de l'Oued-Abdi, tribu. Com. ind., cant. jud., cerc. et subd. de Batna. La pop. ind. des Atselats est de 410 hab.

Atsman. V. *Ouled-Sidi-Atsman*, fract. du Hodna, tribu. Com. ind., cant. jud., cerc. et subd. de Batna, annexe de Barika.

Attaf. V. *Beni-Attaf*, tribu. (Sup. 1,200 hect. env.) Tribu non soumise à l'appl. du sén.-cons. Rattachée à la com. ind. de Fort-National, cant. jud. et cerc. de Fort-National, subd. de Dellys. Pop. ind. 2,124 hab.

Attaf. (Sup. tot. 30,887 hect.) Ancienne tribu délimitée et divisée en 4 douars-com. par décret du 10 juillet 1867. V. *Fodda*, douar, n° 66, com. mix. de l'Oued-Fodda, arr. et cant. jud. d'Orléansville; *Routna*, douar, n° 69, com. pl. ex. de St-Cyprien, arr. de Miliana, cant. jud. de Duperré; *Tiberkanin*, douar, n° 67, com. mix. de l'Oued-Fodda, arr. et cant. jud. d'Orléansville; *Zeddin*, douar, n° 70, com. ind. et cerc. de Miliana, subd. d'Orléansville, cant. jud. de Duperré. La pop. est indiquée dans la table des douars. La partie de l'ancienne tribu des Attaf, actuellement en territoire de commandement, s'appelle douar *Zeddin*. Pop. 2,073 hab.

Attaya. V. *Sahari-el-Attaya*, tribu. Com. ind., cant. jud. et cerc. de Djelfa, subd. de Médéa.

Attia. V. *Haïtia*, tribu ou *El-Bordj*, douar. Com. mix. de Frendah-Mascara, cant. jud. et subd. de Mascara.

Attia. V. *Ouled-Attia*, tribu. Com. mix. et cant. jud. d'Aïn-Mokra, arr. de Bône.

Attia ou **Atia.** V. *Ouled-Attia*, tribu. Com. ind. et cerc. d'El-Milia, annexe et cant. jud. de Collo, arr. jud. de Philippeville, subd. de Constantine.

Attia ou **Beni-Mathar-Ouled-Attia.** V. *Ouled-Attia* ou *Beni-Mathar-Ouled-Attia*, tribu. Com. mix. et cerc. de Daya, cant. jud. de Sidi-bel-Abbès, subd. de Tlemcen.

Attia. V. *Ouled-Attia*, tribu. Com. mix. et cant. jud. d'El-Arrouch, arr. de Philippeville.

Atya ou **Athia.** (Sup. 2,109 hect. env.) Tribu non soumise à l'appl. du sén.-cons. Rattachée à la com. mix. de Nemours, cant. jud. et cerc. de Nemours, subd. de Tlemcen; — à 30 kil. O. de Nemours et confinant au Maroc. Pop. 479 ind. (Marocains).

Ayadhat ou **Ayadat.** V. *El-Ayadhat*, fract. du Hodna, tribu. Com. ind., cant. jud. et subd. de Batna, annexe de Barika.

Ayed. V. *Ouled-Ayed*, tribu. Com. ind., cant. jud., cerc. et subd. d'Orléansville.

Azaus. V. *Hassahas*, tribu et douar. Com. mix. et cant. jud. d'Aïn-Mokra, arr. de Bône.

Azayi ou **El-Azayi.** Tribu des Beni-S'nous. (Sup. 11,917 hect. env.) Non soumise à l'appl. du sén.-cons. Rattachée à la com. mix. et au cerc. de Sebdou. Cant. jud. et subd. de Tlemcen; — à 20 kil. S.-O. de cette dernière ville et sur la Tafna. Pop. ind. 1,580 hab.

Azedj. V. *Hasedj*, tribu. Com. mix. de la Mekerra, arr. et cant. jud. de Sidi-bel-Abbès.

Azel des Ouled-Amor. Fract. du Hodna, tribu. Com. ind., cere., cant. jud. et subd. de Batna, annexe de Barika. La pop. ind. de l'Azel des Ouled-Amor a été comptée avec diverses fract. et forme un total de 2,159 hab. ind.

Azel des Ouled-Mansour. Fract. du Hodna, tribu. Com. ind., cere. et subd. de Batna. V. *Hodna*, tribu. Annexe de Barika. La pop. ind. de l'Azel des Ouled-Mansour a été comptée en bloc avec diverses fract. et forme un total de 2,159 hab. ind.

Azereg. V. *Ouled-Sidi-el-Azereg*, tribu. Com. mix. et annexe de Zemmorah, cant. jud. de Relizane, subd. d'Oran.

Azezla. Fract. de Messaba, tribu. Com. ind., cant. jud. et cere. de Biskra, subd. de Batna. La pop. ind. de cette fract. est de 1,015 hab. ; — à 165 kil. S.-E. de Biskra et au S. du grand Chott.

Aziz. Tribu non soumise à l'appl. du sén.-cons. Rattachée partie à la com. et au cant. jud. de Dra-el-Mizan, arr. de Tizi-Ouzou et partie à la com. ind. d'Aumale, cere. et cant. jud. d'Aumale. V. *Ouled-el-Aziz*, tribu.

Aziz. Tribu non soumise à l'appl. du sén.-cons. Rattachée à la com. ind. de Teniet-el-Had, cant. jud. et cere. de Teniet-el-Had, subd. d'Orléansville ; — à 24 kil. S.-E. de Teniet-el-Had, sur le chemin de Boghar à Tiaret. Cette tribu se compose des fract. suivantes : Koudiate, Ouled-Si-Yagoub, Guedadcha, Ouled-Mohammed, Medafra, Ouled-Sâad, Ouled-Riah, Aouameur, Ouled-Bouzid et Atsaménia. Pop. ind. 2,512 hab.

Aziz. V. *Ouled-Aziz*, tribu. Com. ind. de Tiaret-Aflou, cant. jud. de Tiaret, subd. de Mascara.

Aziz. V. *Ouled-bou-Aziz*, tribu. Com. mix. et arr. de Bône, cant. jud. de Mondovi.

Azouguine. V. *Iazougen*, fract. des Beni-Ghobri, tribu. Com. ind., cant. jud. et cere. de Fort-National, subd. de Dellys.

Azouza. Fract. des Beni-Raten-bou-Adda, tribu. Com. ind., cant. jud. et cere. de Fort-National, subd. de Dellys. Pop. ind. 1,175 hab.

Azrou. Fract. des Beni-Illiten, tribu. Com. ind., cant. jud. et cere. de Fort-National, subd. de Dellys. Pop. ind. 158 hab. ; — à 18 kil. S.-E. de Fort-National.

Azrou-ou-Guellal. Fract. des Beni-Menguellet, tribu. Com. ind., cant. jud. et cere. de Fort-National, subd. de Dellys. Pop. ind. 475 hab. ; — à 9 kil. S.-E. de Fort-National.

Azzefoun ou **Zeffoun.** Fract. des Zerkfaoua, tribu. Com. ind., cant. jud. et cere. de Fort-National, subd. de Dellys. Pop. ind. 1,349 hab. ; — à 35 kil. N.-E. de Fort-National et sur le littoral.

Azzouza ou **Azouza.** (Sup. 4,005 hect. env.) Tribu non soumise à l'appl. du sén.-cons. Rattachée à la com. ind. de Fort-National. Cant. jud. et cere. de Fort-National, subd. de Dellys ; — à 30 kil. N.-E. de Fort-National et sur le chemin de Dellys à Bougie. Pop. 2,189 ind. Cette tribu se compose des fract. suivantes : Irili-Iazouzen, Taguemount-bou-Fenand, Aït-Hamad, Ibedacen, Aït-Ali-ou-Abd-Allah, El-Koudia, et forme avec les tribus de Tigrin, Beni-Hassaïn et Iril-N'Zékri une section de la com. ind. de Fort-National.

B

Babata. V. *Bahata*, fract. de l'ancienne tribu des Beni-Sliman, dépendant actuellement des Beni-Sliman-Gheraba (nouvelle organisation). Non érigée en douar-com. Rattachée à la com. ind. de l'Arba, annexe et cant. jud. de l'Arba, subd. d'Alger. Pop. 833 ind.

Babor. (Sup. 33,600 hect. env.) Tribu non soumise à l'appl. du sén.-cons. Rattachée à la com. ind. de Takitount. Cant. jud. et annexe de Takitount, cere. et subd. de Sétif ; — à 16 kil. N.-E. de Takitount, sur le versant N.-E. du Djebel-ben-Zerib et S.-E. du Djebel-Babor. La tribu des Babor (ou kaïdat) se compose des fract. suivantes : Babor, Beni-Saïd, Ouled-bou-Harratz, Beni-Zoundaï, Richia, Beni-Aziz, Beni-Medjellet-Arbaoun. Pop. ind. 7,360 hab.

Babor. Fract. du Babor, tribu. Com. ind., cant. jud. et annexe de Takitount, arr. jud. de Bougie, cere. et subd. de Sétif. Pop. ind. 1,321 hab.

Babta. V. *Rabta*, fract. de l'Oued-Ksob. Com. ind., cerc. et cant. Jud. de Bordj-bou-Arréridj, subd. de Sétif.

Badès. Fract. des Zab-Chergui. Com. ind., cant. jud. et cerc. de Biskra, subd. de Batna. Pop. 325 ind.; — à 85 kil. E. de Biskra et sur la rive gauche de l'Oued-el-Arab, affluent du lac Farfaria.

Badessa. V. *El-Badessa*, fract. des Ouled-Sliman du grand kaïdat du Djebel-Meharga. Com. ind., cant. jud. et cerc. de Bou-Sâada, subd. d'Aumale. Pop. ind. 186 hab.

Baghdoura. (Sup. 4,326 hect.) Ancienne tribu délimitée et érigée en douar-com. par décret du 23 avril 1866. V. le douar de *Baghdoura*, n° 96 de la carte. Com. mix. et cant. jud. de Ténès, arr. d'Orléansville. Pop. tot. 1,461 hab.

Bahaïli. Fract. des Beni-Kani. Com. ind., cant. jud., cerc. et subd. d'Aumale, annexe des Beni-Mansour. Pop. ind. 542 hab.; — à 68 kil. N.-E. d'Aumale et sur la limite du dép. d'Alger.

Bahatn. Fract. de l'ancienne tribu des Beni-Sliman. Sup. 9,400 hect. Dépendant actuellement du kaïdat des Beni-Sliman-Gheraba. Non érigée en douar-com. Rattachée à la com. ind. de l'Arba. Annexe et cant. jud. de l'Arba, subd. d'Alger. Pop. 833 ind.; — à 22 kil. S.-O. de l'Arba.

Bahour ou **Bohour.** V. *Ouled-Bohour*, fract. du Zab-Chergui. Com. ind., cant. jud. et cerc. de Biskra, subd. du Batna. Pop. 615 ind., y compris la pop. des Ouled-Farès-ben-Rabah.

Bahr. V. *Beni-Djenad-el-Bahr*, tribu. Com. ind., cant. jud. et cerc. de Fort-National, subd. de Dellys.

Bahr. V. *El-Bahr*, fract. des Ouled-Mohamed-el-M'barek. Com. ind., cant. jud. et cerc. de Bou-Sâada, subd. d'Aumale. Pop. ind. 89 hab.

Bahr. V. *Flisset-el-Bahr*, tribu. Com. ind., cant. et cerc. de Fort-National, subd. de Dellys.

Bakhita. V. *Ouled-Bakhita*, fract. des Sahary-Khobézat, tribu. Com. ind., cerc. et cant. jud. de Djelfa, subd. de Médéa. Pop. ind. 257 hab.

Bakir. V. *Ouled-Bakir*, fract. des Ouled-Kraled du kaïdat de l'Ouled-Chaïr. Com. ind., cerc. et cant. jud. de Bou-Sâada, subd. d'Aumale. Pop. ind. 141 hab.

Bakir. V. *Ouled-Bakir*, fract. des Ouled-Kraled du kaïdat de l'Oued-Chaïr. Com. ind., cerc. et cant. jud. de Bou-Sâada, subd. d'Aumale. Pop. ind. 107 hab.

Balaghr. V. *Ouled-Balaghr*, tribu. Com. mix. de Daya, cant. jud. de Sidi-bel-Abbès et cerc. de Daya, subd. de Tlemcen.

Bali ou **Bahli.** Fract. de l'Oued-Abdi. Com. ind., cant. jud., cerc. et subd. de Batna. Pop. 208 ind.; — à 34 kil. S.-E. de Batna, sur la rive gauche de l'Oued-Abdi, affluent de l'Oued-Biskra.

Barbacha. Fract. des Ouled-Abd-el-Djebar. Com. ind., cant. jud. et cerc. de Bougie, subd. de Sétif. Pop. ind. 1,810 hab.; — à 24 kil. S.-O. de Bougie, sur la route stratégique de Bougie à Sétif et au S. du territoire de colonisation de l'Oued-Amizour.

Bârérout. Fract. des M'chedallah. Com. ind., cant. jud., cerc. et subd. d'Aumale, annexe des Beni-Mansour. Pop. ind. 99 hab.

Barka. V. *Ouled-Barka*, tribu. Com. ind., cant. jud., cerc. et subd. d'Aumale.

Barkat. V. *Ouled-Barkat*, tribu. Com. mix. de Zemmorah, annexe de Zemmorah, cerc. et subd. d'Oran, cant. jud. de Relizane.

Barrania. V. *Berrania*, tribu. Com. mix. d'Aïn-M'lila, cant. jud. des Ouled-Rahmoun, arr. de Constantine.

Batna (Le kaïdat de) se compose des tribus de Lakhdar-Alfaouïa, Ouled-Chelih, Tieta et Zouï. Toutes ces tribus ont été délimitées et érigées en douar-com. Pop. ind. du kaïdat, 5,177 hab.

Béchar. Fract. des Beni-Ittourar. Com. ind., cant. jud. et cerc. de Fort-National, subd. de Dellys. Pop. ind. 136 hab.; — à 17 kil. S.-E. de Fort-National.

Bechiah. V. *Ouled-Bechiah*, fract. des Ouled-Dhia, tribu et kaïdat. Com. ind., cerc. et cant. jud. de Soukahras, subd. de Bône. Pop. ind. 1,662 hab.

Béchir. V. *Beni-Béchir*, tribu ou douar Aïn-Ghorab. Com. pl. ex. de St-Charles, arr. de Philippeville, cant. jud. d'El-Arrouch.

Béchir. V. *Beni-Béchir*, ancienne tribu ou douar *El-Alba*. Com. mix. et cant. jud. de Collo, arr. de Philippeville.

Bedarma. Fract. des Beni-bou-Yacoub, tribu et douar. Com. mix. de Ben-Chicao, cant. jud. de Médéa, arr. d'Alger. Pop. ind. 366 hab.; — à 22 kil. N.-E. de Médéa et sur l'Oued-Bedarna, affluent de l'Harrach.

Bedarau. Fract. de Doui-Hasseni. Com. ind., cant. jud. et cerc. de Teniet-el-Had, subd. d'Orléansville. Pop. ind. 217 hab.

Begara. V. *El-Begara*, fract. des Ouled-Toaba. Com. ind., cerc. et cant. jud. de Djelfa, subd. de Médéa.

Behira-Thoula. (Sup. 17,292 hect.) Tribu délimitée et divisée en 2 douars-com. par décret du 18 novembre 1868. V. les douars *Ouled-Dreid*, n° 173 et *El-Hezebri*, n° 174 de la carte. Com. mix. d'Aïn-M'lila, cant. jud. des Ouled-Rahmoun, arr. de Constantine. Pop. tot. 3,071 hab.

Bekakia. V. *El-Bekakia*, grande fract. du Chorfat-el-Hamel. Com. ind., cerc. et cant. jud. de Bou-Sâada, subd. d'Aumale. Pop. ind. 520 hab.

Bekakra. Tribu dépendant des Hamyan Chafa, non soumise à l'appl. du sén.-cons. Rattachée à la com. mix. et au cerc. de Sebdou, cant. jud. et subd. de Tlemcen. Le chiffre de la pop. est compris dans celui des Hamyan-Chafa.

Bel-Abbès. V. *Ouled-Aïssa-bel-Abbès*, tribu. Com. mix. de Frendah-Mascara, cant. jud. et subd. de Mascara.

Bel-Adi. V. *Ouled-bel-Adi*, fract. des Ouled-Sultan, tribu. Com. ind., cant. jud., cerc. et subd. de Batna, annexe de Barika.

Bel-Afou. V. *Ouled-bel-Afou*, tribu et douar. Rattachés à la com. mix. de Duquesne, sous le nom de Taher (centre en voie de peuplement). cant. jud. de Djidjelli, arr. de Bougie.

Bel-Aïd. V. *Beni-bel-Aïd*, tribu et douar. Com. ind. et cerc. d'El-Milia, cant. jud. de Mila, subd. de Constantine.

Belalla ou **B'lalla.** Fract. des Ouled-Si-Yahia. Com. ind., cerc. et cant. jud. de Tebessa, subd. de Constantine. Pop. 1,046 ind.

Belbara. Fract. de M'chedellah. Com. ind., cant. jud., cerc. et subd. d'Aumale, annexe de Beni-Mansour. Pop. ind. 237 hab.

Belgassem. V. *Ouled-Belgassem*, fract. des Ouled-Sultan. Com. ind., cerc., cant. jud. et subd. de Batna, annexe de Barika.

Belgassem-ben-el-Arbi. Petite fract. des Ouled-Si-Ali du kaïdat de Chorfat-el-Hamel. Com. ind., cant. jud. et cerc. de Bou-Sâada, subd. d'Aumale. Pop. ind. 60 hab.

Bel-Ghafer. V. *Ahel-el-Gafer* ou *Ahl-bel-Ghafer*, tribu. Com. mix. et cerc. de Lalla-Maghrnia, subd. de Tlemcen.

Bel-Hassen. V. *Beni-bel-Hassen*, tribu. Cant. jud., annexe et com. ind. de l'Arba, subd. d'Alger.

Belkassem-ben-Ali. V. *Ouled-Belkassem-ben-Ali*, fract. des Ouled-Rechaïch. Com. ind., cerc. et cant. jud. de Khenchela, subd. de Batna.

Belkassem-ben-Yahia. V. *Ouled-Belkassem-ben-Yahia* des Ouled-Sultan-Dahra et Guebala. Com. ind., cerc., cant. jud. et subd. de Batna.

Bel-Kheir. V. *Ouled-Si-bel-Kheir* de la tribu des Achèche. Com. ind., cerc., cant. jud. et subd. de Batna.

Bel-Kir ou **Bel-Khir.** V. *Ouled-bel-Khir* de la tribu des Ouled-Sultan. Com. ind., cant., cerc. et subd. de Batna, annexe de Barika.

Bellil. V. *Ouled-Bellil*, tribu et douar. Com. mix. de Bouhira, cerc., cant. jud. et subd. d'Aumale.

Bellil. V. *Ouled-Bellil*, nom d'une fract. du douar-com. d'El-Kantara. Com. ind., cerc. et cant. jud. de Biskra, subd. de Batna. Pop. ind. 812 hab.

Ben-Affan. V. *Ouled-ben-Affan*, tribu. Com. ind., cerc. et cant. jud. de Tiaret, subd. de Mascara.

Ben-Aïcha. V. *Ouled-ben-Aïcha* des Ouled-Sultan-Dahra et Guebala, tribu. Com. ind., cerc., cant. jud. et subd. de Batna, annexe de Barika.

Ben-Ali. V. *Hassen-ben-Ali*, tribu. Com. mix. de Ben-Chicao, cant. jud. de Médéa, arr. d'Alger.

Beni-Abbas ou **Beni-Abbès.** Fract. des Beni-Ouassif, tribu. Com. ind., cant. jud. et cerc. de Fort-National, subd. de Dellys. Pop. ind. 1,129 hab. ; — à 9 kil. S. de Fort-National.

Beni-Abbès. (Sup. 36,467 hect.) Ancienne tribu délimitée et divisée en 5 douars-com. par décret du 13 mars 1869. V. les douars *Tazemalt*, n° 189 (com. mix. d'Akbou) ; *Tigrine*, n° 190 ; *Boni*, n° 192 ; *Aït-R'zine*, n° 193 et *Mouqua*, n° 191 de la carte. Com. ind., cant. jud. et cerc. d'Akbou, subd. de Sétif. — NOTA : Le douar Mouqua est désigné quelquefois sous le nom d'Aït-Abd-Allah. La pop. ind. des Beni-Abbès, moins le douar Tazemalt, est de 12,840 hab. Le douar de Tazemalt forme une section de la com. mix. d'Akbou.

Beni-Abbès. Fract. des Beni-Sliman. Com. ind., cant. jud. et annexe de Takitount, arr. jud. de Bougie, subd. et cerc. de Sétif. Pop. 919 ind.

Beni-Abbès. V. *Beni-Abbas*, fract. des Beni-Ouassif, tribu. Com. ind., cerc. et cant. jud. de Fort-National, subd. de Dellys. Pop. ind. 1,129 hab.

Beni-Abd-Allah. Fract. du Sahel-Guebli, tribu. Com. ind., cerc. et subd. de Sétif, cant. jud. d'Akbou. Pop. ind. 401 hab. ; — à 48 kil. E. d'Akbou et à 36 kil. N.-O. de Sétif, sur la route stratégique de Sétif à Bougie et le versant N.-O. du Bou-Hamar, point géodésique, altitude 1,237 mètres.

Beni-Abed. (Sup. 3,825 hect. env.) Tribu non soumise à l'appl. du sén.-cons. Rattachée à la com. mix. et au cerc. de Nemours. Cant. jud. et subd. de Tlemcen. — NOTA : Le tableau du dénombrement ne donne pas le nom de cette tribu.

Beni-Abibi. V. *Beni-Habibi*, tribu. Rattachée à la com. ind. de Djidjelli. Cant. jud. et cerc. de Djidjelli, subd. de Constantine.

Beni-Achache. Fract. des Beni-Yala, tribu. Com. ind., cerc. et subd. de Sétif, cant. jud. d'Akbou. Pop. ind. 1,070 hab.

Beni-Addi. (Sup. 4,728 hect.) Ancienne tribu délimitée et érigée en 1 douar-com. par décret du 18 novembre 1869. V. le douar *Beni-Addi*, n° 294. Com. mix., cant. jud. et arr. de Guelma.

Beni-Adjez. V. *Beni-Yadjès*, fract. des Beni-Foughal, tribu. Com. ind. de Djidjelli, cant. jud. et cerc. de Djidjelli, subd. de Constantine.

Beni-Adjissa. V. *Adjissa*, fract. des Ouled-Abd-el-Djebar. Com. ind., cant. et cerc. de Bougie, subd. de Sétif.

Beni-Afer et Djimla ou **Beni-Afeur et Djimla.** Tribu et kaïdat non soumis à l'appl. du sén.-cons. Rattachés à la com. ind. de Djidjelli. Cerc. et cant. jud. de Djidjelli, subd. de Constantine; — à 35 kil. S.-E. de Djidjelli, sur le chemin de cette ville à Sétif et sur l'Oued-Djindjin. Cette tribu se compose des fract. suivantes : Aftis et Ouled-Arab, Ouled-M'doura et Ouled-Zmara, El-Ouadia, Djouambia, Ouled-bou-Souar et Ouled-Mahmed, Ouled-Saïd et Beni-Hassein, Ouled-Mars et Ouled-Aïssa, d'une pop. tot. de 5,501 ind.

Beni-Afif. Fract. des Beni-Chebana, tribu. Com. ind., cerc. et subd. de Sétif, cant. jud. d'Akbou. Pop. ind. 1,296 hab. ; — à 36 kil. E. d'Akbou et sur la rive gauche de l'Oued-Bousselam.

Beni-Ahmed. (Sup. 12,529 hect.) Ancienne tribu délimitée et érigée en douar-com. par décret du 27 octobre 1866. V. le douar-com. de *Oued-Telhenet*, n° 59 de la carte. Subd. d'Orléansville, com. ind., cant. jud. et cerc. de Miliana. Pop. 3,245 ind.

Beni-Ahmed. (Sup. 4,798 hect.) Ancienne tribu délimitée et érigée en douar-com. par décret du 27 octobre 1866. V. le douar-com. de *M'rabot-Moussa*, n° 50. Com. mix. de Duquesne, cant. jud. de Djidjelli, arr. de Bougie. Une partie de ce douar a été livrée à la colonisation pour l'installation des fermes isolées de M'rabot-Moussa. Pop. 37 Français, 594 ind.

Beni-Aïcha. (Sup. 4,648 hect.) Ancienne tribu délimitée et érigée en 2 douars-com. par décret du 12 octobre 1868. V. les douars-com. de *El-M'cid*, n° 21 ; *Tamendjar*, n° 22 de la carte. Com. ind. et cerc. d'El-Milia, subd. de Constantine, cant. jud. de Mila. Pop. 1,561 ind. — NOTA : Ces deux douars forment actuellement le cheïkat indépendant des Beni-Aïcha.

Beni-Aïche. Fract. de Ouzera, tribu et douar. Com. mix. de Ben-Chicao, cant. jud. de Médéa, arr. d'Alger. Pop. ind. 1,428 hab. ; — à 13 kil. N.-E. de Médéa, sur l'Oued-Djer ou Oued-bou-Beker, affluent de la Chiffa.

Beni-Aïdel ou **Beni-Aydel.** (Sup. 35,500 hect. env.) Tribu non soumise à l'appl. du sén.-cons. Rattachée à la com. ind. d'Akbou. Cant. jud. et cerc. d'Akbou, subd. de Sétif; — à 4 kil. E. d'Akbou, sur l'Oued-Sahel et l'Oued-Boussellam, affluent du précédent. Cette tribu se compose des fract. suivantes : Amalou, Mahfouda, Bou-Hamza, Tizi-Aïdel, Ouled-Sidi-Yahia, Seddouk et Ouled-Nouah. Pop. ind. 10,027 hab.

Beni-Aïssa. Fract. de La Cheffia, tribu du kaïdat de l'Oued-bou-Hadjar. Com. ind., cant. jud. et cerc. de La Calle, subd. de Bône. Pop. 1,088 ind.

Beni-Aïssi. (Sup. 4,600 hect. env.) Tribu non soumise à l'appl. du sén.-cons. Rattachée à la com. mix. de Tizi-Ouzou. Cant. jud. et arr. de Tizi-Ouzou; — à 10 kil. S.-E. de cette ville. Pop. tot. 3,971 hab.

Beni-Aïssi. Fract. des Beni-Yala-Chéraga, tribu. Com. ind., cant. jud., cerc. et subd. d'Aumale, annexe des Beni-Mansour. Pop. ind. 511 hab. ; — à 44 kil. N.-E. d'Aumale entre l'Oued-Berdi et l'Oued-Gouïa, affluents rive gauche de l'Oued-Sahel.

Beni-Aïssi ou **Beni-bou-Aïssi.** V. *Beni-Melloul*, tribu et *Aït-Ouarets-ou-Ali*, douar. Com. ind., cant. jud. et cerc. de Bougie, subd. de Sétif.

Beni-Amar. (Sup. 13,579 hect.) Tribu dépendant actuellement du kaïdat de l'Oued-el-Kébir, délimitée et érigée en douar-com. par décret du 29 septembre 1867. V. le douar *Beni-Amar*, n° 97 de la carte. Com. ind., cant. jud. et cerc. de La Calle, subd. de Bône. Pop. ind. 1,005 hab.

Beni-Amar. (Sup. 30,906 hect.) Ancienne tribu délimitée et divisée en 2 douars-com. par décret du 17 octobre 1869. V. les douars-com. *Oued-el-Berdi*, n° 125 de la carte et *Aïn-Hazem*, n° 126. Com. ind., cant. jud., cerc. et subd. d'Aumale. Pop. tot. 4,095 hab.

Beni-Amran. (Sup. 6,800 hect. env.) Tribu non soumise à l'appl. du sén.-cons. Rattachée à la com. ind. de Bougie. Cant. jud. et cerc. de Bougie, subd. de Sétif; — à 18 kil. N.-O. de Bougie, sur la rive droite de l'Oued-Eddas et sur le littoral. Pop. ind. 1,030 hab.

Beni-Amran. (Sup. 6,575 hect.) Ancienne tribu délimitée et constituée en douar-com. par décret du 27 novembre 1867. V. le douar *Bou-Kéram*, n° 5 de la carte. Com. ind., cant. jud. et annexe de l'Arba, subd. d'Alger.

Beni-Amran. (Sup. 17,432 hect.) Ancienne tribu délimitée et érigée en 4 douars-com. par décret du 31 octobre 1868. V. les douars-com. de *Beni-Mekla*, n° 25; *Oued-Chender*, n° 23; *Rouafa*, n° 24; *Beni-Chenacha*, n° 22. Le douar Beni-Mekla a été rattaché à la com. pl. ex. et au cant. jud. de Bordj-Menaïel, arr. de Tizi-Ouzou. Pop. tot. 3,013 hab. Les 3 autres à la com. mix. des Issers et au cant. jud. de Bordj-Menaïel, arr. de Tizi-Ouzou. Pop. des 3 douars de la com. mix. 10,778 hab. ind.

Beni-Amran-Djebala. (Sup. 12,221 hect.) Ancienne tribu dépendant actuellement du kaïdat des Beni-Amran-Djebala, délimitée et érigée en 3 douars-com. par décret du 14 octobre 1867. V. les douars-com. de *Cheddia*, n° 52; *Metletin*, appelé aussi *Oum-Tletin*, n° 53; *Rekkada*, n° 54 de la carte. Le premier rattaché à la com. mix. de Duquesne, cant. jud. de Djidjelli, arr. de Bougie et les deux derniers à la com. ind. de Djidjelli, subd. de Constantine, cant. jud. et cerc. de Djidjelli. La délimitation actuelle du kaïdat des Beni-Amran-Djebala comprend les douars de Metletin, de Rekkada, de Tazia et Tabellout. Pop. tot. du kaïdat 4,981 hab.

Beni-Amran-Solfla. (Sup. 3,766 hect.) Ancienne tribu délimitée et érigée en douar-com. par décret du 5 juin 1869. Rattachée à la com. mix. de Duquesne, cant. jud. de Djidjelli, arr. de Bougie. V. le douar *Djindjin*, n° 214 de la carte des douars. Le territoire du douar Djindjin a été livré, en totalité, au service de la colonisation pour l'établissement des villages de Strasbourg et de Tahir.

Beni-Amrous. (Sup. 2,208 hect.) Ancienne tribu délimitée et érigée en douar par décret du 27 novembre 1868. V. le douar *Beni-Amrous*, n° 172 de la carte. Com. mix., cant. jud. et arr. de Bougie.

Beni-Aroun. V. *Beni-Haroun*, azels domaniaux. Com. mix. et cant. jud. de Mila, arr. de Constantine.

Beni-Attafs ou **Beni-bou-Attaf.** (Sup. 1,200 hect. env.) Tribu non soumise à l'appl. du sén.-cons. Rattachée à la com. ind. de Fort-National. Cant. jud. et cerc. de Fort-National, subd. de Dellys; — à 14 kil. S.-E. de Fort-National, sur la route de cette ville aux Beni-Mansour. Pop. 2,124 ind. Les Beni-Attafs se composent des fract. suivantes : Beni-Sâada et Beni-Daoud et forment, avec les tribus des Beni-bou-Akkach et des Beni-bou-Drar, une section de la com. ind. de Fort-National.

Beni-Aydel. V. *Beni-Aïdel*, tribu. Com. ind., cerc. et cant. jud. d'Akbou, subd. de Sétif.

Beni-Aziz. Fract. du Babor. Com. ind., cant. jud. et annexe de Takitount, arr. jud. de Bougie, cerc. et subd. de Sétif. Pop. 920 ind.

Beni-Barbar. Fract. des Ouled-Khiar, tribu. Com. ind., cant. jud. et cerc. de Soukharas, subd. de Bône. Pop. 1,787 ind.

Beni-Barbar. Fract. du Djebel-Chéchar, tribu. Com. ind. et cerc. de Biskra, subd. de Batna. Les Beni-Barbar se composent des petites fract. suivantes : El-Amra, Zaouia, Sidi-Messaoud et Tizougarin. Pop. 711 ind.

Beni-Béchir. (Sup. 6,992 hect.) Ancienne tribu délimitée et érigée en douar-com. par décret du 10 août 1868. V. le douar-com. de *El-Atba*, n° 86 de la carte. Com. mix. et cant. jud. de Collo, arr. de Philippeville. Pop. ind. 1,983 hab.

Beni-Béchir. Tribu. V. *Beni-Mehenna* et *Beni-Béchir*, anciennes tribus. Arr. de Philippeville.

Beni-bel-Acène. V. *Beni-bel-Hassen*, tribu. Com. ind., cant. jud. et cerc. de Teniet-el-Had, subd. d'Orléansville.

Beni-bel-Acène. V. *Beni-bel-Hassen*, tribu. Com. ind., annexe et cant. jud. de l'Arba, subd. d'Alger.

Beni-bel-Aïd. (Sup. 4,151 hect.) Ancienne tribu dépendant actuellement du kaïdat de l'Oued-Zhour, délimitée et et érigée en douar-com. par décret du 27 octobre 1866. V. le douar-com. de *Beni-bel-Aïd*, n° 68 de la carte. Com. ind. et cerc. d'El-Milia, subd. de Constantine, cant. jud. de Mila. Pop. ind. 2,627 hab.

Beni-bel-Hassen. (Sup. 4,300 hect. env.) Tribu non soumise à l'appl. du sén.-cons. Rattachée à la com. ind. de l'Arba. Cant. jud. et annexe de l'Arba, subd. d'Alger ; — à 26 kil. S.-E. de l'Arba, sur la rive gauche de l'Oued-Isser. Pop. 2,728 hab.

Beni-bel-Hassen ou **Beni-Lassen.** (Sup. 3,766 hect. env.) Tribu non soumise à l'appl. du sén.-cons. Rattachée à la com. ind. de Teniet-el-Had. Cant. jud. et cerc. de Teniet-el-Had, subd. d'Orléansville ; — à 30 kil. S.-O. de Teniet-el-Had, au sud du Djebel-Zaccar, point géodésique. Cette tribu se compose des fract. suivantes : Ouled-Saïd, Keradjidj, Rezazga, Kenanecha, Ouled-Si-Ahmed, Ouled-ben-Amour et Ouled-Melah. Pop. tot. 1,648 ind.

Beni-bou-Addou ou **Bou-Addou.** (Sup. 2,000 hect. env.) Tribu non soumise à l'appl. du sén.-cons. Rattachée à la com. mix. de Dra-el-Mizan. Arr. de Tizi-Ouzou, cant. jud. de Dra-El-Mizan ; — à 18 kil. E. de cette dernière ville, sur le chemin de Dra-El-Mizan à Fort-National. Pop. tot. 2,065 hab.

Beni-bou-Aïssi. V. *Beni-Melloull* et *Beni-bou-Aïssi*, tribus. Com. ind., cant. jud. et cerc. de Bougie, subd. de Sétif. Pop. 2,183 ind.

Beni-bou-Akkach. Tribu non soumise à l'appl. du sén.-cons. Rattachée à la com. ind. de Fort-National. Cant. jud. et cerc. de Fort-National, subd. de Dellys ; — à 12 kil. S. de Fort-National, sur le versant N. du Djebel-Jurjura. Pop. 2,762 ind. Les Beni-bou-Akkach se composent des fract. suivantes : Zahknoun, Tiguemounine, Tiroual et Ouled-Sidi-Atsman. Cette tribu, réunie à celles des Béni-Attafs et des Béni-bou-Drar, forment une section de la com. ind. de Fort-National.

Beni-bou-Attab. V. *Beni-bou-Hattab*, tribu. Com. ind. et cerc. de Miliana, cant. jud. de Duperré, subd. d'Orléansville.

Beni-bou-Attaf. V. *Beni-Attaf*, tribu. Com. ind., cant. jud. et cerc. de Fort-National, subd. de Dellys.

Beni-bou-Deker. Fract. des Ouled-Abd-el-Djebar, tribu. Com. ind., cant. jud. et cerc. de Bougie, subd. de Sétif. Pop. ind. 827 hab. ; — à 30 kil. S.-O. de Bougie, sur l'Oued-Amazin, affluent, rive droite, de l'Oued-Sahel.

Beni-bou-Chaïb ou **Bou-Chaïb.** Sup. 3,000 hect. env.) Tribu non soumise à l'appl. du sén.-cons. Rattachée à la com. ind. de Fort-National. Cant. jud. et cerc. de Fort-National, subd. de Dellys ; — à 16 kil. E. de Fort-National, et sur la rive gauche de l'Oued-Sebaou. Pop. 4,299 ind. Cette tribu se compose des fract. suivantes : Souama, Aït-Zellal, Aït-Zellal-ben-Rezli, Iguergued-Moumen et Igouflaf, et forme, avec les tribus des Béni-Yahia et des Beni-Menguellet, une section de la com. ind. de Fort-National.

Beni-bou-Douau. Tribu non soumise à l'appl. du sén.-cons. Rattachée à la com. ind. et au cerc. de Miliana. Subd. d'Orléansville, cant. jud. de Duperré ; — à 30 kil. S.-O. de Duperré, sur le versant N.-E. de Dra-Messaoud, signal géodésique. Pop. 2,359 ind. Cette tribu se compose des fract. suivantes : Beni-Messaï, Beni-Haï, Sebahena, Kechachta, Tikezal, Medjaïr, Khezara et Aouadja.

Beni-bou-Drer ou **Beni-bou-Drar.** (Sup. 4,200 hect. env.) Tribu non soumise à l'appl. du sén.-cons. Rattachée à la com. ind. de Fort-National. Cant. jud. et cerc. de Fort-National, subd. de Dellys ; — à 16 kil. S.-E. de Fort-National et sur le versant N. du Djebel-Jurjura. Pop. 4,887 ind. Les Beni-bou-Drar se composent des fract. suivantes : Iril-bou-Ammas, Tala-N'Tazert, Bou-Adnan, Darna, Aït-ou-Abbane, Aït-Ali-ou Harzoum, et forment, avec les tribus des Beni-Attaf et des Beni-bou-Akkach, une section de la com. ind. de Fort-National.

Beni-bou-Gherdane. (Sup. 2,000 hect. env.) Tribu non soumise à l'appl. du sén.-cons. Rattachée à la com. mix. de Dra-El-Mizan. Arr. de Tizi-Ouzou, cant. jud. de Dra-El-Mizan ; — à 12 kil. S.-E. de cette dernière ville. Pop. tot. 1,749 hab.

Beni-bou-Hattab ou **Beni-bou-Attab**, d'après la carte au 1/800,000°. (Sup. 7,500 hect. env.) Tribu non soumise à l'appl. du sén.-cons. Rattachée à la com. ind. de Miliana. Cerc. de Miliana, subd. d'Orléansville, cant. jud. de Duperré ; — à 40 kil. S.-O. de cette dernière ville. Pop. 923 ind. Cette tribu se compose des fract. suivantes : Ouled-Mâamar, Tifélikine, Cheurfa, Beni-Djerten et Beni-bou-Setour.

Beni-bou-Ichem. Fract. des Beni-bou-Mileuk, tribu. Com. ind., cerc. et subd. d'Orléansville, cant. jud. de Cherchel. Pop. ind. 143 hab.

Beni-bou-Khannous. (Sup. 19,657 hect. env.) Tribu non soumise à l'appl. du sén.-cons. Rattachée à la com. ind. d'Orléansville. Cant. jud., cerc. et subd. d'Orléansville ; — à 24 kil. S.-E. de cette ville, entre l'Oued-Lar (Oued-Sly) et l'Oued-Larba (Oued-Fodda), affluents du Chélif. Pop. 3,903 ind. Cette tribu se compose des fract. suivantes : Zelamta, Ouled-Aïssa, Ouled-bou-Houa, Riahat et Berkan.

Beni-bou-Kni. (Sup. 4,994 hect.) Ancienne tribu délimitée et érigée en douar-com. par décret du 31 décembre 1866. V. le douar-com. de *Beni-Boukni*, n° 57 de la carte. Com. mix. de l'Oued-Fodda, cant. jud. de Duperré, arr. d'Orléansville. Pop. 1,248 ind.

Beni-bou-Messaoud. (Sup. 3,349 hect.) Ancienne tribu délimitée et érigée en douar-com. par décret du 24 avril 1867. V. le douar-com. *Oued-Soummam*, n° 160 de la carte. Com. mix., cant. jud. et arr. de Bougie. Pop. 2,624 hab. ind.

Beni-bou-Mileuk. (Sup. 6,820 hect. env.) Tribu non soumise à l'appl. du sén.-cons. Rattachée à la com. ind. d'Orléansville. Cerc. et subd. d'Orléansville, cant. jud. de Cherchel ; — à 50 kil. S.-O. de cette dernière ville, sur la rive droite de l'Oued-Dahmous. Cette tribu se compose des fract. suivantes : Iril-Lemsarat, Choulla, Beni-bou-Ichem, Razlia et Bou-Hallou. Pop. 1,768 ind.

Beni-bou-Naïm. (Sup. 5,925 hect.) Ancienne tribu délimitée et érigée en douar-com. par décret du 27 février 1867. V. le douar de *Arb-Guerra*, n° 67 de la carte des douars. Pop. ind. 2,018 hab. Rattachée, par arrêté du 24 avril 1878, à la com. mix. de Collo, cant. jud. de Collo, arr. de Philippeville.

Beni-bou-Naïm-Sfisfa. (Sup. 709 hect.) Ancienne tribu délimitée et érigée en douar-com. par décret du 14 avril 1866. V. le douar *Beni-bou-Naïm-Sfisfa*, n° 82 de la carte. Com. de Robertville, arr. de Philippeville, cant. jud. d'El-Arrouch.

Beni-bou-Saïd. (Sup. 31,457 hect. env.) Tribu non soumise à l'appl. du sén.-cons. Rattachée à la com. mix. de Lalla-Maghrnia. Cerc. de Lalla-Maghrnia, cant jud. de Nemours, subd. de Tlemcen ; — à 40 kil. S. de Nemours, et confinant à l'empire du Maroc. Cette tribu renferme le centre minier de Gar-Rouban. Pop. ind. 1,774 hab. Pop. du centre de Gar-Rouban, 12 Français, 6 Israélites et 40 Étrangers.

Beni-bou-Setour. Fract. des Beni-bou-Hattab, tribu. Com. ind. et cerc. de Miliana, subd. d'Orléansville, cant. jud. de Duperré. Pop. ind. 139 hab.

Beni-bou-Sliman. Tribu non soumise à l'appl. du sén.-cons. Rattachée à la com. ind. de Biskra. Cant. jud. et cerc. de Biskra, subd. de Batna ; — à 20 kil. N.-E. de Biskra, sur l'Oued-Biraz et sur le chemin de Biskra à Aïn-Boïda. Pop. tot. 6,061 hab. ind. Cette tribu se compose des fract. suivantes, savoir : Ouled-Abderrahman, Ouled-Sliman, Ben-Hamza, Arch-Djerallah, Ouled-Abder-Rezeg, Ouled-Kassem, Tkout, et des douars-com. de M'chounech et Rassira.

Beni-bou-Yacoub. (Sup. 10,578 hect.) Ancienne tribu délimitée et érigée en douar-com. par décret du 12 mai 1869. V. le douar-com. de *Beni-bou-Yacoub*, n° 11 de la carte. Com. mix. de Ben-Chicao, arr. d'Alger, cant. jud. de Médéa. Cette tribu ou le douar-com. se compose des fract. suivantes : Ouled-bou-Hezzi, Madala, Ouled-Turki, Ferna, Ouled-Meguebel, Ouled-Ameur, Ouled-Ali, Bedarna et Merabtine. Pop. 3,758 hab. ind.

Beni-bou-Youssef. (Sup. 2,400 hect. env.) Tribu non soumise à l'appl. du sén.-cons. Rattachée à la com. ind. de Takitount. Cant. jud. et annexe de Takitount, subd. de Sétif ; — à 24 kil. N. de Takitount, sur la rive droite de l'Oued-Agrioun et au S. de la tribu des Beni-Segoual. Pop. ind. 330 hab.

Beni-bou-Youssef. (Sup. 3,500 hect. env.) Tribu non soumise à l'appl. du sén.-cons. Rattachée à la com. ind. de Fort-National. Cant. jud. et cerc. de Fort-National, subd. de Dellys ; — à 12 kil. S.-E. de Fort-National et sur la route de cette ville aux Beni-Mansour. Pop. 3,064 ind. Cette tribu se compose des fract. suivantes : Taourirt-Amran, Tifердoud, Tazrout, Aïn-Soltan et Aït-Khelifa et forme, avec la tribu des Akbils, une section de la com. ind. de Fort-National.

Beni-bou-Zegar. Fract. de Khobbaza, tribu. Com. ind., cant. jud. et cerc. de Miliana, subd. d'Orléansville. Pop. ind. 314 hab.

Beni-Brahim. (Sup. 8,399 hect.) Ancienne tribu délimitée et érigée en douar-com. par décret du 6 octobre 1869. V. le douar-com. de *Bou-Hamdane*, n° 242 de la carte. Cant. jud., com. mix. et arr. de Guelma.

Beni-Brahim. Fract. des Arab-Chéraga, tribu. Com. ind., cant. jud. et cerc. de Biskra, subd. de Batna. Pop. ind. 266 hab.

Beni-Brahim. Fract. des Beni-Yala, tribu. Com. ind., cerc. et subd. de Sétif, cant. jud. d'Akbou. Pop. ind. 1,364 hab.; — à 32 kil. E. d'Akbou et sur la rive gauche de l'Oued-Boussellam.

Beni-Brahim. Fract. d'Ouargla, ville. Com. ind., cant. jud. et cerc. de Laghouat, subd. de Médéa, V. *Ouargla*, ville et fract. Pop. ind. 359 hab.

Beni-Caïd ou **Beni-Kaïd.** (Sup. 1,596 hect.) Ancienne tribu dépendant actuellement du kaïdat de Bou-Cherf, délimitée et érigée en douar-com. par décret du 21 octobre 1869. V. le douar-com. de *El-Akbia*, n° 240 de la carte. Com. ind. et cerc. d'El-Milia, cant. jud. de Mila, subd. de Constantine. Pop. ind. 1,010 hab.

Beni-Caïd. V. *Beni-Kaïd*, tribu. Com. mix. et arr. de Bône, cant. jud. de Mondovi.

Beni-Caïd. V. *Beni-Kaïd*, tribu et douar. Com. pl. ex. de Djidjelli, cant. jud. de Djidjelli, arr. de Bougie.

Beni-Chaïb. (Sup. 4,031 hect. env.) Tribu non soumise à l'appl. du sén.-cons. Rattachée à la com. ind. de Teniet-el-Had. Cant. jud. et cerc. de Teniet-el-Had, subd. d'Orléansville; — à 20 kil. O. de Teniet-el-Had et sur la rive droite de l'Oued-Arba (Oued-Fodda), affluent du Chélif. Cette tribu se compose des fract. suivantes : Ouled-Senda, Beni-Sadana, Beni-Djouli, Beni-Ralba, Messarir, Ouled-Setti, Mebatenine et Negor. Pop. tot. 1,641 ind.

Beni-Chebana. (Sup. 10,600 hect. env.) Tribu non soumise à l'appl. du sén.-cons. Rattachée à la com. ind. de Sétif. Cerc. et subd. de Sétif. Cant. Jud. d'Akbou; — à 22 kil. E. de ce centre. Cette tribu se compose des fract. suivantes ; Beni-Chebana, Beni-Afif, Beni-Djemati et Beni-Oudjehane. Pop. ind. 5,202 hab.

Beni-Chebana. Fract. des Beni-Chebana, tribu et kaïdat. Com. ind., cerc. et subd. de Sétif, cant. jud. d'Akbou, arr. jud. de Bougie. Pop. ind. 1,761 hab.; — à 30 kil. E. d'Akbou et à cheval sur l'Oued-Boussellam, affluent du Sahel.

Ben-Daoua ou **Ben-Dahoua.** V. *Ouled-ben-Dahoua*, fract. du Hodna, tribu. Com. ind., cerc., cant. jud. et subd. de Batna, annexe de Barika.

Ben-Daoud ou **Beni-Daoud.** (Sup. 37,290 hect. env.) La tribu des Ben-Daoud comprend les fract. des Ouled-Sidi-Brahim-bou-Beker, Ouled-Ali, Ouled-Trif, Ouled-Taïr et Ouled-Dâan. Non soumise à l'appl. du sén.-cons. Rattachée à la com. ind. de Bordj-bou-Arréridj. Cant. jud. et cerc. de Bordj-bou-Arréridj, subd. de Sétif; — à 40 kil. O. de Bordj-bou-Arréridj et confinant au dép. d'Alger. Pop. tot. 5,073 ind.

Beni-Daoud. Fract. des Beni-Attaf, tribu. Com. ind., cant. jud. et cerc. de Fort-National, subd. de Dellys. Pop. ind. 1,281 hab.; — à 17 kil. S.-E. de Fort-National, sur l'Oued-Djemâa.

Beni-Daoud. V. *Ben-Daoud*, tribu. Com. ind., cant. jud. et cerc. de Bordj-bou-Arréridj, subd. de Sétif.

Beni-Derdjin. (Sup. 4,722 hect.) Tribu délimitée et érigée en douar-com. par décret du 10 août 1868. V. le douar *Beni-Derdjin*, n° 94 de la carte. Com. ind., cerc., cant. jud. et subd. d'Orléansville. Pop. 1,478 ind.

Beni-Dergoun ou **Beni-Bergoul.** (Sup. 5,554 hect.) Ancienne tribu délimitée et érigée en douar-com. par décret du 20 novembre 1867. V. le douar-com. *Beni-Dergoun*, n° 59 de la carte. Com. mix. et annexe de Zemmorah, subd. d'Oran, cant. jud. de Relizane. Pop. ind. 1,854 hab.

Beni-Djand. Kaïdat. Son territoire est formé des tribus des Ouled-Selim, Metennan et Ouled-Sidi-Salem. Com. ind., cerc., cant. jud. et subd. d'Aumale. Pop. tot. 7,552 hab. ind.

Beni-Djelli. Fract. des Ouled-Abd-el-Djobar, tribu. Com. ind., cant. jud. et cerc. de Bougie, subd. de Sétif. Pop. ind. 2,093 hab.; — à 28 kil. S.-O. de Bougie et sur la rive gauche de l'Oued-Amazin, affluent rive droite du Sahel.

Beni-Djemati. Fract. des Beni-Chebana, tribu et kaïdat. Com. ind., cerc. et subd. de Sétif, cant. jud. d'Akbou, arr. jud. de Bougie. Pop. ind. 631 hab.; — à 35 kil. E. d'Akbou et sur la rive gauche de l'Oued-Boussellam, affluent du Sahel.

Beni-Djenad-el-Bahr ou **Beni-Djennad-el-Bahr.** (Sup. 2,470 hect. env.) Tribu non soumise à l'appl. du sén.-cons. Rattachée à la com. ind. de Fort-National. Cerc. et cant. jud. de Fort-National, subd. de Dellys; — à 20 kil. N.-E. de Fort-National, sur le chemin de Dellys à Bougie. Pop. ind. 2,322 hab. Cette tribu se compose des fract. suivantes : Taboudouch et Aït-Ighzer et forme une section de la com. ind. de Fort-National avec les tribus de Beni-Djenad-el-Cheurg et Beni-Djenad-el-Ghorb.

Beni-Djenad-el-Cheurg ou **Beni-Djennad-el-Cheurg**. (Sup. 8,365 hect. env.) Tribu non soumise à l'appl. du sén.-cons. Rattachée à la com. ind. de Fort-National. Cerc. et cant. jud. de Fort-National, subd. de Dellys; — à 18 kil. N.-E. de Fort-National. — Pop. ind. 5,176 hab. Cette tribu se compose des fract. suivantes : Aït-el-Adeur, Aït-bou-Ali, Arérib, Taguercift, Tala-N'Taguena et forme une section de la com. ind. de Fort-National, avec les tribus de Beni-Djenad-el-Bahr et Beni-Djenad-el-Ghorb.

Beni-Djenad-el-Ghorb ou **Beni-Djennad-el-Rorb**. (Sup. 8,362 hect. env.) Tribu non soumise à l'appl. du sén.-cons. Rattachée à la com. ind. de Fort-National. Cerc. et cant. jud. de Fort-National, subd. de Dellys; — à 18 kil. N.-E. de Fort-National. Pop. ind. 5,343 hab. Cette tribu se compose des fract. suivantes : Izarazen, Abizar, Aït-Mâamar, Ibedach, Aït-Mira et Timizar et forme une section de la com. ind. de Fort-National avec les tribus des Beni-Djenad-el-Bahr et Beni-Djenad-el-Cheurg.

Beni-Djerten. Fract. des Ouled-Bessam-Chéraga, tribu. Com. ind., cant. jud. et cerc. de Teniet-el-Had, subd. d'Orléansville. Pop. ind. 251 hab.

Beni-Djerten. Fract. des Beni-bou-Hattab, tribu. Com. ind. et cerc. de Miliana, cant. jud. de Duperré, subd. d'Orléansville. Pop. ind. 188 hab.

Beni-Djzoufi ou **Beni-Dzouli**. Fract. des Beni-Chaïb, tribu. Com. ind., cant. jud. et cerc. de Teniet-el-Had, subd. d'Orléansville. Pop. ind. 270 hab.; — à 24 kil. O. de Teniet-el-Had et sur la rive gauche de l'Oued-Feroussa.

Beni-Douala ou **Beni-Douela** ou **Douéla**. (Sup. 1,450 hect. env.) Tribu non soumise à l'appl. du sén.-cons. Rattachée à la com. mix. de Tizi-Ouzou, Cant. jud. et arr. de Tizi-Ouzou; — à 6 kil. S.-E. de cette ville. Pop. tot. 3,130 hab.

Beni-Douéla. V. *Beni-Douala*, tribu. Com. mix., cant. jud. et arr. de Tizi-Ouzou.

Beni-Ediel. V. *Beni-Hédiel*, tribu. Com. mix. et cerc. de Sebdou; cant. jud. et subd. de Tlemcen.

Beni-Ellal. V. *Beni-Hellal*. Com. ind. de Tiaret-Aflou, cerc. et cant. jud. de Tiaret, subd. de Mascara.

Beni-el-Mey. Fract. de l'Oued-Bousselah, tribu. Com. ind. et annexe de Fedj-Mezala, subd. de Constantine, cant. jud. de Mila. Pop. 837 ind.

Ben-Fadhel. V. *Ouled-Amor-ben-Fadhel*, fract. de la tribu des Achèches. Com. ind., cant. jud., cerc. et subd. de Batna.

Beni-Fathem. (Sup. 9,205 hect.) Ancienne tribu délimitée et érigée en douar-com. par décret du 4 novembre 1868. V. le douar-com. de *Beni-Fathem*, n° 105 de la carte. Com. ind., cant. jud. et cerc. de Miliana, subd. d'Orléansville. Pop. 1,869 ind.

Beni-Feddloum. Fract. des Ouled-Ali-Achicha, tribu du kaïdat de l'Oued-el-Kebir. Com. ind., cant. jud. et cerc. de La Calle, subd. de Bône. Pop. 131 ind.

Beni-Felkaï ou **Kerrata**. (Sup. 6,600 hect.) Tribu non soumise à l'appl. du sén.-cons. Rattachée à la com. ind. de Takitount, Cant. jud. et annexe de Takitount, subd. de Sétif, — à 8 kil. N. de Takitount et sur la rive droite de l'Oued-Agrioun. Pop. ind. 474 hab. Le service de la colonisation a établi dans cette tribu le centre de Kerrata, en voie de peuplement.

Beni-Ferah. Fract. des Ouled-Zian, tribu. Com. ind. et cerc. de Biskra, subd. de Batna. Pop. 2,111 ind.

Beni-Ferah. tribu. Com. ind. et cerc. de Miliana, cant. jud. de Duperré, subd. d'Orléansville. Pop. ind. 4,432 hab.; — à 10 kil. N. de Duperré. Cette tribu se compose des fract. suivantes : El-Aneb et El-Arbâa.

Beni-Ferguen. (Sup. 4,913 hect.) Ancienne tribu délimitée et érigée en douar-com. par décret du 20 juillet 1867. V. le douar-com. de *Beni-Ferguen*, n° 73 de la carte. Com. ind. et cerc. d'El-Milia, cant. jud. de Mila, subd. de Constantine. Pop. ind. 2,713 hab. Les Beni-Ferguen font actuellement partie du kaïdat de l'Oued-Zhour.

Beni-Fetah. V. *Beni-F'tah*, tribu. Com. ind. et cerc. d'El-Milia, cant. jud. de Mila, subd. de Constantine.

Beni-Flik. (Sup. 7,640 hect. env.) Tribu non soumise à l'appl. du sén.-cons. Rattachée à la com. ind. de Fort-National. Cant. jud. et cerc. de Fort-National, subd. de Dellys; — à 20 kil. N.-E. de Fort-National, et sur le chemin de Tizi-Ouzou à Bougie. Pop. ind. 2,373 hab. Cette tribu se compose des fract. de : Tifrit-Naït-el-Hadj, Elma-Guechtoun, Tirilt-bou-Ksas, Bou-Mansour, Lekrar, Tiguerourine, Tiguenatin, Aït-bou-Sliman, Aït-Aïssi et Kissoum. Elle forme, avec la tribu de Zerkfaoua, une section de la com. ind. de Fort-National.

Beni-Foughal. Fract. du Ferdjioua, tribu. Com. ind. et annexe de Fedj-Mezala, cant. jud. de Mila, subd. de Constantine. Pop. 138 ind.

Beni-Foughal. Tribu non soumise à l'appl. du sén.-cons. Rattachée à la com. ind. de Djidjelli. Cant. jud. et cerc. de Djidjelli, subd. de Constantine ; — à 26 kil. S.-O. de Djidjelli, et sur l'Oued-Missin, affluent de l'Oued-Djindjin. Cette tribu se compose des fract. suivantes : Ouled-Abd-Allah, Ouled-el-M'rabot, Ouled-Ouarets, Ouled-Tahar, El-Messilia, Beni-Ourzedin, Beni-Medjated et Beni-Yadjis. Pop. ind. 6,342 hab.

Beni-Fouzech et **Beni-Riman.** Tribus dépendant des Oulhassa-Chéraga et Gheraba. Le territoire de chacune de ces tribus est divisé en deux par l'Oued-Tafna. Les parties situées sur la rive droite (autrefois Oulhassa-Chéraga) ont été rattachées au territoire civil, comme section de la com. mix. de Tlemcen, cant. jud. et arr. de Tlemcen. Les Beni-Fouzech civils renferment le centre de Beni-Saf. Les parties situées sur la rive gauche, actuellement désignées sous le nom d'Oulhassa-Gheraba, ont été rattachées à la com. mix. de Nemours, cerc. de Nemours, cant. jud. et subd. de Tlemcen ; — les premières, à 34 kil. N. de Tlemcen, pop. 1,350 hab. ind. ; les secondes, à 32 kil. N.-O. de Tlemcen, pop. 1,977 hab. ind. — Nota : Le centre de Beni-Saf possède une pop. de 183 Français, 5 Israélites, 924 Étrangers et 2 ind. La loi du 26 juillet 1873 (Constitution de la propriété ind.) a été appliquée aux Beni-Fouzech du territoire civil. Travaux terminés sur le terrain. Le service des Domaines établit en ce moment les titres provisoires de propriété. Situation au 1er juillet 1877 ; Sup. 9,500 hect. Lots constatés, 347. Sup. tot. des deux tribus 11,550 hect.

Beni-Fraoussen ou **Beni-Fraoucen.** (Sup. 4,000 hect. env.) Tribu non soumise à l'appl. du sén.-cons. Rattachée à la com. ind. de Fort-National, cant. jud. et cerc. de Fort-National, subd. de Dellys ; — à 4 kil. N.-E. de Fort-National, et sur la rive gauche de l'Oued-Sebaou. Pop. ind. 6,469 hab. Cette tribu se compose des fract. suivantes : Djemâa-Saharidj, Aït-Mekki, Mahmoud, Igouffen, Bou-Zahrir, El-Rezous, Maoufa, Tizi-Naït-Zerga, Amazoul, Aït-Mansour-ou-Ali, Agouni-bou-Afir, El-Mesloub, Taourirt-Aden, Taliouïn et Aït-Moussa-ou-Braham, et forme, avec les Beni-Khelili, une section de la com. ind. de Fort-National.

Beni-F'tah. (Sup. 3,811 hect.) Actuellement cheïkat indépendant. Ancienne tribu délimitée et érigée en douar-com. par décret du 10 avril 1869. V. le douar Beni-F'tah, n° 204 de la carte. Com. ind. et cerc. d'El-Milia, subd. de Constantine, cant. jud. de Mila. Pop. 1,701 ind.

Beni-Galla. Fract. des Haraouat, tribu. Com. ind., cerc. et cant. jud. de Miliana, subd. d'Orléansville. Pop. ind. 328 hab.

Beni-Ghalba. V. Beni-Ralba, Fract. des Beni-Chaib, tribu. Com. ind., cerc. et cant. jud. de Teniet-el-Had, subd. d'Orléansville. Pop. ind. 108 hab.

Beni-Ghecha ou **Beni-Guecha.** Fract. de la tribu du kaïdat des Ouled-Khebbeb. Com. ind. et annexe de Fedj-Mezala, subd. de Constantine, cant. jud. de Mila ; — à 18 kil. S.-O. de cette dernière ville. Pop. ind. 1,187 hab.

Beni-Gheddou. (Sup. 12,155 hect.) Ancienne tribu délimitée et érigée en deux douars-com. par décret du 24 avril 1867. V. les douars-com. de El-Ghomeri, n° 68, et Sidi-Sdada, n° 69 de la carte. Cant. jud. de Perrégaux, com. mix. de Relizane, arr. de Mostaganem. — Nota : Une partie du territoire d'El-Ghomeri a été prélevée pour les besoins de la colonisation. Création du centre de Ghomeri.

Beni-Ghezelli. Fract. des Beni-Iddeur, tribu. Com. ind., cant. jud. et cerc. de Djidjelli, arr. jud. de Bougie, subd. de Constantine. Pop. 897 ind.

Beni-Ghobri ou **Beni-Robri.** (Sup. 43,880 hect. env.) Tribu non soumise à l'appl. du sén.-cons. Rattachée à la com. ind. de Fort-National. Cant. jud. et cerc. de Fort-National, subd. de Dellys ; — à 18 kil. N.-E. de Fort-National, et sur la rive droite du Sebaou. Pop. ind. 6,794 hab. Cette tribu se compose des fract. suivantes : Tizi-N'tridet, Iakouren, Hamil, Aït-Chebel, Meknéa, Tabbourt, Aït-ou-Chellam, Aourir, Aït-Isâad, N'chourfa, T'bahloul, Aït-bou-Hini, Jazougen et Tamliht. Les Beni-Ghobri forment une section de la com. ind. de Fort-National.

Beni-Ghomérian. (Sup. 4,558 hect.) Ancienne tribu délimitée et érigée en douar-com. par décret du 29 septembre 1867. V. le douar-com. de Beni-Ghomérian, n° 73 de la carte. Com. mix. de l'Oued-Fodda, arr. d'Orléansville, cant. jud. de Duperré. Pop. ind. 1,807 hab.

Beni-Guecha. V. Beni-Ghecha. Com. ind. et annexe de Fedj-Mezala, subd. de Constantine, cant. jud. de Mila. Pop. 1,187 ind.

Beni-Guecha. Fract. du Nador, tribu et kaïdat. Com. ind., cerc. et cant. jud. de Soukahras, subd. de Bône. Pop. ind. 1,625 hab.

Beni-Habibi. (Sup. 7,491 hect.) Ancienne tribu délimitée et érigée en deux douars-com. par décret du 21 décembre 1867. V. les douars-com. de Hayen, n° 57, Oum-

Aghrioun, n° 58 de la carte des douars. Com. ind., cerc. et cant. jud. de Djidjelli, subd. de Constantine. Ces deux douars font actuellement partie du kaïdat de la Plaine. Pop. ind. 1,578 hab.

Beni-Hafod ou **Beni-Afod.** Fract. des Beni-Yala, tribu. Com. ind., cerc. et subd. de Sétif, cant. jud. d'Akbou. Pop. ind. 906 hab. ; — à 24 kil. E. d'Akbou, sur la rive droite de l'Oued-Mahadjar.

Beni-Haï. Fract. des Beni-bou-Douan, tribu. Com. ind. et cerc. de Miliana, cant. jud. de Duperré, subd. d'Orléansville. Pop. ind. 386 hab.

Beni-Halima. V. *Ouled-Sidi-ben-Halima* ou *Ouled-Sidi-bou-Alima*, tribu. Com. mix. et cerc. de Frendah-Mascara. Cant. jud. de Tiaret, subd. de Mascara.

Beni-Hamdoune. Fract. des Beni-Kani, tribu. Com. ind., cant. jud. et subd. d'Aumale, annexe des Beni-Mansour. Pop. ind. 354 hab. ; — à 68 kil. N.-E. d'Aumale et sur la limite E. du dép. d'Alger.

Beni-Hamid ou **Beni-Amid.** Fract. des Ouled-Ali-Achicha, tribu du kaïdat de l'Oued-el-Kébir. Com. ind., cant. jud. et cerc. de La Calle, subd. de Bône. Pop. 162 hab. ind.

Beni-Hammad ou **Beni-Hamed.** Fract. du M'chedallah, tribu. Com. ind., cant. jud., cerc. et subd. d'Aumale, annexe des Beni-Mansour. Pop. ind. 223 hab. ; — à 50 kil. N.-E. d'Aumale, sur la rive gauche de l'Oued-Berdi, affluent de l'Oued-Sahel (rive gauche).

Beni-Hamou. Fract. des Beni-Messaoud ou douar Zäatit. Com. mix. de Ben-Chicao, cant. jud. de Médéa, arr. d'Alger. Pop. ind. 304 hab.

Beni-Haoua. (Sup. 12,629 hect.) Ancienne tribu délimitée et érigée en douar-com. par décret du 15 juin 1869. V. le douar-com. de *Beni-Haoua*, n° 107 de la carte. Com. mix. et cant. jud. de Ténès, arr. d'Orléansville. Pop. tot. 3,278 hab.

Beni-Haroun. (Sup. 6,513 hect.) Azels beylicks. Territoire non soumis à l'appl. du sén.-cons. Rattaché à la com. mix. de Mila. Cant. jud. de Mila, arr. de Constantine ; — à 15 kil. N. de Mila, au confluent de l'Oued-Kébir et de l'Oued-Endja et sur le chemin de Mila à El-Milia. Pop. tot. 2,538 hab.

Beni-Hassaïn ou **Beni-Haçaïn.** (Sup. 4,600 hect.) Tribu non soumise à l'appl. du sén.-cons. Rattachée à la com. ind. de Fort-National. Cant. jud. de Fort-National, subd. de Dellys ; — à 36 kil. N.-E. de Fort-National et sur la limite E. du dép. d'Alger. Pop. ind. 534 hab. Cette tribu se compose des fract. suivantes : Talla-Malla, Elma-N'Taguena, Tizerouïn, Iril-Makhelef, Bou-Naman et Tirzert et forme, avec les tribus de Tigrin, Azzouza et Iril-Nezekri, une section de la com. ind. de Fort-National.

Beni-Hassein et Ouled-Saïd. Fract. des Beni-Afeur et Djimla. Com. ind., cant. jud. et cerc. de Djidjelli, subd. de Constantine, arr. jud. de Bougie. Pop. 572 ind.

Beni-Hassein. (Sup. 4,278 hect.) Ancienne tribu délimitée et érigée en douar-com. par décret du 24 juin 1870. V. le douar *Beni-Hassein*, n° 303 de la carte. Com. ind., cant. jud. et cerc. de Bougie, subd. de Sétif. Pop. ind. 808 hab.

Beni-Hassein. V. *Beni-Hassaïn*, tribu. Com. ind., cant. jud. et cerc. de Fort-National, subd. de Dellys.

Beni-Hassein ou **Beni-Hassen.** (Sup. 16,219 hect.) Tribu non érigée en douar-com. Rattachée à la com. ind. de Médéa. Cerc., cant. jud. et subd. de Médéa. Pop. 2,329 ind. ; — à 24 kil. S.-E. de Médéa. Cette tribu se compose des fract. suivantes : Ouled-Saïd, 483 ind. ; El-Korabib, 343 ind. ; Ouled-Mennâa, 284 ind. ; Ouled-Ameran, 362 ind. ; Mezaïa, 258 ind. ; Ouled-Sidi-Yacoub, 166 ind., et Beni-Righas, 433 ind.

Beni-Hayane. Tribu formée du douar-com. d'El-Meddad. Com. ind., cerc. et cant. jud. de Teniet-el-Had, subd. d'Orléansville. Pop. ind. 3,185 hab. Située à la limite O. de la com. pl. ex. de Teniet-el-Had ; — à 5 kil. O. env. de cette ville.

Beni-Hédiel. (Sup. 9,994 hect.) Ancienne tribu délimitée et érigée en douar-com. par décret du 29 avril 1868. V. le douar-com. de *Aïn-Ghoraba*, n° 126 de la carte. Com. mix. et cerc. de Sebdou, cant. jud. et subd. de Tlemcen. Pop. ind. 1,285 hab.

Beni-Hellal (ancienne division). Le territoire de Beni-Hellal comprenait les tribus suivantes : Ouled-Yacoub-Chéraga et Ghoraba, Zorara-Chéraga et Ghoraba, Ouled-Yacoub-Ghaba. Com. ind. de Tiaret-Aflou, annexe d'Aflou, cant. jud. et cerc. de Tiaret, subd. de Mascara.

Beni-Henni. V. *Beni-Yenni*, tribu. Com. ind., cant. jud. et cerc. de Fort-National, subd. de Dellys. Pop. ind. 3,998 hab.

Beni-Hindel. (Sup. 7,300 hect. env.) Tribu non soumise à l'appl. du sén.-cons. Rattachée à la com. ind. d'Orléansville. Cant. jud., cerc. et subd. d'Orléansville ; — à 30 kil. S.-E. de cette ville, sur le versant S.-O. du Djebel-Ouarsenis, point géodésique. Cette tribu se compose des fract. suivantes : El-Hanada, El-Mahalis et El-Djeblia. Pop. ind. 1,957 hab.

Beni-Içaad ou **Beni-Issâad.** (Sup. 8,184 hect.) Ancienne tribu délimitée et érigée en douar-com. par décret du 27 octobre 1869. V. le douar-com. de *Beni-Içaad* ou *Beni-Issdad*, n° 165 *bis* de la carte. Cant. jud. de Relizane, annexe et com. mix. de Zemmorah, subd. d'Oran. Pop. ind. 1,701 hab.

Beni-Iddeur, d'après la carte du dépôt de la guerre. **Beni-Ider,** d'après le canton, **Beni-Idjer,** d'après la com. ind. **Beni-Ideur,** d'après le tableau du recensement. Cette tribu se compose des fract. suivantes : Ouled-Khelas, Ouled-Taleb, Taharia, Ouled-Allel et Beni-Ghezelli. Pop. ind. 5,171 hab. Tribu non soumise à l'appl. du sén.-cons. Rattachée à la com. ind. de Djidjelli, cant. jud. et cerc. de Djidjelli, subd. de Constantine ; — à 22 kil. S.-E. de Djidjelli, sur le chemin stratégique de Djidjelli à Mila et à l'E. du Bordj-Fedj-el-Arba.

Beni-Iddou. V. *Ouled-Setama* et *Beni-Iddou*. Com. ind., cant. jud., cerc. et subd. d'Aumale.

Beni-Idjeur-Djebel et Sahël. (Sup. 13,900 hect. env.) Tribus non soumises à l'appl. du sén.-cons. Rattachées à la com. ind. de Fort-National. Cant. jud. et cerc. de Fort-National, subd. de Dellys ; — à 26 kil. E. de Fort-National et sur la limite E. du dép. Les Beni-Idjeur-Djebel se composent des fract. suivantes : Bou-Zeggan, Taourirt, Aït-Akhelif, Aït-Aïcha, Mehagga, Ouled-Sidi-Ameur-ou-El-Hadj, Tifrit et Bouaoun. Pop. ind. 2,005 hab. Les Beni-Idjeur-Sahël se composent des fract. suivantes : Tazerout, Izeraïn, Iril-bou-Kiessa, Sahel, Aït-Saïd, Takoucht, Hora, Aït-Terrach, Igueur-Safen, Aharik et Aït-Salah. Pop. ind. 2,805 hab. Ces deux tribus forment une section de la com. ind. de Fort-National. Pop. tot. 4,810 hab.

Beni-Idjeur-Sahël. Tribu. V. *Beni-Idjeur-Djebel et Sahel*. Com. ind., cerc. et cant. jud. de Fort-National, subd. de Dellys.

Beni-Illiten ou **Aït-Illiten.** (Sup. 1,500 hect. env.) Tribu non soumise à l'appl. du sén.-cons. Rattachée à la com. ind. de Fort-National. Cant. jud. et cerc. de Fort-National, subd. de Dellys ; — à 20 kil. S.-E. de Fort-National et confinant au dép. de Constantine. Cette tribu se compose des fract. suivantes : Azrou, Tarzout, Tiâlkount, Tizirt, Taourirt-Amrous, Zoubéga, Takhelidjt-Iadaden, Aït-Aïssa-ou-Yahia, Takhelidjt-Naït-Atson, Tirourda et Aït-Abd-Allah et forme avec la tribu des Beni-Ittourar une section de la com. ind. de Fort-National. Pop. ind. 3,069 hab.

Beni-Illiten. V. *Beni-Illiten*, tribu. Com. ind., cerc. et cant. jud. de Fort-National, subd. de Dellys. Pop. ind. 3,069 hab.

Beni-Imloul. Fract. du Djebel-Chéchar, tribu. Com. ind., cerc. et cant. jud. de Biskra, subd. de Batna. Les Beni-Imloul se composent de : Arab-el-Oudja, Arab-el-Bordj, Ouled-Moussa, Ouled-Aïssa et El-Bradja, petites fract.

Beni-Intacen ou **Beni-Ithacen.** (Sup. 30,000 hect. env.) Tribu non soumise à l'appl. du sén.-cons. Rattachée à la com. ind. d'Aumale. Cant. jud., cerc. et subd. d'Aumale ; — à 24 kil. E. de cette ville, sur la limite E. du dép. Pop. ind. 1,661 hab. Les Beni-Intacen font actuellement partie de l'aghalik d'Ouennoura.

Beni-Iathacen. Tribu de l'aghalik d'Ouennoura. V. *Beni-Intacen*, tribu. Com. ind., cerc., cant. jud. et subd. d'Aumale. Pop. ind. 1,661 hab.; — à 24 kil. E. d'Aumale, sur la limite du dép.

Beni-Iraten-bou-Adda ou **Beni-Raten-bou-Adda.** (Sup. 11,500 hect. env.) Tribu non soumise à l'appl. du sén.-cons. Rattachée à la com. ind. de Fort-National. Cerc. et cant. jud. de Fort-National, subd. de Dellys. Au N.-O. de Fort-National et sur la route de cette ville à Tizi-Ouzou et à Dellys. Les Beni-Iraten-bou-Adda se composent des fract. suivantes : Adeni, Tamazirt, Aït-Yacoub, Aït-Saïd-ou-Zeggan, Aït-Halli, Aït-Aggue, Azouza, Aguemoun, Aït-Atelli, Aït-Frah, Taourirt-Amokrane et Ikhelidjen et forment une section de la com. ind. de Fort-National. Pop. ind. 9,075 hab.

Beni-Iraten-ou-Fella ou **Beni-Raten-ou-Fella.** (Orthographe du tableau du dénombrement.) Tribu non soumise à l'appl. du sén.-cons. Rattachée comme section à la com. ind. de Fort-National. Cant. jud. et cerc. de Fort-National, subd. de Dellys. Elle se compose des fract. suivantes : Abouda, Arous, Ifenaïon, Agouni-bou-Ror, Tablabalt, Taddert-ou-Fella, Taddert-bou-Adda, Taguemount-Iadaden, Isahnounen, El-Misser, Taceft-Guezra, Aït-Merzou, Iril-Tiguemounin, Aït-Mimoun, Icheriden, Aguemoun-Azem, Taza, Imaïnseren, Afenson, Tirilt-el-Hadj-Ali, Taguemount-Gouadfel, Iril-Guefri, Agouni-Djilbane, Tizi-Rached, Iril-N'tazert et Cheraouïa. Pop. ind. 5,527 hab.

Beni-Irguen. (Ancienne organisation.) Le nom de cette tribu ne figure plus dans la composition territoriale du cant. jud. et de la com. ind. de Fort-National.

Beni-Isguen ou **Beni-Isguène.** Ksar dépendant de la confédération du M'zab. V. *Beni-M'zab*, tribu. Com. ind., cant. jud. et cerc. de Laghouat, subd. de Médéa. Pop. ind. 2,204 hab.; — à 177 kil. S.-E. de Laghouat et à 2 kil. 1/2 S.-E. de Ghardaïa et sur la rive droite de l'Oued-M'zab.

Beni-Ishaq du Goufi. (Sup. 7,089 hect.) Ancienne tribu délimitée et érigée en douar-com. par décret du 31 décembre 1866. V. le douar-com. d'*Arb-el-Goufi*, n° 63 de la carte. Com. ind. et cerc. d'El-Milia, subd. de Constantine, annexe et cant. jud. de Collo. Pop. ind. 1,000 hab. Ce douar forme actuellement un cheïkat indépendant connu sous le nom d'Arb-el-Goufi.

Beni-Ishaq de l'Oued-Guebli. (Sup. 12,403 hect.) Ancienne tribu délimitée et érigée en douar-com. par décret du 27 février 1867. V. le douar-com. de *Arb-Estaïha*, n° 81 de la carte. Com. de Robertville. Cant. jud. d'El-Arrouch, arr. de Philippeville.

Beni-Issaâd ou **Beni-Içaâd.** (Sup. 8,184 hect.) Ancienne tribu délimitée et érigée en douar-com. par décret du 27 octobre 1869. V. le douar *Beni-Issad*, n° 165 bis de la carte des douars. Rattachée à la com. mixte de Zemmorah, annexe de Zemmorah, cant. jud. de Relizane, subd. d'Oran; — à 44 kil. S.-E. de Relizane et sur le chemin de cette ville à Tiaret. Pop. 1,701 ind.

Beni-Ittouragh ou **Aït-Ittourar.** Tribu. V. *Beni-Ittourar*, tribu. Com. ind., cant. jud. et cerc. de Fort-National, subd. de Dellys.

Beni-Ittourar ou **Aït-Ittouragh.** (Sup. 3,000 hect. env.) Tribu non soumise à l'appl. du sén.-cons. Rattachée à la com. ind. de Fort-National. Cant. jud. et cerc. de Fort-National, subd. de Dellys; — à 20 kil. S.-E. de Fort-National et sur la limite E. du dép. d'Alger. Pop. ind. 5,225 hab. Cette tribu se compose des fract. suivantes: Afhir, Iril-Igoulmimen, Askeur, Kerrouch, Tizi-Guefrôs, Aït-Youcef-ou-Ali, Aït-el-Mansour, Ifernounen, Aït-Arbi, Tikilsa, Soumeur, Aït-N'zar, Aït-Ali-ou-Yahia, Taourirt-Aït-Ali-ou-Naceur, Bechar et Aït-Ouassas et forme avec la tribu des Beni-Illilten une section de la com. ind. de Fort-National.

Beni-Kaïd. (Sup. 3,139 hect.) Ancienne tribu soumise à l'appl. du sén.-cons. et érigée en douar-com. par décret du 28 juillet 1866. Rattachée à la com. de Djidjelli. Cant. jud. de Djidjelli, arr. de Bougie. V. *Beni-Kaïd*, douar, n° 51 de la carte.

Beni-Kaïd. (Sup. 3,421 hect.) Ancienne tribu délimitée et érigée en douar par décrets des 10 et 30 avril 1870. V. le douar *El-Aouara*, n° 328 et *Birouëla*, partie d'El-Aouara. Com. mix. de Bône et com. pl. ex. de Penthièvre et de Nechmeya, arr. de Bône, cant. jud. de Mondovi.

Beni-Kaïd. (Sup. 1,596 hect.) Ancienne tribu délimitée et érigée en douar-com. V. *Beni-Caïd*, tribu ou douar-com. d'El-Akbia. Com. ind. et cerc. d'El-Milia, cant. jud. de Mila, subd. de Constantine.

Beni-Kaled. V. *Beni-Khaled*, tribu. Com. mix. et cerc. de Nemours, subd. de Tlemcen.

Beni-Kani. (Sup. 5,400 hect. env.) Tribu non soumise à l'appl. du sén.-cons. Rattachée à la com. ind. d'Aumale. Annexe des Beni-Mansour, cant. jud., cerc. et subd. d'Aumale; — à 65 kil. N.-E. de cette ville, sur la route de Fort-National aux Beni-Mansour. Cette tribu se compose des fract. suivantes: Takerbouzt, Selloum, Tiksiriden, Bahalil, Iril-ou-Chekride et Beni-Hamdoun. Pop. ind. 2,264 hab.

Beni-Karoun. V. *Beni-Khoran*, fract. des Ouled-Abd-el-Djebar, tribu. Com. ind., cerc. et cant. jud. de Bougie, subd. de Sétif. Pop. ind. 553 hab.

Beni-Kef. V. *Kef*, tribu. Com. mix. et cerc. de Sebdou, cant. jud. et subd. de Tlemcen.

Beni-Khaled ou **Beni-Khellad.** Orthographe du tableau du dénombrement 1876. Tribu non soumise à l'appl. du sén.-cons. Com. mix. et cerc. de Nemours, cant. jud. et subd. de Tlemcen. Pop. ind. 2,005 hab. Les Beni-Khaled se composent des tribus ou fract. suivantes: Abeghaïn, Beni-Abed et Nousfachour.

Beni-Khalfoun. (Sup. 11,305 hect. env.) Tribu non soumise à l'appl. du sén.-cons. Rattachée à la com. mix. de Palestro. Cant. jud. de Ménerville, arr. d'Alger; — à 20 kil. S.-E. de Ménerville, sur la rive droite de l'Oued-Isser. Pop. ind. 4,334 hab. Une partie du territoire des Beni-Khalfoun a été prélevée pour l'installation des villages de Chabet-el-Ameur et de Palestro.

Beni-Khalifa ou **Beni-Khelifa** (Sup. 1,100 hect. env.) Tribu non soumise à l'appl. du sén.-cons. Rattachée à la com. mix. de Tizi-Ouzou. Cant. jud. et arr. de Tizi-Ouzou; — à 8 kil. O. de cette dernière ville et sur la route d'Alger à Fort-National. Pop. tôt. 2,250 hab.

Beni-Khatel ou **Beni-Khateh**. Fract. des Ouled-Abd-el-Djebar, tribu. Com. ind., cant. jud. et cerc. de Bougie, subd. de Sétif. Pop. ind. 1,125 hab.; — à 26 kil. S.-O. de Bougie, sur la rive gauche de l'Oued-Amazin, affluent rive droite du Sahel.

Beni-Khelili. (Sup. 2,000 hect. env.) Tribu non soumise à l'appl. du sén.-cons. Rattachée à la com. ind. de Fort-National. Cant., jud. et cerc. de Fort-National, subd. de Dellys; — à 8 kil. N.-E. de Fort-National, sur le chemin de cette ville à Bougie. Pop. ind. 3,169 hab. Les Beni-Khelili se composent des fract. suivantes : Merira, Akaron, Bou-Yala, Tamdelit, Agoulmine, El-Kalaâ, Sahaël, Aït-Hichem, Bou-Achir, Tizi-bou-Aman et Aït-Khir. Cette tribu réunie à celle des Beni-Fraoussen, forment une section de la com. ind. de Fort-National.

Beni-Khettab. (Sup. 20,508 hect.) Ancienne tribu délimitée et divisée en 3 douars-com. par décret du 4 mars 1868. V. les douars-com. de : *Ouled-Yaya*, n° 11 ; *Ouled-Rebah*, n° 12 ; *Yamiden*, n° 13 de la carte. Com. ind. et cerc. d'El-Milia, subd. de Constantine, cant. jud. de Mila. La réunion de ces 3 douars-com. forme le cheïkat indépendant des Beni-Khettab. Pop. de la tribu 5,728 ind.

Beni-Khettab-Gheraba. (Sup. 6,062 hect.) Dépendant actuellement du kaïdat des Beni-Amran-Djebala. Ancienne tribu délimitée et érigée en 2 douars-com. par décret du 20 novembre 1867. V. les douars-com. de *Tazia*, n° 55 ; *Tabellout*, n° 56 de la carte. Com. ind., cerc. et cant. jud. de Djidjelli, subd. de Constantine. Pop. 2,140 ind.

Beni-Khezer. Fract. d'El-Aouana, tribu. Com. ind., cant. jud. et cerc. de Djidjelli, subd. de Constantine, arr. jud. de Bougie. Pop. 435 ind.

Beni-Khoran ou **Beni-Koran** ou **Beni-Karoun**. Fract. des Ouled-Abd-el-Djebar, tribu. Com. ind., cant. jud. et cerc. de Bougie, subd. de Sétif. Pop. ind. 553 hab. ; — à 20 kil. S.-O. de Bougie et sur l'Oued-Berri, affluent rive droite du Sahel.

Beni-Koufi ou **Beni-Koufli** ou **Beni-Koutfi**. (Sup. 2,800 hect. env.) Tribu non soumise à l'appl. du sén.-cons. Rattachée comme section à la com. mix. de Dra-el-Mizan, arr. de Tizi-Ouzou. Cant. jud. de Dra-el-Mizan ; — à 8 kil. S.-E. de ce dernier centre. Pop. tot. 1,640 hab.

Beni-K'alla et **M'zala**. (Sup. 6,000 hect. env.) Tribus non soumises à l'app. du sén.-cons. Rattachées à la com. ind. de Bougie. Cant. jud. et cerc. de Bougie, subd. de Sétif ; — à 32 kil. N.-O. de Bougie et sur le littoral. Pop. ind. 2,841 hab.

Beni-Lassen. V. *Beni-bel-Hassen*. Com. ind., cant. jud. et cerc. de Teniet-el-Had, subd. d'Orléansville.

Beni-Lent. (Sup. 7,004 hect. env.) Tribu non soumise à l'appl. du sén.-cons. Rattachée à la com. ind. de Teniet-el-Had. Cant. jud. et cerc. de Teniet-el-Had, subd. d'Orléansville ; — à 48 kil. S.-O. de Teniet-el-Had, et sur la route stratégique de Tiaret à Teniet-el-Had. Cette tribu se compose des fract. suivantes : Homeur, Beni-Zouragh, Sbaâ, Ouled-bou-Nehar, Aouameur, Ouled-bel-Arbi, Ouled-Oued-Fellah. Pop. ind. 2,221 hab.

Beni-Louma. (Sup. 5,420 hect. env.) Tribu non soumise à l'appl. du sén.-cons. Rattachée à la com. mix. et à l'annexe de Zemmorah et subd. d'Oran. Cant. jud. de Relizane ; — à 44 kil. S.-E. de cette ville. Pop. ind. 2,135 hab.

Beni-Maâfa. Grande fract. de la tribu des Achèches non soumise à l'appl. du sén.-cons. Rattachée à la com. ind. de Batna. Cant. jud., cerc. et subd. de Batna. Pop. ind. 761 hab. Les Beni-Maâfa se composent des petites fract. d'El-Amradça et d'El-Fetatcha.

Beni-Maâmeur ou **Beni-Mammer**. (Sup. 4,422 hect.) Ancienne tribu délimitée et érigée en douar-com. par décret du 12 octobre 1868. V. le douar-com. de *Beni-Maameur*, n° 61 de la carte. Rattachée par partie à la com. ind. de Djidjelli, subd. de Constantine, et partie à la com. mix. de Duquesne, territoire de colonisation de Taher. La portion dépendant de la com. ind. de Djidjelli fait partie du kaïdat de la Plaine. Sa pop. est de 1,128 ind.

Beni-Muhammed. V. *Beni-M'hamed*. Ancienne tribu. Com. mix. et cant. jud. d'Aïn-Mokra, arr. de Bône. Pop. 1,559 hab. y compris la pop. des Beni-Mérouan.

Beni-Mahmoud ou **Beni-M'hamoud**. (Sup. 1,600 hect. env.) Tribu non soumise à l'appl. du sén.-cons. Rattachée comme section à la com. mix. de Tizi-Ouzou. Cant. jud. et arr. de Tizi-Ouzou ; — à 12 kil. S.-E. de cette ville. Pop. tot. 3,808 hab.

Beni-Mahousen. Cette tribu se compose des fract. de Bessaïlin et Feratis, non soumises à l'appl. du sén.-cons. Rattachée à la com. ind. et au cerc. de Miliana. Subd. d'Orléansville. La carte au 1/200,000° place cette tribu au N. du douar Chemla et entre les tribus des Beni-Maraheba et des Beni-Sliman ; — à 20 kil. N.-O.

de Duperré. Pop. ind. 466 hab. — NOTA : Le nom de cette tribu ne figure pas dans la composition territoriale du cant. jud. de Duperré.

Beni-Maïda. (Sup. 10,000 hect. env.) Tribu non soumise à l'appl. du sén.-cons. Rattachée à la com. ind. de Teniet-el-Had. Cant. jud. et cerc. de Teniet-el-Had, subd. d'Orléansville ; — à 38 kil. S.-O. de Teniet-el-Had, sur la route de cette ville à Tiaret et sur le versant N.-E. du point géodésique du Djebel-Sedra-Zilène. Cette tribu se compose des fract. suivantes : Ouled-ben-Khelifa, Ouled-si-Ahmed-ben-Ali, Ouled-Khrouf, Krouel-Chóraga, Krouel-Gheraba, Ouled-Youssef, Ouled-ben-Foredj, Ouled-Brahim, Ouled-Allah, Ouled-Temaït, Haouaït et Ouled-Mansour. Pop. ind. 3,118 hab.

Beni-Maloum et **Melouane**, tribus comprenant la fract. d'El-Ouzana de l'ancienne tribu des Beni-Sliman. Rattachée à la com. ind. de l'Arba, Annexe et subd. d'Alger. Pop. 1,935 ind. ; — à 22 kil. S. de l'Arba et sur la rive gauche de l'Oued-Melah. — NOTA : Le nom de Beni-Maloum ne figure pas dans la composition territoriale du cant. jud. de l'Arba.

Beni-Maned. (Sup. 3,600 hect. env.) Tribu non soumise à l'appl. du sén.-cons. Rattachée à la com. mix. de Dra-el-Mizan. Arr. de Tizi-Ouzou, cant. jud. de Dra-el-Mizan ; — à 10 kil. S.-O. de ce dernier centre et à cheval sur l'Oued-Isser. Pop. ind. 1,013 hab.

Beni-Mansour. (Sup. 9,150 hect. env.) Tribu non soumise à l'appl. du sén.-cons. Rattachée à la com. ind. de Bougie. Cant. jud. et cerc. de Bougie, subd. de Sétif ; — à 40 kil. S.-O. de Bougie et au N.-E. du Djebel-Akfadou. Pop. ind. 2,931 hab.

Beni-Mansour. (Sup. 11,004 hect. env.) Tribu non soumise à l'appl. du sén.-cons. Rattachée à la com. ind. d'Aumale. Annexe des Beni-Mansour, cant. jud., cerc. et subd. d'Aumale ; — à 60 kil. S.-E. de cette ville, sur l'Oued-Kerma et l'Oued-Amahrir, affluents de l'Oued-Sahel. Cette tribu se compose des fract. suivantes : Taourirt, Tirilte, Ighil-Ouled-Liane et Ouled-bou-Ali. Pop. ind. 1,262 hab.

Beni-Marmi. (Sup. 4,360 hect.) Ancienne tribu délimitée et érigée en douar-com. par décret du 31 décembre 1866. V. le douar Beni-Marmi, n° 93 de la carte. Com. mix., cant. jud. et arr. de Guelma.

Beni-Matar. V. Beni-Mathar. Com. mix. et cerc. de Daya, cant. jud. de Sidi-bel-Abbès, subd. de Tlemcen. Pop. tot. 1,941 hab.

Beni-Mathar. Le territoire des Beni-Mathar comprend les deux tribus suivantes : Ouled-Amran et Ouled-Attia, non soumises à l'appl. du sén.-cons. Rattachées à la com. mix. de Daya, Cant. jud. de Sidi-bel-Abbès, cerc. de Daya, subd. de Tlemcen. Pop. ind. des Beni-Mathar, Ouled-Amran 1,165 hab. Pop. ind. des Beni-Mathar, Ouled-Attia 776 hab.

Beni-Médian. (Sup. 23,483 hect.) Ancienne tribu délimitée et érigée en douar-com. par décret du 2 juin 1866. V. le douar-com. de Takdembt, n° 95 de la carte. Com. ind. de Tiaret-Aflou, subd. de Mascara. Pop. ind. 1,649 hab.

Beni-Medjaled ou **Beni-Medjeled-Dahra.** Dépendant du kaïdat des Beni-Foughal. Tribu non soumise à l'appl. du sén.-cons. Rattachée à la com. ind. de Djidjelli. Cant. jud. de Djidjelli, cerc. de Djidjelli, subd. de Constantine, à 20 kil. S.-O. de Djidjelli. Pop. ind. 6,342 hab.

Beni-Medjellet. Fract. du Babor, tribu et kaïdat. Com. ind., cant. jud. et annexe de Takitount, arr. jud. de Bougie, cerc. et subd. de Sétif. Pop. 1,204 ind.

Beni-Méharez. (Sup. 11,245 hect.) Ancienne tribu délimitée et érigée en douar-com. par décret du 16 juin 1866. V. le douar-com. de Béni-Méharez, n° 79 de la carte. Rattachée à la com. pl. ex. de Teniet-el-Had. Arr. de Miliana. Pop. tot. 1,738 hab.

Beni-Mehenna. Ancien kaïdat composé des douars-com. de Arb-Guerguera, Demnia, Tokla, Taabna et El-Atba. Le kaïdat des Beni-Mehenna a été supprimé et son territoire a été rattaché à la com. mix. de Collo par arrêté du Gouverneur général du 24 avril 1878. Cant. jud. de Collo, arr. de Philippeville. Pop. ind. 7,829 hab.

Beni-Mehenna et **Beni-Béchir.** (Sup. 13,041 hect.) Anciennes tribus délimitées et érigées en deux douars-com. par décret du 7 avril 1866. V. les douars : Oued-Ksob, n° 42, com. de Gastonville, et Aïn-Ghorab, n° 43 de la carte des douars. Com. de St.-Charles, arr. de Philippeville.

Beni-Melkem. Fract. d'Ammar-Khaddou, tribu. Com. ind., cant. jud. et cerc. de Biskra, subd. de Batna. Pop. 380 ind.

Beni-Mellika. Fract. des Beni-Sliman. Tribu. Com. ind., cant. jud. et annexe de Takitount, arr. jud. de Bougie, subd. et cerc. de Sétif. Pop. 1,096 ind.

Beni-Mellikeuch. (Sup. 6,505 hect.) Ancienne tribu délimitée et érigée en douar-com. par décret du 4 juin

1870. V. le douar-com. *Beni-Mellikeuch*, n° 257 de la carte. D'après le tableau du dénombrement, ce douar est composé des deux fract. Aït-Ali et Ighzer-ou-Guentour. Com. ind. et cerc. d'Akbou, subd. de Sétif, cant. jud. d'Akbou. Pop. ind. 2,906 hab. Une partie de ce douar a servi à l'installation du village de Tazemalt.

Beni-Melloult ou **Beni-Melloul** et **Beni-bou-Aïssi.** (Sup. 3,600 hect. env.) Tribus non soumises à l'appl. du sén.-cons. Rattachées à la com. ind. de Bougie. Cant. jud. et cerc. de Bougie, subd. de Sétif; — à 20 kil. S.-E. de Bougie et sur la rive gauche de l'Oued-Zitoun. La tribu de Beni-bou-Aïssi est située à 24 kil. S.-E. de Bougie et sur la rive droite de l'Oued-Zitoun. Ces deux tribus ont été recensées avec le douar-com. Aït-Ouarest-ou-Ali. Pop. tot. 2,183 hab.

Beni-Menade. (Sup. 24,792 hect.) Ancienne tribu délimitée et divisée en 3 douars-com. par décret du 22 septembre 1868. V. les douars-com. de *Sahel*, n° 75 ; *Beni-Mérit*, n° 76 ; *El-Hammam*, n° 77 de la carte. El-Hammam, pop. tot. 1,133 hab., rattaché à la com. mix. d'Adélia, cant. jud. et arr. de Miliana. Sahel, pop. 1,343 hab. et Beni-Mérit, 530 hab., rattachés à la com. mix. de Mourad, cant. jud. de Marengo, arr. d'Alger.

Beni-Menasser (nord) de Cherchel. (Sup. 34,805 hect.) Ancienne tribu délimitée et érigée en 2 douars-com. par décret du 29 juin 1870. V. les douars-com. de *Sidi-Simian*, n° 141 et d'*El-Gourine*, n° 142 de la carte. Rattachée à la com. mix. de Gouraya, Arr. d'Alger, cant. jud. de Cherchel. Pop. tot. 3,883 hab. Le village d'El-Gourine, faisant partie du programme de la colonisation de 1878, sera établi dans la partie séquestrée du douar du même nom.

Beni-Menasser (sud) de Miliana. (Sup. 28,992 hect.) Ancienne tribu délimitée et érigée en 2 douars-com. par décret du 17 octobre 1869. V. les douars *Zaccar*, n° 127 et *Rou-Mad*, n° 128 de la carte. Com. ind., cant. jud. et cerc. de Miliana, subd. d'Orléansville. Pop. ind. 6,661 hab.

Beni-Mendès. (Sup. 3,000 hect. env.) Tribu non soumise à l'appl. du sén.-cons. Rattachée à la com. mix. de Dra-el-Mizan. Arr. de Tizi-Ouzou, cant. jud. de Dra-el-Mizan ; — à 10 kil. S.-E. de ce dernier centre. Pop. tot. 1,054 hab. Les Beni-Mendès forment actuellement une section de la com. mix. de Dra-el-Mizan.

Beni-Mendil. Ancienne tribu annexée au territoire de la com. pl. ex. et au cant. jud. de Boufarik, arr. d'Alger. La pop. est comprise dans le total de la com. pl. ex. de Boufarik.

Beni-Mengouch-Fahta. (Sup. 3,300 hect. env.) Tribu non soumise à l'appl. du sén.-cons. Rattachée à la com. mix. de Nemours, Cant. jud. et cerc. de Nemours, subd. de Tlemcen ; — à 25 kil. O. de Nemours, sur le littoral et confinant au Maroc. Pop. ind. 550 hab. — NOTA : Cette pop. est entièrement marocaine.

Beni-Menguellet ou **Beni-Menguelet.** (Sup. 2,000 hect. env.) Tribu non soumise à l'appl. du sén.-cons. Rattachée à la com. ind. de Fort-National. Cant. jud. et cerc. de Fort-National, subd. de Dellys ; — à 6 kil. S.-E. de Fort-National et sur la route de cette ville aux Beni-Mansour. Pop. ind. 4,509 hab. Cette tribu se compose des fract. suivantes : Azrou-ou-Guellal, Tas-Kenfout, El-Korn, Taourirt, Ouaghzen, Tenijout ou Temjout, Aït-Aïlem, Ou-Aït-Slid, Tillilt, Aourir-N'amour-ou-Saïd, Ivil-Bougueni, Tasga-Melloul et Aït-Sidi-Ahmed et forme, avec les tribus des Beni-Yahia et des Beni-bou-Chaïb, une section de la com. ind. de Fort-National.

Beni-Menlarin-Fouagha. (Sup. 28,475 hect.) Ancienne tribu délimitée et divisée en 2 douars-com. par décret du 5 décembre 1866. V. les douars ci-après : *Tafrent*, n° 84, com. mix. et cerc. de Saïda, subd. de Mascara ; *Souk-el-Barbata*, n° 80 de la carte, com. mix. et arr. de Mascara. Pop. ind. de Tafrent, 1,164 hab. Pop. ind. de Souk-el-Barbata, 439 hab. Le village de Franchetti a été construit sur le territoire de ce dernier douar. Tafrent et Souk-el-Barbata font partie du cant. jud. de Saïda.

Beni-Menlarin-Tahta. (Sup. 31,997 hect.) Ancienne tribu délimitée et divisée en 2 douars-com. par décret du 16 juin 1866. V. les douars ci-après : *Ouizert*, n° 81 et *Oued-Hounet*, n° 80 de la carte. Com. ind., cerc. et cant. jud. de Saïda, subd. de Mascara. Pop. ind. 1,408 hab.

Beni-Ménir. (Sup. 12,650 hect.) Ancienne tribu délimitée et érigée en douar-com. par décret du 19 juillet 1869. V. le douar-com. de *Beni-Ménir*, n° 149 de la carte. Com. mix., cerc. et cant. jud. de Nemours, subd. de Tlemcen. Pop. ind. 2,824 hab.

Beni-Menna. (Sup. 24,094 hect.) Ancienne tribu délimitée et érigée en 2 douars-com. par décret du 6 juillet 1870. V. les douars-com. de *Baache*, n° 136 ; *Talassa*, n° 137 de la carte. Com. mix. et cant. jud. de Ténès, arr. d'Orléansville. Pop. tot. 2,711 hab. pour les 2 douars.

Beni-Menna. Ancienne tribu. V. *Beni-Mehenna*, ancienne tribu ou *Oued-Ksob*, douar. Com. pl. ex. de Gastonville, arr. de Philippeville, cant. jud. d'El-Arrouch.

Beni-Meraheba ou **Meraba.** (Sup. 5,003 hect. env.) Tribu non soumise à l'appl. du sén.-cons. Rattachée à la com. ind. de Miliana. Cerc. de Miliana, subd. d'Orléansville, cant. jud. de Duperré; — à 20 kil. N.-O. de Duperré et sur le versant S.-O. du Djebel-Lari, point géodésique. Cette tribu se compose des fract. suivantes : Ahl-el-Guebli, Beni-Tenoubel et Beni-bou-Khelf. Pop. ind. 569 hab.

Beni-Meraï aussi appelé **Arzor-Ouftis.** (Sup. 4,860 hect., env.) Tribu non soumise à l'appl. du sén.-cons. Rattachée à la com. ind. de Takitount. Cant. jud. et annexe de Takitount, subd. de Sétif; — à 10 kil. N. de Takitount et sur la rive droite du Chabet-el-Akra. Pop. ind. 425 hab.

Beni-Mérouan. Tribu de l'ancien kaïdat de l'Edough. (Sup. 2,720 hect. d'après le plan de la com. mix.) Tribu non soumise à l'appl. du sén.-cons. Rattachée à la com. mix. d'Aïn-Mokra. Cant. jud. de Jemmapes, arr. jud. de Philippeville et arr. administratif de Bône; — à 20 kil. N.-E. de Jemmapes et sur la rive gauche de l'Oued-el-Kébir. Pop. recensée avec les Beni-M'hamed, 6 Français, 5 Étrangers et 1,548 Indigènes. Les Beni-Mérouan, les Senhadja et le douar-com. d'Aïn-Nechma forment actuellement une section de la com. mix. d'Aïn-Mokra.

Beni-Merzoug. (Sup. 11,168 hect.) Tribu non soumise à l'appl. du sén.-cons. Rattachée à la com. mix. de Ténès, Cant. jud. de Ténès, arr. d'Orléansville; — à 24 kil. S.-O. de Ténès. Pop. ind. 3,008 hab. Actuellement section de la com. mix. de Ténès.

Beni-Messâad. Fract. du Ferdjioua, tribu. Com. ind. et annexe de Fedj-Mezala, cant. jud. de Mila, subd. de Constantine. Pop. 565 ind.

Beni-Messaï. Fract. des Beni-bou-Douan, tribu. Com. ind. et cerc. de Miliana, cant. jud. de Duperré, subd. d'Orléansville. Pop. ind. 240 hab.

Beni-Messaoud. (Sup. 7,865 hect.) Ancienne tribu délimitée et érigée en douar-com. par décret du 24 juillet 1860. V. le douar-com. de *Zdatit*, n° 113 de la carte, com. mix. de Ben-Chicao, arr. d'Alger, cant. jud. de Médéa. Cette tribu ou le douar-com. de Zdatit se compose des fract. suivantes : Djerah, Beni-Hamou, Ouled-Ameur et Ouled-bou-Ali. Pop. ind. 1,845 hab.

Beni-Messlem. (Sup. 1,686 hect.) Ancienne tribu délimitée et érigée en douar-com. par décret du 27 octobre 1866. V. le douar-com. de *Beni-Messlem*, n° 79 de la carte. Com. ind. et cerc. d'El-Milia, subd. de Constantine, cant. jud. de Mila. Pop. ind. 2,398 hab. Les Beni-Messlem font partie du kaïdat de l'Oued-Zhour.

Beni-Mester, Aïn-Douz et **Mellila.** Anciennes tribus. (Sup. 2,654 hect.) Non érigées en douars-com. Rattachées à la com. mix. de Tlemcen, cant. jud. et arr. de Tlemcen. Pop. 1,050 ind. La 1re à 7 kil. O. de Tlemcen, sur le chemin de Tlemcen à Lalla-Maghrnia; la 2e à 16 kil. S.-O. de Tlemcen, sur le chemin de Tlemcen à Lalla-Maghrnia et la dernière à 9 kil. N.-O. de Tlemcen, sur le chemin de Tlemcen à Lalla-Maghrnia.

Beni-Metaref. Tribu dépendant des Hamyan-Chafa, non soumise à l'appl. du sén.-cons. Rattachée à la com. mix. et au cerc. de Sebdou, subd. et cant. jud. de Tlemcen. Pop. comprise dans les Hamyan-Chafa.

Beni-Mezzeline. (Sup. 11,643 hect.) Ancienne tribu délimitée et érigée en douar-com. par décret du 18 novembre 1868. V. le douar *Beni-Mezzeline*, n° 175. Com. mix., cant. jud. et arr. de Guelma, dép. de Constantine.

Beni-M'hamed. (Sup. 2,908 hect.) Ancienne tribu délimitée et érigée en douar-com. par décret du 2 octobre 1860. V. le douar *Aokas*, n° 235 de la carte. Com. ind., cerc. et cant. jud. de Bougie, subd. de Sétif. Pop. ind. 1,020 hab.

Beni-M'hamed. Tribu de l'ancien kaïdat de l'Edough. (Sup. 10,400 hect.) Non soumise à l'appl. du sén.-cons. Rattachée à la com. mix. d'Aïn-Mokra. Arr. de Bône et cant. jud. d'Aïn-Mokra; — à 20 kil. N.-O, d'Aïn-Mokra et sur la rive droite de l'Oued-el-Kébir. Pop. recensée avec les Beni-Merouan : 6 Français, 5 Étrangers et 1,548 Ind. Les Beni-M'hamed, Beni-Merouan et Aïn-Nechma, douar forment une section de la com. mix. d'Aïn-Mokra.

Beni-M'hamoud. V. *Beni-M'ahmoud*, tribu. Com. mix., cant. jud. et arr. de Tizi-Ouzou. Pop. tot. 3,808 hab.

Beni-Mimoun. (Sup. 8,078 hect.) Ancienne tribu délimitée et érigée en douar par décret du 7 mars 1868. V. le douar-com. de *Djoua*, n° 161 de la carte. Com. mix., cant. jud. et arr. de Bougie.

Beni-Miscera. (Sup. 19,412 hect.) Ancienne tribu délimitée et divisée en deux douars-com. par décret du 12 octobre 1868. V. les douars ci-après : *Hammam-Melouane*, n° 7, com. de Boufarik et de Rovigo, arr. d'Alger; *Beni-Miscera*, n° 8 de la carte, com. ind. et annexe de l'Arba, subd. d'Alger, cant. jud. de l'Arba. Pop. Hammam-Melouan, 1re partie, 535 hab. (Rovigo); 2e partie, 1,377 hab. (Boufarik); pop. Beni-Miscera 1,240 ind. Com. ind. de l'Arba.

Beni-Mishel. (Sup. 20,713 hect.) Ancienne tribu délimitée et érigée en douar-com. par décret du 15 juin 1870. Rattachée à la com. mix. de Nemours. Cant. jud. et cerc. de Nemours, subd. de Tlemcen ; — à 14 kil. S.-E. de Nemours et à cheval sur l'Oued-Tafna. Pop. ind. 2,665 hab. V. *Beni-Mishel*, douar, n° 79 de la carte.

Beni-Mohall ou **Beni-Mahall.** Fract. d'El-Harrach, tribu. Com. ind., cant. jud. et cerc. d'Akbou, subd. de Sétif, arr. jud. de Bougie. Pop. ind. 1,430 hab. ; — à 24 kil. N.-E. d'Akbou, sur l'Oued-M'zila, affluent rive droite de l'Oued-Boussellam.

Beni-Moussa. (Sup. 22,322 hect.) Ancienne tribu érigée en deux douars-com. par décret du 28 juillet 1866. V. *Sidi-Nasseur* ou *Naceur*, n° 1 de la carte. Rattachée à la com. de l'Arba, arr. d'Alger et cant. jud. de l'Arba; *Sidi-Hamouda*, n° 2 de la carte. Rattachée à la com. de Rovigo, arr. d'Alger et cant. jud. de l'Arba. Pop. tot. de Sidi-Nasseur 2,264 hab. et de Sidi-Hamouda 3,065 hab.

Beni-M'zab. (Confédération des) Territoire non soumis à l'appl. du sén.-cons. Rattaché à la com. ind. de Laghouat. Cant. jud. et cerc. de Laghouat, subd. de Médéa; — à 130 kil. S.-E. de Laghouat et sur les routes de Laghouat à Ouargla et à Goléa. Pop. tot. 16,052 ind. Fract. qui composent le territoire des Beni-M'zab : Berryan, pop. 2,946 hab. ind.; Ghardaïa, pop. 5,807 hab. ind.; Beni-Isguen, pop. 2,204 hab. ind.; Melika, pop. 739 hab. ind.; Bou-Noura, pop. 837 hab. ind.; Guerara, pop. 2,291 hab. ind.

Beni-N'eigh. (Sup. 11,256 hect.) Ancienne tribu délimitée et divisée en deux douars-com. par décret du 27 octobre 1866. V. les douars-com. de : *Beni-N'eigh*, n° 67 et *Feraguig*, n° 66 de la carte. Com. mix. et arr. de Mascara, cant. jud. de Perréguax. Pop. tot. des deux douars 2,148 hab.

Beni-Nemdil ou **Beni-Nendhil.** Fract. du Sahel-Guebli, tribu. Com. ind., cerc. et subd. de Sétif, cant. jud. d'Akbou. Pop. ind. 595 hab.; — à 48 kil. E. d'Akbou et à 40 kil. N.-O. de Sétif, entre l'Oued-Adjissa et l'Oued-Ahmed-bou-Amar, affluents de l'Oued-bou-Selam.

Beni-Ouaggin. Fract. d'Ouargla, ville et tribu. Com. ind., cant. jud. et cerc. de Laghouat, subd. de Médéa. V. *Ouargla*. Pop. ind. 588 hab.

Beni-Ouaguenoun. (Sup. 12,663 hect.) Ancienne tribu non soumise à l'appl. du sén.-cons. et divisée en quatre sections : Beni-Ouaguenoun, Makouda et Iskaren. Rattachées à la com. mix. de Dellys. Cant. jud. de Dellys, arr. de Tizi-Ouzou ; — à 12 kil. S.-E. de Dellys et sur le littoral. La 4° section dite Ouled-Aïssa-Mimoun a été rattachée à la com. mix. de Tizi-Ouzou, cant. jud. et arr. de Tizi-Ouzou. Beni-Ouaguenoun, section, 2,722 hab.; Makouda, section, 5,722 hab.; Iskaren, section, 2,216 hab.; Ouled-Aïssa-Mimoun, section, 2,731 hab.

Beni-Ouakour. (Sup. 2,000 hect. env.) Tribu non soumise à l'appl. du sén.-cons. Rattachée à la com. ind. d'Aumale. Annexe de Beni-Mansour, cant. jud., cerc. et subd. d'Aumale ; — à 70 kil. N.-E. de cette ville, sur la route de Fort-National aux Beni-Mansour, à l'E. du point géodésique Lella-Khedidja. Cette tribu se compose des fract. suivantes : Taddert-el-Djeddid et Irzer-Ouakour. Pop. ind. 1,165 hab.

Beni-Oualban. Fract. de M'chedallah, tribu. Com. ind., cant. jud., cerc. et subd. d'Aumale, annexe de Beni-Mansour. Pop. ind 343 hab.

Beni-Ouarsour. Tribu non soumise à l'appl. du sén.-cons. Rattachée à la com. mix. de Nemours. Cerc. de Nemours, subd. de Tlemcen. Pop. 1,284 ind. ; — à 12 kil. E. de Nemours et à 14 kil. N.-O. de Tlemcen. — Nota : Le nom de cette tribu ne figure pas dans la composition territoire des cant. jud. de Tlemcen et de Nemours.

Beni-Ouassif. (Sup. 1,309 hect. env.) Tribu non soumise à l'appl. du sén.-cons. Rattachée à la com. ind. de Fort-National. Cant. jud. et cerc. de Fort-National, subd. de Dellys ; — à 10 kil. S. de Fort-National et sur la route de cette ville à Dra-el-Mizan. Pop. ind. 5,021 hab. Cette tribu se compose des fract. suivantes : Tikichourt, Tikidount, Bou-Abderrahman, Zoubega, Beni-Abbat, Massaou-Ghremoun, et Aït-Erbah et forme avec les Beni-Sedka-Ogdal une section de la com. ind. de Fort-National.

Beni-Ouazan. Fract. de la tribu des Beni-Ouazan. Com. ind., cerc., cant. jud. et subd. d'Orléansville. Pop. ind. 262 hab.

Beni-Ouazan. (Sup. 13,018 hect.) Ancienne tribu délimitée et constituée en douar-com. par décret du 15 janvier 1868. V. le douar *Beni-Ouazan*, n° 129 de la carte. Com. mix., arr. et cant. jud. de Tlemcen. Pop. tot. 1,530 hab.

Beni-Ouazan ou **Beni-Ouazen.** (Sup. 7,900 hect. env.) Tribu non soumise à l'appl. du sén.-cons. Rattachée à la com. ind. d'Orléansville. Cant. jud., cerc. et subd. d'Orléansville; — à 30 kil. S. de cette ville, sur la rive gauche de l'Oued-Sly, affluent du Chélif et confinant au dép. d'Oran. Pop. ind. de la tribu 2,210 hab. Cette tribu se compose des fract. suivantes : Beni-Ouazan, Ouled-Allagua, Ouled-Khelifa, Ouled-Salah-ben-Salah, Sahanin et El-Atatfa. La fract. des Beni-Ouazan possède une pop. de 262 ind.

Beni-Ouazzin ou **Beni-Ouassin**. (Sup. 6,099 hect.) Tribu non soumise à l'appl. du sén.-cons. Rattachée à la com. mix. de Lalla-Maghrnia. Cerc. de Lalla-Maghrnia, cant. jud. de Nemours, subd. de Tlemcen. Pop. 3,105 ind.; — à 28 kil. S. de Nemours et près du centre de Lalla-Maghrnia.

Beni-Oudjana. (Sup. 91,802 hect. env.) Tribu non soumise à l'appl. du sén.-cons. Rattachée à la com. ind. de Khenchela. Cant. jud. et cerc. de Khenchela, subd. de Batna; — A 30 kil. O. de Khenchela, sur la rive droite de l'Oued-Chemora. Pop. tot. 4,501 hab. Cette tribu se compose des fract. suivantes : Ouled-Arif, El-Menach, Ouled-Ali-ben-Flous, Ouled-Encer, Taouzient et Ouled-Amour.

Beni-Oudjana. De l'ancien cercle de Guelma. Fract. de Bled-Guerfa, tribu et Kaïdat. Rattaché à la com. ind. d'Aïn-Beïda. Cerc. d'Aïn-Beïda, subd. de Constantine. Cant. jud. de Guelma, arr. de Bône. Pop. 1,662 ind. V. *Bled-Guerfa*, tribu et kaïdat.

Beni-Oudjana. Fract. des Cedratas, tribu et kaïdat. Com. ind. et cerc. d'Aïn-Beïda, subd. de Constantine. V. *Cedratas*, tribu. Pop. 1,067 ind.

Beni-Oudjehane. Fract. des Beni-Chebana, tribu et kaïdat. Com. ind., cerc. et subd. de Sétif, cant. jud. d'Akbou. Pop. ind. 1,514 hab.; — à 44 kil. E. d'Akbou et sur la rive droite de l'Oued-Bousselam, affluent du Sahel.

Beni-Ouelban. (Sup. 15,702 hect.) Ancienne tribu délimitée et érigée en douar-com. par décret du 9 juin 1869. V. le douar *Beni-Ouelban*, n° 107 de la carte. Com. ind., cerc. d'El-Milia, annexe de Collo, subd. de Constantine, cant. jud. de Collo. Ce douar dépend du kaïdat de l'Oued-Guebli. Pop. ind. 4,354 hab.

Beni-Oughlis. (Sup. 7,454 hect.) Ancienne tribu délimitée et érigée en douar-com. par décret du 15 juillet 1870. V. le douar *Beni-Oughlis*, n° 314 de la carte. Com. ind., cerc. et cant. jud. de Bougie, subd. de Sétif. Ce douar comprend d'après le dénombrement 1876, les fract. d'Açammeur ou Assameur et Tiourirln. Pop. ind. 9,104 hab.

Beni-Ouindjel. (Sup. 7,030 hect. env.) Tribu dépendant des Sedama, kaïdat, non soumise à l'appl. du sén.-cons. Rattachée à la com. mix. de Frendah-Mascara. Cerc. et subd. de Mascara, cant. jud. de Tiaret; — à 50 kil. S.-O. de ce dernier centre et sur le chemin de Tiaret à Saïda et sur le versant O. du Djebel-Garda. Pop. ind. 588 hab.

Beni-Ournid. (Sup. 15,980 hect.) Ancienne tribu délimitée et érigée en douar-com. par décret du 10 juillet 1867. V. le douar-com. de *Terni*, n° 121 de la carte. Arr., com. mix. et cant. jud. de Tlemcen. Pop. ind. 960 hab. non compris la pop. du centre européen de Terni. Le territoire du village de Terni a été prélevé sur la tribu des Beni-Ournid.

Beni-Ourtilan. (Sup. 7,200 hect. env.) Tribu non soumise à l'appl. du sén.-cons. Rattachée à la com. ind. de Sétif. Cerc. et subd. de Sétif, cant. jud. d'Akbou; — à 22 kil. E. de ce village et sur la rive gauche de l'Oued-Bousselam. Cette tribu se compose des fract. suivantes : Arassa, Kerri-ou-Akli, Friha, Ouled-el-Hadj et Ouled-Ahmed. Pop. ind. 6,722 hab.

Beni-Ourzeddin. Fract. des Beni-Foughal, tribu. Com. ind. de Djidjelli, cant. jud. de Djidjelli, subd. de Constantine; — à 40 kil. S.-E. de Djidjelli et sur l'Oued-el-Ouldja, affluent de l'Oued-el-Kebir et sur le versant N.-E. du Djebel-Arbès. Pop. ind. 486 hab.

Beni-Ourzeddin. (Sup. 3,066 hect.) Ancienne tribu délimitée et érigée en douar-com. par décret du 21 mars 1868. V. le douar *Beni-Ourzeddin*, n° 94. Com. mix., cant. ud et arr. de Guelma.

Beni-Oussin. Fract. des Guergour, tribu. Com. ind., cerc. et subd. de Sétif, cant. jud. d'Akbou. Pop. ind. 492 hab.

Beni-Rached. (Sup. 10,383 hect.) De l'ancien aghalik d'El-Esnam. Ancienne tribu délimitée et érigée en douar-com. par décret du 17 juillet 1867. V. le douar-com. de *Beni-Rached*, n° 80 de la carte. Com. ind., cerc., cant. jud. et subd. d'Orléansville. Pop. ind. 2,904 hab.

Beni-Rached. Fract. des Ghribs, tribu ou douar. Com. ind., cant. jud., cerc. et subd. de Médéa. Pop. ind. 659 hab.; — à 27 kil. S.-O. de Médéa, sur l'Oued-Cherfa, affluent rive gauche du Chélif.

Beni-Ralba ou **Beni-Ghalba**. Fract. des Beni-Chaïb, tribu. Com. ind., cant. jud. et cerc. de Teniet-el-Had, subd. d'Orléansville. Pop. ind. 108 hab.; — à 22 kil. S.-O. de Teniet-el-Had et sur la rive gauche de l'Oued-Larao.

Beni-Raten-bou-Adda, orthographe du tableau du dénombrement. **Beni-Raten-ou-Fella**, orthographe du tableau du dénombrement). Com. ind., cant. jud., cerc. de Fort-National, subd. de Dellys. V. *Beni-Iraten-bou-Adda* et *Beni-Iraten-ou-Fella*, tribus.

Beni-Righar ou **Beni-Righas**. Fract. des Beni-Hassen, tribu. Com. ind., cant. jud., cerc. et subd. de Médéa. Pop. ind. 433 hab. ; — à 26 kil. S. de Médéa, sur la rive droite de l'Oued-Chélif.

Beni-Riman. Tribu des Oulhassa, Gheraba et Chéraga. Le territoire de cette tribu est coupé en deux parties par la Tafna. V. *Beni-Fouzech* et *Beni-Riman*. Partie rattachée à la com. mixte. et arr. de Tlemcen, et partie à la com. mix. et au cerc. de Nemours, subd. de Tlemcen. Cette dernière fract. dépend actuellement des Oulhassa-Ghéraba.

Beni-Robri. V. *Beni-Ghobri*, tribu. Com. ind., cant. jud., et cerc. de Fort-National, subd. de Dellys.

Beni-Sanda. Fract. des Beni-Attafs, tribu. Com. ind., cant. jud. et cerc. de Fort-National, subd. de Dellys. Pop. ind. 843 hab. ; — à 16 kil. S.-E. de Fort-National et près de l'Oued-Djemâa.

Beni-Sadana. Fract. des Beni-Chaïb, tribu. Com. ind., cant. jud., cerc. de Teniet-el-Had, subd. d'Orléansville. Pop. ind. 241 hab. ; — à 22 kil. S.-O. de Teniet-el-Had.

Beni-Saïd. Fract. du Babor, tribu et kaïdat. Com. ind., cant. jud. et annexe de Takitount, arr. jud. de Bougie, cerc. et subd. de Sétif. Pop. ind. 777 hab.

Beni-Salah. (Sup. 6,582 hect.) Ancienne tribu délimitée et érigée en douar-com. par décret du 6 juillet 1867. V. le douar-com. d'*Aïn-Tabia*, n° 78 de la carte. Com. ind. et cerc. d'El-Milia, subd. de Constantine, cant. jud. et annexe de Collo. Les Beni-Salah dépendent actuellement du kaïdat de l'Oued-Guebli. Pop. ind. 1,569 hab.

Beni-Salah. (Sup. 65,354 hect.) Ancienne tribu délimitée et divisée en deux douars-com. par décret du 29 septembre 1869. V. les douars : 1° *Ouled-Sérim*, n° 216 (en deux parties, la 1ʳᵉ, sur la rive gauche de la Seybouse, a été rattachée à la com. mix. de Bône, arr. de Bône ; la 2°, sur la rive droite, à la com. ind. de Bône) ; 2° *Reguegma*, n° 215 de la carte. Rattaché à la com. ind. et à la subd. de Bône, cant. jud. de Mondovi. La tribu des Beni-Salah, du territoire de commandement, possède une pop. tot. de 2,839 hab. — Nota : La partie des Ouled-Sérim dépendant du territoire civil, a été livrée, presque en totalité, à la colonisation.

Beni-Salah. (Sup. 10,255 hect.) Ancienne tribu délimitée et érigée en douar-com. par décret du 7 septembre 1866. V. les douars-com. ci-après : *Sid-el-Fodhil*, n° 39 et *Sid-el-Kébir*, n° 40 de la carte. Com. pl. ex. de Blida, arr. d'Alger, cant. jud. de Blida. Pop. 2,708 hab. pour Sid-el-Fodhil, 2,054 pour Sid-el-Kébir.

Beni-Salah. (Sup. 2,783 hect.) Ancienne tribu délimitée et érigée en douar-com. par décret du 14 mars 1868. V. le douar-com. de *Ouled-bou-Youssef*, n° 60 de la carte. Com. ind. et cerc. de Djidjelli, subd. de Constantine, cant. jud. de Djidjelli. Pop. 459 ind.

Beni-S'bihi. (Sup. 3,273 hect.) Ancienne tribu délimitée et érigée en douar-com. par décret du 14 avril 1869. V. le douar-com. de *Beni-S'bihi*, n° 194 de la carte. Com. ind. et cerc. d'El-Milia, subd. de Constantine, cant. jud. de Mila. Pop. ind. de 923 hab. Les Beni-S'bihi forment actuellement un cheïkat indépendant.

Beni-Sedka-Chenacha. Tribu non soumise à l'appl. du sén.-cons. Rattachée à la com. ind. de Fort-National. Cant. jud. et cerc. de Fort-National, subd. de Dellys ; — à 12 kil. S.-O. de Fort-National et sur la route de ce centre à Dra-el-Mizan. Pop. ind. 3,546 hab. La tribu des Beni-Sedka-Chenacha se compose des fractions suivantes : Taguemount, Tifra-bou-Madhi, Aït-el-Kaïd, Iazoumen, Agouni-Iguerane, Aït-Agadd, Tizi-Amellal et Agouni-ou-Fouzzou, elle forme avec les Beni-Sedka-Ouadhia une section de la com. ind. de Fort-National.

Beni-Sedka-Ogdal. (Sup. 2,204 hect. env.) Tribu non soumise à l'appl. du sén.-cons. Rattachée à la com. ind. de Fort-National. Cerc. et cant. jud. de Fort-National, subd. de Dellys, à 15 kil. S.-O. de Fort-National et sur le versant N. du Djurdjura. Pop. ind. 5,523 hab. Cette tribu se compose des fractions suivantes : *Iguer-Abd-Haloun, Tigou-Seft, Aït-Touddert, Tahechah, Aït-ou-Hallan, Mecherek, Taguemount-Naït-Aït-ou-Loul, Aït-Abd-el-Ali, Aït-bou-Madhi, Aït-Abd-ou-L'ral et Timecroras* ; elle forme avec les Beni-Ouassif une section de la com. ind. de Fort-National.

Beni-Sedka-Ouadhia ou **Beni-Sedka-Ouadia**. Tribu non soumise à l'appl. du sén.-cons. Rattachée à la com. ind., au cant. jud. et au cerc. de Fort-National, subd. de Dellys ; — à 12 kil. S.-O. de Fort-National. Pop. ind. 3,278 hab. Cette tribu se compose des fractions suivantes : Aït-Hallal, Aït-Berdjal, Adrar-Amella, Taourirt-Abdallah, Aït-Abd-el-Krim, Aït-Chelala, Tikioucht, Ighil-Igout-Mimen et Taguemount-el-Djedid. Les Beni-Sedka-Ouadhia réunis aux Beni-Sedka-Chenacha, forment une section de la com. ind. de Fort-National.

Beni-Sefkal. V. *Ouled-Sadd* et *Beni-Sefkal*, fract. d'El-Aouana, tribu. Com. ind., cerc. et cant. jud. de Djidjelli, subd. de Constantine.

Beni-Segoual. Tribu non soumise à l'appl. du sén.-cons. Rattachée à la com. ind. de Takitount. Cant. jud. et annexe de Takitount, subd. de Sétif; — à 30 kil. N. de Takitount, sur le littoral et sur la rive droite de l'Oued-Agrioun. Pop. ind, 424 hab.

Beni-Siar. Tribu non soumise à l'appl. du sén.-cons. Rattachée à la com. ind. de Djidjelli, Cant. jud. et cerc. de Djidjelli, subd. de Constantine; — à 16 kil. S.-E. de Djidjelli. Cette tribu se compose des fractions suivantes : Ouled-Aount-Sefla et Ouled-Aount-Djebaila. Pop. ind. 2,279 hab. — NOTA : Une partie du territoire des Beni-Siar a été abandonnée au Service de la colonisation pour l'établissement du village de Taher, et rattachée à la com. mix. de Duquesne, arr. de Bougie.

Beni-Silem. Tribu comprenant la fract. de Tiara (de l'ancienne tribu des Beni-Sliman). Rattachée à la com. ind., au cant. jud. et à l'annexe de l'Arba, subd. d'Alger. D'une pop. tot. de 2,841 ind.; — À 34 kil. S. de l'Arba, sur la rive gauche de l'Oued-Ladrech, affluent de l'Oued-Melah. — NOTA : Le nom de Beni-Silem ne figure pas dans la composition territoriale du cant. jud. de l'Arba.

Beni-Sissin. Fract. d'Ouargla, ville. Com. ind., cant. et cerc. de Laghouat, subd. de Médéa. V. *Ouargla*, ville et tribu. Pop. ind. 602 hab.

Beni-Sliman. (Sup. 7,500 hect. env.) Tribu non soumise à l'appl. du sén.-cons. Rattachée à la com. ind. de Miliana. Cerc. de Miliana, subd. d'Orléansville, cant. jud. de Duperré; — à 16 kil. N.-O. de cette dernière ville et sur le versant S.-O. du Djebel-Lari. Pop. ind. 569 hab. Les Beni-Sliman se composent des fract. suivantes : Ahl-el-Guebli, 204 ind.; Tenenbel, 115 ind.; Beni-bou-Khelf, 250 ind.

Beni-S'liman. (Sup. 14,000 hect. env.) Tribu non soumise à l'appl. du sén.-cons. Rattachée à la com. ind. de Takitount. Cant. jud. et annexe de Takitount, cerc. et subd. de Sétif, arr. jud. de Bougie; — à 26 kil. N.-O. de Takitount et sur la route stratégique de Bougie à Sétif. Cette tribu se compose des fract. suivantes : Ouled-Bahri, Beni-Abbès, Beni-Mellika, M'zada et Kendira. Pop. ind. 4,723 hab.

Beni-S'liman. Fract. dépendant de la tribu de l'Oued-Ksob. Non soumise à l'appl. du sén.-cons. Rattachée à la com. ind., au cant. jud. et au cerc. de Bordj-bou-Arréridj, subd. de Sétif. Pop. ind. 1,265 hab.

Beni-S'liman. Ancienne tribu. Le territoire des Beni-Sliman renfermait 7 tribus ci-après désignées, non érigées en douar-com., savoir : 1° Bahata, tribu, n° 132 de la carte des douars; 2° Tiara, tribu, n° 135; 3° El-Ouzana, tribu, n° 134; 4° Tourtatsine, tribu, n° 131; 5° Tablat, tribu, n° 130; 6° Mezrenna, tribu, n° 133; 7° Cheurfa. Rattachées à la com. ind. de l'Arba. Annexe et cant. jud. de l'Arba, subd. d'Alger. Les Beni-Sliman sont actuellement divisés de la manière suivante, savoir : 1° Beni-Sliman-Gheraba, formés des fract. de Bâhata et Tourtatsine, pop. ind. 3,370 hab.; 2° Beni-Sliman-Chéraga, formés des fract. de Mezrenna et Tablat, pop. ind. 4,891 hab.; 3° Tiara, fract. comprise actuellement dans la tribu des Beni-Silem, pop. ind. 2,841 hab.; 4° El-Ouzana comprise dans la tribu des Beni-Maloum et Melouane, pop. ind. 1,955 hab.; 5° Ahl-el-Euch, tribu, pop. ind. 3,403 hab.

Beni-Sliman (Le kaïdat des) se compose des tribus suivantes : Ouled-Soltan, Ouled-Zenim et Ouled-Thane. Com. ind. d'Aumale, cant. jud., cerc. et subd. d'Aumale. Pop. tot. 5,793 hab. ind.

Beni-S'liman. V. *Beni-bou-Sliman*. Com. ind., cerc et cant. jud. de Biskra, subd. de Batna.

Beni-Sliman-Chéraga. (Tribu nouvellement organisée). De l'ancienne tribu des Beni-Sliman, comprend actuellement les fract. de Tablat et Mezrenna, d'une pop. ind. de 4,891 hab. La 1re partie du sén.-cons. a été appliquée à la tribu des Beni-Sliman. Rattachée à la com. ind., au cant. jud. et à l'annexe de l'Arba, subd. d'Alger. Pop. 4,891 ind.

Beni-Sliman-Gheraba. Tribu (organisation actuelle). De l'ancienne tribu des Beni-Sliman, comprend les fract. de Bâhata et Tourtatsine, d'une pop. tot. de 3,370 hab. Rattachée à la com. ind., au cant. jud. et à l'annexe de l'Arba. Subd. d'Alger. — NOTA : La 1re partie du sén.-cons. a été appliquée à la tribu des Beni-Sliman.

Beni-Slyem. Ancienne tribu. (Sup. 6,079 hect.) Non soumise à l'appl. du sén.-cons. Rattachée à la com. mix. de Dellys. Cant. jud., de Dellys, arr. de Tizi-Ouzou. Pop. tot. 2,023 hab.; — à 6 kil. S.-E. de Dellys et sur le littoral. Une partie des Beni-Slyem a été remise à la colonisation pour l'installation du centre de Beni-Slyem.

Beni-S'mail. (Sup. 3,000 hect. env.) Tribu non soumise

à l'appl. du sén.-cons. Rattachée à la com. mix. de Dra-el-Mizan. Arr. de Tizi-Ouzou, cant. jud. de Dra-el-Mizan; — à 6 kil. S.-E. de cette dernière ville. Pop. ind. 3,688 hab.

Beni-S'maïl ou **Beni-Smaël**. (Sup. 3,200 hect. env.) Tribu non soumise à l'appl. du sén.-cons. Rattachée à la com. ind. de Takitount. Cant. jud. et annexe de Takitount, cerc. et subd. de Sétif; — à 12 kil. N.-O. de Takitount et sur la rive gauche de l'Oued-Agrioun. Pop. ind. 1,460 hab.

Beni-Smiel. (Sup. 33,469 hect.) Tribu non soumise à l'appl. du sén.-cons. Rattachée à la com. mix. de Sebdou. Cant. jud. de Lamoricière, cerc. de Sebdou, subd. de Tlemcen; — à 4 kil. S.-O. de Lamoricière. Pop. ind. 1,065 hab.

Beni-Snous. Kaïdat. Son territoire est formé des tribus d'Azaïl, Kef et Khamis. Com. mix. et cerc. de Sebdou, cant. jud. et subd. de Tlemcen. Pop. 4,828 ind.

Beni-Souïk. Fract. des Ouled-Zian, tribu. Com. ind. et cerc. de Biskra, subd. de Batna. Pop. 274 ind.

Beni-Soumeur. (Sup. 17,578 hect.) Ancienne tribu délimitée et érigée en douar-com. par décret du 11 juin 1870. V. le douar-com. de *El-Khemaïs* ou *Aïn-el-Khemaïs*, n° 150 bis de la carte. Subd. d'Orléansville, com. ind., cant. jud. et cerc. de Teniet-el-Had. Pop. ind. 1,408 hab.

Beni-Tamoun. (Sup. 14,790 hect.) Ancienne tribu délimitée et érigée en un douar-com. par décret du 13 mars 1867. V. le douar-com. de *Beni-Tamoun*, n° 95 de la carte. Com. mix. de Ténès, cant. jud. de Ténès, arr. d'Orléansville. Pop. ind. 1,741 hab.

Beni-Tellien ou **Beni-T'llen**. (Sup. 7,181 hect.) Ancien cheïkat indépendant et ancienne tribu délimitée et érigée en douar-com. par décret du 28 décembre 1867. V. le douar-com. de *Beni-T'llen*, n° 38 de la carte. Com. mix. de Mila, cant. jud. de Mila, arr. de Constantine. Pop. tot. 2,055 hab.

Beni-Thour. Ksar de l'aghalik d'Ouargla. Rattaché à la com. ind., au cant. jud. et au cerc. de Laghouat, subd. de Médéa. Pop. 788 ind. Le nom de ce ksar ne figure pas dans la composition territoriale du cant. jud. de Laghouat.

Beni-Thour. (Sup. 4,038 hect.) Ancienne tribu délimitée et érigée en douar-com. par décret du 30 octobre 1867. V. *Beni-Thour*, douar. Com. pl. ex. et cant. jud. de Dellys, arr. de Tizi-Ouzou. Pop. tot. 4,912 hab.

Beni-Tighrin. V. *Tigrin*, tribu. Com. ind., cant. jud. et cerc. de Fort-National, subd. de Dellys.

Beni-Tighrin. (Sup. 2,745 hect. env.) Tribu divisée en 2 fract. : Ouled-Berkan et Ouled-Bakhta, non soumise à l'appl. du sén.-cons. Rattachée à la com. mix d'Ammi-Moussa, Cerc. d'Ammi-Moussa, cant. jud. d'Inkermann, subd. d'Oran; — à 60 kil. S.-E. d'Inkermann et confinant au dép. d'Alger. Pop. tot. 3,176 hab.

Beni-Tizi. (Sup. 5,200 hect. env.) Tribu non soumise à l'appl. du sén.-cons. Rattachée à la com. ind. de Takitount. Cant. jud. et annexe de Takitount, cerc. et subd. de Sétif; — à 18 kil. N.-O. de Takitount et sur la route stratégique de Bougie à Sétif. Pop. ind. 682 hab.

Beni-Toufout. Tribu. (Sup. 45,280 hect. env.) Non érigée en douar-com. Rattachée à la com. ind. et au cerc. d'El-Milia, Annexe de Collo, subd. de Constantine, cant. jud. de Collo. Pop. 8,059 ind.; — à 10 kil. S. de Collo. Cette tribu se compose des fract. suivantes : Beni-Zia, 2,751 ind.; Elli-Zeggar, 2,704 ind.; El-Ouladja ou El-Ouldja, 2,604 ind.

Beni-Tour. V. *Beni-Thour*, ksar de l'aghalik d'Ouargla. Com. ind., cerc. et cant. jud. de Laghouat, subd. de Médéa. Pop. ind. 788 hab.

Beni-Urdjine. (Sup. 18,525 hect.) Ancienne tribu délimitée et érigée en 2 douars-com. par décret du 28 avril 1866. V. les douars : *Beni-Urdjine*, n° 89 de la carte, com. mix. de Bône, cant. jud. et arr. de Bône et *Bouk-Mira*, rattaché à la com. pl. ex. de Randon, cant. jud. et arr. de Bône.

Beni-Yadel. (Sup. 39,430 hect. env.) Tribu et kaïdat non soumis à l'appl. du sén.-cons., comprenant les fract. des Taffreg, Colla, Bounda, Djaffra, El-Maïn et Djanith. Rattachée à la com. ind. de Bordj-bou-Arréridj. Cant. jud. et cerc. de Bordj-bou-Arréridj, subd. de Sétif; — à 24 kil. N.-O. de Bordj-bou-Arréridj et sur l'Oued-Mahadjar, affluent de l'Oued-Bousselam. Pop. ind. 12,859 hab.

Beni-Yadjes ou **Beni-Yadjis** ou **Beni-Adjez**. Fract. des Beni-Foughal, tribu non soumise à l'appl. du sén.-cons. Rattachée à la com. ind. de Djidjelli. Cant. jud. et cerc. de Djidjelli, subd. de Constantine; — à 30 kil. S. de Djidjelli et au N.-E. du pic de Tamesguida. Pop. ind. 1,635 hab.

Beni-Yahi. V. *Ouled-si-Affif*, Beni-Yahi de la tribu du Nador. Com. ind. et cerc. de Soukahras, subd. de Bône, cant. jud. de Guelma. Pop. ind. 1,554 hab.

Beni-Yahia. (Sup. 2,500 hect. env.) Tribu non soumise à l'appl. du sén.-cons. Rattachée à la com. ind. de Fort-National. Cant. jud. et cerc. de Fort-National, subd. de Dellys; — à 8 kil. S.-E. de Fort-National et sur la route de ce centre aux Beni-Mansour. Pop. ind. 5,381 hab. Cette tribu se compose des fract. suivantes : Tafraout, Taka, Koukou, Tagounite, Takena, Bou-Dafal, Aït-Djehem, Aït-Ziri, Aït-Antar et Aït-Mellal, et forme avec les tribus des Beni-Menguellet et des Beni-bou-Chaïb, une section de la com. ind. de Fort-National.

Beni-Yala. (Sup. 26,400 hect. env.) Tribu non soumise à l'appl. du sén.-cons. Rattachée à la com. ind. de Sétif. Cerc. et subd. de Sétif, cant. jud. d'Akbou; — à 28 kil. S.-E. de ce village et sur la rive gauche de l'Oued-bou-Sellam, affluent du Sahel. Cette tribu se compose des fract. suivantes : Beni-Brahim, Reboula, Beni-Hafod, Beni-Achache, Harbil, Meguerbas, Cheria, Ouled-Younès, El-Koudia, Timengache, Redan, Taourirt-Yacoub, El-Araf, El-Hadada, Ouled-si-Amor, Aourir-ou-Eulmi, Ikhelidjen. Pop. ind. 12,401 hab.

Beni-Yala-Cheraga. (Sup. 17,891 hect. env.) Tribu non soumise à l'appl. du sén.-cons. Rattachée à la com. ind. d'Aumale. Annexe des Beni-Mansour, cant. jud., cerc. et subd. d'Aumale; — à 40 kil. N.-E. d'Aumale et au S. du Djebel-Jurjura. Cette tribu est formée des fract. suivantes : Ouled-Adjiba, Ouled-Mendil, Beni-Aïssi et Ouled-Djadja. Pop. ind. 2,045 hab.

Beni-Yala-Gheraba. (Sup. 17,640 hect. env.) Tribu non soumise à l'appl. du sén.-cons. Rattachée à la com. ind. d'Aumale. Annexe des Beni-Mansour, cant. jud., cerc. et subd. d'Aumale; — à 40 kil. N.-E. d'Aumale, à cheval sur l'Oued-Sahel et la route nationale d'Alger à Constantine, au S.-O. du point géodésique : Lalla-Khedidja. Cette tribu est formée des fract. suivantes : Ouled-Amboub, Ouled-Maamar, Ouled-Yahia et Agouni. Pop. ind. 1,943 hab.

Beni-Yenni ou **Beni-Henni.** (Sup. 2,500 hect. env.) Tribu non soumise à l'appl. du sén.-cons. Rattachée à la com. ind., cant. jud. et cerc. de Fort-National. Subd. de Dellys et sur la route de cette ville à Dra-el-Mizan. Cette tribu se compose des fract. suivantes: Aït-Lhassen, Aït-el-Arbah, Taourirt-Mimoun, Taourirt-el-Hadjadj, Agouni-Ahmed et Tizzirt. Les Beni-Yenni forment une section de la com. ind. de Fort-National.

Beni-Ymmel ou **Beni-Immel.** Fract. des Ouled-Abd-el-Djebar, tribu. Com. ind., cant. jud., cerc. de Bougie, subd. de Sétif. Pop. ind. 3,136 hab.; — à 30 kil. S.-O. de Bougie, sur la rive droite de l'Oued-Sahel et au S. du Hameau d'Il-Maten.

Beni-Youssef. Fract. des Zouggara, tribu. Com. ind., cerc. et subd. d'Orléansville, cant. jud. de Cherchel. Pop. ind. 233 hab.

Beni-Zemenzer ou **Beni-Z'menzer** (Sup. 2,500 hect. env.) Tribu non soumise à l'appl. du sén.-cons. Rattachée à la com. mix. de Tizi-Ouzou. Cant. jud. et arr. de Tizi-Ouzou; — à 8 kil. S.-O. de cette ville et sur le chemin de Tizi-Ouzou à Dra-el-Mizan. Pop. tot. 5,274 hab.

Beni-Zgueur ou **Z'gueur.** Fract. de l'Oued-Ksob, tribu, Com. ind., cant. jud. et cerc. de Bordj-bou-Arréridj, subd. de Sétif. Pop. ind. 1,337 hab.

Beni-Zia. Fract. des Beni-Toufout. Rattachée à la com. ind. et cerc. d'El-Milia, cant. jud. et annexe de Collo, subd. de Constantine. Pop. ind. 2,754 hab.

Beni-Zikki. (Sup. 5,000 hect. env.) Tribu non soumise à l'appl. du sén.-cons. Rattachée à la com. ind. de Fort-National. Cant. jud. et cerc. de Fort-National, subd. de Dellys; — à 28 kil. E. de Fort-National et confinant au dép. de Constantine. Pop. ind. 707 hab. Cette tribu se compose des fract. suivantes : Berkis, Amkrès, Iguer-Madhi, Iguer-Amriane ou Aourlane, Taourirt-Bonas et Aguoni-Filkano. Les Beni-Zikki et les Illoula-ou-Malou forment une section de la com. ind. de Fort-National.

Beni-Zioui ou **Beni-Zouf.** (Sup. 6,745 hect. env.) Tribu non soumise à l'appl. du sén.-cons. Rattachée à la com. mix. de Gouraya, arr. d'Alger. Cant. jud. de Cherchel; — à 50 kil. S.-O. de cette dernière ville, sur la rive droite de l'Oued-Dhamous. Pop. ind. 1,792 hab.

Beni-Zoundaï. Fract. du Babor, tribu et kaïdat. Com. ind., cant. jud. et annexe de Takitount, arr. jud. de Bougie, cerc. et subd. de Sétif. Pop. 759 ind.

Beni-Zouragh. Fract. des Beni-Lent, tribu. Com. ind., cant. jud. et cerc. de Tenlet-el-Had, subd. d'Orléansville. Pop. ind. 189 hab.; — à 54 kil. S.-O. de Tenlet-el-Had et sur la rive gauche du Nator-Ouassel, affluent du Chélif.

Ben-Mohamed. V. *Ouled-Ali-ben-Mohamed*, fract. des Ouled-Soltan, tribu. Com. ind., cant. jud., cerc. et subd. de Batna, annexe de Barika.

Ben-Mohamed. V. *Ouled-Saïd-ben-Mohamed*, fract. des Ouled-Soltan, tribu. Com. ind., cant. jud., cerc. et subd. de Batna, annexe de Barika.

Ben-Nedjad. V. *Ouled-Brahim-ben-Nedjad*, fract. du Hodna, tribu. Com. ind., cant. jud., cerc. et subd. de Batna, annexe de Barika.

Ben-Rouagued. V. *Ouled-Ali-ben-Rouagued*, fract. des Ouled-Soltan, tribu. Com. ind., cant. jud., cerc. et subd. de Batna, annexe de Barika.

Ben-Sabor. V. *Ouled-Ali-ben-Sabor*, tribu. Com. ind. de Batna, annexe de Barika, cant. jud., cerc. et subd. de Batna.

Ben-Salah. V. *Ouled-Messaoud-ben-Salah*, fract. de l'Oued-Abdi, tribu. Com. ind., cant. jud., cerc. et sud. de Batna.

Ben-Tameldjet ou **Ben-T'meldjet.** V. *Oued-ben-T'meledjet*, fract. des Ouled-Soltan, tribu. Com. ind., cant. jud., cerc. et subd. de Batna, annexe de Barika.

Ben-Taleb. V. *Ouled-Sidi-Yahia-ben-Thaleb*, appelée aussi *Ouled-Sidi-Yahia*, tribu. Com. ind., cant. jud., cerc. de Tebessa, subd. de Constantine.

Ben-Thious ou **Ben-Tious.** Fract. des Ziban, tribu. Com. ind., cerc. et cant. jud. de Biskra, subd. de Batna. Pop. 307 ind. ; — à 35 kil. S.-O. de Batna et sur la rive gauche de l'Oued-Djedi.

Ben-Zaâboub. V. *Ouled-Ali-ben-Zadboub*, fract. des Ouled-Soltan, tribu. Com. ind., cant. jud., cerc. et subd. de Batna, annexe de Barika.

Ben-Zeïna. V. *Ouled-Ali-ben-Zeina*, fract. des Ouled-Soltan, tribu. Com. ind., cant. jud., cerc. et subd. de Batna, annexe de Barika.

Ben-Zenthis ou **Beni-Zenthis.** Ancienne tribu délimitée et érigée en douar-com. par décret du 26 octobre 1869. V. le douar-com. de *Beni-Zenthis*, n° 194. Arr. de Mostaganem, com. mix. de Cassaigne, cant. jud. d'Inkermann. Pop. ind. 2,020 hab.

Benzou. Fract. des Ouled-Sidi-Brahim, tribu. Com. ind., cerc. et cant. jud. de Bou-Saâda, subd. d'Aumale. Pop. ind. 213 hab.

Berezga ou **Berrezga.** V. *Chamba-de-Metlili-ou-Berrezga*, tribu. Com. ind., cant. jud. et cerc. de Laghouat, subd. de Médéa.

Bérézina ou **Brézina.** Ksar non soumis à l'appl. du sén.-cons. Rattaché à la com. mix. et au cerc. de Géryville. Cant. jud. de Saïda, subd. de Mascara ; — à 220 kil. S.-E. de Saïda et à 70 kil. S.-E. de Géryville, sur la rive droite de l'Oued-Seggeur. Pop. ind. 679 hab.

Berkan. Fract. des Beni-bou-Khannous, tribu. Com. ind., cant. jud., cerc. et subd. d'Orléansville. Pop. ind. 1,089 hab.

Berkis. Fract. des Beni-Zikki, tribu. Com. ind., cant. jud. et cerc. de Fort-National, subd. de Dellys. Pop. ind. 190 hab.

Berraula. (Sup. 46,560 hect.) Ancienne tribu délimitée et divisée en 3 douars-com. par décret du 24 octobre 1868. V. les douars *Ouled-Belaguel*, n° 15 ; *Ouled-Aaziz*, n° 16 et *Ouled-Sellem*, n° 17 de la carte des douars. Com. mix. d'Aïn-M'lila, arr. de Constantine, cant. jud. des Ouled-Rahmoun. Pop. tot. 6,103 hab.

Berraouya. Fract. d'Aïn-Madhi, ksar. Com. ind., cerc. et cant. jud. de Laghouat, subd. de Médéa. Pop. ind. 261 hab.

Berrézina. V. *Bérézina*, ksar. Com. mix. et cerc. de Géryville, cant. jud. de Saïda, subd. de Mascara.

Berryan ou **Berrian.** Ksar des Beni-M'zab (confédération). Com. ind., cerc. et cant. jud. de Laghouat, subd. de Médéa. Pop. ind. 2,946 hab. ; — à 100 kil. S.-E. de Laghouat et sur le chemin de cette ville à Ghardaïa et à Ouargla.

Bessaylla. Fract. des Beni-Mahousen, tribu. Com. ind. et cerc. de Miliana, subd. d'Orléansville. Pop. ind. 231 hab.

Bessem-Chéraga. V. *Ouled-Bessem-Chéraga*, tribu. Com. ind., cant. jud. et cerc. de Teniet-el-Had, subd. d'Orléansville.

Bessem-Gheraba. V. *Ouled-Bessem-Gheraba*, tribu. Com. ind., cant. jud. et cerc. de Teniet-el-Had, subd. d'Orléansville.

Betaya. V. *Bethaïa*, tribu. Com. ind., cant. jud. et cerc. de Miliana, subd. d'Orléansville. Pop. 2,462 ind.

Betaychia ou **D'taychia.** Fract. des Ouled-si-Yahia, tribu. Com. ind. et cerc. de Tebessa. Pop. 432 ind.

Bethaïa ou **Bethaya.** (Sup. 8,000 hect. env.) Tribu non soumise à l'appl. du sén.-cons. Rattachée à la com. ind. de Miliana. Cant. jud. et cerc. de Miliana, subd. d'Orléansville ; — à 58 kil. S.-O. de Miliana et au S. du

Djebel-Mou-M'zida, point géodésique. Cette tribu se compose des fract. suivantes : Ouled-Amara, Ouled-Ali-ben-Yahia, Mehane et Gheraba. Pop. ind. 2,462 hab.

Bethioua ou **Bettioua**. (Sup. 2,400 hect.) Ancienne tribu. Le territoire de cette ancienne tribu est rattaché à la section de St-Leu de la com. d'Arzew. Cant. jud. de St-Cloud, arr. d'Oran. Pop. comprise dans ladite com.; — à 7 kil. E. de St-Cloud. — Nota : Constitution de la propriété indigène (loi du 26 juillet 1873). Travaux de terrain complètement terminés. Les titres provisoires de propriété ont été établis par le service des Domaines. Sup. 2,400 hect. Lots constatés 508. (Situation des travaux au 1er juillet 1877.)

Betrouna (Sup. 1,050 hect. env.) Tribu non soumise à l'appl. du sén.-cons. Rattachée à la com. mix. de Tizi-Ouzou, cant. jud. et arr. de Tizi-Ouzou ; — à 10 kil. S.-O. de cette ville et sur le chemin de Tizi-Ouzou à Dra-el-Mizan. Pop. tot. 1,516 hab.

Biban. (Sup. 64,764 hect. env.) Tribu et kaïdat non soumis à l'appl. du sén.-cons. Comprenant les fract. de : Djebaïlia, Mansourah et Ouled-M'ahmed. Rattachés à la com. ind. de Bordj-bou-Arréridj. Cant. jud. et cerc. de Bordj-bou-Arréridj, subd. de Sétif ; — à 24 kil. O. de Bordj-bou-Arréridj et sur la route nationale, no 5, d'Alger à Constantine. Pop. ind. 6,265 hab.

Bigou-Zaouïa Fract. des Ziban, tribu. Com. ind., cerc. et cant. jud. de Biskra, subd. de Batna. Pop. 258 ind.

Bihima. Fract. de Messaba, tribu. Com. ind., cant. jud. et cerc. de Biskra, subd. de Batna. Pop. 875 ind.

Bir-Ghezala. Fract. du Tababort, tribu. Non soumise à l'appl. du sén.-cons. Rattachée à la com. ind., au cant. jud. et au cerc. de Djidjelli. Subd. de Constantine, arr. jud. de Bougie. Pop. ind. 780 hab.

Bir-Mouten. Fract. de l'ancienne tribu de Kherarcb-Sellaoua. Sup. 8,105 hect. Non érigée en douar-com. Forme actuellement une section de la com. mix. d'Oued-Zenati. Cant. jud. d'Oued-Zenati, arr. de Constantine. Pop. 1,150 ind. ; — à 13 kil. S.-E. d'Oued-Zenati, sur la rive droite de l'Oued-Cherf, affluent rive droite de la Seybouse.

Bled-Guerfa. Kaïdat et tribu de l'ancien cerc. de Guelma. Rattachée à la com. ind. et au cerc. d'Aïn-Beïda. Subd. de Constantine, cant. jud. de Guelma, arr. jud. de Bône. La tribu de Bled-Guerfa se compose des fract. suivantes : Ouled-Daoud, Acheïch-Abd-Ali ou Ouled-Ali, Acheïch-Athatfa et Beni-Oudjana. Pop. ind. 7,032 hab. ; — à 18 kil. S. de Guelma et sur la rive droite de l'Oued-Cherf, et à l'E. du territoire de la com. mix. de l'Oued-Zenati.

Bled-Mamora. (Sup. 12,122 hect.) Territoire délimité et érigé en 2 douars-com. par décret du 18 décembre 1867. V. les douars-com. ci-après : *Oued-Mamora*, no 34 et *Oued-Ridan*, no 33 de la carte. Com. ind., cant. jud., cerc. et subd. d'Aumale. Pop. ind. 1,504 hab. pour Oued-Mamora et 1,730 hab. pour Oued-Ridan.

Bordj. V. *El-Bordj*, fract. des Ziban, tribu. Com. ind., cant. jud. et cerc. de Biskra, subd. de Batna.

Bordj-bou-Arréridj. Ancienne fract. des Hachem, tribu. (Sup. 5,126 hect.) Formant l'ancien territoire de la com. mix., délimité par arrêté du Gouverneur général en date du 6 novembre 1868 ; érigé en com. pl. ex. par décret du 3 septembre 1870. Cant. jud. de Bordj-bou-Arréridj, arr. de Sétif. Pop. 215 français, 98 israélites, 1,012 ind. et 125 étrangers.

Bordjia. (Sup. 19,879 hect.) Ancienne tribu délimitée et divisée en 4 douars-com. par décret du 9 novembre 1865. V. les douars-com. *Beni-Yahyi*, no 158 ; *Ahl-el-Hassian*, no 159 ; *Sahouria*, no 33 ; *Sfafah*, no 32. Cant. jud. et arr. de Mostaganem. Pop. tot. de Beni-Yahyi, 1,437 hab. ; pop. tot. de Ahl-el-Hassian, 1,404 hab. ; pop. tot. de Sahouria, no 927 hab. ; pop. tot. de Sfafah, 1,182 hab.

Bou-Abderrahman. Fract. des Beni-Ouassif, tribu. Com. ind., cant. jud. et cerc. de Fort-National, subd. de Dellys. Pop. ind. 1,124 hab.

Bou-Abdou. V. *Beni-bou-Addou*, tribu. Com. mix. et cant. jud. de Dra-el-Mizan, arr. de Tizi-Ouzou.

Bou-Adda. V. *Beni-Iraten-bou-Adda*, tribu. Com. ind., cant. jud. et cerc. de Fort-National, subd. de Dellys.

Bou-Adidja. V. *Ouled-bou-Hadidja*, fract. de Zab-Chergui, tribu. Com. ind., cant. jud. et cerc. de Biskra, subd. de Batna.

Bou-Adjna. V. *Ouled-bou-Adjna*, fract. des Ouled-Ali-ben-Sabor, tribu. Com. ind., cant. jud., cerc. et subd. de Batna, annexe de Barika.

Bou-Adnan. Fract. des Beni-bou-Drer, tribu. Com. ind., cant. jud. et cerc. de Fort-National, subd. de Dellys. Pop. ind. 1,060 hab.

Bou-Afla. V. *Ouled-bou-Afla*, fract. des Ouled-Sultan, tribu. Com. ind., cant. jud., cerc. et subd. de Batna, annexe de Barika.

Bou-Afif. V. *Ouled-bou-Afif*, tribu. Com. ind., cerc. de Tiaret-Aflou, cant. jud. de Tiaret, subd. de Mascara.

Bou-Aïssi. V. *Beni-Melloult* et *Beni-bou-Aïssi*, tribus. Com. ind., cant. jud. et cerc. de Bougie, subd. de Sétif.

Bou-Akkach. V. *Beni-bou-Akkach*, tribu. Com. ind., cant. jud. et cerc. de Fort-National, subd. de Dellys.

Bou-Allouane. V. *Bou-Hallouan*, tribu et douar. Com. mix. d'Adélia, cant. jud. et arr. de Miliana.

Bou-Ali. V. *Ouled-bou-Ali*, tribu. Com. mix. de Relizane, arr. de Mostaganem.

Bou-Allègue. V. *Ouled-bou-Allegue*, fract. des Ouled-Messaoud, tribu. Com. ind., cerc. et cant. jud. de La Calle, subd. de Bône. Pop. ind. 833 hab.

Bou-Aoun. Fract. des Beni-Idjeur-Djebel, tribu. Com. ind., cant. jud. et cerc. de Fort-National, subd. de Dellys. Pop. ind. 170 hab. ; — à 28 kil. N.-E. de Fort-National et à 3 kil. S.-E. du Djebel-Affroun. Point géodésique, altitude 1,315 mètres.

Bou-Aoun. V. *Ouled-bou-Aoun*, ancienne tribu. Com. ind., cant. jud., cerc. et subd. de Batna.

Bou-Arif. V. *Ouled-bou-Arif*, tribu et douar. Com. ind., cant. jud., cerc. et subd. d'Aumale.

Bou-Attab. V. *Beni-bou-Hattab*, tribu. Com. ind. et cerc. de Miliana, cant. jud. de Duperré et subd. d'Orléansville.

Bou-Attaf. V. *Beni-Attafs*, tribu. Com. ind., cant. jud. et cerc. de Fort-National, subd. de Dellys.

Bou-Aziz, tribu et **Ouled-Driss**, fract. non soumises à l'appl. du sén.-cons. Rattachées à la com. ind. de Bordj-bou-Arréridj. Cerc. et cant. jud. de Bordj-Bou-Arréridj, annexe de M'Sila, subd. de Sétif. Pop. ind. 924 hab. — NOTA : Le nom de cette tribu ne figure pas dans la composition territoriale du cant. jud. de Bordj-bou-Arréridj.

Bou-Aziz. V. *Ouled-bou-Aziz*, tribu. Com. mix. de Bône, cant. jud. de Mondovi, arr. de Bône.

Bou-Cedra ou **Bou-Sedra.** V. *Ouled-bou-Cedra*, fract. de Chiébna, tribu. Com. ind., cerc. et cant. jud. de La Calle, subd. de Bône. Pop. ind. 256 hab.

Bouchagroun. Fract. des Ziban, tribu. Com. ind., cant. jud. et cerc. de Biskra, subd. de Batna. Pop. 419 ind. ; — à 30 kil. S.-O. de Biskra et à 7 kil. de la rive gauche de l'Oued-Djedi.

Bou-Chaïb. V. *Beni-bou-Chaïb*, tribu. Com. ind., cant. jud. et cerc. de Fort-National, subd. de Dellys.

Bou-Cherf. Kaïdat composé des douars-com. de Bou-Cherf (Achaïch, d'après le dénombrement 1876), Ouled-M'barek et El-Akbia, d'une pop. tot. de 4,279 hab. Com. ind. et cerc. d'El-Milia, subd. de Constantine, cant. jud. de Mila, arr. jud. de Constantine.

Bou-Daful. Fract. des Beni-Yahia, tribu. Com. ind., cant. jud. et cerc. de Fort-National, subd. de Dellys. Pop. ind. 179 hab. ; — à 10 kil. S.-E. de Fort-National et à 1,500 mètres de la Djema-bou-Sahel. Point géodésique, altitude 1,145 mètres.

Bou-Douan. V. *Beni-bou-Douan*, tribu. Com. ind., cerc. de Miliana, cant. jud. de Duperré, subd. d'Orléansville.

Bou-Drer. V. *Beni-bou-Drer*, tribu. Com. ind., cant. jud. et cerc. de Fort-National, subd. de Dellys.

Bou-Ghenane. V. *Ouled-bou-Ghenane*, tribu. Com. ind. et cerc. de Tiaret-Aflou, cant. jud. de Tiaret, subd. de Mascara.

Bouhaï. V. *El-Bouhaï*, fract. de la tribu des Ouled-Ameur-Dahra dépendant du kaïdat des Ouled-Ameur. Com. ind., cant. jud. et cerc. de Bou-Sâada, subd. d'Aumale. Pop. ind. 93 hab.

Bouhaïh. V. *El-bou-Haï*, fract. des Ouled-Ameur-Dahra. Com. ind., cerc. et cant. jud. de Bou-Saâda, subd. d'Aumale. Pop. ind. 93 hab.

Bou-Hallou. Fract. des Beni-bou-Mileuk, tribu. Com. ind., cerc. et subd. d'Orléansville, cant. jud. de Cherchel. Pop. ind. 407 hab. ; — à 50 kil. S.-O. de Cherchel, près des Ruines Romaines de Rezlin.

Bou-Hallouan. (Sup. 8,045 hect.) Ancienne tribu délimitée et érigée en douar-com. par décret du 31 décembre 1866. V. le douar-com. de *Bou-Hallouan*, n° 60 de la carte. Com. mix. d'Adélia, cant. jud. et arr. de Miliana. Pop. tot. 2,170 hab.

Bou-Hamza ou **Bou-Amza.** Fract. des Beni-Aïdel, tribu. Com. ind., cant. jud. et cerc. d'Akbou, subd. de Sétif, arr. jud. de Bougie. Pop. ind. 1,370 hab. ; — à 14 kil. E. d'Akbou et 3 kil. N. de l'Oued-Bousselam.

Bou-Harkat ou **Bou-Arkat.** V. *Ouled-bou-Harkat*, fract. des Ouled-Sultan. Com. ind., cant. jud. et subd. de Batna, annexe de Barika.

Bou-Harratz ou **Bou-Arratz**. V. *Ouled-bou-Harratz*, fract. du Babor, tribu et kaïdat. Com. ind., cant. jud. et annexe de Takitount, arr. jud. de Bougie, cerc. et subd. de Sétif.

Bou-Hattab. V. *Beni-bou-Hattab*, tribu. Com. ind. et cerc. de Miliana, cant. jud. de Duperré, subd. d'Orléansville.

Bouhou. V. *Aït-Bouhou*, fract. des Cheurfa, tribu. Com. ind., cerc., cant. jud. et subd. d'Aumale, annexe des Beni-Mansour. Pop. ind. 272 hab.

Bou-Ikni. V. *Ouled-bou-Ikni*, tribu. Com. mix. et cerc. d'Ammi-Moussa, subd. d'Oran, cant. jud. d'Inkermann.

Bou-Indjedamen ou **Bou-Nedjedamen**. (Sup. 1,200 hect. env.) Fract. de la tribu des Fenaïa, non soumise à l'appl. du sén.-cons. Rattachée à la com. ind. de Bougie, cant. jud. et cerc. de Bougie, subd. de Sétif; — à 16 kil. S.-O. de Bougie, rive gauche de l'Oued-Sahel. Pop. ind. 2,479 hab.

Bouïra. Aghalik. Son territoire est formé : 1° des tribus Ouled-el-Aziz et Ouled-Salem et des douars-com. de Aïn-Hazem, de la com. ind. d'Aumale; 2° du douar-com. d'Oued-Bellil de la com. mix. de Bouïra. Pop. tot. de l'aghalik 11,061 hab. Cerc., cant. jud. et subd. d'Aumale.

Bou-Kamel. V. *Ouled-bou-Kamel*, tribu. Rattachée à diverses com. de l'arr. de Mostaganem. Cant. jud. de Mostaganem.

Bou-Kahi. V. *Ouled-bou-Kahi*, fract. des Ouled-Aïffa, tribu. Com. ind., cant. jud. et cerc. de Djelfa, subd. de Médéa. Pop. ind. 217 hab.

Bou-Khalfa ou **Bou-Kalfa**. V. *Ouled-bou-Khalfa*, fract. des Ouled-Sultan, tribu. Com. ind., cant. jud., cerc. et subd. de Batna, annexe de Barika.

Bou-Khannous. V. *Beni-bou-Khannous*, tribu. Com. ind., cant. jud., cerc. et subd. d'Orléansville.

Bou-Kni. V. *Beni-Boukni*, tribu et douar. Com. mix. de l'Oued-Fodda, cant. jud. de Duperré, arr. d'Orléansville.

Bou-Mansour. Fract. des Beni-Flik, tribu. Com. ind., cant. jud. et cerc. de Fort-National, subd. de Dellys. Pop. ind. 173 hab.; — à 32 kil. N.-E. de Fort-National et sur la rive gauche de l'Oued-si-Ahmed-ou-Youssef.

Bou-Mleuk. V. *Beni-bou-Mleuk*, tribu. Com. ind., cerc. et subd. d'Orléansville, cant. jud. de Cherchel.

Bou-Naman. Fract. des Beni-Hassaïn, tribu. Com. ind., cant. jud. et cerc. de Fort-National, subd. de Dellys. Pop. ind. 282 hab.

Bounda. Fract. des Beni-Yadel, tribu. Com. ind., cant. jud. et cerc. de Bordj-bou-Arréridj, subd. de Sétif; — à 30 kil. N.-O. de Bordj-bou-Arréridj et sur le versant N.-O. du Djebel-Bounda. Pop. ind. 1,650 hab.

Bou-Nedjedamen. V. *Bou-Indjedamen*, fract. des Fenaïa, tribu. Com. ind., cant. jud. et cerc. de Bougie, subd. de Sétif.

Bou-Noura. Ksar dépendant de la confédération des Beni-M'zab. Com. ind., cerc. et cant. jud. de Laghouat, subd. de Médéa. Pop. ind. 837 hab.; — à 170 kil. S.-E. de Laghouat et à 3 kil. S.-E. de Ghardaïa, sur la rive gauche de l'Oued-M'zab.

Bou-Rached. (Sup. 8,603 hect.) Ancienne tribu délimitée et érigée en douar-com. par décret du 27 novembre 1868. V. le douar-com. de *Bou-Rached*, n° 99 de la carte. Cant. jud. de Duperré, com. ind. et cerc. de Miliana, subd. d'Orléansville. Pop. ind. 2,266 hab.

Bourafa. V. *Ouled-Bourafa*, fract des Ziban, tribu. Com. ind., cant. jud. et cerc. de Biskra, subd. de Batna.

Bou-Rhenane. V. *Ouled-bou-Ghenane*, tribu. Com. ind., de Tiaret-Aflou, cant. jud. et cerc. de Tiaret-Aflou, subd. de Mascara.

Bou-Riah. V. *Ouled-bou-Riah*, tribu. Com. ind. et cerc. d'Ammi-Moussa et subd. d'Oran, cant. jud. d'Inkermann.

Bou-Saâda. Tribu. (Sup. 24,500 hect.) Cette tribu a été soumise à l'appl. du sén.-cons., mais le décret de répartition n'est pas intervenu. Forme actuellement le territoire de la nouvelle com. mix. de Bou-Saâda. Cant. jud. et cerc. de Bou-Saâda, subd., d'Aumale. Cette tribu renferme le centre de Bou-Saâda. Pop. 89 Français, 427 Israélites, 32 Étrangers et 4,533 Ind.

Bou-Saïd. V. *Beni-bou-Saïd*, tribu. Com. mix. et cerc. de Lalla-Maghrnia, cant. jud. de Nemours, subd. de Tlemcen.

Bou-Sedra. V. *Ouled-bou-Cedra*, fract. de Chiebna, tribu. Com. ind., cerc. et cant. jud. de La Calle, subd. de Bône.

Bou-Semghoun ou **Bou-Semroun**. Tribu et ksar non soumis à l'appl. du sén.-cons. Rattachés à la com.

BO ET DES FRACTIONS DE TRIBUS) **BO-BR**

mix. et au cerc. de Géryville, cant. jud. de Saïda, subd. de Mascara, sur le chemin de Géryville à l'oasis de Figuig (Maroc). Pop. ind. 455 hab.

Bou-Silah. V. *Oued-bou-Salah* ou *Oued-Bousselah* d'après le dénombrement, tribu et kaïdat. Com. ind. et annexe de Fedj-Mezala, cant. jud. de Mila, subd. de Constantine.

Bou-Sliman. V. *Aït-bou-Slîman*, fract. des Beni-Flik, tribu. Com. ind., cerc. et cant. jud. de Fort-National, subd. de Dellys. Pop. ind. 147 hab.

Bou-Sliman. V. *Ouled-bou-Sliman*, tribu. Com. ind., cant. jud., cerc. et subd. d'Orléansville.

Boussellah. V. *Oued-bou-Salah*, tribu. Com. ind. et annexe de Fedj-Mezala, cant. jud. de Mila, subd. de Constantine.

Bou-Thaleb. Tribu et kaïdat composé des anciennes tribus des Righa-Dhara et Righa-Guebala. Com. ind., cant. jud., cerc. et subd. de Sétif. Le territoire du Bou-Thaleb comprend actuellement les fract. suivantes : Ouled-Hadjez, El-Anoual, Bou-Thaleb, Ouled-bou-S'lma, El-Amoussa, El-Hamma, Cherachera, Ouled-el-Oussa, Ouled-Sobaâ, Ouled-el-Madassi, Ouled-bou-Abdallah, Ouled-Checkour, Ouled-Zerir, Ouled-Mahnam, El-Frikat, Ouled-Komedja, — Kherbet-Ksar-et-Thir, Chott-el-Malah, Ouled-Bouthara, Guebelt-Zedim, Aïn-el-Ksar, Ouled-Mahalla, Bled-Larbâa, Ras-el-Ma, Aïn-Titest, Ouled-abd-el-Ouahad, Bled-Majouba, Ouled-si-Ahmed, Ouled-Braham et Ouled-Tebben. — Pop. tot. 15,099 ind. NOTA : Les derniers noms indiquent les douars-com. de la tribu des Righa-Dahra, constitués par décret. Le nom de Bou-Thaleb ne figure pas dans la composition territoriale du cant. jud. de Sétif.

Bou-Thaleb. Fract. de la tribu du Bou-Thaleb. Com. ind., cant. jud., cerc. et subd. de Sétif. Pop. ind. 586 hab.

Bou-Yacoub. V. *Beni-bou-Yacoub*, tribu et douar. Com. mix. de Ben-Chicao, cant. jud. de Médéa, arr. d'Alger.

Bou-Yala. Fract. des Beni-Khelili, tribu. Com. ind., cant. jud. et cerc. de Fort-National, subd. de Dellys. Pop. ind. 397 hab. ; — à 11 kil. N.-E. de Fort-National.

Bou-Youssef. V. *Beni-bou-Youssef*, tribu. Com. ind., cant. jud. et annexe de Takitount, cerc. et subd. de Sétif.

Bou-Youssef. V. *Beni-bou-Youssef*, tribu. Com. ind., cant. jud. et cerc. de Fort-National, subd. de Dellys.

Bou-Zahrir. Fract. des Beni-Fraoucen, tribu. Com. ind., cant. jud., cerc. de Fort-National, subd. de Dellys. Pop. ind. 58 hab.

Bou-Zeggan. Fract. des Beni-Idjeur-Djebel, tribu. Com. ind., cant. jud. et cerc. de Fort-National, subd. de Dellys. Pop. ind. 309 hab. ; — à 30 kil. E. de Fort-National.

Bou-Zid. Fract. des Arab-Gheraba, tribu. Com. ind., cant. jud. et cerc. de Biskra, sub. de Batna. — NOTA : Les hab. de Bou-Zid sont internés dans le cerc. de Djelfa.

Bouzina. Fract. d'Oued-Abdi, tribu. Com. ind., cant. jud., cerc. et subd. de Batna. Pop. ind. 371 hab.

Bou-Ziri. V. *Ouled-bou-Ziri*, tribu. Com. mix. de Frendah-Mascara, cant. jud. de Tiaret, subd. de Mascara.

Bou-Ziza. V. *Ouled-bou-Ziza*, fract. de la tribu des Ouled-Soltan. Com. ind., cant. jud., cerc. et subd. de Batna.

Brabtia. (Sup. 28,071 hect.) Ancienne tribu délimitée et divisée en 2 parties par décret du 2 mai 1870. La 1re partie (9,200 hect.) est rattachée à la com. pl. ex. de La Calle ; la 2e, érigée en douar-com. sous le nom de Brabtia, n° 324, est rattachée à la com. ind. de La Calle. Cerc. et cant. jud. de La Calle, subd. de Bône. Pop. recensée avec les douars-com. Souahrak et Nehed.

Brahim. V. *Beni-Brahim*, tribu. Com. mix., cant. jud. et arr. de Guelma.

Brahim. V. *Ouled-Sidi-Brahim*, tribu. Com. mix., cant. jud. et arr. de Mostaganem.

Brahim. V. *Ouled-Brahim* et *Beni-Hassen*, tribus. Com. ind., cant. jud. et cerc. de Saïda, subd. de Mascara.

Brahim. V. *Ouled-Brahim-et-Armana*, tribu. Com. mix. de Bou-Kanéfis, cant. jud. et arr. de Sidi-bel-Abbès.

Brahim. V. *Ouled-Brahim*, tribu ou douar El-Bethem. Rattachée à la com. de Bir-Rabalou. Cant. jud. d'Aumale, arr. d'Alger. Pop. ind. 4,675 hab.

Brahim. V. *Ouled-Sidi-Brahim*. Com. ind., cant. jud. et cerc. de Bou-Saâda, subd. d'Aumale.

Brahim. V. *Ouled-Sidi-Brahim-bou-Beker*, tribu. Com. ind., cant. jud. et cerc. de Bordj-bou-Arréridj, subd. de Sétif.

Brahim. V. *Ouled-Sidi-Brahim*, tribu. Com. ind. de Tiaret-Aflou, cerc. et cant. jud. de Tiaret, subd. de Mascara.

Brahim. V. *Sahari-Ouled-Brahim*, tribu. Com. ind., cant. jud., cerc. et subd. de Médéa.

Brahim-ben-Nedjad. V. *Ouled-Brahim-ben-Nedjad*, fract. du Hodna, tribu. Com. ind., cant. jud., cerc. et subd. de Batna, annexe de Barika.

Bram. Fract de Tuggurt, tribu. Com. ind., cant. jud. et cerc. de Biskra, subd. de Batna. Pop. ind. 79 hab.

Branis. Fract. des Ouled-Zian, tribu. Com. ind., cant. jud. et cerc. de Biskra, subd. de Batna. Pop. ind. 197 hab.

Brarcha. Tribu non soumise à l'appl. du sén.-cons. Rattachée à la com. ind. de Tebessa. Cant. jud. et cerc. de Tebessa, subd. de Constantine; — à 50 kil. S. de Tebessa, et confinant à la régence de Tunis. Cette tribu se compose des fract. suivantes : Ouled-Chekor, Ouled-Djelel, Ouled-Brahim, Ouled-bel-Harret, Ouled-Chemna, Ouled-si-Ali, Ouled-Saïdan, Ouled-Sassi, Ouled-Amor, Ouled-Sliman, Ouled-M'barek, Ferahna, Djeurf, Ouled-Khelif-Dahra et Ouled-Khelif-Guebala. Pop. tot. 7,738 indigènes.

Braz-el-Harrar. Ancienne tribu érigée en douar-com. par décret du 31 décembre 1866. Rattachée à la com. mix. de l'Oued-Fodda, arr. d'Orléansville, cant. jud. de Duperré. V. *El-Harrar* du Chélif, douar. Pop. ind. 875 hab.

Brésina ou **Bérésina.** Ksar dépendant de la com. mix. et du cerc. de Géryville. Cant. jud. de Saïda, subd. de Mascara. Pop. ind. 679 hab; — à 70 kil. S.-E. de Géryville, sur la rive droite de l'Oued-Seggueur.

Brick. V. *Ouled-Brick*, fract. des Ouled-si-Yahia, tribu. Com. ind., cant. jud. et cerc. de Tebessa, subd. de Constantine.

C

CA-CE-CH

Caïdat de la Plaine. V. *Kaïdat de la Plaine*. Com. ind., cerc. et cant. jud. de Djidjelli, subd. de Contantine. Pop. tot. du kaïdat 5,171 hab.

Cedratas ou **Sedrata.** Tribu et kaïdat composés des tribus ou fract. suivantes : Beni-Oudjana, Cedratas et Ouled-bou-Afia, d'une pop. tot. de 5,402 hab. Rattachés à la com. ind. et au cerc. d'Aïn-Beïda, subd. de Constantine. — NOTA : Les noms de la tribu et de ses fract. ne figurent pas dans la composition territoriale des cant. jud. de Guelma et d'Aïn-Beïda.

Cedratas ou **Sedrata.** Fract. des Cedratas, tribu et kaïdat. Com. ind. et cerc. d'Aïn-Beïda, subd. de Constantine. Pop. ind. 3,416 hab.

Chaa. V. *Ouled-ben-Chaa*, tribu. Com. ind., cerc. et cant. jud. de Laghouat, subd. de Médéa. Pop. ind. 897 hab.

Chaabna. V. *Ouled-Chdabna*, fract. des Ouled-Sultan, tribu. Com. ind., cant. jud., cerc. et subd. de Batna, annexe de Barika.

Chaât. V. *Aïn-Amar-ou-Chott*, ksar de l'aghalik d'Ouargla. Com. ind., cerc. et cant. jud. de Laghouat, subd. de Médéa. Pop. ind. 370 hab.; — à 5 kil. E. du centre ind. d'Ouargla.

Chabna. V. *Trounat* et *Chebda*, fract. du Guergour, tribu. Com. ind., cerc. et subd. de Sétif, cant. jud. d'Akbou, arr. jud. de Bougie. Pop. ind. 767 hab.

Chabet-Cheurfa. Tribu comprenant tout le territoire du douar-com. de Cherfa. Rattachée à la com. mix. d'Aïn-Abessa, sous le nom de Cherfa, douar-com. Cant. jud. et arr. de Sétif. Pop. ind. 1,069 hab. La tribu de Chabet-Cheurfa se compose des fract. suivantes : Ouled-Touïdjine, Ouled-el-Adjal, Ouled-si-Salem et Ouled-Ammar ; — à 21 kil. N.-O. de Sétif.

Chadda. Fract. du Ferdjioua, tribu. Com. ind. et annexe de Fedj-Mezala, subd. de Constantine, cant. jud. de Mila. Pop. ind. 820 hab.

Chafa. V. *Hamyan-Chafa*, tribu. Com. mix. et cerc. de Sebdou, cant. jud. et subd. de Tlemcen.

Chaffa. V. *Ouled-Chafa*, tribu et douar. Com. mix., cant. jud. et arr. de Mostaganem.

Chafia ou **Cheffia.** V. *La Cheffia*, tribu. Com. ind., cant. jud. et cerc. de La Calle, subd. de Bône.

Chagroun. V. *Bouchagroun*, fract. des Zibans, tribu. Com. ind., cerc. et cant. jud. de Biskra, subd. de Batna. Pop. ind. 419 hab.

Chaïb. V. *Ouled-Amour, Ouled-Chaïb,* fract. des Arab-Chéraga, tribu. Com. ind., cerc. et cant. jud. de Biskra, sub. de Batna. Pop. ind. 748 hab.

Chaïb. V. *Ouled-Mahmed, Ouled-Sottan, Ouled-Chaïb,* fract. des Arab-Gheraba, tribu. Com. ind., cerc. et cant. jud. de Biskra, subd. de Batna. Pop. ind. 357 hab.

Chaïr. V. *Oued-Chaïr,* tribu. Com. ind., cant. jud. et cerc. de Bou-Sâada, subd. d'Aumale.

Chamba d'El-Goléah. Tribu comprise dans le Chamba-el-Mouadhi du kaïdat de Metlili. Com. ind., cant. jud. et cerc. de Laghouat, subd. de Médéa; — à 350 kil. S. de Laghouat et sur la route de Metlili à El-Goléah. Pop. recensée avec les Chamba-el-Mouadhi, 617 ind.

Chamba de Metlili ou **Chamba de Metlili-ou-Berrezga.** Kaïdat, ksar et tribu. Territoire non soumis à l'appl. du sén.-cons. Rattachés à la com. ind. de Laghouat, cant. jud. et cerc. de Laghouat, subd. de Médéa; — à 200 kil. S.-E. de Laghouat, sur la route de cette ville à El-Goléah. Le ksar de Metlili est situé à 130 kil. S.-E. de Laghouat. Les Chamba de Metlili se composent des fract. suivantes : Metlili, ksar, 673 ind.; Ouled-Abd-el-Kader, 1,132 ind.; Ouled-Allouch, 1,029 ind. et Chamba-Mouadhi, 617 ind.

Chamba-Mouadhi. Fract. des Chamba de Metlili, tribu. Com. ind., cant. jud. et cerc. de Laghouat, subd. de Médéa. Pop. 617 ind.; — à 250 kil. S. de Laghouat.

Chamba d'Ouargla. Tribu et aghalik non soumis à l'appl. du sén.-cons. Rattachés à la com. ind. de Laghouat. Cant. jud. et cerc. de Laghouat, subd. de Médéa; — à 260 kil. S.-E. de Laghouat et à cheval sur l'Oued-Mia. L'aghalik d'Ouargla se compose des fract. suivantes, savoir : 1° Ouargla, ville divisée en trois fract.: Beni-Brahim, 350 hab.; Beni-Ouaggin, 588 hab.; Beni-Sissin, 602 hab.; tot. de la ville 1,540 hab.; 2° Aïn-Adjadja et Sidi-Khanlled, ksar, 294 hab.; 3° Aïn-Amar-ou-Chott, ksar, 370 hab.; 4° N'goussa, ksar, 667 hab.; 5° Rouïssat ou Ghouïssat, ksar, 227 hab.; 6° Beni-Thour, ksar, 788 hab.; 7° Mekhadma, 1,405 hab.; 8° Saïd-Atba, 1,314 hab.; 9° Oued-Smaïn, 365 hab.; 10° Hab-er-Rih, 991 hab. — NOTA : La ville d'Ouargla est située à 300 kil. S.-E. de Laghouat.

Chamokh. V. *Ouled-Chamokh,* fract. des Allaouna, tribu. Com. ind., cerc. et cant. jud. de Tebessa, subd. de Constantine. Pop. ind. 621 hab.

Chana. V. *Ouled-Chana,* fract. des Ouled-Krated, tribu. Com. ind., cerc. et cant. jud. de Bou-Sâada, subd. d'Aumale. Pop. ind. 122 hab.

Chaoufa-M'ta-Balloul. V. *N'chourfa-N'bahloul,* fract. des Beni-Ghobri. Com. ind., cerc. et cant. jud. de Fort-National, subd. de Dellys. Pop. ind. 1,103 hab.

Chaouïa. (Sup. des terres labourables, 866 hect.) Tribu dépendant des Harrar-Chéraga, non soumise à l'appl. du sén.-cons. Rattachée à la com. ind. de Tiaret-Aflou. Cerc. et cant. jud. de Tiaret, subd. de Mascara; — à 45 kil. S. de Tiaret et sur la rive gauche de l'Oued-Medrissa, affluent du chott Ech-Chergui. Pop. ind. 496 hab.

Chareb. V. *Ouled-bou-Chareb,* fract. des Ouled-bou-Abd-Allah, tribu. Com. ind., cerc. et cant. jud. de Djelfa, subd. de Médéa. Pop. ind. 421 hab.

Charef. V. *Ouled-Charef,* fract. des Ouled-Sidi-Zian, tribu. Com. ind., cerc. et cant. jud. de Bou-Sâada, subd. d'Aumale. Pop. ind. 109 hab.

Chebabta et Raffln. Fract. des Messaba, tribu. Com. ind., cant. jud. et cerc. de Biskra, subd. de Batna. Pop. ind. 663 hab.

Chebana. V. *Beni-Chebana,* tribu. Com. ind., cerc. et subd. de Sétif, cant. jud. d'Akbou, arr. jud. de Bougie.

Chebana. V. *Beni-Chebana,* fract. des Beni-Chebana, tribu. Com. ind., cerc. et subd. de Sétif, cant. jud. d'Akbou, arr. jud. de Bougie. Pop. ind. 1,761 hab.

Cheffla. V. *La Cheffla,* tribu. Com. ind., cant. jud. et cerc. de La Calle, subd. de Bône.

Cheybout. V. *Ouled-Cheybout,* fract. des Ouled-Abd-el-Kader, tribu. Com. ind., cerc. et cant. jud. de Djelfa, subd. de Médéa. Pop. ind. 496 hab.

Cheikh. V. *Ouled-Cheikh,* tribu. Com. ind., cant. jud. et cerc. de Miliana, subd. d'Orléansville.

Cheïkh. V. *Ouled-Cheïkh-Ouled-Beïda,* fract. des Ouled-Oumhani, tribu. Com. ind., cerc. et cant. jud. de Djelfa, subd. de Médéa. Pop. ind. 412 hab.

Chekaïmia. Fract. d'Haraouat, tribu. Com. ind., cant. jud. et cerc. de Miliana, subd. d'Orléansville. Pop. ind. 539 hab.

Chekkala. (Sup. 10,100 hect.) Tribu délimitée et érigée en douar-com. par décret du 27 octobre 1869. V. le douar-com. de *Chekkala*, n° 198 de la carte. Com. mix. et cerc. d'Ammi-Moussa, subd. d'Oran, cant. jud. d'Inkermann. Pop. 1,269 hab.

Chekkeur. V. *Ouled-Chekeur*, fract. du Bou-Thaleb, tribu et kaïdat. Com. ind., cerc., cant. jud. et subd. de Sétif. Pop. ind. 250 hab.

Chokor. V. *Ouled-Chokor*, fract. des Brarcha, tribu. Com. ind., cerc. et cant. jud. de Tebessa, subd. de Constantine. Pop. ind. 505 hab.

Chokride. V. *Iril-ou-Chokride*, fract. des Beni-Kani, tribu. Com. ind., cerc., cant. jud. et subd. d'Aumale, annexe des Beni-Mansour. Pop. ind. 223 hab.

Chelafa. (Sup. 8,218 hect.) Tribu délimitée et érigée en douar-com. par décret du 20 mai 1868. V. le douar-com. de *Chelafa*, n° 164 de la carte. Arr. de Mostaganem, com. mix. et cant. jud. de Mostaganem. Pop. tot. 2,012 hab.

Chelih. V. *Ouled-Chelih*, tribu. Com. ind., cant. jud. et cerc. de Batna, subd. de Batna.

Chellala. V. *Ksar-Chellala*, tribu et ksar. Com. ind. et cerc. de Boghar, cant. jud. de Boghari, subd. de Médéa.

Chellala-Dahrania. Tribu et ksar non soumis à l'appl. du sén.-cons. Rattachés à la com. mix. et au cerc. de Géryville, cant. jud. de Saïda, subd. de Mascara ; — à 200 kil. S. de Saïda et à 100 kil. S.-O. de Géryville, sur le chemin de Géryville à Souf-el-Kesser (Maroc). Pop. ind. 280 hab.

Chellala-Gueblia. Tribu et ksar non soumis à l'appl. du sén.-cons. Rattachés à la com. mix. et au cerc. de Géryville, cant. jud. de Saïda, subd. de Mascara ; — à 200 kil. S. de Saïda et à 95 kil. S.-O. de Géryville, sur le chemin de Géryville à Souf-el-Kesser (Maroc). Pop. ind. 100 hab.

Chellam. V. *Aït-ou-Chellam*, fract. des Beni-Ghobri, tribu. Com. ind., cerc. et cant. jud. de Fort-National, subd. de Dellys. Pop. ind. 71 hab.

Chellog. (Sup. 14,512 hect. env.) Tribu dépendant des Hachem-Chéraga. Non soumise à l'appl. du sén.-cons. Rattachée à la com. mix. de Frendah-Mascara, cant. jud., cerc. et subd. de Mascara. Pop. ind. 1,502 hab. ; — à 40 kil. E. de Mascara et sur la rive droite de l'Oued-Abd, affluent de l'Oued-Mina.

Chemna. V. *Ouled-Chemna*, fract. des Brarcha, tribu. Com. ind., cerc. et cant. jud. de Tebessa, subd. de Constantine. Pop. ind. 361 hab.

Chenacha. V. *Beni-Sedka-Chenacha*, tribu. Com. ind., cant. jud. et cerc. de Fort-National, subd. de Dellys.

Chenachna. Fract. des Ouled-Zian, tribu. Com. ind., cant. jud. et cerc. de Biskra, subd. de Batna. Pop. ind. 604 hab.

Chenaf. V. *Ouled-Chenaf*, fract. des Ouled-Allane-Béchich, tribu. Com. ind., cerc., cant. jud. et subd. de Médéa. Pop. ind. 224 hab.

Chenata. V. *Ouled-Khenata*, tribu. Com. ind., cant. jud. et cerc. de Djelfa, subd. de Médéa.

Chenatra. Fract. des Khobbaza, tribu. Com. ind., cerc. et cant. jud. de Miliana, subd. d'Orléansville. Pop. ind. 184 hab.

Chennoua ou **Chenoua**. (Sup. 11,444 hect.) Tribu délimitée et érigée en douar-com. par décret du 22 février 1868. Rattachée à la com. pl. ex. de Cherchel. Cant. jud. de Cherchel, arr. d'Alger ; — à 65 kil. S.-O. d'Alger et à 5 kil. E. de Cherchel, sur l'Oued-Nador et sur le littoral. Pop. tot. 2,043 hab. — NOTA : Une partie de cette tribu a été livrée à la colonisation pour l'installation du village du Nador.

Cheraba. V. *Ouled-Cheraba*, fract. des Ouled-Aïffa, tribu. Com. ind., cerc. et cant. jud. de Djelfa, subd. de Médéa. Pop. ind. 179 hab.

Cherachera. Fract. du Bou-Thaleb, tribu. Com. ind., cerc., cant. jud. et subd. de Sétif. Pop. ind. 571 hab.

Cheraouïa. Fract. des Beni-Iraten-ou-Fella, tribu. Com. ind., cant. jud. et cerc. de Fort-National, subd. de Dellys. Pop. ind. 384 hab.

Cherarda. Fract. des Ouled-Ammar, tribu. Com. ind., cant. jud. et cerc. de Teniet-el-Had, subd. d'Orléansville. Pop. ind. 143 hab.

Cherf. V. *Ouled-Cherf*, fract. de l'Oued-Boussellah, tribu. Com. ind. et annexe de Fedj-Mezala, subd. de Constantine, cant. jud. de Mila. Pop. ind. 1,272 hab.

Chergui. V. *Zab-Chergui*, tribu. Com. ind, cant. jud. et cerc. de Biskra, subd. de Batna.

Chéria. Fract. des Beni-Yala, tribu. Com. ind., cerc. et subd. de Sétif, cant. jud. d'Akbou, arr. jud. de Bougie. Pop. ind. 761 hab. ; — à 35 kil. S.-E. d'Akbou et à 4 kil. de la rive droite du Chabet-Temlel.

Chérif. V. *Ouled-Chérif*, fract. des Ouled-si-Ahmed, tribu. Com. ind., cerc. et cant. jud. de Djelfa, subd. de Médéa. Pop. ind. 579 hab.

Chérif. V. *Ouled-Chérif-Chéraga*, tribu. Com. ind. de Tiaret-Aflou, cerc. et cant. jud. de Tiaret, subd. de Mascara.

Chérif. V. *Ouled-Chérif-Gueraba*, tribu. Com. ind. de Tiaret-Aflou, cerc. et cant. jud. de Tiaret, subd. de Mascara.

Chérifa. V. *Ouled-Chérifa*, fract. du Hodna, tribu. Com. ind., cerc., cant. jud et subd. de Batna, annexe de Barika. Pop. ind. 431 hab.

Chérik. V. *Ouled-Chérik*, fract. des Ouled-si-Ahmed, tribu. Com. ind., cerc. et cant. jud. de Djelfa, subd. de Médéa. Pop. ind. 398 hab.

Chetihat. Fract. des Sahari-Ouled-Brahim, tribu. Com. ind., cant. jud., cerc. et subd. de Médéa. Pop. ind. 426 hab.

Chetma. Fract. des Zibans, tribu. Com. ind., cant. jud. et cerc. de Biskra, subd. de Batna. Pop. ind. 386 hab. ; — à 7 kil. E. de Biskra et sur le chemin de cette ville au ksar Ferkane, par Zeribet-el-Oued.

Cheurfa. Fract. des Ammar-Khaddou, tribu. Com. ind., cant. jud. et cerc. de Biskra, subd. de Batna. Pop. ind. 271 hab.

Cheurfa. Fract. du douar-com. d'Oued-Seghouan, ancienne tribu des Abid. Com. ind., cerc., cant. jud. et subd. de Médéa. Pop. ind. 216 hab.

Cheurfa. (Sup. 2,600 hect. env.) Tribu non soumise à l'appl. du sén.-cons. Rattachée à la com. ind. d'Aumale, annexe des Beni-Mansour. Cant. jud., cerc. et subd. d'Aumale ; — à 68 kil. N.-O. de cette ville, sur la rive gauche de l'Oued-Sahel et au N. de la route des Beni-Mansour à Bougie. Cette tribu se compose des fract. suivantes : Aït-Kichou, Aït-Rahmoun et Aït-Bouhou. Pop. ind. 895 hab.

Cheurfa aussi appelée **Cheurfa du Sud.** De l'ancienne tribu des Beni-Sliman. (Sup. 12,300 hect. env.) Tribu non soumise à l'appl. du sén.-cons. Rattachée à la com. ind. de l'Arba, annexe et cant. jud. de l'Arba, subd. d'Alger ; — à 34 kil. S.-O. de l'Arba et sur la rive droite de l'Oued-Isser. Pop. ind. 5,104 hab.

Cheurfa. Ancienne tribu. (Sup. 5,839 hect. env.) Non soumise à l'appl. du sén.-cons. Rattachée à la com. mix. de Bône, cant. jud. de Mondovi, arr. de Bône. Pop. 540 hab. ; — à 14 kil. O. de Mondovi.

Cheurfa. Fract. des Beni-bou-Hattab, tribu. Com. ind. et cerc. de Miliana, cant. jud. de Duperré, subd. d'Orléansville. Pop. ind. 161 hab.

Cheurfa. V. *Chabet-Cheurfa*, tribu. Com. mix. d'Aïn-Abessa, arr. et cant. jud. de Sétif.

Cheurfa. Fract. du Ferdjioua, tribu. Com. ind. et annexe de Fedj-Mezala, cant. jud. de Mila, subd. de Constantine. Pop. ind. 720 hab.

Cheurfa-Dahra ou **Cheurfa du Nord.** (Sup. 11,298 hect.) Tribu délimitée et érigée en douar-com. par décret du 12 octobre 1868. V. le douar *Guerrouma*, n° 6 de la carte. Com. ind., cant. jud. et annexe de l'Arba, subd. d'Alger. Pop. ind. 3,846 hab.

Cheurfa-el-Guetarnia. (Sup. 17,779 hect.) Tribu délimitée et érigée en douar-com. par décret du 20 novembre 1867. V. le douar *Aïn-Cheurfa*, n° 112 de la carte. Com. mix. de St-Denis-du-Sig, arr. d'Oran, cant jud. de St-Denis-du-Sig. Pop. tot. 3,249 hab.

Cheurfat-el-Hamel. V. *Chorfat-el-Hamel*, tribu du kaïdat des Ouled-Feradj. Com. ind., cerc. et cant. jud. de Bou-Sâada, subd. d'Aumale. Pop. ind. 1,444 hab.

Cheurfa et Irli-Imoula ou **Cheurfa et Ighil-ou-Moula.** (Sup. 4,300 hect. env.) Tribus non soumises à l'appl. du sén.-cons. Rattachées à la com. mix. de Dra-el-Mizan, arr. de Tizi-Ouzou, cant. jud. de Dra-el-Mizan ; — à 16 kil. N.-E. de ce dernier centre. Pop. tot. 2,763 hab. Les deux tribus réunies forment une section de la com. mix. de Dra-el-Mizan.

Cheurfa-N'bahloul. V. *N'cheurfa-N'bahloul*, fract. des Beni-Ghobri, tribu. Com. ind., cerc. et cant. jud. de Fort-National, subd. de Dellys. Pop. ind. 1,103 hab.

Cheurfa et Ouled-Younès. Ancienne division de la tribu du Dahra. Com. ind. d'Orléansville, subd., cerc. et cant. jud. d'Orléansville. V. *Dahra*, tribu.

Cheybout. V. *Ouled-Cheybout*, fract. des Ouled-Abd-el-Kader, tribu. Com. ind., cerc. et cant. jud. de Djelfa, subd. de Médéa. Pop. ind. 496 hab.

Chlebna. (Sup. 6,479 hect. env.) Dépendant actuellement du kaïdat de l'Oued-el-Hadjar. Tribu non soumise à l'appl. du sén.-cons. Rattachée à la com. ind. de La

Calle, cerc. et cant. jud. de La Calle, subd. de Bône; — à 38 kil. S.-O. de La Calle, sur le chemin de cette dernière ville à Souk-Ahras. Cette tribu se compose des fract. suivantes : Ouled-Abid, Ouled-Gassem et Ouled-bou-Cedra. Pop. ind. 1,527 hab.

Chikr. V. *Ouled-Sidi-Chikr*, fract. de Roumana, tribu. Com. ind., cerc. et cant. jud. de Bou-Sâada, subd. d'Aumale. Pop. ind. 76 hab.

Chir. Fract. d'Oued-Abdi, tribu. Com. ind., cerc., cant. jud. et subd. de Batna. Pop. ind. 490 hab.

Chitioui. V. *Ouled-Chitioui*, petite fract. des Ouled-Rahma de la tribu des Ouled-Zekri. Com. ind., cerc. et cant. jud. de Biskra, subd. de Batna. Pop. ind. 506 hab.

Chorfat-el-Hamel. Tribu dépendant actuellement du kaïdat des Ouled-Feradj. Non soumise à l'appl. du sén.-cons. Rattachée à la com. ind. de Bou-Sâada, cerc. et cant. jud. de Bou-Sâada, subd. d'Aumale; — à 10 kil. S.-O. de Bou-Sâada et à cheval sur la route de ce dernier centre à Djelfa. Pop. ind. 1,444 hab. Cette tribu se compose des 3 grandes fract. suivantes : 1° Ouled-Si-Ali formée des petites fract. de : El-Hadj-el-Aouïn-ben-bel-Gassem, El-Hadj-ben-Ahmed et Bel-Gassem-ben-el-Arbi. Pop. 586 ind.; 2° Hassinate ou El-Hasinate formée des petites fract. de : Ahmed-ben-Mohamed et Djab-Allah-ben-Atia. Pop. 338 ind. ; 3° El-Bekakia, formée des petites fract. de : Mohamed-ben-el-Békari, Ahmed-ben-Miloud, S'rir-ben-Ahmed et Ouled-bou-Addi. Pop. 520 ind.

Chouala ou **Chouaoula.** (Sup. 8,745 hect. env.) Tribu non soumise à l'appl. du sén.-cons. Rattachée à la com. mix. de Zemmorah. Annexe de Zemmorah, subd. d'Oran, cant. jud. de Relizane; — à 40 kil. S.-E. de cette dernière ville et sur l'Oued-El-Mell ou Oued-Riah. Pop. ind. 1,068 hab.

Chouarfa. Fract. du Ferdjioua, tribu. Com. ind. et annexe de Fedj-Mezala, cant. jud. de Mila, subd. de Constantine. Pop. ind. 360 hab.

Chouchada. Territoire désigné comme tribu dans la composition territoriale du cant. jud. de Tebessa, subd. de Constantine. — Nota : Le nom de cette tribu ne figure pas au tableau du dénombrement de 1876.

Chouchaoua. (Sup. 17,430 hect. env.) Tribu non soumise à l'appl. du sén.-cons. Rattachée à la com. Ind. d'Orléansville. Cant. jud., cerc. et subd. d'Orléansville; — à 20 kil. S.-E. de ce centre. Pop. tot. 2,279 ind. Cette tribu est divisée en 2 fract. : Temdrara et Chouchaoua.

Chouchaoua. (Sup. 8,549 hect.) Fract. de la tribu des Chouchaoua. Non soumise à l'appl. du sén.-cons. Rattachée à la com. ind., au cerc., au cant. jud. et à la subd. d'Orléansville ; — à 20 kil. S.-E. de cette ville et à cheval sur l'Oued-Fodda, affluent du Chélif. Pop. 1,001 ind.

Chouek. V. *Ouled-Chouek*, fract. du Sahel-Guebli, tribu. Com. ind., cerc. et subd. de Sétif, cant. jud. d'Akbou, arr. jud. de Bougie. Pop. ind. 194 hab.

Choulla. Fract. des Beni-bou-Milouk, tribu. Com. ind., cerc. et subd. d'Orléansville, cant. jud. de Cherchel. Pop. ind. 399 hab.

Colla ou **Kolla.** Fract. dépendant de la tribu des Beni-Yadel. Com. ind., cant. jud. et cer. de Bordj-bou-Arréridj, subd. de Sétif. Pop. 2,125 ind. ; — à 28 kil. N.-O. de Bordj-bou-Arréridj, et sur la rive gauche de l'Oued-Colla, affluent de l'Oued-Mahadjar.

Collo. (Sup. 173 hect.) Tribu délimitée et érigée en douar-com. par décret du 27 novembre 1867. V. le douar-com. de *Collo*, n° 84 de la carte. Com. mix. et cant. jud. de Collo, arr. de Philippeville. — Nota : Cette tribu renferme la ville de Collo, chef-lieu du cant. jud. et de la com. mix. du même nom.

Confédération du M'zab aussi appelée **Beni-M'zab.** Son territoire est composé des ksours suivants : Berryan, pop. ind. 2,946 hab. ; Ghardaïa, 5,807 hab. ; Beni-Isguen, 2,204 hab. ; Melika, 739 hab. ; Bou-Noura, 837 hab. ; El-Ateuf, 1,228 hab. ; Guerara, 2,291 hab. Pop. tot. 16,052 hab. Com. ind., cerc. et cant jud. de Laghouat, subd. de Médéa.

Coudia. V. *El-Koudia*, fract. des Azzouza, tribu. Com. ind., cerc. et cant. jud. de Fort-National, subd. de Dellys. Pop. ind. 331 hab.

Coudiat. V. *Koudiate*, fract. des Aziz, tribu, Com. ind., cerc. et cant. jud. de Teniet-el-Had, subd. d'Orléansville. Pop. ind. 140 hab.

Cristel. V. *Krichtel*. (Sup. 2,700 hect.) Territoire et centre ind. Rattachés à la com. pl. ex. de Saint-Cloud, cant. jud. de Saint-Cloud, arr. d'Oran. Pop. comprise dans la com. de Saint-Cloud ; — à 8 kil. N.-O. de Saint-Cloud et sur le littoral. — Constitution de la propriété ind. (loi du 26 juillet 1873). Situation des travaux au 1er juillet 1877. Le dépôt du dossier (article 13 de la loi) a été effectué le 11 juin 1877.

D

Daân. V. *Ouled-Ddan*, fract. des Ben-Daoud ou Beni-Daoud, tribu. Com. ind., cerc. et cant. jud. de Bordj-bou-Arréridj, subd. de Sétif. Pop. ind. 1,404 hab.

Daho. V. *Ouled-Sidi-Daho*, tribu. Com. mix., cant. jud. et arr. de Mascara.

Dahra d'Alger. (Sup. 9,400 hect. env.) Tribu non soumise à l'appl. du sén.-cons. Rattachée à la com. ind. d'Orléansville. Cant. jud., cerc. et subd. d'Orléansville ; — à 42 kil. N.-O. d'Orléansville, sur le littoral, et confinant au département d'Oran. Pop. ind. 1,977 hab. Cette tribu se compose actuellement des fract. suivantes : Meghachou, Ouled-Bou-Zid, Ouled-Abd-el-Kader, El-Khenancha, El-Meharzia, Souhalia et Ouled-Bel-Kassem. — NOTA : Le Dahra était divisé autrefois en 2 fract. : les Cheurfa et les Ouled-Younès.

Dahra d'Oran. (Sup. 34,235 hect. env.) Ancienne division. Le Dahra comprenait les tribus suivantes : Achacha, Zérifa, Ouled-Kheloud, Djebaïlia et Souhalia et Tazgaït. Com. mix. et cant. jud. de Cassaigne, arr. de Mostaganem ; — à 12 kil. N.-E. de Cassaigne, sur le littoral et confinant au département d'Alger. Pop. ind. 8,121 hab.

Dahra. V. *Ameur-Dahra*, tribu. Arr. de Sétif.

Dahra. V. *Righa-Dahra*, tribu. Subd. de Sétif.

Dahra. V. *Haracta-Djerma-Dahra*, tribu. Com. mix. de Batna, arr. de Constantine.

Daïa ou **Daya.** Fract. des Ouled-Ammar, tribu. Com. ind., cant. jud. et cerc. de Teniet-el-Had, subd. d'Orléansville. Pop. ind. 107 hab.

Damber. (Sup. 4,005 hect.) Ancienne tribu délimitée et érigée en douar-com. par décret du 28 octobre 1868. V. le douar-com des *Damber*, n° 14 de la carte des douars. Com. de l'Oued-Atménia, arr. de Constantine, cant. jud. de l'Oued-Atménia. Pop. tot. 700 hab.

Damber et Grich. Fract. des Arab-Cheraga, tribu. Com. ind., cant. jud. et cerc. de Biskra, subd. de Batna. Pop. ind. 123 hab.

Daoua. V. *Ouled-ben-Dahoua*, fract. du Hodna, tribu et kaïdat. Com. ind., cerc. et subd. de Batna, annexe de Barika. Pop. ind. recensée avec les Ouled-el-Kodra et les Ouled-Sidi-Ahmed-ben-Gacem, fract. de la même tribu : 744 hab.

Daoud. V. *Ouled-Daoud*, fract. de Bled-Guerfa, tribu et kaïdat. Com. ind. et cerc. d'Aïn-Beïda, cant. jud. de Guelma, subd. de Constantine, arr. jud. de Bône. Pop. ind. 1,365 hab.

Daoud. V. *Ouled-Si-Daoud*, fract. de l'Oued-Bousselah, tribu et kaïdat. Com. ind. et annexe de Fedj-Mezala, cant. jud. de Mila, subd. de Constantine. Pop. ind. 200 hab.

Daoud. V. *Ben-Daoud* ou *Beni-Daoud*, tribu. Com. ind., cant. jud. et cerc. de Bordj-bou-Arréridj, subd. de Sétif.

Daoud. V. *Ouled-Daoud*, tribu. Com. ind., cant. jud., cerc. et subd. de Batna.

Daoud. V. *Ouled-Daoud*, tribu. Com. ind., cant. jud. et cerc. de Saïda, subd. de Mascara.

Daoud. V. *Ouled-Si-Daoud* ou *Ouled-Sidi-Daoud*, tribu. Com. ind. et cerc. de Boghar, cant. jud. de Boghari, subd. de Médéa.

Darna. Fract. de la tribu des Beni-bou-Drer, Com. ind., cant. jud. et cerc. de Fort-National, subd. de Dellys. Pop. ind. 566 hab. ; — à 15 kil. S. de Fort-National.

Daya. V. *Daïa*, fract. de la tribu des Ouled-Ammar. Com. ind., cant. jud. et cerc. de Teniet-el-Had, subd. d'Orléansville.

Deahena. V. *Ed-Dehahena*, fract. du Hodna, tribu et kaïdat. Com. ind., cerc. et subd. de Batna, annexe de Barika.

Debabha. V. *Ed-Debabha*, fract. du Hodna, tribu et kaïdat. Com. ind., cerc., cant. jud. et subd. de Batna, annexe de Barika.

Debila. Fract. des Messaba, tribu. Com. ind., cant. jud. et cerc. de Biskra, subd. de Batna. Pop. ind. 509 hab. ; — à 185 kil. S.-E. de Biskra et à 20 kil. N.-E. d'El-Oued, centre indigène.

Defelten. V. *Ouled-Defelten*, tribu et douar. Com. mix. d'Ammi-Moussa, cerc. d'Ammi-Moussa, subd. d'Oran, cant. jud. d'Inkermann.

Dehahena. V. *Ed-Dehahena*, fract. du Hodna, tribu et kaïdat. Com. ind., cerc. et subd. de Batna, annexe de Barika.

Dehalsa. (Sup. 23,341 hect. env.) Tribu dépendant des Harrar-Gheraba, non soumise à l'appl. du sén.-cons. Rattachée à la com. mix. de Frendah-Mascara, cerc. de Frendah, subd. de Mascara, cant. jud. de Tiaret; — à 80 kil. S.-O. de Tiaret et au N.-E. du Chott-ec-Chergui. Pop. ind. 675 hab.

Dehemcha. (Sup. 11,191 hect. env.) Tribu non soumise à l'appl. du sén.-cons. Rattachée à la com. ind. de Takitount, cant. jud. et annexe de Takitount, cerc. et subd. de Sétif, arr. jud. de Bougie; — à 18 kil. S.-E. de Takitount et sur le chemin stratégique de Djidjelli à Sétif. Pop. ind. 2,498 hab. Cette tribu se compose des fract. suivantes : Maouïas, Takenent, Ouled-M'barek et Ouled-Talha.

Dehemza. V. *Ouled-Dehemza*, fract. de la tribu des Ouled-Sultan. Com. ind., cerc., cant. jud. et subd. de Batna, annexe de Barika. Pop. recensée avec les Ouled-ben-Aïcha et les Ouled-Sliman, fract. de la même tribu, 122 hab.

Dehimat. V. *Tittori, Souhary et Deïmat*, tribus. Com. ind., cerc. et cant. jud. de Médéa, subd. de Médéa.

Deïd. V. *Ouled-Deïd*, tribu. Com. ind., cant. jud., cerc. et subd. de Médéa.

Deïd-Souhary. V. *Ouled-Deïd-Souhary*, fract. de la tribu de Tittori, Souhary et Deïmat. Com. ind., cerc., cant. jud. et subd. de Médéa.

Deïmat. V. *Tittori, Souhary et Deïmat*, tribus. Com. ind., cant. jud., cerc. et subd. de Médéa.

Demmed. Fract. des Ksours, centres indigènes et tribu. Com. ind., cerc. et cant. jud. de Djelfa, subd. de Médéa. Pop. ind. 487 hab.; — à 63 kil. S.-E. de Djelfa et sur l'Oued-Demmed, affluent rive gauche de l'Oued-Djedi.

Demza. V. *Ouled-Dehemza*, fract. des Ouled-Sultan, tribu. Com. ind., cant jud., cerc. et subd. de Batna, annexe de Barika. Pop. ind. 121 hab., y compris les Ouled-ben-Aïcha et les Ouled-Sliman, fract. de la même tribu.

Derdjin. V. *Beni-Derdjin*, tribu. Com. ind., cant. jud., cerc. et subd. d'Orléansville.

Dergoun. V. *Beni-Dergoun*, tribu. Com. mix. et annexe de Zemmorah, subd. d'Oran.

Derradj. V. *Ouled-Derradj*, tribu. Com. ind. et cant. jud. de Bordj-bou-Arréridj, annexe de M'sila, subd. de Sétif.

Derradj. V. *Ouled-Derradj*, tribu. Com. mix. et cant. jud. d'El-Arrouch, arr. de Philippeville.

Derradj-Chéraga. V. *Ouled-Derradj-Chéraga*, tribu. Ancienne organisation. Com. ind., cerc. et cant. jud. de Batna, annexe de Barika, subd. de Batna.

Derragha-Chéraga ou **Derraga-Chéraga.** Tribu non soumise à l'appl. du sén.-cons. Rattachée à la com. mix. de Géryville, cerc. de Géryville, cant. jud. de Saïda, subd. de Mascara. Pop. ind. 1,494 hab.

Derragha-Ghéraba ou **Derraga-Ghéraba.** Tribu non soumise à l'appl. du sén.-cons. Rattachée à la com. mix. de Géryville, cerc. de Géryville, cant. jud. de Saïda, subd. de Mascara. Pop. ind. 892 hab.

Dia. V. *Ouled-Dhia*, tribu. Com. ind. de Soukahras, cant. jud. et cerc. de Soukharas, subd. de Bône.

Dieb. V. *Ouled-Dieb*, tribu. Com. ind., cant. jud. et cerc. de La Calle, subd. de Bône.

Dirah-Inférieur (l'aghalik du). Comprend les tribus de : Ouled-Selama, Ouled-Si-Amour, Ouled-Abd-Allah, Ouled-Ali-ben-Daoud, Ouled-Sidi-Aïssa, Ouled-Sidi-Hadjérès et Selamats. Com. ind., cerc. et subd. d'Aumale. Pop. ind. 10,157 hab.

Dirah-Supérieur (l'aghalik du). Comprend les tribus des Ouled-Dris, Ouled-Barka, Ouled-Mériem, Djouab et les douars-com. Ouled-Ferah, Oued-Mamora et Ouled-bou-Arif. Pop. de l'aghalik 10,308 ind. Cerc. et subd. d'Aumale.

Djaballah. V. *Ouled-Djabalah*, fract. des Ouled-Sultan, tribu. Com. ind., cerc., cant. jud. et subd. de Batna, annexe de Barika.

Djaballah-ben-Atia. Petite fract. d'El-Hasinate de la tribu de Chorfat-el-Hamel. Com. ind., cant. jud. et cerc. de Bou-Sâada, subd. d'Aumale. Pop. ind. 108 hab.

Djafeur. V. *Djafra-ben-Djafeur*, tribu. Com. mix. et cerc. de Daya, cant. jud. de Sidi-bel-Abbès, subd. de Tlemcen.

Djafra ou **Djaffra.** Fract. des Beni-Yadel, tribu. Com. ind., cerc. et cant. jud. de Bordj-bou-Arréridj, subd. de Sétif. Pop. ind. 1,839 hab.; — à 30 kil. N.-O. de Bordj-bou-Arréridj et sur la rive gauche de l'Oued-Mahadjar, affluent du Sahel.

Djafra-ben-Djafour. Tribu. (Sup. 73,604 hect.) Tribu délimitée et érigée en douar-com. par décret du 30 novembre 1867. V. le douar-com. de *Oued-Sfioun*, n° 119 de la carte. Com. mix. et cerc. de Daya, cant. jud. de Sidi-bel-Abbès, subd. de Tlemcen. Pop. ind. 2,064 hab. — Nota : 1,100 hect. de forêt ont été prélevés sur le douar Oued-Sfioun et rattachés à la com. mix. de la Mekerra, arr. de Sidi-bel-Abbès.

Djafra-Chéraga. (Sup. 121,833 hect. env.) Kaïdat et tribu non soumis à l'appl. du sén.-cons. Rattachés à la com. ind. de Saïda, cerc. et cant. jud. de Saïda, subd. de Mascara; — À 6 kil. S.-O. de Saïda et sur la rive gauche de l'Oued-Adouan. Pop. ind. 4,049 hab. Les Djafra-Chéraga se composent des tribus ou fract. de tribus suivantes : Ounhiba, Ouled-Daoud et Maalif.

Djafra-Thouama-et-M'hamid. (Sup. 127,038 hect.) Tribu délimitée et érigée en douar-com. par décret du 31 octobre 1868. V. le douar-com. de *Oued-Taourira*, n° 120 de la carte. Com. mix. de Daya, subd. de Tlemcen, cant. jud. de S di-bel-Abbès. Pop. ind. 2,264 hab.

Djahoit. V. *Djanith*, fract. de la tribu des Beni-Yadel. Com. ind., cant. jud. et cerc. de Bordj-bou-Arréridj, subd. de Sétif. Pop. ind. 1,595 hab.

Djaïdat. V. *Ouled-Djaïdat*, fract. des Ouled-si-Ahmed, tribu. Com. ind., cerc. et cant. jud. de Djelfa, subd. de Médéa. Pop. ind. 375 hab.

Djafa. Ancienne fract. des Hachem. V. *Hachem*, tribu. Com. mix. et cant. jud. de Bordj-bou-Arréridj, arr. de Sétif.

Djama. Fract. de l'Oued-R'ir, tribu. Com. ind., cant. jud. et cerc. de Biskra, subd. de Batna. Pop. ind. 295 hab.; — À 145 kil. S.-E. de Biskra et 3 kil. E. de la route de Biskra à Tuggurth.

Djanah. V. *El-Djanah*, petite fract. des Ouled-Moulet de la tribu de l'Oued-R'ir. Com. ind., cant. jud. et cerc. de Biskra, subd. de Batna. Pop. ind. 178 hab.

Djanith ou **Djahoit.** Fract. de la tribu des Beni-Yadel. Com. ind., cant. jud. et cerc. de Bordj-bou-Arréridj, subd. de Sétif; — À 24 kil. N.-O. de Bordj-bou-Arréridj, et sur la rive gauche de l'Oued-Mahadjar, affluent du Sahël. Pop. ind. 1,595 hab.

Djdour. Fract. des Allaouna, tribu. Com. ind., cant. jud. et cerc. de Tebessa, subd. de Constantine. Pop. ind. 317 hab.

Djebabra. Fract. des Ouled-Ali-Achicha, tribu. Com. ind., cant. jud. et cerc. de La Calle, subd. de Bône. Pop. ind. 184 hab.

Djebaïlia. Fract. des Biban, tribu. Com. ind., cerc. et cant. jud. de Bordj-bou-Arréridj, subd. de Sétif. Pop. ind. 2,369 hab.; — À 18 kil. N.-O. de Bordj-bou-Arréridj et sur le versant N.-O. de Dra-el-Melouan, point géodésique, altitude 1,691 mètres.

Djebala. (Sup. 21,875 hect.) Tribu délimitée et érigée en un douar-com. par décret du 10 août 1868. V. le douar-com. de *Chouarhi*, n° 56 de la carte. Com. mix. et cant. jud. de Cassaigne, arr. de Mostaganem. Pop. ind. 2,832 hab. Une partie du territoire de ce douar a été livrée à la colonisation pour l'installation des centres européens de Cassaigne, Bosquet et Aïn-Ouillis. Pop. des centres : Cassaigne 264 français, 1 israélite, 4 étrangers et 57 ind.; Bosquet 226 français et Aïn-Ouillis 34 français et 1 étranger.

Djebala ou **Djebala-Aïn-Tolba.** (Sup. 11,502 hect. env.) Tribu non soumise à l'appl. du sén.-cons. Rattachée à la com. mix. de Nemours, cant. jud. et cerc. de Nemours, subd. de Tlemcen. Pop. 2,318 ind.; — À 12 kil. S.-E. de Nemours, sur le chemin de cette ville à Tlemcen.

Djebala. (Sup. 3,091 hect.) Ancienne tribu délimitée et érigée en douar-com. par décret du 27 octobre 1869. V. le douar-com. de *Boulfaa*, n° 79 bis. Com. ind., d'El-Milia, subd. de Constantine, cant. jud. de Mila, cerc. d'El-Milia. Pop. ind. 3,053 hab. Le douar de Boulfaa dépend actuellement du kaïdat des Ouled-Aouat.

Djebalah. V. *Ouled-Djabalah*, fract. des Ouled-Sultan, tribu. Com. ind., cant. jud., cerc. et subd. de Batna, annexe de Barika. Pop. ind. recensée avec les Ouled-bou-Harkat et les Ouled-Ali-ben-Mohamed, fract. de la même tribu. Pop. tot. 373 hab.

Djebarra. V. *Ouled-Djebarra*, tribu. Com. mix. et cant. jud. d'El-Arrouch, arr. de Philippeville.

Djebbar. V. *Ouled-Abd-el-Djebar*, fract. des Ouled-Sultan, tribu. Com. ind., cant. jud., cerc. et subd. de Batna, annexe de Barika.

Djebel-Baten. Tribu dépendant des Ouled-Feradj. Tribu et kaïdat non soumis à l'appl. du sén.-cons. Rattachés à la com. ind., au cant. jud. et au cerc. de Bou-Sâada, subd. d'Aumale. Pop. ind. 2,878 hab. Cette tribu est formée des fract. suivantes : Ouled-Atia, Ouled-ben-

Bahia, Ouled-Kerfal, Ouled-Abd-el-Rahim, Ouled-Saïd, Ouled-si-Ameur, Ouled-ben-Djeddou, Ouled-Salem, Ouled-bou-el-Faradi, Ouled-bel-Kassem, Ouled-bel-Abbas, Ouled-Ahmed-ben-Abdallah, Ouled-el-M'barek, Ouled-Ouaïla, Ouled-el-Krider, Ouled-Saïdan, Ouled-Mohamed et Ouled-Izza. Son territoire s'étend depuis le Zahrez-Chergui (lac), jusqu'à 20 kil. S. de Bou-Sâada.

Djebel-Chéchar. Tribu non soumise à l'appl. du sén.-cons. Rattachée à la com. ind. de Biskra. Cant. jud. et cerc. de Biskra, subd. de Batna; — à 100 kil. E. de Biskra, sur l'Oued-el-Arab et sur le chemin de Biskra à Khenchela. Pop. ind. 6,132 hab. Cette tribu se compose des 8 grandes fract. ou tribus suivantes : 1° Achach, 1,312 ind. ; 2° Beni-Imloul, 1,354 ind. ; 3° Beni-Barbar, 379 ind. ; 4° Ouled-Maafa, 1,210 ind. ; 5° El-Ouendoura, Siar, 332 ind. ; 6° Ouled-Amran, 622 ind. ; 7° Tebi-Ahmed, 255 ind. ; 8° Khanga-Sidi-Nadji, 668 ind.

Djebel-Louhe ou **Djebel-el-Louh**. Fract. des Matmata, tribu. Com. ind. de Miliana, subd. d'Orléansville. V. *Matmata*, tribu.

Djebel-Mehargn. Grand kaïdat composé des tribus de Roumana et des Ouled-Slinan. Cerc. de Bou-Sâada, subd. d'Aumale. Pop. tot. du grand kaïdat 1,488 ind.

Djebel-Mesaad. Tribu dépendant du kaïdat et de la tribu des Ouled-Feradj. Rattachée à la com. ind. de Bou-Sâada. Subd. d'Aumale, cant. jud. et cerc. de Bou-Sâada. Le Djebel-Mesaad se compose des fract. suivantes : Ouled-Djaber, Ouled-Barkate, Ouled-Atsman, El-Oudania, El-Menaneda, Ouled-Setita, Ouled-Mereddef, Ouled-Saïdi, Ouled-ben-Amou et Ouled-Mohamed. Pop. ind. 1,617 hab. y compris 45 hab. ind. de la zmala du Djebel-Mesaad.

Djedaoun. Fract. de Arab-Chôraga, tribu. Com. ind., cerc. et cant. jud. de Biskra, subd. de Batna. Pop. ind. 460 hab.

Djeddi. V. *Ouled-Djeddi*, fract. de Ouled-Abd-el-Kader, tribu. Com. ind., cerc. et cant. jud. de Djelfa, subd. de Médéa.

Djedour. V. *Djdour*, fract. des Allaouna, tribu. Com. ind., cant. jud. et cerc. de Tebessa, subd. de Constantine. Pop. ind. 317 hab.

Djelel. V. *Ouled-Djelel*, fract. de la tribu des Brarcha. Com. ind., cant. jud. et cerc. de Tebessa, subd. de Constantine. Pop. ind. 753 hab.

Djelil. V. *Beni-Djelil*, fract. des Ouled-Abd-el-Djebar, tribu. Com. ind., cant. jud. et cerc. de Bougie, subd. de Sétif. Pop. ind. 2,093 hab.

Djellal. V. *Ouled-Djellal*, tribu. Com. ind., cant. jud. et cerc. de Biskra, subd. de Batna.

Djemâa-Saharidj. Fract. des Beni-Fraoucen, tribu. Com. ind., cant. jud. et cerc. de Fort-National, subd. de Dellys. Pop. ind. 2,076 hab. ; — à 8 kil. N.-E. de Fort-National.

Djemba. V. *Hamyan-Djemba*, tribu. Com. mix. et cerc. de Sebdou, cant. jud. et subd. de Tlemcen.

Djemorah ou **Djemora**. Fract. des Ouled-Zian, tribu. Com. ind., cant. jud. et cerc. de Biskra, subd. de Batna. Pop. ind. 701 hab. ; — à 18 kil. N.-E. de Biskra et sur la rive gauche de l'Oued-Abdi.

Djenad-el-Bahr. V. *Beni-Djenad-el-Bahr*, tribu. Com. ind., cant. jud. et cerc. de Fort-National, subd. de Dellys.

Djenad-el-Cheurg. V. *Beni-Djenad-el-Cheurg*, tribu. Com. ind., cant. jud. et cerc. de Fort-National, subd. de Dellys.

Djenad-el-Ghorb. V. *Beni-Djenad-el-Ghorb*, tribu. Com. ind., cerc. et cant. jud. de Fort-National, subd. de Dellys.

Djendel. (Sup. 22,272 hect.) Tribu délimitée et érigée en douar-com. par décret du 11 avril 1866. V. le douar-com. de *Djendel*, n° 58 de la carte. Com. ind. de Miliana, cant. jud. et cerc. de Miliana, subd. d'Orléansville. Pop. 4,090 ind.

Djendel. (Sup. 5,105 hect.) Tribu délimitée et érigée en douar-com. par décret du 14 octobre 1867. V. le douar *Aïn-Nechma*, n° 91. Com. mix. d'Aïn-Mokra, arr. de Bône, cant. jud. d'Aïn-Mokra et de Jemmapes. Pop. recensée avec la tribu des Ouled-Attia, 7 Français, 6 Étrangers et 1,756 Ind.

Djendel (Aghalik du). Cet aghalik se compose des douars-com. suivants : Djendel, Oued-Telbenet, Beni-Fathem, Zeddine, Oued-Djelida, Oued-Ouaguenay et Bou-Rached et des tribus des Matmata, Beni-Mahousen, Haraouat, Ouled-Cheikh, Khobbaza, Bethaïa, Beni-bou-Hattab, Beni-bou-Douan, Beni-Ferah et Ahl-el-Oued. Cerc. de Miliana, subd. d'Orléansville. Pop. ind. de l'aghalik 35,806 hab.

Djendel (Bach-aghalik du). Son territoire est formé des tribus des Beni-Boumeur, Ouled-Sidi-Sliman, Souaïah, Siouf et Aziz. Pop. tot. du bach-aghalik, 8,254 hab. Cerc. de Teniet-el-Had, subd. d'Orléansville.

Djerah. Fract. de l'ancienne tribu des Beni-Messaoud ou du douar Zâatit. Com. mix. de Ben-Chicao, cant. jud. de Médéa, arr. d'Alger. Pop. ind. 994 hab. ; — à 20 kil. N.-E. de Médéa, sur le versant E. du Sidi-Messaoud, point géodésique, altitude 1,498 mètres.

Djermouna. (Sup. 3,351 hect.) Tribu délimitée et érigée en douar-com. par décret du 9 octobre 1869. V. le douar Djermouna, n° 300 de la carte. Com. ind. de Takitount, subd. et cerc. de Sétif, cant. jud. et annexe de Takitount, arr. jud. de Bougie.

Djourf. Fract. des Brarcha, tribu, Com. ind., cant. jud. et cerc. de Tebessa, subd. de Constantine. Pop. ind. 93 hab. ; — à 85 kil. S.-O. de Tebessa, sur la rive droite de l'Oued-Hallaïl ou Oued-Djerech.

Djimla. V. Beni-Afer et Djimla, tribu et kaïdat. Com. ind. de Djidjelli, cant. jud. et cerc. de Djidjelli, subd. de Constantine; — à 35 kil. S.-E. de Djidjelli et sur le chemin de cette ville à Sétif et sur l'Oued-Djindjin. Pop. 5,501 ind.

Djoglaf. V. Ouled-Djoglaf, petite fract. des Ouled-Sassi de la tribu des Ouled-Zékri. Com. ind., cerc. et cant. jud. de Biskra, subd. de Batna. Pop. ind. recensée avec les Ouled-Youfiou, fract. de la même tribu, 513 hab.

Djouab. (Sup. 3,995 hect. env.) Tribu non soumise à l'appl. du sén.-cons. Rattachée à la com. ind. d'Aumale. Cerc., cant. jud. et subd. d'Aumale; — à 20 kil. O. de cette ville, au S. de la route d'Aumale à Médéa et à l'O. du Djebel-bou-Sedar, point géodésique. Pop. ind. 1,485 hab.

Djouaba. V. El-Djouaba, fract. des Ouled-Abd-Allah, tribu. Com. ind., cerc., cant. jud. et subd. d'Orléansville. Pop. ind. 802 hab.

Djouambia. Fract. des Beni-Afer et Djimla, tribu et kaïdat. Com. ind., cerc. et cant. jud. de Djidjelli, subd. de Constantine, arr. jud. de Bougie. Pop. ind. 1,300 hab.

Djouïdat. (Sup. 4,244 hect.) Tribu délimitée et érigée en douar-com. par décret du 4 novembre 1868. V. le douar-com. de Djouïdat, n° 132 de la carte. Com. mix. et cerc. de Lalla-Maghrnia, subd. de Tlemcen. Pop. ind. 280 hab.

Douaïr. Fract. des Ouled-Ammar, tribu, Com. ind., cant. jud. et cerc. de Teniet-el-Had, subd. d'Orléansville. Pop. ind. 126 hab. ; — à 39 kil. S.-O. de Teniet-el-Had, sur l'Oued-Gorid, affluent rive droite de l'Oued-Ardjem.

Douaïr. (Sup. 116,832 hect.) Tribu délimitée et divisée en 4 douars par décret du 22 novembre 1869, B. O., p. 36. V. les douars Sidi-Bakhti, n° 174 ; Bou-Hadjar, n° 175; Oued-Berkech, n° 178; Oued-Sebbah, n° 176 de la carte des douars. Com. mix. d'Aïn-Temouchent, arr. d'Oran.

Douaïr. (Sup. 9,740 hect.) Tribu délimitée et érigée en douar-com. par décret du 25 mai 1870. V. le douar-com. de Retal, n° 156 de la carte. Com. ind., cant. jud., cerc. et subd. de Médéa. Cette tribu se compose des fract. suivantes : Ouled-Rabah-Ahl-el-Oued, Ouled-Rabah-Ahl-el-Regueb, Tittery et El-Alalma. Pop. tot. 1,206 hab.

Douaïr-Flitta. (Sup. 8,380 hect.) Tribu délimitée et érigée en douar-com. par décret du 24 février 1869. V. le douar-com. de Douaïr-Flitta, n° 144 de la carte. Com. mix. de Relizane, arr. de Mostaganem.

Douala. V. Beni-Douala. Com. mix., cant. jud. et arr. de Tizi-Ouzou.

Douar-M'cif. Fract. du Hodna, tribu et kaïdat. Com. ind., cant. jud. et cerc. de Bordj-bou-Arréridj, subd. de Sétif, annexe de M'sila. Pop. ind. 1,341 hab. ; — à 85 kil. S. de Bordj-bou-Arréridj et à 10 kil. S. du Chott-el-Hodna.

Douar-Saïdat. Fract. du Hodna, tribu et kaïdat. Com. ind., cerc. et cant. jud. de Bordj-bou-Arréridj, annexe de M'sila, subd. de Sétif. Pop. ind. 1,938 hab.

Douéla. V. Beni-Douala, tribu. Com. mix., cant. jud. et arr. de Tizi-Ouzou.

Douï-Hassen. Tribu réunie à celle des Ouled-Brahim. V. Ouled-Brahim, tribu. Com. ind. de Saïda, cant. jud. et cerc. de Saïda, subd. de Mascara.

Douï-Hasseni. (Sup. 6,328 hect. env.) Tribu non soumise à l'appl. du sén.-cons. Rattachée à la com. ind. de Teniet-el-Had, cant. jud. et cerc. de Teniet-el-Had, subd. d'Orléansville ; — à 20 kil. S.-E. de Teniet-el-Had et à cheval sur le chemin de Boghar à Tiaret. Pop. ind. 1,167 hab. Cette tribu se compose des fract. suivantes : Ouled-bou-Souar, Bedarna, Ouled-Sliman, Ouled-Faïd ou Ouled-Faïr ou Ouled-Ali.

Douï-Thabet. (Sup. 20,022 hect.) Tribu délimitée et érigée en douar-com. par décret du 22 avril 1868. V. le douar-com. *Doui-Thabet*, n° 90 de la carte. Com. mix. de Saïda, cant. jud. et cerc. de Saïda, subd. de Mascara. Pop. ind. 1,158 hab.

Dram ou **El-Dram.** Fract. des Ouled-Abd-el-Kader, tribu. Com. ind., cerc. et cant. jud. de Djelfa, subd. de Médéa. Pop. ind. 299 hab.

Drameana. (Sup. 5,143 hect.) Tribu délimitée et érigée en douar-com. par décret du 21 juillet 1866. V. le douar-com. *Dra-Meana*, n° 88 de la carte. Com. mix. et arr. de Bône, cant. jud. de Mondovi.

Dramna. Fract. du Hodna, tribu et kaïdat. Com. ind., cerc., cant. jud. et subd. de Batna, annexe de Barika. Pop. ind. 701 hab. y compris les Ouled-Embarek, fract. de la même tribu.

Dra-Sabonn. Fract. des Hannacha, tribu et douar. Com. ind., cant. jud., cerc. et subd. de Médéa. Pop. ind. 270 hab. ; — à 15 kil. S.-O. de Médéa et sur la rive gauche de l'Oued-Harbène, affluent rive droite du Chélif.

Drêat. Fract. de l'Oued-Ksob, tribu et kaïdat. Com. ind., cant. jud. et cerc. de Bordj-bou-Arréridj, subd. de Sétif. Pop. ind. 956 hab. ; — à 29 kil. S.-O. de Bordj-bou-Arréridj et sur le versant S. du Djebel-Drêat, point géodésique, altitude 1,862 mètres.

Dreïssa. Fract. des Ouled-Sidi-Salah, tribu. Com. ind., cerc. et cant. jud. de Biskra, subd. de Batna. Pop. ind. 129 hab.

Dreïssa. Fract. des Arab-Gheraba, tribu. Com. ind., cerc. et cant. jud. de Biskra, subd. de Batna. Pop. ind. 127 hab.

Driss. V. *Ouled-Driss*, fract. des Bou-Azid, tribu. Com. ind., cerc. et cant. jud. de Bordj-bou-Arréridj, annexe de M'sila, subd. de Sétif. Pop. ind. de la tribu 924 hab.

Dro ou **Drauh.** Fract. des Zibans, tribu. Com. ind., cerc. et cant. jud. de Biskra, subd. de Batna. Pop. ind. 245 hab. ; — à 12 kil. N.-E. de Biskra.

E

Ech-Chaïr. V. *Oued-Chaïr*, tribu. Com. ind., cant. jud. et cerc. de Bou-Sâada, subd. d'Aumale.

Ed-Debabha. Fract. du Hodna, tribu. Com. ind., cant. jud., cerc. et subd. de Batna, annexe de Barika. Les Ed-Debabha ont été recensés avec les fract. suivantes de la même tribu : El-Ahozal, Ouled-Ariba, Ouled-Sidi-Abd-el-Kader, Azel des Ouled-Mansour, Azel des Ouled-Amor, Ouled-Saïd, Ouled-el-Hachi, Ouled-Sidi-Yahia, El-Menaïfa, Ed-Dehahena et Ouled-Brahim-ben-Nedjaa. Pop. tot. 2,159 ind.

Ed-Debaz. Fract. des Ouled-Laouar et El-Mehach, tribu. Com. ind., cant. jud. et cerc. de Djelfa, subd. de Médéa. Pop. ind. 148 hab.

Ed-Debba. V. *El-Debba*, fract. du Sahêl-Guebli, tribu. Com. ind., cerc. et subd. de Sétif, cant. jud. d'Akbou, arr. jud. de Bougie. Pop. ind. 244 hab.

Ed-Dehahena. Fract. du Hodna, tribu. Com. ind., cant. jud., cerc. et subd. de Batna, annexe de Barika. Pop. ind. 2,159 hab. y compris les fract. suivantes de la même tribu : El-Ahozal, Ouled-Ariba, Ed-Debabha, Ouled-Sidi-Abd-el-Kader, Azel des Ouled-Mansour, Azel des Ouled-Amor, Ouled-Saïd, Ouled-el-Hachi, Ouled-Sidi-Yahia, El-Menaïfa et Ouled-Brahim-ben-Nedjaa.

Ed-Dis. Fract. des Ouled-Sidi-Brahim, tribu. Com. ind., cant. jud. et cerc. de Bou-Sâada, subd. d'Aumale. Pop. ind. 302 hab. ; — à 9 kil. N. de Bou-Sâada.

Edifa. V. *Hédifa*, fract. des Ghriba, tribu et douar. Com. ind., cant. jud., cerc. et subd. de Médéa.

Edough. Ancienne tribu et ancien kaïdat. Son territoire comprenait les fract. suivantes : Beni-Mhamed, Senhadja, Guerbès et Beni-Mérouan. Toutes ces tribus font actuellement partie du territoire civil. Arr. de Bône et de Philippeville.

Eghris-Chéraga. V. *Ahl-Eghris-Gheraba et Chéraga*, tribu. Com. mix., cant. jud. et arr. de Mascara.

Eghris-Gheraba. V. *Ahl-Eghris-Gheraba et Chéraga*, tribu. Com. mix. de Mascara, cant. jud. et arr. de Mascara.

El-Ababsa. Fract. de la tribu des Ouled-Mohamed-el-M'barek. Com. ind., cerc. et cant. jud. de Bou-Sâada, subd. d'Aumale. Pop. ind. 212 hab.

El-Abbès. V. *Ouled-el-Abbès*, tribu. Com. mix. et cerc. d'Ammi-Moussa, subd. d'Oran.

El-Abbès. V. *Ouled-el-Abbès*, tribu. Com. mix. de Cassaigne, cant. jud. d'Inkermann, arr. de Mostaganem.

El-Abbès. V. *Ouled-el-Abbès*, tribu. Com. mix. de Frendah-Mascara, cant. jud. et subd. de Mascara.

El-Abd-Elli. V. *Ouled-Sidi-el-Abd-Elli*, tribu et douar. Com. mix. et arr. de Tlemcen, cant. jud. de Lamoricière.

El-Abed. V. *Teniet-el-Abed*, fract. de la tribu de l'Oued-Abdi. Com. ind., cant. jud., cerc. et subd. de Batna. Pop. ind. 302 hab. ; — à 35 kil. S. de Batna, sur la rive gauche de l'Oued-Abdi.

El-Abiod-Sidi-Cheïkh. Tribu et ksar non soumis à l'appl. du sén.-cons. Rattachés à la com. mix. et au cerc. de Géryville, cant. jud. de Saïda, subd. de Mascara ; — à 230 kil. S.-O. de Saïda et à 90 kil. S.-O. de Géryville, sur le chemin de Géryville à l'oasis de Figuig (Maroc). Pop. ind. 684 hab.

El-Achach. Fract. de la tribu des Ammar-Kaddou. Com. ind., cant. jud. et cerc. de Biskra, subd. de Batna. Pop. ind. 84 hab.

El-Achi. V. *Ouled-el-Hachi*, fract. de la tribu du Hodna. Com. ind., cant. jud., cerc. et subd. de Batna, annexe de Barika.

El-Adjama. V. *Adjama*, tribu et douar. Com. mix. et cerc. d'Ammi-Moussa, subd. d'Oran.

El-Adjira. V. *El-Hadjira*, fract. de la tribu de Temacin et Saïd-Ouled-Ahmor. Com. ind., cant. jud. et cerc. de Biskra, subd. de Batna. Pop. ind. 633 hab.

El-Adouïa. Fract. de la tribu de Zouggara. Com. ind., cerc. et subd. d'Orléansville, cant. jud. de Cherchel. Pop. ind. 256 hab.

El-Aggoun. V. *Ouled-el-Aggoun*, fract. de la tribu des Ouled-bou-Abdallah. Com. ind., cant. jud. et cerc. de Djelfa, subd. de Médéa. Pop. ind. 569 hab. ; — à 30 kil. N.-E. de Djelfa et sur le chemin de cette ville à Bou-Sâada.

El-Ahezal. Fract. de la tribu du Hodna. Com. ind., cant. jud., cerc. et subd. de Batna, annexe de Barika.

Les El-Ahezel ont été recensés avec les Ed-Debabha et diverses autres fract. de la même tribu. Pop. tot. 2,150 ind.

El-Ahula. V. *El-Hania*, fract. des ksours de Djelfa. subd. de Médéa. Pop. ind. 250 hab.

El-Aïaïda. Fract. de la tribu des Ouled-Khiar. Com. ind., cant. jud. et cerc. de Soukahras, subd. de Bône. Pop. ind. 963 hab.

El-Aïchi. V. *Ouled-el-Aïchi*, fract. de la tribu des Ouled-Yahia-ben-Salem. Com. ind., cant. jud. et cerc. de Djelfa, subd. de Médéa.

El-Akoum. V. *El-Hakouma*, fract. des Abid, tribu. Com. ind., cant. jud., cerc. et subd. de Médéa. Pop. ind. 570 hab.

El-Alaïma ou **Allema.** Fract. des Douaïrs, tribu ou Rétal, douar. Com. ind., cant. jud., cerc. et subd. de Médéa. Pop. ind. 328 hab. ; — à 35 kil. S.-E. de Médéa, sur la rive gauche de l'Oued-Serouane.

El-Alouma. V. *Zerara-el-Alouma*, fract. des Zab-Chergui, tribu. Com. ind., cant. jud. et cerc. de Biskra, subd. de Batna. Pop. ind. 662 hab.

El-Allem ou **El-Allem.** Tribu dépendant actuellement du kaïdat de Tababort, non soumise à l'appl. du sén.-cons. et rattachée à la com. ind. de Djidjelli, cant. jud. et cerc. de Djidjelli, subd. de Constantine. Pop. 604 hab. ind.

El-Alia et Taïbet-el-Guebila. Fract. de la tribu des Ouled-Sahia. Com. ind., cant. jud. et cerc. de Biskra, subd. de Batna. Pop. ind. 366 hab. El-Alia à 246 kil. S.-O. de Biskra, à 86 kil. S.-O. de Tuggurt et 10 kil. S. du Chott Mouïlah ; Taïbet-el-Guebila, à 205 kil. S.-E. de Biskra, à 35 kil. E. de Tuggurt et sur le chemin de Temacin à El-Oued.

El-Amoussa. Fract. du Bou-Thaleb, tribu. Com. ind., cant. jud., cerc. et subd. de Sétif. Pop. ind. 908 hab.

El-Amra. Petite fract. des Beni-Barbar de la tribu du Djebel-Chéchar. Com. ind., cerc. et cant. jud. de Biskra, subd. de Batna. Pop. recensée avec Zaouïa-Sidi-Messaoud et Tizougrin, fract. de la même tribu, 379 hab. ; — à 120 kil. N.-E. de Batna et sur l'Oued-Taounsit.

El-Amradea. Petite fract. des Beni-Mâafa de la tribu des Achèche. Com. ind., cant. jud., cerc. et subd. de Batna. Pop. ind. 501 hab. ; — à 38 kil. S.-O. de Batna et à 10 kil. E. de la route nationale de Stora à Biskra.

El-Amria. V. *Ouled-el-Amria*, fract. du Hodna, tribu. Com. ind., cant. jud., cerc. et subd. de Batna, annexe de Barika. Pop. ind. 327 hab.

El-Anatra ou **Anatra.** (Sup. 7,820 hect. env.) Tribu non soumise à l'appl. du sén.-cons. Rattachée à la com. mix. et à l'annexe de Zemmorah. Cant. jud. de Relizane, subd. d'Oran ; — à 12 kil. S. de Relizane et sur la rive gauche de l'Oued-Mina, affluent de l'Oued-Chélif. Pop. 664 ind.

El-Aneb. Fract. des Beni-Ferah, tribu non soumise à l'appl. du sén.-cons. Rattachée à la com. mix. de Miliana. Cerc. de Miliana, cant. jud. de Duperré, subd. d'Orléansville. Pop. ind. 2,175 hab.; — à 10 kil. N.-O. de Duperré.

El-Anoual ou **Ennouel.** Fract. du Bou-Thaleb, tribu et kaïdat. Com. ind., cant. jud., cerc. et subd. de Sétif.; — à 50 kil. S. de cette ville. Pop. ind. 384 hab.

El-Aouaïs. Fract. de la tribu des Ouled-Cheikh. Com. ind., cant. jud. et cerc. de Miliana, subd. d'Orléansville, Pop. ind. 460 hab.

El-Aouana. Tribu et kaïdat comprenant les fract. suivantes : Ouled-Teben et Ouled-bou-Beker, Ouled-M'ahmed et El-Kheracha, Ouled-Sâad et Beni-Sefkal et Beni-Khezer. Tribu non soumise à l'appl. du sén.-cons. Rattachée à la com. ind. de Djidjelli. Cerc. et cant. jud. de Djidjelli, subd. de Constantine, arr. jud. de Bougie. Pop. 2,347 ind.; — à 20 kil. S.-O. de Djidjelli.

El-Aoufta. V. *El-Haouita*, ksar, Com. ind., cant. jud. et cerc. de Laghouat, subd. de Médéa.

El-Araf. Fract. de la tribu des Beni-Yala. Com. ind., cerc. et subd. de Sétif. Cant. jud. d'Akbou, arr. jud. de Bougie. Pop. ind. 508 hab; — à 38 kil. E. d'Akbou.

El-Arara. Fract. de la tribu des Ouled-Khiar. Com. ind., cant. jud. et cerc. de Soukahras, subd. de Bône. Pop. ind. 440 hab.

El-Arbân. Fract. des Beni-Ferah, tribu. Non soumise à l'appl. du sén.-cons. Rattachée à la com. ind. de Miliana. Cerc. de Miliana, cant. jud. de Duperré, subd. d'Orléansville. Pop. ind. 2,257 hab.; — à 20 kil. N. de Duperré et sur le versant N. du Djebel-Lari, point géodésique, 1,055 mètres d'altitude.

El-Arbân. V. *Ouled-el-Arbad*, fract. des Ouled-Sultan, tribu. Com. ind., cant. jud., cerc. et subd. de Batna, annexe de Barika.

El-Arbâa. Fract. de la tribu de l'Oued-Abdi. Com. ind., cant. jud., cerc. et subd. de Batna, Pop. ind. 336 hab.; — à 27 kil. S.-O. de Batna et à 16 kil. E. du village d'Aïn-Touta.

El-Arbaouat. V. *Arbaouat*, ksar, Com. mix. et cerc. de Géryville, cant. jud. de Saïda, subd. de Mascara.

El-Ardjem. Fract. de la tribu des Ouled-bou-Sliman, Com. ind., cant. jud., cerc. et subd. d'Orléansville ; — sur la rivière du même nom et sur la limite O. du dép. d'Alger. Pop. ind. 1,039 hab.

El-Aria. V. *Ouled-el-Aria*, fract. de la tribu des Ouled-el-Ghouïni, Com. ind., cant. jud. et cerc. de Djelfa, subd. de Médéa. Pop. ind. 559 hab.

El-Arrach. V. *El-Harrach*, tribu, Com. ind. d'Akbou, cant. jud. et cerc. d'Akbou, subd. de Sétif.

El-Asfel. V. *Teskifin-el-Asfel*, fract. de la tribu de l'Oued-Abdi. Com. ind., cant. jud., cerc. et subd. de Batna. Pop. ind. 150 hab.

El-Asfel. V. *El-Ksar-el-Asfel*, fract. de la tribu de l'Oued-Abdi. Com. ind., cant. jud., cerc. et subd. de Batna. Pop. ind. 143 hab.

El-Assafia. Ksar et tribu. Territoire non soumis à l'appl. du sén.-cons. Rattaché à la com. ind., cerc. et au cant. jud. de Laghouat, Subd. de Médéa ; — à 12 kil. E. de Laghouat et sur le chemin d'Ouargla. Le ksar d'El-Assafia comprend la fract. de Meghazi. Pop. ind. 163 hab.

El-Assakria. Fract. de la tribu des Abaziz, Com. ind., cant. jud. et cerc. de Djelfa, subd. de Médéa. Pop. ind. 467 hab.

El-Atatfa. Fract. de la tribu des Beni-Ouazan. Com. ind., cant. jud., cerc. et subd. d'Orléansville. Pop. ind. 249 hab.

El-Ateuf. Ksar de la confédération du M'zab ou des Beni-M'zab. Com. ind., cerc. et cant. jud. de Laghouat, subd. de Médéa. Pop. ind. 1,228 hab.; — à 170 kil. S.-E. de Laghouat et à 5 kil. S.-E. de Ghardaïa, sur la rive gauche de l'Oued-M'zab.

El-Atsamna. Petite fract. des Ouled-Fedhala de la tribu des Achèche. Com. ind., cant. jud., cerc. et subd. de Batna, Pop. ind. 958 hab.

El-Ayaïda. V. *El-Aïaïda*, fract. des Ouled-Khiar, tribu. Com. ind., cant. jud. et cerc. de Soukahras, subd. de Bône. Pop. ind. 963 hab.

El-Azaïl. V. *Azaïl*, tribu, (Com. mix. et cerc. de Sebdou, subd. et cant. jud. de Tlemcen.

El-Aziz. V. *Ouled-el-Aziz*, tribu. Rattachée partie à la com. ind. d'Aumale, cant. jud., cerc. et subd. d'Aumale et partie à la com. mix. de Dra-el-Mizan, cant. jud. de Dra-el-Mizan, arr. de Tizi-Ouzou.

El-Bahr. Fract. des Ouled-Mohamed-el-M'barek, tribu. Com. ind., cerc. et cant. jud. de Bou-Sâada, subd. d'Aumale. Pop. ind. 89 hab.

El-Badessn. Fract. de la tribu des Ouled-Sliman. Com. ind., cerc. et cant. jud. de Bou-Sâada, subd. d'Aumale. Pop. ind. 186 hab.

El-Bahï ou **El-Bahr.** Fract. de la tribu des Ouled-Mohamed-el-M'barek. Com. ind., cant. jud. et cerc. de Bou-Sâada, subd. d'Aumale. Pop. ind. 89 hab.

El-Begara ou **El-Bagra.** Fract. des Ouled-Toaba, tribu. Com. ind., cant. jud. et cerc. de Djelfa, subd. de Médéa. Pop. ind. 756 hab. ; — à 90 kil. S. de Djelfa et sur l'Oued-Djedi.

El-Beïda (Le kaïdat d') ou **Aïn-el-Beïda** se compose des douars-com. de : El-Hassi, Oulmen, Fkrina, El-Zerg et Oued-Nini. Pop. du kaïdat, 5,856 hab. ind. Com. ind. d'Aïn-Beïda, cant. jud. et cerc. d'Aïn-Beïda, subd. de Constantine.

El-Bekakla. Grande fract. de la tribu de Chorfat-el-Hamel. Com. ind., cant. jud. et cerc. de Bou-Sâada, subd. d'Aumale. Elle se compose des petites fract. suivantes : Mohamed-ben-el-Bekari, Ahmed-ben-Miloud, Srir-ben-Ahmed et Ouled-bou-Addi. Pop. tot. 520 ind.

El-Bekkouch. V. *Ouled-el-Bekkouch*, fract. des Abaziz, tribu. Com. ind., cant. jud. et cerc. de Djelfa, subd. de Médéa.

El-Bessir. V. *Ouled-el-Bessir*, fract. des Ouled-Ahmed, tribu. Com. ind., cerc. et cant. jud. de Bou-Sâada, subd. d'Aumale. Pop. ind. 236 hab.

El-Blod. Fract. des F'taït et Abadlia, grande fract. de la tribu de l'Oued-R'ir. Com. ind., cant. jud. et cerc. de Biskra, subd. de Batna. Pop. ind. 122 hab.

El-Bordj. Fract. des ksours de Djelfa. Com. ind., cant. jud. et cerc. de Djelfa, subd. de Médéa. Pop. ind. 21 hab.

El-Bordj. Fract. des Zibans tribu. Com. ind., cant. jud. et cerc. de Biskra, subd. de Batna. Pop. ind. 811 hab. ; — à 38 kil. S.-O. de Biskra et à 10 kil. de la rive droite de l'Oued-Djedi.

El-bou-Haï. Fract. des Ouled-Ameur-Dahra, tribu. Com. ind., cerc. et cant. jud. de Bou-Sâada, subd. d'Aumale. Pop. ind. 93 hab.

El-bou-Zidi. V. *Ouled-Sâad-el-bou-Zidi*, fract. des Ouled-Mohamed-el-M'barek, tribu. Com. ind., cerc. et cant. jud. de Bou-Sâada, subd. d'Aumale. Pop. ind. 323 hab.

El-Bradja. Petite fract. des Beni-Imloul de la tribu du Djebel-Chéchar. Com. ind., cerc. et cant. jud. de Biskra, subd. de Batna. Pop. ind. 319 hab.

El-Goudiat. V. *El-Koudia*, fract. des Beni-Yala, tribu. Com. ind., cerc. et subd. de Sétif, cant. jud. d'Akbou, arr. jud. de Bougie. Pop. ind. 487 hab.

El-Chéraga ou **Ouzera-el-Chéraga.** Fract. d'Ouzera, tribu et douar. Com. mix. de Ben-Chicao, arr. d'Alger, cant. jud. de Médéa. Pop. ind. 1,408 hab. ; — à 11 kil. E. de Médéa, sur la rive droite de l'Oued-Ouara.

El-Debabba. V. *Ed-Debabha*, fract. du Hodna, tribu. Com. ind., cant. jud., cerc. et subd. de Batna, annexe de Barika.

El-Debaz. V. *Ed-Debaz*, fract. des Ouled-Laouar et El-Mehach, tribus. Com. ind., cant. jud. et cerc. de Djelfa, subd. de Médéa. Pop. ind. 148 hab.

El-Debba. Fract. du Sahêl-Guebli, tribu. Com. ind., cerc. et subd. de Sétif, cant. jud. d'Akbou, arr. jud. de Bougie. Pop. ind. 244 hab.

El-Dehahenna. V. *Ed-Dehahena*, fract. du Hodna, tribu. Com. ind., cant. jud., cerc. et subd. de Batna, annexe de Barika.

El-Dies. V. *Ed-Dis*, fract. des Ouled-Sidi-Brahim, tribu. Com. ind., cerc. et cant. jud. de Bou-Sâada, subd. d'Aumale. Pop. 392 hab.

El-Djaballah. V. *El-Yaballah*, fract. des Ouled-Toaba, tribu. Com. ind., cerc. et cant. jud. de Djelfa, subd. de Médéa. Pop. ind. 802 hab.

El-Djanah. Petite fract. des Ouled-Moulet de la tribu de l'Oued-R'ir. Com. ind., cant. jud. et cerc. de Biskra, subd. de Batna. Pop. ind. 178 hab. ; — à 148 kil. S.-E. de Biskra.

El-Djebar. V. *Ouled-Abd-el-Djebar*, tribu. Com. ind., cant. jud. et cerc. de Bougie, subd. de Sétif.

El-Djebbar. V. *Ouled-Abd-el-Djebbar*, fract. des Ouled-Sultan, tribu. Com. ind., cant. jud., cerc. et subd. de Batna, annexe de Barika.

El-Djebila. Fract. des Beni-Hindel, tribu. Com. ind., cant. jud., cerc. et subd. d'Orléansville. Pop. ind. 607 hab.; — à 38 kil. S.-E. d'Orléansville et sur la rive gauche de l'Oued-Larba.

El-Djebila. Fract. des Ouled-bou-Slimon, tribu. Com. ind., cant. jud., cerc. et subd. d'Orléansville. Pop. ind. 769 hab.

El-Djedian. V. *Isser-el-Djedian*, tribu. Com. pl. ex. de Bois-Sacré, cant. jud. de Bordj-Menaïel, arr. de Tizi-Ouzou.

El-Djenah. (Sup. 2,331 hect.) Dépendant actuellement du Kaïdat de la Plaine. Tribu délimitée et érigée en douar-com. par décret du 18 janvier 1868. V. le douar *El-Djenah*, nº 59 de la carte. Com. ind., cerc. et cant. jud. de Djidjelli, subd. de Constantine.

El-Djorb. V. *M'khalif-el-Djorb (Ouled-Mohamed)*, tribu. Com. ind., cant. jud. et cerc. de Laghouat, subd. de Médéa.

El-Djorb. V. *M'khalif-el-Djorb (Guetatfa)*, tribu. Com. ind., cant. jud. et cerc. de Laghouat, subd. de Médéa.

El-Djounba. Fract. des Ouled-Abd-Allah, tribu. Com. ind., cant. jud., cerc. et subd. d'Orléansville. Pop. ind. 802 hab.

El-Fehoul. Tribu de l'ancien aghalik des Ghossels. (Sup. 8,800 hect.) Tribu non soumise à l'appl. du sén.-cons. Rattachée à la com. mix. de Tlemcen. Cant. jud. et arr. de Tlemcen; — à 30 kil. N. de Tlemcen et à cheval sur l'Oued-Isser, affluent de la Tafna. Pop. 1,200 hab. — NOTA : Les concessions Fritz, annexe de la com. pl. ex. de Tlemcen, sont enclavées dans le territoire d'El-Fehoul.

El-Feradn. V. *Fradha*, tribu. Com. mix. et cerc. de Sebdou, cant. jud. et subd. de Tlemcen.

El-Fetatcha ou **Fetatcha.** Petite fract. des Beni-Mâafa de la tribu des Achèche. Com. ind., cant. jud., cerc. et subd. de Batna. Pop. ind. 260 hab.; — à 35 kil. S.-O. de Batna et à 6 kil. E. de la route nationale de Stora à Biskra près du lieu-dit : Les Tamarins.

El-Founkela. Fract. des Ouled-Kraled, tribu. Com. ind., cerc. et cant. jud. de Bou-Sâada, subd. d'Aumale. Pop. ind. 160 hab.

El-Fougani. V. *El-Ksar-el-Fougani*, fract. de l'Oued-Abdi, tribu. Com. ind., cercle et subd. de Batna. Pop. ind. 162 hab.

El-Fougaui. V. *Teskifin-el-Fougani*, fract. de l'Oued-Abdi, tribu. Com. ind., cerc., cant. jud. et subd. de Batna. Pop. ind. 88 hab.

El-Frikat. Fract. de la tribu de Bou-Thaleb. Com. ind., cant. jud., cerc. et subd. de Sétif. Pop. ind. 277 hab.

El-Gaouald. Fract. des Ouled-Kraled, tribu. Com. ind., cant. jud. et cerc. de Bou-Sâada, subd. d'Aumale. Pop. ind. 62 hab.

El-Ghemenita. V. *Ghemamta*, tribu. Com. ind. de Tiaret-Aflou, cerc. de Tiaret, subd. de Mascara.

El-Gheraba ou **Gheraba.** Fract. des Abid, tribu. Com. ind., cant. jud., cerc. et subd. de Médéa. Pop. ind. 192 hab.; — à 35 kil. S.-E. de Médéa et sur la rive gauche de l'Oued-Hakoum.

El-Gheraba ou **Ouzera-el-Gheraba.** Fract. de Ouzera, tribu et douar. Com. mix. de Ben-Chicao, cant. jud. de Médéa, arr. d'Alger. Pop. ind. 1,298 hab.

El-Ghrib. Fract. du Tamelaht, tribu. Com ind., cant. jud., cerc. et subd. d'Orléansville. Pop. ind. 501 hab.; — à 48 kil. S.-E. d'Orléansville, sur la rive droite de l'Oued-Temelat.

El-Gueragta. Fract. des Ouled-Ghalia, tribu. Com. ind., cant. jud., cerc. et subd. d'Orléansville. Pop. ind. 460 hab.; — à 45 kil. S.-E. d'Orléansville et sur la rive gauche de l'Oued-Larba.

El-Guergour. Fract. des Ouled-Amar-ben-Ali, tribu. Com. ind., cant. jud. et cerc. de La Calle, subd. de Bône. Pop. ind. 517 hab.; — à 22 kil. S.-O. de La Calle et sur l'Oued-Guergour.

El-Guetatfa ou **M'khalif-el-Djorb-el-Guetatfa.** Fract. du M'khalif-Djorb, tribu. Com. ind., cerc. et cant. jud. de Laghouat, subd. de Médéa. Pop. ind. 166 hab.

El-Guitain ou **El-Guitoum.** Fract. des Ouled-Amar-ben-Ali, tribu. Com. ind., cant. jud. et cerc. de La Calle, subd. de Bône. Pop. ind. 1,148 hab.; — à 30 kil. S. de La Calle.

El-Haddada ou **El-Hadada.** Fract. des Beni-Yala, tribu. Com. ind., cerc. et subd. de tif. Cant. jud. d'Akbou, arr. jud. de Bougie. Pop. ind. 494 hab.

El-Haddada. Fract. des Ouled-Daoud, tribu. Com. ind., cant. jud., cerc. et subd. de Batna. Pop. ind. 677 hab.

El-Hachi. V. *Ouled-el-Hachi*, fract. du Hodna, tribu. Com. ind., cant. jud., cerc. et subd. de Batna, annexe de Barika.

El-Hadj. V. *Ouled-Sidi-el-Hadj*, fract. des Ouled-ben-Allia, tribu. Com. ind., cant. jud. et cerc. de Djelfa, subd. de Médéa. Pop. ind. 547 hab.

El-Hadj. V. *Ouled-Reggad-Gheraba*, tribu. Com. ind., cant. jud. et cerc. de Djelfa, subd. de Médéa. Pop. ind. 376 hab.; — à 32 kil. S.-O. de Djelfa.

El-Hadjaress. Fract. des Souamas ou Soama, tribu. Com. ind., cerc. et cant. jud. de Bordj-bou-Arréridj, subd. de Sétif, annexe de M'sila. Pop. ind. 198 hab.

El-Hadj-ben-Ahmed. Petite fract. des Ouled-Si-Ali de la tribu de Chorfat-el-Hamel. Com. ind., cerc. et cant. jud. de Bou-Sâada, subd. d'Aumale. Pop. ind. 113 hab.

El-Hadj-ben-Atia. Fract. des Ouled-Mohamed-el-M'barek, tribu. Com. ind., cant. jud. et cerc. de Bou-Sâada, subd. d'Aumale. Pop. ind. 99 hab.

El-Hadj-el-Aouïn-ben-Belgassem. Petite fract. des Ouled-Si-Ali de la tribu de Chorfat-el-Hamel. Com. ind., cerc. et cant. jud. de Bou-Sâada, subd. d'Aumale. Pop. ind. 413 hab.

El-Hadjira. Fract. de Temacin et Saïd-Ouled-Ahmor, tribus. Com. ind., cant. jud. et cerc. de Biskra, subd. de Batna. Pop. ind. 633 hab.; — à 255 kil. S.-O. de Biskra et sur le chemin de cette ville à Ouargla.

El-Hakoum. Fract. des Abid, tribu. Com. ind., cant. jud., cerc. et subd. de Médéa. Pop. ind. 570 hab.; — à 30 kil. S.-E. de Médéa et sur la rive droite de l'Oued-Hakoum.

El-Hamel-Cheurfa. V. *Chorfat-el-Hamel*, tribu. Com. ind., cant. jud. et cerc. de Bou-Sâada, subd. d'Aumale.

El-Hamma. Fract. du Bou-Thaleb, tribu. Com. ind., cant. jud., cerc. et subd. de Sétif. Pop. ind. 293 hab.; — à 55 kil. S. de Sétif, sur la rive gauche de l'Oued-Sisli ou de l'Oued-Magra, affluents N. du Chott-el-Hodna.

El-Hammam. V. *Oued-el-Hammam*, tribu. Com. mix., cant. jud. et arr. de Mascara.

El-Hanada. Fract. des Beni-Hindel, tribu. Com. ind., cant. jud., cerc. et subd. d'Orléansville. Pop. ind. 860 hab.

El-Hania. Fract. des Ksours de Djelfa. Com. ind., cant. jud. et cerc. de Djelfa, subd. de Médéa. Pop. ind. 250 hab.; — à 62 kil. S.-E. de Djelfa et sur la rive gauche de l'Oued-Demmed, affluent rive gauche de l'Oued-Djedi.

El-Haouaoucha. Fract. des Ouled-Mohamed-el-M'barek, tribu. Com. ind., cant. jud. et cerc. de Bou-Sâada, subd. d'Aumale. Pop. ind. 136 hab.

El-Haouïta ou **El-Aouïta.** Tribu et ksar non soumis à l'appl. du sén.-cons. Rattachés à la com. ind. de Laghouat. Cant. jud. et cerc. de Laghouat, subd. de Médéa; — à 36 kil. S.-O. de Laghouat et sur le chemin stratégique de cette ville à Géryville. Le ksar d'El-Haouïta comprend la fract. des Ouled-el-Mahsar. Pop. tot. 403 hab.

El-Harihira ou **Harrira.** Fract. de Tuggurt, tribu. Com. ind., cant. jud. et cerc. de Biskra, subd. de Batna. Pop. ind. 128 hab.; — à 180 kil. S.-E. de Biskra et à 16 kil. N. de Tuggurt.

El-Harrach. (Sup. 2,500 hect. env.) Tribu non soumise à l'appl. du sén.-cons. Rattachée à la com. ind. d'Akbou. Cant. jud. et cerc. d'Akbou, subd. de Sétif; — à 20 kil. N.-E. d'Akbou et sur l'Oued-bou-Sellam, affluent du Sahël. Cette tribu se compose des fract. suivantes : M'zita, Tizert, Aguemoun, Beni-Mohali, Aït-ou-Maouch, Aït-Krlar, Adjissa, Trouna, Immoula. Pop. tot. 7,155 hab. ind.

El-Harrar-du-Chélif. (Sup. 4,445 hect.) Tribu délimitée et érigée en douar-com. par décret du 31 décembre 1866. V. le douar-com. d'*El-Harrar-du-Chélif*, n° 61 de la carte. Com. mix. de l'Oued-Fodda, arr. d'Orléansville, cant. jud. de Duperré. Pop. ind. 875 hab.

El-Hasinate. Grande fract. dépendant de la tribu de Chorfat-el-Hamel. Com. ind., cant. jud. et cerc. de Bou-Sâada, subd. d'Aumale. Elle se compose des petites fract. suivantes : Ahmed-ben-Mohamed et Djab-Allah-ben-Atia. Pop. tot. 338 ind.

El-Hefassa. Fract. des Ouled-Abd-Allah, tribu. Com. ind., cant. jud., cerc. et subd. d'Orléansville. Pop. ind. 441 hab.

El-Heïmar. V. *Ouled-el-Heïmar*, fract. des Ouled-Ziau, tribu. Com. ind., cant. jud. et cerc. de Laghouat, subd. de Médéa. Pop. ind. 86 hab.

El-Hiran ou **El-Hiram.** V. *Ksar-el-Hiran*, centre ind. et tribu. Com. ind., cant. jud. et cerc. de Laghouat, subd. de Médéa.

EL (RÉPERTOIRE ALPHABÉTIQUE DES TRIBUS EL

El-Houamed. Fract. des Ouled-Zian, tribu. Com. ind., cant. jud. et cerc. de Biskra, subd. de Batna. Pop. ind. 348 hab.

El-Ibel. V. *Aïn-el-Ibel*, fract. des ksours de Djelfa. Com. ind., cant. jud. et cerc. de Djelfa, subd. de Médéa.

El-Iran. V. *Ksar-el-Hiran*. Com. ind., cant. jud. et cerc. de Laghouat, subd. de Médéa.

El-Kaki. V. *Ouled-el-Kaki*, fract. des Ouled-Si-Ahmed, tribu. Com. ind., cant. jud. et cerc. de Djelfa, subd. de Médéa. Pop. ind. 340 hab.

El-Kaki. V. *Ouled-el-Kaki*, fract. des Ouled-Oum-el-Akhoua, tribu. Com. ind., cerc. et cant. jud. de Djelfa, subd. de Médéa. Pop. ind. 236 hab.

El-Kaïôa ou **Kolôa**. Fract. des Beni-Khelili, tribu. Com. ind., cant. jud. et cerc. de Fort-National, subd. de Dellys. Pop. ind. 449 hab.; — à 10 kil. E. de Fort-National, sur la rive gauche de l'Oued-Zara, affluent rive gauche du Sebaou.

El-Kammès. V. *Ouled-el-Khammès*, fract. des Ouled-Sultan, tribu. Com. ind., cant. jud., cerc. et subd. de Batna, annexe de Barika.

El-Kasserlou. V. *Kasserou*, azel domanial. Territoire dépendant de l'ancienne tribu de Zoui. Com. mix. de Batna, arr. de Constantine, cant. jud. de Batna. Pop. 74 ind.

El-Kechalch. Fract. du Hodna, tribu. Com. ind., cant. jud., cerc. et subd. de Batna, annexe de Barika. Pop. ind. 663 hab., y compris les Ouled-Zmira, fract. de la même tribu.

El-Kedim. V. *Sebaou-el-Kedim*, ancienne tribu. Com. mix. des Issers, cant. jud. de Bordj-Menaïel, arr. de Tizi-Ouzou.

El-Kef. V. *Kef*, tribu. Com. mix. et cerc. de Sebdou, cant. jud. et subd. de Tlemcen.

El-Kenancha. V. *El-Khenancha*, fract. des Ouled-Ghalia, tribu. Com. ind., cant. jud., cerc. et subd. d'Orléansville. Pop. ind. 198 hab.

El-Keracha. V. *Ouled-Mahmed* et *El-Kheracha* du kaïdat et de la tribu d'El-Aouana. Com. ind., cant. jud. et cerc. de Djidjelli, subd. de Constantine, arr. jud. de Bougie. Pop. ind. 820 hab.

El-Kérakla. Fract. des Ouled-Ahmed, tribu. Com. ind., cerc. et cant. jud. de Bou-Sâada, subd. d'Aumale. Pop. ind. 216 hab.

El-Kerarib. Fract. des Beni-Hassen, tribu. Com. ind., cant. jud., cerc. et subd. de Médéa. Pop. ind. 348 hab.; — à 20 kil. S. de Médéa et sur les versants N. du Djebel-Hammam-Seran.

El-Kerarla. Fract. de M'sila, kaïdat et tribu. Com. ind., cant. jud. et cerc. de Bordj-bou-Arréridj, annexe de M'sila, subd. de Sétif. Pop. ind. 1,386 hab.; — à 12 kil. E. de M'sila et 40 kil. S. de Bordj-bou-Arréridj.

El-Kerby. V. *Ouled-el-Kerby*, fract. des Ouled-el-Ghouïni, tribu. Com. ind., cant. jud. et cerc. de Djelfa, subd. de Médéa. Pop. ind. 521 hab.

El-Khammès. V. *Ouled-el-Khammès*, fract. des Ouled-Sultan, tribu. Com. ind., cant. jud., cerc. et subd. de Batna, annexe de Barika.

El-Khenancha. Fract. du Dahra (d'Alger), tribu. Com. ind., cant. jud., cerc. et subd. d'Orléansville. Pop. ind. 278 hab.; — à 54 kil. N.-O. d'Orléansville et sur la rive gauche de l'Oued-Aberi.

El-Khenancha. Fract. des Ouled-Ghalia, tribu. Com. ind., cant. jud., cerc. et subd. d'Orléansville. Pop. ind. 198 hab.

El-Kheracha ou **El-Kherraïcha**. V. *Ouled-M'ahmed* et *El-Kheracha* de la tribu et du kaïdat d'El-Aouana. Com. ind., cerc. et cant. jud. de Djidjelli, subd. de Constantine, arr. jud. de Bougie. Pop. ind. 820 hab.; — à 20 kil. S.-O. de Djidjelli, sur la rive gauche de l'Oued-el-Kébir.

El-Kherarib. V. *El-Kerarib*, fract. des Beni-Hassen, tribu. Com. ind., cant. jud., cerc. et subd. de Médéa. Pop. ind. 343 hab.; — à 20 kil. S. de Médéa et sur le versant N. du Djebel-Hammam-Seran.

El-Kodra. V. *Ouled-el-Kodra*, fract. du Hodna, tribu. Com. ind., cant. jud., cerc. et subd. de Batna, annexe de Barika.

El-Kohel. Petite fract. de Ftaït et Abadlia de la tribu et du kaïdat de l'Oued-R'ir. Com. ind., cant. jud. et cerc. de Biskra, subd. de Batna. Pop. ind. 132 hab.

El-Korn. Fract. des Beni-Menguellet, tribu. Com. ind., cant. jud. et cerc. de Fort-National, subd. de Dellys. Pop. ind. 128 hab.

El-Kouaba. Fract. des Ouled-Kraled, tribu. Com. ind., cerc. et cant. jud. de Bou-Sâada, subd. d'Aumale. Pop. ind. 137 hab.

El-Kouadrya. Fract. des Ouled-Abd-el-Kader, tribu. Com. ind., cant. jud. et cerc. de Djelfa, subd. de Médéa. Pop. ind. 627 hab.

El-Koudia. Fract. des Azzouza, tribu. Com. ind., cant. jud. et cerc. de Fort-National, subd. de Dellys. Pop. ind. 331 hab. ; — à 33 kil. N.-E. de Fort-National, à 2 kil. de la rive droite de l'Oued-Sidi-Ahmed-ou-Youssef.

El-Koudia. Fract. des Beni-Yala, tribu. Com. ind., cerc. et subd. de Sétif, cant. jud. d'Akbou, arr. jud. de Bougie. Pop. ind. 487 hab. ; — à 33 kil. S.-E. d'Akbou et sur la rive droite du Chabet-Temlel.

El-Ksar ou **El-Kseur.** Fract. du Zab-Chergui, tribu. Com. ind., cant. jud. et cerc. de Biskra, subd. de Batna. Pop. ind. 104 hab. ; — à 85 kil. E. de Biskra, sur la rive gauche de l'Oued-el-Arab.

El-Ksar-el-Asfel. Fract. de l'Oued-Abdi, tribu. Com. ind., cant. jud., cerc. et subd. de Batna. Pop. ind. 143 hab.

El-Ksar-el-Fougani. Fract. de l'Oued-Abdi, tribu. Com. ind., cant. jud., cerc. et subd. de Batna. Pop. ind. 162 hab.

El-Ksar-el-Oustani. Fract. de l'Oued-Abdi, tribu. Com. ind., cant. jud., cerc. et subd. de Batna. Pop. ind. 117 hab.

El-K'seub. V. *Oued-el-Kseub*, ancienne tribu. Cant. jud. de Bordj-Menaïel, arr. de Tizi-Ouzou.

El-Kseur. V. *El-Ksar*, fract. du Zab-Chergui, tribu. Com. ind., cant. jud. et cerc. de Biskra, subd. de Batna. Pop. ind. 104 hab.

El-K'sour. Fract. dépendant du kaïdat et de la tribu de l'Oued-Ksob. Com. ind., cant. jud. et cerc. de Bordj-bou-Arréridj, subd. de Sétif. Pop. 956 ind. ; — à 24 kil. S.-O. de Bordj-bou-Arréridj, sur la rive droite de l'Oued-Ziatine, affluent rive droite de l'Oued-Ksob.

El-Lhalha. Fract. des Ouled-Daoud, tribu. Com. ind., cant. jud., cerc. et subd. de Batna. Pop. ind. 853 hab. ; — à 40 kil. S. de Batna et sur la rive gauche de l'Oued-Abdi.

Elli-Zeggar. Fract. de la tribu des Beni-Toufout, non soumise à l'appl. du sén.-cons. Rattachée à la com. ind. et au cerc. d'El-Milia. Cant. jud. et annexe de Collo, subd. de Constantine, arr. jud. de Philippeville. Pop. 2,704 hab.

El-Madassi. V. *Ouled-el-Madassi*, fract. du Bou-Thaleb, tribu. Com. ind., cant. jud., cerc. et subd. de Sétif. Pop. ind. 602 hab.

El-ma-Guechtoun. Fract. des Beni-Flik, tribu. Com. ind., cant. jud. et cerc. de Fort-National, subd. de Dellys. Pop. ind. 420 hab. ; — à 29 kil. N.-E. de Fort-National, sur le versant E. du Tamgout, point géodésique. Altitude 1,278 mètres.

El-Mahadia. Fract. des Ouled-Ahmed, tribu. Com. ind., cerc. et cant. jud. de Bou-Sâada, subd. d'Aumale. Pop. ind. 172 hab.

El-Mahalla. Fract. des Beni-Hindel, tribu. Com. ind., cant. jud., cerc. et subd. d'Orléansville. Pop. ind. 490 hab.

El-Mahsar. V. *Ouled-el-Mahsar*, fract. d'El-Haouïta, ksar et tribu. Com. ind., cant. jud. et cerc. de Laghouat, subd. de Médéa. Pop. ind. 403 hab, y compris le ksar d'El-Haouïta ; — à 36 kil. S.-O. de Laghouat et sur le chemin stratégique de ce centre à Géryville.

El-Maïa. Ksar dépendant de la com. ind. de Tiaret, annexe d'Aflou, cerc. et cant. jud. de Tiaret, subd. de Mascara ; — à l'intersection des routes de Géryville, de Djelfa, de Laghouat et des Ouled-Sidi-Cheïkh. Pop. recensée avec le ksar Tadjerouna, 431 hab. ind.

El-Maïa. Fract. des Beni-Yadel, tribu. Com. ind., cant. jud. et cerc. de Bordj-bou-Arréridj, subd. de Sétif. Pop. 2,958 ind. ; — à 29 kil. N. de Bordj-bou-Arréridj et sur la rive gauche de l'Oued-Mahadjar, affluent rive gauche de l'Oued-Bousselam.

El-Ma-N'taguena. Fract. des Beni-Hassaïn, tribu. Com. ind., cant. jud. et cerc. de Fort-National, subd. de Dellys. Pop. ind. 330 hab. ; — à 37 kil. N.-E. de Fort-National, sur le versant N. du Djebel-Guermou, point géodésique. Altitude 1,140 mètres.

El-M'chach. V. *Ouled-Laouar* et *El-Mehache*, tribu. Com. ind., cerc. et cant. jud. de Djelfa, subd. de Médéa.

El-Mehache. Fract. des Ouled-Laouar et El-Mehache, tribu. Com. ind., cant. jud. et cerc. de Djelfa, subd. de Médéa. Pop. ind. 328 hab.

El-Meharzia. Fraction du Dahra d'Alger, tribu. Com.

El-Mekhalilia. Fract. des Ouled-bou-Sliman, tribu. Com. ind., cant. jud., cerc. et subd. d'Orléansville. Pop. ind. 390 hab.

El-Menacir ou **El-Menacer.** Fract. des Beni-Oudjana, tribu. Com. ind., cant. jud. et cerc. de Khenchela, subd. de Batna. Pop. ind. 412 hab.

El-Menaïfa. Fract. du Hodna, tribu. Com. ind., cant. jud., cerc. et subd. de Batna, annexe de Barika. Pop. ind. 2,159 hab. y compris El-Ahezal, Ouled-Ariba, Ed-Debabha Ouled-sidi-Abd-el-Kader, Azel des Ouled-Mansour, Azel des Ouled-Amor, Ouled-Saïd, Ouled-el-Hachi, Ouled-sidi-Yahia, Ed-Debahena, Ouled-Brahim-ben-Nedjaâ, fractions de la même tribu.

El-Menaneda. Fract. du Djebel-Mesaad, tribu. Com. ind., cerc. et cant. jud. de Bou-Sâada, subd. d'Aumale. Pop. ind. 80 hab.

El-Merabtine. Fract. du Guergour, tribu. Com. ind., cerc. et subd. de Sétif, cant. jud. d'Akbou, arr. jud. de Bougie. Pop. ind. 436 hab.

El-Merahna. Fract. des Ouled-Khiar, tribu. Com. ind., cant. jud. et cerc. de Soukahras, sub. de Bône. Pop. ind. 1,206 hab.

El-Merakan. Fract. de Roumana, tribu. Com. ind., cerc. et cant. jud. de Bou-Sâada, subd. d'Aumale. Pop. ind. 315 hab.

El-Merazig. Fract. des Ouled-Zian, tribu. Com. ind., cant. jud. et cerc. de Laghouat, subd. de Médéa. Pop. ind. 137 hab.

El-Méridj. Fract. des Ouled-si-Yahia-ben-Thaleb, tribu. Com. ind., cerc. et cant. jud. de Tebessa, subd. de Constantine. Pop. ind. 111 hab.; — à 44 kil. N.-E. de Tebessa et sur l'Oued-Horrihir, affluent de l'Oued-Mellègue et sur la frontière tunisienne.

El-Mesloub. Fract. des Beni-Fraoucen, tribu. Com. ind., cant. jud. et cerc. de Fort-National, subd. de Dellys. Pop. ind. 532 hab.; — à 10 kil. N.-E. de Fort-National.

El-Messilia. Fract. des Beni-Foughal, tribu. Com. ind., cant. jud. et cerc. de Djidjelli, subd. de Constantine, arr. jud. de Bougie. Pop. ind. 540 hab.; — à 23 kil. S. de Djidjelli, sur la rive droite de l'Oued-Missia.

El-Metalla. Fract. des Hadjadj, tribu. Com. ind., cant. jud. et cerc. de Laghouat, subd. de Médéa. Pop. ind. 181 hab.

El-Misser. Fract. des Beni-Iraten-ou-Fella, tribu. Com. ind., cant. jud. et cerc. de Fort-National, subd. de Dellys. Pop. ind. 372 hab.

El-Mohahib. Fract. des Ouled-Laouar et El-Mehach, tribu. Com. ind., cant. jud. et cerc. de Djelfa, subd. de Médéa. Pop. ind. 213 hab.

El-Mostefa-ben-el-Bar. Fract. des Ouled-Mohamed-el-M'barek, tribu. Com. ind., cerc. et cant. jud. de Bou-Sâada, subd. d'Aumale. Pop. ind. 126 hab.

El-Mouadi et **Ouled-Moktar.** Petites fract. des Ouled-Moulet du kaïdat et de la tribu de l'Oued-R'rir. Com. ind., cant. jud. et cerc. de Biskra, subd. de Batna. Pop. ind. 137 hab.

El-Moualid. Fract. des Arab-Chéraga, tribu. Com. ind., cant. jud. et cerc. de Biskra, subd. de Batna. Pop. ind. 579 hab.

El-Mustapha-ben-el-Bahr. V. *El-Mostefa-ben-el-Bar*, fract. des Ouled-Mohamed-el-M'barek, tribu. Com. ind., cant. jud. et cerc. de Bou-Sâada, subd. d'Aumale. Pop. ind. 126 hab.

El-Nadour. V. *En-Nadour*, fract. du Tababort, tribu et kaïdat. Com. ind., cerc. et cant. jud. de Djidjelli, subd. de Constantine. Pop. ind. 664 hab.

El-Naïm. V. *En-Naym*, fract. des Ouled-Laouar et El-Mehach, tribu. Com. ind., cant. jud. et cerc. de Djelfa, subd. de Médéa. Pop. ind. 205 hab.

El-Naoum. V. *Ouled-el-Naoum*, fract. des Ouled-Sidi-Zian, tribu. Com. ind., cerc. et cant. jud. de Bou-Sâada, subd. d'Aumale. Pop. ind. 185 hab.

El-Niouf. V. *En-Niouf*, fract. des Ouled-Laouar et El-Mehach, tribu. Com. ind., cant. jud. et cerc. de Djelfa, subd. de Médéa. Pop. ind. 149 hab.

El-Ouadia. Fract. des Beni-Afour et Djimla, tribu et kaïdat. Com. ind., cant. jud. et cerc. de Djidjelli, subd. de Constantine, arr. jud. de Bougie. Pop. ind. 1,076 hab.; — à 25 kil. S. de Djidjelli et sur la rive droite de l'Oued-Missia.

El-Ouassa. V. *Ouled-el-Ouassa*, fract. de Bou-Thaleb, tribu. Com. ind., cant. jud., cerc. et subd. de Sétif. Pop. ind. 623 hab.

El-Ouata. V. *Ouled-Debah* et *El-Ouata*, petites fract. des Ouled-Moulet de la tribu de l'Oued-R'ir. Com. ind., cant. jud. et cerc. de Biskra, subd. de Batna. Pop. ind. 184 hab.

El-Oudania. Fract. du Djebel-Mesâad, tribu. Com. ind., cerc. et cant. jud. de Bou-Sâada, subd. d'Aumale. Pop. ind. 221 hab.

El-Oudja. V. *Arab-el-Oudja*, petite fract. des Beni-Imloul de la tribu du Djebel-Chéchar. Com. ind., cerc. et cant. jud. de Biskra, subd. de Batna.

El-Oudja ou **El-Ouladja.** Fract. de la tribu des Beni-Toufout. Non soumise à l'appl. du sén.-cons. Rattachée à la com. et au cerc. d'El-Milia. Cant. jud. et annexe de Collo, subd. de Constantine, arr. jud. de Philippeville. Pop. 2,604 ind.

El-Oued. V. *Zéribet-el-Oued*, fract. des Zab-Chergui, tribu. Com. ind., cant. jud. et cerc. de Biskra, subd. de Batna. Pop. ind. 882 hab. y compris la Zmala du Kaïd; — à 72 kil. E. de Biskra, au confluent de l'Oued-el-Arab et de l'Oued-Guechtane.

El-Ouendoura-Sbar. Fract. du Djebel-Chéchar, tribu. Com. ind., cerc. et cant. jud. de Biskra, subd. de Batna. Pop. ind. 332 hab.; — à 120 kil. E. de Biskra et sur la rive droite de l'Oued-Didjer.

El-Oueta. V. *Laouata*, fract. du douar-com. de Haouara. Com. ind., cerc., cant. jud. et subd. de Médéa. Pop. ind. 588 hab.; — à 13 kil. S. de Médéa, sur la rive droite de l'Oued-Kerahach ou Oued-el-Had, affluent rive droite du Chélif.

El-Ouyfi. V. *Ouled-el-Ouizi*, fract. des Ouled-Sultan, tribu. Com. ind., cant. jud., cerc. et subd. de Batna, annexe de Barika. Pop. ind. 354 hab. y compris les Ouled-bou-Ziza et les Ouled-Saïd-ben-Mohamed, fract. de la même tribu.

El-Oulach ou **Oulach.** Fract. des Ammar-Khaddou, tribu. Com. ind., cant. jud. et cerc. de Biskra, subd. de Batna. Pop. ind. 230 hab.; — à 45 kil. N.-E. de Biskra, sur la rive gauche de l'Oued-Mansef.

El-Ouladja. V. *El-Oudja*, fract. des Beni-Toufout, tribu. Com. ind. d'El-Milia, annexe et cant. jud. de Collo, subd. de Constantine.

El-Oustani. V. *El-Ksar-el-Oustani*, fract. de l'Oued-Abdi, tribu. Com. ind., cant. jud., cerc. et subd. de Batna. Pop. ind. 117 hab.

El-Ouzana ou **Ouzanna.** Tribu. (Sup. 11,499 hect.) Fract. de l'ancienne tribu des Beni-Sliman. Non érigée en douar-com. Rattachée à la com. ind. de l'Arba. Annexe et cant. jud. de l'Arba, subd. d'Alger; — à 35 kil. S. de l'Arba et à cheval sur l'Oued-Isser et sur la rive droite de l'Oued-el-Malah. Pop. ind. 1,935 hab. Cette fract. dépend actuellement des Beni-Malonm et Melouane, tribus.

El-Rebia. V. *Ouled-el-Rebia*, fract. des Ouled-Ahmed, tribu. Com. ind., cerc. et cant. jud. de Bou-Sâada, subd. d'Aumale. Pop. ind. 209 hab.

El-Rechaïch. V. *El-Kechaïch*, fract. du Hodna, tribu. Com. ind., cerc., cant. jud. et subd. de Batna, annexe de Barika.

El-Reddada. Fract. des Sahari-Kheheïzat, tribu. Com. ind., cant. jud. et cerc. de Djelfa, subd. de Médéa. Pop. ind. 95 hab.

El-Reddada. Fract. des Ouled-Sidi-Younès, tribu. Com. ind., cant. jud. et cerc. de Djelfa, subd. de Médéa. Pop. ind. 174 hab.

El-Reguig. V. *Ouled-el-Reguig*, fract. des Ouled-Ahmed, tribu. Com. ind., cerc. et cant. jud. de Bou-Sâada, subd. d'Aumale. Pop. ind. 256 hab.

El-Rekha. V. *Oum-er-Rekha*, fract. de l'Oued-Abdi, tribu. Com. ind., cant. jud., cerc. et subd. de Batna. Pop. ind. 259 hab.

El-Rezous ou **El-Rérous.** Fract. des Beni-Fraoucen. Com. ind., cant. jud. et cerc. de Fort-National, subd. de Dellys. Pop. ind. 146 hab.; — à 7 kil. E. de Fort-National.

El-Robeh. Fract. des Ouled-Mohamed-el-M'barek, tribu. Com. ind., cerc. et cant. jud. de Bou-Sâada, subd. d'Aumale. Pop. ind. 105 hab.

El-Souigate. V. *Es-Souigate*, fract. des Ouled-Mohamed-el-M'barek, tribu. Com. ind., cerc. et cant. jud. de Bou-Sâada, subd. d'Aumale. Pop. ind. 231 hab.; — à 50 kil. S.-O. de Bou-Sâada.

El-Thiour ou **Oum-el-Thiour.** Fract. de l'Oued-R'ir, tribu. Com. ind., cant. jud. et cerc. de Biskra, subd. de Batna. Pop. ind. 24 hab.; — à 78 kil. S.-E. de Biskra, sur le chemin de cette ville à Tuggurt et à 5 kil. N.-O. du chott Merouan.

El-Trafin. Fract. des Ouled-Abd-el-Kader, tribu. Com. ind., cant. jud. et cerc. de Djelfa, subd. de Médéa. Pop. ind. 384 hab.

El-Yab-Allah. Fract. des Ouled-Toaba, tribu. Com. ind., cant. jud. et cerc. de Djelfa, subd. de Médéa. Pop. ind. 802 hab.

El-Zahaf. V. *Ouled-es-Zahaf*, fract. des Ouled-Sidi-Zian, tribu. Com. ind., cerc. et cant. jud. de Bou-Sâada, subd. d'Aumale. Pop. ind. 146 hab.

El-Zahahfa. V. *Ez-Zahahfa* des Ouled-Daoud, tribu. Com. ind., cant. jud., cerc. et subd. de Batna. Pop. ind. 1,719 hab.

Embarek. V. *Sidi-Embarek*, fract. et Hachem, tribu. Com. mix. et cant. jud. de Bordj-bou-Arréridj, arr. de Sétif.

Embarek. V. *Ouled-Embarek*, fract. du Hodna, tribu. Com. ind., cant. jud., cerc. et subd. de Batna, annexe de Barika.

Embarek. V. *Ouled-Embarek*, fract. des Ouled-Sultan, tribu. Com. ind., cant. jud., cerc. et subd. de Batna, annexe de Barika.

Embarka. V. *Ouled-Embarka*, fract. des Ouled-Roggad-Chéraga, tribu. Com. ind., cant. jud. et cerc. de Djelfa, subd. de Médéa. Pop. ind. 485 hab.

Encer. V. *Ouled-Encer*, fract. des Beni-Oudjana, tribu. Com. ind., cant. jud. et cerc. de Khenchela, subd. de Batna. Pop. ind. 276 hab.

En-Nadour. Fract. de la tribu et du kaïdat du Tababort. Com. ind., cerc. et cant. jud. de Djidjelli, subd. de Constantine, arr. jud. de Bougie. Pop. ind. 604 hab.

En-Naym. Fract. des Ouled-Laouar et El-Mehach, tribu. Com. ind., cant. jud. et cerc. de Djelfa, subd. de Médéa. Pop. ind. 205 hab.

En-Nehar. V. *Ouled-en-Nehar*, tribu. Com. mix. et cerc. de Sebdou, cant. jud. et subd. de Tlemcen.

En-Niout. Fract. des Ouled-Laouar et El-Mehach, tribu. Com. ind., cant. jud. et cerc. de Djelfa, subd. de Médéa. Pop. ind. 149 hab.

Ennouel. V. *El-Anouel*, fract. de la tribu et du kaïdat du Bou-Thaleb. Com. ind., cant. jud., cerc. et subd. de Sétif. Pop. ind. 384 hab.

En-Noura. Fract. du Ferdjioua, tribu. Com. ind. et annexe de Fedj-Mezala, subd. de Constantine, cant. jud. de Mila. Pop. ind. 400 hab.

Ensser. V. *Ouled-Encer*, fract. des Beni-Oudjana, tribu. Com. ind., cant. jud. et cerc. de Khenchela, subd. de Batna. Pop. ind. 276 hab.

Entila. Fract. des Ksours de Djelfa. Com. ind., cant jud. et cerc. de Djelfa, subd. de Médéa. Pop. ind. 152 hab.; — à 65 kil. S.-O. de Djelfa et sur le chemin stratégique de Laghouat à Bou-Sâada.

Er-Reddada ou **El-Reddada.** Fract. des Sahary-Khobeïzat, tribu. Com. ind., cerc. et cant. jud. de Djelfa, subd. de Médéa. Pop. ind. 96 hab.

Er-Rekha. V. *Oum-er-Rekha*, fract. de l'Oued-Abdi, tribu. Com. ind., cant. jud., cerc. et subd. de Batna. Pop. ind. 259 hab.

Erhab. V. *Ouled-Erhab*, petite fract. des Ouled-Fedhala de la tribu des Achèche. Com. ind., cant. jud., cerc. et subd. de Batna. Pop. 223 hab.

Es-Soulgate. Fract. des Ouled-Mohamed-el-M'barek, tribu. Com. ind., cerc. et cant. jud. de Bou-Sâada, subd. d'Aumale. Pop. ind. 231 hab.; — à 50 kil. S.-O. de Bou-Sâada.

Eulma. (Sup. 45,091 hect.) Tribu délimitée et divisée en 5 douars-com. par décret du 5 mai 1869. V. les douars *Bellda*, n° 199; *Mérioud* (en deux parties), n° 200; *Sakra*, n° 201; *Bazer*, n° 202; *Tella*, n° 203 de la carte des douars. Com. mix. des Eulmas. Arr. de Sétif, cant. jud. de St.-Arnaud.

Eulma-Kehakeha. (Sup. 2,963 hect.) Tribu délimitée et érigée en douar-com. par décret du 24 juillet 1869. V. le douar-com. de *Khanguet-Sabath*, n° 241 de la carte. Com. mix. et cant. jud. de l'Oued-Zenatt, arr. de Constantine.

Eulma-Khecha. Ancienne tribu. (Sup. 9,600 hect. env.) Non érigée en douar-com. Forme actuellement une section de la com. mix. de Bône; — à 20 kil. O. de Mondovi et au S. du lac Fezzara. Pop. 1,230 ind.

Eulma-Massela. (Sup. 10,450 hect.) Tribu délimitée et divisée en 4 douars-com. par décret du 4 mars 1868. V. les douars *Ouled-Braham*, n° 45 de la carte. Rattaché à la com. pl. ex. de Dizot. Cant. jud. et arr. de Constantine; *Ouled-Sbikha*, n° 46 et *Sferjela*, n° 47. Rattachés à la com. pl. ex. de Condé-Smendou. Cant. jud. et arr. de Constantine; *Oued-Ref-Ref*, n° 48. Com. pl. ex. d'El-Arrouch, cant. jud. d'El-Arrouch, arr. de Philippeville.

Eulmi. V. *Aourir-ou-Eulmi*, fract. des Beni-Yala, tribu. Com. ind., cerc. et subd. de Sétif, cant. jud. d'Akbou, arr. jud. de Bougie. Pop. ind. 396 hab. ; — à 30 kil S.-E. d'Akbou, sur la rive gauche du Tacift-Tarsouit et sur le versant N. du Dra-Igdem, signal géodésique, altitude 1,033 mètres.

Ezat. V. *Ilezat*, fract. des Sahari-Ouled-Brahim, tribu. Com. ind., cant. jud., cerc. et subd. de Médéa. Pop. ind. 247 hab.

Ez-Zahahfa. Fract. des Ouled-Daoud, tribu. Com. ind., cant. jud., cerc. et subd. de Batna. Pop. ind. 1,719 hab.

F

Fadhel. V. *Ouled-Amor-ben-Fadhel*, fract. des Achèche, tribu. Com. ind., cant. jud., cerc. et subd. de Batna. Pop. ind. 715 hab.

Fadhel. V. *Ouled-Fadhel*, fract. des Achèche, tribu. Com. ind., cant. jud., cerc. et subd. de Batna. Pop. ind. 954 hab.

Fadhel. V. *Ouled-Fadhel*, fract. du Sahel-Guebli, tribu. Com. ind., cerc. et subd. de Sétif, cant. jud. d'Akbou, arr. jud. de Bougie. Pop. ind. 236 hab.

Farès. V. *Ouled-Farès*, tribu. Com. mix. de Malakoff, cant. jud. et arr. d'Orléansville.

Farès. V. *Ouled-Farès*, tribu. Com. ind. de Tiaret-Aflou, cant. jud. et cerc. de Tiaret, subd. de Mascara.

Farès. V. *Ouled-Farès*, tribu. Com. mix. et cerc. de Sebdou, cant. jud., et subd. de Tlemcen.

Farès-ben-Rabah. V. *Ouled-Farès-ben-Rabah*, fract. de Zab-Chergui, tribu. Com. ind., cant. jud., cerc. de Biskra, subd. de Batna.

Farfar. Fract. des Zibans, tribu. Com. ind., cant. jud., cerc. de Biskra, subd. de Batna. Pop. ind. 522 hab.

Fatem. V. *Beni-Fathem*, tribu. Com. ind., cant. jud. et cerc. de Miliana, subd. d'Orléansville.

Feddloum. V. *Beni-Feddloum*, fract. des Ouled-Ali-Achicha, tribu. Com. ind., cerc. et cant. jud. de La Calle, subd. de Bône. Pop. ind. 131 hab.

Fedhala. V. *Ouled-Fedhala*, fract. des Achèche, tribu. Com. ind., cerc. et cant. jud. de Batna, subd. de Batna. Pop. ind. 1,458 hab.

Fedj-Moussa. Tribu de l'ancien kaïdat de l'Édough. (Sup. 7,200 hect.) Non soumise à l'appl. du sén.-cons. Rattachée à la com. mix. d'Aïn-Mokra. Cant. jud. d'Aïn-Mokra, arr. de Bône; — à 16 kil. N.-O. d'Aïn-Mokra et sur le littoral. Pop. recensée avec la tribu des Senahdja : 4 français et 2,133 ind. — NOTA. — Cette tribu renferme l'Azel Fedj-Moussa, concédé à la Société générale algérienne et rattaché à la com. pl. ex. d'Herbillon, cant. jud. d'Aïn-Mokra, arr. de Bône.

Fedjoudj. (Sup. 4,361 hect.) Tribu délimitée et érigée en douar-com. par décret du 21 mars 1870. V. le douar-com. de *Fedjoudj*, nº 341 de la carte. Com. mix., cant. jud. et arr. de Guelma; — à 10 kil. N.-O. de Guelma et sur la route départementale de Philippeville à Guelma. Pop. ind. 1,448 hab. y compris les Beni-Addi, douar-com.

Fellach. V. *Filiach*, fract. de la tribu des Zibans. Com. ind., cant. jud. et cerc. de Biskra, subd. de Batna.

Felkaï aussi appelée **Kerrata.** V. *Beni-Felkaï*, tribu. Com. ind., annexe et cant. jud. de Takitount, cerc. et subd. de Sétif, arr. de Bougie. Pop. ind. 474 hab.

Fenaïa. (Sup. 6,960 hect. env.) Tribu non soumise à l'appl. du sén.-cons. Rattachée à la com. ind. de Bougie, cerc. et cant. jud. de Bougie, subd. de Sétif. Pop. ind. 4,182 hab.; — à 24 kil. S.-O. de Bougie, sur la rive gauche de l'Oued-Sahêl. Cette tribu se compose des fract. suivantes : Fenaïa-Aït-Abbou et Fenaïa-bou-Nedjanem.

Fenaïa-Aït-Abbou ou **Aït-Abbou des Fenaïa.** Fract. de la tribu des Fenaïa. (Sup. 5,760 hect. env.) Non soumise à l'appl. du sén.-cons. Rattachée à la com. ind. de Bougie. Cant. jud. et cerc. de Bougie, subd. de Sétif; — à 24 kil. S.-O. de Bougie et sur la rive gauche de l'Oued-Sahêl. Pop. ind. 4,703 hab.

Fenaïa-bou-Nedjedanem. (Sup. 1,200 hect. env.) Fract. de la tribu des Fenaïa. Non soumise à l'appl. du sén.-cons. Rattachée à la com. ind. de Bougie. Cant.

jud. et cerc. de Bougie, subd. de Sétif; — à 28 kil. S.-O. de Bougie et sur la rive gauche de l'Oued-Sahël. Pop. ind. 2,479 hab.

Ferada ou **El-Ferhada**. V. *Fradah*, tribu. Com. mix. et cerc. de Sebdou, cant. jud. et subd. de Tlemcen.

Feradj. V. *Ouled-Feradj*, fract. des Mahdid, tribu. Com. ind., cerc. et cant. jud. de Bordj-bou-Arréridj, annexe de M'sila, subd. de Sétif. Pop. ind. 752 hab.

Feradj. V. *Ouled-Feradj*, tribu. Com. ind., cant. jud. et cerc. de Bou-Sâada, subd. d'Aumale.

Feraga. V. *Ferraga*, tribu. Com. mix. et cant. jud. de St.-Denis-du-Sig, arr. d'Oran.

Ferahum. Fract. des Brarchn, tribu. Com. ind., cerc. et cant. jud. de Tebessa, subd. de Constantine. Pop. ind. 688 hab.

Feratis. Fract. des Beni-Mahousen, tribu. Com. ind., cerc. de Miliannh, subd. d'Orléansville. Pop. ind. 235 hab.

Ferdjan ou **Ferdjani**. Fract. des Messaba, tribu. Com. ind., cant. jud. et cerc. de Biskra, subd. de Batna. Pop. ind. 385 hab.; — à 190 kil. S.-E. de Biskra sur la frontière de Tunis et au S. du Chott-Khalla, extrémité O. du Chott-el-Gharsa, de la régence de Tunis.

Ferdjioua. Tribu et kaïdat. Cette tribu comprend les fract. suivantes: Roussia, 1,199 hab.; Zmala, 1,034 hab.; Morabtines, 335 hab.; Ras-Ferdjioua, 1,060 hab.; Ouled-Renan, 463 hab.; Ouled-Belkheïr, 380 hab.; Ouled-Rebia, 1,090 hab.; Ouled-Yacoub, 396 hab.; Menasseria, 480 hab.; Ouled-Ahmed, 281 hab.; Cheurfa, 720 hab.; Chouarfa, 360 hab.; Ouled-M'bark, 280 hab.; Beni-Fougnal, 138 hab.; Beni-Messâad, 565 hab.; Arb-el-Oued-Chéraga, 607 hab.; Arb-el-Oued-Ghaba, 599 hab.; En-Noura, 400 hab.; Meslin-Arb-el-Oued, 353 hab.; Meslin-bou-Hani, 250 hab.; Hamoula, 379 hab.; Zéramna et Mentoura, 618 hab.; Chaddia, 820 hab. Com. ind. et annexe de Fedj-Mezala, cant. jud. de Mila, subd. de Constantine. Pop. tot. de la tribu et du kaïdat 12,867 hab.; — à 75 kil. O. de Constantine et à 35 kil. O. de Mila.

Ferdjioua. V. *Ras-Ferdjioua*, fract. du Ferdjioua, tribu. Com. ind. et annexe de Fedj-Mezala, cant. jud. de Mila, subd. de Constantine. Pop. ind. 1,060 hab.

Ferguen. V. *Beni-Ferguen*, tribu. Com. ind. et cerc. d'El-Milia, cant. jud. de Mila, subd. de Constantine.

Ferha. V. *Ouled-Ferha*, tribu. Com. ind., cant. jud., cerc. et subd. d'Aumale.

Ferkan. Ksar. Territoire non soumis à l'appl. du sén.-cons. Rattachée à la com. ind. de Tebessa, cerc. et cant. jud. de Tebessa, subd. de Constantine. Pop. ind. 381 hab.; — à 115 kil. S.-O. de Tebessa et près de la rive gauche de l'Oued-Djerech, affluent du Chott-Asloudj.

Ferna. Fract des Beni-bou-Yacoub, tribu et douar. Com. mix. de Ben-Chicao, cant. jud. de Médéa, arr. d'Alger. Pop. ind. 447 hab.; — à 25 kil. E. de Médéa et sur les versants N.-E. du point géodésique Kef-er-R'mel. Altitude 1,240 mètres.

Ferradj. V. *Ouled-Feradj*, tribu. Com. ind., cant. jud. et cerc. de Bou-Sâada, subd. d'Aumale.

Ferraga. (Sup. 12,556 hect.) Tribu délimitée et divisée en deux douars-com. par décret du 16 juin 1866. V. les douars-com. de *Ferraga*, n° 61 et *Alba-Djellaba*, n° 62 de la carte. Com. mix. et cant. jud. de St.-Denis-du-Sig, arr. d'Oran.

Ferroukha. (Sup. 2,222 hect.) Tribu délimitée et érigée en douar-com. par décret du 27 octobre 1866. V. le douar-com. de *Ferroukha*, n° 42 de la carte. Com. pl. ex. de Souma, arr. d'Alger.

Fetatcha. V. *El-Fetatcha*, petite fract. des Beni-Mâafa de la tribu des Achèche. Com. ind., cant., cerc. et subd. de Batna. Pop. ind. 260 hab.

Fezara. Fract. des Ouled-Zian, tribu. Com. ind., cant. jud. et cerc. de Biskra, subd. de Batna. Pop. ind. 620 hab.

Filfila. V. *Arb-Filfila*, tribu et douar. Com. pl. ex. de Philippeville, cant. jud. de Jemmapes, arr. de Philippeville.

Filiach. Fract. des Zibans, tribu. Com. ind., cerc. et cant. jud. de Biskra, subd. de Batna. Pop. ind. 254 hab; — à 5 kil. S.-E. de Biskra et près de la rive gauche de l'Oued-Biskra.

Filkane. V. *Agueni-Filkane*, fract. des Beni-Zikki, tribu. Com. ind., cerc. et cant. jud. de Fort-National, subd. de Dellys. Pop. ind. 94 hab.

Flah. V. *Ouled-Flah*, fract. de l'Oued-Bousselah, tribu. Com. ind. et annexe de Fedj-Mezala, cant. jud. de Mila, subd. de Constantine. Pop. ind. 732 hab.; — à 38 kil. S.-O. de Mila et sur le versant N. du Djebel-Chendou.

Flik. V. *Beni-Flik*, tribu. Com. ind., cant. jud. et cerc. de Fort-National, subd. de Dellys.

Flissa-Mekira ou **Mekira.** (Sup. 5,500 hect. env.) Tribu non soumise à l'appl. du sén.-cons. Rattachée à la com. mix. de Dra-el-Mizan, cant. jud. de Dra-el-Mizan, arr. de Tizi-Ouzou; — à 12 kil. N.-O. de Dra-el-Mizan, sur la route d'Alger à Dra-el-Mizan. Pop. tot. 5,234 hab.

Flissa-M'zala ou **M'zala.** Ancienne tribu non soumise à l'appl. du sén.-cons. Rattachée à la com. mix. et au cant. jud. de Dra-el-Mizan, arr. de Tizi-Ouzou. — Nota : Une partie du territoire de cette tribu a été prélevée pour l'installation du village de Tizi-R'nif. Pop. tot. 4,780 hab.

Flisset-el-Bahr ou **Flisel-el-Bahr.** (Sup. 2,270 hect. env.) Tribu non soumise à l'appl. du sén.-cons. Rattachée à la com. ind. de Fort-National, cant. jud. et cerc. de Fort-National, subd. de Dellys; — à 22 kil. N. de Fort-National et sur le littoral. Cette tribu se compose des fract. suivantes : Aït-Zérara, Tifra, Aït-Aïmed et Aït-Zouaou. Pop. ind. 5,860 hab. — Nota : Les Flisset-el-Bahr forment une section de la com. ind. de Fort-National.

Flous. V. *Ouled-Ali-ben-Flous*, fract. des Beni-Oudjana, tribu. Com. ind., cerc. et cant. jud. de Khenchela, subd. de Batna. Pop. ind. 260 hab.

Fouaksia. V. *El-Fouaksia*, fract. des Ouled-Kraled, tribu. Com. ind., cerc. et cant. jud. de Bou-Sâada, subd. d'Aumale. Pop. ind. 160 hab.

Foughal. V. *Beni-Foughal*, tribu et kaïdat. Com. ind., cerc. et cant. jud. de Djidjelli, subd. de Constantine, arr. jud. de Bougie. Pop. ind. 6,342 hab.

Foughal. V. *Beni-Foughal*, fract. du Ferdjioua, tribu. Com. ind. et annexe de Fedj-Mezala, cant. jud. de Mila, subd. de Constantine. Pop. ind. 138 hab.

Foughala. Fract. des Zibans, tribu. Com. ind., cant. jud. et cerc. de Biskra, subd. de Batna. Pop. ind. 160 hab.; — à 38 kil. S.-O. de Biskra et au S. du Djebel-Mendjenaïb.

Fourhala. V. *Foughala*, fract. des Zibans, tribu. Com. ind., cerc. et cant. jud. de Biskra, subd. de Batna.

Fradha ou **El-Ferada.** Tribu dépendant actuellement des Hamyan-Djembâa. Non soumise à l'appl. du sén.-cons. Rattachée à la com. mix. et au cerc. de Sebdou, cant. jud. et subd. de Tlemcen. Pop. comprise dans les Hamyan-Djembâa.

Friha. Fract. des Beni-Ourtilane, tribu. Com. ind., cerc. et subd. de Sétif, cant. jud. d'Akbou, arr. jud. de Bougie. Pop. ind. 1,971 hab.; — à 20 kil. E. d'Akbou et sur la rive gauche de l'Oued-bou-Sellam.

Frikat. V. *El-Frikat*, fract. du Bou-Thaleb, tribu. Com. ind., cerc., cant. jud. et subd. de Sétif. Pop. ind. 277 hab.

Frikat. (Sup. 2,300 hect. env.) Ancienne tribu non soumise à l'appl. du sén.-cons. Rattachée à la com. mix. de Dra-el-Mizan, arr. de Tizi-Ouzou, cant. jud. de Dra-el-Mizan; — à 8 kil. S.-O. de cette dernière ville et sur la route nationale d'Alger à Constantine. Pop. 2,505 hab.

F'taït et **Abadlia.** Grande fract. de la tribu de l'Oued-R'ir. Non soumise à l'appl. du sén.-cons. Rattachée à la com. ind. de Biskra, subd. de Batna. Pop. ind. 366 hab. Les F'taït et Abadlia se composent des fract. suivantes : El-Kohel, El-Blod et Ouled-Kéliss.

G

GA

Gafer. V. *Ahel-el-Ghafer*, tribu. Com. mix. et cerc. de Lalla-Maghrnia, cant. jud. et subd. de Tlemcen.

Galia. V. *Ouled-Ghalia*, tribu. Com. ind., cant. jud., cerc. et subd. d'Orléansville.

Gamra. V. *Ouled-Gamra*, fract. des Ouled-Sultan, tribu. Com. ind., cant. jud., cerc. et subd. de Batna, annexe de Barika.

GA

Gaouaïd. V. *El-Gaouaïd*, fract. de Ouled-Kraled, tribu. Com. ind., cerc. et cant. jud. de Bou-Sâada, subd. d'Aumale. Pop. ind. 62 hab.

Garaba. V. *Gharaba*, tribu. Com. mix. de St.-Lucien et de St.-Denis-du-Sig, arr. d'Oran.

Gardaïa. V. *Ghardaïa*, ksar et fract. de la confédération des Beni-M'zab. Com. ind., cant. jud. et cerc. de Laghouat, subd. de Médéa.

Garets. V. *Aït-Ahmed-Garets*, tribu. Com. ind., cant. jud. et cerc. de Bougie, subd. de Sétif.

Garta. Fract. des Zibans, tribu. Com. ind., cant. jud. et cerc. de Biskra, subd. de Batna. Pop. ind. 500 hab.; — à 20 kil. E. de Biskra.

Gassoul ou **Ghassoul.** V. *Rassoul*, ksar. Territoire non soumis à l'appl. du sén.-cons. Rattaché à la com. mix. de Géryville, cerc. de Géryville, cant. jud. de Saïda, subd. de Mascara; — à 185 kil. S.-E. de Saïda. Pop. 420 ind.

Ghafer. V. *Ahel-el-Ghafer*, tribu. Com. mix. et cerc. de Lalla-Maghrnia, cant. jud. et subd. de Tlemcen.

Ghalia. V. *Ouled-Ghalia*, tribu. Com. ind., cant. jud., cerc. et subd. d'Orléansville.

Gharaba. (Sup. 33,289 hect.) Tribu délimitée et divisée en 6 douars-com. par décret du 2 mars 1867. B. O., p. 384. V. les douars *Oum-el-Ghelaz*, n° 13; *Touniat*, n° 14; *Alaïmia*, n° 15; *Ahel-el-Aïd*, n° 16; *Oggaz*, n° 17; *Télilat*, n° 18. Com. mix. de St.-Denis-du-Sig. et de St-Lucien, arr. d'Oran. Oum-el-Ghelaz, Télilat et Touniat, rattachés au cant. jud. de Ste.-Barbe-du-Télat; Oggaz et Ahel-el-Aïd au cant. jud. de St.-Denis-du-Sig; Alaïmia au cant. jud. de St.-Cloud.

Ghardaïa. Ksar et fract. dépendant de la confédération du M'zab ou Beni-M'zab. Com. ind., cant. jud. et cerc. de Laghouat, subd. de Médéa. Pop. ind. 5,807 hab.; — à 130 kil. S.-E. de Laghouat et sur le chemin de cette ville à Ouargla et à El-Goléa.

Gheddou. V. *Beni-Gheddou*, tribu. Com. mix. de Relizane, cant. jud. de Perrégaux, arr. de Mostaganem.

Ghellaïe. (Sup. 3,751 hect.) Tribu délimitée et érigée en douar-com. par décret du 27 octobre 1866. V. le douar-com. *Ghellaïe*, n° 41 de la carte. Com. pl. ex. et cant. jud. de Blida, arr. d'Alger.

Ghemamta ou **El-Ghemamta.** Tribu non soumise à l'appl. du sén.-cons. Rattachée à la com. ind. de Tiaret-Aflou, annexe d'Aflou. Cant. jud. et cerc. de Tiaret, subd. de Mascara. Pop. ind. 475 hab.

Gheraba. Fract. de Bethaïa, tribu. Com. ind., cant. jud. et cerc. de Miliana, subd. d'Orléansville. Pop. ind. 484 hab.; — à 60 kil. S.-O. de Miliana et à 20 kil. N.-O. de Teniet-el-Had.

Gherazia. (Sup. 11,919 hect.) Tribu délimitée et érigée en douar par décret du 6 juillet 1870. V. le douar-com. de *Gherazia*, n° 304 de la carte des douars. Com. mix. d'Aïn-Abessa, cant. jud. et arr. de Sétif.

Gheriba. V. *Ghribs*, tribu. Com. ind., cant. jud., cerc. et subd. de Médéa.

Ghezal. Fract. de l'Oued-Abdi, tribu. Com. ind., cant. jud., cerc. et subd. de Batna. Pop. ind. 190 hab.

Ghezala. V. *Bir-Ghezala*, fract. de la tribu de Tababort. Com. ind., cant. jud. et cerc. de Djidjelli, subd. de Constantine, arr. jud. de Bougie.

Ghiatra-Ouled-Ahmed ou **Ouled-Ahmed.** Tribu dépendant des Hamyan-Djembâa. Non soumise à l'appl. du sén.-cons. Rattachée à la com. mix. et au cerc. de Sebdou. Cant. jud. et subd. de Tlemcen. Pop. recensée avec les Hamyan-Djembâa.

Ghiatra-Ouled-Messaoud ou **Ouled-Messaoud.** Tribu dépendant des Hamyan-Djembâa. Non soumise à l'appl. du sén.-cons. Rattachée à la com. mix. et au cerc. de Sebdou. Cant. jud. et subd. de Tlemcen. Pop. recensée avec les Hamyan-Djembâa.

Ghobri. V. *Beni-Ghobri*, tribu. Com. ind., cant. jud. et cerc. de Fort-National, subd. de Dellys.

Ghomérian. Fract. des Ouled-Khebbeb, tribu. Non soumise à l'appl. du sén.-cons. Rattachée à la com. ind. et à l'annexe de Fedj-Mezala, subd. de Constantine, cant. jud. de Mila; — à 20 kil. S.-O. de cette dernière ville. Pop. ind. 2,165 hab.

Ghomérian. V. *Beni-Ghomérian*, tribu et douar. Com. mix. de l'Oued-Fodda, cant. jud. de Duperré, arr. d'Orléansville.

Ghossel. Ancien aghalik. V. *Aghalik des Ghossels*. Cant. jud. et arr. de Tlemcen.

Ghouadi ou **Rouadi.** (Sup. 32,094 hect. env.) Tribu dépendant des Harrar-Gheraba. Non soumise à l'appl. du sén.-cons. Rattachée à la com. mix. de Frendah-Mascara. Cerc. et subd. de Mascara, cant. jud. de Tiaret; — à 75 kil. S.-O. de cette dernière ville. Pop. ind. 736 hab.

Ghouflrat. (Sup. 10,981 hect. Ancienne tribu délimitée et divisée en 4 douars-com. par décret du 6 avril 1867. B. O., p. 546. V. les douars *Ghouflrat-el-Bahri*; *Ghouflrat-el-Guebli*; *Ghouflrat-Dani*, n° 39; *Ghouflrat-Séfissifa*, n° 163. Arr. et cant. jud. de Mostaganem.

GH-GO-GR (ET DES FRACTIONS DE TRIBUS) **GU**

Ghouïni. V. *Ouled-Ghouïni*, tribu. Com. ind., cant. jud. et cerc. de Djelfa, subd. de Médéa.

Ghobri. V. *Beni-Ghobri*, tribu. Com. ind., cant. jud. et cerc. de Fort-National, subd. de Dellys.

Ghraffin. V. *Chebabta* et *Raffin*, fract. des Messaba, tribu. Com. ind., cant. jud. et cerc. de Biskra, subd. de Batna.

Ghribs. (Sup. 16,038 hect.) Tribu délimitée et érigée en douar-com. par décret du 15 janvier 1868. V. le douar-com. de *Ghribs*, n° 49 de la carte. Com. ind., cant. jud., cerc. et subd. de Médéa. Pop. ind. 3,500 hab. Cette tribu se compose des fract. suivantes : Beni-Rached, Hedifa, Ouled-Ali et Ouled-Magenel.

Goléah. V. *Chamba d'El-Goléa et Mouadi*. Com. ind., cant. jud. et cerc. de Laghouat, subd. de Médéa.

Gouadcha. Fract. des Arab-Chéraga, tribu. Com. ind., cerc. et cant. jud. de Biskra, subd. de Batna. Pop. ind. 347 hab.

Gouadi. (Orthographe d'après la délimitation du cant. de Tiaret.) V. *Ghouadi*, tribu. Com. mix. de Frendah-Mascara, subd. et cerc. de Mascara, cant. jud. de Tiaret.

Gouft. V. *Beni-Ishaq du Gouft*, tribu. Com. ind. et cerc. d'El-Milia, cant. jud. et annexe de Collo, subd. de Constantine, arr. jud. de Philippeville.

Gouïni. V. *Ouled-Ghouïni*, tribu. Com. ind., cant. jud. et cerc. de Djelfa, subd. de Médéa.

Gouïssem. V. *Ouled-Gouïssem*, fract. des Ouled-Oum-el-Akhoun, tribu. Com. ind., cerc. et cant. jud. de Djelfa, subd. de Médéa.

Gouraya et Arhbal ou **Aghbal.** Tribus non soumises à l'appl. du sén.-cons. Rattachées à la com. mix. de Gouraya. Cant. jud. de Cherchel, arr. d'Alger ; — à 24 kil. O. de Cherchel. — Une partie du territoire de Gouraya a été remise au Service de la colonisation pour l'établissement du village du même nom. Les tribus de Gouraya et d'Arhbal forment chacune une section de la com. mix. de Gouraya. Pop. : 2,882 hab. pour Gouraya, tribu et village ; 1,723 hab. pour Arhbal, tribu.

Gribs. V. *Ghribs*, tribu. Com. ind., cant. jud., cerc. et subd. de Médéa.

Grich. V. *Damber et Grich*, fract. des Arab-Chéraga, tribu. Com. ind., cant. jud. et cerc. de Biskra, subd. de Batna.

Guebli. V. *Sahël-Guebli*, tribu. Com. ind., cerc. et subd. de Sétif, cant. jud. d'Akbou, arr. jud. de Bougie.

Guedadcha. Fract. des Aziz, tribu. Com. ind., cant. jud. et cerc. de Teniet-el-Had, subd. d'Orléansville. Pop. ind. 180 hab.

Guemar. Fract. des Messaba, tribu. Com. ind., cant. jud. et cerc. de Biskra, subd. de Batna. Pop. ind. 3,315 hab. ; — à 180 kil. S.-E. de Biskra, sur la route de cette ville à El-Oued.

Guembouck ou **Kambouk.** Fract. du Sahël-Guebli, tribu. Com. ind., cerc. et subd. de Sétif, cant. jud. d'Akbou, arr. jud. de Bougie. Pop. ind. 184 hab. ; — à 37 kil. S.-E. d'Akbou.

Guemmour. Fract. de l'ancienne tribu des Hachem. Com. mix. et cant. jud. de Bordj-bou-Arréridj, arr. de Sétif. V. *Hachem*, tribu.

Guenadza ou **Knadsa** ou **Kenadsan.** (Sup. des terres labourables 481 hect. env.) Tribu dépendant de l'aghalik des Harrar-Chéraga, non soumise à l'appl. du sén.-cons. Rattachée à la com. ind. de Tiaret-Aflou, annexe d'Aflou, cerc. et cant. jud. de Tiaret, subd. de Mascara ; — à 70 kil. S.-E. de Tiaret, sur l'Oued-bou-Radja, affluent du Chélif. Pop. 244 ind.

Gueragla. V. *El-Gueragla*, fract. des Ouled-Ghalia, tribu. Com. ind., cerc., cant. jud. et subd. d'Orléansville. Pop. ind. 460 hab.

Gueraïdj-Ouled-Aïssa ou **Ouled-Aïssa et Gueraïdj.** Tribu dépendant du territoire de Lagouaz et non soumise à l'appl. du sén.-cons. Rattachée à la com. ind. de Tiaret-Aflou. Cant. jud. et cerc. de Tiaret, annexe d'Aflou, subd. de Mascara ; — à 180 kil. S. de Tiaret, à 25 kil. S.-E. de Géryville et sur la rive gauche de l'Oued-Seggueur. Pop. 623 ind.

Guerara ou **Guerrara.** Ksar. Ce ksar fait partie de la confédération des Beni-M'zab. Com. ind., cant. jud. et cerc. de Laghouat, subd. de Médéa. Pop. ind. 2,291 hab. ; — à 150 kil. S.-E. de Laghouat et sur le chemin de cette ville à Ouargla et sur la rivière de Chab-bou-Aïcha.

Guerbès. (Sup. 3,692 hect.) Ancienne tribu non soumise à l'appl. du sén.-cons. Rattachée à la com. mix. de Jemmapes. Cant. jud. de Jemmapes, arr. de Philippeville ; — à 24 kil. N.-E. de Jemmapes et sur le littoral. Pop. ind. 220 hab.

(RÉPERTOIRE ALPHABÉTIQUE DES TRIBUS

Guerfa. V. *Hed-Guerfa*, tribu et kaïdat. Com. ind. et cerc. d'Aïn-Beïda, cant. jud. de Guelma, subd. de Constantine, arr. jud. de Bône. Pop. ind. 7,032 hab.

Guergour. V. *El-Guergour*, fract. des Ouled-Amar-ben-Ali, tribu, Com. ind., cerc. et cant. jud. de La Calle, subd. de Bône. Pop. ind. 517 hab.

Guergour. (Sup. 2,193 hect.) Tribu et kaïdat. Territoire non soumis à l'appl. du sén.-cons. Rattaché à la com. ind. de Sétif. Cerc. et subd. de Sétif, cant. jud. d'Akbou, arr. jud. de Bougie ; — à 40 kil. S.-E. d'Akbou et sur l'Oued-Boussellam, affluent de l'Oued-Sahël. Cette tribu se compose des fract. suivantes : Beni-Oussin, Ouled-Sebâa, Ouled-Kebeb ou Ouled-Khebbeb, Trounat-ech-Chabâa, Guergueria, El-Merabtine. Pop. ind. 2,927 hab.

Guergueria. Fract. du Guergour, tribu et kaïdat, Com. ind., cerc. et subd. de Sétif, cant. jud. d'Akbou, arr. jud. de Bougie. Pop. ind. 906 hab.

Guerrara ou **Guerara.** Ksar dépendant de la confédération des Beni-M'zab. Com. ind., cerc. et cant. jud. de Laghouat, subd. de Médéa. Pop. ind. 2,291 hab. ; — à 150 kil. S.-E. de Laghouat, sur le chemin de cette ville à Ouargla et sur la rivière du Chab-bou-Aïcha.

Guesmia. V. *Ouled-Guesmia*, fract. des Ouled-Aïffa, tribu, Com. ind., cerc. et cant. jud. de Djelfa, subd. de Médéa. Pop. ind. 412 hab.

Guetarnia. V. *Cheurfa-el-Guetarnia*, tribu, Com. mix. et cant. jud. de St-Denis-du-Sig, arr. d'Oran.

Guettaf. V. *M'khalif-el-Djorb-el-Guetatfa* ou *M'khalif-el-Djorb-el-Guettaf*, tribu, Com. ind., cant. jud. et cerc. de Laghouat, subd. de Médéa.

Guettara. Fract. de la tribu des Mouïas. Non érigée en douar-com. Rattachée comme section à la com. mix. de Mila. Cant. jud. de Mila, arr. de Constantine. Pop. 48 Français et 1,589 ind. ; — à 14 kil. N.-E. de Mila et sur la rive droite de l'Oued-Rummel et de l'Oued-Smendou. — NOTA : Une partie du territoire de Guettara a été livrée à la colonisation pour l'installation des fermes isolées de Dar-el-Fouïni.

Guifcer ou **Guifser.** Fract. des Ouled-Abd-el-Djebar, tribu, Com. ind., cant. jud. et cerc. de Bougie, subd. de Sétif. Pop. ind. 1,522 ind. ; — à 25 kil. S.-O. de Bougie.

Guiltounen. V. *Iril-Guiltounen*, fract. des Illoula-ou-Malou, tribu, Com. ind., cerc. et cant. jud. de Fort-National, subd. de Dellys. Pop. ind. 256 hab.

Guisalt. Fract. de l'ancienne tribu des Hachem. V. *Hachem*, tribu, Com. mix. et cant. jud. de Bordj-bou-Arréridj, arr. de Sétif.

Guitain. V. *El-Guitain*, fract. des Ouled-Amar-ben-Ali, tribu, Com. ind., cant. jud. et cerc. de La Calle, subd. de Bône.

G'zel-Ouled-Moumen. V. *Ouled-Moumen*, tribu, Com. ind. de Tiaret-Aflou, annexe d'Aflou, cant. jud. de Tiaret, subd. de Mascara. Pop. 751 ind.

H

Haabra. V. *Kaabra*, tribu des Harrar-Chéraga, aghalik, Com. ind. de Tiaret-Aflou, cant. jud. et cerc. de Tiaret, subd. de Mascara.

Hab-er-Rih. Tribu dépendant de l'aghalik d'Ouargla. Com. ind., cerc. et cant. jud. de Laghouat, subd. de Médéa. Pop. ind. 991 hab. ; — au N.-E. de la ville d'Ouargla.

Habibi. V. *Beni-Habibi*, tribu, Com. ind., cant. jud. et cerc. de Djidjelli, subd. de Constantine, arr. jud. de Bougie.

Haboucha. (Sup. 8,317 hect.) Tribu délimitée et érigée en douar-com. par décret du 27 octobre 1869. V. le douar-com. de *Haboucha*, n° 187 de la carte. Com. mix. de Frendah-Mascara, subd. de Mascara, cant. jud. de Relizane. Pop. ind. 1,013 hab.

Hachalfa. Fract. des Ouled-Deïd, tribu et douar, Com. ind., cerc., cant. jud. et subd. de Médéa. Pop. ind. 531 hab.

Hachem. (Sup. 5,091 hect.) Tribu délimitée et érigée en douar-com. par décret du 31 décembre 1866. V. le douar-com. de *Oued-Deurdeur*, n° 64 de la carte, Com. pl. ex. d'Aïn-Sultan, arr. de Miliana.

Hachem. Ancienne tribu. (Sup. d'après les plans réguliers dressés par le service topographique 77,173 hect.

pour la partie réunie au territoire civil.) Dans ce chiffre figurent 5,340 hect. de la section de Chouïa, provenant de la tribu de Zemoura. Pop. tot. 4,874 hab., savoir : 636 français, 98 israélites, 142 étrangers et 3,998 ind. La 1re partie du sén.-cons. a été appliquée à la tribu des Hachem; mais le décret de répartition n'a pas été rendu. Les Hachem comprenaient autrefois les fract. suivantes : Sidi-Embarek, Sounada, El-Anasser, Medjana, Cédrata (aussi appelée Ouled-bou-Nab, ou Ouled-Ali-bou-Nab), Guemmour, Tassera, Aïn-Tagrout, Bou-Arréridj, Aïn-Sultan, Djaïfa et Guisati, réunies au territoire civil par appl. du décret du 24 décembre 1870, une fract. isolée appelée Oued-Ksob a été laissée sous l'action de l'autorité militaire et se trouve actuellement englobée dans la tribu de l'Oued-Ksob. A la suite de leur rattachement au territoire civil les fract. des Hachem ont subi les transformations suivantes : La fract. de Bou-Arréridj d'une sup. de 5,280 hect., sup. rectifiée, constituée en com. mix. par arrêté du 6 novembre 1868, a été érigée en com. pl. ex. par décret du 3 septembre 1870. Cant. jud. de Bordj-bou-Arréridj, arr. de Sétif. Pop. 215 français, 98 israélites, 125 étrangers et 1,012 ind. Les autres fract. forment, avec les villages européens nouvellement installés, dans leur territoire, les 6 sections de la com. mix. de Bordj-bou-Arréridj, savoir : 1re section : Aïn-Tagrout, centre, sup. 2,154 hect. — 2e section : Bir-Kasdali, centre, sup. 3,130 hect.; Chouïa, fract. de douar, sup. 1,810 hect.; Cedrata, ou Ouled-Ali-ben-Nab, fract. des Hachem, sup. 7,472 hect. Pop. 98 français, 6 étrangers et 1,810 ind., pop. tot. 1,914 hab.; ces 2 premières sections ont été recensées ensemble. — 3e section : Sidi-Embarek, centre, sup. 4,719 hect.; Sidi-Embarek, fract. des Hachem, sup. 1,464 hect.; Bir-Aïssa, centre, sup. 2,720 hect. Pop. 168 français, 5 étrangers et 366 ind., pop. tot. 539 hab. — 4e section : El-Anasser, centre, sup. 3,121 hect.; El-Anasser, fract. des Hachem, sup. 6,228 hect.; Guemmour, fract. des Hachem, sup. 4,224 hect.; Bel-HImour et Chenia, centres, sup. 3,723 hect.; Tassera, fract. des Hachem, sup. 3,600 hect. Pop. 34 français, 4 étrangers et 381 ind., pop. 419 hab. — 5e section : Sennada, fract. des Hachem, sup. 4,508 hect.; Kerbet-el-Achir, centre, sup. 3,143 hect. Pop. 10 français et 107 ind., pop. tot. 117 hab. — 6e section : Medjana, centre, sup. 3,136 hect.; Medjana, fract. des Hachem, sup. 9,336 hect.; Aïn-Sultan, centre, sup. 3,159 hect.; Aïn-Sultan, fract. des Hachem, sup. 4,240 hect. Pop. 111 français, 2 étrangers et 322 ind., pop. tot. 435 hab. Cant. jud. de Bordj-bou-Arréridj, arr. de Sétif. — Nota : Le territoire des fract. de Guisati et de Djaïfa a été compris dans la formation des sections ci-dessus désignées, et par suite les noms de ces 2 fract. n'ont pas été maintenus. Les 1,676 ind. des fract. de Sidi-Embarek, Sennada, El-Anasser et Medjana ont été cantonnés dans la tribu du Hodna, dépendant de l'annexe de M'sila, com. ind., cerc. et cant. jud. de Bordj-bou-Arréridj, subd. de Sétif.

Hachem-Chéraga. (Sup. 78,783 hect. env.) Territoire non soumis à l'appl. du sén.-cons. Rattaché à la com. mix. de Frendad-Mascara, cant. jud., cerc. et subd. de Mascara; — à 12 kil. S.-E. de Mascara et sur le chemin de cette ville à Tiaret. Les Hachem-Chéraga sont formés des tribus suivantes : Ouled-Aïssa-bel-Abbès, 1,278 ind.; Mahmud ou Mahmed, 2,485 ind. et Chellog 1,502 ind.

Hachem-Darough. (Sup. 4,385 hect.) Tribu délimitée et érigée en 2 douars-com. par décret du 4 décembre 1864. V. les douars *Hachem-Darough-Fouaga*, 1,023 hect. et *Hachem-Darough-Tahta*, 3,362 hect. Cant. jud. et arr. de Mostaganem; — à 5 kil. N.-E. de cette dernière ville.

Hachem-Gheraba. Ancienne organisation. Les Hachem-Gheraba figurent comme tribu dans la délimitation du cant. jud. de Mascara.

Hadada. V. *El-Haddada*, fract. des Beni-Yala, tribu. Conv. ind., cerc. et subd. de Sétif, cant. jud. d'Akbou, arr. jud. de Bougie. Pop. ind. 494 hab.

Haddada. V. *El-Haddada*, fract. des Ouled-Daoud, tribu. Com. ind., cant. jud., cerc. et subd. de Batna. Pop. ind. 677 hab.

Haddous. V. *Ouled-Haddou*, tribu. Com. ind. de Tiaret-Aflou, cant. jud. et cerc. de Tiaret, subd. de Mascara.

Hadjadja. (Sup. 5,147 hect.) Tribu délimitée et érigée en douar-com. par décret du 8 avril 1868. V. le douar-com. de *Hadjadja*, n° 72 de la carte. Com. mix. et arr. de Mascara.

Hadjadj et **Harazlia.** Tribus et terrains de parcours non soumis à l'appl. du sén.-cons. Rattachés à la com. ind. de Laghouat. Cant. jud. et cerc. de Laghouat, subd. de Médéa; — à 40 kil. S.-E. de Laghouat, à cheval sur le chemin de Laghouat à Guerrara. Les Hadjadj comprennent les fract. suivantes : Ouled-Ouargla, Ouled-Ounis et El-Metalia. Pop. 688 ind.

Hadj-ben-Atia. V. *El-Hadj-ben-Atia*, fract. des Ouled-Mohamed-el-M'barek, tribu. Com. ind., cerc. et cant. jud. de Bou-Sâada, subd. d'Aumale. Pop. ind. 99 hab.

Hadjerés. V. *Ouled-Sidi-Hadjerés*, tribu. Com. ind., cant. jud., cerc. et subd. d'Aumale.

Hadjhma. Fract. des Ouled-Allane-Zekri, tribu. Com. ind., cerc., cant. jud. et subd. de Médéa. Pop. ind. 475 hab.

Hafaïr. V. *Hefaïer*, fract. de la tribu des Righa. Com. ind., cant. jud., cerc. et subd. de Médéa. Pop. ind. 254 hab.

Haïdous. Fract. de l'Oued-Abdi, tribu. Com. ind., cant. jud., cerc. et subd. de Batna. Pop. ind. 445 hab.; — à 35 kil. N.-E. de Biskra.

Haïcia. (Sup. 8,015 hect.) Tribu délimitée et érigée en douar-com. par décret du 31 octobre 1868. V. le douar-com. *El-Bordj*, n° 75 de la carte. Com. mix. de Frendah-Mascara, subd. et cant. jud. de Mascara. Pop. ind. 2,284 hab.

Hallabras. V. *Labras*, fract. de la tribu des Abid. Com. ind., cerc., cant. jud. et subd. de Médéa. Pop. ind. 929 hab.

Hallou. V. *Bou-Hallou*, fract. des Beni-bou-Mileuk, tribu. Com. ind., cerc. et subd. d'Orléansville, cant. jud. de Cherchel. Pop. ind. 407 hab.; — à 43 kil. S.-O. de Cherchel et à 40 kil. N.-E. d'Orléansville.

Hallouan. V. *Bou-Hallouan*, tribu et douar. Com. mix. d'Adélia, cant. jud. et arr. de Miliana.

Hallouya-Chéraga et Gheraba. (Sup. 15,870 hect.) Tribus non érigées en douar-com. Rattachées à la com. mix. d'Amni-Moussa. Cerc. d'Amni-Moussa, subd. d'Oran, cant. jud. d'Inkermann; — à 45 kil. S.-E. d'Inkermann et à cheval sur l'Oued-Riou. Pop. des Hallouya-Chéraga, 3,185 ind.; pop. des Hallouya-Gheraba, 1,467 ind.

Hamaïla. Fract. des Ouled-Si-Yahia, tribu. Com. ind., cant. jud. et cerc. de Tebessa, subd. de Constantine. Pop. ind. 528 hab.

Hamama. V. *Nouader-Hamama*, fract. de l'Oued-Abdi, tribu. Com. ind., cant. jud., cerc. et subd. de Batna. Pop. ind. 308 hab.; — à 44 kil. S. de Batna et à 45 kil. N.-E. de Biskra.

Hameïden. V. *Beni-Hameïden*, douar. Com. pl. ex. de Bizot, cant. jud. et arr. de Constantine.

Hamel-Cheurfa. V. *Chorfat-el-Hamel*, tribu. Com. ind. cant. jud. et cerc. de Bou-Sâada, subd. d'Aumale.

Hamid. V. *Beni-Hamid*, fract. des Ouled-Ali-Achicha, tribu. Com. ind., cerc. et cant. jud. de La Calle, subd. de Bône. Pop. ind. 162 hab.

Hamid. V. *Oued-Hamid*, petite fract. des Ouled-Fedhala. Com. ind., cant. jud., cerc. et subd. de Batna. Pop. ind. 277 hab.

Hamidech. V. *Ouled-Hamidech*, tribu. Com. ind. et cerc. d'El-Milia, cant. jud. et annexe de Collo, subd. de Constantine, arr. jud. de Philippeville.

Hamli. Fract. des Beni-Ghobri ou Beni-Robri, tribu. Com. ind., cant. jud. et cerc. de Fort-National, subd. de Dellys. Pop. ind. 191 hab.; — à 22 kil. N.-E. de Fort-National et au S. du Djebel-Tizi-Oufellah.

Hamma. V. *El-Hamma*, fract. de la tribu du Bou-Thaleb. Com. ind., cant. jud., cerc. et subd. de Sétif.

Hamma. V. *Ouled-Hamma*, fract. des Ouled-Ali-ben-Sabor, tribu. Com. ind., cant. jud., cerc. et subd. de Batna, annexe de Barika. Pop. ind. 475 hab.

Hammam. V. *Ahl-el-Oued* et *Ahl-el-Hammam*, tribus. Rattachées au cant. jud. de Tlemcen. Subd. de Tlemcen.

Hammam. V. *Oued-el-Hammam*, tribu. Com. mix., cant. jud. et arr. de Mascara.

Hammana. Fract. des Ouled-Khiar, tribu. Com. ind., cerc. et cant. jud. de Soukahras, subd. de Bône. Pop. ind. 1,149 hab.; — à 28 kil. S.-E. de Soukahras.

Hammou. V. *Ouled-Hammou*, tribu. Com. mix. et cerc. de Lalla-Maghrnia, cant. jud. et subd. de Tlemcen.

Hamoula. Fract. du Ferdjioua, tribu et kaïdat. Com. ind., cerc. et subd. de Constantine, cant. jud. de Mila. Pop. ind. 379 hab.; — à 25 kil. O. de Mila et sur le versant N. du Djebel-bou-Cherf, point géodésique, altitude 1,139 mètres.

Hamradça. V. *El-Amradça*, petite fract. des Beni-Maâfa de la tribu des Achèche. Com. ind., cant. jud., cerc. et subd. de Batna. Pop. ind. 501 hab.; — à 38 kil. S.-O. de Batna.

Hamyan. (Sup. 13,807 hect.) Tribu délimitée et érigée en douar-com. par décret du 13 avril 1867. V. le douar-com. de *Hamyan*, n° 102 de la carte. Com. mix. de la Mekerra, cant. jud. et arr. de Sidi-bel-Abbès.

Hamyan. Ancienne tribu. (Sup. 7,261 hect.) V. *Hamyan-Aiada* et *Hamyan-el-Malah*. Com. pl. ex. d'Arzow, cant. jud. de St-Cloud, arr. d'Oran.

Hamyan-Aïada. Fract. de l'ancienne tribu des Hamyan. (Sup. 1,342 hect.) Non soumise à l'appl. du sén.-cons. Rattachée à la section communale de Damesme. Com. pl. ex. d'Arzew, cant. jud. de St-Cloud, arr. d'Oran. Pop. comprise dans la com. d'Arzew.

Hamyan-Chafa ou **Hamyan-Chaffa.** Tribu non soumise à l'appl. du sén.-cons. Rattachée à la com. mix. de Sebdou. Cerc. de Sebdou, cant. jud. et subd. de Tlemcen; — à 60 kil. S. de Sebdou et à 100 kil. S. de Tlemcen. Pop. 2,405 ind. Les Hamyan-Chafa se composent des tribus ou fract. suivantes : Beni-Metarref, Akerma, Bekakra et Ouled-Mansoura.

Hamyan-Djembân. Tribu non soumise à l'appl. du sén.-cons. Rattachée à la com. mix. de Sebdou. Cerc. de Sebdou, cant. jud. et subd. de Tlemcen; — à 60 kil. S. de Sebdou et à 100 kil. S. de Tlemcen. Pop. 3,620 ind. marocains. Les Hamyan-Djembân se composent des tribus suivantes : Ouled-Serour, Ouled-Messaoud ou Ghlatra-Ouled-Messaoud, Ouled-Ahmed ou Ghlatra-Ouled-Ahmed, Megan, Meghaoulia, Ouled-'Thounis ou Ouled-Tourni, Fradha, Ouled-Embarek, Ouled-Farès, Sendan et Ouled-Sidi-Ahmed-ben-Medjdoub.

Hamyan-el-Malah. Fract. de l'ancienne tribu des Hamyan. (Sup. 5,919 hect.) Non soumise à l'appl. du sén.-cons. Rattachée à la section communale de St-Leu. Com. pl. ex. d'Arzew, cant. jud. de St-Cloud, arr. d'Oran. Pop. comprise dans la com. d'Arzew.

Hamza. V. *Ouled-Hamza*, fract. des Ouled-Ali-ben-Sabor, tribu. Com. ind., cant. jud., cerc. et subd. de Batna, annexe de Barika. Pop. ind. 306 hab.

Hamza. V. *Ouled-Hamza*, tribu. Com. pl. ex. de Boghar et de Boghari, cant. jud. de Boghari, arr. d'Alger.

Hamzat. Fract. des Matmata, tribu. Com. ind., cant. jud. et cerc. de Miliana, subd. d'Orléansville. Pop. ind. 487 hab.

Hannacha. (Sup. 4,465 hect.) Tribu délimitée et érigée en douar-com. par décret du 23 septembre 1867. V. le douar-com. de *Hannacha*, n° 37 de la carte. Com. ind. et subd. de Médéa. Cette tribu ou le douar-com. se compose des fract. suivantes : Ouled-Hannouda, Ouled-bou-Halia, Rander, Dra-Saboun. Pop. 1,054 ind.

Hanneeh. V. *Ouled-Hanneeh*, tribu. Com. ind. de Bordj-bou-Arréridj, annexe de M'sila, cant. jud. et cerc. de Bordj-bou-Arréridj, subd. de Sétif.

Hannencha ou **Hanencha.** (Sup. 43,871 hect.) Tribu délimitée et divisée en 3 douars-com. par décret du 25 mars 1868. V. les douars *Hanencha*, n° 107; *Tifech*, n° 108; *Zarouria*, n° 109 de la carte. Com. ind., cant. jud. et cerc. de Souk-Ahras, subd. de Bône. Pop. tot. 9,203 ind.

Haoua. V. *Beni-Haoua*, tribu. Com. mix. et cant. jud. de Ténès, arr. d'Orléansville.

Haouabed ou **Aouabed** ou **El-Aouabed.** Fract. des Ouled-Bessem-Chéraga, tribu. Com. ind., cant. jud. et cerc. de Teniet-el-Had, subd. d'Orléansville; — à 36 kil. S.-O. de Teniet-el-Had et sur la rive gauche de l'Oued-Temelat, affluent de l'Oued-Ardjem. Pop. ind. 273 hab.

Haouaït ou **Kaouaït.** Fract. des Beni-Maïda, tribu. Com. ind., cant. jud. et cerc. de Teniet-el-Had, subd. d'Orléansville. Pop. 210 hab.

Haouamed ou **Haouammed.** (Sup. 87,257 hect.) Tribu délimitée et érigée en douar-com. par décret du 3 mai 1869. V. le douar-com. de *Haouamed*, n° 188 de la carte. Rattachée à la com. ind. et au cant. jud. de Bou-Sâada, subd. d'Aumale; — à 12 kil. E. de Bou-Sâada. Pop. comprise dans la tribu des Ouled-Ferad. — NOTA : Cette tribu dépendait autrefois de la province de Constantine.

Haouaoucha. V. *El-Haouaoucha*, fract. des Ouled-Mohamed-el-M'barek, tribu. Com. ind., cerc. et cant. jud. de Bou-Sâada, subd. d'Aumale. Pop. ind. 136 hab.

Haouara. (Sup. 8,269 hect.) Tribu délimitée et érigée en douar-com. par décret du 31 octobre 1868. V. le douar-com. de *Haouara* ou *Haoura*, n° 106 de la carte. Com. ind., cant. jud. et subd. de Médéa. Cette tribu se compose des fract. suivantes : Ouled-Thabet, Ouled-Amran, Laouata, Ouled-Daoud et Menasseria. Pop. ind. 1,090 hab.

Haouaret. (Sup. 12,690 hect. env.) Tribu dépendant des Sedama. Non soumise à l'appl. du sén.-cons. Rattachée à la com. mix. de Frendah-Mascara, cerc. de Frendah, subd. de Mascara, cant. jud. de Tiaret; — à 34 kil. S.-O. de Tiaret et à cheval sur les routes de Tiaret, de Mascara et de Saïda. Cette tribu renferme le centre de Frendah. Pop. 194 européens et 1,728 ind. y compris le centre de Frendah.

Haouassenia. Fract. des Ouled-Cheïkh, tribu. Com. ind., cant. jud. et cerc. de Miliana, subd. d'Orléansville. Pop. ind. 111 hab.; — à 30 kil. S.-O. de Miliana.

Haouïta. V. *El-Haouïta*, ksar. Com. ind., cant. jud. et cerc. de Laghouat, subd. de Médéa.

Haoura. V. *Haouara*, tribu. Com. ind. et cerc. de Médéa, subd. de Médéa.

Haracta. (Sup. 496,082 hect.) Tribu délimitée et érigée en 26 douars-com. par décret du 8 juin 1870. V. les douars *Aïn-Diss, Aïn-Babouch, El-Gourn, El-Zerg (Oued-Cherf), Aïn-Snob, Moutadheïn, Touzzeline, Sidi-R'gheïss, Ouessah, El-Hassi, Bou-Haouch (Hammamra), Terraguelt, Meslouta, Aïd-Zitoun* et *Enchir-Ghoraïn, Medfoun, F'krina, Chelmoun, Guern-Amar, Rahia, El-Mechtal (Meskiana) Baghaï, M'toussa, Oued-Nini, Ras-Zébar, Aïn-Thouïla, Ksar-el-Kelb* et *Dalah*, du nº 266 au nº 293 de la carte. Rattachés à la com. ind. d'Aïn-Beïda, cant. jud. et cerc. d'Aïn-Beïda, subd. de Constantine. Cette tribu contourne le territoire de la com. pl. ex. d'Aïn-Beïda. Actuellement cette tribu est divisée en 5 kaïdats, savoir : 1º El-Beïda ou Aïn-Beïda, 2º Aïn-Sedjera ou Aïn-Fedjera, 3º Tafrent, 4º Oum-el-Abeïr et 5º Settara. Pop. tot. 32,268 ind.

Haracta-Djerma-Dahra. (Sup. 4,922 hect.) Tribu délimitée et érigée en douar-com. par décret du 26 août 1865. V. le douar *Haracta-Djerma-Dahra*, nº 111 de la carte des douars. Cant. jud. et com. mix. de Batna, arr. de Constantine. Pop. 211 ind.

Haracta-Djerma-Guebala. (Sup. 2,355 hect.) Tribu délimitée et érigée en douar-com. par décret du 26 août 1865. V. le douar *Haracta-Djerma-Guebala*, nº 110 de la carte des douars. Cant. jud. et com. mix. de Batna, arr. de Constantine. Pop. 156 ind.

Haracta-el-Mader. (Sup. 13,770 hect.) Tribu délimitée et divisée en 4 douars-com. par décret du 21 octobre 1865. V. les douars *Ouled-Aïssman*, nº 112 de la carte ; *Ouled-Zaïd*, nº 113 ; *Herman*, nº 114 ; *Ouled-bou-Djemah*, nº 115. Cant. jud. et com. mix. de Batna, arr. de Constantine. Pop. 991 ind.

Haraouat. (Sup. 25,000 hect. env.) Tribu dépendant actuellement de l'aghalik du Djendel. Non érigée en douar-com. Rattachée à la com. ind. de Miliana, cant. jud. et cerc. de Miliana, subd. d'Orléansville. Pop. 1,870 ind. Cette tribu se compose des fract. suivantes : Chekaïmin, 539 ind.; Ouled-Abd-Errahman, 226 ind.; Beni-Galia, 328 ind.; Ouled-Miloud, 423 ind.; Ouled-Fathma, 208 ind. et Ouled-Zian, 146 ind.; — à 24 kil. S. de Miliana.

Harartsa. (Sup. 5,446 hect. Tribu délimitée par décret du 1er mai 1869. Rattachée à la com. mix. de Zemmorah, arrêté du Gouverneur général en date du 6 novembre 1868. Annexe de Zemmorah, cant. jud. de Relizane et subd. d'Oran ; — à 14 kil. E. de Relizane, sur le chemin de cette ville à Zemmorah. — NOTA : Cette tribu jouissant déjà de la vie communale au moment de la délimitation (1er mai 1869), n'a pas été érigée en douar-com. La tribu d'Harartsa figure dans la composition territoriale du cant. jud. de Relizane sous le nom de Zemmorah. — Pop. 1,543 ind.

Harbil. Fract. des Beni-Yala, tribu. Com. ind., cerc. et subd. de Sétif, cant. jud. d'Akbou, arr. jud. de Bougie. Pop. ind. 1,070 hab. ; — à 35 kil. S.-E. d'Akbou, sur le versant N. du Djebel-Djemâa-Belloub.

Harchaoua ou **Archaoua**. Tribu non soumise à l'appl. du sén.-cons. Rattachée à la com. mix. de Dra-el-Mizan, arr. de Tizi-Ouzou, cant. jud. de Dra-el-Mizan. Une partie de la tribu des Ouled-el-Aziz a été rattachée à cette tribu. Pop. 1,759 hab. Le village de Bou-Haroun a été établi dans la tribu des Harchaoua.

Harazlia. Terrains de parcours de la com. ind. de Laghouat, subd. de Médéa, cant. jud. et cerc. de Laghouat. V. *Hadjadj* et *Harazlia*. Tribus et terrains de parcours.

Harihira. V. *El-Harihira*, fract. de Tuggurt, tribu. Com. ind., cerc. et cant. jud. de Biskra, subd. de Batna. Pop. ind. 128 hab. ; — à 17 kil. N. de Tuggurt, à 177 kil. S. de Biskra et à 3 kil. E. du chemin reliant ces deux centres.

Haroun. V. *Beni-Haroun*, azel-beylick. Com. mix. et cant. jud. de Mila, arr. de Constantine. Pop. 2,538 ind.

Harrach. V. *El-Harrach*, tribu. Com. ind., cerc. et cant. jud. d'Akbou, subd. de Sétif, arr. jud. de Bougie.

Harrar. V. *El-Harrar du Chélif*, tribu. Com. mix. de l'Oued-Fodda, cant. jud. de Duperré, arr. d'Orléansville.

Harrar-Chéraga. Aghalik. Son territoire se compose des tribus suivantes, savoir : Ouled-Lakred ou Ouled-Lakhed, pop. 1,448 ind. ; Ouled-Sidi-Khaled, 2,357 ind. ; Ouled-Zian-Chéraga, 479 ind. ; Ouled-Haddou, 562 ind. ; Kaabra, 827 ind. ; Ouled-Zouaï, 729 ind. ; Ouled-Aziz, 457 ind. ; Chaouïa, 496 ind. ; Ouled-bou-Afif, 264 ind. ; Ouled-bel-Hoceïn, 401 ind. ; Ouled-Kharroubi, 1,789 ind. ; Ouled-bou-Rennane, 1,261 ind.; Sahari-Chéraga, 967 ind. ; Guenadza 244 ind. et la Smala d'Aïn-Kerma, 256 ind. Rattaché à la com. ind. de Tiaret-Aflou. Cerc. et cant. jud. de Tiaret, subd. de Mascara.

Harrar-Ghéraba. Le territoire des Harrar-Ghéraba se compose des tribus suivantes : Ouled-Zian-Ghéraba, 1,371 ind.; Dehalsa, 675 ind.; Ghouadi, 736 ind.; M'rabtin-Gheraba, 370 ind. et Hassinat, 130 ind. Com. mix. de Frenda-Mascara, cant. jud. de Tiaret, cerc. et subd. de Mascara.

Harrid. V. *Ouled-Harrid*, tribu. Com. mix., cant. jud. et arr. de Guelma.

Harid-el-S'beta. V. *Ouled-Arid et S'beta*, tribu. Com. ind., cant. jud. et cerc. de La Calle, subd. de Bône.

Hassabsa. Azel-Beylik réuni à la terre Habbous de Sidi-Abd-es-Selam. (Sup. tot. 1,384 hect.) provenant de l'ancienne tribu des Tréat.) Ce territoire, situé à 38 kil. O. de Bône, est borné : au N. par la tribu des Tréat, à l'E. et au S. par cette même tribu et celle des Ouled-Attia, à l'O. par les Senhadja. Constitué en douar-com. sous le nom d'Abd-es-Selam, par décret du 29 juin 1870. Pop. recensée avec la tribu des Tréat. — Nota : Par suite d'une omission, le douar-com. d'Abd-es-Selam, qui se trouve enclavé dans la com. mix. et dans le cant. jud. d'Aïn-Mokra, n'a été indiqué ni dans l'acte constitutif de la com. mix. d'Aïn-Mokra, ni dans celui du cant. jud. Cette omission est également constatée sur la carte des douars.

Hassasna. (Sup. 16,121 hect.) Tribu délimitée et érigée en douar-com. par décrets des 26 juin 1867 et 20 août 1870. V. le douar-com. de *Tilmouni*, n° 98 de la carte. Com. mix. de la Mekerra, arr. et cant. jud. de Sidi-bel-Abbès.

Hassasna et partie de Sahari. (Sup. 5,506 hect.) Tribus délimitées et érigées en 2 douars-com. par décrets du 31 octobre 1866 et 11 juillet 1870. V. les douars *Messabehia*, n° 34 de la carte. Com. mix. de Relizane, arr. de Mostaganem. Pop. 1,053 ind. et *Ben-Aouda*, n° 35 de la carte. Com. mix. de Zemmorah, subd. d'Oran. Pop 523 ind.

Hassasna-Chéraga. (Sup. 68,610 hect. env.) Tribu non soumise à l'appl. du sén.-cons. Rattachée à la com. ind. de Saïda, cant. jud. et cerc. de Saïda, subd. de Mascara; — à 40 kil. S.-E. de Saïda et au N. du Chott-ech-Chergui. Pop. 2,144 ind.

Hassasna-Gheraba. (Sup. 39,880 hect. env.) Tribu non soumise à l'appl. du sén.-cons. Rattachée à la com. ind. de Saïda, cant. jud. et cerc. de Saïda, subd. de Mascara; — à 40 kil. S.-E. de Saïda et au N. du Chott-ech-Chergui. Pop. 1,466 ind.

Hassein. V. *Beni-Hassaïn*, tribu. Com. ind., cant. jud. et cerc. de Fort-National, subd. de Dellys.

Hassein. V. *Beni-Hassein*, tribu et douar. Com. ind., cant. jud. et cerc. de Bougie, subd. de Sétif.

Hassein. V. *Ouled-ben-Hassein* ou *Ouled-bel-Hocein*, tribu dépendant des Harrar-Chéraga. Com. ind. de Tiaret-Aflou, cant. jud. et cerc. de Tiaret, subd. de Mascara.

Hassen. V. *Doui-Hassen*, tribu ou douar *Tircine*. Com. ind., cant. jud. et cerc. de Saïda, subd. de Mascara.

Hassen-ben-Ali. (Sup. rectifiée 22,759 hect.) Tribu délimitée et divisée en 6 douars-com. par décrets des 15 juin 1864 et 14 avril 1866. V. les douars : *Gharabas*, n° 43 de la carte; *Ouled-Brahim*, n° 44 de la carte; *Ouled-Mellal*, n° 46 de la carte; *Ouled-Ferguen*, n° 45 de la carte; *Ouled-Térif*, n° 47 de la carte; *Merachda*, n° 48 de la carte. Com. mix. de Ben-Chicao, cant. jud. de Médéa, arr. d'Alger. Pop. tot. 5,017 hab., savoir : 104 français, 5 étrangers et 4,908 ind. y compris la pop. du centre d'Hassen-ben-Ali. — Nota : Le territoire du centre d'Hassen-ben-Ali a été prélevé, partie sur le douar de Gharabas et partie sur le douar d'Ouzera.

Hasseni. V. *Doui-Hasseni*, tribu. Cant. jud., cerc. et com. ind. de Teniet-el-Had, subd. d'Orléansville.

Hassinat. V. *El-Hasinate*, grande fract. de la tribu des Chorfat-el-Hamel. Com. ind., cerc. et cant. jud. de Bou-Sâada, subd. d'Aumale. Pop. ind. 338 hab.

Hassinat. (Sup. 16,436 hect. env.) Tribu dépendant des Harrar-Gheraba. Non soumise à l'appl. du sén.-cons. Rattachée à la com. mix. de Frendah-Mascara. Cerc. de Frendah, subd. de Mascara, cant. jud. de Tiaret; — à 40 kil. S.-O. de Tiaret et sur le versant S.-E. du Djebel-Garda. Pop. 130 ind.

Hattab. V. *Beni-bou-Hattab*, tribu. Com. ind. et cerc. de Miliana, cant. jud. de Duperré, subd. d'Orléansville.

Hazedj. (Sup. 18,306 hect.) Tribu délimitée et divisée en 5 douars-com. par décret du 25 avril 1866. V. les douars suivants : *Mahdid*, n° 111; *Ouled-Ghazzi*, n° 110; *Atamnia*, n° 109; *Nemaïcha*, n° 108; *Ouled-Riab*, n° 107 de la carte. Com. mix. de la Mekerra, cant. jud. et arr. de Sidi-bel-Abbès. Pop. 23 français, 31 étrangers et 3,462 ind.

Hédiel. V. *Beni-Hédiel*, tribu. Com. mix. et cerc. de Sebdou, cant. jud. et subd. de Tlemcen.

Hédifa. Fract. des Ghribs, tribu et douar. Com. ind., cant. jud., cerc. et subd. de Médéa. Pop. ind. 1,038 hab.

Hedjadjera. V. *Nedjadjera*, fract. de la tribu des Meraheba. Com. ind. et cerc. de Miliana, cant. jud. de Duperré, subd. d'Orléansville.

Hefaïer. Fract. des Righa, tribu. Com. ind., cant. jud., cerc. et subd. de Médéa. Pop. ind. 251 hab.; — à 8 kil. S.-O. de Médéa.

Hefassa. V. *El-Hefassa*, fract. des Ouled-Abd-Allah, tribu. Com. ind., cerc. cant. jud. et subd. d'Orléansville. Pop. ind. 441 hab.

Hellal. V. *Beni-Hellal*, tribu. Com. ind. de Tiaret-Aflou, annexe d'Aflou, cant. jud. et cerc. de Tiaret, subd. de Mascara.

Hellal. V. *Ouled-Hellal*, tribu. Com. ind. et cerc. de Boghar, cant. jud. de Boghari, subd. de Médéa.

Heumis. (Sup. 13,832 hect.) tribu délimitée et érigée en douar-com., par décret du 24 mars 1866. V. le douar-com. de *Heumis*, n° 85 de la carte. Com. mix. et cant. jud. de Ténès, arr. d'Orléansville. Pop. tot. 3,423 hab.

Hezal. Fract. des Sahari-Ouled-Brahim, tribu. Com. ind., cant. jud., cerc. et subd. de Médéa. Pop. ind. 247 hab.

Hidjeb. Fract. des Illoula-ou-Malou, tribu. Com. ind., cant. jud. et cerc. de Fort-National, subd. de Dellys. Pop. ind. 138 hab.; — à 24 kil. S.-E. de Fort-National.

Hindel. V. *Beni-Hindel*, tribu. Com. ind., cant. jud., cerc. et subd. d'Orléansville.

Hocein. V. *Ouled-bel-Hocein*, tribu. Com. ind. de Tiaret-Aflou, cant. jud. et cerc. de Tiaret, subd. de Mascara.

Hodna. Tribu et kaïdat du cerc. de Bordj-bou-Arréridj. Le Hodna se compose des territoires ind. suivants : 1° les Ouled-Madhi, ancienne tribu formée de 5 douars-com. : Ouled-si-Hamla, Ouled-Abd-el-Hack, Ouled-Matoug, El-Bribri et Oued-Chellal ; 2° les Ouled-Derradj, ancienne tribu formée de 9 douars-com. : M'tarfas, Ouled-Dehim, Marabtin d'el-Djorf, Hall-el-Der, Coudiat-Ouitlen, Selman, Braktias, Ouled-Ouelha et Ouled-Guesmia ; 3° des 5 fract. de la tribu du Hodna : Ouled-Guenaïm, Douar-Saïdat, Douar-M'cif, Ouled-Adi-Dahra et Ouled-Adi-Guebala. Rattachés à la com. ind. de Bordj-bou-Arréridj. Cerc. et cant. jud. de Bordj-bou-Arréridj, annexe de M'sila, subd. de Sétif ; — à 18 kil. S.-O. de M'sila et à 55 kil. S.-O. de Bordj-bou-Arréridj, confinant au département d'Alger. Pop. 9,817 ind. Dans ce chiffre figurent 1,676 ind. provenant des fract. de Sidi-Embarek, Senhada, El-Anasser et Medjana, de l'ancienne tribu des Hachem. — NOTA : Le nom de cette tribu (Hodna), ne figure pas dans la composition territoriale du cant. jud. de Bordj-bou-Arréridj.

Hodna. Tribu et kaïdat. Territoire non soumis à l'appl. du sén.-cons. Rattaché à la com. ind. de Batna, cant. jud., cerc. et subd. de Batna, annexe de Barika ; — à 60 kil. O. de Batna et sur la limite E. du Chott-el-Hodna. Pop. tot. 8,702 ind. Le Hodna de Batna se compose des fract. suivantes : Ouled-Mahmed et Ouled-Ammar, 1,336 ind ; Ouled-Abd-Allah et Ouled-Ahmed, 984 ind. ; Selalha, 992 ind. ; T'saaleb, Dramna, Ouled-Embarek et El-Ayadhat, 701 ind. ; Ouled-Chérifa, 431 ind. ; Ouled-el-Amria, 327 ind. ; Ouled-sidi-Atsman, 365 ind. ; Ouled-ben-Dahoua, Ouled-el-Kodra et Ouled-sidi-Ahmed-ben-Gassem ; 744 ind. ; El-Kechaïch et Ouled-Zmira, 663 ind. ; El-Ahezal, Ouled-Ariba, Ed-Debabha, Ouled-sidi-Abd-el-Kader, Azel des Ouled-Mansour, Azel des Ouled-Amor, Ouled-Saïd, Ouled-el-Hachi, Ouled-sidi-Yahia, El-Menaïfa, Ed-Dehahena et Ouled-Brahim-ben-Nedjda, 2,159 ind.

Homeur. Fract. des Beni-Lent, tribu. Com. ind., cant. jud. et cerc. de Teniet-el-Had, subd. d'Orléansville. Pop. ind. 389 hab.

Hora. Fract. des Beni-Idjeur-Sahêl, tribu. Com. ind., cant. jud. et cerc. de Fort-National, subd. de Dellys. Pop. ind. 310 hab. ; — à 28 kil. 1/2 E. de Fort-National et sur le versant S.-O. du Djebel-Dzan, point géodésique, altitude 1,613 mètres.

I

Iachouben. Fract. de Zerkfaoua, tribu. Com. ind., cant. jud. et cerc. de Fort-National, subd. de Dellys. Pop. ind. 1,422 hab. ; — à 27 kil. N.-E. de Fort-National et à 4 kil. de la mer.

Iakouren ou **Iacouren.** Fract. des Beni-Ghobri, tribu. Com. ind., cant. jud. et cerc. de Fort-National, subd. de Dellys. Pop. ind. 410 hab. ; — à 24 kil. N.-E. de Fort-National, sur le versant N. du Tizi-Oufellah.

Iaskaren ou **Iaskren** ou **Iskaren**. Fract. des Beni-Ouaguenoun, tribu, non érigée en douar-com. Forme actuellement une section de la com. mix. de Dellys, arr. de Tizi-Ouzou, cant. jud. de Dellys. Pop. 2,216 hab.

Iazougen ou **Azouga%ne**. Fract. des Beni-Ghobri, tribu. Com. ind., cant. jud. et cerc. de Fort-National, subd. de Dellys. Pop. ind. 1,288 hab. ; — à 20 kil. N.-E. de Fort-National.

Iazounen. Fract. des Beni-Sedka-Chenacha, tribu. Com. ind., cant. jud. et cerc. de Fort-National, subd. de Dellys. Pop. ind. 194 hab.; — à 16 kil. S.-O. de Fort-National et sur la rive droite de l'Oued-bou-Chenacha, affluent de l'Oued-Sebaou.

Ibarizen. Fract. de Tigrin, tribu. Com. ind., cant. jud. et cerc. de Fort-National, subd. de Dellys. Pop. ind. 152 hab. ; — à 41 kil. N.-E. de Fort-National et à 4 kil. de la mer.

Ibedacen. Fract. des Azzouza, tribu. Com. ind., cant. jud. et cerc. de Fort-National, subd. de Dellys. Pop. ind. 368 hab. ; — à 33 kil. N.-E. de Fort-National et sur le versant N.-O. du Djebel-Azzouza, signal géodésique, altitude 1,084 mètres.

Ibedach. Fract. des Beni-Djenad-el-Ghorb, tribu. Com. ind., cant. jud. et cerc. de Fort-National, subd. de Dellys. Pop. ind. 668 hab. ; — à 18 kil. N.-E. de Fort-National et sur le versant S.-O. de Tizi-Bounouane, signal géodésique, altitude 939 mètres.

Içaad. V. *Beni-Içaad*, tribu et douar. Com. mix. de Zemmorah, annexe de Zemmorah, cant. jud. de Relizane, subd. d'Oran.

Ichériden. Fract. des Beni-Iraten-ou-Fella, tribu. Com. ind., cant. jud. et cerc. de Fort-National, subd. de Dellys. Pop. ind. 456 hab.; — à 6 kil. S.-E. de Fort-National et sur la route de cette ville aux Beni-Mansour. Le village kabyle d'Ichériden est situé à 1,055 mètres d'altitude, point géodésique.

Iddou. V. *Ouled-Selama* et *Beni-Iddou*, tribus. Com. ind., cant. jud., cerc. et subd. d'Aumale.

Ider. V. *Beni-Ider*, tribu. Com. ind., cant. jud. et cerc. de Djidjelli, subd. de Constantine.

Idjeb. V. *Hidjeb*, fract. des Illoula-ou-Mallou, tribu. Com. ind., cant. jud. et cerc. de Fort-National, subd. de Dellys. Pop. ind. 138 hab.

Idjer. V. *Beni-Ider*, tribu. Com. ind., cant. jud. et cerc. de Djidjelli, subd. de Constantine.

Idjeur-Djebel. V. *Beni-Idjeur-Djebel* et *Sahèl*, tribus. Com. ind., cant. jud. et cerc. de Fort-National, subd. de Dellys.

Idjeur-Sahèl. V. *Beni-Idjeur-Djebel* et *Sahèl*, tribus. Com. ind., cant. jud. et cerc. de Fort-National, subd. de Dellys.

Ifenaïen. Fract. des Beni-Iraten-ou-Fella, tribu. Com. ind., cant. jud. et cerc. de Fort-National, subd. de Dellys. Pop. ind. 325 hab. ; — à 3 kil. E. de Fort-National. Le village kabyle d'Ifenaïen est situé à 719 mètres d'altitude.

Ifernounen. Fract. des Beni-Ittourar, tribu. Com. ind., cant. jud. et cerc. de Fort-National, subd. de Dellys. Pop. ind. 500 hab. ; — à 19 kil. S.-E. de Fort-National et sur le versant S.-O. du Tamsguida, point géodésique, altitude 1,426 mètres.

Ifra. Fract. des Beni-Ghobri, tribu. Com. ind., cant. jud. et cerc. de Fort-National, subd. de Dellys. V. *Tamliht*, fract. de la même tribu.

Ighil-'goulmimen. Fract. des Beni-Sedka-Ouadia, tribu. Com. ind., cant. jud. et cerc. de Fort-National, subd. de Dellys. Pop. ind. 228 hab. ; — à 8 kil. S.-O. de Fort-National.

Ighil-ouled-Linne. Fract. des Beni-Mansour, tribu. Com. ind., cerc., cant. jud. et subd. d'Aumale, annexe des Beni-Mansour. Pop. ind. 173 hab. ; — à 57 kil. N.-E. d'Aumale et sur la rive droite de l'Oued-Sahèl.

Ighil-ou-M'ced ou **Iril-Oumsed**. Fract. des Illoulas, tribu. Com. ind., cant. jud. et cerc. d'Akbou, subd. de Sétif, arr. jud. de Bougie. Pop. ind. 1,544 hab. ; — à 7 kil. N.-E. d'Akbou et à 4 kil. sur la rive gauche de l'Oued-Sahèl.

Ighil-ou-Moula. V. *Cheurfa* et *Iril-ou-Moula* tribus. Com. mix. et cant. jud. de Dra-el-Mizan, arr. de Tizi-Ouzou.

Ighzer-ou-Guentour. Fract. de la tribu des Beni-Mellikeuch. Com. ind., cant. jud. et cerc. d'Akbou, subd. de Sétif, arr. jud. de Bougie. Pop. ind. d'Ighzer-ou-Guentour, 1,293 hab.

Igouchdal. Fract. des Zerkfaoua, tribu. Com. ind., cant. jud. et cerc. de Fort-National, subd. de Dellys. Pop. ind. 242 hab. ; — à 35 kil. N.-E. de Fort-National.

Igouffaf ou **Igoufaf**. Fract. des Beni-bou-Chaïb, tribu. Com. ind., cant. jud. et cerc. de Fort-National, subd. de

Dellys. Pop. ind. 979 hab.; — à 12 kil. E. de Fort-National. Le village kabyle d'Igouffa est à 994 mètres d'altitude.

Igouffen. Fract. des Beni-Fraoucen, tribu. Com. ind., cant. jud. et cerc. de Fort-National, subd. de Dellys. Pop. ind. 340 hab.; — à 8 kil. E. de Fort-National. Le village kabyle est situé à 958 mètres d'altitude, point géodésique.

Iguer-Abd-Haloun. Fract. des Beni-Sedka-Ogdal, tribu. Com. ind., cant. jud. et cerc. de Fort-National, subd. de Dellys. Pop. ind. 529 hab.; — à 12 kil. S.-O. de Fort-National.

Iguer-Amriane. Fract. des Beni-Zikki, tribu. Com. ind., cant. jud. et cerc. de Fort-National, subd. de Dellys. Pop. ind. 119 hab.; — à 16 kil. S.-E. de Fort-National.

Iguergued-Moumen. Fract. des Beni-bou-Chaïb, tribu. Com. ind., cant. jud. et cerc. de Fort-National, subd. de Dellys. Pop. ind. 1,178 hab.; — à 14 kil. E. de Fort-National et à 3 kil. rive gauche de l'Oued-Boubehir, affluent du Sebaou.

Iguer-Madhi. Fract. de Beni-Zikki, tribu. Com. ind., cant. jud. et cerc. de Fort-National, subd. de Dellys. Pop. ind. 128 hab.; — à 28 kil. S.-E. de Fort-National et sur le versant N.-O. du Azerounaït-Zikki, signal géodésique, altitude 1,718 mètres.

Igueur-Safen et Aït-Terrach. Fract. des Beni-Idjeur-Sahel, tribu. Com. ind., cant. jud. et cerc. de Fort-National, subd. de Dellys. Pop. ind. des deux fract. 425 hab.; — à 28 kil. E. de Fort-National et sur la rive droite de l'Oued-bou-Ergrad, affluent de l'Oued-Sebaou.

Ikhelldjen. Fract. des Beni-Yala, tribu. Com. ind., cerc. et subd. de Sétif, cant. jud. d'Akbou, arr. jud. de Bougie. Pop. ind. 972 hab.; — à 28 kil. E. d'Akbou.

Ikhelldjen. Fract. des Beni-Iraten-bou-Adda, tribu. Com. ind., cant. jud. et cerc. de Fort-National, subd. de Dellys. Pop. ind. 645 hab.

Ikni. V. *Ouled-bou-Ikni*, tribu. Com. mix. et cerc. d'Ammi-Moussa, cant. jud. d'Inkermann, subd. d'Oran.

Ikollen. Fract. des Aït-Ameur et Tifrat, tribus. Com. ind., cant. jud., cerc. de Bougie, subd. de Sétif, arr. jud. de Bougie. Pop. ind. 732 hab.; — à 20 kil. O. de Bougie et à 4 kil. N. du Djebel-ou-Chioun.

Illiteuil. Fract. des M'chedallah, tribu. Com. ind., cerc., cant. jud. et subd. d'Aumale, annexe de Beni-Mansour. Pop. ind. 137 hab.; — à 54 kil. N.-E. d'Aumale.

Illilten. V. *Beni-Illilten*, tribu. Com. ind., cant. jud. et cerc. de Fort-National, subd. de Dellys.

Illiten. V. *Beni-Illilten*, tribu. Com. ind., cant. jud. et cerc. de Fort-National, subd. de Dellys.

Iloula-ou-Malou. (Sup. 10,000 hect. env.) Tribu non soumise à l'appl. du sén.-cons. Rattachée à la com. ind. de Fort-National, dont elle forme une section avec la tribu des Beni-Zikki. Cant. jud. et cerc. de Fort-National, subd. de Dellys; — à 16 kil. S.-E. de Fort-National, confinant au dép. de Constantine. Pop. ind. 3,412. Cette tribu se compose des fract. suivantes : Tabouda, Aït-Aziz, Linsella, Aït-Lhassen, Abourérès, Iril-Guiltounen, Mazerna, Aït-Ali-ou-Mohand, M'zegguen, Agoussine et Hidjeb.

Iloulas ou **Iloulen.** (Sup. 6,728 hect. env.) Tribu non soumise à l'appl. du sén.-cons. Rattachée à la com. ind., d'Akbou, cant. jud. et cerc. d'Akbou, subd. de Sétif, arr. jud. de Bougie. Pop. 6,520 ind.; — à 3 kil. N.-O. d'Akbou et sur la limite E. du point de départ d'Alger. Cette tribu se compose des fract. suivantes : Ouled-Ameur-ou-Zeggan, Tasselent, Ighil-ou-M'ced et Tifrit.

Iloulen. V. *Iloulas*, tribu. Com. ind., cant. jud. et cerc. d'Akbou, subd. de Sétif, arr. jud. de Bougie. Pop. 6,520 ind.

Ilman ou **Beni-Ilman.** Fract. de la tribu de l'Oued-Ksob. Com. ind., cant. jud. et cerc. de Bordj-bou-Arréridj, subd. de Sétif. Pop. ind. 1,265 hab.; — à 68 kil. O. de Bordj-bou-Arréridj et sur la limite du dép. d'Alger. — Nota : Cette fract. est désignée sous le nom de Beni-S'liman, dans la délimitation du cant. jud. de Bordj-bou-Arréridj.

Imadalen. Fract. des Iril-Nézekri, tribu. Com. ind., cant. jud., et cerc. de Fort-National, subd. de Dellys. Pop. ind. 604 hab.; — à 38 kil. N.-E. de Fort-National.

ImaYnseren. Fract. des Beni-Iraten-ou-Fella, tribu. Com. ind., cant. jud. et cerc. de Fort-National, subd. de Dellys. Pop. ind. 441 hab.

Immoula. Fract. d'El-Harrach, tribu. Com. ind., cant. jud. et cerc. d'Akbou, arr. jud. de Bougie, subd. de Sétif. Pop. ind. 838 hab.; — à 20 kil. N.-E. d'Akbou et sur le versant S.-O. du Djebel-Adrarou et à 25 kil. S.-O. de Bougie.

Imoula. V. *Iril-Imoula*, tribu. Com. mix. et cant. jud. de Dra-el-Mizan, arr. de Tizi-Ouzou.

Imoula. V. *Immoula*, fract. d'El-Harrach, tribu. Com. ind., cant. jud. et cerc. d'Akbou, arr. jud. de Bougie, subd. de Sétif.

Imoula. V. *Immoula*, fract. d'El-Harrach, tribu. Com. ind., cant. jud. et cerc. d'Akbou, subd. de Sétif, arr. de Bougie. Pop. ind. 838 hab.

Intacen. V. *Beni-Intacen*, tribu. Com. ind., cant. jud. et cerc. d'Aumale, subd. d'Aumale.

Iraten-bou-Adda. V. *Beni-Raten-bou-Adda* ou *Beni-Iraten-bou-Adda*, tribu. Com. ind., cant. jud. et cerc. de Fort-National, subd. de Dellys.

Iraten-ou-Fella. V. *Beni-Raten-ou-Fella* ou *Beni-Iraten-ou-Fella*, tribu. Com. ind., cant. jud. et cerc. de Fort-National, subd. de Dellys.

Iril-bou-Ammas. Fract. des Beni-bou-Drar, tribu. Com. ind., cant. jud. et cerc. de Fort-National, subd. de Dellys. Pop. ind. 966 hab.; — à 14 kil. S.-E. de Fort-National, sur le versant N. du Djebel-Tabourth, point géodésique, altitude 1,785 mètres.

Iril-Bouguent. Fract. des Beni-Menguellet, tribu. Com. ind., cant. jud. et cerc. de Fort-National, subd. de Dellys. Pop. ind. 474 hab.; — à 12 kil. S.-E. de Fort-National.

Iril-bou-Klessa. Fract. des Beni-Idjeur-Sahël, tribu. Com. ind., cant. jud. et cerc. de Fort-National, subd. de Dellys. Pop. ind. 141 hab.; — à 25 kil. N.-E. de Fort-National et sur le versant S. du Djebel-Affroun.

Iril-Guefri. Fract. des Beni-Raten-ou-Fella ou Beni-Iraten-ou-Fella, tribu. Com. ind., cant. jud. et cerc. de Fort-National, subd. de Dellys. Pop. ind. 377 hab.; — à 2 kil. N.-O. de Fort-National et sur le versant N.-O. du Haddaden, point géodésique, altitude 1,005 mètres.

Iril-Guittounen. Fract. des Illoula-ou-Malou, tribu. Com. ind., cant. jud. et cerc. de Fort-National. Pop. ind. 256 hab.; — à 24 kil. S.-E. de Fort-National et à 13 kil. N.-O. d'Akbou.

Iril-Hammad. Fract. des M'chedallah, tribu. Com. ind., cerc., cant. jud. et subd. d'Aumale, annexe de Beni-Mansour. Pop. ind. 230 hab.; — à 58 kil. N.-E. d'Aumale, sur le versant S. de Lalla-Khedidja et à 9 kil N.-O. du Bordj des Beni-Mansour.

Iril-Iazouzen ou **Ighil-Yazouzen.** Fract. des Azzouza, tribu. Com. ind., cant. jud. et cerc. de Fort-National, subd. de Dellys. Pop. ind. 305 hab.

Iril-Igoulmhnen. Fract. des Beni-Ittourar, tribu. Com. ind., cant. jud. et cerc. de Fort-National, subd. de Dellys. Pop. ind. 290 hab.; — à 18 kil. S.-E. de Fort-National et sur la rive droite de l'Oued-Tagounits, affluent de l'Oued-Sebaou.

Iril-Imoula ou **Ighil-ou-Moula.** (Sup. 4,300 hect. env.) Tribu réunie à celle des Chourfa. Non soumise à l'appl. du sén.-cons. Ces deux tribus forment actuellement une section de la com. mix. de Dra-el-Mizan, arr. de Tizi-Ouzou, cant. jud. de Dra-el-Mizan. Pop. tot. 2,763 hab.; — à 16 kil. N.-E. de Dra-el-Mizan.

Iril-Lemsarat. Fract. des Beni-bou-Mileuk, tribu. Com. ind., cerc. et subd. d'Orléansville, cant. jud. de Cherchel. Pop. ind. 406 hab.

Iril-Makhelef. Fract. des Beni-Hassaïn, tribu. Com. ind., cant. jud. et cerc. de Fort-National, subd. de Dellys. Pop. ind. 235 hab.

Iril-Nezekri ou **Iril-N'zekri.** (Sup. 4,740 hect. env.) Tribu non soumise à l'appl. du sén.-cons. Rattachée à la com. ind. de Fort-National. Cant. jud. et cerc. de Fort-National, subd. de Dellys; — à 24 kil. N.-E. de Fort-National et confinant au dép. de Constantine. Pop. ind. 2,122. La tribu d'Iril-Nézekri se compose des fract. suivantes : Imadalen, Tabaourt, Tazga-Ibaggoun ou Tazga-Haggoun, Taaroust, Aït-Aïdhi et Magoura. Elle forme avec les tribus de Tigrin, Beni-Hassaïn et Azzouza, une section de la com. ind. de Fort-National.

Iril-N'tazert. Fract. des Beni-Raten-ou-Fella ou Beni-Iraten-ou-Fella, tribu. Com. ind., cant. jud. et cerc. de Fort-National, subd. de Dellys. Pop. ind. 119 hab.

Iril-ou-Chekride. Fract. des Beni-Koni, tribu. Com. ind., cerc., cant. jud. et subd. d'Aumale, annexe de Beni-Mansour. Pop. ind. 223 hab.

Iril-Oumsed. V. *Ighil-ou-M'ced*, fract. des Illoulas, tribu. Com. ind., cant. jud. et cerc. d'Akbou, subd. de Sétif, arr. jud. de Bougie. Pop. ind. 1,544 hab.

Iril-Tiguemounin. Fract. des Beni-Raten-ou-Fella ou Beni-Iraten-ou-Fella, tribu. Com. ind., cant. jud. et cerc. de Fort-National, subd. de Dellys. Pop. ind. 304 hab.; — à 4 kil. 1/2 S.-E. de Fort-National et sur le versant N.-E. du Aboudid, point géodésique, altitude 1,065 mètres.

Irzer-Ouakour. Fract. des Beni-Ouakour, tribu. Com. ind., cerc., cant. jud. et subd. d'Aumale, annexe de Beni-Mansour. Pop. ind. 542 hab. ; — à 62 kil. N.-E. d'Aumale et sur le versant S.-E. d'un contre-fort de Lalla-Khredidja et à 12 kil. N.-O. du Bordj des Beni-Mansour.

Isaad. V. *Beni-Içdad*, tribu et douar. Com. mix. et annexe de Zemmorah, cant. jud. de Relizane, subd. d'Oran.

Isahnounen. Fract. des Beni-Raten-ou-Fella ou Beni-Iraten-ou-Fella, tribu. Com. ind., cant. jud. et cerc. de Fort-National, subd. de Dellys. Pop. ind. 106 hab.

Ishaq du Gouft. V. *Beni-Ishaq du Goufi*, tribu. Com. ind. d'El-Milia, cant. jud. et annexe de Collo, subd. de Constantine, arr. jud. de Philippeville.

Ishaq de l'Oued-Guebli. V. *Beni-Ishaq de l'Oued-Guebli*. Com. pl. ex. de Robertville; cant. jud. d'El-Arrouch, arr. de Philippeville.

Iskaren ou **Iaskaren.** Fract. de l'ancienne tribu des Beni-Ouaguenoun. V. *Iaskaren*. Com. mix. et cant. jud. de Dellys, arr. de Tizi-Ouzou.

Ismeur. V. *Ouled-Ismeur*, tribu et douar. Com. mix. et cerc. d'Ammi-Moussa, cant. jud. d'Inkermann, subd. d'Oran.

Isser-Drouh. (Sup. 12,015 hect.) Tribu délimitée et divisée en 4 douars-com. par décret du 29 novembre 1867. V. les douars : *Ouled-Medjekan*, n° 13; *El-Guious*, n° 12; *Raïcha*, n° 10; *Ouled-Aïssa*, n° 9 de la carte. Com. pl. ex. de Bordj-Menaïel et com. mix. de Palestro et des Issers. Le territoire des Isser-Drouh est à cheval sur les arr. d'Alger et de Tizi-Ouzou.

Isser-el-Djedian. (Sup. 6,109 hect.) Tribu délimitée et érigée en 3 douars-com. par décret du 27 octobre 1866. V. les douars-com. de *Bouberak*, n° 16 ; *El-Djedian*, n° 17 et *Aïn-Mouder*, n° 15 de la carte. Arr. de Tizi-Ouzou, cant jud. de Bordj-Menaïel. Ces trois douars forment actuellement le territoire de la com. pl. ex. de Bois-Sacré, constitué par décret du 23 juillet 1878. — NOTA : Une petite fract. isolée du douar El-Djedian reste rattachée à la com. mix. des Issers.

Isser-Gharbi. (Sup. 8,025 hect.) tribu délimitée et érigée en douar-com. par décret du 11 août 1866. V. le douar-com. de *Isser-el-Ouïdan*, n° 14 de la carte. Com. pl. ex. de Blad-Guitoun, arr. d'Alger, cant. jud. de Ménerville. Pop. tot. 2,303 hab. y compris la pop. des fermes d'Isserbourg.

Isser-Ouled-Smir. (Sup. 7,558 hect.) Tribu délimitée et érigée en douar-com. par décret du 29 mai 1869. V. le douar-com. de *Ouled-Smir*, n° 121 de la carte. Com mix. des Issers, cant. jud. de Bordj-Menaïel, arr. de Tizi-Ouzou. Pop. tot. 4,228 hab.

Ittourar ou **Aït-Ittourar.** V. *Beni-Ittourar*, tribu. Com. ind., cant. jud. et cerc. de Fort-National, subd. de Dellys.

Izarazen. Fract. des Beni-Djennad-el-Ghorb, tribu. Com. ind., cant. jud. et cerc. de Fort-National, subd. de Dellys. Pop. ind. 1,099 hab. ; — à 19 kil. N.-E. de Fort-National et à cheval sur l'Oued-Khocha.

Izeraïn. Fract. des Beni-Idjeur-Sahël, tribu. Com. ind., cant. jud. et cerc. de Fort-National, subd. de Dellys. Pop. ind. 187 hab. ; — à 30 kil. N.-E. de Fort-National, et sur la limite E. du dép. d'Alger.

K

Kaabra ou **Maabra.** Tribu dépendant des Harrar-Chéraga, non soumise à l'appl. du sén.-cons. Rattachée à la com. ind. de Tiaret-Aflou. Annexe d'Aflou, cerc. et cant. jud. de Tiaret, subd. de Mascara ; — à 40 kil. S. de Tiaret. Pop. 827 ind. — NOTA : Cette tribu ne possède que 1,012 hectares de terres labourables.

Kaddour-ben-Ahmed. Fract. des Ouled-Mohamed-el-M'barek, tribu. Com. ind., cerc. et cant. jud. de Bou-Saâda, subd. d'Aumale. Pop. ind. 49 hab.

Kaïdat de la Plaine. Ce kaïdat se compose des douars-com. suivants, savoir : Oum-Aghrioun, Hayen, Beni-Mâamour (moins la partie réunie au territoire civil), Ouled-Djenah et Ouled-bou-Youssef. Com. ind., cant. jud. et cerc. de Djidjelli, subd. de Constantine, arr. jud. de Bougie. Pop. tot. du kaïdat, 5,171 ind.

Kalâa. (Sup. 13,136 hect.) Tribu délimitée et érigée en douar-com. par décret du 4 septembre 1867. V. le douar-com. de *Kalâa*, n° 70 de la carte. Com. mix. de Relizane, arr. de Mostaganem. Pop. 11 français, 3,558 ind.

Kalfa. V. *Ouled-Khalfa*, tribu. Com. mix. et cant. jud. d'Aïn-Temouchent, arr. d'Oran.

Kalifa. V. *Ouled-Sidi-Khalifa*, tribu. Com. mix. et cerc. de Daya, cant. jud. de Sidi-bel-Abbès, subd. de Tlemcen.

Kamel. V. *Ouled-bou-Kamel*, tribu. Com. pl. ex. de Mostaganem, de Pélissier, d'Aïn-Nouïny et du Pont du Chélif, cant. jud. et arr. de Mostaganem.

Kanga-Sidi-Nadji. V. *Khanga-Sidi-Nadji*, fract. du Djebel-Chéchar, tribu. Com. ind., cant. jud. et cerc. de Biskra, subd. de Batna. Pop. ind. 668 hab.

Kani. V. *Beni-Kani*, tribu. Com. ind. d'Aumale, annexe de Beni-Mansour, cerc., cant. jud. et subd. d'Aumale.

Kannous. V. *Beni-bou-Khannous*, tribu. Com. ind., cant. jud., cerc. et subd. d'Orléansville.

Kaouaït ou **Haouaït.** Fract. des Beni-Maïda, tribu. Com. ind., cerc. et cant. jud. de Teniet-el-Had, subd. d'Orléansville. Pop. ind. 210 hab.; — à 37 kil. S.-O. de Teniet-el-Had et sur la rive gauche du Nahr-Ouassel, affluent du Chélif.

Karaïch-Gheraba et Chéraga. V. *Keraïch-Gheraba et Chéraga*. Com. mix. d'Ammi-Moussa, subd. d'Oran.

Karkara ou **Karkra.** Ancien azel. (Sup. 645 hect.) Érigé en douar-com. par décret du 1er septembre 1869. Rattaché à la com. pl. ex. de Rouffach. Cant. jud. de Mila, arr. de Constantine; — à 24 kil. S.-E. de Mila, sur le versant N. du Djebel-Karkra. Pop. comprise dans la com. de Rouffach.

Kasserou. Territoire provenant de la tribu de Zouï. (Sup. 5,840 hect.) Terre domaniale délimitée par décret du 24 octobre 1868. Non érigée en douar-com. Rattachée au territoire civil et constituée en section de la com. mix. de Batna. Cant. jud. de Batna, arr. de Constantine; — à 6 kil. N. de Batna. Pop. ind. 74 hab.

K'celna. V. *K'selna*, tribu. Cerc. et subd. de Mascara et *K'selna*, fract. de la tribu des Ouled-Dhia, subd. de Bône.

K'chakcha. V. *Eulma-Kchakcha*, tribu. Com. mix. et cant. jud. de l'Oued-Zenati, arr. de Constantine.

Kebbeb. V. *Ouled-Khebbeb*, tribu et fract. de la même tribu. Com. ind. et annexe de Fedj-Mezala, subd. de Constantine, cant. jud. de Mila.

Kebeb. V. *Ouled-Kebeb*, fract. du Guergour, tribu. Com. ind., cerc. et subd. de Sétif, cant. jud. d'Akbou, arr. jud. de Bougie. Pop. ind. 124 hab.

Kecelna. V. *Kselna*, tribu. Com. mix. de Frendah-Mascara, subd. de Mascara.

Kechachta. Fract. des Beni-bou-Douan, tribu. Com. ind. et cerc. de Miliana, subd. d'Orléansville, cant. jud. de Duperré. Pop. ind. 292 hab.

Kechaïch. V. *El-Kechaïch*, fract. du Hodna, tribu. Com. ind., cerc., cant. jud. et subd. de Batna, annexe de Barika. Pop. ind. 663 hab.

Kef ou **El-Kef** ou **Beni-Kef** ou **El-Khef.** (Sup. 4,592 hect. env.) Tribu des Beni-Snous, non soumise à l'appl. du sén.-cons. Rattachée à la com. mix. et au cerc. de Sebdou, cant. jud. et subd. de Tlemcen; — à 20 kil. S.-O. de cette dernière ville et sur la Tafna. Pop. ind. 939 hab.

Kelatma. Fract. des Arab-Chéraga, tribu. Com. ind., cerc. et cant. jud. de Biskra, subd. de Batna. Pop. ind. 399 hab.

Keliss. V. *Ouled-Keliss*, petite fract. des F'taït et Abadlia de la tribu et du kaïdat de l'Oued-R'ir. Com. ind., cerc. et cant. jud. de Biskra, subd. de Batna. Pop. ind. 112 hab.

Kemedja. V. *Ouled-Kemedja*, fract. du Bou-Thaleb, tribu. Com. ind., cerc., cant. jud. et subd. de Sétif. Pop. ind. 154 hab.

Kenadza ou **K'nadsa.** Tribu de l'aghalik des Harrar-Chéraga. V. *Guenadza*, tribu. Com. ind. de Tiaret-Aflou, cant. jud. et cerc. de Tiaret, subd. de Mascara.

Kenanecha. Fract. des Beni-bel-Lassen, tribu. Com. ind., cerc. et cant. jud. de Teniet-el-Had, subd. d'Orléansville. Pop. ind. 136 hab.

Kendira. Fract. des Beni-Sliman, tribu. Com. ind., annexe et cant. jud. de Takitount, subd. de Sétif, arr. jud. de Bougie. Pop. ind. 871 hab.; — à 30 kil. N.-O. de Takitount et sur la rive droite de l'Oued-Djemâa.

Kenincha. V. *El-Khenancha*, fract. du Dahra d'Alger, tribu. Com. ind., cant. jud., cerc. et subd. d'Orléansville. Pop. ind. 278 hab.

Kerabcha ou **Kherabcha.** Fract. dépendant de la tribu et du kaïdat de l'Oued-Ksob. Non érigée en douar-com. Rattachée à la com. ind. de Bordj-bou-Arréridj. Cant. jud. et cerc. de Bordj-bou-Arréridj, subd. de Sétif. Pop. ind. 1,847 hab.

Kerabib. V. *El-Kerabib*, fract. des Beni-Hassein, tribu. Com. ind., cant. jud., cerc. et subd. de Médéa. Pop. ind. 343 hab.

Keradjidj ou **El-Keradjidj.** Fract. des Beni-Lassen, tribu. Com. ind., cerc. et cant. jud. de Teniet-el-Had, subd. d'Orléansville. Pop. ind. 210 hab. ; — à 25 kil. S.-O. de Teniet-el-Had et à 50 kil. S.-E. d'Orléansville, sur la rive gauche de l'Oued-Fodda, affluent du Chélif.

Keraïch-Chéraga. (Sup. 9,309 hect. env.) Tribu non soumise à l'appl. du sén.-cons. Rattachée à la com. mix. d'Ammi-Moussa. Cerc. d'Ammi-Moussa, cant. jud. d'Inkermann, subd. d'Oran ; — à 46 kil. S.-E. d'Inkermann et à cheval sur l'Oued-Riou. Pop. ind. 2,030 hab.

Keraïch-Gheraba. (Sup. 14,988 hect. env.) Tribu non soumise à l'appl. du sén.-cons. Rattachée à la com. mix. d'Ammi-Moussa. Cerc. d'Ammi-Moussa, cant. jud. d'Inkermann, subd. d'Oran ; — à 55 kil. S.-E. d'Inkermann et sur l'Oued-Riou. Pop. ind. 2,294 hab.

Kerakia. V. *El-Kérakia*, fract. des Ouled-Ahmed, tribu. Com. ind., cerc. et cant. jud. de Bou-Sâada, subd. d'Aumale. Pop. ind. 216 hab.

Kerakra. Fract. des Ababda, tribu. Com. ind., cerc. et cant. jud. de Laghouat, subd. de Médéa. Pop. ind. 146 hab.

Kerarib ou **Kerabib.** V. *El-Kerabib*, fract. des Beni-Hassein, tribu. Com. ind., cerc., cant. jud. et subd. de Médéa. Pop. ind. 313 hab.

Kerarla. V. *El-Kerarla*, fract. de la tribu et du kaïdat de M'sila. Com. ind., cerc. et cant. jud. de Bordj-bou-Arréridj, annexe de M'sila, subd. de Sétif. Pop. ind. 1,386 hab.

Kerd-el-Oued. V. *Ouled-Kerd-el-Oued*, fract. des Ouled-Reggad-Gheraba, tribu. Com. ind., cerc. et cant. jud. de Djelfa, subd. de Médéa. Pop. ind. 216 hab.

Kerrata aussi appelée **Beni-Felkaï.** (Sup. 6,600 hect. env.) Tribu non érigée en douar-com. V. *Beni-Felkaï*, tribu. Com. ind., cant. jud. et annexe de Takitount, cerc. et subd. de Sétif, arr. jud. de Bougie. Cette tribu renferme le centre européen de Kerrata.

Kerri-ou-Ali. Fract. des Beni-Ourtilan, tribu. Com. ind., cerc. et subd. de Sétif, cant. jud. d'Akbou, arr. jud. de Bougie. Pop. ind. 1,213 hab.

Kerrouch. Fract. des Beni-Ittourar, tribu. Com. ind., cerc. et cant. jud. de Fort-National, subd. de Dellys. Pop. 521 hab. ; — à 20 kil. S.-E. de Fort-National et sur la rive gauche de l'Acif-ou-Hallil, affluent de l'Oued-Sebaou.

Kessamtia. Fract. de la tribu des Abid. Com. ind., cerc. cant. jud et subd. de Médéa. Pop. ind. 590 hab. ; — à 32 kil. S.-O. de Médéa ; — à 15 kil. S. de Berrouaghia et sur le versant N. du Djebel-Fegnouna.

Khachena de la Plaine. Civils et militaires (ancienne division). Tribu érigée en douar-com. par décret du 23 septembre 1867, *B. O.*, p. 1098, v. les décrets des 28 avril 1866 et 6 avril 1867. (Sup. tot. de la tribu 36,453 hect.) Une partie de cette tribu (11,236 hect.) jouissant déjà de la vie communale au moment de la délimitation, n'a pas été constituée en douar, rattachée à l'ancien territoire de la com. pl. ex. de l'Alma ; le surplus (25,217 hect.) constitue 2 douars-com., *Arbatache*, rattaché provisoirement à la com. pl. ex. du Fondouk et *Bou-Zegza*, rattaché provisoirement à la com. de St-Pierre et St-Paul. Pop. comprise dans les com. précitées.

Khachena-el-Djebel. Civils et militaires (ancienne division). (Sup. tot. 23,287 hect.) Tribu délimitée et érigée en un douar-com. par décret du 28 avril 1866. V. le douar *Kachena-el-Djebel*, n° 19 de la carte. (Sup. 5,904 hect.) Com. mix. de Palestro. Le surplus 17,383 hect. faisant déjà partie de la com. pl. ex. de l'Alma au moment de la délimitation, n'a pas été constitué en douar. Actuellement cette dernière partie des Kachena, figure dans la composition territoriale des com. pl. ex. de Blad-Guitoun, de Ménerville et de l'Alma.

Khaddou. V. *Ammar-Khaddou*, tribu, Com. ind., cant. jud. et cerc. de Biskra, subd. de Batna.

Khaled. V. *Ouled-sidi-Khaled*, tribu. Com. ind. de Tiaret-Aflou, cant. jud. et cerc. de Tiaret, subd. de Mascara.

Khaled-Chéraga. V. *Ouled-Khaled-Chéraga*, tribu. Com. ind., cant. jud. et cerc. de Saïda, subd. de Mascara.

Khaled-Gheraba. V. *Ouled-Khaled-Gheraba*, tribu. Com. ind. de Tiaret-Aflou, cant. jud. et cerc. de Tiaret, subd. de Mascara.

Khallafa-Chéraga. (Sup. 8,130 hect.) Tribu dépendant des Sedama. Non soumise à l'appl. du sén.-cons. Rattachée à la com. mix. de Frendah-Mascara, cerc. et subd. de Mascara, cant. jud. de Tiaret ; — à 20 kil. S.-O. de Tiaret, sur la route stratégique de Tiaret à Mascara. Pop. ind. 853.

Khallafa-Gheraba. (Sup. 6,580 hect. env.) Tribu dépendant des Sedama. Non soumise à l'appl. du sén.-cons. Rattachée à la com. mix. de Frendah-Mascara, cerc. et subd. de Mascara, cant. jud. de Tiaret; — à 30 kil. S.-O. de Tiaret, sur la route stratégique de Tiaret à Mascara. Pop. ind. 1,092.

Khanga-Sidi-Nadji. Fract. du Djebel-Chéchar, tribu. Com. ind., cant. jud. et cerc. de Biskra, subd. de Batna. Pop. ind. 608 hab.; — à 89 kil. E. de Biskra, sur la rive gauche de l'Oued-el-Arab.

Khannous. V. *Beni-bou-Khannous*, tribu. Com. ind., cant. jud., cerc. et subd. d'Orléansville.

Khatel. V. *Beni-Khatel*, fract. des Ouled-Abd-el-Djebar, tribu. Com. ind., cerc. et cant. jud. de Bougie, subd. de Sétif. Pop. ind. 1,125 hab.

Khebabza. V. *Ouled-Khebabza*, fract. des Tacheta, tribu. Com. ind., cerc. et subd. d'Orléansville, cant. jud. de Cherchel. Pop. ind. 622 hab.

Khebbeb. V. *Ouled-Khebbeb*, tribu. Com. ind. et annexe de Fedj-Mezala, cant. jud. de Mila, subd. de Constantine.

Khecha. V. *Eulma-Khecha*, tribu. Com. mix. et arr. de Bône, cant. jud. de Mondovi.

Khefran. Petite fract. des Achach de la tribu du Djebel-Chéchar. Com. ind., cerc. et cant. jud. de Biskra, subd. de Batna. Pop. ind. 197 hab.; — à 96 kil. N.-E. de Biskra et sur la rive gauche de l'Oued-el-Arab.

Kheif ou **Beni-bou-Kheif.** Fract. des Beni-Sliman, tribu. Com. ind. et cerc. de Miliana, cant. jud. de Duperré, subd. d'Orléansville. Pop. 250 ind.

Khelidjen. V. *Ikhelidjen*, fract. des Beni-Yala, tribu. Com. ind., cerc. et subd. de Sétif, cant. jud. d'Akbou, arr. jud. de Bougie. Pop. ind. 972 hab.

Khelifa. V. *Beni-Khelifa*, tribu. Com. mix. et cant. jud. de Tizi-Ouzou, arr. de Tizi-Ouzou.

Khelifa. V. *Ouled-Sidi-Khalifa*, tribu. Com. mix. et cerc. de Daya, cant. jud. de Sidi-bel-Abbès, subd. de Tlemcen.

Khelifa. V. *Ouled-Sidi-Khelifa*, tribu. Com. ind., cant. jud. et cerc. de Saïda, subd. de Mascara.

Khelil. V. *Sidi-Khelil*, fract. des Zibans, tribu. Com. ind., cerc. et cant. jud. de Biskra, subd. de Batna. Pop. ind. 110 hab.

Khelili. V. *Beni-Khelili*, tribu. Com. ind., cant. jud. et cerc. de Fort-National, subd. de Dellys.

Khellafa-Chéraga et **Ghéraba.** Tribus. V. *Khallafa-Chéraga* et *Khallafa-Chéraga*. Com. mix., et cerc. de Frenda-Mascara, cant. jud. de Tiaret, subd. de Mascara.

Khelouf-Djebaïlia appelée aussi **Sidi-Lakhdar.** Fract. de l'ancienne tribu des Ouled-Khelouf. V. *Ouled-Khelouf-Djebaïlia*. Com. mix. et cant. jud. de Cassaigne, arr. de Mostaganem. Pop. 3 français, 1 étranger et 1,358 ind.

Khelouf-Souahlia appelée aussi **Sidi-Ahmed.** Fract. de l'ancienne tribu des Ouled-Khelouf. V. *Ouled-Khelouf-Souahlia*. Com. mix. et cant. jud. de Cassaigne, arr. de Mostaganem. Pop. ind. 2,297 hab.

Khemis ou **Khmis.** (Sup. 20,682 hect. env.) Tribu dépendant des Beni-S'nous. Non soumise à l'appl. du sén.-cons. Rattachée à la com. mix. et au cerc. du Sebdou, subd. et cant. jud. de Tlemcen; — à 30 kil. S.-O. de Tlemcen et sur l'Oued-Tafna. Pop. ind. 2,309 hab.

Khenafsa. Fract. des Ouled-si-Yahia, tribu. Com. ind., cerc. et cant. jud. de Tebessa, subd. de Constantine. Pop. ind. 820 hab.

Khenancha. V. *El-Khenancha*, fract. du Dahra d'Alger, tribu. Com. ind., cerc., cant. jud. et subd. d'Orléansville. Pop. ind. 278 hab.

Khenancha. V. *El-Kenancha*, fract. des Ouled-Ghalia, tribu. Com. ind., cerc., cant. jud. et subd. d'Orléansville. Pop. ind. 198 hab.

Kherabcha ou **Kerabcha.** Fract. dépendant de la tribu et du kaïdat de l'Oued-Ksob. Non érigée en douar-com. Rattachée à la com. ind. Cant. jud. et cerc. de Bordj-bou-Arréridj, subd. de Sétif. Pop. ind. 1,847 hab.

Kherareb-Sellnoua ou **Sellaoun.** (Sup. 36,051 hect. env.) Tribu délimitée, mais le décret de répartition n'est pas intervenu. Rattachée à la com. mix. et au cant. jud. d'Oued-Zenati et divisée en 4 sections communales : 1º Mellouk ou Aïn-Melouck; 2º Sidi-Marh ; 3º Bir-Mouten et 4º Sellaoun-Announa, aussi appelée Azels de l'Oued-Cherf. Arr. de Constantine. Pop. 13 européens et 7,074 ind.

Khérib. V. *Akhérib*, fract. de l'Oued-Abdi, tribu. Com. ind., cerc., cant. jud. et subd. de Batna. Pop. ind. 237 hab.

Kherraïch-Chéraga. V. *Keraïch-Chéraga*, tribu. Com. mix. et cerc. d'Ammi-Moussa, cant. jud. d'Inkermann, subd. d'Oran.

Kherraïch-Gheraba. V. *Keraïch-Gheraba*, tribu. Com. mix. et cerc. d'Ammi-Moussa, cant. jud. d'Inkermann, subd. d'Oran.

Kerraïcha. V. *Ouled-Mahmed* et *El-Kheracha*, fract. de la tribu et du kaïdat d'El-Aouana. Com. ind., cerc. et cant. jud. de Djidjelli, subd. de Constantine. Pop. ind. 820 hab. y compris les Ouled-Mahmed.

Kherzet-Ouled-Abd-Allah. Fract. des Ouled-Hannech, tribu. Com. ind., cerc. et cant. jud. de Bordj-bou-Arréridj, annexe de M'sila, subd. de Sétif. Pop. ind. 138 hab.

Kherzet-Ouled-M'hammed. Fract. des Ouled-Hannech, tribu. Com. ind., cerc. et cant. jud. de Bordj-bou-Arréridj, annexe de M'sila, subd. de Sétif. Pop. ind. 475 hab.

Khettab. V. *Beni-Khettab*, tribu. Com. ind. et cerc. d'El-Milia, cant. jud. de Mila, subd. de Constantine.

Khettab. V. *Beni-Khettab-Gheraba*, tribu. Com. ind., cant. jud. et cerc. de Djidjelli, subd. de Constantine.

Khezara. Fract. des Beni-bou-Douan, tribu. Com. ind. et cerc. de Miliana, cant. jud. de Duperré, subd. d'Orléansville. Pop. ind. 300 hab.

Khezaras. (Sup. 5,060 hect.) Tribu délimitée et érigée en douar-com. par décret du 10 avril 1867. V. le douar *Khezaras*, n° 92. Com. mix., cant. jud. et arr. de Guelma.

Khezer. V. *Ouled-Khezer*, tribu. Com. ind. d'El-Milia, cant. jud. et annexe de Collo, subd. de Constantine, arr. jud. de Philippeville.

Khiar. V. *Aïn-Khiar*, tribu et douar. Com. ind., cant. jud. et cerc. de La Calle, subd. de Bône.

Khiar. V. *Ouled-Khiar*, tribu. Com. ind., cant. jud. et cerc. de Souk-Ahras, subd. de Bône.

Khir ou **Kheïr.** V. *Aït-Khir*, fract. des Beni-Khellil, tribu. Com. ind., cerc. et cant. jud. de Fort-National, subd. de Dellys. Pop. ind. 241 hab.

Khobbaza. (Sup. 10,000 hect. env.) Tribu non soumise à l'appl. du sén.-cons. Rattachée à la com. ind. de Miliana, cant. jud. et cerc. de Miliana, subd. d'Orléansville; — à 46 kil. S.-O. de Miliana et sur le versant N.-E. de Bou-M'zida, signal géodésique. Pop. ind. 1,042 hab. Cette tribu se compose des fract. suivantes : Beni-bou-Zegar, Ouled-bel-Kheïr, Chenatra, Ouled-Amour et Teïabine.

Khobeïzat. V. *Sahari-Khobeïzat*, tribu. Com. ind., cant. jud. et cerc. de Djelfa, subd. de Médéa.

Khoran. V. *Beni-Khoran*, fract. des Ouled-Abd-el-Djebar, tribu. Com. ind., cerc. et cant. jud. de Bougie, subd. de Sétif. Pop. ind. 553 hab.

Khorareb-Sellaoua. V. *Sellaoua*, ancienne tribu. Com. mix. et cant. jud. de l'Oued-Zenati, arr. de Constantine.

Khouïdem. Ancienne tribu. Partie en territoire civil et partie en territoire de commandement. V. *Ouled-Khouïdem*, tribu.

Kiata. Fract. des Ouled-Rechaïch, tribu. Com. ind., cerc. et cant. jud. de Khenchela, subd. de Batna. Pop. ind. 708 hab.

Kifsoun. V. *Kissoum*, fract. des Beni-Flik, tribu. Com. ind., cerc. et cant. jud. de Fort-National, subd. de Dellys. Pop. ind. 170 hab.

Kissoum ou **Kissoun.** Fract. des Beni-Flik, tribu. Com. ind., cerc. et cant. jud. de Fort-National, subd. de Dellys. Pop. ind. 170 hab.; — à 30 kil. N.-E. de Fort-National.

Kobbaza. V. *Khobbaza*, tribu. Com. ind., cant. jud. et cerc. de Miliana, subd. d'Orléansville. Pop. ind. 1,042 hab.

Kohel. V. *El-Kohel*, petite fract. de Ftaït et Abadlia de la tribu de l'Oued-R'ir. Com. ind., cerc. et cant. jud. de Biskra, subd. de Batna. Pop. ind. 132 hab.

Kolla ou **Colla.** Fract. des Beni-Yadel, tribu. Com. ind., cerc. et cant. jud. de Bordj-bou-Arréridj, subd. de Sétif. Pop. ind. 2,125 hab.; — à 28 kil. N.-O. de Bordj-bou-Arréridj, sur la rive gauche de l'Oued-Kolla, affluent de l'Oued-Mahadjar.

Korifat. Fract. des Ouled-Djellal, tribu. Com. ind., cant. jud. et cerc. de Biskra, subd. de Batna. Pop. ind. 1,020 hab.

Kosseïr. V. *Ouled-Kosseïr*, tribu. Com. mix. de Malakoff, cant. jud. et arr. d'Orléansville.

Kouaba. V. *El-Kouaba*, fract. des Ouled-Kraled, tribu. Com. ind., cerc. et cant. jud. de Bou-Sâada, subd. d'Aumale. Pop. ind. 137 hab.

Kouadrya ou **Kouadrïa**. V. *El-Kouadrya*, fract. des Ouled-Abd-el-Kader, tribu. Com. ind., cerc. et cant. jud. de Djelfa, subd. de Médéa. Pop. ind. 627 hab.

Kouaret. V. *Ababda et Kouaret*, fract. de la tribu des Righa. Com. ind., cerc., cant. jud. et subd. de Médéa. Pop. ind. 131 hab.; — à 13 kil. S.-O. de Médéa et sur la rive gauche de l'Oued-Harbène, affluent rive droite du Chélif.

Koudia. V. *El-Koudia*, fract. des Azzouza, tribu. Com. ind., cerc. et cant. jud. de Fort-National, subd. de Dellys. Pop. ind. 331 hab.

Koudia. V. *El-Koudia*, fract. des Beni-Yala, tribu. Com. ind., cerc. et subd. de Sétif, cant. jud. d'Akbou, arr. jud. de Bougie. Pop. ind. 487 hab.

Koudiate. Fract. des Azîz, tribu. Com. ind., cerc. et cant. jud. de Teniet-el-Had, subd. d'Orléansville. Pop. ind. 140 hab.

Koufi. V. *Beni-Koufi* ou *Beni-Kouffi*, tribu. Com. mix. et cant. jud. de Dra-el-Mizan, arr. de Tizi-Ouzou.

Kouïnin. Fract. des Ouled-Saoud, tribu. Com. ind., cerc. et cant. jud. de Biskra, subd. de Batna. Pop. ind. 2,337 hab.; — à 189 kil. S.-E. de Biskra et à 7 kil. N.-O. d'El-Oued, sur le chemin reliant ces deux centres.

Koukou. Fract. des Beni-Yahia, tribu. Com. ind., cerc. et cant. jud. de Fort-National, subd. de Dellys. Pop. ind. 579 hab.; — à 15 kil. S.-E. de Fort-National et à 3 kil. de la rive gauche de l'Oued-Tagouuit, affluent de l'Oued-Sahel.

Krïar. V. *Aït-Krïar*, fract. d'El-Harrach, tribu. Com. ind., cerc. et cant. jud. d'Akbou, subd. de Sétif, arr. jud. de Bougie. Pop. ind. 891 hab.

Krichtel ou **Cristel**. Territoire et centre indigènes. (Sup. 2,700 hect.) Rattachés à la com. pl. ex. de St-Cloud. Cant. jud. de St-Cloud, arr. d'Oran. Pop. comprise dans la com. de St-Cloud. Constitution de la propriété ind. (loi du 26 juillet 1877). Situation des travaux au 1er juillet 1877. Le dépôt du dossier (art. 13 de la loi), a été effectué le 11 juin 1877. Nombre d'hect. délimités 2,700. Parcelles constatées 569.

Krouel-Chéraga. Fract. des Beni-Maïda, tribu. Com. ind., cerc. et cant. jud. de Teniet-el-Had, subd. d'Orléansville. Pop. ind. 210.

Krouel-Gheraba. Fract. des Beni-Maïda, tribu. Com. ind., cerc. et cant. jud. de Teniet-el-Had, subd. d'Orléansville. Pop. ind. 127 hab.; — à 40 kil. S.-O. de Teniet-el-Had et sur le chemin de ce village à Tiaret.

K'saïba-M'ta-el-Djelili. Ancien Azel érigé en douar-com. avec les Azels de Dar-el-Oued et de Mésida. V. douar *Bou-K'saïba* (constitué par décret du 1er septembre 1869). Com. pl. ex. de Rouffach, cant. jud. de Mila, arr. de Constantine.

Ksar. V. *El-Ksar*, fract. du Zab-Chergui, tribu. Com. ind., cerc. et cant. jud. de Biskra, subd. de Batna. Pop. ind. 104 hab.

Ksar-Chellala. (Sup. 6,000 hect. env.) Tribu et ksar non soumis à l'appl. du sén.-cons. Rattaché à la com. ind. de Boghar. Cerc. de Boghar, cant. jud. de Boghari, subd. de Médéa.; — Le village indigène de Chellala est situé à 84 kil. S.-O. de Boghar et sur le chemin d'Aflou ou Tiaret. Pop. tot. 334 hab.

Ksar-el-Asfel. V. *El-Ksar-el-Asfel*, fract. de l'Oued-Abdi, tribu. Com. ind., cerc., cant. jud. et subd. de Batna. Pop. ind. 143 hab.

Ksar-el-Fougani. V. *El-Ksar-el-Fougani*, fract. de l'Oued-Abdi, tribu. Com. ind., cerc., cant. jud. et subd. de Batna. Pop. ind. 162 hab.

Ksar-el-Hiran. Ksar non soumis à l'appl. du sén.-cons. Rattaché à la com. ind. de Laghouat. Cant. jud. et cerc. de Laghouat, subd. de Médéa; — à 24 kil. E. de Laghouat, sur la rive droite de l'Oued-Djedi. Le K'sar-el-Hiran est composé des fract. suivantes: Noufrat, Ouled-Khelifat et M'taïha. Pop. ind. 890 hab.

Ksar-el-Oustani. V. *El-Ksar-el-Oustani*, fract. de l'Oued-Abdi, tribu. Com. ind., cerc., cant. jud. et subd. de Batna. Pop. ind. 117 hab.

Ksar-el-Sebkha. V. *Ahl-el-Ksar* et *Sebkha*, tribus, annexe des Beni-Mansour, Com. ind. d'Aumale, cant. jud. et subd. d'Aumale.

Ksar-'Tadjemout. V. *Tadjemout*, ksar et tribu. Com. ind., cant. jud. et cerc. de Laghouat, subd. de Médéa.

K'selna. Fract. des Ouled-Dhia, tribu. Com. ind., cerc. et cant. jud. de Souk-Ahras, subd. de Bône. Pop. ind. 1,324 hab.; — à 6 kil. N. de Souk-Ahras et à l'E. des villages d'Aïn-Seynour et de Laverdure.

K'selna ou **K'celna**. (Sup. 11,281 hect. env.) Tribu dépendant des Sedama et non soumise à l'appl. du sén.-

KS (RÉPERTOIRE ALPHABÉTIQUE DES TRIBUS **KS**

cons. Rattachée à la com. mix. de Frendah-Mascara, cerc. de Frendah-Mascara, cant. jud. de Tiaret; — à 60 kil. S.-O. de Tiaret, sur le chemin de cette ville à Saïda et à cheval sur l'Oued-el-Abd. Cette tribu renferme le centre de Tagremaret. Pop. ind. 1,003 hab.

K'seub. V. *Oued-el-Kseub*, tribu. Com. mix. des Isser, cant. jud. de Bordj-Menaïel, arr. de Tizi-Ouzou.

K'sila. V. *Beni-Ksila* et *M'zala*, tribus. Com. ind., cant. jud. et cerc. de Bougie, subd. de Sétif.

Ksob. V. *Oued-Ksob*, tribu. Com. ind., cant. jud. et cerc. de Bordj-bou-Arréridj, subd. de Sétif.

K'sour (les) de Djelfa. Centres. Territoires ind. non soumis à l'appl. du sén.-cons. Rattachés à la com. ind. de Djelfa, cant. jud. et cerc. de Djelfa, subd. de Médéa; — à 25 kil. S. de Djelfa et à l'E. de la route de Laghouat. Le territoire des Ksour se compose des fract. suivantes : Messaad, Demmed, El-Hania, Selmana, El-Bordj, Aïn-Soltan, Amoura, Mouilah, Medjebara, Zaccar, Aïn-el-Ibel, Amra et Entila. Pop. tot. 4,814 ind.

Ksour ou **El-Ksour.** Fract. de la tribu de Tuggurt. Com. ind., cerc. et cant. jud. de Biskra, subd. de Batna. Pop. ind. 161 hab.; — à 181 kil. S.-E. de Biskra; — à 15 kil. N. de Tuggurt et à 7 kil. E. du chemin reliant ces deux centres.

K'sour. V. *El-Ksour*, fract. dépendant de la tribu et du kaïdat de l'Oued-Ksob. Com. ind., cant. jud. et cerc. de Bordj-bou-Arréridj, subd. de Sétif.

K'sours. (les) de Sebdou. Centres ind. et tribus. Territoire non soumis à l'appl. du sén.-cons. Rattachés à la com. mix. de Sebdou. Cerc. de Sebdou, subd. et cant. jud. de Tlemcen. Ces tribus ou centres ind. sont les suivants : Aïn-Sfissifa ou Sfissifa, Aïn-Sefra, Thyout, Asla, Moghar-el-Foughani et Moghar-el-Tatahni. Pop. ind. 4,698 hab.

Ksours. (Le Bach-Aghalik des) comprend les ksours suivants : Tadjemout, Aïn-Madhi, El-Haouïta, El-Assafia, Ksar-el-Hiran, M'khalif-Lazereg, M'khalif-el-Djorb-el-Guetatfa, M'khalif-el-Djorb-Ouled-Mohamed. Com. ind., cerc. et cant. jud. de Laghouat, subd. de Médéa. Pop. ind. du Bach-Aghalik 4,171 hab.

L

LA **LA**

Labras ou **Hallabras.** Fract. des Abid, tribu. Com. ind., cerc., cant. jud. et subd. de Médéa. Pop. ind. 929 hab.; — à 24 kil. S.-E. de Médéa et à 5 kil. S. de Berrouaghia et sur l'Oued-Labraz.

La Cheffia ou **La Chaffia.** (Sup. 19,848 hect. env.) Dépendant actuellement du kaïdat de l'Oued-bou-Hadjar. Tribu non soumise à l'appl. du sén.-cons. Rattachée à la com. ind. de La Calle. Cerc. et cant. jud. de La Calle, subd. de Bône; — à 28 kil. S.-O. de La Calle, sur l'Oued-Cheffia, affluent de l'Oued-el-Kébir. Pop. ind. 2,204 hab. Cette tribu se compose des fract. suivantes : Beni-Aïssa et Ouled-Sidi-Bekri.

Ladhaou ou **Ladaou.** Fract. des Ouled-Nacer ou Ouled-Nasser, tribu. Com. ind., cerc. et cant. jud. de La Calle, subd. de Bône. Pop. ind. 759 hab.; — à 32 kil. S.-O. de La Calle.

Laghouat du Gzel-Ouled-Moumen. V. *Ouled-Moumen* ou *Gzel-Ouled-Moumen*, tribu. Com. ind. de Tiaret-Aflou, cerc. et cant. jud. de Tiaret, subd. de Mascara.

Lagouaz ou **Leghouat.** Aghalik. Le territoire de Lagouaz comprend les tribus suivantes : Ouled-Moumen, Ouled-Aïssa et Gueraïdj, Makena et Ouled-Sidi-Tifour. Rattachés à la com. ind. de Tiaret-Aflou. Cerc. de Tiaret, subd. de Mascara, cant. jud. de Tiaret. Pop. tot. de l'aghalik 2,340 ind.

Lahdar. Fract. de M'sila, tribu et kaïdat. Com. ind., cerc. et cant. jud. de Bordj-bou-Arréridj, annexe de M'sila, subd. de Sétif. Pop. ind. 965 hab.

Lakdar. V. *Sidi-Lakhdar* aussi appelée *Ouled-Khelouf-Djebailia*, tribu. Com. mix. et cant. jud. de Cassaigne, arr. de Mostaganem.

Lekhdar et **Aouaoucha.** (Sup. 11,406 hect.) Anciennes tribus délimitées et érigées en douar-com. par décret du 15 décembre 1869. V. le douar *Nehed*, n° 198 de la carte. Com. ind. de La Calle, subd. de Bône. Pop. ind. 2,296 hab.

Lakhdar-Halfaouïa ou **Lakdar-Alfaouïa.** (Sup. 95,361 hect.) Tribu délimitée et érigée en 4 douars-com. par décret du 25 septembre 1869. V. les douars : *El-*

Ksour, n° 218, divisé en trois fract. *El-Ksour* et *El-Biar*, com. ind. de Batna, territoire de commandement et *Aïn-el-Assafour*, com. mix. de Batna, territoire civil ; *El-Briket*, n° 219 ; *Tilatou*, n° 220 et *Seygana*, n° 221 de la carte des douars. Com. ind., cant. jud., cerc. et subd. de Batna. Pop. tot. 2,298 hab. — NOTA : Le centre européen d'Aïn-Touta, ancienne smala, a été installé dans le douar El-Briket et forme actuellement une section de la com. mix. de Batna, arr. de Constantine. Pop. 110 français et 2 étrangers.

Lalha. V. *El-Lhalha*, fract. des Ouled-Daoud, tribu. Com. ind., cant. jud., cerc. et subd. de Batna. Pop. ind. 853 hab.

Lanatra. V. *El-Anatra* ou *Anatra*, tribu. Com. mix. et annexe de Zemmorah, cant. jud. de Relizane et subd. d'Oran.

Laouata ou **El-Aouëta.** Fract. des Haouara, tribu et douar. Com. ind., cerc., cant. jud. et subd. de Médéa. Pop. ind. 588 hab. ; — à 13 kil. S. de Médéa, sur la rive droite de l'Oued-Kerahach ou Oued-el-Had, affluent rive droite du Chélif.

Larbâa ou **El-Larbâa** (Aghalik de). Son territoire se compose des tribus suivantes : Maamra, Zekaska, Hadjadj, Ouled-Salah, Ouled-Zian, Ababda, Ouled-si-Atallah, Ouled-ben-Châa et Ouled-sidi-Sliman. Com. ind., cant. jud. et cerc. de Laghouat, subd. de Médéa. Pop. ind. de l'aghalik 6,779 hab.

Larhat ou **Larat.** (Sup. 5,645 hect. env.) Tribu non soumise à l'appl. du sén.-cons. Rattachée à la com. mix. de Gouraya, arr. d'Alger, cant. jud. de Cherchel ; — à 40 kil. O. de Cherchel, sur la rive droite de l'Oued-Damous et sur le littoral. Pop. 1,388 hab.

Lassen. V. *Aït-Lhassen*, fract. des Beni-Yenni, tribu. Com. ind., cant. jud. et cerc. de Fort-National, subd. de Dellys. Pop. ind. 1,286 hab.

Lassen. V. *Aït-Lhassen*, fract. des Illoula-ou-Malou, tribu. Com. ind., cerc. et cant. de Fort-National, subd. de Dellys. Pop. 230 ind.

Lazereg. V. *M'khalif-Lazereg*, tribu. Com. ind., cant. jud. et cerc. de Laghouat, subd. de Médéa.

Lazereg. V. *Ouled-Sidi-el-Azereg*, tribu. Com. mix. et cerc. d'Ammi-Moussa, cant. jud. de Relizane, subd. d'Oran.

Lebabda-Ouled-Rabah et **Ouled-Kassem.** Fract. des Ouled-Allane-Zékri, tribu. Com. ind., cerc., cant. jud. et subd. de Médéa. Pop. ind. des 2 fract. 993 hab. ; — à 48 kil. S.-E. de Médéa.

L'Edough. V. *Edough*, ancien kaïdat. Com. mix. d'Aïn-Mokra, arr. de Bône.

Leghouat. V. *Lagouas*, commandement indigène. Com. ind. de Tiaret-Aflou, cerc. et cant. jud. de Tiaret, subd. de Mascara.

Lekrar. Fract. des Beni-Flik, tribu. Com. ind., cerc. et cant. jud. de Fort-National, subd. de Dellys. Pop. ind. 202 hab. ; — à 30 kil. N.-E. de Fort-National.

Lemsarat. V. *Iril-Lemsarat*, fract. des Beni-bou-Milouk, tribu. Com. ind., cerc. et subd. d'Orléansville, cant. jud. de Cherchel. Pop. ind. 406 hab.

Les K'sours. Villages ind. et tribus. V. *Ksours*, tribus ou centres ind. de différents cercles des 3 dép.

Lhalha. V. *El-Lhalha*, fract. des Ouled-Daoud, tribu. Com. ind., cerc., cant., jud. et subd. de Batna. Pop. ind. 853 hab.

Lhassen. V. *Aït-Lhassen*, fract. des Beni-Yenni, tribu. Com. ind. cerc. et cant. jud. de Fort-National, subd. de Dellys. Pop. ind. 1,286 hab.

Lhassen. V. *Aït-Lhassen*, fract. des Illoula-ou-Malou, tribu. Com. ind., cerc. et cant. jud. de Fort-National, subd. de Dellys. Pop. ind. 230 hab.

Liana. Fract. du Zab-Chergui, tribu. Com. ind., cerc. et cant. jud. de Biskra, subd. de Batna. Pop. ind. 324 hab.; — à 95 kil. E. de Biskra sur la rive droite de l'Oued-el-Arab, affluent du Chott-Farfaria.

Lichana. Fract. des Zibans, tribu. Com. ind., cerc. et cant. jud. de Biskra, subd. de Batna. Pop. ind. 789 hab.; — à 34 kil. S.-O. de Biskra et sur le versant S. du Djebel-Mendjenaïb.

Linsella ou **Linsella.** Fract. des Illoula-ou-Malou, tribu. Com. ind., cerc. et cant. jud. de Fort-National, subd. de Dellys. Pop. ind. 150 hab. ; — à 24 kil. S.-E. de Fort-National, sur le versant S.-E. du Tobana, point géodésique, altitude 1,220 mètres.

Lioua. Fract. des Zibans, tribu. Com. ind., cerc. et cant. jud. de Biskra, subd. de Batna. Pop. ind. 128 hab. ; — à 36 kil. S.-O. de Biskra.

Lounta. Fract. de Tamelaht, tribu. Com. ind., cerc., cant. jud. et subd. d'Orléansville. Pop. ind. 541 hab. ; — à 42 kil. S.-E. d'Orléansville.

Loudaul. Fract. des Souamas ou Souama, tribu. Com. ind., cerc. et cant. jud. de Bordj-bou-Arréridj, annexe de M'sila, subd. de Sétif. Pop. ind. 115 hab.

Loudja. V. *El-Oudja*, fract. des Beni-Toufout, tribu et kaïdat. Com. ind. et cerc. d'El-Milia, cant. jud. et annexe de Collo, subd. de Constantine, arr. jud. de Philippeville.

Louma. V. *Beni-Louma*, tribu. Com. mix. et annexe de Zemmorah, cant. jud. de Relizane, subd. d'Oran.

M

Maacem ou **Maasem.** (Sup. 5,428 hect. env.) Tribu non soumise à l'appl. du sén.-cons. Rattachée à la com. mix. et au cerc. d'Ammi-Moussa. Cant. jud. d'Inkermann, subd. d'Oran ; — à 57 kil. S.-E. d'Inkermann et sur la limite du dép. d'Alger. Pop. ind. 1,233 hab.

Maadid. V. *Mahdid.* Com. ind., cant. jud. et cerc. de Bordj-bou-Arréridj, subd. de Sétif, annexe de M'sila.

Maafa. V. *Beni-Mâafa*, grande fract. de la tribu des Achêche. Com. ind., cant. jud. et cerc. de Batna, subd. de Batna.

Mâafa ou **Mahafa.** V. *Ouled-Mhaafa*, fract. des Tacheta, tribu. Com. ind., cerc. et subd. d'Orléansville, cant. jud. de Cherchel. Pop. ind. 315 hab.

Maalah ou **Maallah.** V. *Ouled-Maalah*, tribu. Com. mix. et cerc. de Géryville, cant. jud. de Saïda, subd. de Mascara.

Maalif. (Sup. 23,350 hect. env.) Tribu non soumise à l'appl. du sén.-cons. Rattachée à la com. ind. de Saïda. Cerc. et cant. jud. de Saïda, subd. de Mascara ; — à 25 kil. S.-O. de Saïda et sur la rive droite de l'Oued-Falette, affluent du Chott-ech-Chergui. Pop. ind. 738 hab.

Maallm. Fract. des Ouled-si-Yahia, tribu. Com. ind., cerc. et cant. jud. de Tebessa, subd. de Constantine. Pop. ind. 330 hab.

Maallah. V. *Ouled-Maallah*, tribu et douar. Com. mix. et cant. jud. de Cassaigne, arr. de Mostaganem.

Maameur. V. *Beni-Mâameur*, tribu et douar. Cant. jud. de Djidjelli. Rattachée, partie à la com. mix. de Duquesne, arr. de Bougie et partie à la com. ind. de Djidjelli, subd. de Constantine.

Maamra. Tribu et terrains de parcours. Non soumis à l'appl. du sén.-cons. Rattachés à la com. ind. de Laghouat, cerc. et cant. jud. de Laghouat, subd. de Médéa ; — à 30 kil. S. et S.-E. de Laghouat, sur les chemins de ce dernier centre à Berryan et à Ghardaïa. Pop. ind. 924 hab. Cette tribu se compose des fract. suivantes : Ouled-Khelifa, Ouled-Châa, Ouled-Sidi-Aïssa, Méranzia et Adjalat.

Maatka. (Sup. 9,000 hect. env.) Tribu non soumise à l'appl. du sén.-cons. Rattachée à la com. mix. de Tizi-Ouzou, cant. jud. et arr. de Tizi-Ouzou ; — à 18 kil. S.-O. de cette ville. Pop. ind. 7,570 hab.

Maatlah. V. *Mahatlah*, tribu. Com. ind., cant. jud. et cerc. de Souk-Ahras, subd. de Bône.

Maatlah. V. *Ouled-Maalah*, tribu. Com. mix. et cerc. de Géryville, cant. jud. de Saïda, subd. de Mascara.

Maaziz. (Sup. 9,004 hect.) Tribu délimitée et érigée en douar-com. par décret du 27 octobre 1869. V. le douar-com. *Maaziz*, n° 181 de la carte. Com. mix. de Lalla-Maghrnia, subd. de Tlemcen.

Madala. Fract. des Beni-Bou-Yacoub, tribu et douar. Com. mix. de Ben-Chicao, cant. jud. de Médéa et arr. d'Alger. Pop. ind. 902 hab.

Madhi. V. *Aïn-Madhi*, ksar. Com. ind., cant. jud. et cerc. de Laghouat, subd. de Médéa.

Madhi. V. *Ouled-Mansour-ou-Madhi*, tribu. Com. ind. et cerc. de Bordj-bou-Arréridj, annexe de M'sila, cant. jud. de Bordj-bou-Arréridj, subd. de Sétif.

Madhid. V. *Mahdid*, tribu. Com. ind. de Bordj-bou-Arréridj, annexe de M'sila, cant. jud. et cerc. de Bordj-bou-Arréridj, subd. de Sétif.

Ma-el-Ma. V. *Mahelma*, tribu. Com. pl. ex. de Mahelma, cant. jud. de Boufarik, arr. d'Alger.

Maghar-Foukani ou **Morar-Foukani**. Ksar. Rattaché à la com. mix. et au cerc. de Sebdou. Cant. jud. et subd. de Tlemcen; — à 260 kil. S.-E. de Tlemcen et sur le chemin de cette ville à l'Oasis de Figuig (Maroc), et à 12 kil. O. de Maghar-Tahtani, centre indigène. Pop. recensée avec d'autres ksours. V. *Ksour de Sebdou*.

Maghar-Tahtani ou **Morar-Tahtani**. Ksar. Rattaché à la com. mix. de Sebdou. Cerc. de Sebdou, cant. jud. et subd. de Tlemcen; — à 265 kil. S.-E. de Tlemcen, sur le chemin de Tlemcen à l'Oasis de Figuig (Maroc), à 12 kil. E. du Maghar-Foukani, centre ind. Pop. recensée avec d'autres ksours. V. *Ksour de Sebdou*.

Maghzen. (Cavaliers) du cerc. d'Aflout-Tiaret, subd. de Mascara. Pop. ind. 398.

Maghzen. (Cavaliers) du cerc. de Géryville, subd. de Mascara. Pop. ind. 335.

Magoura. Fract. des Iril-Nezekri, tribu. Com. ind., cerc. et cant. jud. de Fort-National, subd. de Dellys. Pop. ind. 161 hab.; — à 39 kil. N.-E. de Fort-National et sur la rive droite de l'Oued-Hammam, affluent de l'Oued-si-Ahmed-ou-Youssef.

Mahadba. Fract. des Titteri, Souhary et Deïmat, tribu. Com. ind., cerc., cant. jud. et subd. de Médéa. Pop. ind. 308 hab.; — à 15 kil. S.-E. de Médéa.

Mahadia. V. *El-Mahadia*, fract. des Ouled-Ahmed, tribu. Com. ind., cerc. et cant. jud. de Bou-Sâada, subd. d'Aumale. Pop. ind. 172 hab.

Mahagif. Fract. des Ouled-Allane-Bechich, tribu. Com. ind., cerc., cant. jud. et subd. de Médéa. Pop. ind. 268 hab.

Mahalis. V. *El-Mahalis*, fract. des Beni-Hindel, tribu. Com. ind., cerc., cant. jud. et subd. d'Orléansville. Pop. ind. 490 hab.

Mahammed. V. *Beni-M'hamed*, tribu. Com. mix. et cant. jud. d'Aïn-Mokra, arr. de Bône.

Mahatlah. (Sup. 29,000 hect. env.) Tribu non érigée en douar-com. Rattachée à la com. ind. de Souk-Ahras, cant. jud. et cerc. de Souk-Ahras, subd. de Bône. Pop. 3,885 ind.; — à 24 kil. S.-O. de Souk-Ahras, sur la rive gauche de l'Oued-Mellègue. Cette tribu se compose des fract. suivantes : Ouled-Sbâa, 876 ind.; Ouled-Ahmed, 418 ind.; Ouled-si-Moussa, 559 ind.; Ouled-el-Hadj, 571 ind.; Ouled-si-Saïd, 609 ind.; Ouled-Rezeg-Allah, 262 ind. et Ouled-bel-Kassem, 590 ind.

Mahatlah. V. *Ouled-Maalah*, tribu. Com. mix. et cerc. de Géryville, cant. jud. de Saïda, subd. de Mascara.

Mahboub. V. *Ouled-Mahboub*, fract. des Ouled-Ali-ben-Sabor, tribu. Com. ind., cerc., cant. jud. et subd. de Batna, annexe de Barika. Pop. ind. 668 hab.

Mahder. V. *Haracta-el-Mahder*, tribu. Com. mix. et cant. jud. de Batna. Arr. de Constantine.

Mahdid ou **Maadid**. Tribu non soumise à l'appl. du sén.-cons. Rattachée à la com. ind. de Bordj-bou-Arréridj, cant. jud. et cerc. de Bordj-bou-Arréridj, annexe de M'sila, subd. de Sétif; — à 24 kil. S.-E. de Bordj-bou-Arréridj. Pop. 1,387 hab. Cette tribu se compose des fract. suivantes : Ouled-el-Alia et Ouled-Feradj.

Mahelma ou **Ma-el-Ma**. Tribu annexée à la com. pl. ex. de Maelma. Cant. jud. de Boufarik, arr. d'Alger; — à 12 kil. N.-E. de Boufarik, sur la route de Douéra à Zéralda. Pop. comprise dans la com. de Maelma.

Mahfouda. Fract. des Beni-Aïdel, tribu. Com. ind., cerc. et cant. jud. d'Akbou, subd. de Sétif, arr. de Bougie. Pop. ind. 943 hab.; — à 9 kil. E. d'Akbou et sur la rive droite de l'Oued-bou-Sellam, affluent du Sahel.

Mahia. V. *Ouled-Mahia*, petite fract. des Ouled-Sassi de la tribu des Ouled-Zekri. Com. ind., cerc. et cant. jud. de Biskra, subd. de Batna. Pop. ind. 448 hab. y compris la fract. des Ouled-Haouli.

Mahila. V. *Ouled-Mahila*, petite fract. des Ouled-Sassi de la tribu des Ouled-Zekri. Com. ind., cerc. et cant. jud. de Biskra, subd. de Batna. Pop. ind. 435 hab.

Mahmed. V. *Beni-M'hamed*, tribu. Com. mix. et cant. jud. d'Aïn-Mokra, arr. de Bône.

Mahmed. V. *Djafra-Thouama-et-M'hamid*, tribu. Com. mix. et cerc. de Daya, cant. jud. de Sidi-bel-Abbès, subd. de Tlemcen, arr. jud. d'Oran.

M'ahmed. V. *Ouled-M'ahmed*, fract. des Biban, tribu. Com. ind., cant. jud. et cerc. de Bordj-bou-Arréridj, subd. de Sétif.

Mahmed ou **M'hamed** ou **M'hamid**. Tribu dépendant des Hachem-Chéraga. Non érigée en douar-com. Rattachée comme section à la com. mix. de Frendah-Mascara. Cant. jud., cerc. et subd. de Mascara; — à 21 kil. S. de Mascara et sur le chemin de cette ville à Frendah. Pop. ind. 2,485 hab.

Mahmoud. Fract. des Beni-Fraoucen, tribu. Com. ind., cerc. et cant. jud. de Fort-National, subd. de Dellys. Pop. ind. 221 hab.; — à 8 kil. 1/2 E. de Fort-National et sur le versant S. de Tizi-Ali, point géodésique, altitude 1,028 mètres.

Mahmoud. V. *Beni-Mahmoud*, tribu. Com. mix., cant. jud. et arr. de Tizi-Ouzou.

Mahoudia. (Sup. 7,365 hect. env.) Tribu dépendant des Sedama. Non soumise à l'appl. du sén.-cons. Rattachée à la com. mix. de Frendah-Mascara. Cerc. et subd. de Mascara, cant. jud. de Tiaret; — à 50 kil. S.-O. de Tiaret et à l'intersection des routes de Tiaret à Mascara et à Saïda. Pop. ind. 830 hab.

Maïa ou **El-Maïa.** Ksar dépendant de l'annexe d'Aflou. Territoire non soumis à l'appl. du sén.-cons. Rattaché à la com. ind. de Tiaret-Aflou. Cant. jud. et cerc. de Tiaret, subd. de Mascara; — à 192 kil. S. de Tiaret. Pop. recensée avec le ksar Tadjeronna 431 ind.

Maïda. V. *Beni-Maïda*, tribu. Com. ind., cant. jud. et cerc. de Teniet-el-Had, subd. d'Orléansville.

Maïn. (Sup. 7,706 hect.) Tribu délimitée et érigée en douar-com. par décret du 15 janvier 1868. V. le douar-com. *Maïn*, n° 97 de la carte. Com. mix. et cant. jud. de Ténès, arr. d'Orléansville.

Maïn. V. *El-Maïn*, fract. des Beni-Yadel, tribu. Com. ind., cant. jud. et cerc. de Bordj-bou-Arréridj, subd. de Sétif.

Makena ou **Makna.** Tribu dépendant du territoire de Lagouaz et non soumise à l'appl. du sén.-cons. Rattachée à la com. ind. de Tiaret-Aflou. Cant. jud. et cerc. de Tiaret, subd. de Mascara; — à 170 kil. S. de Tiaret et à 40 kil. E. de Géryville. Pop. ind. 488 hab.

Maklouf. V. *Ouled-Maklouf*, fract. des Achèche, tribu. Com. ind., cerc., cant. jud. et subd. de Batna. Pop. ind. 854 hab.

Maknéa ou **Moknéa** ou **Meknéa.** Fract. des Beni-Ghobri, tribu. Com. ind., cerc. et cant. jud. de Fort-National, subd. de Dellys. Pop. ind. 283 hab.; — à 23 kil. E. de Fort-National. Le village kabyle de Maknéa est situé à 1,050 mètres d'altitude.

Makouda. Fract. de la tribu des Beni-Ouaguenoun. Non érigée en douar-com. Rattachée comme section à la com. mix. de Dellys, arr. de Tizi-Ouzou, cant. jud. de Dellys. Pop. 5,722 hab.

Malef. V. *Ouled-Malef*, tribu. Rattachée aux com. pl. ex. d'Aboukir, Pélissier, Rivoli et Aïn-Nouïssy. Com. mix. de Mostaganem, cant. jud. et arr. de Mostaganem.

Malif. V. *Maalif*, tribu. Com. ind., cant. jud. et cerc. de Saïda, subd. de Mascara.

Malou. V. *Iffoula-ou-Malou*, tribu. Com. ind., cant. jud. et cerc. de Fort-National, subd. de Dellys.

Mamora. V. *Bled-Mamora*, Azel-Beylik. Territoire érigé en douar-com. Com. ind., cant. jud., cerc. et subd. d'Aumale.

Mançouria ou **Mansouria.** Fract. du Tababort, tribu et kaïdat. Com. ind., cerc. et cant. jud. de Djidjelli, subd. de Constantine, arr. jud. de Bougie. Pop. ind. 906 hab.

Maned. V. *Beni-Maned*, tribu. Com. mix. et cant. jud. de Dra-el-Mizan, arr. de Tizi-Ouzou.

Mansour. V. *Beni-Mansour*, tribu. Com. ind. cant. jud. et cerc. de Bougie, subd. de Sétif.

Mansour. V. *Beni-Mansour*, tribu. Com. ind., cant. jud. et cerc. d'Aumale, annexe des Beni-Mansour, subd. d'Aumale.

Mansour. V. *Ouled-Mansour*, tribu. Com. ind. de Tiaret-Aflou, cant. jud. et cerc. de Tiaret, subd. de Mascara.

Mansour. V. *Ouled-Mansour-ou-Madhi*. Com. ind., cant. jud. et cerc. de Bordj-bou-Arréridj, annexe de M'sila, subd. de Sétif.

Mansoura. Fract. de la tribu des Bibans. Non érigée en douar-com. Rattachée à la com. ind. de Bordj-bou-Arréridj. Cant. jud. et cerc. de Bordj-bou-Arréridj, subd. de Sétif; — à 28 kil. O. de Bordj-bou-Arréridj et sur la route nationale d'Alger à Constantine. Pop. ind. 1,840 hab.

Mansourah. V. *Ouled-Mansoura*, tribu des Hamyan-Chafa. Com. mix., cerc. de Sebdou, cant. jud. et subd. de Tlemcen.

Mansouria ou **Mançouria.** Fract. du Tababort, tribu et kaïdat. Com. ind., cerc. et cant. jud. de Djidjelli, subd. de Constantine, arr. jud. de Bougie. Pop. ind. 906 hab.

Maouch. V. *Aït-ou-Maouch*, fract. de la tribu d'El-Harrach. Com. ind., cerc. et cant. jud. d'Akbou, subd. de Sétif, arr. jud. de Bougie. Pop. ind. 524 hab.

MA (ET DES FRACTIONS DE TRIBUS) **MA-MB-MC**

Maoucha. V. *Zenakha-Maoucha*, tribu. Com. ind. et cerc. de Boghar, cant. jud. de Boghari, subd. de Médéa.

Maoudia. V. *Mahoudia*, tribu. Com. mix. de Frendah-Mascara, cerc. et subd. de Mascara, cant. jud. de Tiaret. Pop. ind. 830 hab.

Maouïa. Fract. des Beni-Fraoucen, tribu. Com. ind., cerc. et cant. jud. de Fort-National, subd. de Dellys. Pop. ind. 388 hab.

Maouïas. Fract. des Dehemcha, tribu. Com. ind. annexe et cant. jud. de Takitount, subd. de Sétif, arr. jud. de Bougie. Pop. ind. 488 hab.; — à 28 kil. S.-E. de Takitount et sur la rive droite de l'oued-Deheb, affluent de l'Oued-Kebir ou Oued-Endja.

Mareuf. V. *Ouled-Mareuf*, tribu. Com. ind., cant. jud. et cerc. de Médéa, subd. de Médéa.

Maridja. V. *Ouled-Maridja*, fract. des Ouled-Oum-Hani, tribu. Com. ind., cerc. et cant. jud. de Djelfa, subd. de Médéa. Pop. ind. 746 hab.

Marioua. (Sup. 7,150 hect.) Tribu délimitée et érigée en douar-com. par décret du 4 mars 1868. V. le douar-com. de *Marioua*, n° 6 de la carte. Com. mix. et cerc. d'Ammi-Moussa, cant. jud. d'Inkermann, subd. d'Oran. Pop. ind. 1,800 hab.

Marmi. V. *Beni-Marmi*, tribu et douar. Com. mix., cant. jud. et arr. de Guelma.

Masem. V. *Maacem*, tribu. Com. mix. et cerc. d'Ammi-Moussa, subd. d'Oran, cant. jud. d'Inkermann.

Massa-ou-Ghremoun. Fract. des Beni-Ouassif, tribu. Com. ind., cerc. et cant. jud. de Fort-National, subd. de Dellys. Pop. ind. 981 hab.

Massela. V. *Eulma-Massela*, tribu. Com. pl. ex. de Bizot de Condé et d'El-Arrouch, arr. de Constantine et de Philippeville, cant. jud. de Constantine et d'El-Arrouch.

Massem. V. *Maacem*, tribu. Com. mix. et cerc. d'Ammi-Moussa, cant. jud. d'Inkermann, subd. d'Oran. Pop. ind. 1,233 hab.

Mathar. V. *Beni-Mathar*, tribu. Com. mix. et cerc. de Daya, cant. jud. de Sidi-bel-Abbès, subd. de Tlemcen, arr. jud. d'Oran.

Matmata. Tribu dépendant des Beni-Tigrin. (Sup. 6,560 hect. env.) Tribu non soumise à l'appl. du sén.-cons. Rattachée à la com. mix. d'Ammi-Moussa. Cant. jud. d'Inkermann, cerc. d'Ammi-Moussa, subd. d'Oran; — à 41 kil. S.-E. d'Inkermann et sur la rive droite de l'Oued-Riou. Pop. ind. 2,963 hab.

Matmata. (Sup. 12,412 hect.) Tribu non soumise à l'appl. de sén.-cons. Cette tribu était autrefois divisée en 2 fract. : Oued-Tighzert et Djebel-el-Loueh. Rattachée à la com. ind. de Miliana, Cant. jud. et cerc. de Miliana, subd. d'Orléansville; — à 40 kil. S. de Miliana. Actuellement les Matmata se composent des fract. suivantes : Ouled-Sâada, Ouled-Younès, Ouled-Ali-ben-Seba, Ouled-Rahmoun, Hamzat, Zebala, Ouled-Madi, Ouled-Ouzerar et Ouled-Hamida. Pop. ind. 3,648 hab.

Matoug. V. *Ouled-Matoug*, fract. des Ouled-Djellal, tribu. Com. ind., cerc. et cant. jud. de Biskra, subd. de Batna. Pop. ind. 992 hab.

Mazer. Fract. de l'Oued-R'ir, tribu. Com. ind., cerc. et cant. jud. de Biskra, subd. de Batna. Pop. ind. 145 hab.; — à 109 kil. S. de Biskra et à l'E. de la route de cette ville à Tuggurt.

Mazerna. Fract. de la tribu des Illoula-ou-Malou. Com. ind., cerc. et cant. jud. de Fort-National, subd. de Dellys. Pop. ind. 516 hab.; — à 23 kil. S.-E. de Fort-National.

Mazouna. (Sup. 20,155 hab.) Tribu délimitée et divisée en 3 douars-com. par décret du 18 novembre 1869. — V. les douars-com. : *Bou-Mata*, n° 197; *Bou-Halloufa*, n° 195; *Kasbah-Mazouna*, n° 196 de la carte. Com. mix. de Cassaigne, arr. de Mostaganem, cant. jud. d'Inkermann.

Mazouz. V. *Ouled-Mazouz*, tribu et douar. Com. mix. et cant. jud. de Collo, arr. de Philippeville.

M'barek. V. *Ouled-Embarek*, tribu. Com. mix. et cerc. de Sebdou, cant. jud. et subd. de Tlemcen.

M'barek. V. *Ouled-M'barek*, tribu et douar. Com. ind. et cerc. d'El-Milia, cant. jud. de Mila, subd. de Constantine.

M'barek. V. *Sidi-Embarek*, fract. des Hachem. Ancienne tribu. Com. mix. et cant. jud. de Bordj-bou-Arréridj, arr. de Sétif. V. *Hachem*, tribu.

M'ced. V. *Ighil-ou-M'ced*, fract. des Illoulas, tribu. Com. ind., cerc. et cant. jud. d'Akbou, subd. de Sétif, arr. jud. de Bougie. Pop. ind. 1,544 hab.

M'chach. V. *Ouled-Laouar* et *El-Mehache*, tribu. Com. ind., cerc. et cant. jud. de Djelfa, subd. de Médéa.

13

M'chaïda. Ancien azel-beylik. V. *M'chaïda*, douar. Com. pl. ex. et cant. jud. d'El-Arrouch, arr. de Philippeville. Constitué en douar-com. par décret du 8 septembre 1869.

M'chat. (Sup. 5,376 hect.) Dépendant actuellement du kaïdat des Ouled-Aouat. Tribu délimitée et érigée en douar-com. par décret du 3 février 1869. V. le douar *M'chat*, n° 171 de la carte. Com. ind. et cerc. d'El-Milia, subd. de Constantine, cant. jud. de Mila. Pop. ind. 2,485 hab.

M'chedallah ou **Mechedala** ou **Mecheddala.** (Sup. 14,000 hect. env.) Tribu non soumise à l'appl. du sén.-cons. Rattachée à la com. ind. d'Aumale. Annexe des Beni-Mansour, cant. jud., cerc. et subd. d'Aumale; — à 50 kil. N.-E. de cette dernière ville, à cheval sur la route nationale d'Alger à Constantine et sur l'Oued-Sahël. Cette tribu est formée des fract. suivantes : Ouled-Brahim, Iril-Hammad, Saharidj, Aïch, Belbara, Aourir, Barérout, Beni-Hammad, Ilitemi, Mezrarir, Aït-Ali-ou-Temine et Beni-Oualban. Pop. ind. 2,725 hab.

M'cherla ou **Mecherla.** Ksar non soumis à l'appl. du sén.-cons. Rattaché à la com. mix. et au cerc. de Géryville. Cant. jud. de Saïda, subd. de Mascara; — à 160 kil. S.-O. de Saïda et à 10 kil. S. de Géryville. Pop. ind. 304 hab.

M'cherla. Ksar ruiné; — à 135 kil. O. de Géryville et sur le chemin de Saïda à Souk-el-Kesser du Maroc.

M'chouneeh. (Sup. 46,189 hect.) Tribu délimitée et érigée en douar-com. par décret du 31 décembre 1866. V. le douar-com. *M'chouneeh*, n° 124 de la carte. Com. ind., cerc. et cant. jud. de Biskra, subd. de Batna; — à 30 kil. N.-E. de Biskra et sur la rive gauche de l'Oued-Biraz. Pop. ind. 1,528 hab.

M'cif. V. *Douar-M'cif*, fract. du Hodna, tribu. Com. ind., cerc. et cant. jud. de Bordj-bou-Arréridj, subd. de Sétif, annexe de M'sila. Pop. ind. 1,341 hab. Dans ce chiffre figure le pop. du douar Ouled-si-Hamla. — NOTA : La fract. appelée Douar-M'cif n'a pas été soumise à l'appl. du sén.-cons.

M'cisna ou **M'cisnas.** (Sup. 10,500 hect. env.) Tribu non soumise à l'appl. du sén.-cons. Rattachée à la com. ind. d'Akbou. Cant. jud. et cerc. d'Akbou, subd. de Sétif, arr. jud. de Bougie; — à 12 kil. N.-E. d'Akbou, sur la rive droite de l'Oued-Sahël. Pop. ind. 1,800 hab.

Méarez. V. *Beni-Meharez*, tribu et douar. Com. pl. ex. et cant. jud. de Teniet-el-Had, arr. de Miliana.

Mebatenine. Fract. des Beni-Chaïb, tribu. Com. ind., cerc. et cant. jud. de Teniet-el-Had, subd. d'Orléansville. Pop. ind. 145 hab.; — à 20 kil. O. de Teniet-el-Had.

Meccida ou **Mecida** ou **Mésida.** Ancien azel. Réuni au douar-com. de Bou-Ksaïba constitué par décret du 1er septembre 1869. V. le douar *Bou-Ksaïba*. Com. pl. ex. de Rouffach. Cant. jud. de Mila, arr. de Constantine. — NOTA : Le décret du 1er septembre 1869, B. O., p. 236, dit, à tort, Mérida.

Mechach. V. *Ouled-Laouar* et *El-Mehache*, tribu. Com. ind., cant. jud. et cerc. de Djelfa, subd. de Médéa.

Mechaïda. Ancienne terre azel. V. *M'chaïda*. Com. pl. ex. d'El-Arrouch, cant. jud. d'El-Arrouch, arr. de Philippeville. Constitué en douar-com. par décret du 8 septembre 1869.

Mechat. V. *M'chat*, tribu et douar. Com. ind. et cerc. d'El-Milia, cant. jud. de Mila, subd. de Constantine.

Mechedallah ou **Mecheddala.** V. *M'chedallah*, tribu. Com. ind. et cant. jud. d'Aumale, annexe de Beni-Mansour, cerc. et subd. d'Aumale.

Mecherek. Fract. des Beni-Sedka-Ogdal, tribu. Com. ind., cerc. et cant. jud. de Fort-National, subd. de Dellys. Pop. ind. 480 hab.; — à 14 kil. S.-O. de Fort-National.

Mecherla ou **M'cherla.** Ksar non soumis à l'appl. du sén.-cons. Rattaché à la com. mix. et au cerc. de Géryville. Cant. jud. de Saïda, subd. de Mascara; — à 160 kil. S.-E. de Saïda et à 10 kil. S. de Géryville. Pop. 304 ind.

Mechmech. Terre azel. Réunie à la com. pl. ex. d'El-Arrouch. Cant. jud. d'El-Arrouch, arr. de Philippeville; — à 6 kil. S.-E. d'El-Arrouch et sur la rive gauche du Saf-Saf. Érigée en douar-com. avec l'azel de M'chaïda. Décret du 8 septembre 1869.

Mechtras. (Sup. 3,800 hect. env.) Tribu non soumise à l'appl. du sén.-cons. Rattachée à la com. mix. de Dra-el-Mizan. Arr. de Tizi-Ouzou, cant. jud. de Dra-el-Mizan; — à 10 kil. N.-E. de ce dernier centre. Pop. tot. 2,452 hab.

Mecisna. V. *M'cisna*, tribu. Com. ind., cant. jud. et cerc. d'Akbou, subd. de Sétif, arr. jud. de Bougie.

Medabila. Fract. des Ouled-Mokhtar-Chéraga et Mouïadat-Chéraga, tribu. Com. ind., cerc., cant. jud. et subd. de Médéa. Pop. ind. 239 hab.

Medafra. Fract. des Aziz, tribu. Com. ind., cerc. et cant. jud. de Teniet-el-Had, subd. d'Orléansville. Pop. ind. 169 hab.

Meddour. Fract. de l'Oued-Abdi, tribu. Com. ind., cerc., cant. jud. et subd. de Batna; — à 41 kil. S. de Batna et à 48 kil. N.-E. de Biskra. Pop. ind. 140 hab.

Meddour ou **Beni-Meddour.** V. *Merketta* et *Meddour*, fract. dépendant de l'aghalik de Bouïra. Com. ind., cant. jud., cerc. et subd. d'Aumale.

Médéa (Bach-aghalik du Sud-Est de). Son territoire est formé des tribus suivantes : Titteri, Souhary et Deïmat, Abid, Ouled-Deïd, Beni-Hassen, Ouled-Mokhtar-Chéraga et Mouïadat-Chéraga, Ouled-Sidi-Aïssa-el-Adhab, Sahari-Ouled-Brahim, Douaïrs, Rebaïa, Ouled-si-Ahmed-ben-Youssef, Ouled-Allane-Zékri, Ouled-Allane-Bechich et Ouled-Marouf. Com. ind., cerc. et subd. de Médéa. Pop. ind. de l'aghalik du S.-E. 24,653 hab.

Medlan. V. *Beni-Median*, tribu. Com. ind. de Tiaret-Aflou, cant. jud. et cerc. de Tiaret, subd. de Mascara.

Mediouna. (Sup. 11,123 hect.) Tribu délimitée et érigée en douar-com. par décret du 8 juin 1870. V. le douar-com. de *Mediouna*, n° 193 de la carte. Com. mix. de Cassaigne, arr. de Mostaganem, cant. jud. d'Inkermann. Pop. ind. 3,837 hab.

Medjadja. (Sup. 18,168 hect.) Tribu délimitée et érigée en douar-com. par décret du 5 décembre 1866. V. le douar-com. de *Médinet-Medjadja*, n° 84. Com. ind., cerc., cant. jud. et subd. d'Orléansville. Pop. ind. 5,563 hab.

Medjadja. (Sup. 10,194 hect.) Tribu délimitée et divisée en 2 douars-com. par décret du 2 mai 1866. V. *Oum-el-Chouk* ou *Oum-Ech-Chouk*, n° 66. Com. pl. ex. d'El-Kantour, arr. de Philippeville, cant. jud. d'El-Arrouch, et *Medjadja*, n° 65 de la carte des douars. Com. mix., cant. jud. et arr. de Philippeville.

Medjahdia. Fract. des Ouled-Cheïkh, tribu. Com. ind., cerc. et cant. jud. de Miliana, subd. d'Orléansville. Pop. ind. 373 hab.

Medjahed. V. *Ouled-Sidi-Medjahed*, tribu. Com. mix. de Lalla-Maghrnia, cant. jud. de Nemours, cerc. de Lalla-Maghrnia, subd. de Tlemcen.

Medjaïr. Fract. des Beni-bou-Douan, tribu. Com. ind. et cerc. de Miliana, cant. jud. de Duperré, subd. d'Orléansville. Pop. ind. 239 hab.

Medjana. Fract. de la tribu des Hachem. Com. mix. et cant. jud. de Bordj-bou-Arréridj, arr. de Sétif. V. *Hachem*, tribu.

Medjebara. Fract. des Ksours de Djelfa. Com. ind., cerc. et cant. jud. de Djelfa, subd. de Médéa. Pop. ind. 254 hab.; — à 28 kil. S.-E. de Djelfa et à 5 kil. S. de l'ancien Medjebara.

Medjeled-Dahra. V. *Beni-Medjeled-Dahra*, tribu. Com. ind., cant. jud. et cerc. de Djidjelli, subd. de Constantine, arr. jud. de Bougie.

Medrouna. Fract. de l'Oued-Abdi, tribu. Com. ind., cerc., cant. jud. et subd. de Batna. Pop. ind. 230 hab.

Mefatah. V. *M'fatah*, tribu et douar. Com. ind. et com. pl. ex. de Boghar, cerc. de Boghar, cant. jud. de Boghari, subd. de Médéa.

Megan. Tribu dépendant des Hamyan-Djembâa. Non soumise à l'appl. du sén.-cons. Rattachée à la com. mix. et au cerc. de Sebdou. Cant. jud. et subd. de Tlemcen. Pop. comprise dans les Hamyan-Djembâa.

Meggan. Tribu non soumise à l'appl. du sén.-cons. Rattachée à la com. ind. et au cerc. de Boghar. Cant. jud. de Boghari, subd. de Médéa. Pop. 1,076 ind.

Meggar-Selmia. Fract. de Tuggurt, tribu. Com. ind., cerc. et cant. jud. de Biskra, subd. de Batna. Pop. ind. 200 hab.; — à 169 kil. S. de Biskra et à 21 kil. N.-E. de Tuggurt.

Meggarin. Fract. de Tuggurt, tribu. Com. ind., cerc. et cant. jud. de Biskra, subd. de Batna. Pop. ind. 220 hab.; — à 183 kil. S. de Biskra et à 11 kil. N.-E. de Tuggurt.

Meghachou. Fract. du Dahra d'Alger, tribu. Com. ind., cerc., cant. jud. et subd. d'Orléansville. Pop. ind. 150 hab.; — à 45 kil. N.-O. d'Orléansville.

Meghnoulla. Tribu dépendant des Hamyan-Djembâa. Non soumise à l'appl. du sén.-cons. Rattachée à la com. mix. de Sebdou. Cerc. de Sebdou, cant. jud. et subd. de Tlemcen. Pop. comprise dans les Hamyan-Djembâa.

Megharsa ou **M'rarsa.** Fract. des Ouled-si-Yahia, tribu. Com. ind., cerc. et cant. jud. de Tebessa, subd. de Constantine. Pop. ind. 604 hab.; — à 32 kil. N.-O. de Tebessa.

Meghazi. Fract. d'El-Assafia, ksar. Com. ind., cerc. et cant. jud. de Laghouat, subd. de Médéa. Pop. ind. 163 hab.

Megueddem. V. *M'gueddem*, tribu. Com. ind., cant. jud. et cerc. de Bordj-bou-Arréridj, subd. de Sétif.

Meguerbus. Fract. des Beni-Yala, tribu. Com. ind., cerc. et subd. de Sétif, cant. jud. d'Akbou, arr. jud. de Bougie. Pop. ind. 567 hab. ; — à 36 kil. S.-E. d'Akbou, sur la rive gauche de l'Oued-M'guerba, affluent rive gauche de l'Oued-bou-Sellam.

Meguerra. V. *M'guerra*, fract. des Ouled-Messaoud. Com. ind., cerc. et cant. jud. de La Calle, subd. de Bône. Pop. ind. 1,475 hab.

Mehagga. Fract. des Beni-Idjeur-Djebel, tribu. Com. ind., cerc. et cant. jud. de Fort-National, subd. de Dellys. Pop. ind. 233 hab. ; — à 34 kil. E. de Fort-National.

Mehaïmar. Fract. des Ababda, tribu. Com. ind., cerc. et cant. jud. de Laghouat, subd. de Médéa. Pop. ind. 118 hab.

Mehal. (Sup. 9,907 hect.) Tribu délimitée et divisée en 2 douars-com. par décret du 10 avril 1867. V. les douars-com. : *Oued-el-Hamoul*, nº 41, Pop. ind. 561, Com. mix. et annexe de Zemmorah, subd. d'Oran et *Oued-Djemda*, nº 40 de la carte. Pop. ind. 2,136, Com. mix. de Relizane, cant. jud. de Relizane et arr. de Mostaganem.

Mehal. Fract. des Ouled-Dessem-Gheraba, tribu. Com. ind., cerc. et cant. jud. de Teniet-el-Had, subd. d'Orléansville. Pop. ind. 456 hab.

Mehane. Fract. des Bethaya ou Bethaïa, tribu. Com. ind., cerc. et cant. jud. de Miliana, subd. d'Orléansville. Pop. ind. 697 hab.

Meharez. V. *Beni-Meharez*, tribu et douar. Com. pl. ex. et cant. jud. de Teniet-el-Had, arr. d'Orléansville.

Meharzia. V. *El-Meharzia*, fract. du Dahra d'Alger, tribu. Com. ind., cerc., cant. jud. et subd. d'Orléansville. Pop. ind. 234 hab.

Mehemed. V. *Ouled-Mehemed*, fract. des Ouled-Ali-Achicha, tribu. Com. ind., cerc. et cant. jud. de La Calle, subd. de Bône. Pop. ind. 64 hab.

Mehenna. V. *Beni-Mehenna* et *Beni-Béchir*, tribus. Com. pl. ex. de Gastonville et de St-Charles, cant. jud. d'El-Arrouch, arr. de Philippeville.

Mekarta ou **M'karta.** Fract. dépendant de la tribu et du kaïdat de l'Oued-Ksob. Non érigée en douar-com. Rattachée à la com. ind. de Bordj-bou-Arréridj, cant. jud. et cerc. de Bordj-bou-Arréridj, subd. de Sétif; — à 19 kil. S. de Bordj-bou-Arréridj et au N.-O. du Djebel-Maadhid, point géodésique, altitude 1,848 mètres. Pop. ind. 1,411 hab.

Mekhadema. Tribu de l'aghalik d'Ouargla. Non soumise à l'appl. du sén.-cons. Rattachée à la com. ind. de Laghouat. Cant. jud. et cerc. de Laghouat, subd. de Médéa; — à 180 kil. S.-E. de Laghouat et à cheval sur l'Oued-en-Nessa. Pop. ind. 1,405 hab.

Mekhadma et **Ben-Tious.** Fract. des Zibans, tribu. Com. ind., cerc. et cant. jud. de Biskra, subd. de Batna. Pop. ind. des 2 fract. 397 hab. ; — à 35 kil. S.-O. de Biskra et sur la rive gauche de l'Oued-Djedi.

Mekhaldia. V. *El-Mekhaldia*, fract. des Ouled-bou-Sliman, tribu. Com. ind., cerc. cant. jud. et subd. d'Orléansville. Pop. ind. 390 hab.

Mekhalfa. (Sup. 21,335 hect.) Tribu délimitée et divisée en 3 douars-com. par décret du 5 décembre 1866. V. les douars-com. de *Tahamda*, nº 38. Pop. 1,287 ind. ; *Z'gaïer*, nº 37. Pop. 734 ind. et *Aïn-el-Guettar*, nº 36 de la carte. Pop. 1,431 ind. Com. mix. de Relizane, arr. de Mostaganem.

Mekhalif. Fract. des Ouled-Mokhtar-Chéraga et Mouladat-Chéraga, tribus. Com. ind., cerc., cant. jud. et subd. de Médéa. Pop. ind. 146 hab.

Mekhalif. Fract. des Ouled-Sidi-Aïssa-el-Adhab, tribu. Com. ind., cerc., cant. jud. et subd. de Médéa. Pop. ind. 41 hab.

Mekhalif-el-Djorb-el-Guetatfa. V. *M'khalif-el-Djorb-el-Guetatfa*, ksar de tribu. Com. ind., cerc. et cant. jud. de Laghouat, subd. de Médéa.

Mekhalif-el-Djorb-Ouled-Mohamed. V. *M'khalif-el-Djorb-Ouled-Mohamed*, tribu et ksar. Com. ind., cant. jud. et cerc. de Laghouat, subd. de Médéa.

Mekhalif-el-Lazereg. V. *M'khalif-Lazerag*, tribu et ksar. Com. ind., cant. jud. et cerc. de Laghouat, subd. de Médéa.

Mekira. V. *Flissa-Mekira*, tribu. Com. mix. et cant. jud. de Dra-el-Mizan, arr. jud. de Tizi-Ouzou.

Meknéa ou **Moknia** ou **Maknéa.** Fract. des Beni-Ghobri, tribu. Com. ind., cant. jud. et cerc. de Fort-National, subd. de Dellys. Pop. ind. 283 hab. ; — à 23 kil. E. de Fort-National.

Meknessa. (Sup. 14,949 hect.) Tribu délimitée et érigée

en douar-com. par décret du 2 octobre 1869. V. le douar-com. *Meknessa,* n° 167 de la carte. Com. mix. et cerc. d'Ammi-Moussa, subd. d'Oran, cant. jud. d'Inkermann. Pop. ind. 3,388 hab.

Melika. Ksar dépendant de la confédération des Beni-M'zab. Com. ind., cerc. et cant. jud. de Laghouat, subd. de Médéa. Pop. ind. 739 hab.; — à 175 kil. S.-E. de Laghouat, à 485 kil. S.-E. d'Alger et à 1,700 mètres S.-E. de Ghardaïa, sur la rive gauche de l'Oued-M'zab.

Melili ou **M'lili.** V. *Zaouïet-M'lili,* fract. de la tribu des Zibans. Com. ind., cerc. et cant. jud. de Biskra, subd. de Batna. Pop. ind. 103 hab.; — à 22 kil. S.-O. de Biskra et sur la rive gauche de l'Oued-Djedi.

Melilla et Beni-Mester. (Sup. 2,654 hect. env.) Tribus non soumises à l'appl. du sén.-cons. Rattachées à la com. mix. de Tlemcen. Cant. jud. et arr. de Tlemcen; — à 9 kil. N.-O. de cette ville. V. *Beni-Mester, Aïn-Douz* et *Melilia,* tribus.

Melkem. V. *Beni-Melkem,* fract. des Ammar-Khaddou, tribu. Com. ind., cerc. et cant. jud. de Biskra, subd. de Batna.

Mellaha. Fract. des Ouled-Abd-el-Djebar, tribu. Com. ind., cerc. et cant. jud. de Bougie, subd. de Sétif. Pop. ind. 670 hab.; — à 39 kil. S.-O. de Bougie, sur la rive droite de l'Oued-Sahël et près du défilé du Khorza.

Mellika. V. *Beni-Mellika,* fract. des Beni-Sliman, tribu. Com. ind., annexe et cant. jud. de Takitount, subd. de Sétif, arr. jud. de Bougie. Pop. ind. 1,096 hab.; — à 31 kil. N.-E. de Takitount et sur la rive droite de l'Oued-Djemâa.

Mellikeuch. V. *Beni-Mellikeuch,* tribu et douar. Com. ind., cant. jud., et cerc. d'Akbou, subd. de Sétif, arr. jud. de Bougie.

Mellouk ou **Aïn-Melouck.** Fract. de l'ancienne tribu des Kherareb-Sellaoua, non érigée en douar-com. Rattachée à la com. mix. et cant. jud. de l'Oued-Zenati, arr. de Constantine; — à 24 kil. S.-O. du village de l'Oued-Zenati. Pop. ind. 2,443 hab.

Melloult ou **Melloul.** V. *Beni-Melloult* et *Beni-bou-Aïssi,* tribus. Com. ind., cant. jud. et cerc. de Bougie, subd. de Sétif.

Melouane. V. *Beni-Maloum* et *Melouane,* tribus. Com. ind. de l'Arba, cant. jud. et annexe de l'Arba, subd. d'Alger.

Melouza. Fract. dépendant de la tribu et du kaïdat de l'Oued-Ksob, non érigée en douar-com. Rattachée à la com. ind. de Bordj-bou-Arréridj. Cant. jud. et cerc. de Bordj-bou-Arréridj, subd. de Sétif. Pop. ind. 2,218 hab.; — à 55 kil. O. de Bordj-bou-Arréridj et sur le versant E. du Djebel-Gouraoui.

Mena ou **Menah.** Fract. de l'Oued-Abdi, tribu. Com. ind., cerc., cant. jud. et subd. de Batna. Pop. ind. 348 hab.; — à 52 kil. S.-O. de Batna et à 35 kil. N.-E. de Biskra.

Menaeir. V. *El-Menaeir,* fract. des Beni-Oudjana, tribu. Com. ind., cerc. et cant. jud. de Khenchela, subd. de Batna. Pop. ind. 412 hab.

Menade. V. *Beni-Menade,* tribu. Com. mix. de Meurad et d'Adélia, arr. d'Alger et de Miliana.

Menahla ou **Oum-el-Menna.** Fract. des Zibans, tribu. Com. ind., cerc. et cant. jud. de Biskra, subd. de Batna. Pop. ind. 158 hab.; — à 10 kil. S.-E. de Biskra et sur la rive gauche de l'Oued-Biskra, affluent du Chott Farfaria.

Menaïfa. V. *El-Menaïfa,* fract. du Hodna, tribu et kaïdat. Com. ind., cant. jud., cerc. et subd. de Batna, annexe de Barika.

Menaneda. V. *El-Menaneda,* fract. du Djebel-Mesdad, tribu. Com. ind., cerc. et cant. jud. de Bou-Sâada, subd. d'Aumale. Pop. ind. 80 hab.

Menasser. V. *Beni-Menasser* (sud), tribu. Com. ind., cant. jud. et cerc. de Miliana, subd. d'Orléansville.

Menasser. V. *Beni-Menasser* (nord), tribu. Com. mix. de Gouraya, cant. jud. de Cherchel, arr. jud. d'Alger.

Menasseria ou **El-Menasria.** Fract. d'Haouara, tribu. Com. ind., cerc., cant. jud. et subd. de Médéa, sur la rive gauche de l'Oued-Harbène.

Menasserin. Fract. du Ferdjioua, tribu et kaïdat. Com. ind. et annexe de Fedj-Mezala, cant. jud. de Mila, subd. de Constantine. Pop. ind. 480 hab.

Mendil. V. *Ouled-Mendil,* ancienne tribu. Com. pl. ex. de Douéra, cant. jud. de Boufarik, arr. d'Alger. — NOTA : Les renseignements donnés aux Beni-Mendil, lettre *B,* p. 37, au bas de la première colonne, doivent être rectifiés ainsi : Beni-Mendil. V. *Ouled-Mendil,* ancienne tribu. Com. pl. ex. de Douéra, cant. jud. de Boufarik, arr. d'Alger.

Mendez. V. *Beni-Mendès*, tribu, Com. mix. et cant. jud. de Dra-el-Mizan, arr. de Tizi-Ouzou.

Menguellet. V. *Beni-Menguellet*, tribu. Com. ind., cant. jud. et cerc. de Fort-National, subd. de Dellys.

Mengouch-Tahta. V. *Beni-Mengouch-Tahta*, tribu. Com. mix., cant. jud. et cerc. de Nemours, subd. de Tlemcen.

Méniarin. V. *Beni-Méniarin-Fouagha*, tribu. Com. mix. de Saïda et de Mascara, subd. et arr. de Mascara, cant. jud. de Saïda.

Ménéarin. V. *Beni-Méniarin-Tahta*. Com. ind., cant. jud. et cerc. de Saïda, subd. de Mascara.

Menir. V. *Beni-Menir*, tribu et douar. Com. mix., cant. jud. et cerc. de Nemours, subd. de Tlemcen.

Menna. V. *Dra-Menna*, tribu et douar. Com. mix. et arr. de Bône, cant. jud. de Mondovi.

Menna. V. *Beni-Mehenna* et *Beni-Béchir*, tribus. Arr. de Philippeville.

Mentoura. V. *Zéramna* et *Mentoura*, fract. des Ferdjioua, tribu. Com. ind. et annexe de Fedj-Mezala, cant. jud. de Mila, subd. de Constantine. Pop. ind. des 2 fract. 618 hab.

Meraba. V. *Beni-Meraheba*, tribu. Com. ind. et cerc. de Miliana, cant. jud. de Duperré, subd. d'Orléansville.

Merabetine. Fract. des Beni-bou-Yacoub, tribu et douar. Com. mix. de Ben-Chicao, cant. jud. de Médéa, arr. d'Alger. Pop. ind. 325 hab.

Merabtine. V. *El-Merabtine*, fract. du Guergour, tribu. Com. ind., cerc. et subd. de Sétif. Cant. jud. d'Akbou, arr. jud. de Bougie. Pop. ind. 436 hab.

Merabtines. Fract. du Ferdjioua, tribu et kaïdat. Com. ind. et annexe de Fedj-Mezala, cant. jud. de Mila, subd. de Constantine. Pop. ind. 335 hab.

Merabtin-Ghéraba ou **M'rabtin-Gheraba.** (Sup. 22,053 hect. env.) Tribu dépendant des Harrar-Ghéraba. Non soumise à l'appl. du sén.-cons. Rattachée à la com. mix. de Frendah-Mascara, cerc. de Frendah, subd. de Mascara, cant. jud. de Tiaret; — à 60 kil. S.-O. de Tiaret et sur le versant S.-O. du Djebel-Garda. Pop. ind. 370 hab.

Meradsa. V. *El-Amradsa*, petite fract. des Beni-Mâafa. Com. ind., cant. jud., cerc. et subd. de Batna.

Meraheba ou **Meraba.** V. *Beni-Meraheba*, tribu. Com. ind. et cerc. de Miliana, cant. jud. de Duperré, subd. d'Orléansville.

Merahna. V. *El-Merahna*, fract. des Ouled-Khiar, tribu et kaïdat. Com. ind., cerc. et cant. jud. de Souk-Ahras, subd. de Bône. Pop. ind. 1,206 hab.

Meraï V. *Beni-Meraï*, tribu. Com. ind., cant. jud. et annexe de Takitount, subd. et cerc. de Sétif, arr. jud. de Bougie.

Meraïma. V. *M'raïma*, fract. de la tribu des Ouled-Ali-Achicha. Com. ind., cant. jud. et cerc. de La Calle, subd. de Bône.

Meraksa ou **Meraksa-el-Allg.** V. *El-Meraksa*, fract. de Roumana, tribu. Com. ind., cerc. et cant. jud. de Bou-Sâada, subd. d'Aumale. Pop. ind. 315 hab.

Méranzia. Fract. des Maamra, tribu et terrains de parcours. Com. ind., cerc. et cant. jud. de Laghouat, subd. de Médéa. Pop. ind. 170 hab.

Merayer-Ensira. V. *M'raïer-Ensira*, fract. de la tribu de l'Oued-R'ir. Com. ind., cant. jud. et cerc. de Biskra, subd. de Batna.

Merazga. Fract. des Ouled-si-Yahia, tribu. Com. ind., cerc. et cant. jud. de Tebessa, subd. de Constantine. Pop. ind. 517 hab.

Merazig. V. *El-Merazig*, fract. des Ouled-Zian, tribu. Com. ind., cerc. et cant. jud. de Laghouat, subd. de Médéa. Pop. ind. 137 hab.

Merdès. (Sup. 19,601 hect.) Tribu délimitée et érigée en douar-com. par décret du 10 mars 1869. V. le douar-com. *Merdès*, nº 207 de la carte. Com. mix. de Bône, cant. jud. et arr. de Bône. Pop. ind. 2,013 hab.

Mérida. V. *Meccida*, ancien azel réuni au douar-com. de Bou-K'saïba. Com. pl. ex. de Rouffach, cant. jud. de Mila, arr. de Constantine.

Méridj. V. *El-Méridj*, fract. des Ouled-si-Yahia, tribu. Com. ind., cerc. et cant. jud. de Tebessa, subd. de Constantine. Pop. ind. 111 hab.; — à 44 kil. N.-E. de Tebessa et sur la frontière de la Tunisie.

Meriem. V. *Ouled-Meriem*, tribu. Com. ind., cant. jud. et cerc. d'Aumale, subd. d'Aumale.

Merira. Fract. des Beni-Khelili, tribu. Com. ind., cerc. et cant. jud. de Fort-National, subd. de Dellys. Pop.

ind. 505 hab.; — à 10 kil. N.-E. de Fort-National et près de la Djemâa-Sahridj.

Merkella et **Meddour** ou **Merkella** et **Beni-Meddour.** Fract. dépendant de l'aghalik de Bouïra. Rattachées à la com. ind. d'Aumale. Cant. jud., cerc. et subd. d'Aumale. Pop. ind. 1,939 hab.

Merouan. V. *Beni-Mérouan*, tribu de l'ancien kaïdat de l'Edough. Com. mix. d'Aïn-Mokra, arr. de Bône, cant. jud. de Jemmapes.

Merzia. V. *El-Meharzia*, fract. du Dahra d'Alger, tribu. Com. ind., cant. jud., cerc. et subd. d'Orléansville.

Merzoug. V. *Beni-Merzoug*, tribu. Com. mix. et cant. jud. de Ténès, arr. d'Orléansville.

Mesalla. V. *M'salla*, tribu et douar. Com. mix. et cant. jud. de Philippeville, arr. de Philippeville.

Mesalta. Fract. du Sahël-Guebli, tribu. Com. ind., cerc. et subd. de Sétif, cant. jud. d'Akbou, arr. jud. de Bougie. Pop. ind. 426 hab.; — à 54 kil. E. d'Akbou, à 38 kil. N.-O. de Sétif et sur le versant S.-E. du Bou-Marouf.

Mesdda. V. *Meccida*, ancien azel réuni au douar-com. de Bouksaïba. Com. pl. ex. de Rouffach, cant. jud. de Mila, arr. de Constantine.

Mesirda. V. *M'sirda*, tribu. Com. ind., cant. jud. et cerc. de Nemours, subd. de Tlemcen.

Meslla-Arb-el-Oued. Fract. du Ferdjioua, tribu et kaïdat. Com. ind. et annexe de Fedj-Mezala, subd. de Constantine, cant. jud. de Mila. Pop. ind. 353 hab.

Meslla-bou-Hani. Fract. du Ferdjioua, tribu et kaïdat. Com. ind. et annexe de Fedj-Mezala, cant. jud. de Mila, subd. de Constantine. Pop. ind. 250 hab.; — à 31 kil. N.-O. de Mila.

Mesloub. V. *El-Mesloub*, fract. des Beni-Fraoucen, tribu. Com. ind., cerc. et cant. jud. de Fort-National, subd. de Dellys. Pop. ind. 532 hab.

Messâad. Fract. des Ksours de Djelfa. Com. ind., cerc. et cant. jud. de Djelfa, subd. de Médéa. Pop. ind. 1,532 hab.; — à 58 kil. S.-E. de Djelfa.

Messaba. Tribu non soumise à l'appl. du sén.-cons. Rattachée à la com. ind. et au cerc. de Biskra. Subd. de Batna. Cette tribu se compose des fract. suivantes: Guémar, Debila, Bihima, Chebabta et Rafin, Ferdjan et Azezla; — à 160 kil. S.-E. de Biskra et au S. du grand Chott. Pop. ind. 6,762 hab. -- Nota : Le nom de cette tribu ne figure pas dans la composition territoriale du cant. jud. de Biskra.

Messaïn. V. *Aït-Messaïn*, fract. des Akbils, tribu. Com. ind., cerc. et cant. jud. de Fort-National, subd. de Dellys.

Messaoud. V. *Beni-bou-Messaoud*, tribu. Com. mix. et cant. jud. de Bougie, arr. de Bougie.

Messaoud. V. *Beni-Messaoud*, tribu. Com. mix. de Ben-Chicao, cant. jud. de Médéa, arr. d'Alger.

Messaoud. V. *Ouled-Messaoud*, tribu. Com. ind., cerc. et cant. jud. de La Calle, subd. de Bône.

Messaoud. V. *Ouled-Messaoud*, tribu. Com. ind. de Tiaret-Aflou, cant. jud. et cerc. de Tiaret, subd. de Mascara.

Messaoud. V. *Ghiatra-Ouled-Messaoud*. Com. mix. et cerc. de Sebdou, cant. jud. et subd. de Tlemcen.

Messaoud-ben-el-Echhab. Fract. des Ouled-Mahamed-el-M'barek, tribu. Com. ind., cerc. et cant. jud. de Bou-Sâada, subd. d'Aumale. Pop. ind. 54 hab.

Messaoud-ben-Salah. V. *Ouled-Messaoud-ben-Salah*, fract. de l'Oued-Abdi, tribu. Com. ind., cerc., cant. jud. et subd. de Batna. Pop. ind. 181 hab.

Messarir. Fract. des Beni-Chaïb, tribu. Com. ind., cerc. et cant. jud. de Teniet-el-Had, subd. d'Orléansville. Pop. ind. 110 hab.; — à 20 kil. S.-O. de Teniet-el-Had.

Messelem. V. *Beni-Messlem*, tribu et douar. Com. ind. et cerc. d'El-Milia, cant. jud. de Mila, subd. de Constantine.

Messelem. V. *Ouled-Messeltem*. Com. ind. et cant. jud. de l'Arba, annexe et subd. d'Alger.

Messelem. V. *Ouled-Messeltem*. Com. ind., cant. jud. et subd. d'Aumale.

Messilia. V. *El-Messilia*, fract. des Beni-Foughal, tribu. Com. ind., cerc. et cant. jud. de Djidjelli, subd. de Constantine. Pop. ind. 540 hab.; — à 24 kil. S. de Djidjelli, sur la rive droite de l'Oued-Missia, affluent de l'Oued-Djindjin.

Messisna. V. *M'cisna*, tribu. Com. ind., cant. jud. et cerc. d'Akbou, subd. de Sétif, arr. jud. de Bougie.

Messlem. V. *Beni-Messlem*, tribu et douar. Com. ind. et cerc. d'El-Milia, cant. jud. de Mila, subd. de Constantine.

Mester. V. *Beni-Mester*, *Aïn-Douz* et *Metilia*, tribus. Com. mix., cant. jud. et arr. de Tlemcen.

Metalia. V. *El-Métalia*, fract. des Hadjadj, tribu. Com. ind., cerc. et cant. jud. de Laghouat, subd. de Médéa. Pop. ind. 181 hab.

Metaref. V. *Beni-Metaref*, tribu des Hamyan-Chafa. Com. mix., cant. jud., cerc. de Sebdou, cant. jud. et subd. de Tlemcen.

Metchatchli. (Sup. 22,888 hect.) Tribu délimitée et divisée en 3 douars-com. par décret du 18 avril 1868. V. les douars-com. de *Zellaya*, n° 77; *Froha*, n° 78 et *Fekan*, n° 79 de la carte. Com. mix. et arr. de Mascara, cant. jud. de Mascara.

Metennan. (Sup. 10,700 hect. env.) Tribu non soumise à l'appl. du sén.-cons. Rattachée à la com. ind. d'Aumale, cant. jud., cerc. et subd. d'Aumale; — à 30 kil. N. de cette ville, au S.-O. du Djebel-Hellala, point géodésique et sur la rive droite de l'Oued-Souflat, affluent de l'Oued-Isser. Pop. ind. 4,729 hab.

Metlili. V. *Chamba de Metlili*, tribu. Com. ind., cant. jud. et cerc. de Laghouat, subd. de Médéa.

Metlili. Ksar dépendant des Chamba de Metlili. Com. ind., cerc. et cant. jud. de Laghouat, subd. de Médéa. Pop. ind. 673 hab.; — à 510 kil. S.-E. d'Alger; à 190 kil. S.-E. de Laghouat et sur le chemin de Laghouat à Goléa.

Mezab. V. *Beni-M'zab* (confédération des). Com. ind., cant. jud. et cerc. de Laghouat, subd. de Médéa.

Mezaïa. Fract. des Beni-Hassein, tribu. Com. ind., cerc., cant. jud. et subd. de Médéa. Pop. ind. 258 hab.; — à 29 kil. S. de Médéa, touchant la limite N. de la com. de Boghari.

Mezala. V. *Flissa-M'zala*, tribu. Com. mix. et cant. jud. de Dra-el-Mizan, arr. de Tizi-Ouzou.

Mezala. V. *M'zala*, tribu. Com. ind., cant. jud. et cerc. de Bougie, subd. de Sétif.

Mezegguen. V. *M'segguen*, fract. des Illoula-ou-Malou, tribu. Com. ind., cerc. et cant. jud. de Fort-National, subd. de Dellys.

Mezrarir. Fract. de M'chedallah, tribu. Com. ind., cerc., cant. jud. et subd. d'Aumale, annexe de Beni-Mansour. Pop. ind. 219 hab.; — à 56 kil. N.-E. d'Aumale et sur la rive droite de l'Oued-Sahel.

Mezrenna ou **Mezrhenna.** Fract. de l'ancienne tribu des Beni-Sliman. (Sup. 6,500 hect. env.) Dépendant actuellement de la tribu des Beni-Sliman-Chéraga. Non érigée en douar-com. Rattachée à la com. ind. de l'Arba, annexe et cant. jud. de l'Arba, subd. d'Alger; — à 30 kil. S.-E. de l'Arba, sur la rive droite de l'Oued-Isser et sur la route d'Alger à Aumale. Pop. ind. 1,244 hab.

Mezzaïa. (Sup. 4,391 hect.) Tribu délimitée et divisée en 3 douars par décret du 13 juillet 1867. V. les douars *Madala*, n° 157; *Aït-Temsilt*, n° 158; *Aït-Ameur-ou-Ali*, n° 159 de la carte des douars. Com. mix., cant. jud. et arr. de Bougie.

Mezzeline. V. *Beni-Mezzeline*, tribu et douar. Com. mix., cant. jud. et arr. de Guelma.

M'fatah. (Sup. 22,991 hect.) Tribu délimitée et érigée en douar-com. par décret du 28 mars 1868. V. le douar-com. de *M'fatah*, n° 52 de la carte. Rattaché partie à la com. ind. de Boghar, cerc. de Boghar, subd. de Médéa et partie aux com. pl. ex. de Boghar et de Boghari, arr. d'Alger, cant. jud. de Boghari. Pop. ind. 2,496 hab.

M'gueddem. (Sup. 15,792 hect.) Tribu délimitée et érigée en 3 douars-com. par décret du 25 janvier 1868. V. les douars *Ouled-Dahman*, n° 154; *Ouled-Hanich*, n° 155; *Hassenaoua*, n° 156 de la carte. Com. ind. et cant. jud. de Bordj-bou-Arréridj, subd. de Sétif. Pop. des douars Ouled-Hanich et Ouled-Dahmou 1,494 ind. et Hassenaoua 4,886 ind. — NOTA : Ces trois douars-com. réunis forment le kaïdat du Morissan.

M'guerra ou **Meguerra.** Fract. des Ouled-Messaoud, tribu. Com. ind., cerc. et cant. jud. de La Calle, subd. de Bône. Pop. ind. 1,475 hab.

M'hamed. V. *Beni-M'hamed*, tribu. Com. mix. et cant. jud. d'Aïn-Mokra, subd. de Bône.

M'hamed. V. *Beni-M'ahmed*, tribu. Com. ind., cant. jud. et cerc. de Bougie, subd. de Sétif.

M'hamed. V. *Ouled-Mahmed*, fract. de la tribu des Bibans. Com. ind., cant. jud. et cerc. de Bordj-bou-Arréridj, subd. de Sétif.

Mhamed ou **M'hamid.** V. *Djafra-Thouama-et-M'hamid*. Com. mix. et cerc. de Daya, cant. jud. de Sidi-bel-Abbès, subd. de Tlemcen, arr. jud. d'Oran.

M'hamid ou **Mahmed.** (Sup. 52,105 hect. env.) Tribu dépendant des Hachem-Chéraga. Non soumise à l'appl. du sén.-cons. Rattachée à la com. mix. de Frendah-

MI · MK (ET DES FRACTIONS DE TRIBUS) **MK · ML · MO**

Mascara. Cant. jud., cerc. et subd. de Mascara; — à 20 kil. E. de Mascara et sur le chemin de cette ville à Frendah. Pop. ind. 2,185 hab.

Mlahu. Fract. de Zouggara, tribu. Com. ind., cerc. et subd. d'Orléansville, cant. jud. de Cherchel. Pop. ind. 159 hab.

Mila ou **Milah.** Ancienne tribu formée des territoires suivants : Mila, ville et banlieue composées de terres melks et de terres domaniales; Ouled-bou-Hallouf et Ouled-Kaïm, azels cédés à la famille Hamouda; concessions Gastu, Ben-Zekri et Dubiaud; Ouled-Bou-Azoun, azel abandonné aux indigènes; Zitounet-el-Bidi, Aïn-Tinn, Zerara, Ef-Fekaline, Sidi-bel-Aïd et Sidi-Khalifa, azels domaniaux. Rattachés à la com. mix. de Mila. Cant. jud. de Mila, arr. de Constantine ; — La ville de Mila est située à 48 kil. N.-O. de Constantine et sur le chemin de grande communication de cette ville à Djidjelli. Pop. 504 français, 7 étrangers et 7,111 ind. Les centres européens de Sidi-Khalifa, d'Aïn-Tinn, d'Azzeba et les fermes isolées de Zitounet-el-Bidi ont été installés dans cette tribu.

Mileuk. V. *Beni-bou-Mileuk*, tribu. Com. ind., cerc. et subd. d'Orléansville, cant. jud. de Cherchel.

Mimoun. V. *Beni-Mimoun*, tribu. Com. mix., cant. jud. et arr. de Bougie.

Mimoun. V. *Ouled-Aïssa-Mimoun*, fract. de l'ancienne tribu des Beni-Ouaguenoun, Com. mix. et cant. jud. de Tizi-Ouzou, arr. de Tizi-Ouzou.

Mimoun. V. *Ouled-Mimoun*, tribu. Com. ind. de Tiaret-Aflou, annexe d'Aflou, cant. jud. et cerc. de Tiaret, subd. de Mascara.

Mimoun. V. *Ouled-Mimoun*, tribu et douar. Com. mix. et cant. jud. de Lamoricière, arr. de Tlemcen.

Mira. V. *Ouled-Mira* et *Ouled-Embarka*, tribus. Com. ind., cerc. et cant. jud. de Miliana, subd. d'Orléansville.

Miscera. V. *Beni-Miscera*, tribu. Com. pl. ex. de Boufarik et de Rovigo et com. ind. de l'Arba, arr. et subd. d'Alger.

Mishel. V. *Beni-Mishel*, tribu. Com. mix., cerc. et cant. jud. de Nemours, subd. de Tlemcen.

Misser. V. *El-Misser*, fract. des Beni-Iraten-ou-Fella. Com. ind., cerc. et cant. jud. de Fort-National, subd. de Dellys. Pop. ind. 372 hab.

M'karta ou **Mekarta.** Fract. dépendant de la tribu et du kaïdat de l'Oued-Ksob. Non soumise à l'appl. du sén.-cons. Rattachée à la com. ind. de Bordj-bou-Arréridj. Cant. jud. et cerc. de Bordj-bou-Arréridj, subd. de Sétif; — à 19 kil. S. de Bordj-bou-Arréridj et au N.-O. du Djebel-Mâadhid, point géodésique, altitude 1,848 mètres. Pop. ind. 1,411 hab.

M'kira. V. *Flissa-Mekira*, tribu. Com. mix. et cant. jud. de Dra-el-Mizan, arr. de Tizi-Ouzou.

M'khalif-el-Djorb-el-Guetaïfa ou **Mekhalif-el-Djorb-el-Guetaïfa.** Tribu et ksar dépendant du bach-aghalik des Ksours. Non soumis à l'appl. du sén.-cons. Rattachés à la com. ind. de Laghouat. Cant. jud. et cerc. de Laghouat, subd. de Médéa. Pop. ind. 166 hab.

M'khalif-el-Djorb-Ouled-Mohamed ou **Mekhalif-el-Djorb-Ouled-Mohamed.** Tribu et ksar dépendant du bach-aghalik des Ksours. Non soumis à l'appl. du sén.-cons. Rattachés à la com. ind. de Laghouat. Cant. jud. et cerc. de Laghouat, subd. de Médéa. Pop. ind. 176 hab.

M'khalif-Lazereg ou **Mekhalif-el-Lazereg.** Tribu et ksar dépendant du bach-aghalik des Ksours. Non soumis à l'appl. du sén.-cons. Rattachés à la com. ind. de Laghouat. Cant. jud. et cerc. de Laghouat, subd. de Médéa. Cette tribu se compose des fract. suivantes : Ouled-Belkassem, Ouled-Sâad, Ouled-Sebiat, Ouled-Aïda et Ouled-Delima. Pop. ind. 1,046 hab.

M'lili. V. *Zaouïet-M'lili*, fract. de la tribu des Zibans. Com. ind., cerc. et cant. jud. de Biskra, subd. de Batna. Pop. ind. 103 hab.

M'lili. Fract. des Zibans, tribu. Com. ind., cerc. et cant. jud. de Biskra, subd. de Batna. Pop. ind. 204 hab. ; — à 28 kil. S.-O. de Biskra et sur la rive gauche de l'Oued-Djedi.

Moghar-Tahtani. V. *Maghar-Thatani*, ksar. Com. mix. et cerc. de Sebdou, cant. jud. et subd. de Tlemcen.

Moghar-Fouqani. V. *Maghar-Foukani*, ksar. Com. mix. et cerc. de Sebdou, cant. jud. et subd. de Tlemcen.

Mohahib. V. *El-Mohahib*, fract. des Ouled-Laouar et El-Mehach, tribu. Com. ind., cerc. et cant. jud. de Djelfa, subd. de Médéa.

Mohamed-ben-el-Bekari. Petite fract. d'El-Bekakia de la tribu des Chorfat-el-Hamel. Com. ind., cerc. et cant. jud. de Bou-Sâada, subd. d'Aumale. Pop. ind. 120 hab.

Mokhtar-Chéraga et Gheraba. V. *Ouled-Mokhtar-Chéraga*, Com. ind., cant. jud., cerc. et subd. de Médéa et *Ouled-Mokhtar-Gheraba*, Com. ind. et cerc. de Boghar, cant. jud. de Boghari, subd. de Médéa.

Moknéa ou **Maknéa** ou **Meknéa.** Fract. des Beni-Ghobri, tribu. Com. ind., cerc. et cant. jud. de Fort-National, subd. de Dellys. Pop. ind. 283 hab.; — à 23 kil. E. de Fort-National. Le point géodésique du village kabyle de Maknéa est situé à 1,050 mètres d'altitude.

Morar-Foukani. V. *Maghar-Foukani*, ksar, Com. mix. et cerc. de Sebdou, cant. jud. et subd. de Tlemcen.

Morar-Tahtani. V. *Maghar-Tahtani*, ksar, Com. mix. et cerc. de Sebdou, cant. jud. et subd. de Tlemcen.

Morissan. Kaïdat. Ce kaïdat est formé des 3 douars-com. des Ouled-Dahman, des Assenaoua et des Ouled-Hamich, ancienne tribu des M'gueddem. Com. ind., cerc. et cant. jud. de Bordj-bou-Arréridj, subd. de Sétif; — à 15 kil. N. de Bordj-bou-Arréridj et sur le chemin de cette ville aux Abbès. Pop. ind. 3,380 hab.

Mosly. V. *Ouled-Mosly*, tribu. Com. mix., cant. jud. et arr. de Sétif.

Mostefa-ben-el-Bar. V. *El-Mostefa-ben-el-Bar*, fract. des Ouled-Mohamed-el-M'barek, tribu. Com. ind., cerc. et cant. jud. de Bou-Sâada, subd. d'Aumale. Pop. ind. 126 hab.

Mouadhi. V. *Chamba-Mouadhi*, territoire ind. dépendant des Chamba de Metlili. Com. ind., cerc. et cant. jud. de Laghouat, subd. de Médéa. Pop. ind. 617 hab.; — à 690 kil. S. d'Alger, à 250 kil. S. de Laghouat et au N. du centre ind. de Goléa.

Moualid. V. *El-Moualid*, fract. des Arab-Chéraga, tribu. Com. ind., cerc. et cant. jud. de Biskra, subd. de Batna. Pop. ind. 579 hab.

Moudjeur. V. *Ouled-Moudjeur*, tribu et douar. Com. mix. et cerc. d'Ammi-Moussa, cant. jud. d'Inkermann, subd. d'Oran.

Mouelfa. (Sup. 991 hect.) Tribu délimitée et érigée en douar-com. par décret du 8 septembre 1869. V. *Mouelfa*, douar nº 213 de la carte des douars. Com. mix., cant. jud. et arr. de Guelma.

Moufa. (Sup. 15,133 hect. env.) Ancienne tribu non érigée en douar-com., divisée en deux parties formant chacune une section de la com. mix. de Mila et désignées sous les noms de Guettara et Sidi-Abd-el-Melek. Cant. jud. de Mila, arr. de Constantine. V. *Guettara* et *Sidi-Abd-el-Melek*, fract. de tribu.

Mouïadat-Chéraga-et-Gheraba. V. *Ouled-Mokhtar-Chéraga et Mouïadat-Chéraga*, tribu. Com. ind., cant. jud., cerc. et subd. de Médéa et *Ouled-Moktar-Gheraba et Mouïadat-Gheraba*, tribu. Com. ind. et cerc. de Boghar, cant. jud. de Boghari, subd. de Médéa.

Mouïlah. Fract. des Ksours de Djelfa. Com. ind., cerc. et cant. jud. de Djelfa, subd. de Médéa. Pop. ind. 74 hab.; — à 22 kil. N.-E. de Djelfa, sur le chemin de cette ville à Bou-Sâada.

Moulet. V. *Ouled-Moulet*, grande fract. de la tribu de l'Oued-R'ir. Com. ind., cerc. et cant. jud. de Biskra, subd. de Batna. Pop. ind. 604 hab.

Moumen. V. *Ouled-Moumen*, tribu. Com. ind. de Tiaret-Aflou, cant. et cerc. de Tiaret, subd. de Mascara.

Moussa. V. *Beni-Moussa*, ancienne tribu. Com. pl. ex. de l'Arba et de Rovigo, arr. d'Alger, cant. jud. de l'Arba.

Moussa. V. *Fedj-Moussa*, tribu et azel. Com. mix. d'Aïn-Mokra et com. pl. ex. d'Herbillon, cant. jud. d'Aïn-Mokra, arr. de Bône.

Mouzaïa. (Sup. 13,210 hect.) Tribu délimitée et divisée en deux parties par décret du 23 septembre 1867. La première partie (5,385 hect.) désignée sous le nom de Mouzaïa a été rattachée aux com. pl. ex. de Mouzaïaville et de la Chiffa, cant. jud. de Blida et la 2ᵉ érigée en douar-com. sous le nom de Tamesguida a été annexée à la com. pl. ex. de Médéa, cant. jud. de Médéa, arr. d'Alger.

M'rabtin-Gheraba. V. *Merabtin-Gheraba*, tribu. Com. mix. de Frendah-Mascara, cerc. de Frendah, cant. jud. de Tiaret, subd. de Mascara.

M'raïer-Ensira ou **Merayer-Ensira.** Fract. de l'Oued-R'ir, tribu. Com. ind., cerc. et cant. jud. de Biskra, subd. de Batna. Pop. ind. 1,455 hab.; — à 101 kil. S. de Biskra.

M'raïma ou **Meraïma.** Fract. des Ouled-Ali-Achicha, tribu. Com. ind., cerc. et cant. jud. de La Calle, subd. de Bône. Pop. ind. 174 hab.

M'salla. (Sup. 6,294 hect.) Tribu délimitée et érigée en douar-com. par décret du 31 octobre 1868. V. *M'salla*, douar-com. nº 182. Com. mix., cant. jud. et arr. de Philippeville. Pop. ind. 1,212 hab.

MS·MT·MU·MZ ET DES FRACTIONS DE TRIBUS) MZ

M'sihal. V. *Ouled-M'sihal*, petite fract. des Ouled-Mâafa de la tribu du Djebel-Chéchar. Com. ind., cerc. et cant. jud. de Biskra, subd. de Batna. Pop. ind. 474 hab.

M'sila. Tribu et kaïdat composés des fract. de Lahdar et de El-Kerarla. Com. ind., cerc. et cant. jud. de Bordj-bou-Arréridj, annexe de M'sila, subd. de Constantine. Pop. ind. 2,351 hab. — NOTA : Le nom de cette tribu ne figure pas dans la composition territoriale du cant. jud. de Bordj-bou-Arréridj.

M'sila. V. *M'zila*, tribu et douar. Com. mix. et cant. jud. de Cassaigne, arr. de Mostaganem.

M'sirda aussi appelée **M'sirda-Fouagha** et **M'sirda-Tahta**. (Sup. 26,737 hect. env.) Tribu non soumise à l'appl. du sén.-cons. Rattachée à la com. mix. de Nemours. Cerc. et cant. jud. de Nemours, subd. de Tlemcen ; — à 18 kil. O. de Nemours et sur le littoral. Pop. ind. 4,358 hab.

M'talla. Fract. du ksar El-Hiran, centre ind. Com. ind., cerc. et cant. jud. de Laghouat, subd. de Médéa. Pop. ind. 452 hab.

Mustapha-ben-el-Bar. V. *El-Mostefa-ben-el-Bar*, fract. des Ouled-Mohamed-el-M'barek, tribu. Com. ind., cerc. et cant. jud. de Bou-Sâada, subd. d'Aumale. Pop. ind. 126 hab.

M'zab. V. *Beni-M'zab*, confédération. Com. ind., cant. jud. et cerc. de Laghouat, subd. de Médéa.

M'zada. Fract. des Beni-Sliman, tribu. Com. ind., annexe et cant. jud. de Takitount, subd. de Sétif, arr. jud. de Bougie. Pop. ind. 858 hab. ; — à 25 kil. N.-O. de Takitount et sur le versant S. du Adrar-N'zoua, point géodésique, altitude 1,510 mètres.

M'zala. V. *Flissa-M'zala*, tribu. Com. mix. et cant. jud. de Dra-el-Mizan, arr. de Tizi-Ouzou.

M'zala (Sup. 5,200 hect. env.) et **Beni-K'sila.** (Sup. 6,000 hect. env.) Tribus non soumises à l'appl. du sén.-cons. Rattachées à la com. ind. de Bougie. Cant. jud. et cerc. de Bougie, subd. de Sétif. Pop. tot. des deux tribus, 2,841 ind. ; — M'zala est située à 26 kil. N.-O. de Bougie, sur la rive gauche de l'Oued-Eddas et sur le littoral, et Beni-K'sila, à 32 kil. N.-O. de Bougie et sur le littoral.

M'zarig. Fract. du douar-com. de Bitam de la tribu des Saharis. Com. ind., cant. jud. et cerc. de Biskra, subd. de Batna. Pop. ind. 928 hab.

M'zegguen ou **Mezegguen.** Fract. des Illoula-ou-Malou, tribu. Com. ind., cerc. et cant. jud. de Fort-National, subd. de Dellys ; — à 23 kil. 1/2 S.-E. de Fort-National, sur le versant S.-E. du Tobana, point géodésique, altitude 1,220 mètres. Pop. ind. 408 hab.

M'zila. (Sup. 13,651 hect.) Tribu délimitée et érigée en douar-com. par décret du 10 avril 1869. V. *M'zila*, douar-com. n° 135. Com. mix. et cant. jud. de Cassaigne, arr. de Mostaganem. Pop. ind. 3,356 hab.

M'zita ou **M'sita.** Fract. d'El-Harrach, tribu. Com. ind., cerc. et cant. jud. d'Akbou, subd. de Sétif, arr. jud. de Bougie. Pop. ind. 254 hab. ; — à 31 kil. E. d'Akbou et sur la rive droite de l'Oued-Boussellam, affluent du Sahel.

N

NA

Nador. Kaïdat et tribu. Non soumis à l'appl. du sén.-cons. Rattachés à la com. ind. de Souk-Ahras. Cerc. de Souk-Ahras, cant. jud. de Guelma, subd. de Bône. Pop. 62 européens et 8,814 ind. ; — à 20 kil. S.-E. de Guelma. — Le Nador se compose des tribus ou fract. suivantes : Ouled-si-Affif (Beni-Yahi), Ouled-Danne, Beni-Guecha et N'baïls.

Nadour. V. *En-Nadour*, fract. du Tababort, tribu et kaïdat. Com. ind., cerc. et cant. jud. de Djidjelli, subd. de Constantine. Pop. ind. 664 hab.

Naïm-Sfisfa. V. *Beni-bou-Naïm-Sfisfa*, tribu et douar. Com. pl. ex. de Robertville, cant. jud. d'El-Arrouch, arr. de Philippeville.

Naït-Ali-ou-Loul. V. *Taguemount-Naït-Ali-ou-Loul*, fract. des Beni-Sedka-Ogdal. Com. ind., cerc. et cant. jud. de Fort-National, subd. de Dellys. Pop. ind. 639 hab.

Nara ou **Narah.** Fract. de l'Oued-Abdi, tribu. Com. ind., cerc., cant. jud. et subd. de Batna. Pop. ind. 584 hab. ; — à 46 kil. N.-E. de Biskra, près de la rive gauche de l'Oued-Abdi et sur le versant N.-O. du Djebel-Lazereg.

N'bails ou **N'baïl.** (Sup. 14,720 hect. env.) Tribu dépendant du kaïdat du Nador, non soumise à l'appl. du sén.-cons. Rattachée à la com. ind. de Souk-Ahras. Cerc. de Souk-Ahras, cant. jud. de Guelma, subd. de Bône. Pop. 2,642 hab. ; — à 20 kil. E. de Guelma, à 24 kil. N.-O. de Souk-Ahras et à cheval sur l'Oued-Seybouse.

N'cheurfa-N'bahloul ou **Chaoufa-M'ta-balloul.** Fract. des Beni-Ghobri, tribu. Com. ind., cerc. et cant. jud. de Fort-National, subd. de Dellys. Pop. ind. 1,103 hab. ; — à 17 kil. N.-E. de Fort-National, à 4 kil. de la rive droite de l'Oued-Boubehir, affluent rive droite de l'Oued-Sebaou.

N'eigh. V. *Beni-N'eigh*, tribu et douar. Com. mix. et arr. de Mascara, cant. jud. de Perrégaux.

Nebaïls. V. *N'bails*, tribu du kaïdat du Nador. Com. ind. et cerc. de Souk-Ahras, cant. jud. de Guelma, subd. de Bône.

Nedjaa. V. *Ouled-Nedjaa*, ancienne fract. de la tribu des Ouled-Derradj-Chéraga. Com. ind., cant. jud., cerc. et subd. de Batna, annexe de Barika.

Nedjadjera ou **Hedjadjera.** Fract. des Beni-Meraheba, tribu. Com. ind. et cerc. de Miliana, cant. jud. de Duperré, subd. d'Orléansville. Pop. ind. 352 hab. ; — à 21 kil. N.-O. de Duperré, à 45 kil. O. de Miliana, sur la rive droite de l'Oued-Saf-Saf, affluent rive droite du Chélif. — NOTA : La composition des fract., donnée à la p. 38, 1re colonne, de la tribu des Merabeba doit être rectifiée ainsi : Nedjadjera, Touarès et Ahl-el-Hadjar, au lieu de Ahl-el-Guebli, Beni-Tenonbel et Beni-bou-Khelf.

Nedjamen ou **Indjdauem.** V. *Bou-Nedjamen*, fract. des Fenaïa, tribu. Com. ind., cerc. et cant. jud. de Bougie, subd. de Sétif. Pop. ind. 2,479 hab.

Nedromah. (Sup. 2,156 hect.) Tribu délimitée et érigée en douar-com. par décret du 29 février 1868. V. *Nedromah*, douar-com. n° 128 de la carte. Com. mix. et cerc. de Nemours, subd. de Tlemcen. Pop. ind. 2,641 hab. Ce douar renferme le centre de Nedromah, pop. 13 français, 233 israélites et 126 étrangers.

Negor ou **Negar** ou **Nogort.** Fract. des Beni-Chaïb, tribu. Com. ind., cerc. et cant. jud. de Teniet-el-Had, subd. d'Orléansville. Pop. ind. 100 hab. ; — à 22 kil. S.-O. de Teniet-el-Had et près de la rive droite de l'Oued-Lebiod, affluent de l'Oued-Fodda.

Négrine ou **Négrin** ou **Néguerin.** Ksar et territoire rattachés à la com. ind. de Tebessa. Cant. jud. et cerc. de Tebessa, subd. de Constantine. Pop. ind. 548 hab. ; — à 115 kil. S.-O. de Tebessa, sur le chemin de Tebessa aux Ferdjani, à 166 kil. S.-E. de Biskra et à 138 kil. N.-E. d'El-Oued, près de la frontière tunisienne.

Nehed. Tribu (nouvelle organisation). Cette tribu est formée des 4 douars-com. suivants : Nehed, n° 198 de la carte ; Aïn-Khiar, n° 98 ; Khanguet-Aoun, n° 101 et Souarakh, n° 206. Rattachée à la com. ind. de La Calle. Cant. jud. et cerc. de La Calle, subd. de Bône. Pop. tot. 4,134 hab. ind.

Nehel. Fract. des Arab-Chéraga, tribu. Com. ind., cerc. et cant. jud. de Biskra, subd. de Batna. Pop. ind. 66 hab.

Nekharza. Fract. des Ouled-Laouar et El-Mehach, tribu. Com. ind., cerc. et cant. jud. de Djelfa, subd. de Médéa. Pop. ind. 298 hab.

Nemdil ou **Nendhil.** V. *Beni-Nemdil*, fract. du Sahel-Guebli, tribu. Com. ind., cerc. et subd. de Sétif, cant. jud. d'Akbou, arr. jud. de Bougie. Pop. ind. 595 hab.

Nezekri. V. *Iril-Nezekri*, tribu. Com. ind., cant. jud. et cerc. de Fort-National, subd. de Dellys.

Nezla. Fract. de Tuggurt, tribu. Com. ind., cerc. et cant. jud. de Biskra, subd. de Batna. Pop. ind. 1,290 hab.

Nezlioua. (Sup. 12,034 hect.) Tribu délimitée et érigée en douar-com. par décret du 1er Juin 1870. V. *Nezlioua*, douar, n° 153 de la carte. Com. mix. et cant. jud. de Dra-el-Mizan, arr. de Tizi-Ouzou. Pop. 4,055 hab.

N'goussa. Ksar dépendant de l'aghalik d'Ouargla. Com. ind., cerc. et cant. jud. de Laghouat, subd. de Médéa. Pop. ind. 667 hab. ; — à 285 kil. S.-E. de Laghouat et à 16 kil. N. d'Ouargla et au S. du Sebka-Safloun, à l'intersection des chemins de Laghouat, de Ghardaïa, de Metlili, de Tuggurt et d'El-Oued.

Nogort. V. *Negor*, fract. de la tribu des Beni-Chaïb. Com. ind., cant. jud. et cerc. de Teniet-el-Had, subd. d'Orléansville.

Nouader-Hamama. Fract. de l'Oued-Abdi, tribu. Com. ind., cerc., cant. jud. et subd. de Batna. Pop. ind. 308 hab. ; — à 45 kil. N.-E. de Biskra et sur la rive gauche de l'Oued-Abdi.

Nouar et Ouled-Schaban. Fract. des Arab-Gheraba, tribu. Com. ind., cerc. et cant. jud. de Biskra, subd. de Batna. Pop. ind. des deux fract., 645 hab.

Nouarl. Fract. des Ouled-Nacer, tribu. Com. ind., cerc. et cant. jud. de La Calle, subd. de Bône. Pop. ind. 390 hab.

Nouasseur. Fract. des Ouled-Ammar, tribu. Com. ind., cerc. et cant. jud. de Teniet-el-Had, subd. d'Orléansville. Pop. ind. 147 hab.; — à 48 kil. S.-O. de Teniet-el-Had.

Noufrat ou **Nouïghat.** Fract. de Ksar-el-Hiran. Com. ind., cerc. et cant. jud. de Laghouat, subd. de Médéa. Pop. ind. 263 hab.

Nousfachour. Tribu dépendant des Beni-Khaled, non soumise à l'appl. du sén.-cons. Rattachée à la com. mix. de Nemours. Cerc. de Nemours, cant. jud. et subd. de Tlemcen. Pop. recensée avec les Beni-Khaled.

N'taguena. V. *El-Ma-N'taguena*, fract. des Beni-Hassaïn, tribu. Com. ind., cerc. et cant. jud. de Fort-National, subd. de Dellys. Pop. ind. 330 hab.

N'taguena. V. *Tala-N'taguena*, fract. des Beni-Djenad-el-Cheurg. Com. ind., cerc. et cant. jud. de Fort-National, subd. de Dellys. Pop. ind. 1,185 hab.

N'tazert. V. *Tala-N'tazert*, fract. des Beni-bou-Drer, tribu. Com. ind., cerc. et cant. jud. de Fort-National, subd. de Dellys. Pop. ind. 855 hab.

N'tazzert. V. *Iril-N'tazzert*, fract. des Beni-Iraten-ou-Fella, tribu. Com. ind., cerc. et cant. jud. de Fort-National, subd. de Dellys. Pop. ind. 119 hab.

N'tesselent. V. *Agouni-N'tesselent*, fract. des Akbils, tribu. Com. ind., cerc. et cant. jud. de Fort-National, subd. de Dellys. Pop. ind. 699 hab.

N'tridet. V. *Tizi-N'tridet*, fract. des Beni-Ghobri, tribu. Com. ind., cerc. et cant. jud. de Fort-National, subd. de Dellys. Pop. ind. 71 hab.

O

Odna. V. *Hodna*, tribu. Com. ind. de Batna, annexe de Barika, cant. jud., cerc. et subd. de Batna.

Odna. V. *Hodna*, tribu. Com. ind. de Bordj-bou-Arréridj, cant. jud. et cerc. de Bordj-bou-Arréridj, annexe de M'sila, subd. de Sétif.

Ogdal. V. *Beni-Sedka-Ogdal*, tribu. Com. ind., cant. jud. et cerc. de Fort-National, subd. de Dellys.

Okba. V. *Sidi-Okba*, fract. des Zibans, tribu. Com. ind., cant. jud. et cerc. de Biskra, subd. de Batna. Pop. ind. 2,339 hab.; — à 22 kil. S.-E. de Biskra.

Ouadia ou **Ouadhia.** V. *Beni-Sedka-Ouadhia*, tribu. Com. ind. de Fort-National, subd. de Dellys.

Ouadia. V. *El-Ouadia*, fract. du kaïdat et de la tribu des Beni-Afer et Djimla. Com. ind., cerc. et cant. jud. de Djidjelli, subd. de Constantine, arr. jud. de Bougie. Pop. ind. 1,070 hab.; — à 25 kil. S.-E. de Djidjelli.

Ouaghzen. Fract. des Beni-Menguellet, tribu. Com. ind., cerc. et cant. jud. de Fort-National, subd. de Dellys. Pop. ind. 173 hab.; — à 8 kil. S.-E. de Fort-National.

Ouaguenoun. V. *Beni-Ouaguenoun*, ancienne tribu. Com. mix. de Dellys et de Tizi-Ouzou, cant. jud. de Dellys et de Tizi-Ouzou, arr. de Tizi-Ouzou.

Ouahïba. V. *Ouaïba*. Tribu dépendant des Djafra-Chéraga. Com. ind. et cerc. de Sebdou, cant. jud. et subd. de Tlemcen.

Ouahmed. V. *Haouammed*, tribu et douar. Com. ind., cant. jud. et cerc. de Bou-Sâada, subd. d'Aumale.

Ouaïba ou **Ouahïba** ou **Ouahïba.** Dépendant des Djafra-Chéraga. (Sup. 46,283 hect. env.) Tribu non soumise à l'appl. du sén.-cons. Rattachée à la com. ind. de Saïda. Cant. jud. et cerc. de Saïda, subd. de Mascara; — à 6 kil. S. de Saïda, sur la route de cette dernière ville à Géryville. Pop. ind. 1,189 hab.

Ouakour. V. *Beni-Ouakour*, tribu. Com. ind., cant. jud. et cerc. d'Aumale, annexe de Beni-Mansour, subd. d'Aumale.

Oualban. V. *Beni-Oualban*, fract. des M'chedallah, tribu. Com. ind., cerc., cant. jud. et subd. d'Aumale.

Ou-Amri. (Sup. 14,306 hect.) Tribu délimitée et érigée en douar-com. par décret du 26 juin 1867. V. le douar-com. *Ouamri*, n° 38 de la carte. Com. ind., cerc., cant. jud. et subd. de Médéa. Pop. ind. 3,431 hab. Cette tribu se compose des fract. suivantes : Ouled-Dilmi, Ouled-Djorfa et Ouled-Moussa.

Ouarets. V. *Haouaret.* Com. mix. et cerc. de Frendah-Mascara, cant. jud. de Tiaret, subd. de Mascara.

Ouarets-ou-Ali. V. *Aït-Ouarets-ou-Ali*, tribu. Com. ind., cant. jud. et cerc. de Bougie, subd. de Sétif.

Ouargla. Ville et tribu dépendant actuellement des Chamba d'Ouargla. Non soumises à l'appl. du sén.-cons. Rattachées à la com. ind. de Laghouat. Cant. jud. et cerc. de Laghouat, subd. de Médéa; — à 300 kil. S.-E. de Laghouat et sur l'Oued-Mïa. Pop. ind. 1,549 hab. La ville et la tribu sont divisées en 3 fract.: Les Beni-Brahim, 359 ind.; les Beni-Ouagguin, 588 ind.; les Beni-Sissin, 602 ind.

Ouargla. V. *Chamba d'Ouargla*, tribu et kaïdat. Com. ind., cant. jud. et cerc. de Laghouat, subd. de Médéa.

Ouarsenis (l'aghalik d') se compose des douars-com. d'Harchoun, de Tsighaout, de Guerboussa et des tribus de Chouchaoua, de Beni-Ouazan, d'Ouled-bou-Sliman, de Beni-bou-Khannous, de Beni-Hindel, de Tamelaht et d'Ouled-Ghalia. Com. ind., cerc. et subd. d'Orléansville. Pop. ind. de l'aghalik 22,155 hab.

Ouarsous. V. *Beni-Ouarsous*, tribu. Com. mix. de Nemours, cerc. de Nemours, cant. jud. et subd. de Tlemcen.

Ouassa. V. *Ouled-el-Ouassa*, fract. du Bou-Thaleb, tribu. Com. ind., cerc., cant. jud. et subd. de Sétif. Pop. ind. 623 hab.

Ouassas. V. *Aït-Ouassas*, fract. des Beni-Ittourar, tribu. Com. ind., cerc. et cant. jud. de Fort-National, subd. de Dellys. Pop. ind. 110 hab.

Ouassif. V. *Beni-Ouassif*, tribu. Com. ind., cant. jud. et cerc. de Fort-National, subd. de Dellys.

Ouathia. V. *Ouled-Ouathia*, fract. des Ouled-Aïffa, tribu. Com. ind., cerc. et cant. jud. de Djelfa, subd. de Médéa. Pop. ind. 369 hab.

Ouazen. V. *Beni-Ouazen*, tribu et douar. Com. mix., arr. et cant. jud. de Tlemcen.

Ouazen. V. *Beni-Ouazan*, tribu et *Beni-Ouazan*, fract. de la même tribu. Com. ind., cant. jud., cerc. et subd. d'Orléansville.

Ouazzin. V. *Beni-Ouazzin*, tribu. Com. mix. et cerc. de Lalla-Maghrnia, cant. jud. de Nemours, subd. de Tlemcen.

Oudania. V. *El-Oudania*, fract. du Djebel-Mesâad, tribu. Com. ind., cerc. et cant. jud. de Bou-Sâada, subd. d'Aumale. Pop. ind. 221 hab.

Oudja. V. *Arab-el-Oudja*, petite fract. des Beni-Imloul de la tribu du Djebel-Chéchar. Com. ind., cant. jud. et cerc. de Biskra, subd. de Batna.

Oudja. V. *El-Ouldja*, fract. de la tribu des Beni-Toufout. Com. ind. et cerc. d'El-Milia, cant. jud. et annexe de Collo, subd. de Constantine, arr. jud. de Philippeville.

Oudjana. V. *Beni-Oudjana*, fract. du kaïdat et de la tribu de Bled-Guerfa. Com. ind. et cerc. d'Aïn-Beïda, subd. de Constantine, cant. jud. de Guelma, arr. jud. de Bône. Pop. ind. 1,662 hab.; — à 24 kil. S.-O. de Guelma et sur la rive droite de l'Oued-Cherf, affluent de la Seybouse.

Oudjana. V. *Beni-Oudjana*, tribu. Com. mix., cant. jud. et cerc. de Khenchela, subd. de Batna.

Oudjana. V. *Beni-Oudjana*, fract. de la tribu et du kaïdat des Cedratas. Com. ind. et cerc. d'Aïn-Beïda, subd. de Constantine.

Oudjehane ou **Beni-Oudjan.** V. *Beni-Oudjehane*, fract. des Beni-Chebana, tribu et kaïdat. Com. ind., et subd. de Sétif, cant. jud. d'Akbou, arr. jud. de Bougie.

Oued. V. *Zeribet-el-Oued*, fract. du Zab-Chergui, tribu. Com. ind., cerc., cant. jud. et cerc. de Biskra, subd. de Batna. Pop. ind. 822 hab.; — à 72 kil. S.-E. de Biskra, sur la rive droite de l'Oued-el-Arab, affluent du chott Farfaria.

Oued-Abd-Elli ou **Ouled-Abd-Elli.** Fract. de l'Oued-Abdi, tribu. Com. ind., cant. jud., cerc. et subd. de Batna. Pop. ind. 378 hab.

Oued-Abdi. (Sup. 41,270 hect. env.) Tribu non soumise à l'appl. du sén.-cons. Rattachée à la com. ind. de Batna. Cerc., cant. jud. et subd. de Batna; — à 25 kil. S. de cette ville et sur la rive droite de la rivière du même nom. Pop. ind. 8,170 hab. La tribu de l'Oued-Abdi se compose des fract. suivantes: El-Arbâa, Tagoust, Bouzina, Oum-el-Rekha, Mena, Ouled-Messaoud-ben-Salah, Oued-Abd-Elli, Nara, Chir, Ghezal, Arbia, Akhérib, Nouader-Hamama, El-K'sar-el-Asfel, El-K'sar-el-Oustani, El-K'sar-el-Fougani, Medrouna, Tesquifin-el-Asfel, Tesquifin-el-Fougani, Alhaoua, Teniet-el-Abed, Haïdous, Atselats, Dâli, Ouled-Abd-er-Rezag, Ouled-Angala, Ouled-Ahmed-ben-Rahmoun, Ouled-Aksa-ben-Ali et Meddour.

Oued-Ameur-Youb. Fract. des Ouled-Abd-el-Djeber, tribu. Com. ind., cant. jud. et cerc. de Bougie, subd. de Sétif. Pop. ind. 796 hab.

Oued-Behar ou **Oued-el-Behar.** Fract. du kaïdat et de la tribu du Tababort. Non soumise à l'appl. du sén.-cons. Rattachée à la com. ind. de Djidjelli. Cant. jud. de Djidjelli, cerc. de Djidjelli, subd. de Constantine, arr. jud. de Bougie. Pop. ind. 534 hab.

Oued-Bellil. V. *Ouled-Bellil*, tribu et douar dépendant de l'aghalik de Bouïra. Com. mix. de Bouïra, cant. jud., cerc. et subd. d'Aumale.

Oued-Bousselah ou **Oued-bou-Salah** ou **Oued-bou-Sila.** Tribu non soumise à l'appl. du sén.-cons. Rattachée à la com. ind. de Fedj-Mezala. Annexe de Fedj-Mezala, cant. jud. de Mila, subd. de Constantine. Pop. ind. 4,806 hab. ; — à 30 kil. S.-O. de Mila et sur le chemin stratégique de Sétif à Mila. Cette tribu se compose des fract. suivantes : Ouled-bou-Allouf, Ouled-si-Daoud, Beni-el-Mey, Ouled-Flah, Ouled-Zrar, Arb-el-Oued et Ouled-Cherf.

Oued-Chaïr ou **Oued-ech-Chaïr.** Tribu et aghalik. Tribu non soumise à l'appl. du sén.-cons. Rattachée à la com. ind. de Bou-Sâada. Cant. jud. et cerc. de Bou-Sâada, subd. d'Aumale ; — à 30 kil. S.-E. de Bou-Sâada et à cheval sur l'Oued-ech-Chaïr, affluent du Chott-Hodna. Pop. tot. 4,604 ind. L'Oued-Chaïr ou Oued-ech-Chaïr comprend actuellement 3 tribus : 1° Ouled-Ahmed, composée des fract. de El-Kerikia, Ouled-el-Reguig, Ouled-el-Rebia, Ouled-el-Bessir, Ouled-Ali-ben-Mohamed, El-Mahadia et Ouled-sidi-Yahia, y compris un z'mala, pop. 1,605 ind. ; 2° Ouled-sidi-Zian, tribu composée des fract. de Ouled-ben-Ali, Ouled-sidi-Messaoud, Ouled-bou-Dina, Ouled-ben-T'sameur, Ouled-el-Naoum, Ouled-Saïdi, Ouled-ez-Zahaf et Ouled-Charef, y compris une z'mala, pop. 1,212 ind. ; 3° Ouled-Kraled, tribu composée des fract. de Ouled-Abdallah, Ouled-Hamida, Ouled-Bakir, Ouled-Djeloud, Ouled-sidi-Atsman, Ouled-Bezim, Ouled-bou-Souga, Ouled-Chana, Ouled-bou-Gorn, El-Kouaba, El-Fouaksia, El-Gaouaïd et Ouled-sidi-Atsman, pop. 1,787 ind.

Oued-Chamokh. V. *Ouled-Chamok*, fract. du kaïdat et de la tribu des Allaouna. Com. ind., cerc. et cant. jud. de Tebessa, subd. de Constantine. Pop. ind. 621 hab.

Oued-Cherf (azels de l'). Terres domaniales abandonnées aux ind., désignées sous le nom de Sellaoua-Announa. Com. mix. et cant. jud. d'Oued-Zenati, arr. jud. de Constantine.

Oued-Chouck ou **Ouled-Chouck.** Fract. du Sahël-Guebli, tribu. Com. ind., cerc. et subd. de Sétif. Cant. jud. d'Akbou, arr. jud. de Bougie. Pop. ind. 194 hab. ; à 60 kil. E. d'Akbou, sur la rive gauche de l'Oued-Reksara, affluent de l'Oued-Aghrioun.

Oued-Djebel. V. *Aht-el-Oued-Djebel*, tribu. Com. mix. et cant. jud. de Lamoricière, arr. de Tlemcen.

Oued-Drader. V. *Vallée de l'Oued-Drader*, territoire ind. dépendant de la com. mix. de Philippeville, cant. jud. et arr. de Philippeville.

Oued-ech-Chaïr. V. *Oued-Chaïr*, tribu et kaïdat. Com. ind., cant. jud. et cerc. de Bou-Sâada, subd. d'Aumale.

Oued-el-Behar. V. *Oued-Behar*, fract. du Tababort, tribu et kaïdat. Com. ind., cant. jud. et cerc. de Djidjelli, subd. de Constantine, arr. jud. de Bougie.

Oued-el-Hamel. Fract. des Ouled-Djellal, tribu. Com. ind., cant. jud. et cerc. de Biskra, subd. de Batna. Pop. ind. 1,022 hab. ; — à 74 kil. S.-O. de Biskra et sur l'Oued-Djedi.

Oued-el-Hammam. (Sup. 51,275 hect.) Tribu délimitée et érigée en 2 douars-com. par décret du 24 juillet 1869. V. les douars *Bi-Guethna*, n° 148, pop, 181 français, 58 étrangers, 2,901 ind. ; *Sidi-ben-Hanéfia*, n° 147 de la carte, pop. 2,531 ind. Com. mix. et arr. de Mascara.

Oued-el-Kébir. Kaïdat. Ce kaïdat est formé des douars-com. de Seba, Nehed, Aïn-Khiar, Khanguet-el-Aoun, Sourakh et des tribus de Ouled-Ali-Achicha, Ouled-Amar-ben-Ali, Ouled-Youb, Beni-Amar et Ouled-Dieb. Com. ind., cerc. et cant. jud. de La Calle, subd. de Bône. Pop. ind. du kaïdat, 9,411 hab.

Oued-el-K'seub. (Sup. 10,442 hect.) Tribu délimitée et érigée en 2 douars-com. V. les douars-com. de *Tala-Imedrane*, n° 130 et *Sidi-Ali-bou-Nab*, n° 129 de la carte. Com. mix. des Isser, cant. jud. de Bordj-Menaïel, arr. de Tizi-Ouzou.

Oued-Erhab. Petite fract. des Ouled-Fedhala de la tribu des Achêche. Com. ind., cant. jud., cerc. et subd. de Batna. Pop. ind. 223 hab.

Oued-Gouff. V. *Beni-Ishaq du Gouft*, tribu. Com. ind. et cerc. d'El-Milia, cant. jud. et annexe de Collo, subd. de Constantine, arr. jud. de Philippeville.

Oued-Guebli. Kaïdat. Ce kaïdat se compose des douars-com. de Aïn-Tabia, Beni-Ouelban, Oued-Arksib et Denaïra. Com. ind. et cerc. d'El-Milia, annexe et cant. jud. de Collo, subd. de Constantine, arr. jud. de Philippeville. Pop. ind. du kaïdat, 10,231 hab.

Oued-Guebli. V. *Beni-Ishaq de l'Oued-Guebli*, tribu. Com. pl. ex. de Robertville, cant. jud. d'El-Arrouch, arr. de Philippeville.

Oued-Hamid. Petite fract. des Ouled-Fedhala de la tribu des Achèche. Com. ind., cant. jud., cerc. et subd. de Batna. Pop. ind. 277 hab.

Oued-Hammam. V. *Oued-el-Hammam*, tribu. Com. mix., cant. jud. et arr. de Mascara.

Oued-K'seub. V. *Oued-el-K'seub*, tribu. Com. mix. des Isser, cant. jud. de Bordj-Menaïel, arr. de Tizi-Ouzou.

Oued-Ksob. Tribu et kaïdat. Territoire non soumis à l'appl. du sén.-cons. Rattaché à la com. ind. de Bordj-bou-Arréridj. Cant. jud. et cerc. de Bordj-bou-Arréridj, subd. de Sétif. Pop. 15,899 ind. L'Oued-Ksob est formé des fract. suivantes : Z'gueur, Rabta, M'karta, El-Ksour, Dréat, Beni-Ilman ou Beni-Sliman, Melouza, Kerabcha, Rilassa et Zemala ou Zmala. — NOTA : La fract. des Beni-Ilman ou Ilman est désignée, par erreur, sous le nom de Beni-Sliman, dans la composition territoriale du cant. jud. de Bordj-bou-Arréridj.

Oued-Maatah. (Orthographe d'après la délimitation du cant. jud. de Saïda.) V. *Ouled-Maatah*, tribu. Com. mix. et cerc. de Géryville, cant. jud. de Saïda, subd. de Mascara.

Oued-Moussa. Fract. des Achèche, tribu. Com. ind., cant. jud., cerc. et subd. de Batna. Pop. ind. 440 hab.

Oued-R'ir. Tribu dépendant actuellement du kaïdat de Tuggurt. Non soumise à l'appl. du sén.-cons. Rattachée à la com. ind. de Biskra. Cant. jud. et cerc. de Biskra, subd. de Batna; — à 190 kil. S. de Biskra. Pop. ind. 5,279 hab. Cette tribu se compose des fract. suivantes : Tamerna-Djédida, Tamerna-Guedima, Sidi-Yahia, Tiguedidine, Djamaa, Ourlana, Mazer, Znouiet-Rieb, Tinedla, Sidi-Khelil, M'raïer-Ensira, Oum-el-Thiour, Ariana et de 2 grandes fract. : Ouled-Moulet, formée de 6 petites fract. et Ftaït-et-Ababdia, de 3 petites fract.

Oued-R'rous. (Nouvelle organisation.) Tribu non soumise à l'appl. du sén.-cons. Rattachée à la com. ind. de Biskra. Cant. jud. et cerc. de Biskra, subd. de Batna. Pop. ind. 273 hab.

Oued-Selama et Beni-Iddou. (Orthographe d'après la délimitation du cant. jud. d'Aumale.) V. *Ouled-Selama* et *Beni-Iddou*, tribus. Com. ind., cant. jud., cerc. et subd. d'Aumale.

Oued-Sidi-Kaddour. Fract. de la tribu des Ouled-Cheikh. Com. ind., cant. jud. et cerc. de Miliana, subd. d'Orléansville ; — à 30 kil. S.-O. de Miliana. Pop. ind. 111 hab.

Oued-Souf. V. *Souf*, tribu et centre ind. Com. ind., cant. jud. et cerc. de Biskra, subd. de Batna.

Oued-Tighezert. Ancienne division de la tribu des Matmata. V. *Matmata*, tribu. Com. ind. de Miliana, subd. d'Orléansville.

Oued-Zenati. (Sup. 8,309 hect. y compris les terres domaniales d'El-Gouam.) Territoire composé de terres domaniales abandonnées aux indigènes. Délimité et érigé en douar-com. par décret du 4 juin 1870. V. *Zenatia*, douar-com., n° 316 de la carte des douars. Com. mix. et cant. jud. de l'Oued-Zenati, arr. de Constantine.

Ouelban. V. *Beni-Ouelban*, tribu et douar. Com. ind. et cerc. d'El-Milia, arr. et cant. jud. de Collo, subd. de Constantine, arr. jud. de Bougie.

Ouendoura et Siar ou **Ouerdoura et Siar.** V. *El-Ouendoura-Siar*, fract. de la tribu du Djebel-Chéchar. Com. ind., cant. jud. et cerc. de Biskra, subd. de Batna. Pop. ind. 332 hab. ; — à 120 kil. N.-E. de Biskra, sur la rive droite de l'Oued-Bidjer.

Ouennès. V. *El-Ouennès*, fract. des Ouled-Soltan, tribu. Com. ind., cant. jud., cerc. et subd. de Batna, annexe de Barika.

Ouéta. V. *Laouata*, fract. de la tribu de Haouara. Com. ind., cerc., cant. jud. et subd. de Médéa. Pop. ind. 588 hab. ; — à 13 kil. S. de Médéa.

Oughlis. V. *Beni-Oughlis*, tribu et douar. Com. ind., cant. jud. et cerc. de Bougie, subd. de Sétif.

Ouhaïba ou **Ouaïba.** (Sup. 46,283 hect. env.) Tribu non soumise à l'appl. du sén.-cons. Rattachée à la com. ind. de Saïda, subd. de Mascara ; — à 6 kil. S. de Saïda et sur la route de cette dernière ville à Géryville. Pop. ind. 1,489 ind.

Ouichaoua. (Sup. 23,040 hect. env.) Tribu non soumise à l'appl. du sén.-cons. Rattachée à la com. mix. d'Aïn-Mokra. Cant. jud. d'Aïn-Mokra, arr. de Bône ; — à 8 kil. O. de Bône, limitée au N. par la mer et au S. par le lac Fezzara et à 3 kil. N.-E. d'Aïn-Mokra. Pop. recensée avec la tribu des Tréat, 101 français, 296 étrangers et 2,317 ind. — NOTA : Une partie des Ouïchaoua a été annexée à la com. pl. ex. de Bône, par ordonnance du 31 janvier 1848, et soumise à l'appl. de la loi du 26 juillet 1846.

Ouïchaoua-Rifia. (Sup. 8,667 hect.) Tribu délimitée et érigée en 2 douars-com. par décret du 4 septembre 1867. V. les douars *Ouled-M'rabot*, n° 71 et *Afensou*, n° 72 de la carte des douars. Com. ind. et cerc. d'El-Milia, cant. jud. et annexe de Collo, subd. de Constantine, arr. jud. de Philippeville.

Ouillen. (Sup. 45,501 hect.) Tribu délimitée et divisée en 4 douars-com. par décret du 15 décembre 1869. V. les douars : *Ouillen*, n° 333; *Khedara*, n° 333¹; *Ouled-Moumen*, n° 333²; *Haddada*, n° 333⁴ de la carte des douars. Com. ind., cant. jud. et cerc. de Souk-Ahras, subd. de Bône. Pop. de la tribu 7,088 ind.

Ouïndjel. V. *Beni-Ouïndjel*, tribu. Com. mix. et cerc. de Frendah-Mascara, cant. jud. de Tiaret, subd. de Mascara.

Oulach. V. *El-Oulach*, fract. des Ammar-Khaddou, tribu. Com. ind., cant. jud. et cerc. de Biskra, subd. de Batna. Pop. ind. 239 hab.; — à 45 kil. N.-E. de Biskra, sur l'Oued-Mansaf, affluent du Chott Farfaria.

Oulaja. V. *El-Oudja*, fract. des Beni-Toufout, tribu. Com. ind. et cerc. d'El-Milia, cant. jud. et annexe de Collo, subd. de Constantine, arr. jud. de Philippeville. Pop. ind. 2,604 hab.

Oulasen. V. *Outhassa*, tribu. Com. mix. et arr. de Bône, cant. jud. de Mondovi.

Oulassa-Chéraga ou **Oulassa-Ghéraba.** V. *Outhassa-Cheraga*. Com. mix., cant. jud. et arr. de Tlemcen et *Outhassa-Gheraba*. Com. mix. et cerc. de Nemours, cant. jud. et subd. de Tlemcen.

Ouldja. V. *El-Oudja*, fract. des Beni-Toufout, tribu. Com. ind. et cerc. d'El-Milia, annexe de Collo, cant. jud. subd. de Constantine, arr. jud. de Philippeville. Pop. ind. 2,604 hab.

Ouled-Abbad. (Sup. 26,405 hect.) Tribu délimitée et érigée en 2 douars-com. par décret du 3 mars 1869. V. les douars *Melrir*, n° 146 et *Guerdjoum*, n° 145 de la carte des douars. Com. mix., cant. jud. et arr. de Mascara.

Ouled-Abd-Allah. (Sup. 6,658 hect. env.) Tribu non soumise à l'appl. du sén.-cons. Rattachée à la com. ind. d'Orléansville. Cant. jud., cerc. et subd. d'Orléansville; — à 38 kil. N.-O. de cette ville et sur le littoral. Pop. 2,211 ind. Cette tribu se compose des fract. suivantes : El-Djouaba, El-Héfassa et Ouled-Sidi-Aïssa

Ouled-Abd-Allah. (Sup. 21,000 hect. env.) Tribu non soumise à l'appl. du sén.-cons. Rattachée à la com. ind. d'Aumale. Cant. jud., cerc. et subd. d'Aumale; — à 45 kil. S.-E. d'Aumale, à cheval sur la route de cette ville à Bou-Sâada. Pop. ind. 407 hab. Les Ouled-Abd-Allah dépendent de l'aghalik du Dirah inférieur.

Ouled-Abd-Allah. Fract. d'Ahl-el-Ksar et Sebkha, tribus. Com. ind., cerc., cant. jud. et subd. d'Aumale, annexe de Beni-Mansour. Pop. ind. 308 hab.; — à 38 kil. N.-E. d'Aumale et à 24 kil. du Bordj des Beni-Mansour, sur le versant S.-O. du Djebel-Handjour, point géodésique, altitude 1,080 mètres.

Ouled-Abdallah. Fract. du kaïdat et de la tribu des Beni-Foughal. Com. ind., cerc. et cant. jud. de Djidjelli, subd. de Constantine. Pop. ind. 742 hab.

Ouled-Abdallah. Fract. du Hodna, tribu. Com. ind., cant. jud., cerc. et subd. de Batna, annexe de Barika. Pop. recensée avec les Ouled-Ahmed, 984 hab.

Ouled-Abd-Allah. Fract. d'Aïn-Turk, tribu. Com. ind., cerc. et subd. de Sétif, cant. jud. d'Akbou, arr. jud. de Bougie. Pop. ind. 994 hab.; — à 50 kil. S.-E. d'Akbou et sur la rive gauche de l'Oued-Bou-Sellam.

Ouled-Abd-Allah. V. *Kherzet-Ouled-Abd-Allah*, fract. des Ouled-Hannech, tribu. Com. ind., cerc. et cant. jud. de Bordj-bou-Arréridj, annexe de M'sila, subd. de Sétif. Pop. ind. 138 hab.; — à 42 kil. S.-E. de Bordj-bou-Arréridj.

Ouled-Abd-Allah. Fract. des Ouled-Bessam-Gheraba, tribu. Com. ind., cerc. et cant. jud. de Teniet-el-Had, subd. d'Orléansville. Pop. ind. 266 hab.; — à 30 kil. S.-O. de Teniet-el-Had.

Ouled-Abd-Allah. V. *Ouled-bou-Abd-Allah*, tribu. Com. ind., cant. jud. et cerc. de Djelfa, subd. de Médéa.

Ouled-Abd-Allah. Fract. des Ouled-Kraled, tribu. Com. ind., cerc. et cant. jud. de Bou-Sâada, subd. d'Aumale. Pop. ind. 116 hab.

Ouled-Abd-Allah. Fract. des Ouled-Laouar et El-Melaab, tribus. Com. ind., cerc. et cant. jud. de Djelfa, subd. de Médéa. Pop. ind. 308 hab.

Ouled-Abd-Allah. Fract. des Ouled-Sidi-Salah, tribu. Com. ind., cant. jud. et cerc. de Biskra, subd. de Batna. Pop. ind. 142 hab.

Ouled-Abd-Allah. Fract. des Souamas ou Soama, tribu. Com. ind., cerc. et cant. jud. de Bordj-bou-Arréridj, annexe de M'sila, subd. de Sétif. Pop. ind. 421 hab.

Ouled-Abd-Allah-ben-Ahmed. Fract. des Ouled-Aïssa, tribu. Com. ind., cerc. et cant. jud. de Djelfa. Pop. ind. 224 hab.

Ouled-Abd-Allah-ben-Aouf. Fract. des Ouled-Sultan, tribu. Com. ind., cant. jud., cerc. et subd. de Batna, annexe de Barika. Pop. recensée avec les Ouled-Meklouf, Ouled-si-Ali-ben-Aouf, Ouled-Saad-ben-Ali, Ouled-Bou-Afla et Ouled-Ali-ben-Zaaboub, fract. de la même tribu. Ensemble 356 hab.

Ouled-Abd-Allah-ben-Embarek. Fract. des Ouled-Sultan, tribu. Com. ind., cant. jud., cerc. et subd. de Batna, annexe de Barika. Pop. recensée avec les Ouled-Amich et divers autres fract. de la même tribu. Ensemble 327 hab.

Ouled-Abd-el-Aziz. Fract. des Ouled-Abd-el-Djebar, tribu. Com. ind., cerc. et cant. jud. de Bougie, subd. de Sétif. Pop. ind. 515 hab.

Ouled-Abd-el-Djebar. Tribu non soumise à l'appl. du sén.-cons. Rattachée à la com. ind. de Bougie. Cerc. et cant. jud. de Bougie, subd. de Sétif; — à 18 kil. S.-E. de Bougie. Pop. ind. 19,372 hab. Cette tribu se compose des fract. suivantes : Ouled-Tamzalt, Ouled-Abd-el-Aziz, Oued-Amour-Youb, Beni-Khoran, Barbacha, Guifser, Beni-Khatel, Meliaha, Beni-Djelil, Adjissa, Souliadja ou Senadja et Beni-Ymmel.

Ouled-Abd-el-Djebbar. Fract. des Ouled-Sultan, tribu. Com. ind., cant. jud., cerc. et subd. de Batna, annexe de Barika. La pop. ind. a été recensée avec les Ouled-Sidi-Mansour et diverses autres fract. de la même tribu, 1,421 hab.

Ouled-Abd-el-Kader. Tribu non soumise à l'appl. du sén.-cons. Rattachée à la com. ind. de Djelfa. Cerc. et cant. jud. de Djelfa, subd. de Médéa; — à 10 kil. N. de Djelfa et à l'E. de la route nationale d'Alger à Laghouat. Pop. ind. 2,019 hab. Cette tribu se compose des fract. suivantes : Ouled-Bou-Den, Ouled-Cheybout, El-Traïffa, Ouled-Djeddi et El-Kouadrya.

Ouled-Abd-el-Kader. Fract. du Dahra d'Alger, tribu et kaïdat. Com. ind., cerc., cant. jud. et subd. d'Orléansville. Pop. ind. 297 hab.; — à 56 kil. N.-O. d'Orléansville et sur la limite du dép. d'Oran.

Ouled-Abd-el-Kader. Fract. dépendant des Chamba du Metlili. Com. ind., cerc. et cant. jud. de Laghouat, subd. de Médéa. Pop. ind. 1,132 hab.; — à 198 kil. S.-E. de Laghouat.

Ouled-Abd-el-Kader. Fract. des Ouled-ben-Allia, tribu. Com. ind., cerc. et cant. jud. de Djelfa, subd. de Médéa. Pop. ind. 325 hab.

Ouled-Abd-el-Kérim. Tribu non soumise à l'appl. du sén.-cons. Rattachée à la com. mix. de Géryville. Cerc. de Géryville, cant. jud. de Saïda, subd. de Mascara; — à 140 kil. S.-O. de Saïda. Pop. ind. 958 hab.

Ouled-Abd-elli ou **Oued-Abd-Elli.** Fract. de l'Oued-Abdi, tribu. Com. ind., cant. jud., cerc. et subd. de Batna. Pop. ind. 378 hab.

Ouled-Abd-el-Nour ou **Ouled-Abd-en-Nour.** (Sup. 180,506 hect.) Tribu délimitée et divisée en 10 douars-com. par décret du 20 mai 1868. V. les douars: *Ouled-bel-Aouchat*, n° 23; *Ouled-Zaïm*, n° 24; *Ouled-Mekencha*, n° 25; *Ouled-bel-Kheïr*, n° 27; rattachés à la com. mix. des Eulma, cant. jud. de St-Arnaud, arr. de Sétif, et *Ouled-el-Arbi*, n° 26; *Ouled-el-Haïf*, n° 28; *Ouled-el-Brana*, n° 29; *Ouled-Zerga*, n° 30 (en deux parties); *Ouled-bou-Aoufan*, n° 31; *Zaouïa-ben-Zaroug*, n° 32; rattachés à la com. mix. de Châteaudun; cant. jud. de l'Oued-Atménia, arr. de Constantine.

Ouled-Abd-el-Ouahab. Fract. des Ouled-Allane-Bechich, tribu. Com. ind., cerc., cant. jud. et subd. de Médéa. Pop. ind. 588 hab.

Ouled-Abd-el-Ouahed. (Sup. 16,187 hect.) Tribu délimitée et érigée en 2 douars-com. par décret du 31 octobre 1868. V. les douars-com. *Aïn-Defla*, n° 73 et *Sidi-ben-Moussa*, n° 74 de la carte des douars. Com. mix., cant. jud. et arr. de Mascara. Pop. de la tribu, 3,923 hab.

Ouled-Abd-ennebi. Fract. des Ouled-el-Ghouïni, tribu. Com. ind., cerc. et cant. jud. de Djelfa, subd. de Médéa. Pop. ind. 520 hab.

Ouled-Abd-el-Rahim. Fract. du Djebel-Baten, tribu. Com. ind., cerc. et cant. jud. de Bou-Sâada, subd. d'Aumale. Pop. ind. 261 hab.

Ouled-Abderrahman. Fract. des Ammar-Khaddou, tribu. Com. ind., cant. jud. et cerc. de Biskra, subd. de Batna. Pop. ind. 330 hab.

Ouled-Abderrahman. Fract. des Ouled-Soltan, tribu. Com. ind., cant. jud., cerc. et subd. de Batna, annexe de Barika. Pop., v. les *Ouled-oum-Saad*, fract. de la même tribu.

Ouled-Abd-errahman. Fract. des Beni-bou-Sliman, tribu. Com. ind., cant. jud. et cerc. de Biskra, subd. de Batna. Pop. ind. 1,311 hab.

Ouled-Abd-errahman. Fract. des Haraouat, tribu. Com. ind., cerc. et cant. jud. de Miliana, subd. d'Orléansville. Pop. 226 hab.

Ouled-Abd-errahman. Ancienne fract. des Ouled-Derradj-Chéraga (ancienne organisation). Com. ind., cerc. et cant. jud. de Batna, annexe de Barika, subd. de Batna. Pop. recensée avec la tribu du Hodna de Batna.

Ouled-Abd-errahman. Fract. des Ouled-Laouar et El-Mehach, tribus. Com. ind., cerc. et cant. jud. de Djelfa, subd. de Médéa. Pop. ind. 271 hab.

Ouled-Abd-er-Rezag. Fract. de l'Oued-Abdi, tribu. Com. ind., cant. jud., cerc. et subd. de Batna. Pop. ind. 519 hab.

Ouled-Abd-er-Rezeg. Fract. des Beni-bou-Sliman, tribu. Com. ind., cant. jud. et cerc. de Biskra, subd. de Batna. Pop. ind. 790 hab. y compris les Arch-Djerallah, les Ouled-Sliman-ben-Hamza et les Ouled-Kassem.

Ouled-Abd-es-Selam. Fract. des Ouled-Amour-Dahra, tribu. Com. ind., cerc. et cant. jud. de Bou-Sâada, subd. d'Aumale. Pop. ind. 144 hab.

Ouled-Abdi. V. *Oued-Abdi*, tribu. Com. ind., cant. jud., cerc. et subd. de Batna.

Ouled-Abeïd-Allah. V. *Ouled-Obéïd-Allah*, fract. des Ouled-Reggad-Chéraga, tribu. Com. ind., cerc. et cant. jud. de Djelfa, subd. de Médéa. Pop. ind. 882 hab.

Ouled-Abid. Fract. de Chiebna, tribu. Com. ind., cerc. et cant. jud. de La Calle, subd. de Bône. Pop. ind. 579 hab.

Ouled-Abid. Fract. des Ouled-Mareuf, tribu. Com. ind., cerc., cant. jud. et subd. de Médéa. Pop. ind. 201 hab. ; — à 38 kil. S.-E. de Médéa.

Ouled-Abid. V. *Ouled-sidi-Abid*, tribu. Com. ind., cant. jud. et cerc. de Tebessa, subd. de Constantine.

Ouled-Achicha. V. *Ouled-Ali-Achicha*, tribu. Com. ind., cerc. et cant. jud. de La Calle, subd. de Bône.

Ouled-Achour. Fract. de l'ancien kaïdat des Segnia comprise dans le douar-com. des Ouled-Sassy. Com. mix. d'Aïn-M'lila, cant. jud. des Ouled-Rahmoun, arr. de Constantine. Pop. ind. 470 hab.

Ouled-Achour. Fract. des Ouled-Rechaïch, tribu. Com. ind., cant. jud. et cerc. de Khenchela, subd. de Batna. Pop. ind. 367 hab.

Ouled-Addi. Fract. de Tacheta, tribu. Com. ind., cerc. et subd. d'Orléansville, cant. jud. de Cherchel. Pop. ind. 356 hab.

Ouled-Addou. (Sup. 4,330 hect. env.) Tribu non soumise à l'appl. du sén.-cons. Rattachée à la com. mix. au cerc. de Lalla-Maghrnia. Cant. jud. et subd. de Tlemcen ; — à 16 kil. O. de Tlemcen et sur le chemin de Lalla-Maghrnia à Hennaya. Pop. ind. 545 hab.

Ouled-Addou. V. *Ouled-Haddous*, tribu. Com. ind. de Tiaret-Aflou, cant. jud. de Tiaret, subd. de Mascara.

Ouled-Adi-Dahara. Fract. du Hodna, tribu et kaïdat. Com. ind., cerc. et cant. jud. de Bordj-bou-Arréridj, annexe de M'sila, subd. de Sétif. Pop. ind. 981 hab. y compris la pop. des douars-com. de Marabtine-l'El-Djorf, d'Hall-el-Der, de Coudiat-Ouitlen et de Selman de l'ancienne tribu des Ouled-Derradj ; — à 32 kil. S. de Bordj-bou-Arréridj.

Ouled-Adi-Guebala. Fract. du Hodna, tribu et kaïdat. Com. ind., cerc. et cant. jud. de Bordj-bou-Arréridj, annexe de M'sila, subd. de Sétif. Pop. ind. 1,599 hab. y compris la pop. des douars-com. Braktins, Ouled-Ouelha et Ouled-Guesmia de l'ancienne tribu des Ouled-Derradj ; — à 32 kil. S. de Bordj-bou-Arréridj et à 20 kil. N.-E. de M'sila.

Ouled-Adjel. Fract. du Sahel-Guebli, tribu. Com. ind., cerc. et subd. de Sétif, cant. jud. d'Akbou, arr. jud. de Bougie. Pop. ind. 1,013 hab.; — à 50 kil. E. d'Akbou.

Ouled-Adjerès. V. *Ouled-Sidi-Hadjerès*, tribu. Com. ind., cant. jud., cerc. et subd. d'Aumale.

Ouled-Adjiba. Fract. des Beni-Yala-Chéraga, tribu. Com. ind., cerc., cant. jud. et subd. d'Aumale, annexe de Beni-Mansour. Pop. ind. 579 hab.; — à 51 kil. N.-E. d'Aumale; à 22 kil. N.-O. du Bordj des Beni-Mansour, sur le versant S. du Djebel-Djurjura. — NOTA : Le point géodésique du village ind. des Ouled-Adjiba est à 1,233 mètres d'altitude.

Ouled-Aflf. V. *Ouled-bou-Afif*, tribu. Com. ind. de Tiaret-Aflou, cant. jud. et cerc. de Tiaret, subd. de Mascara.

Ouled-Agab, Ouled-Tkouts. Fract. des Arab-Chéraga, tribu. Com. ind., cant. jud. et cerc. de Biskra, subd. de Batna. Pop. ind. 130 hab. y compris les Ouled-Aïda, fract. de la même tribu.

Ouled-Ahma. V. *Ghiatra-Ouled-Ahmed*, tribu dépendant de Hamyan-Djembâa. Com. mix. et cerc. de Sebdou, cant. jud. et subd. de Tlemcen.

Ouled-Ahmar-ben-Ali. V. *Ouled-Amar-ben-Ali*, tribu. Com. ind., cant. jud. et cerc. de La Calle, subd. de Bône.

Ouled-Ahmed. Fract. des Achach, tribu. Com. ind., cant. jud. et cerc. de Biskra, subd. de Batna. Pop. ind. 1,233 hab.

Ouled-Ahmed. (Sup. 21,966 hect.) Tribu délimitée et divisée en 3 douars-com. par décret du 21 décembre 1867. V. les douars *Kiaïba*, n° 51; *Ouled-Addi*, n° 52 et *Bel-Hacel*, n° 53 de la carte des douars. Com. mix. d'Inkerman et de Relizane, arr. de Mostaganem.

Ouled-Ahmed. Tribu dépendant de l'aghalik de l'Oued-Chaïr. Non soumise à l'appl. du sén.-cons. Rattachée à la com. ind. de Bou-Sâada. Cant. jud. et cerc. de Bou-Sâada, subd. d'Aumale. Pop. ind. 1,605 hab. y compris 67 ind. de la zmala. Les Ouled-Ahmed se composent des fract. suivantes: El-Kerakia, Ouled-el-Reguig, Ouled-el-Rebia, Ouled-el-Bessir, Ouled-Ali-ben-Mohamed, El-Mahadia, Ouled-Sidi-Yahia et une zmala.

Ouled-Ahmed. Fract. des Beni-Ourtilan, tribu. Com. ind., cerc. et subd. de Sétif, cant. jud. d'Akbou, arr. jud. de Bougie. Pop. ind. 1,170 hab.

Ouled-Ahmed. Fract. des Ferdjioua, tribu. Com. ind. et annexe de Fedj-Mezala, subd. de Constantine, cant. jud. de Mila. Pop. ind. 281 hab.

Ouled-Ahmed ou **Ouled-Hamed.** Fract. dépendant des Ouled-Moulet de la tribu de l'Oued-R'ir. Com. ind., cant. jud. et cerc. de Biskra, subd. de Batna. Pop. ind. 465 hab.

Ouled-Ahmed. Fract. du Hodna, tribu et kaïdat. Com. ind., cant. jud., cerc. et subd. de Batna, annexe de Barika. Pop. ind. recensée avec les Ouled-Abd-Allah, fract. de la même tribu, 981 hab.

Ouled-Ahmed. Fract. des Mahatla, tribu et kaïdat. Com. ind., cerc. et cant. jud. de Souk-Ahras, subd. de Bône. Pop. ind. 418 hab.

Ouled-Ahmed. V. *Ouled-Si-Ahmed*, tribu. Com. ind., cant. jud. et cerc. de Djelfa, subd. de Médéa.

Ouled-Ahmed. Fract. des Ouled-Soltan, tribu. Com. ind., cant. jud., cerc. et subd. de Batna, annexe de Barika. Pop. recensée avec les Ouled-Medabis, Ouled-bel-Adi et Ouled-Si-Lahsen, fract. de la même tribu, 898 hab.

Ouled-Ahmed. V. *Zaouïa-Sidi-Ahmed*, tribu. Com. mix. et cerc. de Lalla-Maghrnia, cant. jud. et subd. de Tlemcen.

Ouled-Ahmed-ben-Abd-Allah. Fract. du Djebel-Baten, tribu. Com. ind., cerc. et cant. jud. de Bou-Sâada, subd. d'Aumale. Pop. ind. 246 hab.

Ouled-Ahmed-ben-Abd-Allah. Fract. des Ouled-Sidi-Salah, tribu. Com. ind., cant. jud. et cerc. de Biskra, subd. de Batna. Pop. ind. 145 hab.

Ouled-Ahmed-ben-Ali. Fract. des Ouled-Rechaïch, tribu. Com. ind., cant. jud. et cerc. de Khenchela, subd. de Batna. Pop. ind. 843 hab.

Ouled-Ahmed-ben-Amara. Fract. des Ouled-Amara, tribu. Com. ind., cerc. et cant. jud. de Bou-Sâada, subd. d'Aumale. Pop. ind. 69 hab.

Ouled-Ahmed-ben-Brahim. Fract. des Ouled-Oumhani, tribu. Com. ind., cerc. et cant. jud. de Djelfa, subd. de Médéa. Pop. ind. 179 hab.

Ouled-Ahmed-ben-Embarek. Fract. des Ouled-Soltan, tribu. Com. ind., cant. jud., cerc. et subd. de Batna, annexe de Barika. Pop. recensée avec les Ouled-Amich et diverses autres fract. de la même tribu, 327 hab. ind.

Ouled-Ahmed-ben-Kahiz. Fract. des Ouled-Amour-Dahra, tribu. Com. ind., cerc. et cant. jud. de Bou-Sâada, subd. d'Aumale. Pop. ind. 111 hab.

Ouled-Ahmed-ben-Mohamed. V. *Ouled-si-Ahmed-ben-Mohamed*, tribu. Com. mix. et annexe de Zemmorah, cant. jud. de Relizane, subd. d'Oran.

Ouled-Ahmed-ben-Rahmoun. Fract. de l'Oued-Abdi, tribu. Com. ind., cant. jud., cerc. et subd. de Batna. Pop. ind. 375 hab.

Ouled-Ahmed-ben-Saad. (Sup. 8,052 hect.) Tribu

délimitée et érigée en douar-com. par décret du 30 mai 1868. V. *Oum-el-Djelil*, douar n° 53 de la carte. Com. ind. et cerc. de Boghar, cant. jud. de Boghari, subd. de Médéa. Pop. ind. 615 hab.

Ouled-Ahmed-ben-Saïd. V. *Ouled-si-Ahmed-ben-Saïd*, tribu. Com. ind. de Tiaret-Aflou, cant. jud. de Tiaret, subd. de Mascara.

Ouled-Ahmed-Recheïga. (Sup. 57,600 hect. env.) Tribu non soumise à l'appl. du sén.-cons. Rattachée à la com. ind. et au cerc. de Boghar, cant. jud. de Boghari, subd. de Médéa; — à 80 kil. S.-O. de Boghari et sur la rive droite de l'Oued-el-Ouache, affluent du Chélif. Pop. ind. 739 hab.

Ouled-Ahmor. V. *Temacin et Saïd-Ouled-Ahmor*, tribu. Com. ind., cant. jud. et cerc. de Biskra, subd. de Batna.

Ouled-Aïade. V. *Ouled-Ayad*, fract. du Sahel-Guebli, tribu. Com. ind., cerc. et subd. de Sétif, cant. jud. d'Akbou, arr. jud. de Bougie. Pop. ind. 191 hab.

Ouled-Aïcha. Fract. des Ouled-Daoud, tribu. Com. ind., cant. jud., cerc. et subd. de Batna. Pop. ind. 398 hab.

Ouled-Aïda. Fract. des Arab-Chéraga, tribu. Com. ind., cant. jud. et cerc. de Biskra, subd. de Batna. Pop. ind. 130 hab. y compris les Ouled-T'kouts et les Ouled-Agab, fract. de la même tribu.

Ouled-Aïda. Fract. de M'khalif-Lazerag, tribu. Com. ind., cerc. et cant. jud. de Laghouat, subd. de Médéa. Pop. ind. 270 hab.

Ouled-Aïdoun. Ancienne tribu. Actuellement cheïkhat indépendant composé des douars-com. Ouled-Kassem et Ouled-Debab de l'ancienne tribu des Ouled-Aïdoun. Com. ind. et cerc. d'El-Milia, cant. jud. de Mila, subd. de Constantine. Pop. ind. du cheïkhat, 7,438 hab.

Ouled-Aïdoun. (Sup. 12,785 hect.) Tribu délimitée et divisée en deux douars-com. par décret du 11 décembre 1867. V. les douars *Ouled-Kassem*, n° 39 et *Ouled-Debab*, n° 40 de la carte des douars. Pop. ind. des deux douars, 7,438 hab. Les deux douars réunis constituent le territoire du cheïkhat des Ouled-Aïdoun.

Ouled-Aïed. V. *Ouled-Ayed*, tribu. Com. ind., cant. jud. et cerc. de Teniet-el-Had, subd. d'Orléansville.

Ouled-Aïffa. Tribu non soumise à l'appl. du sén.-cons. Rattachée à la com. ind. de Djelfa. Cant. jud. et cerc. de Djelfa, subd. de Médéa; — à 10 kil. S.-E. de Djelfa. Pop. ind. 2,788 hab. Cette tribu se compose des fract. suivantes: Ouled-Nessaïr, Ouled-bou-Kahi, Ouled-Ouathin, Ouled-Guesmia, Ouled-Cheraba, Ouled-Saad, Ouled-Zir et Ouled-Abd-Allah-ben-Ahmed.

Ouled-Aïssa. (Sup. 7,663 hect.) Tribu délimitée et érigée en douar-com. par décret du 3 août 1867. V. le douar *Tharia*, n° 71 de la carte des douars. Com. mix. de l'Oued-Fodda, cant. jud. de Duperré, arr. d'Orléansville. Pop. ind. 2,102 hab.

Ouled-Aïssa. Grand kaïdat et tribu. (Sup. 101,425 hect. env.) Territoire non soumis à l'appl. du sén.-cons. Rattaché à la com. ind. de Bou-Sâada. Cant. jud. et cerc. de Bou-Sâada, subd. d'Aumale; — à 50 kil. S.-O. de Bou-Sâada. Pop. ind. 2,764 hab. y compris 95 ind. des deux zmalas. Les Ouled-Aïssa sont formés de deux tribus: les Ouled-Mohamed-el-M'barek comprennent les fract. suivantes: Ouled-si-Ahmed-ben-el-Krider, El-Mostafa-ben-el-Bahr, Ahmed-ben-Mohamed, Ouled-Saad-el-Bouzidi, Kaddour-ben-Ahmed, El-Robeh, Es-Souigato, El-Hnounoucha, El-Ababsa, Ouled-ben-el-Akredar et Saad-ben-Adjila, Messaoud-ben-el-Echhab, El-Hadj-ben-Atia, Ouled-Azouz et El-Bahr et une zmala, pop. ind. 1,884 hab. Et les Ouled-Amara comprennent les fract. suivantes: Ouled-Guerouna, Ouled-ben-Zian, Ouled-Ahmed-ben-Amara, Ouled-bel-Krir, Ouled-Touati, Ouled-Zaïre, Ouled-Akredar et une zmala, pop. ind. 880 hab.

Ouled-Aïssa. Fract. d'Aïn-Madhi, tribu et ksar. Com. ind., cerc. et cant. jud. de Laghouat, subd. de Médéa. Pop. ind. 55 hab.; — à 48 kil. O. de Laghouat.

Ouled-Aïssa. Fract. des Beni-bou-Khannous, tribu. Com. ind., cerc., cant. jud. et subd. d'Orléansville. Pop. ind. 756 hab.

Ouled-Aïssa. Fract. des Ouled-Allano-Bechich, tribu. Com. ind., cerc., cant. jud. et subd. de Médéa. Pop. ind. 253 hab.

Ouled-Aïssa. Fract. de Roumana, tribu. Com. ind., cerc. et cant. jud. de Bou-Sâada, subd. d'Aumale. Pop. ind. 163 hab.

Ouled-Aïssa. V. *Ouled-Mars et Ouled-Aïssa*, fract. du kaïdat et de la tribu des Beni-Afeur et Djimla. Com. ind., cerc. et cant. jud. de Djidjelli, subd. de Constantine. Pop. ind. des deux fract. 446 hab.

Ouled-Aïssa. V. *Ouled-sidi-Aïssa*, tribu. Com. ind., cant. jud., cerc. et subd. d'Aumale.

OULED-AI-AL (RÉPERTOIRE ALPHABÉTIQUE DES TRIBUS OULED-AL

Ouled-Aïssa-bel-Abbès. (Sup. 12,166 hect. env.) Tribu dépendant des Hachem-Chéraga. Non soumise à l'appl. du sén.-cons. Rattachée à la com. mix. de Frendah-Mascara. Cant. jud., cerc. et subd. de Mascara; — à 20 kil. S.-E. de cette ville et sur le chemin stratégique de Mascara à Frendah. Pop. ind. 1,278 hab. — NOTA : Le centre de Cacherou a été installé sur le territoire de cette tribu.

Ouled-Aïssa-el-Adhab. V. *Ouled-sidi-Aïssa-el-Adhab*, tribu. Com. ind., cant. jud., cerc. et subd. de Médéa.

Ouled-Aïssa-el-Ouerq. V. *Ouled-sidi-Aïssa-el-Ouerq*, tribu. Com. ind. et cerc. de Boghar, cant. jud. de Boghari, subd. de Médéa.

Ouled-Aïssa et Gueraïdj ou **Ouled-Aïssa-Gueraïdj** ou **Gueraïdj-Ouled-Aïssa.** Tribu dépendant de l'aghalik de Lagouaz. Non soumise à l'appl. du sén.-cons. Rattachée à la com. ind. de Tiaret-Aflou. Annexe d'Aflou, cant. jud. de Tiaret, subd. de Mascara; — à 180 kil. S. de Tiaret et sur la rive gauche de l'Oued-Seggueur et à 25 kil. S.-E. de Géryville. Pop. ind. 623 hab.

Ouled-Aïssa-Mimoun. Fract. de l'ancienne tribu des Beni-Ounguenoun. (Sup. 3,400 hect. env.) Non soumise à l'appl. du sén.-cons. Rattachée à la com. mix., au cant. jud. et à l'arr. de Tizi-Ouzou; — à 6 kil. N. de Tizi-Ouzou et sur la rive droite de l'Oued-Sebaou. Pop. tot. 2,731 hab.

Ouled-Aïssat. Fract. de la tribu des Righa. Com. ind., cerc., cant. jud. et subd. de Médéa. Pop. ind. 372 hab.; — à 8 kil. S.-O. de Médéa.

Ouled-Akkab. Fract. des Ouled-Soltan, tribu. Com. ind., cant. jud., cerc. et subd. de Batna, annexe de Barika. Pop., v. *Ouled-oum-Saad*, fract. des Ouled-Soltan.

Ouled-Akredar. Fract. des Ouled-Amara, tribu. Com. ind., cerc. et cant. jud. de Bou-Sâada, subd. d'Aumale. Pop. ind. 75 hab.

Ouled-Aksa-ben-Ali. Fract. de l'Oued-Abdi, tribu. Com. ind., cant. jud., cerc. et subd. de Batna. Pop. ind. 131 hab.

Ouled-Alân. Tribu de l'ancien aghalik des Ghossels. (Sup. 12,600 hect. env.) Non soumise à l'appl. du sén.-cons. Rattachée à la com. mix. de Tlemcen. Cant. jud. et arr. de Tlemcen; — à 10 kil. N. de Tlemcen et sur la limite N. et N.-O. des com. pl. ex. d'Hennaya et de Tlemcen. Pop. ind. 1,151 hab.

Ouled-Alahoum. Fract. des Ouled-Sliman, tribu. Com. ind., cerc. et cant. jud. de Bou-Sâada, subd. d'Aumale. Pop. ind. 86 hab.

Ouled-Alane-Bechioh. V. *Ouled-Allane-Bechioh*, tribu.

Ouled-Alane-Zekri. V. *Ouled-Allane-Zekri*, tribu. Com. ind., cant. jud., cerc. et subd. de Médéa.

Ouled-Alffa (orthographe d'après la carte au 1/800,000e). V. *Ouled-Aïffa*, tribu. Com. ind., cant. jud. et cerc. de Djelfa, subd. de Médéa.

Ouled-Ali. Ancienne tribu constituée en cheïkhat indépendant formé du douar-com. d'Oued-Addar. Pop. ind. 1,508 hab. Com. ind. et cerc. d'El-Milia, cant. jud. de Mila, subd. de Constantine.

Ouled-Ali. (Sup. 3,600 hect.) Tribu délimitée et érigée en douar-com. par décret du 21 mars 1870. V. le douar *Aïn-Rihana*, n° 342 de la carte des douars. Com. mix., cant. jud. et arr. de Guelma.

Ouled-Ali. (Sup. 39,604 hect.) Tribu délimitée et divisée en 4 douars-com. par décret du 21 décembre 1867. V. les douars *El-Gada*, n° 115; *El-Kçar*, n° 117; *El-Tenia*, n° 114 et *Sidi-Ghalem*, n° 113 de la carte des douars. Com. mix. de St-Lucien, cant. jud. de Ste-Barbe-du-Tlélat, arr. d'Oran.

Ouled-Ali. (Sup. 7,225 hect.) Tribu délimitée et érigée en douar-com. par décret du 30 octobre 1867. V. le douar *Menkoura* (en 2 parties), n° 4 de la carte. Com. mix. et cerc. d'Ammi-Moussa, cant. jud. d'Inkermann, subd. d'Oran.

Ouled-Ali. (Sup. 2,741 hect.) Tribu délimitée et érigée en douar-com. par décret du 26 octobre 1869. V. le douar *Oued-Addar*, n° 234 de la carte des douars. Com. ind. et cerc. d'El-Milia, cant. jud. de Mila, subd. de Constantine. Pop. ind. 1,508 hab. Le territoire des Ouled-Ali est constitué en cheïkhat indépendant.

Ouled-Ali. Fract. des Ababda, tribu. Com. ind., cerc. et cant. jud. de Laghouat, subd. de Médéa. Pop. ind. 137 hab.

Ouled-Ali. V. *Achèche* des Ouled-Ali et des Atatfa, tribus dépendant du kaïdat de Bled-Guerfa. Com. ind. et cerc. d'Aïn-Beïda, subd. de Constantine, cant. jud. de Guelma, arr. jud. de Bône.

Ouled-Ali. Fract. de la tribu d'Ahl-el-Oued. Com. ind., cant. jud. et cerc. de Miliana, subd. d'Orléansville; — à 22 kil. S.-O. de Miliana. Pop. ind. 457 hab.

Ouled-Ali. Fract. des Beni-bou-Yacoub, tribu et douar. Com. mix. de Ben-Chicao, cant. jud. de Médéa, arr. d'Alger. Pop. ind. 238 hab.; — à 20 kil. E. de Médéa.

Ouled-Ali. Fract. des Ben-Daoud, tribu. Com. ind., cant. jud. et cerc. de Bordj-bou-Arréridj, subd. de Sétif; — à 37 kil. O. de Bordj-bou-Arréridj, sur l'Oued-Roumélia, affluent de l'Oued-Amahrir. Pop. ind. 1,348 hab.

Ouled-Ali. Fract. des Douï-Hasseni, tribu. Com. ind., cerc. et cant. jud. de Teniet-el-Had, subd. d'Orléansville, Pop. ind. 423 hab.

Ouled-Ali. Fract. des Ghribs, tribu et douar. Com. ind., cerc., cant. jud. et subd. de Médéa. Pop. ind. 1,114 hab.

Ouled-Ali. V. *Ouled-bou-Ali*, tribu et douar. Com. mix. et cant. jud. de Relizane, arr. de Mostaganem.

Ouled-Ali. Petite fract. des Sidi-Khaled de la tribu des Ouled-Djellal. Com. ind., cant. jud. et cerc. de Biskra, subd. de Batna. Pop. ind. 648 hab. y compris les Ouled-Khelifa, petite fract. des Sidi-Khaled.

Ouled-Ali. Fract. des Tacheta, tribu. Com. ind., cerc. et subd. d'Orléansville, cant. jud. de Cherchel. Pop. ind. 206 hab.; — à 56 kil. S.-O. de Cherchel et à 30 kil. N.-E. d'Orléansville.

Ouled-Ali. Fract. de Zekaska, tribu. Com. ind., cerc. et cant. jud. de Laghouat, subd. de Médéa. Pop. ind. 77 hab.

Ouled-Alia. V. *Ouled-el-Alia*, fract. des Mahdid, tribu. Com. ind., cerc. et cant. jud. de Bordj-bou-Arréridj, annexe de M'sila, subd. de Sétif.

Ouled-Ali-Achicha. (Sup. 4,680 hect. env.) Tribu non soumise à l'appl. du sén.-cons. Rattachée à la com. ind. de La Calle. Cant. jud. et cerc. de La Calle, subd. de Bône; — à 24 kil. S. de La Calle et confinant à la régence de Tunis. Pop. ind. 899 hab. Les Ouled-Ali-Achicha se composent des fract. suivantes : Beni-Hamid, Beni-Feddloum, Djebabra, Ouled-Mehemed, M'raïma et Rehnan. Cette tribu dépend actuellement du kaïdat de l'Oued-el-Kébir.

Ouled-Ali-Ahmed-Medjedoub. V. *Ouled-Sidi-Ahmed-Medjedoub*, tribu. Com. mix. et cerc. de Sebdou, cant. jud. et subd. de Tlemcen.

Ouled-Ali-ben-Abdallah. Fract. des Ouled-Ali-ben-Sabor, tribu. Com. ind., cant. jud., cerc. et subd. de Batna. Pop. ind. 597 hab.; — à 60 kil. O. de Batna.

Ouled-Ali-ben-Ameur ou **Ouled-Ali-ben-Amer.** Tribu non soumise à l'appl. du sén.-cons. Rattachée à la com. ind. de Tiaret-Aflou. Cant. jud. et cerc. de Tiaret, subd. de Mascara, annexe de Tiaret. Pop. ind. 313 hab.

Ouled-Ali-ben-Daoud. (Sup. 8,200 hect. env.) Tribu non soumise à l'appl. du sén.-cons. Rattachée à la com. ind. d'Aumale. Cant. jud., cerc. et subd. d'Aumale; — à 50 kil. E. d'Aumale et sur le versant S.-E. du point géodésique Dra-Melouza, altitude 705 mètres. Pop. ind. 411 hab.

Ouled-Ali-ben-Flous. Fract. des Beni-Oudjana, tribu. Com. ind., cant. jud. et cerc. de Khenchela, subd. de Batna. Pop. ind. 260 hab.

Ouled-Ali-ben-Mahmed. Fract. du douar-com. d'El-Kantara. Com. ind., cerc. et cant. jud. de Biskra, subd. de Batna. Pop. ind. 616 hab.; — à 45 kil. N.-O. de Biskra, et sur la route nationale de Stora à Biskra.

Ouled-Ali-ben-Mohamed. Fract. des Ouled-Ahmed, tribu. Com. ind., cerc. et cant. jud. de Bou-Sâada, subd. d'Aumale. Pop. ind. 260 hab.

Ouled-Ali-ben-Mohamed. Fract. des Ouled-Soltan, tribu. Com. ind., cant. jud., cerc. et subd. de Batna, annexe de Barika. Pop. recensée avec les Ouled-Djabalah et les Ouled-bou-Harkat, fract. de la même tribu, 373 hab.

Ouled-Ali-ben-Rouagued. Fract. des Ouled-Soltan, tribu. Com. ind., cant. jud., cerc. et subd. de Batna, annexe de Barika. Pop. recensée avec les Ouled-Amich et diverses autres fract. de la même tribu. Ensemble 327 hab.

Ouled-Ali-ben-Sâad. Fract. des Sahari-Ouled-Brahim, tribu. Com. ind., cerc., cant. jud. et subd. de Médéa. Pop. ind. 483 hab.

Ouled-Ali-ben-Sabor. (Sup. 48,250 hect. env.) Tribu non soumise à l'appl. du sén.-cons. Rattachée à la com. ind. de Batna. Cant. jud., cerc. et subd. de Batna, annexe de Barika; — à 46 kil. O. de Batna. Pop. ind. 3,642 hab. La tribu des Ouled-Ali-ben-Sabor se compose des fract. suivantes : Ouled-Amor-ben-Mahdi, Ouled-Saïdi, Ouled-Hamma, Ouled-Ali-ben-Abd-Allah, Ouled-si-Lahsen, Ouled-bou-Adjina, Ouled-Hamza et Ouled-Mahboub.

Ouled-Ali-ben-Seba. Fract. des Matmata, tribu. Com. ind., cerc. et cant. jud. de Miliana, subd. d'Orléansville. Pop. ind. 405 hab.

Ouled-Ali-ben-Yahia. Fract. des Bethaya ou Bethaïa, tribu. Com. ind., cerc. et cant. jud. de Miliana, subd. d'Orléansville. Pop. ind. 328 hab.

Ouled-Ali-ben-Youb. V. *Ouled-sidi-Ali-ben-Youb*, tribu. Com. mix. de Bou-Kanéfis, cant. jud. et arr. de Sidi-bel-Abbès.

Ouled-Ali-ben-Zanboub. Fract. des Ouled-Soltan, tribu. Com. ind., cant. jud., cerc. et subd. de Batna, annexe de Barika. Pop. recensée avec les Ouled-Abd-Allah-ben-Aouf, fract. de la même tribu.

Ouled-Ali-ben-Zeïna. Fract. des Ouled-Soltan, tribu. Com. ind., cant. jud., cerc. et subd. de Batna, annexe de Barika. Pop. recensée avec les Ouled-Amich et diverses autres fract. de la même tribu, ensemble 327 hab. ind.

Ouled-Ali-bou-Nab ou **Ouled-bou-Nab.** Ancienne fract. de la tribu des Hachem. Com. mix. et cant. jud. de Bordj-bou-Arréridj, arr. de Sétif. V. *Hachem*, tribu.

Ouled-Allaga ou **Ouled-Allagua.** Fract. des Beni-Ouazan, tribu. Com. ind., cerc., cant. jud. et subd. d'Orléansville. Pop. ind. 237 hab.; — à 22 kil. S. d'Orléansville.

Ouled-Allah. Fract. des Beni-Maïda, tribu. Com. ind., cerc. et cant. jud. de Teniet-el-Had, subd. d'Orléansville. Pop. ind. 186 hab.; — à 30 kil. S.-O. de Teniet-el-Had et à cheval sur l'Oued-Sennet, affluent de l'Oued-bou-Kahla.

Ouled-Allah-Oum. V. *Ouled-Alhaoum*, fract. des Ouled-Sliman, tribu. Com. ind., cerc. et cant. jud. de Bou-Sâada, subd. d'Aumale. Pop. ind. 86 hab.

Ouled-Allane-Bechich ou **Ouled-Allane-Beschich.** (Sup. 34,601 hect. env.) Tribu non soumise à l'appl. du sén.-cons. Rattachée à la com. ind. de Médéa. Cant. jud., cerc. et subd. de Médéa. Pop. ind. 3,130 hab. Cette tribu se compose des fract. suivantes : Ouled-Abd-el-Ouahab, Ouled-Yahia, Ouled-Chenaf, Ouled-sidi-Ameur-el-Horabat, Ouled-sidi-Ameur-Gheraba, Ouled-sidi-Ameur-Chéraga, Zérarta, Mahagif et Ouled-Aïssa.

Ouled-Allane-Zekri. Tribu non soumise à l'appl. du sén.-cons. Rattachée à la com. ind. de Médéa. Cant. jud., cerc. et subd. de Médéa; — à 70 kil. S.-E. de Médéa et sur l'Oued-Guelt-el-Beïda, affluent de l'Oued-Chellal. Pop. ind. 3,485 hab. Cette tribu se compose des fract. suivantes : Taziza, Lebabda-Ouled-Rabah et Ouled-Kassem, Hadjhuna, Ouled-Belhites, Ouled-sidi-Mohamed-el-Hadj, Ouled-Khelifat et Ouled-sidi-Khelif et Ouled-sidi-el-Bakhti.

Ouled-Allel. Fract. de la tribu des Beni-Iddeur. Com. ind., cerc. et cant. jud. de Djidjelli, subd. de Constantine, arr. jud. de Bougie. Pop. ind. 1,367 hab.; — à 21 kil. S.-E. de Djidjelli et sur la rive droite de l'Oued-Nil.

Ouled-Allia. V. *Ouled-ben-Allia*, tribu. Com. ind., cant. jud. et cerc. de Djelfa, subd. de Médéa.

Ouled-Allouch. Fract. des Chamba de Metlili. Com. ind., cant. jud. et cerc. de Laghouat, subd. de Médéa. Pop. ind. 1,029 hab.

Ouled-Amar. V. *Ouled-Amer*, tribu. Com. mix. et annexe de Zemmorah, cant. jud. de Relizane, subd. d'Oran.

Ouled-Amar. V. *Ouled-Ammar*, tribu. Com. ind., cant. jud. et cerc. de Teniet-el-Had, subd. d'Orléansville. — V. *Ouled-Ammar*, fract. de la tribu de Chabet-Cheurfa. Com. mix. d'Aïn-Abessa, cant. jud. et arr. de Sétif. — V. *Ouled-Ammar*, fract. de la tribu du Hodna. Com. ind., cant. jud. et subd. de Batna, annexe de Barika.

Ouled-Amar. Fract. du douar-com. d'El-Bitam, appelé Saharis d'après le tableau du dénombrement. Com. ind., cerc. et cant. jud. de Biskra, subd. de Batna. Pop. ind. 706 hab.; — à 65 kil. N.-O. de Biskra et près de l'Oued-el-Bitam.

Ouled-Amara. Fract. des Bethaya ou Bethaïa, tribu. Com. ind., cerc. et cant. jud. de Miliana, subd. d'Orléansville. Pop. ind. 953 hab.

Ouled-Amara. Tribu dépendant du grand kaïdat des Ouled-Aïssa. Non soumise à l'appl. du sén.-cons. Rattachée à la com. ind. de Bou-Sâada. Cant. jud. et cerc. de Bou-Sâada, subd. d'Aumale. Pop. ind. 880 hab. y compris 56 hab. de la zmala. Cette tribu se compose des fract. suivantes : Ouled-Guerouna, Ouled-ben-Zian, Ouled-Ahmed-ben-Amara, Ouled-bel-Krir, Ouled-Touati, Ouled-Zaïre, Ouled-Akredar et une zmala.

Ouled-Amar-ben-Ali. (Sup. 15,009 hect. env.) Tribu non soumise à l'appl. du sén.-cons. Rattachée à la com. ind. de La Calle. Cant. jud. et cerc. de La Calle, subd. de Bône; — à 18 kil. S. de La Calle et sur le chemin stratégique de cette ville à Souk-Ahras. Pop. ind. 1,665 hab. Cette tribu se compose des fract. suivantes : El-Guergour, El-Guitaïn et est rattachée au kaïdat de l'Oued-el-Kébir.

Ouled-Amboub. Fract. des Beni-Yala-Gheraba, tribu. Com. ind., cerc., cant. jud. et subd. d'Aumale, annexe

OULED-AM   ET DES FRACTIONS DE TRIBUS)   **OULED-AM**

de Beni-Mansour. Pop. ind. 505 hab.; — à 36 kil. N.-E. d'Aumale et à 26 kil. O. du bordj des Beni-Mansour, entre la route nationale d'Alger à Constantine et l'Oued-Dhouss, affluent de l'Oued-Sahel.

Ouled-Amer. (Sup. 8,745 hect. env.) Tribu non soumise à l'appl. du sén.-cons. Rattachée à la com. mix. et à l'annexe de Zemmorah. Cant. jud. de Relizane, subd. d'Oran; — à 50 kil. S.-E. de Relizane et sur le chemin stratégique de cette ville à Tiaret. Pop. ind. 1,109 hab.

Ouled-Amerau. Fract. des Beni-Hassen, tribu. Com. ind., cerc., cant. jud. et subd. de Médéa. Pop. ind. 362 hab.; — à 22 kil. S. de Médéa.

Ouled-Ameur. Fract. des Beni-Bou-Yacoub, tribu et douar-com. Com. mix. de Ben-Chicao, cant. jud. de Médéa, arr. d'Alger. Pop. ind. 233 hab.; — à 24 kil. N.-E. de Médéa, sur la rive droite de l'Oued-Baderna, affluent de l'Oued-Harrach.

Ouled-Ameur. Fract. des Beni-Oudjana, tribu. Com. ind., cant. jud. et cerc. de Khenchela, subd. de Batna. Pop. ind. 968 hab.

Ouled-Ameur. Fract. des Khobbaza, tribu. Com. ind., cerc. et cant. jud. de Miliana, subd. d'Orléansville. Pop. ind. 221 hab.

Ouled-Ameur. Fract. des Ouled-Bessam-Gheraba, tribu. Com. ind., cerc. et cant. jud. de Teniet-el-Had, subd. d'Orléansville. Pop. ind. 194 hab.; — à 40 kil. S.-O. de Teniet-el-Had.

Ouled-Ameur. Fract. des Ouled-Khenata, tribu. Com. ind., cerc. et cant. jud. de Djelfa, subd. de Médéa. Pop. ind. 585 hab.

Ouled-Ameur. Fract. des Titteri-Souhary-Deïmat, tribus. Com. ind., cerc., cant. jud. et subd. de Médéa. Pop. ind. 138 hab.; — à 38 kil. S.-E. de Médéa.

Ouled-Ameur. Fract. des Beni-Messaoud, tribu. Com. mix. de Ben-Chicao, cant. jud. de Médéa, arr. d'Alger. Pop. ind. 260 hab.; — à 24 kil. N.-E. de Médéa, sur la rive droite de l'Oued-Akra, affluent rive droite du Chélif.

Ouled-Ameur. V. *Ouled-sidi-el-Hadj-ben-Ameur*, ksar et tribu. Com. mix. et cerc. de Géryville, cant. jud. de Saïda, subd. de Mascara.

Ouled-Ameur. Grand kaïdat et tribu. Territoire non soumis à l'appl. du sén.-cons. Rattaché à la com. ind. de Bou-Sâada. Cant. jud. et cerc. de Bou-Sâada, subd. d'Aumale; — à 8 kil. N.-O. de Bou-Sâada et à l'E. du lac Zharez-Chergui. Pop. ind. 2,012 hab. Le grand kaïdat des Ouled-Ameur est formé des deux tribus suivantes : Ouled-Ameur-Dahra et Ouled-Ameur-Guebala.

Ouled-Ameur-Dahra. Tribu dépendant du grand kaïdat des Ouled-Ameur. Non soumise à l'appl. du sén.-cons. Rattachée à la com. ind. de Bou-Sâada. Cant. jud. et cerc. de Bou-Sâada, subd. d'Aumale. Pop. ind. 1,518 hab., y compris 81 hab. de la zmala. Cette tribu se compose des fract. suivantes : Ouled-Djekredel, Ouled-Redir, Ouled-Ahmed-ben-Kahiz, Ouled-Saad, Ouled-Salah, Ouled-Krenatsa, Ouled-Abd-es-Selam, Ouled-Taous, El-Bou-Haï et une zmala.

Ouled-Ameur-Guebala. Tribu dépendant du grand kaïdat des Ouled-Ameur. Non soumise à l'appl. du sén.-cons. Rattachée à la com. ind. de Bou-Sâada. Cant. jud. et cerc. de Bou-Sâada, subd. d'Aumale. Pop. ind. 494 hab., y compris 43 ind. de la zmala. Cette tribu se compose des fract. suivantes : Ouled-bou-Lefâa, Ouled-Fekroun, Ouled-sidi-Chikr et une zmala.

Ouled-Ameur ou **Ouled-Ahmor.** V. *Temacin et Said-Ouled-Ahmor*, tribu et ksar. Com. ind., cerc. et cant. jud. de Biskra, subd. de Batna.

Ouled-Ameur ou **Ouled-Amor.** Ancienne division des Ouled-Derradj-Chéraga. V. *Ouled-Derradj-Chéraga*, tribu. Com. ind., cerc., cant. jud. et subd. de Batna, annexe de Barika. — NOTA : Le territoire de cette fract. est compris actuellement dans la tribu du Hodna de Batna.

Ouled-Ameur, Ouled-Chaïb. Fract. des Arab-Chéraga, tribu. Com. ind., cant. jud. et cerc. de Biskra, subd. de Batna. Pop. ind. des deux fract. 748 hab.

Ouled-Ameur-Youb. Fract. des Ouled-Abd-el-Djebar, tribu. Com. ind., cerc. et cant. jud. de Bougie, subd. de Sétif et arr. jud. de Bougie. Pop. ind. 796 hab.; — à 12 kil. S. de Bougie et sur l'Oued-Akeddou.

Ouled-Amich. Fract. des Ouled-Soltan, tribu. Com. ind., cant. jud., cerc. et subd. de Batna, annexe de Barika. Pop. recensée avec les Ouled-Ali-ben-Rouaged, Ouled-Delgassem, Ouled-el-Ouennès, Ouled-Ali-ben-Zeïna, Ouled-bel-Khir, Ouled-Ahmed-ben-Embarek, Ouled-Messaoud et Ouled-Abd-Allah-ben-Embarek, fract. de la même tribu, 327 hab.

Ouled-Amida. V. *Ouled-Hamida*, fract. des Matmata, tribu. Com. ind., cerc. et cant. jud. de Miliana, subd. d'Orléansville.

Ouled-Amidech. V. *Ouled-Hamidech*, tribu et douar, Com. ind. et cerc. d'El-Milia, cant. jud. et annexe de Collo, subd. de Constantine, arr. jud. de Philippeville.

Ouled-Ammar. Fract. de la tribu de Chabet-Cheurfa ou du douar-com. de Cherfa. Com. mix. d'Aïn-Abessa, cant. jud. et arr. de Sétif. Pop. ind. 92 hab.

Ouled-Ammar. Fract. du Hodna, tribu. Com. ind., cant. jud., cerc. et subd. de Batna, annexe de Barika. Pop. recensée avec les Ouled-Mahmed, fract. de la même tribu, 1,336 hab.

Ouled-Ammar. (Sup. 4,350 hect. env.) Tribu non soumise à l'appl. du sén.-cons. Rattachée à la com. ind. de Teniet-el-Had. Cant. jud. et cerc. de Teniet-el-Had, subd. d'Orléansville ; — à 50 kil. S.-O. de Teniet-el-Had et sur la route stratégique de Teniet-el-Had à Tiaret. Pop. ind. 1,748 hab. Cette tribu se compose des fract. suivantes : Ouled-sidi-Yahia, Zaouïa, Cherarda, Douaïr, Akerma-Chéraga, Akerma-Ghoraba, Ouled-ben-Yagoub, Daïa, Ouled-Ayad et Nouasseur.

Ouled-Ammou. V. *Ouled-Hammou*, tribu. Com. mix. et cerc. de Lalla-Maghrnia, cant. jud. et subd. de Tlemcen.

Ouled-Amor. V. *Temaoin et Saïd-Ouled-Ahmor*, tribu et ksar. Com. ind., cant. jud. et cerc. de Biskra, subd. de Batna.

Ouled-Amor. Fract. des Zab-Chergui, tribu. Com. ind., cant. jud. et cerc. de Biskra, subd. de Batna. Pop. ind. 716 hab. ; — à 78 kil. S.-E. de Biskra, sur la rive gauche de l'Oued-Chettia, affluent du lac Farfaria.

Ouled-Amor. Fract. de la tribu des Brarcha. Com. ind., cerc. et cant. jud. de Tebessa, subd. de Constantine. Pop. ind. 828 hab.

Ouled-Amor. V. *Azel des Ouled-Amor*, fract. du Hodna, tribu. Com. ind., cant. jud., cerc. et subd. de Batna, annexe de Barika. Pop. ind. recensée avec El-Ahezal et diverses autres fract. de la même tribu.

Ouled-Amor ou **Ouled-Ameur.** Fract. de l'ancienne tribu des Ouled-Derradj-Chéraga (ancienne organisation). V. *Ouled-Derradj-Chéraga*, tribu. Annexe de Barika, subd. de Batna.

Ouled-Amor-ben-Fadhel. Fract. des Achèche, tribu. Com. ind., cant. jud., cerc. et subd. de Batna. Pop. ind. 715 hab.

Ouled-Amor-ben-Mahdi. Fract. des Ouled-Ali-ben-Sabor, tribu. Com. ind., cant. jud., cerc. et subd. de Batna, annexe de Barika. Pop. ind. 746 hab., y compris la pop. des Ouled-Saïdi, fract. de la même tribu ; — à 70 kil. O. de Batna.

Ouled-Amouna. V. *Ouled-Hamouna*, fract. des Ouled-Soltan, tribu. Com. ind., cant. jud., cerc. et subd. de Batna, annexe de Barika. Pop. ind. 817 hab., y compris diverses autres fract. de la tribu des Ouled-Soltan.

Ouled-Amran. (Sup. 214,245 hect. env.) Tribu dépendant des Beni-Mathar, non soumise à l'appl. du sén.-cons. Rattachée à la com. mix. de Daya. Cerc. de Daya, cant. jud. de Sidi-bel-Abbès, subd. de Tlemcen, arr. jud. d'Oran ; — à 70 kil. S. de Sidi-bel-Abbès et sur l'Oued-el-Hammam, affluent du Chott-ech-Chergui. Pop. ind. 1,165 hab.

Ouled-Amran. Fract. des Ouled-Zian, tribu. Com. ind., cant. jud. et cerc. de Biskra, subd. de Batna. Pop. ind. 368 hab.

Ouled-Amran. Petite fract. des Ouled-Rahma de la tribu des Ouled-Zekri. Com. ind., cant. jud. et cerc. de Biskra, subd. de Batna. Pop. ind. 807 hab.

Ouled-Amran. Fract. des Ouled-el-Ghouïni, tribu. Com. ind., cerc. et cant. jud. de Djelfa, subd. de Médéa. Pop. ind. 626 hab.

Ouled-Amran. Fract. d'Haouara, tribu et douar-com. Com. ind., cerc., cant. jud. et subd. de Médéa. Pop. ind. 518 hab. ; — à 8 kil. S.-E. de Médéa et sur le chemin stratégique de Médéa à Djelfa.

Ouled-Amza. V. *Ouled-si-Hamza*, tribu. Com. ind. de Tiaret-Aflou, cant. jud. de Tiaret, subd. de Mascara.

Ouled-Angala. Fract. de l'Oued-Abdi, tribu. Com. ind., cant. jud., cerc. et subd. de Batna. Pop. ind. 270 hab.

Ouled-Annech. V. *Ouled-Hannech*, tribu. Com. ind., cant. jud. et cerc. de Bordj-bou-Arréridj, annexe de M'sila, subd. de Sétif.

Ouled-Anteur. (Sup. 32,633 hect.) Tribu délimitée et érigée en douar-com. par décret du 22 avril 1868. V. le douar *Ouled-Anteur*, n° 54 de la carte. Rattachée partie aux com. pl. ex. de Boghar et de Boghari et partie à la com. ind. de Boghar. Cant. jud. de Boghari, cerc. de Boghar, subd. de Médéa et arr. d'Alger. Pop. ind. de la partie du douar rattachée à la com. ind. 1,687 hab.

Ouled-Aouat. (Sup. 3,241 hect.) Tribu délimitée et érigée en douar-com. par décret du 7 décembre 1867. V. le douar *Ouled-Aouat*, n° 41 de la carte des douars. Com. ind. et cerc. d'El-Milia, cant. jud. de Mila, subd. de Constantine. Pop. ind. 1,728 hab. Ce douar-com. dépend actuellement du kaïdat des Ouled-Aouat.

Ouled-Aouat. Kaïdat. Ce kaïdat est formé des douars-com. de Ouled-Aouat, de M'chat, de Boulfaa et de Taïlman. Com. ind. et cerc. d'El-Milia, cant. jud. de Mila, subd. de Constantine. Pop. ind. du kaïdat, 7,686 hab.

Ouled-Aouat-Djeballa. Fract. de la tribu des Beni-Siar. Com. ind., cerc. et cant. jud. de Djidjelli, subd. de Constantine, arr. jud. de Bougie. Pop. ind. 1,295 hab.

Ouled-Aouat-Seflia ou **Ouled-Aouat-Selfia.** Fract. de la tribu des Beni-Siar. Com. ind., cerc. et cant. jud. de Djidjelli, subd. de Constantine, arr. jud. de Bougie. Pop. ind. 984 hab.

Ouled-Aouf. (Sup. 46,812 hect.) Tribu délimitée et érigée en deux douars-com. par décret du 8 janvier 1868. V. les douars *Aouzalel*, n° 88 et *Ahnaïdja*, n° 89 de la carte des douars. Com. ind., cant. jud. et cerc. de Saïda, subd. de Mascara. Pop. ind. 1,413 hab.

Ouled-Aoun. V. *Ouled-bou-Aoun*, tribu. Com. ind., cant. jud., cerc. et subd. de Batna.

Ouled-Aoun-Allah. Fract. de la tribu des Allaouna. Com. ind., cerc. et cant. jud. de Tebessa, subd. de Constantine. Pop. ind. 339 hab.

Ouled-Arab et Aftis ou **Aftis et Ouled-Arab.** Fract. du kaïdat et de la tribu des Beni-Afeur et Djimla. Com. ind., cerc. et cant. jud. de Djidjelli, subd. de Constantine, arr. jud. de Bougie. Pop. ind. des deux fract., 639 hab. ; — à 27 kil. S.-E. de Djidjelli.

Ouled-Arbia. Fract. des Ouled-el-Ghouïni, tribu. Com. ind., cerc. et cant. jud. de Djelfa, subd. de Médéa. Pop. ind. 201 hab.

Ouled-Aréma. (Sup. 1,817 hect.) Terre azel délimitée et érigée en douar-com. par décret du 8 novembre 1869. V. *Ouled-Aréma*, douar-com. Com. p. ex. de l'Oued-Séguin, cant. jud. de l'Oued-Atménia, arr. de Constantine.

Ouled-Arid. V. *Ouled-Harrid*, tribu et douar. Com. mix., cant. jud. et arr. de Guelma.

Ouled-Arid et S'beta. (Sup. des deux tribus 8,299 hect.) Tribus délimitées et constituées en un douar-com. par décret du 12 octobre 1868. V. *Khanguet-Aoûn*, douar n° 101 de la carte. Com. ind., cant. jud. et cerc. de La Calle, subd. de Bône. Pop. ind. 745 hab. — NOTA : Le douar Khanguet-Aoûn dépend actuellement de la tribu des Nehed et du kaïdat de l'Oued-el-Kébir.

Ouled-Ariba. Fract. du Hodna, tribu. Com. ind., cant. jud., cerc. et subd. de Batna, annexe de Barika. Cette fract. a été recensée avec les El-Ahezal, Ed-Debabha, Ouled-sidi-Abd-el-Kader, Azel des Ouled-Mansour, Azel des Ouled-Amor, Ouled-Saïd, Ouled-el-Hachi, Ouled-sidi-Yahia, El-Menaïfa, Ed-Dehahena et Ouled-Brahim-ben-Nedjâa, fract. de la même tribu. Pop. tot. 2,159 ind.

Ouled-Arif. Fract. des Beni-Oudjana, tribu. Com. ind., cant. jud. et cerc. de Khenchela, subd. de Batna. Pop. ind. 728 hab.

Ouled-Arioua. Fract. des Ouled-Mareuf, tribu. Com. ind., cerc., cant. jud. et subd. de Médéa. Pop. ind. 276 hab.

Ouled-Asker ou **Ouled-Askeur.** Tribu non soumise à l'appl. du sén.-cons. Rattachée à la com. ind. de Djidjelli. Cant. jud. et cerc. de Djidjelli, subd. de Constantine, arr. jud. de Bougie ; — à 28 kil. S.-E. de Djidjelli et sur la rive droite de l'Oued-Nihl. Pop. ind. 1,189 hab. Les Ouled-Asker sont actuellement constitués en cheïkhat indépendant.

Ouled-Atallah. V. *Ouled-si-Atallah*, tribu. Com. ind., cant. jud. et cerc. de Laghouat, subd. de Médéa.

Ouled-Atia. V. *Ouled-Attia*, tribu dépendant des Beni-Mathar. Com. mix. et cerc. de Daya, cant. jud. de Sidi-bel-Abbès, subd. de Tlemcen. — V. *Ouled-Attia*, Com. ind. et cerc. d'El-Milia, cant. jud. et annexe de Collo, subd. de Constantine, arr. jud. de Philippeville. — V. *Ouled-Attia*, tribu. Com. mix. et cant. jud. d'Aïn-Mokra, arr. de Bône. — V. *Ouled-Attia*, petite fract. des Ouled-Rabah de la tribu des Ouled-Zékri. Com. ind., cant. jud. et cerc. de Biskra, subd. de Batna.

Ouled-Atia. Fract. du Djebel-Baten, tribu. Com. ind., cerc. et cant. jud. de Bou-Sâada, subd. d'Aumale. Pop. ind. 255 hab.

Ouled-Atia. Fract. des Ouled-Salah, tribu. Com. ind., cerc. et cant. jud. de Laghouat, subd. de Médéa. Pop. ind. 311 hab.

Ouled-Atsman. V. *Ouled-sidi-Atsman*, fract. du Hodna, tribu. Com. ind., cant. jud., cerc. et subd. de Batna, annexe de Barika. Pop. ind. 365 hab.

Ouled-Atsman. Fract. du Djebel-Mesâad, tribu. Com. ind., cerc. et cant. jud. de Bou-Sâada, subd. d'Aumale. Pop. ind. 119 hab.

Ouled-Attaf-Chéraga. Fract. des Rebaïa, tribu. Com. ind., cerc., cant. jud. et subd. de Médéa. Pop. ind. 411 hab.

Ouled-Attaf-Gheraba. Fract. des Rebaïa, tribu. Com. ind., cant. jud., cerc. et subd. de Médéa. Pop. ind. 349 hab.

Ouled-Attia. (Sup. 23,052 hect.) Tribu délimitée et érigée en 3 douars-com. par décret du 17 juillet 1867. V. les douars *Ouled-Djama*, n° 74 ; *Djezia*, n° 75 ; *Ziabra*, n° 76 de la carte. Com. ind. et cerc. d'El-Milia ; cant. jud. et annexe de Collo, subd. de Constantine, arr. jud. de Philippeville. Pop. ind. 3,691 hab. Ces trois douars forment actuellement le territoire du kaïdat des Ouled-Attia.

Ouled-Attia. Tribu dépendant des Beni-Mathar, non soumise à l'appl. du sén.-cons. Rattachée à la com. mix. de Daya. Cerc. de Daya, subd. de Tlemcen, cant. jud. de Sidi-bel-Abbès, arr. jud. d'Oran ; — à 80 kil. S.-E. de Sidi-bel-Abbès et au N.-O. du Chott-ech-Chergui. Pop. ind. 776 hab.

Ouled-Attia. (Sup. 16,100 hect.) Tribu non soumise à l'appl. du sén.-cons. Rattachée à la com. mix. d'Aïn-Mokra. Cant. jud. d'Aïn-Mokra, arr. de Bône ; — à 12 kil. N. d'Aïn-Mokra. Pop. recensée avec le douar d'Aïn-Nechma, 7 français, 6 étrangers et 1,756 ind.

Ouled-Attia. (Sup. 13,613 hect.) Territoire délimité et divisé en 6 douars-com. par décret du 4 décembre 1864. V. les douars *Khorfan*, n° 5 ; *Ghezala* ou *Gherasla*, n° 6 ; *Khendek-Asla*, n° 8 ; *Ouled-Messaoud*, n° 9 et *Hazabra* (en 2 parties), n° 10 de la carte des douars. Com. mix. et cant. jud. d'El-Arrouch, arr. de Philippeville. Le 6ᵉ douar-com. désigné sous le nom de Souadek ou Souadeuk fait partie de la com. pl. ex. de Condé-Smendou, cant. jud. et arr. de Constantine.

Ouled-Attia. V. *Ouled-Atia*, fract. de la tribu du Djebel Baten. Com. ind., cant. jud. et cerc. de Bou-Sâada, subd. d'Aumale. — V. *Ouled-Atia*, fract. de la tribu des Ouled-Salah. Com. ind., cant. jud. et cerc. de Laghouat, subd. de Médéa.

Ouled-Attia. Petite fract. des Ouled-Rabah de la tribu des Ouled-Zékri. Com. ind., cant. jud. et cerc. de Biskra, subd. de Batna. Pop. ind. 556 hab.

Ouled-Ayad ou **Ouled-Ayade.** Fract. du Sahel-Guebli, tribu. Com. ind., cerc. et subd. de Sétif, cant. jud. d'Akbou, arr. jud. de Bougie. Pop. ind. 191 hab. ; — à 44 kil. S.-E. d'Akbou et sur le versant N. du Djebel-Ayad ou Djebel-Ayed.

Ouled-Ayad ou **Ouled-Ayade.** Fract. des Ouled-Ammar, tribu. Com. ind., cerc. et cant. jud. de Teniet-el-Had, subd. d'Orléansville. Pop. ind. 192 hab. ; — à 44 kil. S.-O. de Teniet-el-Had, sur le versant S.-E. du Djebel-Ourdjine, point géodésique.

Ouled-Ayed ou **Ouled-Ayad.** (Sup. 59,847 hect.) Tribu délimitée et divisée en 3 douars-com. par décret du 2 octobre 1869. — V. les douars *El-Medad* ou *El-Meddad*, n° 109 ; *Ighoud*, n° 110 et *Ben-Naouri*, n° 111 de la carte. Com. ind., cant. jud. et cerc. de Teniet-el-Had, subd. d'Orléansville. Pop. tot. 10,025 ind. — Nota : Le douar El-Meddad est actuellement organisé en kaïdat désigné sous le nom de Beni-Hayane.

Ouled-Aziz. (Sup. des terres labourables, 1,012 hect.) Tribu dépendant des Harrar-Chéraga, non soumise à l'appl. du sén.-cons. Rattachée à la com. ind. de Tiaret-Aflou. Cant. jud. et cerc. de Tiaret, subd. de Mascara ; — à 40 kil. S.-E. de Tiaret et sur la rive droite de l'Oued-Sousselem. Pop. ind. 457 hab.

Ouled-Aziz. V. *Ouled-el-Aziz*, tribu. Rattachée partie à la com. mix. de Dra-el-Mizan, cant. jud. de Dra-el-Mizan, arr. de Tizi-Ouzou et partie à la com. ind. d'Aumale, cant. jud., cerc. et subd. d'Aumale.

Ouled-Aziz. Fract. des Ouled-Deïd, tribu et douar-com. Com. ind., cerc., cant. jud. et subd. de Médéa. Pop. ind. 430 hab.

Ouled-Aziz ou **Ouled-Azez.** Fract. des Ouled-Messaoud, tribu. Com. ind., cerc. et cant. jud. de La Calle, subd. de Bône. Pop. ind. 595 hab.

Ouled-Azouz. Fract. des Ouled-Mohamed-el-M'barek, tribu. Com. ind., cerc. et cant. jud. de Bou-Sâada, subd. d'Aumale. Pop. ind. 110 hab.

Ouled-Bahri. Fract. des Beni-Sliman, tribu. Com. ind., annexe et cant. jud. de Takitount, cerc. et subd. de Sétif, arr. jud. de Bougie. Pop. ind. 979 hab.

Ouled-Bakhta. Fract. des Sahary-Khobeïzat, tribu.

Ouled-Ba-Se Com. ind., cerc. et cant. jud. de Djelfa, subd. de Médéa, Pop. ind. 257 hab.

Ouled-Bakhta. Tribu dépendant des Beni-Tighrin. Non soumise à l'appl. du sén.-cons. Rattachée à la com. mix. et au cerc. d'Ammi-Moussa. Cant. jud. d'Inkermann, subd. d'Oran; — à 42 kil. S.-E. d'Inkermann et sur la limite E. du dép. d'Oran. Pop. ind. 2,051 hab.

Ouled-Bakir. Fract. des Ouled-Kraled, tribu. Com. ind., cerc. et cant. jud. de Bou-Sâada, subd. d'Aumale. Pop. ind. 141 hab.

Ouled-Bakir. Fract. des Ouled-Kraled, tribu. Com. ind., cerc. et cant. jud. de Bou-Sâada, subd. d'Aumale. Pop. ind. 107 hab.

Ouled-Balaghr ou **Ouled-Balagh.** (Sup. 190,193 hect. env.) Tribu non soumise à l'appl. du sén.-cons. Rattachée à la com. mix. et au cerc. de Daya. Subd. de Tlemcen, cant. jud. de Sidi-bel-Abbès, arr. jud. d'Oran; — à 30 kil. S. de Sidi-bel-Abbès. Pop. ind. 2,288 hab.

Ouled-Bali. V. *Ouled-el-Bali*, fract. des Ouled-Mansour-ou-Madi. Com. ind., cerc. et cant. jud. de Bordj-bou-Arréridj, annexe de M'sila, subd. de Sétif.

Ouled-Barka. Tribu dépendant de l'aghalik du Dirah-Supérieur. Non soumise à l'appl. du sén.-cons. Rattachée à la com. ind. d'Aumale. Cant. jud., cerc. et subd. d'Aumale; — 5 kil. S.-O. d'Aumale et au N.-O. du Djebel-Dirah. Pop. ind. 676 hab.

Ouled-Barkat. (Sup. 5,592 hect.) Tribu délimitée et érigée en douar-com. par décret du 11 juillet 1870. V. *Ouled-Barkat*, douar-com. n° 165° de la carte. Com. mix. et annexe de Zemmorah, cant. jud. de Relizane, subd. d'Oran. Pop. ind. 1,057 hab.

Ouled-Barkate. Fract. du Djebel-Mesâad, tribu. Com. ind., cerc. et cant. jud. de Bou-Sâada, subd. d'Aumale. Pop. ind. 101 hab.

Ouled-Béchiah. Fract. des Ouled-Dhia, tribu. Com. ind., cerc. et cant. jud. de Souk-Ahras, subd. de Bône. Pop. ind. 1,662 hab.

Ouled-Behar. V. *Oued-Behar*, fract. de la tribu et du kaïdat de Tababort. Com. ind., cant. jud. et cerc. de Djidjelli, subd. de Constantine, arr. jud. de Bougie.

Ouled-Beïda. V. *Ouled-Cheïkh*, fract. des Ouled-Oumhani, tribu. Com. ind., cerc. et cant. jud. de Djelfa, subd. de Médéa. Pop. ind. 412 hab.

Ouled-bel-Abbas. Fract. du Djebel-Baten, tribu. Com. ind., cerc. et cant. jud. de Bou-Sâada, subd. d'Aumale. Pop. ind. 262 hab.

Ouled-bel-Abbès. V. *Ouled-Aïssa-bel-Abbès*, tribu. Com. mix. et cerc. de Frendah-Mascara, cant. jud. et subd. de Mascara.

Ouled-bel-Adi. Fract. des Ouled-Soltan, tribu. Com. ind., cant. jud., cerc. et subd. de Batna, annexe de Barika. Pop. recensée avec les Ouled-Ahmed, Ouled-Medabis et Ouled-si-Lahsen, fract. de la même tribu. Pop. tot. 898 hab. ind.

Ouled-bel-Afou. (Sup. 1,971 hect.) Tribu délimitée et érigée en douar-com. par décret du 4 novembre 1868. V. *Ouled-Belafou*, douar n° 181 de la carte. Com. mix. de Duquesne, cant. jud. de Djidjelli, arr. de Bougie. — NOTA : Le territoire de ce douar a été livré à la colonisation pour l'installation du centre de Taher.

Ouled-bel-Aïa. V. *Ouled-bel-Haïa*, tribu. Com. mix. et annexe de Zemmorah, cant. jud. de Relizane, subd. d'Oran.

Ouled-bel-Arbi. Fract. des Beni-Lent, tribu. Com. ind., cerc. et cant. jud. de Teniet-el-Had, subd. d'Orléansville. Pop. ind. 449 hab.

Ouled-Belgassem ou **Ouled-Belkassem.** Fract. des Ouled-Soltan, tribu. Com. ind., cant. jud., cerc. et subd. de Batna, annexe de Barika. Pop. recensée avec les Ouled-Amich et diverses autres fract. de la même tribu, ensemble 327 hab.

Ouled-bel-Haïa ou **Ouled-bel-Haya.** (Sup. 20,660 hect. env.) Tribu non soumise à l'appl. du sén.-cons. Rattachée à la com. mix. et à l'annexe de Zemmorah. Subd. d'Oran, cant. jud. de Relizane; — à 32 kil. S.-E. de Relizane et sur le chemin de Mascara à Tiaret. Pop. ind. 1,911 hab.

Ouled-bel-Harret. Fract. de la tribu des Brarcha. Com. ind., cerc. et cant. jud. de Tebessa, subd. de Constantine. Pop. ind. 629 hab.

Ouled-Bellites ou **Ouled-Bellites.** Fract. des Ouled-Allanc-Zékri, tribu. Com. ind., cerc., cant. jud. et subd. de Médéa. Pop. ind. 632 hab.

Ouled-bel-Hoceïn ou **Ouled-ben-Hoceïn.** (Sup. des terres labourables 619 hect.) Tribu dépendant des Harrar-Chéraga. Non soumise à l'appl. du sén.-cons.

OULED-BE (RÉPERTOIRE ALPHABÉTIQUE DES TRIBUS **OULED-BE**

Rattachée à la com. ind. de Tiaret-Aflou. Cant. jud. et cerc. de Tiaret, subd. de Mascara. Pop. ind. 401 hab.

Ouled-Belkacem ou **Ouled-Belkassem.** Fract. des Mahatlah, tribu. Com. ind., cerc. et cant. jud. de Souk-Ahras, subd. de Bône. Pop. ind. 590 hab.

Ouled-Belkassem. Fract. du Dahra d'Alger, tribu. Com. ind., cerc., cant. jud. et subd. d'Orléansville. Pop. ind. 272 hab. ; — à 42 kil. N.-O. d'Orléansville, entre le Djebel-Alior et le Djebel Haouda.

Ouled-Belkassem. Fract. des M'khalif-Lazerag, tribu. Com. ind., cerc. et cant. jud. de Laghouat, subd. de Médéa. Pop. ind. 366 hab. ; — à 20 kil. N.-O. de Laghouat.

Ouled-Bel-Kassem. V. *Ouled-Belgassem*, fract. de la tribu des Ouled-Soltan. Com. ind., cant. jud., cerc. et subd. de Batna, annexe de Barika.

Ouled-bel-Kassem. Fract. du Djebel-Baten, tribu. Com. ind., cerc. et cant. jud. de Bou-Sâada, subd. d'Aumale. Pop. ind. 169 hab.

Ouled-bel-Kassem. Fract. du Sahel-Guebli, tribu. Com. ind., cerc. et subd. de Sétif, cant. jud. d'Akbou, arr. jud. de Bougie. Pop. ind. 235 hab.

Ouled-bel-Kassem-ben-Ali. Fract. des Ouled-Rechaïch, tribu. Com. ind., cant. jud. et cerc. de Khenchela, subd. de Batna. Pop. ind. 403 hab. ; — à 50 kil. S. de Khenchela.

Ouled-bel-Kassem-ben-Yahia. Fract. des Ouled-Soltan, tribu. Com. ind., cant. jud., cerc. et subd. de Batna, annexe de Barika. Pop. recensée avec les Ouled-Messaoud, fract. de la même tribu.

Ouled-bel-Kheïr. Fract. de la tribu du Ferdjioua. Com. ind. et annexe de Fedj-Mezala, subd. de Constantine, cant. jud. de Mila. Pop. ind. 380 hab.

Ouled-bel-Kheïr. Fract. des Khobbaza, tribu. Com. ind., cerc. et cant. jud. de Miliana, subd. d'Orléansville. Pop. ind. 166 hab.

Ouled-bel-Kheïr. Fract. des Sahari-Ouled-Brahim, tribu. Com. ind., cerc., cant. jud. et subd. de Médéa. Pop. ind. 232 hab.

Ouled-bel-Khir. Fract. des Ouled-Soltan, tribu. Com. ind., cant. jud., cerc. et subd. de Batna, annexe de Barika. Pop. recensée avec les Ouled-Amich et diverses autres fract. de la même tribu, ensemble 327 hab.

Ouled-bel-Krir. Fract. des Ouled-Amara, tribu. Com. ind., cerc. et cant. jud. de Bou-Sâada, subd. d'Aumale. Pop. ind. 126 hab.

Ouled-Bellil. (Sup. 4,101 hect.) Tribu délimitée et érigée en douar-com. par décret du 21 mars 1866. V. *Ouled-Bellil*, douar n° 32 de la carte. Com. mix. de Bouïra, cant. jud., cerc. et subd. d'Aumale. Pop. du douar, 814 hab. ind. Les Ouled-Bellil font partie de l'aghalik de Bouïra.

Ouled-Bellil. Fract. du douar-com. d'El-Kantara de la tribu des Sahari. Com. ind., cerc. et cant. jud. de Biskra, subd. de Batna. Pop. ind. 812 hab. ; — à 48 kil. N.-O. de Biskra et sur la route nationale de Stora à Biskra.

Ouled-Bellites ou **Ouled-Belhites.** Fract. des Ouled-Allane-Zôkri, tribu. Com. ind., cerc., cant. jud. et subd. de Médéa. Pop. ind. 632 hab.

Ouled-Belloul. Fract. des Ouled-Reggad-Gheraba, tribu. Com. ind., cerc. et cant. jud. de Djelfa, subd. de Médéa. Pop. ind. 530 hab.

Ouled-ben-Affan. (Sup. 14,906 hect.) Tribu délimitée et érigée en douar-com. par décret du 24 juillet 1869. V. *Ouled-ben-Affan*, douar n° 150 de la carte. Com. ind. de Tiaret-Aflou, cant. jud. et cerc. de Tiaret, subd. de Mascara. Pop. 664 ind.

Ouled-ben-Aïcha. Fract. des Ouled-Soltan, tribu. Com. ind., cant. jud., cerc. et subd. de Batna, annexe de Barika. Pop. ind. recensée avec les Ouled-Sliman fract. de la même tribu, ensemble 121 hab.

Ouled-ben-Aïssa. Fract. d'Oued-Oughat, douar-com. Com. ind., cerc., cant. jud. et subd. de Médéa. Pop. ind. 258 hab. ; — à 8 kil. S.-O. de Médéa, sur la rive gauche de l'Oued-Arch, affluent rive droite du Chélif.

Ouled-ben-Ali. Fract. des Ouled-sidi-Zian, tribu. Com. ind., cerc. et cant. jud. de Bou-Sâada, subd. d'Aumale. Pop. ind. 167 hab.

Ouled-ben-Allia ou **Ouled-ben-Alia.** Tribu non soumise à l'appl. du sén.-cons. Rattachée à la com. ind. de Djelfa. Cant. jud. et cerc. de Djelfa, subd. de Médéa; — à 40 kil. N.-E. de Djelfa et au S. du lac Zahrez-Chergui. Pop. ind. 1,185 hab. Cette tribu se compose des fract. suivantes : Ouled-sidi-el-Hadj, Ouled-si-Amour, Ouled-Abd-el-Kader et Ouled-Fathma.

Ouled-ben-Ameur. Fract. des Beni-bel-Hassen, tribu.

Com. ind., cerc. et cant. jud. de Teniet-el-Had, subd. d'Orléansville. Pop. ind. 281 hab.

Ouled-ben-Amou. Fract. du Djebel-Mesâad, tribu. Com. ind., cerc. et cant. jud. de Bou-Sâada, subd. d'Aumale. Pop. ind. 144 hab.

Ouled-ben-Arouz. Fract. des Ouled-Zian, tribu. Com. ind., cerc. et cant. jud. de Laghouat, subd. de Médéa. Pop. ind. 153 hab.

Ouled-ben-Assida. Fract. de Roumana, tribu. Com. ind., cerc. et cant. jud. de Bou-Sâada, subd. d'Aumale. Pop. ind. 66 hab.

Ouled-ben-Bahla. Fract. du Djebel-Baten, tribu. Com. ind., cerc. et cant. jud. de Bou-Sâada, subd. d'Aumale. Pop. ind. 204 hab.

Ouled-ben-Châa. Tribu non soumise à l'appl. du sén.-cons. Le territoire de cette tribu se compose des fract. suivantes : Ouled-sidi-Abderrahman, Ouled-sidi-Yahia et Ouled-Zenich. Rattaché à la com. ind., au cerc. et au cant. jud. de Laghouat, subd. de Médéa. Pop. ind. 897 hab. — NOTA : Le nom de cette tribu ne figure pas dans la composition territoriale du cant. jud. de Laghouat.

Ouled-ben-Dahman. Fract. des Ouled-Bessam-Chéraga, tribu. Com. ind., cerc. et cant. jud. de Teniet-el-Had, subd. d'Orléansville. Pop. ind. 422 hab. ; — à 20 kil. S.-O. de Teniet-el-Had, à cheval sur l'Oued-Mest-el-Hadj, affluent de l'Oued-Fodda.

Ouled-ben-Dahoua. Fract. du Hodna, tribu. Com. ind., cant. jud., cerc. et subd. de Batna, annexe de Barika. Pop. recensée avec les Ouled-el-Kodra et les Ouled-sidi-Ahmed-ben-Gassem, fract. de la même tribu, 744 hab.

Ouled-ben-Djeddou. Fract. du Djebel-Baten, tribu. Com. ind., cerc. et cant. jud. de Bou-Sâada, subd. d'Aumale. Pop. ind. 159 hab.

Ouled-ben-Djeddou. Fract. des Ouled-oum-el-Akhoua, tribu. Com. ind., cerc. et cant. jud. de Djelfa, subd. de Médéa. Pop. ind. 185 hab.

Ouled-Bendou. Fract. des Ahl-el-Oued, tribu. Com. ind., cerc. et cant. jud. de Miliana. subd. d'Orléansville. Pop. ind. 223 hab.

Ouled-ben-el-Akredar et Sâad-ben-Adjila. Fract. des Ouled-Mohamed-el-M'barek, tribu. Com. ind., cerc. et cant. jud. de Bou-Sâada, subd. d'Aumale. Pop. ind. des deux fract. 80 hab.

Ouled-ben-Emeldjet. V. *Ouled-ben-T'meldjet*, fract. des Ouled-Soltan, tribu. Com. ind., cerc., cant. jud. et subd. de Batna, annexe de Barika.

Ouled-ben-Feredj. Fract. des Beni-Maïda, tribu. Com. ind., cerc. et cant. jud. de Teniet-el-Had, subd. d'Orléansville. Pop. ind. 198 hab.

Ouled-ben-Hocein. V. *Ouled-bel-Hocein*, tribu des Harrar-Chéraga. Com. ind. de Tiaret-Aflou, cant. jud. et cerc. de Tiaret, subd. de Mascara.

Ouled-ben-Khellfa. Fract. des Beni-Maïda, tribu. Com. ind., cerc. et cant. jud. de Teniet-el-Had, subd. d'Orléansville. Pop. ind. 263 hab. ; — à 19 kil. S. de Teniet-el-Had.

Ouled-ben-Khelifa et Ouled-Ali. Petites fract. des Sidi-Khaled de la tribu des Ouled-Djellal. Com. ind., cant. jud. et cerc. de Biskra, subd. de Batna. Pop. ind. des deux fract. 648 hab.

Ouled-ben-Otsman. Fract. des Ouled-Krenata, tribu. Com. ind., cerc. et cant. jud. de Djelfa, subd. de Médéa. Pop. ind. 199 hab.

Ouled-ben-Saad. V. *Ouled-Ahmed-ben-Saad*, tribu. Com. ind. et cerc. de Boghar, cant. jud. de Boghari, subd. de Médéa.

Ouled-ben-Sabor. V. *Ouled-Ali-ben-Sabor*, tribu. Com. ind., cant. jud., cerc. et subd. de Batna, annexe de Barika.

Ouled-ben-T'meldjet. Fract. des Ouled-Soltan, tribu. Com. ind., cant. jud., cerc. et subd. de Batna, annexe de Barika. Pop. recensée avec les Ouled-Messaoud et diverses autres fract. de la même tribu, 1,255 hab. ind.

Ouled-ben-Tsameur. Fract. des Ouled-sidi-Zian, tribu. Com. ind., cerc. et cant. jud. de Bou-Sâada, subd. d'Aumale. Pop. ind. 122 hab.

Ouled-ben-Yagoub. Fract. des Ouled-Ammar, tribu. Com. ind., cerc. et cant. jud. de Teniet-el-Had, subd. d'Orléansville. Pop. ind. 124 hab. ; — à 46 kil. S.-O. de Teniet-el-Had, sur la rive droite de l'Oued-Riou.

Ouled-ben-Yahia. Fract. des Abaziz, tribu. Com. ind., cerc. et cant. jud. de Djelfa, subd. de Médéa. Pop. ind. 676 hab.

Ouled-ben-Youssef. V. *Ouled-si-Ahmed-ben-Youssef*, tribu. Com. ind., cant. jud., cerc. et subd. de Médéa.

OULED-BE-BO   (RÉPERTOIRE ALPHABÉTIQUE DES TRIBUS   **OULED-BO**

Ouled-ben-Zian. Fract. des Ouled-Amara, tribu. Com. ind., cerc. et cant. jud. de Bou-Sâada, subd. d'Aumale. Pop. ind. 77 hab.

Ouled-Berkan. Tribu dépendant des Beni-Tighrin. Non soumise à l'appl. du sén.-cons. Rattachée à la com. mix. et au cerc. d'Ammi-Moussa, Cant. jud. d'Inkermann, subd. d'Oran ; — à 54 kil. S.-E. d'Inkermann. Pop. ind. 1,125 hab.

Ouled-Beschich ou **Ouled-Beschïech.** V. *Ouled-Allane-Béchich*, tribu. Com. ind., cant. jud., cerc. et subd. de Médéa.

Ouled-Bessa. Fract. des Tacheta, tribu. Com. ind., cerc. et subd. d'Orléansville, cant. jud. de Cherchel. Pop. ind. 490 hab.

Ouled-Bessam-Chéraga ou **Ouled-Bessem-Chéraga.** (Sup. 3,507 hect. env.) Tribu non soumise à l'appl. du sén.-cons. Rattachée à la com. ind. de Teniet-el-Had. Cant. jud. et cerc. de Teniet-el-Had, subd. d'Orléansville ; — à 28 kil. S.-O. de Teniet-el-Had et au N. de la route stratégique de ce centre à Tiaret. Pop. ind. 1,480 hab. Cette tribu se compose des fract. suivantes : Haoubed ou Aouabed, Beni-Djerten, Ouled-bou-Zid, Serahna, Ouled-ben-Dahman et Ouled-sidi-Abderrahman.

Ouled-Bessam-Gheraba ou **Ouled-Bessem-Gheraba.** (Sup. 4,785 hect. env.) Tribu non soumise à l'appl. du sén.-cons. Rattachée à la com. ind. de Teniet-el-Had. Cant. jud. et cerc. de Teniet-el-Had, subd. d'Orléansville ; — à 40 kil. S.-O. de Teniet-el-Had et sur la limite O. du dép. d'Alger. Pop. ind. 1,706 hab. Cette tribu se compose des fract. suivantes : Ouled-Amour, Ouled-si-Lahsen, Ouled-sidi-Rabah, Ouled-Abd-Allah et Mehal.

Ouled-Bézin. Fract. des Ouled-Kraled, tribu. Com. ind., cerc. et cant. jud. de Bou-Sâada, subd. d'Aumale. Pop. ind. 201 hab.

Ouled-Bohour. Fract. des Zab-Chergui, tribu. Com. ind., cant. jud. et cerc. de Biskra, subd. de Batna. Pop. ind. 615 hab., y compris les Ouled-Farès-ben-Rabah, fract. de la même tribu.

Ouled-bou-Abd-Allah. Tribu non soumise à l'appl. du sén.-cons. Rattachée à la com. ind. de Djelfa. Cant. jud. et cerc. de Djelfa, subd. de Médéa ; — à 26 kil. N.-E. de Djelfa et sur le chemin de ce dernier centre à Bou-Sâada. Pop. ind. 2,336 hab. Cette tribu se compose des fract. suivantes : Ouled-el-Aggoun, Ouled-si-Ahmed, Ouled-Misra, Ouled-bou-Chareb, Ouled-Djeribia et Ouled-Denidina.

Ouled-bou-Abdallah. Fract. du Bou-Thaleb, tribu. Com. ind., cerc., cant. jud. et subd. de Sétif. Pop. ind. 858 hab. ; — à 40 kil. S. de Sétif.

Ouled-bou-Achera. Fract. d'Oued-Oughat, douar-com. Com. ind., cerc., cant. jud. et subd. de Médéa. Pop. ind. 246 hab. ; — à 19 kil. S. de Médéa, sur la rive gauche de l'Oued-Attchan, affluent rive droite du Chélif.

Ouled-bou-Addi. Petite fract. d'El-Bekakia de la tribu des Cherfat-el-Hamel. Com. ind., cerc. et cant. jud. de Bou-Sâada, subd. d'Aumale. Pop. ind. 153 hab.

Ouled-bou-Adjina. Fract. des Ouled-Ali-ben-Sabor, tribu. Com. ind., cant. jud., cerc. et subd. de Batna, annexe de Barika. Pop. ind. 611 hab.

Ouled-bou-Afia. Fract. de la tribu et du kaïdat des Cedratas. Com. ind. et cerc. d'Aïn-Beïda, subd. de Constantine. Pop. ind. 619 hab. ; — à 28 kil. S.-O. de Souk-Ahras, à 40 kil. S.-E. de Guelma et à 40 kil. N.-E. d'Aïn-Beïda. — NOTA : Les Ouled-bou-Afia ne figurent pas dans la composition territoriale des cant. jud. de Guelma, de Souk-Ahras et d'Aïn-Beïda.

Ouled-bou-Afia ou **Ouled-bou-Afla.** Fract. des Ouled-Soltan, tribu. Com. ind., cant. jud., cerc. et subd. de Batna, annexe de Barika. Pop. recensée avec les Ouled-Abd-Allah-ben-Aouf, fract. de la même tribu.

Ouled-bou-Afif. Tribu dépendant des Harrar-Chéraga. Non soumise à l'appl. du sén.-cons. Rattachée à la com. ind. de Tiaret-Aflou. Annexe d'Aflou, cant. jud. de Tiaret, subd. de Mascara. Pop. ind. 264 hab. ; — à 50 kil. S.-E. de Tiaret et sur l'Oued-bou-Radja, affluent du Chélif.

Ouled-bou-Ali. (Sup. 11,004 hect.) Tribu délimitée et érigée en douar-com. par décret du 15 mai 1869. V. *Ouled-bou-Ali*, douar nº 155 de la carte. Com. mix. et cant. jud. de Relizane, arr. de Mostaganem.

Ouled-bou-Ali. Fract. des Beni-Mansour, tribu. Com. ind., cant. jud. et subd. d'Aumale, annexe des Beni-Mansour. Pop. ind. 435 hab. ; — à 60 kil. N.-E. d'Aumale, à 4 kil. S. du Bordj des Beni-Mansour et sur la rive droite de l'Oued-Sahel.

OULED-BO (ET DES FRACTIONS DE TRIBUS) **OULED-BO**

Ouled-bou-Ali. Fract. du douar-com. de Zaatit. Com. mix. de Ben-Chicao, cant. jud. de Médéa, arr. d'Alger. Pop. ind. 287 hab. ; — à 14 kil. N.-E. de Médéa et sur le versant N.-O. du Djebel-Semghoun.

Ouled-bou-Alia. V. *Ouled-bou-Afia*, fract. des Ouled-Soltan, tribu. Com. ind., cerc., cant. jud. et subd. de Batna, annexe de Barika.

Ouled-bou-Allègue. Fract. des Ouled-Messaoud, tribu. Com. ind., cerc. et cant. jud. de La Calle, subd. de Bône. Pop. ind. 833 hab.

Ouled-bou-Allouf ou **Ouled-bou-Hallouf.** Fract. de l'Oued-Bousselah, kaïdat et tribu. Com. ind. et annexe de Fedj-Mezala, subd. de Constantine, cant. jud. de Mila, Pop. ind. 576 hab.; — à 38 kil. S.-O. de Mila et sur l'Oued-el-Bab, affluent de l'Oued-bou-S'lah.

Ouled-bou-Aoun. (Sup. 100,561 hect.) Tribu délimitée et érigée en 9 douars-com. par décret du 14 décembre 1867. V. les douars-com. *Boughzel*, n° 225 ; *Ouled-Mohamed-ben-Ferroudj*, n° 226 ; *Zana*, n° 227 ; *Ouled-Mehenna*, n° 228 ; *Cheddi*, n° 229 ; *El-Ksar*, n° 230 ; *Oued-el-Ma*, n° 231 ; *Oued-Mérouana*, n° 232 et *Ouled-Fathma*, n° 233 de la carte des douars. Com. ind., cant. jud., cerc. et subd. de Batna. Pop. ind. 5,075 hab.

Ouled-bou-Arif. (Sup. 5,030 hect.) Tribu délimitée et érigée en douar-com. par décret du 29 juin 1870. V. *Ouled-bou-Arif*, douar n° 154 de la carte. Com. ind., cant. jud., cerc. et subd. d'Aumale. Pop. ind. 965 hab. Les Ouled-bou-Arif dépendent de l'aghalik du Dirah-Supérieur.

Ouled-bou-Asli. Fract. de la tribu du Zouagha. Com. ind. et annexe de Fedj-Mezala, subd. de Constantine, cant. jud. de Mila. Pop. ind. 819 hab.

Ouled-bou-Aziz. (Sup. 10,547 hect.) Tribu délimitée et érigée en douar-com. par décret du 21 mars 1870. V. *Oued-Dardara*, douar n° 329 de la carte. Com. mix. et arr. de Bône, cant. jud. de Mondovi.

Ouled-bou-Azoun. Ancien azel et ancienne fract. de la tribu de Mila. V. le décret de répartition des terres azels des zones de Mila, de Smendou, d'Oued-Koton, de Serraouïa et de Chettaba, 14 avril 1866, *B. O.*, p. 178 et suivantes. — Les Ouled-bou-Azoun sont actuellement rattachés à la com. mix. de Mila. Cant. jud. de Mila, arr. de Constantine ; — à 12 kil. S.-O. de Mila.

Ouled-bou-Beker. V. *Ouled-Teben* et *Ouled-bou-Beker*, fract. de la tribu et du kaïdat d'El-Aouana. Com. ind., cerc. et cant. jud. de Djidjelli, subd. de Constantine.

Ouled-bou-Cedra. Fract. des Chiebna, tribu. Com. ind., cerc. et cant. jud. de La Calle, subd. de Bône, Pop. ind. 256 hab.

Ouled-bou-Chareb. Fract. des Ouled-bou-Abd-Allah, tribu. Com. ind., cerc. et cant. jud. de Djelfa, subd. de Médéa. Pop. ind. 421 hab.

Ouled-bou-Den. Fract. des Ouled-Abd-el-Kader, tribu. Com. ind., cerc. et cant. jud. de Djelfa, subd. de Médéa. Pop. ind. 547 hab.

Ouled-bou-Dina. Fract. des Ouled-sidi-Zian, tribu. Com. ind., cerc. et cant. jud. de Bou-Sâada, subd. d'Aumale. Pop. ind. 198 hab.

Ouled-bou-el-Faradi. Fract. du Djebel-Baten, tribu. Com. ind., cerc. et cant. jud. de Bou-Sâada, subd. d'Aumale. Pop. ind. 117 hab.

Ouled-bou-Ghenane ou **Ouled-bou-Rennane.** (Sup. des terres labourables 2,142 hect.) Tribu dépendant des Harrar-Chéraga. Non soumise à l'appl. du sén.-cons. Rattachée à la com. ind. de Tiaret-Aflou. Cant. jud. et cerc. de Tiaret, subd. de Mascara ; — à 20 kil. S.-E. de Tiaret et sur la limite du département. — Pop. ind. 1,261 hab.

Ouled-bou-Gorn. Fract. des Ouled-Kraled, tribu. Com. ind., cerc. et cant. jud. de Bou-Sâada, subd. d'Aumale. Pop. ind. 192 hab.

Ouled-Bougoussa. Fract. de la tribu et du kaïdat des Allaouna. Com. ind., cerc. et cant. jud. de Tebessa, subd. de Constantine. Pop. ind. 686 hab.

Ouled-bou-Hadi. Fract. d'Oued-Oughat, douar. Com. ind., cerc., cant. jud. et subd. de Médéa. Pop. ind. 303 hab. ; — à 18 kil. S.-O. de Médéa.

Ouled-bou-Hadidja. Fract. des Zab-Chergui, tribu. Com. ind., cant. jud. et cerc. de Biskra ; subd. de Batna. Pop. ind. 853 hab. ; — à 78 kil. S.-E. de Biskra, sur la rive gauche de l'Oued-Chettin, affluent du Chott-Farfaria.

Ouled-bou-Halia. Fract. d'Hannacha, tribu et douar. Com. ind., cerc., cant. jud. et subd. de Médéa. Pop. ind. 255 hab.

Ouled-bou-Harkat. Fract. des Ouled-Soltan, tribu. Com. ind., cant. jud., cerc. et subd. de Batna, annexe de Barika. Pop. recensée avec les Ouled-Djebalah et les Ouled-Ali-ben-Mohamed, fract. de la même tribu, 373 hab.

OULED-BO

Ouled-bou-Harratz. Fract. des Babor, tribu. Com. ind., annexe et cant. jud. de Takitount, subd. de Sétif, arr. jud. de Bougie. Pop. ind. 712 hab.; — à 8 kil. E. de Takitount et sur la rive droite de l'Oued-Berd, affluent de l'Oued-Aghrioun.

Ouled-bou-Herri ou **Ouled-bou-Hezzi.** Fract. des Beni-bou-Yacoub, tribu et douar. Com. mix. de Ben-Chicao, cant. jud. de Médéa, arr. d'Alger. Pop. ind. 201 hab.

Ouled-bou-Houa. Fract. des Beni-bou-Khannous, tribu. Com. ind., cerc., cant. jud. et subd. d'Orléansville. Pop. ind. 565 hab.

Ouled-bou-Ikni. (Sup. 4,032 hect.) Tribu délimitée et érigée en douar-com. par décret du 28 juillet 1866. V. *Ouled-bou-Ikni*, douar n° 5 de la carte. Com. mix. et cerc. d'Amni-Moussa, cant. jud. d'Inkermann, subd. d'Oran. Pop. ind. 1,281 hab.

Ouled-bou-Kahl. Fract. des Ouled-Aïffa, tribu. Com. ind., cerc. et cant. jud. de Djelfa, subd. de Médéa. Pop. ind. 217 hab.

Ouled-bou-Kalfa. V. *Ouled-bou-Khalfa*, fract. des Ouled-Soltan, tribu. Com. ind., cant. jud., cerc. et subd. de Batna, annexe de Barika. Pop. ind. 817 hab., y compris diverses autres fract. des Ouled-Soltan.

Ouled-bou-Kamel. (Sup. 11,291 hect.) Tribu délimitée et érigée en un douar-com. et 2 fract. par décret du 20 novembre 1867, *B. O.* (année 1868), p. 291. V. le douar *Ouled-bou-Kamel*, n° 40 de la carte (sup. 6,954 hect.) rattaché à la com. pl. ex. de Pont du Chélif et les fract. *Amarna* et *Djedaoua* (4,336 hect.) rattachées aux com. pl. ex. de Mostaganem, Pélissier et Aïn-Tédelès. Cant. jud. et arr. de Mostaganem.

Ouled-bou-Khalat. Fract. des Ouled-oum-el-Akhoua, tribu. Com. ind., cerc. et cant. jud. de Djelfa, subd. de Médéa. Pop. ind. 242 hab.

Ouled-bou-Khalfa. Fract. des Ouled-Soltan, tribu. Com. ind., cant. jud., cerc. et subd. de Batna, annexe de Barika. Pop. recensée avec les Ouled-oum-Saâd et diverses autres fract. de la même tribu, 817 hab. ind.

Ouled-bou-Lefâa. Fract. des Ouled-Ameur-Guebala, tribu. Com. ind., cerc. et cant. jud. de Bou-Sâada, subd. d'Aumale. Pop. ind. 167 hab.

Ouled-bou-Nab ou **Ouled-All-bou-Nab.** Ancienne fract. de la tribu des Hachem. V. *Hachem*, tribu. Com. mix. et cant. jud. de Bordj-bou-Arréridj, arr. de Sétif.

Ouled-bou-Nehar. Fract. des Beni-Lent, tribu. Com. ind., cerc. et cant. jud. de Teniet-el-Had, subd. d'Orléansville. Pop. ind. 223 hab.; — à 11 kil. S.-O. de Teniet-el-Had, sur la rive gauche de l'Oued-Nahr.

Ouled-Bourafa. Fract. des Zab-Chergui, tribu. Com. ind., cant. jud. et cerc. de Biskra, subd. de Batna. Pop. ind. 693 hab., y compris les Ouled-Yahia-Sebahba, fract. de la même tribu.

Ouled-bou-Regba. Fract. des Ouled-el-Ghouïni, tribu. Com. ind., cerc. et cant. jud. de Djelfa, subd. de Médéa. Pop. ind. 523 hab.

Ouled-bou-Rennane. V. *Ouled-bou-Ghenane*, tribu dépendant des Harrar-Chéraga. Com. ind. de Tiaret-Aflou, cant. jud. et cerc. de Tiaret, subd. de Mascara.

Ouled-bou-Riah. (Sup. 13,450 hect.) Tribu délimitée et érigée en douar-com. par décret du 8 avril 1868. V. *Ouled-bou-Riah*, douar n° 9 de la carte. Com. mix. et cerc. d'Amni-Moussa, cant. jud. d'Inkermann, subd. d'Oran. Pop. ind. 2,523 hab.

Ouled-bou-Saïd. Fract. du douar-com. M'cil de la tribu des Ouled-Sellem. Com. ind., cant. jud., cerc. et subd. de Batna. Pop. comprise dans les 1,215 ind. du douar M'cil.

Ouled-bou-Salah. V. *Oued-bou-Salah* ou *Oued-Bousselah*, tribu. Com. ind. et annexe de Fedj-Mezala, cant. jud. de Mila, subd. de Constantine.

Ouled-bou-S'lama. Fract. de Bou-Thaleb, tribu. Com. ind., cerc., cant. jud. et subd. de Sétif. Pop. ind. 215 hab.

Ouled-bou-Sliman. (Sup. 9,357 hect., env.) Tribu non soumise à l'appl. du sén.-cons. Rattachée à la com. ind. d'Orléansville. Cant. jud., cerc. et subd. d'Orléansville; — à 36 kil. S. de cette ville et sur la rive droite de l'Oued-Ardjem et sur la limite du dép. Pop. ind. 2,602 hab. Cette tribu se compose des fract. suivantes: El-Ardjem, El-Mekbaldia, El-Djeblia et Sendjès ou Sindjès.

Ouled-bou-Souar. Fract. des Douï-Hasseni, tribu. Com. ind., cerc. et cant. jud. de Teniet-el-Had, subd. d'Orléansville. Pop. ind. 192 hab.; — à 24 kil. S.-E. de Teniet-el-Had entre l'Oued-Mehril et l'Oued-Issa, affluents du Nahr-Ouassel.

Ouled-bou-Souar et Ouled-Mahmed. Fract. du kaïdat et de la tribu des Beni-Afer et Djimla. Com. ind., cerc. et cant. jud. de Djidjelli, subd. de Constantine, arr. jud. de Bougie Pop. ind. des 2 fract. 666 hab.

Ouled-bou-Nouga. Fract. des Ouled-Kraled, tribu. Com. ind., cerc. et cant. jud. de Bou-Sâada, subd. d'Aumale. Pop. ind. 106 hab.

Ouled-bou-Yahia. Petite fract. des Ouled-Maafa de la tribu du Djebel-Chêchar. Com. ind., cant. jud. et cerc. de Biskra, subd. de Batna. Pop. ind. 736 hab.

Ouled-Douzid. Fract. des Aziz, tribu. Com. ind., cerc. et cant. jud. de Teniet-el-Had, subd. d'Orléansville. Pop. ind. 270 hab.; — à 40 kil. E. de Teniet-el-Had, sur le versant N. du Tafrent.

Ouled-Douzid. Fract. du Dahra, tribu. Com. ind., cerc., cant. jud. et subd. d'Orléansville. Pop. ind. 228 hab.; — à 52 kil. N.-O. d'Orléansville, sur la limite du dép. d'Oran et sur la rive droite de l'Oued-Oukhetal.

Ouled-bou-Zid. Fract. des Ouled-Bessam-Cheraga, tribu. Com. ind., cerc. et cant. jud. de Teniet-el-Had, subd. d'Orléansville. Pop. ind. 157 hab.; — à 25 kil. S.-O. de Teniet-el-Had et sur la rive droite de l'Oued-el-Abiod, affluent de l'Oued-Fodda.

Ouled-bou-Ziri. (Sup. 12,325 hect. env.) Tribu dépendant des Sedama. Non soumise à l'appl. du sén.-cons. Rattachée à la com. mix. de Frendah-Mascara. Cant. jud. de Tiaret, cerc. et subd. de Mascara; — à 38 kil. N.-O. de cette ville entre l'Oued-Mina et l'Oued-el-That. Pop. ind. 1,852 hab.

Ouled-bou-Ziza. Fract. des Ouled-Soltan, tribu. Com. ind., cant. jud., cerc. et subd. de Batna, annexe de Barika. Pop recensée avec les Ouled-Saïd-ben-Mohamed et les Ouled-el-Ouïfi, fract. de la même tribu, ensemble 354 hab.

Ouled-Brahim. (Sup. 12,161 hect.) Tribu délimitée et érigée en un douar-com. par décret du 1er mai 1867. V. le douar *El-Bethem*, n° 31 de la carte. Com. pl. ex. de Bir-Rabalou, cant. jud. d'Aumale, arr. d'Alger.

Ouled-Brahim. Fract. des Beni-Maïda, tribu. Com. ind., cerc. et cant. jud. de Teniet-el-Had, subd. d'Orléansville. Pop. ind. 147 hab.

Ouled-Brahim. Fract. du kaïdat et de la tribu des Brarcha. Com. ind., cerc. et cant. jud. de Tebessa, subd. de Constantine. Pop. ind. 529 hab.

Ouled-Brahim. Fract. des M'chedallah, tribu. Com. ind., cerc., cant. jud. et subd. d'Aumale, annexe de Beni-Mansour. Pop. ind. 669 hab.; — à 56 kil. N.-E. d'Aumale, à 8 kil. N.-O. du Bordj des Beni-Mansour et à 4 kil. de la rive gauche du Sahel.

Ouled-Brahim. V. *Ouled-Sidi-Brahim-bou-Beker*, fract. dépendant de la tribu des Ben-Daoud. Com. ind., cant. jud. et cerc. de Bordj-bou-Arréridj, subd. de Sétif.

Ouled-Brahim. V. *Ouled-Sidi-Brahim*, tribu. Com. ind., cant. jud. et cerc. de Bou-Sâada, subd. d'Aumale.

Ouled-Brahim. V. *Ouled-Sidi-Brahim*, tribu et douar. Com. mix., cant. jud. et arr. de Mostaganem.

Ouled-Brahim. V. *Ouled-Sidi-Brahim*, tribu. Com. ind. de Tiaret-Aflou, cant. jud. et cerc. de Tiaret, subd. de Mascara.

Ouled-Brahim. V. *Sahari-Ouled-Brahim*, tribu. Com. ind., cant. jud., cerc. et subd. de Médéa.

Ouled-Brahim-ben-Nedjaa. Fract. du Hodna, tribu. Com. ind., cant. jud., cerc. et subd. de Batna, annexe de Barika. Pop. recensée avec les Ouled-Ariba et diverses autres fract. de la même tribu, 2,159 ind.

Ouled-Brahim et Douï-Hassen. (Sup. 56,394 hect.) Tribus délimitées et divisées en 2 douars-com. par décret du 29 mai 1869. V. les douars *Aïoun-el-Béranis*, n° 138 et *Tircine*, n° 139 de la carte des douars. Com. ind., cant. jud. et cerc. de Saïda, subd. de Mascara. Pop. ind. 1,975 hab.

Ouled-Brahim-el-Amarna. (Sup. 44,428 hect.) Tribu délimitée et divisée en 3 douars-com. et une fract. par décret du 9 mars 1867. V. les douars *Tirenat*, n° 101; *Sidi-Yacoub*, n° 100 et *Messer*, n° 99 de la carte. Rattachés tous les 3 à la com. mix. de Bou-Kanéfis. Cant. jud. et arr. de Sidi-bel-Abbès. La fract. dite d'Amarna fait partie du territoire de la com. pl. ex. de Sidi-bel-Abbès.

Ouled-Brick. Fract. du kaïdat et de la tribu des Ouled-si-Yahia. Com. ind., cerc. et cant. jud. de Tebessa, subd. de Constantine. Pop. ind. 685 hab.

Ouled-Châa. Fract. des Maamra, tribu. Com. ind., cerc. et cant. jud. de Laghouat, subd. de Médéa. Pop. ind. 106 hab.; — à 35 kil. S. de Laghouat.

Ouled-Chaabna. Fract. des Ouled-Soltan, tribu. Com. ind., cant. jud., cerc. et subd. de Batna, annexe de Barika. Pop. recensée avec les Ouled-Oum-Saâd et diverses autres fract. de la même tribu, 354 ind.

Ouled-Chaffa. (Sup. 3,262 hect.) tribu délimitée et érigée en douar-com. par décret du 29 septembre 1867. V. *Ouled-Chaffa*, douar, n° 45 de la carte. Com. mix., cant. jud. et arr. de Mostaganem.

Ouled-Chaïb. V. *Ouled-Ameur, Ouled-Chaïb,* fract. des Arab-Chéraga, tribu. Com. ind., cant. jud. et cerc. de Biskra, subd. de Batna. Pop. ind. des 2 fract. 748 hab.

Ouled-Chaïb. Fract. V. *Ouled-Mahmed, Ouled-Soltan, Ouled-Chaib,* fract. des Arab-Gheraba, tribu. Com. ind., cant. jud. et cerc. de Biskra, subd. de Batna. Pop. ind. des 3 fract. 357 hab.

Ouled-Chaïr. V. *Oued-Chaïr* ou *Oued-Ech-Chaïr,* tribu et aghalik. Com. ind., cant. jud. et cerc. de Bou-Sâada, subd. d'Aumale.

Ouled-Chamokh ou **Oued-Chamokh.** Fract. du kaïdat et de la tribu des Allaouna. Com. ind., cerc. et cant. jud. de Tebessa, subd. de Constantine. Pop. ind. 621 hab.

Ouled-Chana. Fract. des Ouled-Kraled, tribu. Com. ind., cerc. et cant. jud. de Bou-Sâada, subd. d'Aumale. Pop. ind. 122 hab.

Ouled-Charef. Fract. des Ouled-Sidi-Zian, tribu. Com. ind., cerc. et cant. jud. de Bou-Sâada, subd. d'Aumale. Pop. ind. 109 hab.

Ouled-Cheïkh. (Sup. 8,500 hect. env.) Tribu non soumise à l'appl. du sén.-cons. Rattachée à la com. ind. de Miliana. Cant. jud. et cerc. de Miliana, subd. d'Orléansville; — à 30 kil. S.-O. de Miliana et à cheval sur l'Oued-Rouïna, affluent du Chélif. Pop. ind. 1,055 hab. Cette tribu se compose des fract. suivantes : El-Aouaïs, Medjahdia, Haouassenia et Oued-Sidi-Kaddour.

Ouled-Cheïkh et **Ouled-Beïda.** Fract. des Ouled-Oumhani, tribu. Com. ind., cerc. et cant. jud. de Djelfa, subd. de Médéa. Pop. ind. des 2 fract. 412 hab.

Ouled-Chelih. (Sup. 22,247 hect.) Tribu délimitée et constituée en douar-com. par décret du 27 mars 1867. V. *Ouled-Chelih,* douar, n° 116 de la carte. Com. ind., cant. jud., cerc. et subd. de Batna. Pop. ind. 1,692 hab. Les Ouled-Chelih font partie du kaïdat de Batna.

Ouled-Cheskeur. Fract. du Bou-Thaleb, tribu. Com. ind., cerc., cant. jud. et subd. de Sétif. Pop. ind. 250 hab.; — à 50 kil. S. de Sétif.

Ouled-Chekor. Fract. du kaïdat et de la tribu des Bracha. Com. ind., cerc. et cant. jud. de Tebessa, subd. de Constantine. Pop. ind. 505 hab.

Ouled-Chemna. Fract. du kaïdat et de la tribu des Bracha. Com. ind., cerc. et cant. jud. de Tebessa, subd. de Constantine. Pop. ind. 361 hab.

Ouled-Chenata. (Orthographe d'après la délimitation du cant. jud. de Djelfa.) V. *Ouled-Khenata,* tribu. Com. ind., cant. jud. et cerc. de Djelfa, subd. de Médéa.

Ouled-Chenaf. Fract. des Ouled-Allane-Bechich, tribu. Com. ind., cerc., cant. jud. et subd. de Médéa. Pop. ind. 224 hab.

Ouled-Cheraba. Fract. des Ouled-Aïffa, tribu. Com. ind., cerc. et cant. jud. de Djelfa, subd. de Médéa. Pop. ind. 179 hab.

Ouled-Chéraga ou **Oued-Chéraga.** V. *Arb-el-Oued-Chéraga,* fract. du kaïdat et de la tribu du Ferdjioua. Com. ind. et annexe de Fedj-Mezala, subd. de Constantine, cant. jud. de Mila. Pop. ind. 607 hab.; — à 40 kil. O. de Mila.

Ouled-Cherf. Fract. de l'Oued-Bousselah, kaïdat et tribu. Com. ind. et annexe de Fedj-Mezala, subd. de Constantine, cant. jud. de Mila. Pop. ind. 1,272 hab.

Ouled-Chérif. Fract. des Ouled-si-Ahmed, tribu. Com. ind., cerc. et cant. jud. de Djelfa, subd. de Médéa. Pop. ind. 579 hab.

Ouled-Chérifa. Fract. du Hodna, tribu. Com. ind., cant. jud., cerc. et subd. de Batna, annexe de Barika. Pop. ind. 431 hab.

Ouled-Chérif-Chéraga. (Sup. 24,819 hect.) Tribu délimitée et érigée en douar-com. par décret du 2 mars 1867. V. *Torrich,* douar, n° 93 de la carte. Com. ind. de Tiaret-Aflou, cant. jud. et cerc. de Tiaret, subd. de Mascara. Pop. ind. 2,140 hab.

Ouled-Chérif-Gheraba. (Sup. 25,674 hect.) Tribu délimitée et érigée en douar-com. par décret du 27 octobre 1866. V. *Guertoufa,* douar, n° 94 de la carte. Com. ind. de Tiaret-Aflou, cant. jud. et cerc. de Tiaret, subd. de Mascara. Pop. ind. 1,838 hab.

Ouled-Chérik. Fract. des Ouled-si-Ahmed, tribu. Com. ind., cerc. et cant. jud. de Djelfa, subd. de Médéa. Pop. ind. 398 hab.

Ouled-Cheybout. Fract. des Ouled-Abd-el-Kader, tribu. Com. ind., cerc. et cant. jud. de Djelfa, subd. de Médéa. Pop. ind. 496 hab.

Ouled-Chitloul. Petite fract. des Ouled-Rahma de la tribu des Ouled-Zékri. Com. ind., cant. jud. et cerc. de Biskra, subd. de Batna. Pop. ind. 506 hab.

Ouled-Chouck ou **Oued-Chouck**. Fract. du Sahël-Guebli, tribu. Com. ind., cerc. et subd. de Sétif, cant. jud. d'Akbou, arr. jud. de Bougie. Pop. ind. 194 hab.; — à 60 kil. E. d'Akbou, sur la rive gauche de l'Oued-Reksara, affluent de l'Oued-Aghrioun.

Ouled-Dâan. Fract. dépendant de la tribu de Ben-Daoud. Com. ind., cant. jud. et cerc. de Bordj-bou-Arréridj, subd. de Sétif; — à 60 kil. O. de Bordj-bou-Arréridj et confinant au dép. d'Alger. Pop. ind. 1,404 hab.

Ouled-Dâane ou **Ouled-Dahane**. Fract. du Nador, tribu et kaïdat. Com. ind. et cerc. de Souk-Ahras, cant. jud. de Guelma, subd. de Bône. Pop. ind. 2,993 hab.; — à 32 kil. O. de Souk-Ahras et à 20 kil. S.-E. de Guelma.

Ouled-Daoud. (Sup. 20,400 hect. env.) Tribu non soumise à l'appl. du sén.-cons. Rattachée à la com. ind. de Batna. Cant. jud., cerc. et subd. de Batna; — à 40 kil. S.-E. de cette ville et sur la rive gauche de l'Oued-Abdi. Pop. ind. 6,144 hab. La tribu des Ouled-Daoud se compose des fract. suivantes: El-Lhalla, Ouled-Ouzza, Ouled-Aïcha, Ez-Zahahfa, Ouled-Takheribet et El-Haddada.

Ouled-Daoud. Fract. dépendant du kaïdat et de la tribu de Bled-Guerfa. Com. ind. et cerc. d'Aïn-Beïda, subd. de Constantine, cant. jud. de Guelma, arr. jud. de Bône; — à 38 kil. S. de Guelma et sur la rive droite de l'Oued-Cherf, affluent de la Seybouse. Pop. ind. 1,365 hab.

Ouled-Daoud. Fract. d'Haouara, tribu et douar. Com. ind., cerc., cant. jud. et subd. de Médéa. Pop. ind. 207 hab.; — à 8 kil. S. de Médéa, sur le chemin stratégique de cette ville à Laghouat et sur le versant N. du Djebel-Haouara, point géodésique, altitude 1,204 mètres.

Ouled-Daoud. Tribu dépendant des Djafra-Chéraga. Non soumise à l'appl. du sén.-cons. Rattachée à la com. ind. de Sebdou. Cerc. de Sebdou, cant. jud. et subd. de Tlemcen. Pop. ind. 738 hab.

Ouled-Daoud. Fract. du douar-com. d'El-Bitam de la tribu des Saharis. Com. ind., cerc. et cant. jud. de Biskra, subd. de Batna. Pop. ind. 405 hab.; — à 65 kil. N.-O. de Biskra et sur l'Oued-el-Bitam.

Ouled-Daoud. Petite fract. des Sidi-Khaled de la tribu des Ouled-Djellal. Com. ind., cant. jud. et cerc. de Biskra, subd. de Batna. Pop. ind. 401 hab., y compris les Ouled-Abed, fract. de la même tribu.

Ouled-Daoud. V. *Ouled-si-Daoud*, tribu. Com. ind. et cerc. de Boghar, cant. jud. de Boghari, subd. de Médéa.

Ouled-Debab. Fract. des Titteri-Souhary-Deïmat, tribus. Com. ind., cerc., cant. jud. et subd. de Médéa. Pop. ind. 128 hab.; — à 48 kil. S.-E. de Médéa.

Ouled-Debab et El-Ounta. Petites fract. des Ouled-Moulet de la tribu de l'Oued-R'ir. Com. ind., cant. jud. et cerc. de Biskra, subd. de Batna. Pop. ind. 184 hab.

Ouled-Deddouch. (Sup. 3,910 hect.) Tribu dépendant actuellement des Beni-Ouarsous, non soumise à l'appl. du sén.-cons. Rattachée à la com. mix. et au cerc. de Nemours. Cant. jud. et subd. de Tlemcen. Pop. ind. 817 hab.

Ouled-Defelten. (Sup. 14,332 hect.) Tribu délimitée et constituée en douar-com. par décret du 31 octobre 1868. V. *Ouled-Defelten*, douar n° 10 de la carte. Com. mixte et cerc. d'Ammi-Moussa, subd. d'Oran, cant. jud. d'Inkermann. Pop. ind. 1,884 hab.

Ouled-Dehemza. Fract. des Ouled-Soltan, tribu. Com. ind., cant. jud., cerc. et subd. de Batna, annexe de Barika. Pop. recensée avec les Ouled-Messaoud et diverses autres fract. de la même tribu, 1,429 hab. ind.

Ouled-Deïd. (Sup. 8,555 hect.) Tribu délimitée et érigée en douar-com. par décret du 25 mai 1870. V. *Ouled-Deïd*, douar n° 155 de la carte. Com. ind., cant. jud., cerc. et subd. de Médéa. Pop. ind. 1,706 hab. Les Ouled-Deïd sont composés des fract. suivantes: Hachalfa, Ouled-sidi-Nadji, Zakmouta et Ouled-Aziz.

Ouled-Deïd-Souhary. Fract. des Titteri-Souhary-Deïmat, tribus. Com. ind., cerc., cant. jud. et subd. de Médéa. Pop. ind. 283 hab.; — à 38 kil. S.-E. de Médéa.

Ouled-Delima. Fract. des M'khalif-Lazerag, tribu. Com. ind., cerc. et cant. jud. de Laghouat, subd. de Médéa. Pop. ind. 118 hab.

Ouled-Denidna. Fract. des Ouled-bou-Abd-Allah, tribu. Com. ind., cerc. et cant. jud. de Djelfa, subd. de Médéa. Pop. ind. 190 hab.

Ouled-Derradj. (Sup. 54,410 hect.) Tribu délimitée et divisée en 9 douars-com. par décret du 13 avril 1867. V. les douars *M'tarfas*, n° 162; *Ouled-Dehim*, n° 163; *Marabtins d'El-Djorf*, n° 164; *Hall-el-Der*, n° 165; *Coudiat-Ouitlen*, n° 166; *Selman*, n° 167; *Braktias*, n° 168; *Ouled-Ouelha*, n° 169 et *Ouled-Guesmia*, n° 170 de la carte des douars. Com. ind., cant. jud. et cerc. de Bordj-bou-Arréridj, annexe de M'sila, subd. de Sétif. — NOTA : Tous ces douars-com. dépendent actuellement de la tribu et du kaïdat du Hodna. Pop. ind. : M'tarfas et Ouled-Dehim,

OULED-DE-DJ   (RÉPERTOIRE ALPHABÉTIQUE DES TRIBUS   **OULED-DJ**

1,231 hab.; Marabtins d'El-Djorf, Hall-el-Der, Coudiat-Ouitlen et Selman recensés avec la fract. des Ouled-Adi-Dahra (du Hodna), 981 hab.; Braktias, Ouled-Ouelha et Ouled-Guesmia recensés avec la fract. des Ouled-Adi-Guebala (du Hodna), 1,599 hab.

Ouled-Derradj. (Sup. 2,721 hect.) Tribu délimitée et érigée en douar-com. par décret du 24 juillet 1869. V. *Ouled-Derradj*, douar n° 34 de la carte. Com. mix. et cant. jud. d'El-Arrouch, arr. de Philippeville.

Ouled-Derradj-Chéraga. Ancienne tribu et ancienne organisation. Cette tribu comprenait les fract. suivantes : Ouled-Sahnoun, Ouled-Abd-errahmann, Zoui, Ouled-Amor et Ouled-Nedjaa, non soumise à l'appl. du sén.-cons. Le territoire des Ouled-Derradj-Chéraga fait actuellement partie de la tribu et du kaïdat du Hodna (nouvelle organisation). Com. ind., cant. jud., cerc. et subd. de Batna, annexe de Barika.

Ouled-Dhia. (Sup. 28,340 hect.) Tribu non soumise à l'appl. du sén.-cons. Rattachée à la com. ind. de Souk-Ahras. Cant. jud. et cerc. de Souk-Ahras, subd. de Bône; — à 18 kil. N. et N.-E. de Souk-Ahras, sur l'Oued-Medjerda et sur la frontière de la Tunisie. Pop. ind. 6,716 hab. Cette tribu se compose des fract. suivantes : Ouled-Driss, Ouled-Zaïd, Ouled-Taleb, Ouled-Kaled, Ouled-Troudi, K'selna et Ouled-Béchiah.

Ouled-Dieb. (Sup. 12,491 hect.) Tribu délimitée et érigée en douar-com. par décret du 22 février 1868. V. le douar *Ouled-Dieb*, n° 100 de la carte. Com. ind., cant. jud. et cerc. de La Calle, subd. de Bône. Les Ouled-Dieb dépendent actuellement du kaïdat de l'Oued-el-Kébir.

Ouled-Dimi. Fract. d'Ouamri, tribu et douar. Com. ind., cerc., cant. jud. et subd. de Médéa. Pop. ind. 916 hab.

Ouled-Djabalah ou **Ouled-Djaballah.** Fract. des Ouled-Soltan, tribu. Com. ind., cant. jud., cerc. et subd. de Batna, annexe de Barika. Pop. recensée avec les Ouled-bou-Harkat et Ouled-Ali-ben-Mohamed, fract. de la même tribu, 373 hab.

Ouled-Djabalah Fract. des Ouled-si-Ahmed, tribu. Com. ind., cerc. et cant. jud. de Djelfa, subd. de Médéa. Pop. ind. 488 hab.

Ouled-Djaballah. Fract. des Ouled-oum-el-Akhoua, tribu. Com. ind., cerc. et cant. jud. de Djelfa, subd. de Médéa. Pop. ind. 520 hab.

Ouled-Djab-Allah. Fract. des Ouled-Sliman, tribu. Com. ind., cerc. et cant. jud. de Bou-Sâada, subd. d'Aumale. Pop. ind. 120 hab.

Ouled-Djaber. Fract. du Djebel-Mesâad, tribu. Com. ind., cerc. et cant. jud. de Bou-Sâada, subd. d'Aumale. Pop. ind. 227 hab.

Ouled-Djadja. Fract. des Beni-Yala-Chéraga, tribu. Com. ind., cerc., cant. jud. et subd. d'Aumale, annexe de Beni-Mansour. Pop. ind. 664 hab.

Ouled-Djaïch. Fract. des Ouled-Yahia-ben-Salem, tribu. Com. ind., cerc. et cant. jud. de Djelfa, subd. de Médéa. Pop. ind. 266 hab.

Ouled-Djaïdat. Fract. des Ouled-si-Ahmed, tribu. Com. ind., cerc. et cant. jud. de Djelfa, subd. de Médéa. Pop. ind. 375 hab.

Ouled-Djebarra. (Sup. 11,383 hect.) Tribu délimitée et érigée en 2 douars-com. par décret du 12 mai 1869. V. les douars *Ouled-Hamza*, n° 195 et *Ouled-Habéba*, n° 196 de la carte des douars. Com. mix. et cant. jud. d'El-Arrouch, arr. de Philippeville.

Ouled-Djeddi. Fract. des Ouled-Abd-el-Kader, tribu. Com. ind., cerc. et cant. jud. de Djelfa, subd. de Médéa. Pop. ind. 266 hab.

Ouled-Djekredel. Fract. des Ouled-Amour-Dahra, tribu. Com. ind., cerc. et cant. jud. de Bou-Sâada, subd. d'Aumale. Pop. ind. 256 hab.

Ouled-Djelel. Fract. de la tribu des Brarcha. Com. ind., cerc. et cant. jud. de Tebessa, subd. de Constantine. Pop. ind. 753 hab.; — à 30 kil. S. de Tebessa.

Ouled-Djellal. Tribu non soumise à l'appl. du sén.-cons. Rattachée à la com. ind. de Biskra. Cant. jud. et cerc. de Biskra, subd. de Batna; — à 75 kil. S.-O. de Biskra et sur l'Oued-Djedi. Pop. tot. 4,083 ind. Les Ouled-Djellal sont formés des deux grandes fract. suivantes : Sidi-Khaled comprenant les petites fract. ci-après : Ouled-ben-Khelifa, Ouled-Ali, Ouled-Daoud, Ouled-Abed. Pop. ind. 1,049 hab. et Ouled-Djellal comprenant les petites fract. de Oued-el-Hamel, Korifat et Ouled-Matoug. Pop. ind. 3,034 hab.

Ouled-Djeloud. Fract. des Ouled-Kraled, tribu. Com. ind., cerc. et cant. jud. de Bou-Sâada, subd. d'Aumale. Pop. ind. 211 hab.

Ouled-Djeneydi ou **Ouled-Djeneïdi.** Fract. des

OULED-DJ-EL (ET DES FRACTIONS DE TRIBUS) **OULED-EL**

Ouled-Yahia-ben-Salem, tribu. Com. ind., cerc. et cant. jud. de Djelfa, subd. de Médéa. Pop. ind. 269 hab.

Ouled-Djeribia. Fract. des Ouled-bou-Abd-Allah, tribu, Com. ind., cerc. et cant. jud. de Djelfa, subd. de Médéa. Pop. ind. 272 hab.

Ouled-Djoglaf. Petite fract. des Ouled-Sassi de la tribu des Ouled-Zekri. Com. ind., cant. jud. et cerc. de Biskra, subd. de Batna. Pop. ind. 513 hab., y compris les Ouled-Youïou, petite fract. de la même tribu.

Ouled-Djouta. Fract. d'Ouamri, tribu et douar. Com. ind., cerc., cant. jud. et subd. de Médéa. Pop. ind. 1,284 hab.; — à 14 kil. O. de Médéa.

Ouled-Dram. Fract. des Ouled-Abd-el-Kader, tribu. Com. ind., cerc. et cant. jud. de Djelfa, subd. de Médéa. Pop. ind. 299 hab.

Ouled-Dris. (Sup. 22,600 hect. env.) Tribu non soumise à l'appl. du sén.-cons. Rattachée à la com. ind. d'Aumale. Cant. jud., cerc. et subd. d'Aumale; — à 8 kil. S. de cette ville et à l'O. de la route d'Aumale à Bou-Sâada. Pop. ind. 2,437 hab. Les Ouled-Dris font partie de l'aghalik de Dirah-Supérieur.

Ouled-Driss. Fract. de la tribu des Bou-Azid. Com. ind., cerc. et cant. jud. de Bordj-bou-Arréridj, annexe de M'sila, subd. de Sétif. Pop. ind. des Bou-Azid et des Ouled-Driss, 924 hab.

Ouled-Driss. Fract. des Ouled-Dhia, tribu. Com. ind., cerc. et cant. jud. de Souk-Ahras, subd. de Bône. Pop. ind. 1,090 hab.

Ouled-Ech-Chaïr. V. *Oued-Chaïr*, tribu. Com. ind., cant. jud. et cerc. de Bou-Sâada, subd. d'Aumale.

Ouled-el-Abbès. (Sup. 17,018 hect.) Tribu délimitée et constituée en 3 douars-com. par décrets des 11 août 1866 et 22 juin 1867. V. les douars *El-Guerouaou*, n° 42; *Ahl-el-Gorin*, n° 43 et *Ouarizan*, n° 44 de la carte. Com. mix. de Cassaigne, cant. jud. d'Inkermann, arr. de Mostaganem.

Ouled-el-Abbès. (Sup. 17,119 hect.) Tribu délimitée et constituée en douar-com. par décret du 9 octobre 1869. V. le douar *Oued-Haddad*, n° 184 de la carte. Com. mix. et cerc. de Frendah-Mascara, cant. jud. et subd. de Mascara. Pop. ind. 1,703 hab.

Ouled-el-Abbès. (Sup. 5,000 hect.) Tribu délimitée et constituée en douar-com. par décret du 11 août 1866. V. *Ouled-el-Abbès*, douar, n° 5 de la carte. Com. mix. et cerc. d'Ammi-Moussa, cant. jud. d'Inkermann, subd. d'Oran. Pop. ind. 1,537 hab.

Ouled-el-Adjal. Fract. de Chabet-Cheurfa, tribu, ou Cherfa, douar-com. Com. mix. d'Aïn-Abessa, cant. jud. et arr. de Sétif. Pop. ind. 364 hab.; — à 22 kil. N.-E. de Sétif.

Ouled-el-Aggoun. Fract. des Ouled-bou-Abd-Allah, tribu, Com. ind., cerc. et cant. jud. de Djelfa, subd. de Médéa. Pop. ind. 569 hab.; — à 30 kil. N.-E. de Djelfa et sur le chemin de cette ville à Bou-Sâada.

Ouled-el-Aïcht. Fract. des Ouled-Yahia-ben-Salem, tribu. Com. ind., cerc. et cant. jud. de Djelfa, subd. de Médéa. Pop. ind. 319 hab.

Ouled-el-Aïssaoui. Fract. de la tribu des Allaouna. Com. ind., cerc., et cant. jud. de Tebessa, subd. de Constantine. Pop. ind. 740 hab.

Ouled-el-Akhoua. V. *Ouled-Oum-el-Akhoua*, tribu. Com. ind., cant. jud. et cerc. de Djelfa, subd. de Médéa.

Ouled-el-Alia. Fract. dépendant de la tribu des Mahdid. Com. ind., cant. jud. et cerc. de Bordj-bou-Arréridj, annexe de M'sila, subd. de Sétif. Pop. ind. 635 hab.

Ouled-el-Amra. Fract. de la tribu des Allaouna. Com. ind., cerc. et cant. jud. de Tebessa, subd. de Constantine. Pop. ind. 343 hab.

Ouled-el-Amria. Fract. du Hodna, tribu. Com. ind., cant. jud., cerc. et subd. de Batna, annexe de Barika. Pop. ind. 327 hab.

Ouled-el-Arbâa. Fract. des Ouled-Soltan, tribu. Com. ind., cant. jud., cerc. et subd. de Batna, annexe de Barika. Pop. recensée avec les Ouled-oum-Sâad et diverses autres fract. de la même tribu, ensemble 817 hab.

Ouled-el-Aria. Fract. des Ouled-el-Ghouïni, tribu. Com. ind., cerc. et cant. jud. de Djelfa, subd. de Médéa. Pop. ind. 559 hab.

Ouled-el-Azereg. V. *Ouled-Sidi-el-Azereg*, tribu. Com. mix. et annexe de Zemmorah, cant. jud. de Relizane, subd. d'Oran.

Ouled-el-Aziz. Tribu non soumise à l'appl. du sén.-cons. Rattachée partie à la com. mix. de Dra-el-Mizan, cant. jud. de Dra-el-Mizan, arr. de Tizi-Ouzou et partie à la com. ind. d'Aumale, cant. jud., cerc. et subd. d'Aumale; — à 16 kil. S.-E. de Dra-el-Mizan et 34 kil. N.-E. d'Aumale. Pop. ind. de la partie rattachée au territoire de commandement (aghalik de Bouïra), 2,498 hab.

Ouled-el-Ball. Fract. des Ouled-Mansour-ou-Madhi, tribu. Com. ind., cerc. et cant. jud. de Bordj-bou-Arréridj, annexe de M'sila, subd. de Sétif. Pop. ind. 465 hab.; — à 48 kil. S.-O. de Bordj-bou-Arréridj et à 30 kil. N.-O. de M'sila.

Ouled-el-Behar. V. *Oued-Behar*, fract. de la tribu du Tababort. Com. ind., cant. jud. et cerc. de Djidjelli, subd. de Constantine, arr. jud. de Bougie.

Ouled-el-Bekkaï. Fract. du Sahel-Guebli, tribu. Com. ind., cerc. et subd. de Sétif, cant. jud. d'Akbou, arr. jud. de Bougie. Pop. ind. 179 hab.

Ouled-el-Bekkouch. Fract. des Abaziz, tribu. Com. ind., cerc. et cant. jud. de Djelfa, subd. de Médéa. Pop. ind. 787 hab.

Ouled-el-Bessir. Fract. des Ouled-Ahmed, tribu. Com. ind., cerc. et cant. jud. de Bou-Sâada, subd. d'Aumale. Pop. ind. 236 hab.

Ouled-el-Ghouïni ou **Ouled-Ghouïni.** Tribu non soumise à l'appl. du sén.-cons. Rattachée à la com. ind. de Djelfa. Cant. jud. et cerc. de Djelfa, subd. de Médéa; — à 44 kil. N.-O. de Djelfa et au N. du lac Zahrez-Rarbi. Pop. ind. 3,395 hab. Les Ouled-Ghouïni se composent des fract. suivantes : Ouled-el-Kerby, Ouled-Abd-Ennobi, Ouled-Arbia, Ouled-Otsman, Ouled-Seddik, Ouled-bou-Regba, Ouled-Amran et Ouled-el-Aria.

Ouled-el-Hachi. Fract. du Hodna, tribu. Com. ind., cant. jud., cerc. et subd. de Batna, annexe de Barika. Pop. recensée avec les Ouled-Ariba et diverses autres fract. de la même tribu, ensemble 2,159 hab.

Ouled-el-Hadj. (Sup. 19,000 hect.) Tribu délimitée et constituée en 2 douars-com. par décret du 6 octobre 1869. V. les douars *Denaïra*, n° 237 et *Ouled-Arksib*, n° 236 de la carte. Com. ind. et cerc. d'El-Milia, annexe et cant. jud. de Collo, subd. de Constantine, arr. jud. de Philippeville.

Ouled-el-Hadj. Fract. des Beni-Ourtilan, tribu. Com. ind., cerc. et subd. de Sétif, cant. jud. d'Akbou, arr. jud. de Bougie. Pop. ind. 1,167 hab.

Ouled-el-Hadj. Fract. des Mahatlah, tribu et kaïdat. Com. ind., cerc. et cant. jud. de Souk-Ahras, subd. de Bône. Pop. ind. 571 hab.

Ouled-el-Hadj. Fract. des Ouled-Reggad-Gheraba, tribu. Com. ind., cerc. et cant. jud. de Djelfa, subd. de Médéa. Pop. ind. 376 hab.; — à 32 kil. S.-O. de Djelfa.

Ouled-el-Hadjal. V. *Ouled-el-Adjal*, fract. de la tribu de Chabet-Cheurfa ou douar Cherfa. Com. mix. d'Aïn-Abessa, cant. jud. et arr. de Sétif.

Ouled-el-Heïmar ou **Ouled-el-Haïmer.** Fract. des Ouled-Zian, tribu. Com. ind., cerc. et cant. jud. de Laghouat, subd. de Médéa. Pop. ind. 86 hab.

Ouled-el-Kaki. Fract. des Ouled-Oum-el-Akhoua, tribu. Com. ind., cerc. et cant. jud. de Djelfa, subd. de Médéa. Pop. ind. 236 hab.

Ouled-Ellal. V. *Beni-Hellal*, tribu. Com. ind. de Tiaret-Aflou, cant. jud. et cerc. de Tiaret, subd. de Mascara.

Ouled-Ellal. V. *Ouled-Hellal*, tribu. Com. ind. et cerc. de Boghar, cant. jud. de Boghari, subd. de Médéa.

Ouled-el-K'seub. V. *Oued-el-K'seub*, tribu. Com. mix. des Isser, cant. jud. de Bordj-Menaïel, arr. de Tizi-Ouzou.

Ouled-el-Krider. Fract. du Djebel-Baten, tribu. Com. ind., cerc. et cant. jud. de Bou-Sâada, subd. d'Aumale. Pop. ind. 70 hab.

Ouled-el-Kodra. Fract. du Hodna, tribu. Com. ind., cant. jud., cerc. et subd. de Batna, annexe de Barika. Pop. recensée avec celle des Ouled-ben-Dahoua et Ouled-sidi-Ahmed-ben-Gassem, fract. de la même tribu, ensemble 944 hab.

Ouled-el-Khemaïss. Fract. des Ouled-Mansour-ou-Madhi, tribu. Com. ind., cerc. et cant. jud. de Bordj-bou-Arréridj, annexe de M'sila, subd. de Sétif. Pop. ind. 146 hab.; — à 50 kil. S.-O. de Bordj-bou-Arréridj et à 15 kil. N.-O. de M'sila.

Ouled-el-Khammès. Fract. des Ouled-Soltan, tribu. Com. ind., cant. jud., cerc. et subd. de Batna, annexe de Barika. Pop. recensée avec les Ouled-sidi-Moussa et diverses autres fract. de la même tribu, ensemble 1,421 hab.

Ouled-el-Kerby. Fract. des Ouled-el-Ghouïni, tribu. Com. ind., cerc. et cant. jud. de Djelfa, subd. de Médéa. Pop. ind. 521 hab.

Ouled-el-Kélil. Fract. du Sahêl-Guebli, tribu. Com. ind., cerc. et subd. de Sétif, cant. jud. d'Akbou, arr. jud. de Bougie. Pop. ind. 1,730 hab.

Ouled-el-Kaki. Fract. des Ouled-si-Ahmed, tribu. Com. ind., cerc. et cant. jud. de Djelfa, subd. de Médéa. Pop. ind. 340 hab.

OULED-EL-EM ET DES FRACTIONS DE TRIBUS) **OULED-EM-EZ**

Ouled-el-Machi. V. *Ouled-el-Hachi*, fract. du Hodna, tribu et kaïdat. Com. ind., cerc., cant. jud. et subd. de Batna, annexe de Barika.

Ouled-el-Madassi. Fract. du Bou-Thaleb, tribu. Com. ind., cerc., cant. jud. et subd. de Sétif. Pop. ind. 602 hab.

Ouled-el-Mahsar. Fract. d'El-Haouïta, tribu et ksar. Com. ind., cerc. et cant. jud. de Laghouat, subd. de Médéa. Pop. ind. 403 hab. ; — à 35 kil. S.-O. de Laghouat.

Ouled-el-M'barek. Fract. du Djebel-Baten, tribu. Com. ind., cerc. et cant. jud. de Bou-Sâada, subd. d'Aumale. Pop. ind. 98 hab.

Ouled-el-M'rabet. Fract. de la tribu des Beni-Foughal. Com. ind., cerc. et cant. jud. de Djidjelli, subd. de Constantine, arr. jud. de Bougie. Pop. ind. 576 hab. ; — à 26 kil. S.-O. de Djidjelli et sur la rive gauche de l'Oued-Missia.

Ouled-el-Naoum. Fract. des Ouled-Sidi-Zian, tribu. Com. ind., cerc. et cant. jud. de Bou-Sâada, subd. d'Aumale. Pop. ind. 185 hab.

Ouled-el-Ouahed. V. *Ouled-Abd-el-Ouahed*, tribu. Com. mix., cant. jud. et arr. de Mascara.

Ouled-el-Ouassa. Fract. du Bou-Thaleb, tribu. Com. ind., cerc., cant. jud. et subd. de Sétif. Pop. ind. 623 hab.

Ouled-el-Ouennès. Fract. des Ouled-Soltan, tribu. Com. ind., cant. jud., cerc. et subd. de Batna, annexe de Barika. Pop. recensée avec les Ouled-Amich et diverses autres fract. de la même tribu, ensemble 327 hab.

Ouled-el-Oufi. Fract. des Ouled-Soltan, tribu. Com. ind., cant. jud., cerc. et subd. de Batna, annexe de Barika. Pop. recensée avec les Ouled-Saïd-ben-Mohamed et les Ouled-bou-Ziza, fract. de la même tribu, ensemble 354 hab.

Ouled-el-Rebia. Fract. des Ouled-Ahmed, tribu. Com. ind., cerc. et cant. jud. de Bou-Sâada, subd. d'Aumale. Pop. ind. 200 hab.

Ouled-el-Reguig. Fract. des Ouled-Ahmed, tribu. Com. ind., cerc. et cant. jud. de Bou-Sâada, subd. d'Aumale. Pop. ind. 256 hab.

Ouled-Embarek. Fract. du douar-com. d'El-Rhabat de la tribu des Ouled-Sellem. Com. ind., cant. jud., cerc. et subd. de Batna. Pop. comprise dans les 1,656 ind. du douar-com. d'El-Rhabat.

Ouled-Embarek. Fract. des Ouled-Soltan, tribu. Com. ind., cant. jud., cerc. et subd. de Batna, annexe de Barika. Pop. recensée avec les Ouled-Messaoud et diverses autres fract. de la même tribu, ensemble 1,429 hab.

Ouled-Embarek ou **Ouled-M'barek**. Fract. du Hodna, tribu. Com. ind., cant. jud., cerc. et subd. de Batna, annexe de Barika. Pop. recensée avec les Selalha, Tsaaleb, Dramna et El-Ayadhat, fract. de la même tribu, 701 hab.

Ouled-Embarek. Tribu dépendant des Hamyan-Djembâa. Non soumise à l'appl. du sén.-cons. Rattachée à la com. mix. et au cerc. de Sebdou. Cant. jud. et subd. de Tlemcen. Pop. recensée avec les Hamyan-Djembâa.

Ouled-Embarka. Fract. des Ouled-Reggad-Chéraga, tribu. Com. ind., cerc. et cant. jud. de Djelfa, subd. de Médéa. Pop. ind. 485 hab.

Ouled-Embarka et **Ouled-Mira**. (Sup. 8,195 hect.) Tribus délimitées et constituées en douar-com. par décrets des 3 août 1867 et 30 septembre 1868. V. *Ouled-Djelida*, douar, n° 72 de la carte. Com. ind., cant. jud. et cerc. de Miliana, subd. d'Orléansville.

Ouled-en-Nasser ou **Ouled-ou-Nasser**. Tribu dépendant des Adjalet. Non soumise à l'appl. du sén.-cons. Rattachée à la com. ind. de Tiaret-Aflou. Cant. jud. et cerc. de Tiaret, subd. de Mascara. Pop. ind. 307 hab.

Ouled-en-Nehar. (Sup. 50,830 hect. env.) Tribu non soumise à l'appl. du sén.-cons. Rattachée à la com. mix. et au cerc. de Sebdou. Cant. jud. et subd. de Tlemcen ; — à 34 kil. S.-O. de Tlemcen et confinant au Maroc. Pop. ind. 2,616 hab. Le territoire des Ouled-en-Nehar est actuellement divisé en 2 tribus (décision du 8 novembre 1877) : Ouled-en-Nehar-Gheraba et Ouled-en-Nehar-Chéraga.

Ouled-Enser. Fract. des Beni-Oudjana, tribu. Com. ind., cant. jud. et cerc. de Khenchela, subd. de Batna. Pop. ind. 276 hab. ; — à 38 kil. O. de Khenchela.

Ouled-Erhab. V. *Oued-Erhab*, fract. des Ouled-Fedhala de la tribu des Achèche. Com. ind., cant. jud., cerc. et subd. de Batna. Pop. ind. 223 hab.

Ouled-Ez-Zahaf. Fract. des Ouled-Sidi-Zian, tribu. Com. ind., cerc. et cant. jud. de Bou-Sâada, subd. d'Aumale. Pop. ind. 146 hab.

Ouled-Fadhala. V. *Ouled-Fedhala*, grande fract. de la tribu des Achèche. Com. ind., cant. jud., cerc. et subd. de Batna.

Ouled-Fadhel. Fract. des Achèche, tribu. Com. ind., cant. jud., cerc. et subd. de Batna. Pop. ind. 954 hab.

Ouled-Fadhel. Fract. du Sahel-Guebli, tribu. Com. ind., cerc. et subd. de Sétif, cant. jud. d'Akbou, arr. jud. de Bougie. Pop. ind. 236 hab. ; — à 66 kil. E. d'Akbou; à 25 kil. N.-O. de Sétif et sur la rive droite du Chabet-Talentasit, affluent de l'Oued-Aghrioun.

Ouled-Faïd ou **Ouled-Faïr** ou **Ouled-Feït.** Fract. des Douï-Hasseni, tribu. Com. ind., cerc. et cant. jud. de Teniet-el-Had, subd. d'Orléansville. Pop. ind. 174 hab. ; — à 22 kil. S. de Teniet-el-Had, sur le versant S.-E. du Kef-ben-Naouari, point géodésique, altitude 1,093 mètres.

Ouled-Fakroun. V. *Ouled-Fekroun*, fract. des Ouled-Amcur-Guebala, tribu. Com. ind., cerc. et cant. jud. de Bou-Sâada, subd. d'Aumale.

Ouled-Farès. (Sup. 5,476 hect.) Tribu délimitée et constituée en douar-com. par décret du 17 octobre 1867. V. le douar *Bechtout*, n° 96 de la carte. Com. ind. de Tiaret-Aflou, cant. jud. de Tiaret, subd. de Mascara. Pop. ind. 525 hab.

Ouled-Farès. (Sup. 17,944 hect.) Tribu délimitée et constituée en douar-com. par décret du 13 mars 1867. V. *Ouled-Farès*, douar, n° 83 de la carte. Com. mixte de Malakoff, cant. jud. et arr. d'Orléansville.

Ouled-Farès. Tribu dépendant des Hamyan-Djembâa. Non soumise à l'appl. du sén.-cons. Rattachée à la com. mix. et au cerc. de Sebdou. Cant. jud. et subd. de Tlemcen. Pop. recensée avec les Hamyan-Djembâa.

Ouled-Farès-ben-Rabah. Fract. des Zab-Chergui, tribu. Com. ind., cant. jud. et cerc. de Biskra, subd. de Batna. Pop. ind. 615 hab., y compris les Ouled-Bohour, fract. de la même tribu ; — à 68 kil. S.-E. de Biskra et N. du chott Farfaria.

Ouled-Fathma. Fract. de Haraouat, tribu. Com. ind., cerc., cant. jud. de Miliana, subd. d'Orléansville. Pop. ind. 208 hab. ; — à 25 kil. S.-O. de Miliana.

Ouled-Fathma. Fract. des Ouled-Krenata, tribu. Com. ind., cerc. et cant. jud. de Djelfa, subd. de Médéa. Pop. ind. 343 hab.

Ouled-Fathma. Fract. des Ouled-ben-Allia, tribu. Com. ind., cerc. et cant. jud. de Djelfa, subd. de Médéa. Pop. ind. 130 hab.

Ouled-Fedhala. Grande fract. de la tribu des Achèche. Non soumise à l'appl. du sén.-cons. Rattachée à la com. ind. de Batna. Cant. jud., cerc. et subd. de Batna; — à 40 kil. S.-O. de Batna et à 50 kil. N.-E. de Biskra. Pop. ind. 1,458 hab. Les Ouled-Fedhala se composent des petites fract. suivantes : El-Atsamna, Oued-Erhab et Oued-Hamid.

Ouled-Feït. V. *Ouled-Faïd*, fract. de la tribu de Douï-Hasseni. Com. ind., cant. jud. et cerc. de Teniet-el-Had, subd. d'Orléansville.

Ouled-Fekroun. Fract. des Ouled-Amcur-Guebala, tribu. Com. ind., cerc. et cant. jud. de Bou-Sâada, subd. d'Aumale. Pop. ind. 168 hab.

Ouled-Feradj. Fract. dépendant de la tribu des Mahdid. Com. ind., cant. jud. et cerc. de Bordj-bou-Arréridj, annexe de M'sila, subd. de Sétif. Pop. ind. 752 hab.

Ouled-Feradj. Tribu et kaïdat. Territoire non soumis à l'appl. du sén.-cons. Rattaché à la com. ind. de Bou-Sâada. Cant. jud. et cerc. de Bou-Sâada, subd. d'Aumale; — à 24 kil. S.-O. de Bou-Sâada et sur le chemin stratégique de ce centre à Djelfa. Pop. ind. 5,939 hab. Les Ouled-Feradj se composent des 2 tribus suivantes: Chorfat-el-Hamel et Djebel-Baten.

Ouled-Feredj ou **Ouled-Ferredj.** V. *Ouled-Feradj*, tribu. Com. ind., cant. jud. et cerc. de Bou-Sâada, subd. d'Aumale. Et *Ouled-Feradj*, fract. des Ouled-Mahdid, tribu. Com. ind., cant. jud. et cerc. de Bordj-bou-Arréridj, annexe de M'sila, subd. de Sétif.

Ouled-Ferha. (Sup. 7,390 hect.) Tribu délimitée et constituée en douar-com. par décret du 1er avril 1868. V. *Ouled-Ferha*, douar n° 35 de la carte. Com. ind., cant. jud., cerc. et subd. d'Aumale.

Ouled-Flah. Fract. de l'Oued-Bousselah, tribu. Com. ind. et annexe de Fedj-Mezala, subd. de Constantine, cant. jud. de Mila. Pop. ind. 732 hab. ; — à 38 kil. S.-O. de Mila et sur le versant N. du Djebel-Chendou.

Ouled-Fodhel. V. *Ouled-Fadhel*, fract. de la tribu du Sahel-Guebli. Com. ind., cerc. et subd. de Sétif, cant. jud. d'Akbou, arr. jud. de Bougie.

Ouled-Freda. Fract. du douar-com. de M'cil de la tribu des Ouled-Sellem. Com. ind., cant. jud., cerc. et subd. de Batna. Pop. comprise dans les 1,215 hab. ind. du douar M'cil.

Ouled-Gamra. Fract. des Ouled-Soltan, tribu. Com. ind., cant. jud., cerc. et subd. de Batna, annexe de Barika. Pop. recensée avec les Ouled-Messaoud, fract. de la même tribu.

Ouled-Gana. Fract. de Zekaska, tribu. Com. ind., cerc. et cant. jud. de Laghouat, subd. de Médéa. Pop. ind. 125 hab.

Ouled-Gassem ou **Ouled-Kassem.** Fract. de Chiebna, tribu. Com. ind., cerc. et cant. jud. de La Calle, subd. de Bône. Pop. ind. 692 hab.

Ouled-Gassem ou **Ouled-Kassem.** Fract. des Ouled-Salah, tribu. Com. ind., cerc. et cant. jud. de Laghouat, subd. de Médéa. Pop. ind. 95 hab.

Ouled-Ghaba ou **Ouled-R'haba.** V. *Arb-el-Oued-Ghaba*, fract. de la tribu du Ferdjioua. Com. ind. et annexe de Fedj-Mezala, subd. de Constantine, cant. jud. de Mila. Pop. ind. 599 hab.

Ouled-Ghalia ou **Ouled-Rhalia.** (Sup. 4,600 hect. env.) Tribu non soumise à l'appl. du sén.-cons. Rattachée à la com. ind. d'Orléansville. Cant. jud., cerc. et subd. d'Orléansville; — à 42 kil. S.-E. de cette ville, entre le Djebel-Ouarsenis et le Djebel-Zaccor et sur la rive gauche de l'Oued-Fodda, affluent du Chélif. Pop. ind. 960 hab. Les Ouled-Ghalia se composent des fract. suivantes : Ouled-Naceur, El-Khenancha et El-Gueragta.

Ouled-Ghedir. V. *Ouled-Redir*, fract. des Ouled-Amour-Dahra, tribu. Com. ind., cerc. et cant. jud. de Bou-Sâada, subd. d'Aumale. Pop. ind. 195 hab.

Ouled-Ghedir. V. *Ouled-Sahel, Ouled-Redir*, fract. des Arab-Ghéraba, tribu. Com. ind., cant. jud. et cerc. de Biskra, subd. de Batna. Pop. ind. des 2 fract. 601 hab.

Ouled-Ghelem ou **Ouled-R'helem.** Fract. des Ouled-Zian, tribu. Com. ind., cerc. et cant. jud. de Laghouat, subd. de Médéa. Pop. ind. 46 hab.

Ouled-Ghenaïm ou **Ouled-Renaïm.** Fract. du Hodna, tribu. Com. ind., cerc. et cant. jud. de Bordj-bou-Arréridj, annexe de M'sila, subd. de Sétif. Pop. ind. 1,051 hab.; — à 60 kil. S. de Bordj-bou-Arréridj et à 18 kil. S.-E. de M'sila.

Ouled-Ghennatsa. V. *Ouled-Krenatsa*, fract. des Ouled-Amour-Dahra, tribu. Com. ind., cerc. et cant. jud. de Bou-Sâada, subd. d'Aumale. Pop. ind. 129 hab.

Ouled-Ghouïni ou **Ouled-el-Ghouïni.** Tribu non soumise à l'appl. du sén.-cons. Rattachée à la com. ind. de Djelfa. Cant. jud. et cerc. de Djelfa, subd. de Médéa; — à 44 kil. N.-O. de Djelfa et au N. du lac Zahrez-Rarbi. Pop. ind. 3,395 hab. Les Ouled-Ghouïni se composent des fract. suivantes : Ouled-el-Kerby, Ouled-Abd-ennebi, Ouled-Arbia, Ouled-Otsman, Ouled-Seddik, Ouled-bou-Regba, Ouled-Amran et Ouled-el-Aria.

Ouled-Ghouïni-ben-Salem. Fract. des Ouled-Krenata, tribu. Com. ind., cerc. et cant. jud. de Djelfa, subd. de Médéa. Pop. ind. 463 hab.

Ouled-Gouïssem. Fract. des Ouled-oum-el-Akhoua, tribu. Com. ind., cerc. et cant. jud. de Djelfa, subd. de Médéa. Pop. ind. 245 hab.

Ouled-Guérin et Ouled-Hani. Petites fract. des Ouled-Harkat de la tribu des Ouled-Zekri. Com. ind., cant. jud. et cerc. de Biskra, subd. de Batna. Pop. ind. 957 hab.

Ouled-Guerouna. Fract. des Ouled-Amara, tribu. Com. ind., cerc. et cant. jud. de Bou-Sâada, subd. d'Aumale. Pop. ind. 220 hab.

Ouled-Guesmia. Fract. des Ouled-Aïfa, tribu. Com. ind., cerc. et cant. jud. de Djelfa, subd. de Médéa. Pop. ind. 412 hab.

Ouled-Haddad. Fract. du douar-com. de M'cil de la tribu des Ouled-Sellem. Com. ind., cant. jud., cerc. et subd. de Batna. Pop. comprise dans les 1,215 hab. ind. du douar M'cil.

Ouled-Haddou. V. *Ouled-Addou*, tribu. Com. mix. et cerc. de Lalla-Maghrnia, cant. jud. et subd. de Tlemcen.

Ouled-Haddou ou **Ouled-Haddous.** Tribu dépendant du Harrar-Chéraga. Non soumise à l'appl. du sén.-cons. Rattachée à la com. ind. de Tiaret-Aflou. Cerc. et cant. jud. de Tiaret, subd. de Mascara. Pop. ind. 562 hab.

Ouled-Hadidan. Fract. des Soama, tribu. Com. ind., cant. jud. et cerc. de Bordj-bou-Arréridj, annexe de M'sila, subd. de Sétif. Pop. ind. 317 hab.

Ouled-Hadjez. Fract. du Bou-Thaleb, tribu. Com. ind., cerc., cant. jud. et subd. de Sétif. Pop. ind. 1,192 hab.

Ouled-Haïa. V. *Ouled-bel-Haïa*, tribu. Com. mix. et annexe de Zemmorah, subd. d'Oran, cant. jud. de Relizane.

Ouled-Hamed ou **Ouled-Ahmed.** Petite fract. des

OULED-HA

Ouled-Moulet de la tribu de l'Oued-R'ir. Com. ind., cant. jud. et cerc. de Biskra, subd. de Batna. Pop. ind. 165 hab.

Ouled-Hamid. V. *Oued-Hamid*, petite fract. des Ouled-Fedhala de la tribu des Achèche. Com. ind., cant. jud., cerc. et subd. de Batna. Pop. ind. 277 hab.

Ouled-Hamida ou **Ouled-Amida**. Fract. des Matmata, tribu. Com. ind., cerc. et cant. jud. de Miliana, subd. d'Orléansville. Pop. ind. 221 hab.

Ouled-Hamida. Fract. des Ouled-Kraled, tribu. Com. ind., cerc. et cant. jud. de Bou-Sâada, subd. d'Aumale. Pop. ind. 82 hab.

Ouled-Hamida. Petites fract. des Ouled-Rabah de la tribu des Ouled-Zekri. Com. ind., cant. jud. et cerc. de Biskra, subd. de Batna. Pop. ind. 1,005 hab.

Ouled-Hamidech. Cheïkat indépendant. Ce cheïkat est formé du douar-com. des Ouled-Hamidech. Com. ind. et cerc. d'El-Milia, annexe et cant. jud. de Collo, subd. de Constantine, arr. jud. de Philippeville. Pop. ind. du cheïkat ou du douar-com. 330 hab.

Ouled-Hamidech. (Sup. 2,366 hect.) Tribu délimitée et constituée en douar-com. par décret du 29 juin 1867. V. *Ouled-Hamidech*, douar n° 77 de la carte. Com. ind. et cerc. d'El-Milia, annexe de Collo, subd. de Constantine, cant. jud. de Collo, arr. jud. de Philippeville.

Ouled-Hamid-Fouaga. Fract. des Rebaïa, tribu. Com. ind., cerc., cant. jud. et subd. de Médéa. Pop. ind. 289 hab.

Ouled-Hamid-Tahata. Fract. des Rebaïa, tribu. Com. ind., cerc., cant. jud. et subd. de Médéa. Pop. ind. 336 hab.

Ouled-Hamma. Fract. des Ouled-Ali-ben-Sabor, tribu. Com. ind., cant. jud., cerc. et subd. de Batna, annexe de Barika. Pop. ind. 475 hab. ; — à 63 kil. O. de Batna.

Ouled-Hammou. (Sup. 4,955 hect. env.) Tribu dépendant de l'aghalik des Ouled-Riah. Non soumise à l'appl. du sén.-cons. Rattachée à la com. mix. et au cerc. de Lalla-Maghrnia. Cant. jud. et subd. de Tlemcen ; — à 9 kil. O. de cette ville. Pop. ind. 662 hab.

Ouled-Hamouda. Fract. des Hannacha, tribu et douar. Com. ind., cerc., cant. jud. et subd. de Médéa. Pop. ind. 376 hab.

Ouled-Hamouna. Fract. des Ouled-Soltan, tribu. Com. ind., cant. jud., cerc. et subd. de Batna, annexe de Barika. Pop. recensée avec les Ouled-Oum-Sâad et diverses autres fract. de la même tribu, ensemble 817 hab.

Ouled-Hamza. Fract. des Ouled-Ali-ben-Sabor, tribu. Com. ind., cant. jud., cerc. et subd. de Batna, annexe de Barika. Pop. ind. 306 hab.

Ouled-Hamza. (Sup. 6,031 hect.) Tribu délimitée et érigée en douar-com. par décret du 10 mars 1869. V. *Ouled-Hamza*, douar, n° 114 de la carte. Com. pl. ex. de Boghar et de Boghari, cant. jud. de Boghari, arr. d'Alger.

Ouled-Hamza. V. *Ouled-si-Hamza*, tribu. Com. ind. de Tiaret-Aflou, cant. jud. et cerc. de Tiaret, subd. de Mascara.

Ouled-Hanech ou **Ouled-Hanich** ou **Ouled-Hannech.** Tribu non soumise à l'appl. du sén.-cons. Rattachée à la com. ind. de Bordj-bou-Arréridj. Cant. jud. et cerc. de Bordj-bou-Arréridj, annexe de M'sila, subd. de Sétif ; — à 34 kil. S.-E. de Bordj-bou-Arréridj ; à 40 kil. N.-E. de M'sila et sur le versant S.-E. du Djebel Maadhid. Pop. ind. 613 hab. Les Ouled-Hanech se composent des fract. suivantes : Kherzet-Ouled-Abd-Allah et Kherzet-Ouled-M'hammed.

Ouled-Hani. V. *Ouled-Guérin* et *Ouled-Hani*, petites fract. des Ouled-Harkat de la tribu des Ouled-Zékri. Com. ind., cant. jud. et cerc. de Biskra, subd. de Batna. Pop. ind. des 2 fract. 957 hab.

Ouled-Haouli. Petite fract. des Ouled-Sassi de la tribu des Ouled-Zékri. Com. ind., cant. jud. et cerc. de Biskra, subd. de Batna. Pop. ind. 448 hab., y compris les Ouled-Mahla, fract. de la même tribu.

Ouled-Harkat. Grande fract. de la tribu des Ouled-Zékri. Non soumise à l'appl. du sén.-cons. Rattachée à la com. ind. de Biskra. Cant. jud. et cerc. de Biskra, subd. de Batna. Pop. ind. 1,740 hab. Les Ouled-Harkat se composent des petites fract. suivantes : Ouled-Guérin, Ouled-Hani et Ouled-Touati.

Ouled-Harrat. Fract. de la tribu des Allaouna. Com. ind., cerc. et cant. jud. de Tebessa, subd. de Constantine. Pop. ind. 408 hab.

Ouled-Harrid. (Sup. 4,677 hect.) Tribu délimitée et constituée en douar-com. par décret du 10 août 1868. V. *Ouled-Harrid*, douar n° 95 de la carte. Com. mix., cant. jud. et arr. de Guelma.

Ouled-Harrid-el-Sebeta. V. *Ouled-Arid et S'beta*, tribu, Com. ind., cant. jud. et cerc. de La Calle, subd. de Bône.

Ouled-Hebich. Fract. des Ouled-Reggad-Gheraba, tribu, Com. ind., cerc. et cant. jud. de Djelfa, subd. de Médéa. Pop. ind. 124 hab.

Ouled-Hédim. Fract. de la tribu des Abid, ou douar-com. d'Oued-Seghouan. Com. ind., cerc., cant. jud. et subd. de Médéa. Pop. ind. 214 hab. ; — à 30 kil. S.-E. de Médéa, sur le versant S. du Djebel-Rethal, point géodésique.

Ouled-Hellal. (Sup. 20,850 hect. env.) Tribu non soumise à l'appl. du sén.-cons. Rattachée à la com. ind. et au cerc. de Boghar. Cant. jud. de Boghari, subd. de Médéa ; — à 20 kil. N.-O. de Boghari. Pop. ind. 1,630 hab.

Ouled-Hellal. V. *Beni-Hellal*, tribu. Com. ind. de Tiaret-Aflou, cant. jud. et cerc. de Tiaret, subd. de Mascara.

Ouled-Hoceïn. V. *Ouled-bel-Hoceïn*, tribu. Com. ind. de Tiaret-Aflou, cant. jud. et cerc. de Tiaret, subd. de Mascara.

Ouled-Ismeur. (Sup. 6,000 hect.) Tribu délimitée et constituée en douar-com. par décret du 14 octobre 1867. V. *Ouled-Ismeur*, douar, n° 2 de la carte. Com. mix. et cerc. d'Ammi-Moussa, subd. d'Oran, cant. jud. d'Inkermann. Pop. ind. 1,582 hab.

Ouled-Izza. Fract. du Djebel-Baten, tribu. Com. ind., cerc. et cant. jud. de Bou-Sâada, subd. d'Aumale. Pop. ind. 86 hab.

Ouled-Kaled ou **Ouled-Khaled.** Fract. des Ouled-Dhia, tribu. Com. ind., cerc. et cant. jud. de Souk-Ahras, subd. de Bône. Pop. ind. 565 hab. ; — à 18 kil. N.-E. de Souk-Ahras et à cheval sur l'Oued-Medjerda.

Ouled-Karoubi ou **Ouled-Kharroubi.** (Sup. des terres labourables 780 hect.) Tribu dépendant des Harrar-Chéraga. Non soumise à l'appl. du sén.-cons. Rattachée à la com. ind. de Tiaret-Aflou. Cant. jud. et cerc. de Tiaret, subd. de Mascara. Pop. ind. 1,780 hab.

Ouled-Kassem. V. *Ouled-Gassem*, fract. de Chiebna, tribu. Com. ind., cerc. et cant. jud. de La Calle, subd. de Bône. Pop. ind. 692 hab.

Ouled-Kassem. V. *Lebabda-Ouled-Rabah* et *Ouled-Kassem*, fract. des Ouled-Allane-Zékri, tribu. Com. ind., cerc., cant. jud. et subd. de Médéa.

Ouled-Kassem. Fract. des Beni-bou-Sliman, tribu. Com. ind., cant. jud. et cerc. de Biskra, subd. de Batna. Pop. ind. 790 hab., y compris les Arch-Djerallah, Ouled-Sliman-ben-Hamza et les Ouled-Abd-er-Rezeg, fract. de la même tribu.

Ouled-Kebbeb ou **Ouled-Khebbeb** ou **Ouled-Kebbab.** Tribu et kaïdat. Territoire non soumis à l'appl. du sén.-cons. Rattaché à la com. ind. et à l'annexe de Fedj-Mezala. Subd. de Constantine, cant. jud. de Mila ; — à 20 kil. S.-O. de Mila. Pop. ind. 9,200 hab. Les Ouled-Kebbeb se composent des fract. suivantes : Ghemérian, Beni-Ghecha ou Beni-Guecha, Rouached et Tiberguent, Ouled-Kebbeb et Argoub-Riahi.

Ouled-Kebbeb. Fract. de la tribu et du kaïdat du même nom. Com. ind. et annexe de Fedj-Mezala, subd. de Constantine, cant. jud. de Mila. Pop. ind. 4,654 hab. ; — à 20 kil. S.-O. de Mila.

Ouled-Kebeb ou **Ouled-Kebbeb.** Fract. du Guergour, tribu. Com. ind., cerc. et subd. de Sétif, cant. jud. d'Akbou, arr. jud. de Bougie. Pop. ind. 124 hab. ; — à 57 kil. S.-E. d'Akbou.

Ouled-Keliss. Petite fract. des F'taït et Abablia de la tribu de l'Oued-R'ir. Com. ind., cant. jud. et cerc. de Biskra, subd. de Batna. Pop. ind. 112 hab.

Ouled-Kemedja. Fract. du Bou-Thaleb, tribu. Com. ind., cerc., cant. jud. et subd. de Sétif. Pop. ind. 154 hab.

Ouled-Kerd-el-Oued. Fract. des Ouled-Reggad-Gheraba, tribu. Com. ind., cerc. et cant. jud. de Djelfa, subd. de Médéa. Pop. ind. 216 hab.

Ouled-Kerfal. Fract. du Djebel-Baten, tribu. Com. ind., cerc. et cant. jud. de Bou-Sâada, subd. d'Aumale. Pop. ind. 96 hab.

Ouled-Khached. (Orthographe d'après la délimitation du cant. jud. de Relizane.) V. *Ouled-Rached*, tribu. Com. mix. et annexe de Zemmorah, subd. d'Oran, cant. jud. de Relizane.

Ouled-Khaled ou **Ouled-Kaled.** Fract. des Ouled-Dhia, tribu. Com. ind., cant. jud. et cerc. de Souk-Ahras, subd. de Bône. Pop. ind. 565 hab. ; — à 18 kil. N.-E. de Souk-Ahras et à cheval sur l'Oued-Medjerda.

Ouled-Khaled. Fract. des Souamas ou Soama, tribu. Com. ind., cerc. et cant. jud. de Bordj-bou-Arréridj, annexe de M'sila, subd. de Sétif. Pop. ind. 103 hab.

Ouled-Khaled. V. *Ouled-Kraled,* fract. de Roumana, tribu. Com. ind., cerc. et cant. jud. de Bou-Sâada, subd. d'Aumale.

Ouled-Khaled. V. *Ouled-Sidi-Khaled,* tribu. Com. ind. de Tiaret-Aflou, cerc. et cant. jud. de Tiaret, subd. de Mascara.

Ouled-Khaled. V. *Ouled-Kraled,* tribu dépendant de l'aghalik de l'Oued-Chaïr. Com. ind., cant. jud. et cerc. de Bou-Sâada, subd. d'Aumale.

Ouled-Khaled-Chéraga. (Sup. 27,046 hect.) Tribu délimitée et constituée en 2 douars-com. par décret du 10 juillet 1867. V. les douars *Aïn-Sultan,* n° 82 et *Tiffrit,* n° 83 de la carte. Com. ind., cant. jud. et cerc. de Saïda, subd. de Mascara. Pop. ind. des 2 douars 2,057 hab.

Ouled-Khaled-Gheraba. (Sup. 26,543 hect.) Tribu délimitée et constituée en 2 douars-com. par décret du 27 mars 1867. V. les douars *Nezreg,* n° 86 et *Oum-el-Debab,* n° 87 de la carte. Le 1er rattaché à la com. mix. de Saïda et le 2° à la com. ind. de Saïda. Cerc. et cant. jud. de Saïda, subd. de Mascara. Pop. ind. des 2 douars 1,555 hab.

Ouled-Khalfa. (Sup. 20,372 hect.) Tribu délimitée et constituée en 2 douars-com. par décret du 18 janvier 1868. *B. O.,* page 559. V. *Sidi-bou-Adda,* n° 27 et *Sidi-Ali-bou-Amoud,* n° 28 de la carte. Com. mix. et cant. jud. d'Aïn-Temouchent, arr. d'Oran.

Ouled-Khalif ou **Ouled-Krelif.** Tribu non soumise à l'appl. du sén.-cons. Cant. jud. de Tlemcen et subd. de Tlemcen. Pop. comprise dans les 2,405 ind. des Hamyan-Chafa. — NOTA : Le nom de cette tribu ne figure pas dans la composition territoriale de la com. mix. de Sebdou.

Ouled-Khalifa. V. *Ouled-sidi-Khalifa,* tribu. Com. mix. et cerc. de Daya, subd. de Tlemcen, cant. jud. de Sidi-bel-Abbès, arr. jud. d'Oran.

Ouled-Khalifa ou **Ouled-Khelifa.** V. *Ouled-sidi-Khalifa,* tribu. Com. ind., cant. jud. et cerc. de Saïda, subd. de Mascara.

Ouled-Kharroubi. V. *Ouled-Karoubi,* tribu. Com. ind. de Tiaret-Aflou, cant. jud. et cerc. de Tiaret, subd. de Mascara.

Ouled-Khebabza. Fract. des Tacheta, tribu. Com. ind., cerc. et subd. d'Orléansville, cant. jud. de Cherchel. Pop. ind. 622 hab.

Ouled-Khebbeb ou **Ouled-Kebbeb** ou **Ouled-Kebbab.** Tribu et kaïdat. Territoire non soumis à l'appl. du sén.-cons. Rattaché à la com. ind. et à l'annexe de Fedj-Mezala. Subd. de Constantine, cant. jud. de Mila ; à 20 kil. S.-O. de Mila. Pop. ind. 9,200 hab. Les Ouled-Khebbeb se composent des fract. suivantes : Ghomérian, Beni-Ghecha ou Beni-Guecha, Rouached et Tibergnent, Ouled-Kebbeb et Argoub-Riahi.

Ouled-Khebbeb ou **Ouled-Kebbeb.** Fract. de la tribu et du kaïdat des Ouled-Khebbeb. Com. ind. et annexe de Fedj-Mezala, subd. de Constantine, cant. jud. de Mila. Pop. ind. 4,654 hab.

Ouled-Khelas. Fract. de la tribu des Beni-Iddeur. Com. ind., cant. jud. et cerc. de Djidjelli, subd. de Constantine. Pop. ind. 709 hab. ; — à 26 kil. S.-E. de Djidjelli, sur la rive gauche de l'Oued-Guerdjana, affluent de l'Oued-el-Kébir.

Ouled-Khélif. Fract. du kaïdat et de la tribu des Zougha. Com. ind. et annexe de Fedj-Mezala, subd. de Constantine, cant. jud. de Mila. Pop. ind. 668 hab.

Ouled-Khelifa. Fract. des Beni-Ouazan, tribu. Com. ind., cerc., cant. jud. et subd. d'Orléansville. Pop. ind. 580 hab.

Ouled-Khelifa. Fract. des Maamra, tribu. Com. ind., cerc. et cant. jud. de Laghouat, subd. de Médéa. Pop. ind. 93 hab.

Ouled-Khelifat et Ouled-sidi-Khelif. Fract. des Ouled-Allane-Zékri, tribu. Com. ind., cerc., cant. jud. et subd. de Médéa. Pop. ind. des 2 fract. 188 hab.

Ouled-Khelifat. Fract. du Ksar-el-Hiran, tribu et ksar. Com. ind., cerc. et cant. jud. de Laghouat, subd. de Médéa. Pop. ind. 175 hab. ; — à 25 kil. E. de Laghouat et sur la rive droite de l'Oued-Djedi.

Ouled-Khélif-Dahra. Fract. de la tribu des Braracha. Com. ind., cerc. et cant. jud. de Tebessa, subd. de Constantine. Pop. ind. 517 hab.

Ouled-Khélif-Guebala. Fract. de la tribu des Braracha. Com. ind., cerc. et cant. jud. de Tebessa, subd. de Batna. Pop. ind. 490 hab.

Ouled-Khelouf. Ancienne tribu. (Sup. 18,735 hect. env.) Non érigée en douar-com. Cette tribu a été divisée en deux parties appelées : Ouled-Khelouf-Souahlia et Ouled-Khelouf-Djebailia. Rattachées à la com. mix. de

OULED-KH ET DES FRACTIONS DE TRIBUS) **OULED-KH-LA**

Cassaigne. Cant. jud. de Cassaigne, arr. de Mostaganem. Pop. tot. 3,659 hab., savoir : 3 français, 1 étranger, 3,655 ind. ; — à 4 kil. N.-E. de Cassaigne.

Ouled-Khelouf-Djebaïlia et Ouled-Khelouf-Souahlia. Fract. de l'ancienne tribu des Ouled-Khelouf. Com. mix. et cant. jud. de Cassaigne, arr. de Mostaganem. Pop. des Ouled-Khelouf-Djebaïlia, 3 français, 1 étranger, 1,358 ind. Pop. des Ouled-Khelouf-Souahlia, 2,297 ind. ; — La 1re fract. à 4 kil. N.-E. de Cassaigne, la 2e à 8 kil. de Cassaigne et sur le littoral.

Ouled-Khenata ou **Ouled-Krenata.** Tribu non soumise à l'appl. du sén.-cons. Rattachée à la com. ind. de Djelfa. Cant. jud. et cerc. de Djelfa, subd. de Médéa ; — à 60 kil. S.-O. de Djelfa et confinant au dép. d'Oran. Pop. ind. 2,282 hab. Cette tribu est formée des fract. suivantes : Ouled-ben-Otsman, Ouled-Noua, Ouled-Fathma, Ouled-Ghouïni-ben-Salem et Ouled-Amour.

Ouled-Khenatza. V. *Ouled-Krenatsa*, fract. des Ouled-Amour-Dahra, tribu. Com. ind., cerc. et cant. jud. de Bou-Sâada, subd. d'Aumale. Pop. ind. 129 hab.

Ouled-Khezer. (Sup. 6,792 hect.) Tribu délimitée et constituée en deux douars-com. par décret du 23 septembre 1867. V. les douars *Tokla*, n° 69 et *Demnia*, n° 70 de la carte. Com. mix. et cant. jud. de Collo, arr. jud. de Philippeville.

Ouled-Khiar. (Sup. 37,200 hect. env.) Tribu non soumise à l'appl. du sén.-cons. Rattachée à la com. ind. de Souk-Ahras. Cant. jud. et cerc. de Souk-Ahras, subd. de Bône ; — à 26 kil. S.-E. de Souk-Ahras et confinant à la régence de Tunis. Pop. ind. 7,579 hab. Les Ouled-Khiar se composent des fract. suivantes : Hammana, Beni-Barbar, Ouled-Soukias, El-Merabna, El-Arara et El-Aïaïda.

Ouled-Khosseïr. (Sup. 34,156 hect. env.) Tribu délimitée et divisée en 5 douars-com. par décret du 29 février 1868. V. les douars *El-Adjeraf*, n° 86 ; *Chembel*, n° 87 ; *Oum-el-Drou*, n° 88 ; *Sidi-el-Aroussi*, n° 89 et *Sly*, n° 90 de la carte des douars. Com. mix. de Malakoff, cant. jud. et arr. d'Orléansville.

Ouled-Khouïdem. (Sup. 25,643 hect.) Tribu délimitée et constituée en 3 douars-com. par décrets des 9 novembre 1867 et 11 septembre 1869. V. les douars *Abd-el-Goul*, n° 48 ; *Merdja-el-Gargar*, n° 1, rattachés à la com. mix. et au cant. jud. d'Inkermann, arr. de Mostaganem et *Touarès*, n° 3 de la carte, rattaché à la com. mix. et au cerc. d'Ammi-Moussa, cant. jud. d'Inkermann, subd. d'Oran.

Ouled-Khrouf. Fract. des Beni-Maïda, tribu. Com. ind., cerc. et cant. jud. de Teniet-el-Had, subd. d'Orléansville. Pop. ind. 317 hab.

Ouled-Kiar. V. *Ouled-Khiar*, tribu. Com. ind., cant. jud. et cerc. de Souk-Ahras, subd. de Bône.

Ouled-Kouanin. Fract. des Sahary-el-Attaya, tribu. Com. ind., cerc. et cant. jud. de Djelfa, subd. de Médéa. Pop. ind. 138 hab.

Ouled-Kraled. Tribu dépendant de l'aghalik de l'Oued-Chaïr. Non soumise à l'appl. du sén.-cons. Rattachée à la com. ind. de Bou-Sâada. Cant. jud. et cerc. de Bou-Sâada, subd. d'Aumale. Pop. ind. 1,787 hab. Cette tribu se compose des fract. suivantes : Ouled-Abd-Allah, Ouled-Hamida, Ouled-Bakir, Ouled-Djeloud, Ouled-sidi-Atsman, Ouled-Bézin ou Ouled-Bézim, Ouled-bou-Souga, Ouled-Chana, Ouled-bou-Gorn, El-Kouaba, El-Fouaksia, El-Gaouaïd et Ouled-sidi-Atsman.

Ouled-Kraled. Fract. de Roumana, tribu. Com. ind., cerc. et cant. jud. de Bou-Sâada, subd. d'Aumale. Pop. ind. 161 hab.

Ouled-Krelif. V. *Ouled-Khalif*, tribu. Cant. jud. et subd. de Tlemcen.

Ouled-Krenata ou **Ouled-Khenata.** Tribu non soumise à l'appl. du sén.-cons. Rattachée à la com. ind. de Djelfa. Cant. jud. et cerc. de Djelfa, subd. de Médéa ; — à 60 kil. S.-O. de Djelfa et confinant au dép. d'Oran. Pop. ind. 2,282 hab. Les Ouled-Krenata se composent des fract. suivantes : Ouled-ben-Otsman, Ouled-Noua, Ouled-Fathma, Ouled-Goufni-ben-Salem et Ouled-Amour.

Ouled-Krenatsa. Fract. des Ouled-Amour-Dahra, tribu. Com. ind., cerc. et cant. jud. de Bou-Sâada, subd. d'Aumale. Pop. ind. 129 hab.

Ouled-Krouf. V. *Ouled-Khrouf*, fract. de la tribu des Beni-Maïda. Com. ind., cant. jud. et cerc. de Teniet-el-Had, subd. d'Orléansville.

Ouled-K'tir. Fract. des Ouled-Mareuf, tribu. Com. ind., cerc., cant. jud. et subd. de Médéa. Pop. ind. 373 hab.

Ouled-Lahssen. V. *Ouled-Lahssen*, fract. des Ouled-Salah, tribu. Com. ind., cerc. et cant. jud. de Laghouat, subd. de Médéa. Pop. ind. 285 hab.

Ouled-Lakhal. Fract. des Ouled-oum-el-Akhoua, tribu. Com. ind., cerc. et cant. jud. de Djelfa, subd. de Médéa. Pop. ind. 515 hab.

Ouled-Lakhed ou **Ouled-Lekhed**. V. *Ouled-Lakhred*, tribu et douar-com. Com. ind. de Tiaret-Aflou, cant. jud. et cerc. de Tiaret, subd. de Mascara.

Ouled-Lakhred. (Sup. 28,351 hect.) Tribu délimitée et érigée en douar-com. par décret du 24 juin 1870. V. *Ouled-Lakhred*, douar n° 201 de la carte. Com. ind. de Tiaret-Aflou, cant. jud. de Tiaret, subd. de Mascara. Pop. ind. 1,448 hab.

Ouled-Laouar. Fract. de la tribu des Righa. Com. ind. cerc., cant. jud. et subd. de Médéa. Pop. ind. 304 hab.

Ouled-Laouar et El-Mehach ou **Ouled-Laouar et El-Mechache**. Tribus non soumises à l'appl. du sén.-cons. Rattachées à la com. ind. de Djelfa. Cerc. et cant. jud. de Djelfa, (subd. de Médéa; — à 24 kil. S.-E. de Djelfa. Pop. ind. 2,961 hab. Cette tribu se compose des fract. suivantes : Ouled-Abd-errahman, Eddebaz, Ouled-Saïed, Ouled-Abd-Allah, Ouled-Salem, Ouled-Salah, Nekharza, En-Niouf, El-Mehach, El-Mohahib et En-Naym.

Ouled-Laouata. Fract. de la tribu des Righa. Com. ind., cerc., cant. jud. et subd. de Médéa. Pop. ind. 283 hab. ; — à 16 k. S.-O. de Médéa.

Ouled-Lasshab. Fract. des Ouled-Reggad-Gheraba, tribu. Com. ind., cerc. et cant. jud. de Djelfa, subd. de Médéa. Pop. ind. 365 hab.

Ouled-Lazereg. V. *Ouled-sidi-el-Azereg*, tribu. Com. mix. et arr. de Zemmorah, cant. jud. de Relizane, subd. d'Oran.

Ouled-Lhassen ou **Ouled-Lahssen**. Fract. des Ouled-Salah, tribu. Com. ind., cerc. et cant. jud. de Laghouat, subd. de Médéa. Pop. ind. 285 hab.

Ouled-Liane. V. *Ighil-ouled-Liane*, fract. des Beni-Mansour, tribu. Com. ind., cerc., cant. jud. et subd. d'Aumale, annexe de Beni-Mansour. Pop. ind. 173 hab.

Ouled-Maach. Fract. des Ouled-Salah, tribu. Com. ind., cerc. et cant. jud. de Laghouat, subd. de Médéa. Pop. ind. 147 hab.

Ouled-Maafa. V. *Beni-Mdafa*, grande fract. de la tribu des Achèche. Com. ind., cant. jud., cerc. et subd. de Batna. Pop. ind. 761 hab.

Ouled-Maafa. Grande fract. de la tribu du Djebel-Chechar. Non soumise à l'appl. du sén.-cons. Rattachée à la com. ind. de Biskra. Subd. de Batna. Pop. ind. 1,210 hab. Les Ouled-Maafa se composent des petites fract. suivantes : Ouled-bou-Yahia et Ouled-M'sihal.

Ouled-Maafa. V. *Ouled-Mhaafa*, fract. de la tribu de Tacheta. Com. ind., cerc. et subd. d'Orléansville, cant. jud. de Cherchel.

Ouled-Maalah ou **Ouled-Maallah**. Tribu non soumise à l'appl. du sén.-cons. Rattachée à la com. mix. de Géryville. Cerc. de Géryville, cant. jud. de Saïda, subd. de Mascara ; — à 35 kil. N.-O. de Géryville et à 87 kil. S.-E. de Saïda. Pop. ind. 735 hab.

Ouled-Maallah. (Sup. 8,672 hect.) Tribu délimitée et constituée en douar-com. par décret du 12 octobre 1868. V. *Ouled-Maallah*, douar n° 55 de la carte. Com. mix. et cant. jud. de Cassaigne, arr. de Mostaganem.

Ouled-Mâamar. Fract. des Beni-bou-Hattab, tribu. Com. ind. et cerc. de Miliana, cant. jud. de Duperré, subd. d'Orléansville. Pop. ind. 261 hab.

Ouled-Mâamar. Fract. des Beni-Yala-Gheraba, tribu. Com. ind., cerc., cant. jud. et subd. d'Aumale, annexe des Beni-Mansour. Pop. ind. 639 hab.

Ouled-Maatlah ou **Oued-Maatlah**. (Orthographe d'après la délimitation du cant. jud. de Saïda.) V. *Ouled-Maalah*, tribu. Com. mix. et cerc. de Géryville, cant. jud. de Saïda, subd. de Mascara.

Ouled-Maboub. V. *Ouled-Mahboub*, fract. de la tribu des Ouled-Ali-ben-Sabor. Com. ind., cant. jud., cerc. et subd. de Batna, annexe de Barika.

Ouled-Madi. Fract. des Matmata, tribu. Com. ind., cerc. et cant. jud. de Miliana, subd. d'Orléansville. Pop. ind. 185 hab. ; — à 38 kil. S. de Miliana.

Ouled-Madhi. (Sup. 130,745 hect.) Tribu délimitée et constituée en 5 douars-com. par décrets des 17 mars 1869. V. les douars *Ouled-si-Hamla*, n° 183 ; *Ouled-Abd-el-Hack*, n° 184 ; *Ouled-Matoug*, n° 185 ; *El-Bribri*, n° 186 ; *Oued-Chellal*, n° 187 de la carte. Com. ind., cant. jud. et cerc. de Bordj-bou-Arréridj, annexe de M'sila, subd. de Sétif. Pop. ind. des Ouled-si-Hamla, et Oued-Chellal, recensée avec la fract. dite Douar-M'cif, 1,341 hab. ; Ouled-Abd-el-Hack, Ouled-Matoug et El-Bribri, recensée avec la fract. dite Douar-Saïdat, 1,938 hab. — NOTA : Ces 5 douars ont été réunis aux fract. dites Douar-M'cif et Douar-Saïdat la tribu du Hodna.

Ouled-Magenel. Fract. des Ghribs, tribu et douar. Com. ind., cerc., cant. jud. et subd. de Médéa. Pop. ind. 608 hab. ; — à 22 kil. S.-O. de Médéa.

Ouled-Mahafa ou **Ouled-Mhaafa.** Fract. de la tribu des Tacheta. Com. ind., cerc. et subd. d'Orléansville, cant. jud. de Cherchel. Pop. ind. 315 hab.

Ouled-Mahboub. Fract. des Ouled-Ali-ben-Sabor, tribu. Com. ind., cant. jud., cerc. et subd. de Batna, annexe de Barika. Pop. ind. 668 hab.

Ouled-Mahboub-Dahra. Fract. du douar-com. des Ouled-si-Ounis de l'ancienne tribu et de l'ancien kaïdat des Segnia. Com. mix. d'Aïn-M'lila, cant. jud. des Ouled-Rahmoun, arr. de Constantine. Pop. ind. 995 hab.

Ouled-Mahfa. V. *Ouled-Maafa*, grande fract. de la tribu du Djebel-Chéchar. Com. ind., cant. jud. et cerc. de Biskra, subd. de Batna.

Ouled-Mahla. Petite fract. des Ouled-Sassi de la tribu des Ouled-Zékri. Com. ind., cant. jud. et cerc. de Biskra, subd. de Batna. Pop. ind. 448 hab., y compris les Ouled-Haouli, fract. de la même tribu.

Ouled-Mahlia. Petite fract. des Ouled-Sassi de la tribu des Ouled-Zékri. Com. ind., cant. jud. et cerc. de Biskra, subd. de Batna. Pop. ind. 435 hab.

Ouled-Mahman ou **Ouled-Mahnam.** Fract. du Bou-Thaleb, tribu. Com. ind., cerc., cant. jud. et subd. de Sétif. Pop. ind. 232 hab.

Ouled-Mahmed. Fract. dépendant de la tribu et du kaïdat des Biban. Com. ind., cant. jud. et cerc. de Bordj-bou-Arréridj, subd. de Sétif; — à 26 kil. N.-O. de Bordj-bou-Arréridj. Pop. ind. 2,056 hab.

Ouled-Mahmed. Fract. du douar-com. d'El-Kantara de la tribu des Sahari. Com. ind., cerc. et cant. jud. de Biskra, subd. de Batna. Pop. ind. 625 hab.; — à 45 kil. N.-O. de Biskra et près de la route nationale de Stora à Biskra.

Ouled-Mahmed. Fract. du Hodna, tribu. Com. ind., cant. jud., cerc. et subd. de Batna, annexe de Barika. Pop. ind. 1,336 hab., y compris la pop. des Ouled-Ammar, fract. de la même tribu.

Ouled-Mahmed. V. *Ouled-bou-Souar* et *Ouled-Mahmed*, fract. des Beni-Afer et Djimla, kaïdat et tribu. Com. ind., cerc. et cant. jud. de Djidjelli, arr. jud. de Bougie, subd. de Constantine. Pop. ind. des 2 fract. 666 hab.

Ouled-Mahmed-ben-Younès. Fract. des Ouled-sidi-Younès, tribu. Com. ind., cerc. et cant. jud. de Djelfa, subd. de Médéa. Pop. ind. 134 hab.

Ouled-M'ahmed et El-Kheracha. Fract. d'El-Aouana, tribu et kaïdat. Com. ind., cant. jud. et cerc. de Djidjelli, subd. de Constantine, arr. jud. de Bougie. Pop. ind. 820 hab.; — Ces 2 fract. sont situées à 20 kil. S.-O. de Djidjelli, entre l'Oued-Kheracha et l'Oued-el-Kébir.

Ouled-Mahmed, Ouled-Soltan, Ouled-Chaïb. Fract. des Arab-Ghéraba, tribu. Com. ind., cant. jud. et cerc. de Biskra, subd. de Batna. Pop. ind. des 3 fract. 357 hab.

Ouled-M'ahmed ou **Ouled-M'hammed.** V. *Kherzet-Ouled-M'hammed*, fract. de la tribu des Ouled-Ifannech. Com. ind., cerc. et cant. jud. de Bordj-bou-Arréridj, annexe de M'sila, subd. de Sétif.

Ouled-Mahnam ou **Ouled-Mahman.** Fract. du Bou-Thaleb, tribu. Com. ind., cerc., cant. jud. et subd. de Sétif. Pop. ind. 232 hab.

Ouled-Maylel ou **Ouled-Mayleb.** Fract. des Ouled-si-Ahmed, tribu. Com. ind., cerc. et cant. jud. de Djelfa, subd. de Médéa. Pop. ind. 428 hab.

Ouled-Maklouf ou **Ouled-Makhlouf.** Fract. des Achèche, tribu. Com. ind., cant. jud., cerc. et subd. de Batna. Pop. ind. 854 hab.; — à 18 kil. S. de Batna.

Ouled-Malef. (Sup. 10,967 hect.) Tribu délimitée et constituée en 2 douars-com. par décret du 30 octobre 1867. V. les douars *Hassaïnia*, n° 160 de la carte et *Cheraba* (sans n°). Cant. jud. et arr. de Mostaganem. Le douar Hassaïnia est rattaché (1,606 hect.) aux com. pl. ex. de Rivoli et d'Aboukir et (6,763 hect.) à la com. mix. de Mostaganem. Le douar Cheraba, comprenant les fract. Cheraba et Ouled-Hamdan, est rattaché 1re fract. 2,508 hect. à la com. pl. ex. d'Aboukir, 27 hect. à la com. pl. ex. de Rivoli, 238 hect. à la com. pl. ex. de Pélissier; 2e fract. Ouled-Hamdan, 825 hect. à la com. pl. ex. d'Aïn-Nouissy.

Ouled-Mammar. Petite fract. des Ouled-Rahma de la tribu des Ouled-Zékri. Com. ind., cant. jud. et cerc. de Biskra, subd. de Batna. Pop. ind. 420 hab.

Ouled-Mansour. V. *Azel des Ouled-Mansour*, fract. du Hodna, tribu. Com. ind., cant. jud., cerc. et subd. de Batna, annexe de Barika.

Ouled-Mansour. Fract. des Beni-Maïda, tribu. Com. ind., cerc. et cant. jud. de Teniet-el-Had, subd. d'Orléansville. Pop. ind. 338 hab.; — à 31 kil. S.-O. de

Ouled-Ma — Teniet-el-Had, au confluent de l'Oued-Sennet et de l'Oued-el-Bordj.

Ouled-Mansour. Fract. du douar-com. d'El-Bitam de la tribu des Sahari. Com. ind., cerc. et cant. jud. de Biskra, subd. de Batna. Pop. ind. 566 hab.

Ouled-Mansour. (Sup. 3,200 hect.) Tribu délimitée et constituée en douar-com. par décret du 4 mars 1868. V. *Tiguiguest*, douar n° 97 de la carte. Com. ind. de Tiaret-Aflou, cant. jud. et cerc. de Tiaret, subd. de Mascara. Pop. ind. 263 hab.

Ouled-Mansoura ou **Ouled-Mansourah**. Tribu dépendant des Hamyan-Chafa. Non soumise à l'appl. du sén.-cons. Rattachée à la com. mix. et au cerc. de Sebdou, cant. jud. et subd. de Tlemcen. Pop. recensée avec les Hamyan-Chafa.

Ouled-Mansour-ou-Madhi. Tribu non soumise à l'appl. du sén.-cons. Rattachée à la com. ind. de Bordj-bou-Arréridj, cant. jud. et cerc. de Bordj-bou-Arréridj, annexe de M'sila, subd. de Sétif; — à 40 kil. S.-O. de Bordj-bou-Arréridj et confinant au dép. d'Alger. Pop. ind. 798 hab. Les Ouled-Mansour-ou-Madhi se composent des fract. suivantes : Ouled-el-Bali, Ouled-sidi-Brahim et Ouled-el-Khomaïss.

Ouled-Marof. V. *Ouled-Marouf*, tribu. Com. ind., cant. jud., cerc. et subd. de Médéa.

Ouled-Marouf. (Sup. 10,907 hect. env.) Tribu non soumise à l'appl. du sén.-cons. Rattachée à la com. ind. de Médéa. Cant. jud., cerc. et subd. de Médéa; — à 40 kil. S.-E. de cette ville et sur la rive gauche de l'Oued-el-Hakoum, affluent du Chélif. Pop. ind. 850 hab. Les Ouled-Marouf se composent des fract. suivantes : Ouled-K'tir, Ouled-Arioua et Ouled-Abid.

Ouled-Maridja. Fract. des Ouled-oum-Hani, tribu. Com. ind., cerc. et cant. jud. de Djelfa, subd. de Médéa. Pop. ind. 746 hab.

Ouled-Mars et Ouled-Aïssa. Fract. du kaïdat et de la tribu des Beni-Afer et Djimla. Com. ind., cerc. et cant. jud. de Djidjelli, subd. de Constantine, arr. jud. de Bougie. Pop. ind. 446 hab.

Ouled-Matoug. Fract. des Ouled-Djellal, tribu. Com. ind., cant. jud. et cerc. de Biskra, subd. de Batna. Pop. ind. 992 hab.; — à 74 kil. S.-O. de Biskra et sur l'Oued-Djedi.

Ouled-Mayleb ou **Ouled-Maïlel**. Fract. des Ouled-si-Ahmed, tribu. Com. ind., cerc. et cant. jud. de Djelfa, subd. de Médéa. Pop. ind. 428 hab.

Ouled-Mazouz. (Sup. 452 hect.) Tribu délimitée et érigée en douar-com. par décret du 14 avril 1866. V. *Ouled-Mazouz*, douar n° 80 de la carte. Com. mixte et cant. jud. de Collo, arr. de Philippeville.

Ouled-M'barek. (Sup. 3,259 hect.) Tribu délimitée et érigée en douar-com. par décret du 9 octobre 1869. V. *Ouled-M'barek*, douar n° 239 de la carte. Com. ind. et cerc. d'El-Milia, cant. jud. de Mila, subd. de Constantine. Pop. ind. 1,365 hab. Les Ouled-M'barek dépendent actuellement du kaïdat de Bou-Cherf.

Ouled-M'barek ou **Ouled-Mobarek**. Fract. de Dehemcha, tribu. Com. ind., cant. jud. et annexe de Takitount, subd. de Sétif, arr. jud. de Bougie. Pop. ind. 570 hab.

Ouled-M'barek. V. *Ouled-Embarek*, tribu. Com. mix. et cerc. de Sebdou, cant. jud. et subd. de Tlemcen.

Ouled-M'barek ou **Ouled-Embark**. Fract. de la tribu des Brarcha. Com. ind., cerc. et cant. jud. de Tebessa, subd. de Constantine. Pop. ind. 287 hab.

Ouled-M'bark ou **Ouled-M'barek**. Fract. du Fordjioua, tribu. Com. ind. et annexe de Fedj-Mezala, subd. de Constantine, cant. jud. de Mila. Pop. ind. 280 hab.

Ouled-M'barka. V. *Ouled-Mira* et *Ouled-Embarka*, tribus. Com. ind., cant. jud. et cerc. de Miliana, subd. d'Orléansville.

Ouled-M'doura et Ouled-Zmara. Fract. du kaïdat et de la tribu des Beni-Afer et Djimla. Com. ind., cerc. et cant. jud. de Djidjelli, subd. de Constantine, arr. jud. de Bougie. Pop. ind. 802 hab.; — à 26 kil. S.-E. de Djidjelli.

Ouled-Medabis. Fract. des Ouled-Soltan, tribu. Com. ind., cant. jud., cerc. et subd. de Batna, annexe de Barika. Pop. recensée avec les Ouled-Ahmed, Ouled-bel-Adi et Ouled-si-Lahsen, fract. de la même tribu, 898 hab. ind.

Ouled-Medjahed ou **Ouled-Medjahel**. V. *Ouled-sidi-Medjahed*, tribu et douar. Com. mix. et cerc. de Lalla-Maghrnia, cant. jud. de Nemours, arr. de Tlemcen.

Ouled-Medjedoub. V. *Ouled-sidi-Ahmed-ben-Medjedoub*, tribu. Com. mix. et cerc. de Sebdou, cant. jud. et subd. de Tlemcen.

Ouled-Meguebel. Fract. des Beni-bou-Yacoub, tribu et douar. Com. mix. de Ben-Chicao, cant. jud. de Médéa, arr. d'Alger. Pop. ind. 489 hab.; — à 24 kil. E. de Médéa et sur la rive droite de l'Oued-Ladrech, affluent de l'Oued-Isser.

Ouled-Mehemed. Fract. des Ouled-Ali-Achicha, tribu. Com. ind., cerc. et cant. jud. de La Calle, subd. de Bône. Pop. ind. 64 hab.

Ouled-Meklouf ou **Ouled-Mekhlouf.** Fract. des Ouled-Soltan, tribu. Com. ind., cant. jud., cerc. et subd. de Batna, annexe de Barika. Pop. recensée avec les Ouled-Abd-Allah-ben-Aouf et diverses autres fract. de la même tribu, ensemble 356 ind.

Ouled-Melah. Fract. des Beni-bel-Hassen, tribu. Com. ind., cerc. et cant. jud. de Teniet-el-Had, subd. d'Orléansville. Pop. ind. 336 hab.; — à 30 kil. S.-O. de Teniet-el-Had et sur la rive gauche de l'Oued-el-Abiod, affluent de l'Oued-Fodda.

Ouled-Mellouk. Fract. des Achèche, tribu. Com. ind., cant. jud., cerc. et subd. de Batna. Pop. ind. 332 hab.

Ouled-Mendil ou **Ouled-Mendille** ou **Beni-Mendil.** Ancienne tribu. Comprise dans le territoire de la com. pl. ex. de Douéra. Cant. jud. de Boufarik, arr. d'Alger; — à 8 kil. N. de Boufarik et à 3 kil. S. de Douéra. Pop. ind. 1,032 hab. — NOTA : Les renseignements concernant les Beni-Mendil, p. 37, 1re colonne, doivent être rectifiés ainsi : *Beni-Mendil.* V. *Ouled-Mendil.* Com. pl. ex. de Douéra, etc., etc.

Ouled-Mendil. Fract. des Beni-Yala-Chéraga, tribu. Com. ind., cerc., cant. jud. et subd. d'Aumale, annexe de Beni-Mansour. Pop. ind. 291 hab.; — à 42 kil. N.-E. d'Aumale, à 20 kil. O. du Bordj des Beni-Mansour, entre la route nationale d'Alger à Constantine et l'Oued-Dhouss, affluent rive gauche du Sahel.

Ouled-Mennâa. Fract. des Beni-Hassen, tribu. Com. ind., cerc., cant. jud. et subd. de Médéa. Pop. ind. 284 hab.; — à 20 kil. S. de Médéa et sur la rive droite du Chélif.

Ouled-Merabet ou **Ouled-M'rabet.** Fract. des Ouled-Zian, tribu. Com. ind., cant. jud. et cerc. de Biskra, subd. de Batna. Pop. ind. 512 hab.

Ouled-Merabet. V. *Ouled-M'rabot,* cheïkat indépendant et douar-com. Com. ind. et cerc. d'El-Milia, annexe et cant. jud. de Collo, subd. de Constantine, arr. jud. de Philippeville.

Ouled-Mereddef. Fract. du Djebel-Mesâad, tribu. Com. ind., cerc. et cant. jud. de Bou-Sâada, subd. d'Aumale. Pop. ind. 173 hab.

Ouled-Mériem. (Sup. 7,350 hect. env.) Tribu non soumise à l'appl. du sén.-cons. Rattachée à la com. ind., au cant. jud., au cerc. et à la subd. d'Aumale; — à 16 kil. O. de cette ville et à cheval sur le chemin d'Aumale à Berrouaghia. Pop. ind. 1,484 hab.

Ouled-Mériem. Fract. des Ouled-Oumhani, tribu. Com. ind., cerc. et cant. jud. de Djelfa, subd. de Médéa. Pop. ind. 394 hab.

Ouled-Messaoud. Fract. du douar-com. d'El-Rhabat de la tribu des Ouled-Sellem. Com. ind., cant. jud., cerc. et subd. de Batna. Pop. comprise dans les 1,056 hab. ind. représentant la pop. tot. du douar-com. d'El-Rhabat.

Ouled-Messaoud. Fract. du douar-com. d'Oued-Oughat de la tribu des Righa. Com. ind., cerc., cant. jud. et subd. de Médéa. Pop. ind. 444 hab.; — à 8 kil. S.-O. de Médéa et sur la rive gauche de l'Oued-Harbène, affluent rive droite du Chélif.

Ouled-Messaoud. Fract. des Ouled-Soltan, tribu. Com. ind., cant. jud., cerc. et subd. de Batna, annexe de Barika. Pop. ind. recensée avec les Ouled-ben-T'meldjet, Ouled-Embarek, Ouled-Gamra, Ouled-bel-Kassem-ben-Yahia et Ouled-Dehemza, fract. de la même tribu, ensemble 1,429 hab.

Ouled-Messaoud. Fract. des Ouled-Soltan, tribu. Com. ind., cant. jud., cerc. et subd. de Batna, annexe de Barika. Pop. recensée avec les Ouled-Amich et diverses autres fract. de la même tribu, ensemble 327 hab.

Ouled-Messaoud. (Sup. 2,476 hect.) Tribu délimitée et constituée en douar-com. par décret du 10 avril 1867. V. *El-Asouania,* douar n° 92 de la carte. Com. ind. de Tiaret-Aflou, cant. jud. et cerc. de Tiaret, subd. de Mascara. Pop. ind. 288 hab.

Ouled-Messaoud. Tribu non soumise à l'appl. du sén.-cons. Rattachée à la com. ind. de La Calle. Cant. jud. et cerc. de La Calle, subd. de Bône; — à 48 kil. S.-O. de La Calle, sur l'Oued-Souig, affluent de l'Oued-Bouna-Moussu. Pop. ind. 2,903 hab. Cette tribu se compose des fract. suivantes : Ouled-bou-Allègue, Ouled-Aziz et M'guerra. Les Ouled-Messnoud font partie du kaïdat de l'Oued-bou-Hadjar.

Ouled-Messaoud ou **Ghiatra-Ouled-Messaoud.** Tribu dépendant des Hamyan-Djembâa. Non soumise à l'appl. du sén.-cons. Rattachée à la com. mix. et au cerc. de Sebdou. Cant. jud. et subd. de Tlemcen. Pop. recensée avec les Hamyan-Djemblâ.

Ouled-Messaoud-ben-Salah. Fract. de l'Oued-Abdi, tribu. Com. ind., cant. jud., cerc. et subd. de Batna. Pop. ind. 181 hab.; — à 63 kil. S.-O. de Batna et à 25 kil. N.-E. de Biskra, sur la rive gauche de l'Oued-Abdi.

Ouled-Messellem ou **Ouled-M'ssellem.** (Sup. 38,000 hect. env.) Tribu non soumise à l'appl. du sén.-cons. Rattachée à la com. ind. d'Aumale. Cant. jud., cerc. et subd. d'Aumale; — à 35 kil. S.-E. de cette ville et confluant au dép. de Constantine. Pop. ind. 2,753 hab.

Ouled-Messellem ou **Ouled-M'ssellem.** (Sup. 42,949 hect. env.) Tribu non soumise à l'appl. du sén.-cons. Rattachée à la com. ind. de l'Arba. Annexe et cant. jud. de l'Arba, subd. d'Alger; — à 30 kil. S.-O. de l'Arba et sur la rive droite de l'Oued-Melah, affluent de l'Oued-Isser. Pop. ind. 2,518 hab.

Ouled-Mhafa ou **Ouled-Mahafa.** Fract. des Tacheta, tribu. Com. ind., cerc. et subd. d'Orléansville, cant. jud. de Cherchel. Pop. ind. 315 hab.

Ouled-M'hamed et El-Khéracha. V. *Ouled-Mahmed et El-Kheracha*, fract. d'El-Aouana, kaïdat et tribu. Com. ind., cerc. et cant. jud. de Djidjelli, subd. de Constantine, arr. jud. de Bougie.

Ouled-M'hammed. V. *Kherzet-Ouled-M'hammed*, fract. des Ouled-Hamech, tribu. Com. ind., cerc. et cant. jud. de Bordj-bou-Arréridj, annexe de M'sila, subd. de Sétif.

Ouled-Miloud. Fract. des Haraouat, tribu. Com. ind., cerc. et cant. jud. de Miliana, subd. d'Orléansville. Pop. ind. 423 hab.

Ouled-Mimoun. (Sup. 36,475 hect.) Tribu délimitée et constituée en douar-com. par décret du 15 janvier 1868. V. *Ouled-Mimoun*, douar nº 123 de la carte. Com. mix. et cant. jud. de Lamoricière, arr. de Tlemcen.

Ouled-Mimoun. Tribu non soumise à l'appl. du sén.-cons. Rattachée à la com. ind. de Tiaret-Aflou. Cant. jud. et cerc. de Tiaret, subd. de Mascara. Pop. ind. 2,276 hab.

Ouled-Mimoun. V. *Ouled-Aïssa-Mimoun*, fract. Com. mix., cant. jud. et arr. de Tizi-Ouzou.

Ouled-Mira. Fract. du douar Talkrent de la tribu des Ouled-Sellem. Com. ind., cant. jud., cerc. et subd. de Batna. Pop. recensée avec le douar-com. Talkrent.

Ouled-Mira et Ouled-Embarka. (Sup. 8,195 hect.) Tribus délimitées et constituées en un douar-com. par décrets des 3 août 1867 et 30 septembre 1868. V. *Oued-Djelida*, douar nº 72 de la carte. Com. ind., cant. jud. et cerc. de Miliana, subd. d'Orléansville. Pop. ind. 2,051 hab. — NOTA : Le décret du 30 septembre 1868 rattache la zmala Ben-Zian de la tribu des Abid-el-Feraïlia au douar-com. d'Oued-Djelida.

Ouled-Misra ou **Ouled-Miscera.** Fract. des Ouled-bou-Abd-Allah, tribu. Com. ind., cerc. et cant. jud. de Djelfa, subd. de Médéa. Pop. ind. 330 hab.

Ouled-Mobarek ou **Ouled-M'barek.** Fract. des Dehemcha, tribu. Com. ind., annexe et cant. jud. de Takitount, subd. de Sétif, arr. jud. de Bougie. Pop. ind. 570 hab.

Ouled-Mohamed ou **Ouled-Mohammed.** Fract. des Aziz, tribu. Com. ind., cerc. et cant. jud. de Teniet-el-Had, subd. d'Orléansville. Pop. ind. 315 hab.

Ouled-Mohamed. Fract. du Djebel-Baten, tribu. Com. ind., cerc. et cant. jud. de Bou-Sâada, subd. d'Aumale. Pop. ind. 115 hab.

Ouled-Mohamed. Fract. du Djebel-Mesaad, tribu. Com. ind., cerc. et cant. jud. de Bou-Sâada, subd. d'Aumale. Pop. ind. 184 hab.

Ouled-Mohamed. V. *M'khalif-et-Djorb-Ouled-Mohamed*, tribu. Com. ind., cerc. et cant. jud. de Laghouat, subd. de Médéa. Pop. ind. 176 hab.

Ouled-Mohamed. Fract. de Tadjemout, tribu et ksar. Com. ind., cerc. et cant. jud. de Laghouat, subd. de Médéa. Pop. ind. 303 hab.; — à 30 kil. N.-O. de Laghouat.

Ouled-Mohamed-ben-Sâad. Fract. de Ouled-Sliman, tribu. Com. ind., cerc. et cant. jud. de Bou-Sâada, subd. d'Aumale. Pop. ind. 159 hab.

Ouled-Mohamed-el-M'barek ou **Ouled-Mohamed-ben-M'barek.** Tribu dépendant du grand kaïdat et de la tribu des Ouled-Aïssa. Non soumise à l'appl. du sén.-cons. Rattachée à la com. ind. de Bou-Sâada. Cant. jud. et cerc. de Bou-Sâada, subd. d'Aumale. Pop. ind. 1,884 hab., y compris 39 hab. de la zmala du Kaïd. Cette tribu se compose des fract. suivantes : Ouled-si-Ahmed-ben-el-Krider, El-Mostefa-ben-el-Bar, Ahmed-ben-Mohamed, Ouled-Sâad-el-bou-Zidi, Kaddour-ben-Ahmed, El-Kobch ou El-Robch, Es-Souigate, El-Haouaoucha, El-Ababsa, Ouled-ben-el-Akredar et Sâad-ben-Adjila, Messaoud-ben-el-Echhab, El-Hadj-ben-Atia, Ouled-Azouz, El-Bahi ou El-Bahr et la zmala du Kaïd.

Ouled-Mokhtar. Fract. des Ouled-Mokhtar-Chéraga et Mouïadat-Chéraga, tribu. Com. ind., cerc., cant. jud. et subd. de Médéa. Pop. ind. 342 hab. ; — à 76 kil. S.-E. de Médéa.

Ouled - Mokhtar - Chéraga et Mouïadat - Chéraga ou Ouled-Moktar-Chéraga et Mouïadat-Chéraga. (Sup. 55,680 hect. env.) Tribus non soumises à l'appl. du sén.-cons. Rattachées à la com. ind. de Médéa. Cant. jud., cerc. et subd. de Médéa ; — à 100 kil. S.-E. de cette ville. Pop. ind. 1,781 hab. Le territoire de ces 2 tribus est formé des fract. suivantes : Mekhalif, Ouled-Mokhtar, Abaziz, Sahabate, Ouled-Zian et Medablia.

Ouled-Mokhtar-Gheraba et Mouïadat-Gheraba ou Ouled-Moktar-Gheraba et Mouïadat-Gheraba. (Sup. 18,000 hect. env.) Tribus non soumises à l'appl. du sén.-cons. Rattachées à la com. ind. et au cerc. de Boghar. Cant. jud. de Boghari, subd. de Médéa ; — à 40 kil. S. de Boghari. Pop. ind. 797 hab.

Ouled-Mokhtar ou Ouled-Moktar. V. El-Mouadi, Ouled-Moktar, petites fract. des Ouled-Moulet de la tribu de l'Oued-R'ir. Com. ind., cant. jud. et cerc. de Biskra, subd. de Batna.

Ouled - Mosly ou Ouled-Mosli. (Sup. 6,996 hect. env.) Tribu non soumise à l'appl. du sén.-cons. Rattachée à la com. mix. de Sétif. Cant. jud. et arr. de Sétif ; — à 26 kil. S.-O. de cette ville et sur la rive gauche de l'Oued-Boussellam, affluent du Sahel. Pop. ind. 853 hab.

Ouled-Mouah ou Ouled-Nouah. Fract. des Beni-Aïdel, tribu. Com. ind., cerc. et cant. jud. d'Akbou, subd. de Sétif, arr. jud. de Bougie. Pop. ind. 1,272 hab.

Ouled-Moudjebeur. Fract. des Ouled-Reggad-Chéraga, tribu. Com. ind., cerc. et cant. jud. de Djelfa, subd. de Médéa. Pop. ind. 385 hab.

Ouled-Moudjeur. (Sup. 7,275 hect.) Tribu délimitée et érigée en douar-com. par décret du 14 octobre 1867. V. le douar Ouled-Moudjeur, n° 12 de la carte. Com. mix. et cerc. d'Ammi-Moussa, cant. jud. d'Inkermann, subd. d'Oran. Pop. ind. 1,582 hab.

Ouled-Mouellah. Fract. des Ouled-si-Yahïa, kaïdat et tribu. Com. ind., cerc. et cant. jud. de Tebessa, subd. de Constantine. Pop. ind. 1,658 hab.

Ouled-Moulet ou Ouled-Moulett. Grande fract. dépendant du kaïdat et de la tribu de l'Oued-R'ir. Non soumise à l'appl. du sén.-cons. Rattachée à la com. ind. de Biskra. Cant. jud. et cerc. de Biskra, subd. de Batna ; — à 120 kil. S.-O. de Biskra. Pop. ind. 664 hab. Les Ouled-Moulet se composent des fract. suivantes : El-Mouadi et Ouled-Moktar, El-Djanah, Ouled-Hamed ou Ouled-Ahmed, Ouled-Debah et El-Ouata.

Ouled - Moumen ou G'zel - Ouled - Moumen ou Laghouat du G'zel-Ouled-Moumen. Tribu non soumise à l'appl. du sén.-cons. Rattachée à la com. ind. de Tiaret-Aflou. Cant. jud. et cerc. de Tiaret, subd. de Mascara ; — à 160 kil. S. de Tiaret. Pop. ind. 751 hab.

Ouled-Moumen, Ouled-Moussa. Fract. des Arab-Chéraga, tribu. Com. ind., cant. jud. et cerc. de Biskra, subd. de Batna. Pop. ind. 812 hab., y compris les Ouled-sidi-Amar, fract. de la même tribu.

Ouled-Moussa. Fract. du kaïdat et de la tribu des Allaouna. Com. ind., cerc. et cant. jud. de Tebessa, subd. de Constantine. Pop. ind. 455 hab.

Ouled-Moussa. Fract. d'Ouamri, tribu et douar. Com. ind., cerc., cant. jud. et subd. de Médéa. Pop. ind. 1,231 hab. ; — à 17 kil. S.-O. de Médéa et sur la rive droite de l'Oued-Chélif.

Ouled-Moussa. V. Oued-Moussa, fract. des Achèche, tribu. Com. ind., cant. jud., cerc. et subd. de Batna. Pop. ind. 440 hab.

Ouled-Moussa. V. Ouled-Moumen, Ouled-Moussa, fract. des Arab-Chéraga, tribu. Com. ind., cant. jud. et cerc. de Biskra, subd. de Batna. Pop. ind. 812 hab., y compris les Ouled-sidi-Amar, fract. de la même tribu.

Ouled - M'rabet ou Ouled - Merabet. Fract. des Ouled-Zian, tribu. Com. ind., cant. jud. et cerc. de Biskra, subd. de Batna. Pop. ind. 512 hab.

Ouled-M'rabot. Cheïkat indépendant. Ce cheïkat est formé du douar-com. d'Ouled-M'rabot. Com. ind. et cerc. d'El-Milia, annexe et cant. jud. de Collo, subd. de Constantine, arr. jud. de Philippeville. Pop. ind. du cheïkat ou du douar-com. 782 hab.

Ouled-M'rits V. Ouled-Sebiaï, Ouled-M'rits, fract. des Arab-Gheraba, tribu. Com. ind., cant. jud. et cerc. de

Biskra, subd. de Batna. Pop. ind. des 2 fract. 861 hab. ;
— Ouled-M'rits à 105 kil. S.-O. de Biskra.

Ouled-M'slhal. Petite fract. des Ouled-Maafa de la tribu du Djebel-Chéchar. Com. ind., cant. jud. et cerc. de Biskra, subd. de Batna. Pop. ind. 474 hab.

Ouled-M'ssellem. V. *Ouled-Messellem*, tribu. Com. ind., annexe et cant. jud. de l'Arba, subd. d'Alger. V. *Ouled-Messellem*, tribu. Com. ind., cant. jud., cerc. et subd. d'Aumale.

Ouled-Nabet. (Sup. 28,017 hect.) Tribu délimitée et constituée en 5 douars-com. par décret du 6 juillet 1870. V. les douars *Cherfa*, n° 252; *Takoka*, n° 254; *Matrona*, n° 256; *El-Hammama*, n° 255 et *El-Anini*, n° 253 de la carte des douars. Com. mix. d'Aïn-Abessa, cant. jud. et arr. de Sétif.

Ouled-Nacer ou **Ouled-Nasser.** Fract. des Ouled-oum-el-Akhoua, tribu. Com. ind., cerc. et cant. jud. de Djelfa, subd. de Médéa. Pop. ind. 336 hab.

Ouled-Nacer-bou-Akkaz ou **Ouled-Nasser-bou-Akkaz.** Fract. des Arab-Chéraga, tribu. Com. ind., cant. jud. et cerc. de Biskra, subd. de Batna. Pop. ind. 220 hab.

Ouled-Naceur ou **Ouled-Nasser.** Petite fract. des Achach de la tribu du Djebel-Chéchar. Com. ind., cant. jud. et cerc. de Biskra, subd. de Batna. Pop. ind. 377 hab.

Ouled-Naceur ou **Ouled-Nasseur.** Fract. des Ouled-Ghalia, tribu. Com. ind., cerc., cant. jud. et subd. d'Orléansville. Pop. ind. 302 hab.

Ouled-Nahar ou **Ouled-Nehar.** V. *Ouled-en-Nehar*, tribu. Com. mix. et cerc. de Sebdou, cant. et subd. de Tlemcen.

Ouled-Nasser. V. *Ouled-en-Nasser*, tribu. Com. ind. et cerc. de Tiaret-Aflou, cant. jud. de Tiaret, subd. de Mascara.

Ouled-Nasser. (Sup. 8,805 hect. env.) Tribu dépendant du kaïdat de l'Oued-bou-Hadjer. Non soumise à l'appl. du sén.-cons. Rattachée à la com. ind. de La Calle, cant. jud. et cerc. de La Calle, subd. de Bône ; — à 45 kil. S.-O. de La Calle, sur la rive droite de l'Oued-Zitoun, affluent de l'Oued-el-Kébir. Pop. ind. 1,149 hab. Cette tribu se compose des fract. suivantes : Ladhaou et Nouazi ou Nouari.

Ouled-Nasseur. V. *Ouled-N'ceur*, fract. des Ouled-Rechaïch, tribu. Com. ind., cant. jud. et cerc. de Khenchela, subd. de Batna. Pop. ind. 380 hab.

Ouled-Nayls. Aghalik. Commandement indigène. Cet aghalik est formé des tribus suivantes : Zénina, Sahari-el-Attaya, Ouled-Toaba, Ouled-oum-el-Akhoua, Ouled-sidi-Younès, Abbaziz, Ouled-Aïffa, Sahari-Khobeïzat, Ouled-si-Ahmed, Ksours, Ouled-Abd-el-Kader, Ouled-bou-Abd-Allah, Ouled-Reggad-Gheraba, Ouled-Reggad-Cheraga, Ouled-ben-Allia, Ouled-Laouar et El-Mchach, Ouled-el-Ghouïni, Ouled-Krenata, Ouled-Oumhani et Ouled-Yahia-ben-Salem. Pop. ind. de l'aghalik, 44,342 hab., non compris la pop. de la com. mix. de Djelfa. Com. ind., cant. jud. et cerc. de Djelfa, subd. de Médéa. — NOTA : Toutes ces tribus forment le territoire de la com. ind. de Djelfa.

Ouled-N'ceur. Fract. des Ouled-Rechaïch, tribu. Com. ind., cant. jud. et cerc. de Khenchela, subd. de Batna. Pop. ind. 380 hab.

Ouled-Nedjâa ou **Ouled-Nadjâa.** Fract. de la tribu des Ouled-Derradj-Chéraga (ancienne organisation). V. *Ouled-Derradj-Chéraga*, ancienne tribu.

Ouled-Noua. Fract. des Ouled-Krenata, tribu. Com. ind., cerc. et cant. jud. de Djelfa, subd. de Médéa. Pop. ind. 752 hab.

Ouled-Nouah ou **Ouled-Mouah.** Fract. des Beni-Aïdel, tribu. Com. ind., cerc. et cant. jud. d'Akbou, subd. de Sétif, arr. jud. de Bougie. Pop. ind. 1,272 hab.

Ouled-Nouar. (Sup. 4,728 hect.) Tribu délimitée et constituée en douar-com. par décret du 30 septembre 1868. V. *Ouled-Nouar*, douar n° 85 de la carte. Com. mix., cant. jud. et arr. de Philippeville.

Ouled-Obeïd-Allah ou **Ouled-Abeïd-Allah.** Fract. des Ouled-Reggad-Chéraga, tribu. Com. ind., cerc. et cant. jud. de Djelfa, subd. de Médéa. Pop. ind. 882 hab.

Ouled-Ogba. Fract. de Roumana, tribu. Com. ind., cerc. et cant. jud. de Bou-Sâada, subd. d'Aumale. Pop. ind. 78 hab.

Ouled-Otsman. V. *Ouled-Atsman*, fract. du Djebel-Mesâad, tribu. Com. ind., cerc. et cant. jud. de Bou-Sâada, subd. d'Aumale. Pop. ind. 119 hab.

Ouled-Otsman. Fract. des Ouled-el-Ghouïni, tribu. Com. ind., cerc. et cant. jud. de Djelfa, subd. de Médéa. Pop. ind. 224 hab.

Ouled-Otsman. Fract. des Titteri-Souhary-Deïmat, tribu. Com. ind., cerc., cant. jud. et subd. de Médéa. Pop. ind. 247 hab.

Ouled-Ouaïba ou **Ouled-Ouaïïa.** Fract. du Djebel-Baten, tribu. Com. ind., cerc. et cant. jud. de Bou-Sâada, subd. d'Aumale. Pop. ind. 126 hab.

Ouled-Ouargla. Fract. des Hadjadj, tribu. Com. ind., cerc. et cant. jud. de Laghouat, subd. de Médéa. Pop. ind. 248 hab.; — à 160 kil. S.-E. de Laghouat.

Ouled-Ouarets. Fract. de la tribu des Beni-Foughal, tribu. Com. ind., cerc. et cant. jud. de Djidjelli, subd. de Constantine. Pop. ind. 671 hab.

Ouled-Ouathia. Fract. des Ouled-Aïffa, tribu. Com. ind., cerc. et cant. jud. de Djelfa, subd. de Médéa. Pop. ind. 369 hab.

Ouled-Oued-Felllah. Fract. des Beni-Lent, tribu. Com. ind., cerc. et cant. jud. de Teniet-el-Had, subd. d'Orléansville. Pop. ind. 207 hab.

Ouled-Ouennid. Fract. de la tribu des Righa. Com. ind., cerc., cant. jud. et subd. de Médéa. Pop. ind. 204 hab.

Ouled-oum-Eddoura et Ouled-Z'mara. V. *Ouled-M'doura et Ouled-Z'mara*, fract. de la tribu et kaïdat des Beni-Afer et Djimla. Com. ind., cant. jud. et cerc. de Djidjelli, subd. de Constantine, arr. jud. de Bougie.

Ouled-oum-el-Akhoua. Tribu non soumise à l'appl. du sén.-cons. Rattachée à la com. ind. de Djelfa. Cant. jud. et cerc. de Djelfa, subd. de Médéa; — à 40 kil. S.-E. de Djelfa et sur le versant N. du Djebel-bou-Khaïl. Pop. ind. 3,979 hab. Les Ouled-oum-el-Akhoua se composent des fract. suivantes : Ouled-Djaballah, Ouled-Nasser ou Ouled-Nacer, Ouled-Gouïssem, Ouled-sidi-Sâad, Ouled-bou-Khalat, Ouled-ben-Djeddou, Ouled-el-Kaki, Ouled-sidi-Nadji, Ouled-Lakhal, Smala et Ouled-Zid. — NOTA : Les Ouled-Zid représentent la fract. de la tribu des Arab-Gheraba internée dans le cerc. de Djelfa. Com. ind. de Biskra, subd. de Batna.

Ouled-oum-Hani. Tribu non soumise à l'appl. du sén.-cons. Rattachée à la com. ind. de Djelfa. Cant. jud. et cerc. de Djelfa, subd. de Médéa; — à 50 kil. O. de Djelfa et au S.-O. du lac Zahrez-Rarbi. Pop. ind. 1,927 hab. Les Ouled-oum-Hani se composent des fract. suivantes : Ouled-Cheïkh et Ouled-Beïda, Ouled-Mériem, Ouled-Ahmed-ben-Brahim, Ouled-si-bel-Kassem et Ouled-Maridja.

Ouled-oum-Sâad. Fract. des Ouled-Soltan, tribu. Com. ind., cant. jud., cerc. et subd. de Batna, annexe de Barika. Pop. recensée avec les Ouled-Hamouna, Ouled-Abderrahman, Ouled-bou-Khalfa, Ouled-Yahia, Ouled-el-Arbâa, Ouled-Chaabna et Ouled-Akkab, fract. de la même tribu, ensemble 817 hab.

Ouled-oum-Sand. Fract. du douar-com. de Talkrent, tribu des Ouled-Sellem. Com. ind., cant. jud., cerc. et subd. de Batna. Pop. recensée avec le douar-com. Talkrent.

Ouled-ou-Nasser. V. *Ouled-en-Nasser*, tribu. Com. ind. de Tiaret-Aflou, cerc. et cant. jud. de Tiaret, subd. de Mascara.

Ouled-Ounis. Fract. des Hadjadj, tribu. Com. ind., cerc. et cant. jud. de Laghouat, subd. de Médéa. Pop. ind. 259 hab.

Ouled-Ourlach. (Sup. 22,959 hect.) Tribu délimitée et constituée en douar-com. par décret du 29 septembre 1867. V. *Sebdou*, douar n° 125 de la carte. Com. mix. et cerc. de Sebdou, cant. jud. et subd. de Tlemcen. Pop. ind. du douar 1,345 ind. — NOTA : Cette tribu renferme le centre européen de Sebdou.

Ouled-Ouzerar. Fract. des Matmata, tribu. Com. ind., cerc. et cant. jud. de Miliana, subd. d'Orléansville. Pop. ind. 224 hab.

Ouled-Ouzza. Fract. des Ouled-Daoud, tribu. Com. ind., cant. jud., cerc. et subd. de Batna. Pop. ind. 1,937 hab.

Ouled-Rabah. Grande fract. de la tribu des Ouled-Zékri. Com. ind., cant. jud. et cerc. de Biskra, subd. de Batna. Pop. ind. 518 hab. Les Ouled-Rabah se composent des fract. suivantes : Ouled-Hamida et Ouled-Attia.

Ouled-Rabah. V. *Lebabda-Ouled-Rabah* et *Ouled-Kassem*, fract. des Ouled-Allane-Zékri, tribu. Com. ind., cerc., cant. jud. et subd. de Médéa.; — à 38 kil. S.-E. de Médéa.

Ouled-Rabah-Ahl-el-Oued. Fract. du douar-com. de Retal de la tribu des Douair. Com. ind., cerc., cant. jud. et subd. de Médéa. Pop. ind. 310 hab.; — à 38 kil. S.-E. de Médéa.

Ouled-Rabah-Ahl-el-Regueb. Fract. du douar-

Ouled-Ra-Re (RÉPERTOIRE ALPHABÉTIQUE DES TRIBUS **Ouled-Re-Rh**

com. de Retal de la tribu des Douair. Com. ind., cerc., cant. jud. et subd. de Médéa. Pop. ind. 325 hab.

Ouled-Rached. (Sup. 2,260 hect. env.) Tribu non soumise à l'appl. du sén.-cons. Rattachée à la com. mix. et à l'annexe de Zemmorah. Cant. jud. de Relizane, subd. d'Oran; — à 40 kil. S.-E. de Relizane, sur le chemin de cette ville à Tiaret. Pop. ind. 705 hab.

Ouled-Rached. Fract. d'Ahl-el-Ksar et Sebkha, tribus. Com. ind., cerc., cant. jud. et subd. d'Aumale, annexe de Beni-Mansour. Pop. ind. 870 hab.; — à 38 kil. N.-E. d'Aumale et 24 kil. S.-O. du Bordj des Beni-Mansour, sur le versant N.-O. du Djebel-Alaroun.

Ouled-Rached. Fract. des Sahari-Khobeïzat, tribu. Com. ind., cerc. et cant. jud. de Djelfa, subd. de Médéa. Pop. ind. 305 hab.

Ouled-Rafa. (Sup. 5,595 hect.) Tribu délimitée et constituée en douar-com. par décret du 8 septembre 1869. V. *Ouled-Rafa*, douar n° 165 de la carte. Com. mix. et annexe de Zemmorah, cant. jud. de Relizane, subd. d'Oran. Pop. ind. 481 hab.

Ouled-Rahdi. Fract. du douar-com. de M'cil de la tribu des Ouled-Sellem. Com. ind., cant. jud., cerc. et subd. de Batna. Les Ouled-Rahdi ont été recensés avec les fract. Ouled-bou-Saïd, Ouled-Haddad et Ouled-Freda. Pop. ind. 1,215 hab.

Ouled-Rahma. Grande fract. des Ouled-Zékri, tribu. Com. ind., cant. jud. et cerc. de Biskra, subd. de Batna. Pop. ind. 1,733 hab. Les Ouled-Rahma se composent des fract. suivantes: Ouled-Mammar, Ouled-Amran et Ouled-Chitioui.

Ouled-Rahmoun. (Sup. 2,686 hect.) Ancienne terre azel. Constituée en douar-com. par décret du 25 septembre 1869. V. *Djebel-Aougueb*, douar-com. (ne figure pas sur la carte des douars.) Com. pl. ex. d'Oued-Atménia, cant. jud. d'Oued-Atménia, arr. de Constantine.

Ouled-Rahmoun. Fract. des Matmata, tribu. Com. ind., cerc. et cant. jud. de Miliana, subd. d'Orléansville. Pop. ind. 154 hab.

Ouled-Ranem ou **Ouled-Rahnem.** Fract. des Arab-Chéraga, tribu. Com. ind., cant. jud. et cerc. de Biskra, subd. de Batna. Pop. ind. 428 hab.; — à 48 kil. S. de Biskra.

Ouled-Rebia. Fract. du Ferdjioua, tribu et kaïdat. Com. ind. et annexe de Fedj-Mezala, subd. de Constantine. Cant. jud. de Mila. Pop. ind. 1,090 hab.

Ouled-Rechaïch. Tribu non soumise à l'appl. du sén.-cons. Rattachée à la com. ind. de Khenchela. Cant. jud. et cerc. de Khenchela, subd. de Batna; — à 20 kil. S.-E. de Khenchela et sur le chemin de Tebessa à Biskra. Pop. ind. 5,815 hab. Les Ouled-Rechaïch se composent des fract. suivantes: Ouled-Zitoun, Ouled-Achour, Kiata, Ouled-Ahmed-ben-Ali, Ouled-Bel-Kassem-ben-Ali, Ouled-si-Tabet, Ouled-N'cour, Ouled-Zaid et Ouled-S'lim.

Ouled-Redir. Fract. des Ouled-Amour-Dahra, tribu. Com. ind., cerc. et cant. jud. de Bou-Sâada, subd. d'Aumale. Pop. ind. 195 hab.

Ouled-Redir. V. *Ouled-Sahel, Ouled-Redir*, fract. des Arab-Ghóraba. Com. ind., cant. jud. et cerc. de Biskra, subd. de Batna.

Ouled-Reggad-Chéraga. Tribu non soumise à l'appl. du sén.-cons. Rattachée à la com. ind. de Djelfa. Cant. jud. et cerc. de Djelfa, subd. de Médéa; — à 16 kil. S. de Djelfa et sur la route nationale d'Alger à Laghouat. Pop. ind. 1,752 hab. Les Ouled-Reggad-Chéraga se composent des fract. suivantes: Ouled-Moudjebour, Ouled-Embarka et Ouled-Obeïd-Allah.

Ouled-Reggad-Gheraba. Tribu non soumise à l'appl. du sén.-cons. Rattachée à la com. ind. de Djelfa. Cant. jud. et cerc. de Djelfa, subd. de Médéa; — à 30 kil. S. de Djelfa et à cheval sur la route nationale d'Alger à Laghouat. Pop. ind. 1,611 hab. Les Ouled-Reggad-Gheraba se composent des fract. suivantes: Ouled-Kerd-el-Oued, Ouled-Hébich, Ouled-Belloul, Ouled-el-Hadj et Ouled-Lasshab.

Ouled-Renan. Fract. du Ferdjioua, kaïdat et tribu. Com. ind. et annexe de Fedj-Mezala, subd. de Constantine, cant. jud. de Mila. Pop. ind. 463 hab.

Ouled-Rezeg-Allah. Fract. des Mahatlah, tribu et kaïdat. Com. ind., cerc. et cant. jud. de Souk-Ahras, subd. de Bône. Pop. ind. 262 hab.

Ouled-Rezoug. Fract. du Sahel-Guebli, tribu. Com. ind., cerc. et subd. de Sétif, cant. jud. d'Akbou, arr. jud. de Bougie. Pop. ind. 571 hab.; — à 40 kil. S.-E. d'Akbou et à 6 kil. de la rive gauche de l'Oued-bou-Sellam.

Ouled-Rhalia. V. *Ouled-Ghalia*, tribu. Com. ind., cant. jud., cerc. et subd. d'Orléansville.

Ouled-R'helem. V. *Ouled-Ghelem*, fract. des Ouled-Zian. Tribu. Com. ind., cerc. et cant. jud. de Laghouat, subd. de Médéa. Pop. ind. 46 hab.

Ouled-Rhouïni. V. *Ouled-el-Ghouïni* ou *Ouled-Ghouïni*, tribu. Com. ind., cant. jud. et cerc. de Djelfa, subd. de Médéa.

Ouled-Riah. Tribu de l'ancien aghalik des Ouled-Riah. Non soumise à l'appl. du sén.-cons. Rattachée à la com. mix. et au cerc. de Lalla-Maghrnia. Cant. jud. et subd. de Tlemcen; — à 10 kil. N.-O. de cette dernière ville et sur la route d'Hennaya à Lalla-Maghrnia. Pop. ind. 1,445 hab.

Ouled-Riah. Ancien aghalik. Cet aghalik comprenait les tribus suivantes : Oulhassa-Chéraga, Mélilia, Beni-Mester, Ahel-Zalboun, Ouled-Riah, Ouled-Hammou, Ahl-Tameksalet, Zaouïa-sidi-Ahmed, Ouled-Addou, Ahl-el-Ghafer, Ouled-Deddouch, Ahl-el-Hammam, Ahl-el-Oued, Aboghaïn, Beni-Abed, Nousfachour et Oulhassa-Gheraba. Les 4 premières tribus sont actuellement rattachées à la com. mix. de Tlemcen. Cant. jud. et arr. de Tlemcen et les 13 dernières aux com. mix. et aux cerc. de Lalla-Maghrnia et de Nemours, cant. jud. et subd. de Tlemcen.

Ouled-Riah. (Sup. 4,665 hect.) Tribu délimitée et constituée en douar-com. par décret du 8 juin 1870. V. *Nekmaria*, douar, n° 192 de la carte. Com. mix. et cant. jud. de Cassaigne, arr. de Mostaganem.

Ouled-Riah. Fract. des Aziz, tribu. Com. ind., cerc. et cant. jud. de Teniet-el-Had, subd. d'Orléansville. Pop. ind. 201 hab.

Ouled-Rihel. Fract. du douar-com. d'Oued-Seghouan, de la tribu des Abid. Com. ind., cerc., cant. jud. et subd. de Médéa. Pop. ind. 194 hab.

Ouled-R'ir. V. *Oued-R'ir*, tribu. Com. ind., cant. jud. et cerc. de Biskra, subd. de Batna.

Ouled-R'rous. V. *Oued-R'rous*, tribu. (Nouvelle organisation.) Com. ind., cant. jud. et cerc. de Biskra, subd. de Batna.

Ouled-Saad. Fract. des Ouled-Aïffa, tribu. Com. ind., cerc. et cant. jud. de Djelfa, subd. de Médéa. Pop. ind. 388 hab.

Ouled-Saad. Fract. de la tribu des Allaouna. Com. ind., cerc. et cant. jud. de Tebessa, subd. de Constantine. Pop. ind. 648 hab.

Ouled-Saad. Fract. des Aziz, tribu. Com. ind., cerc. et cant. jud. de Teniet-el-Had, subd. d'Orléansville. Pop. ind. 402 hab.

Ouled-Saad. Fract. de M'khalif-Lazerag, tribu. Com. ind., cerc. et cant. jud. de Laghouat, subd. de Médéa. Pop. ind. 143 hab. ; — à 24 kil. N.-O. de Laghouat.

Ouled-Saad. Fract. des Ouled-Amour-Dahra, tribu. Com. ind., cerc. et cant. jud. de Bou-Sâada, subd. d'Aumale. Pop. ind. 156 hab.

Ouled-Saad. Fract. des Sahari-Ouled-Brahim. Com. ind., cerc., cant. jud. et subd. de Médéa. Pop. ind. 182 hab.

Ouled-Sâada. Fract. des Matmata, tribu. Com. ind., cerc. et cant. jud. de Miliana, subd. d'Orléansville. Pop. ind. 885 hab.; — à 38 kil. S. de Miliana.

Ouled-Sâada. Fract. du Sahel-Guebli, tribu. Com. ind., cerc. et subd. de Sétif, cant. jud. d'Akbou, arr. jud. de Bougie. Pop. ind. 174 hab. ; — à 70 kil. E. d'Akbou et à 22 kil. N.-O. de Sétif.

Ouled-Sâad-ben-Ali. Fract. des Ouled-Soltan, tribu. Com. ind., cant. jud., cerc. et subd. de Batna, annexe de Barika. Pop. recensée avec les Ouled-Abd-Allah-ben-Aouf et diverses autres fract. de la même tribu, 356 ind.

Ouled-Saad-Bouzid. Fract. des Ouled-Yahia-ben-Salem, tribu. Com. ind., cerc. et cant. jud. de Djelfa, subd. de Médéa. Pop. ind. 295 hab.

Ouled-Sâad-el-bou-Zidi. Fract. des Ouled-Mohamed-el-M'barek, tribu. Com. ind., cerc. et cant. jud. de Bou-Sâada, subd. d'Aumale. Pop. ind. 323 hab.

Ouled-Sâad et Beni-Sefkal. Fract. d'El-Aouana, tribu. Com. ind., cerc. et cant. jud. de Djidjelli, subd. de Constantine. Pop. ind. des 2 fract. 567 hab.; — à 16 kil. S.-O. de Djidjelli.

Ouled-Sabeur. (Sup. 4,200 hect.) Tribu délimitée et constituée en douar-com. par décret du 4 avril 1868. V. *Ouled-Sabeur*, douar n° 58 de la carte. Com. mix. et cerc. d'Ammi-Moussa, cant. jud. d'Inkermann, subd. d'Oran. Pop. ind. 1,586 hab.

Ouled-Sabor. V. *Ouled-Ali-ben-Sabor*, tribu. Com. ind., cant. jud., cerc. et subd. de Batna, annexe de Barika.

Ouled-Sahaban ou **Ouled-Schaban.** V. *Nouar* et *Ouled-Schaban*, fract. des Arab-Ghéraba, tribu. Com. ind., cant. jud., cerc. de Biskra, subd. de Batna. Pop. ind. des 2 fract. 645 hab. ; — à 95 kil. S.-O. de Biskra et sur la rive droite de l'Oued-Djedi.

Ouled-Sahel, Ouled-Redir. Fract. des Arab-Ghe-

OULED-SA (RÉPERTOIRE ALPHABÉTIQUE DES TRIBUS) **OULED-SA**

Ouled-Saraba, tribu. Com. ind., cant. jud. et cerc. de Biskra, subd. de Batna. Pop. ind. des 2 fract. 601 hab.

Ouled-Sahia. Tribu non soumise à l'appl. du sén.-cons. Rattachée à la com. ind., au cant. jud. et au cerc. de Biskra. Subd. de Batna; — à 240 kil. S. de Biskra. Pop. ind. 3,468 hab. Les Ouled-Sahia se composent des fract. suivantes : Ouled-sidi-Ahmed-Dahra, Ouled-sidi-Ahmed-Guebala, El-Alia et Taïbet-el-Gueblia, Ouled-Sliman et Taïbin.

Ouled-Sahnoun. Fract. de l'ancienne tribu des Ouled-Derradj-Chéraga. (Ancienne organisation.) V. *Ouled-Derradj-Chéraga*, ancienne tribu. Com. ind., cerc., cant. jud. et subd. de Batna.

Ouled-Saïd. (Sup. 20,762 hect.) Tribu délimitée et constituée en 3 douars-com. par décret du 25 avril 1866. V. les douars *Ouled-Saïd*, n° 63, *Beni-Khemis*, n° 64 et *Bahourat*, n° 65 de la carte. Com. mix. et arr. de Mascara. Les 2 premiers douars sont rattachés au cant. jud. de Perrégaux et le dernier à celui de Mascara.

Ouled-Saïd. Fract. des Beni-Hassein, tribu. Com. ind., cerc., cant. jud. et subd. de Médéa. Pop. ind. 483 hab. ; — à 10 kil. S. de Médéa et sur le chemin stratégique de cette ville à Djelfa.

Ouled-Saïd. Fract. des Beni-Lasson ou Beni-bel-Hassen, tribu. Com. ind., cerc. et cant. jud. de Teniet-el-Had, subd. d'Orléansville. Pop. ind. 276 hab. ; — à 30 kil. S.-O. de Teniet-el-Had, sur le versant S.-E. du Derout-en-Naga, point géodésique, altitude 1,245 mètres.

Ouled-Saïd. Fract. du Djebel-Baten, tribu. Com. ind., cerc. et cant. jud. de Bou-Sâada, subd. d'Aumale. Pop. ind. 99 hab.

Ouled-Saïd. Fract. du Hodna, tribu. Com. ind., cant. jud., cerc. et subd. de Batna, annexe de Barika. Sa pop. a été recensée avec les Ouled-Ariba et diverses autres fract. du Hodna.

Ouled-Saïd. Fract. des Ouled-Zian, tribu. Com. ind., cant. jud. et cerc. de Biskra, subd. de Batna. Pop. ind. 512 hab.

Ouled-Saïd. Fract. du douar-com. de Talkrent de la tribu des Ouled-Sellem. Com. ind., cant. jud., cerc. et subd. de Batna. Pop. ind. 1,255 hab., y compris les fract. Ouled-oum-Saad, Ouled-Mira, représentant la pop. tot. du douar Talkrent.

Ouled-Saïdan. Fract. de la tribu des Brarcha. Com. ind., cerc. et cant. jud. de Tebessa, subd. de Constantine. Pop. ind. 431 hab.

Ouled-Saïdan. Fract. du Djebel-Baten, tribu. Com. ind., cerc. et cant. jud. de Bou-Sâada, subd. d'Aumale. Pop. ind. 136 hab.

Ouled-Saïd-ben-Mohamed. Fract. des Ouled-Soltan, tribu. Com. ind., cant. jud., cerc. et subd. de Batna, annexe de Barika. Pop. recensée avec les Ouled-Bou-Ziza et Ouled-el-Ouïfi, ensemble 354 hab.

Ouled-Saïd et Beni-Hassein. Fract. du kaïdat et de la tribu des Beni-Afer et Djimla. Com. ind., cerc. et cant. jud. de Djidjelli, subd. de Constantine, arr. jud. de Bougie. Pop. ind. 572 hab.

Ouled-Saïdi. Fract. du Djebel-Mesâad, tribu. Com. ind., cerc. et cant. jud. de Bou-Sâada, subd. d'Aumale. Pop. ind. 140 hab.

Ouled-Saïdi. Fract. des Ouled-Ali-ben-Sabor, tribu. Com. ind., cant. jud., cerc. et subd. de Batna. Pop. recensée avec les Ouled-Amor-ben-Mahdi, fract. de la même tribu 746 hab. ; — à 70 kil. O. de Batna.

Ouled-Saïdi. Fract. des Ouled-sidi-Zian, tribu. Com. ind., cerc. et cant. jud. de Bou-Sâada, subd. d'Aumale. Pop. ind. 81 hab.

Ouled-Saïed. Fract. des Ouled-Laouar et El-Mehach, tribu. Com. ind., cerc. et cant. jud. de Djelfa, subd. de Médéa. Pop. ind. 344 hab.

Ouled-Salah. Fract. des Ouled-Amour-Dahra, tribu. Com. ind., cerc. et cant. jud. de Bou-Sâada, subd. d'Aumale. Pop. ind. 208 hab.

Ouled-Salah. Fract. des Tacheta, tribu. Com. ind., cerc. et subd. d'Orléansville, cant. jud. de Cherchel. Pop. ind. 250 hab.

Ouled-Salah. Tribu et terrains de parcours. Non soumis à l'appl. du sén.-cons. Rattachés à la com. ind. de Laghouat. Cant. jud. et cerc. de Laghouat, subd. de Médéa; — à 60 kil. S.-O. de Laghouat et confinant au dép. d'Oran. Pop. ind. 1,157 hab. Les Ouled-Salah se composent des fract. suivantes : Ouled-Maach, Ouled-Atia, Ouled-Gassem, Zenéglia, Touamria et Ouled-Lahssen.

Ouled-Salah. V. *Ouled-sidi-Salah*, tribu. Com. ind., cant. jud. et cerc. de Biskra, subd. de Batna.

Ouled-Salah. (Sup. 3,100 hect. env.) Tribu non soumise à l'appl. du sén.-cons. Rattachée à la com. ind., au cant. jud. et à l'annexe de Takitount. Subd. et cerc. de Sétif, arr. jud. de Bougie; — à 8 kil. N.-E. de Takitount et sur le versant S.-O. du Djebel-Babor. Pop. ind. 1,299 hab.

Ouled-Salah. Fract. des Ouled-Laouar et El-Mehach, tribu. Com. ind., cerc. et cant. jud. de Djelfa, subd. de Médéa. Pop. ind. 367 hab.

Ouled-Salah-ben-Salah. Fract. des Beni-Ouazan, tribu. Com. ind., cerc., cant. jud. et subd. d'Orléansville. Pop. ind. 387 hab.

Ouled-Salah-Chéraga. Fract. des Rebaïa, tribu. Com. ind., cant. jud., cerc. et subd. de Médéa. Pop. ind. 365 hab.

Ouled-Salah-Gheraba. Fract. des Rebaïa, tribu. Com. ind., cerc., cant. jud. et subd. de Médéa. Pop. ind. 427 hab.

Ouled-Salem. Fract. du Djebel-Baten, tribu. Com. ind., cerc. et cant. jud. de Bou-Sâada, subd. d'Aumale. Pop. ind. 214 hab.

Ouled-Salem. Fract. des Ouled-Laouar et El-Mehach, tribu. Com. ind., cerc. et cant. jud. de Djelfa, subd. de Médéa. Pop. ind. 270 hab.

Ouled-Salem ou **Ouled-Selem.** (Sup. 18,800 hect. env.) Tribu dépendant de l'aghalik de Bouïra. Non soumise à l'appl. du sén.-cons. Rattachée à la com. ind., au cant. jud., au cerc. et à la subd. d'Aumale; — à 18 kil. E. d'Aumale et sur le versant N.-E. du Djebel-Hadjar-Sour-Tourba, point géodésique. Pop. ind. 1,715 hab.

Ouled-Salem. V. *Ouled-sidi-Salem*, tribu. Com. ind., cant. jud., cerc. et subd. d'Aumale.

Ouled-Sanoun. V. *Ouled-Sahnoun*, ancienne fract. de la tribu des Ouled-Derradj-Chéraga (ancienne organisation). V. *Ouled-Derradj-Chéraga*, tribu. Com. ind. et subd. de Batna.

Ouled-Saoud. Tribu non soumise à l'appl. du sén.-cons. Rattachée à la com. ind. de Biskra. Cant. jud. et cerc. de Biskra, subd. de Batna; — à 190 kil. S.-E. de Biskra et sur le chemin de cette ville à El-Oued, grand centre ind. Pop. ind. 5,257 hab. Les Ouled-Saoud se composent des fract. suivantes : Kouïnin, Tarzout, Z'goum et Sidi-Aoun. — Nota : Cette tribu renferme le centre ind. d'El-Oued. — Le nom de cette tribu ne figure pas dans la composition territoriale du cant. jud. de Biskra.

Ouled-Saoula. Fract. de Zab-Chergui, tribu. Com. ind., cant. jud. et cerc. de Biskra, subd. de Batna. Pop. ind. 380 hab.

Ouled-Sassi. Grande fract. dépendant de la tribu des Ouled-Zékri. Com. ind., cant. jud. et cerc. de Biskra, subd. de Batna. Pop. ind. 1,396 hab. Les Ouled-Sassi se composent des petites fract. suivantes : Ouled-Haouli, Ouled-Mahia, Ouled-Djoglaf, Ouled-Youïou et Ouled-Mahila.

Ouled-Sassi. Fract. de la tribu des Brareha. Com. ind., cerc. et cant. jud. de Tebessa, subd. de Constantine. Pop. ind. 352 hab.

Ouled-Sassi ou **Ouled-Sassy.** Fract. du douar-com. des Ouled-Achour de l'ancien kaïdat et de l'ancienne tribu des Segnia. Com. mix. d'Aïn-M'lila, cant. jud. des Ouled-Rahmoun, arr. de Constantine. Pop. ind. 532 hab.

Ouled-S'bân ou **Ouled-Sebân.** Fract. des Mahatlah, tribu. Com. ind., cerc. et cant. jud. de Souk-Ahras, subd. de Bône. Pop. ind. 876 hab.

Ouled-S'bân ou **Ouled-Sebân.** Fract. du douar-com. Ouled-si-Ounès de l'ancien kaïdat et de l'ancienne tribu des Segnia. Com. mix. d'Aïn-M'lila, cant. jud. des Ouled-Rahmoun, arr. de Constantine. Pop. ind. 1,186 hab.

Ouled-Sebân. Fract. du Bou-Thaleb, tribu. Com. ind., cerc., cant. jud. et subd. de Sétif. Pop. ind. 685 hab.

Ouled-Sebân. Fract. du Guergour, tribu. Com. ind., cerc. et subd. de Sétif, cant. jud. d'Akbou, arr. jud. de Bougie. Pop. ind. 202 hab.

Ouled-Sebgag. Fract. des Ouled-Zian, tribu. Com. ind., cant. jud. et cerc. de Biskra, subd. de Batna. Pop. ind. 450 hab.

Ouled-Seblaï, Ouled-M'rits. Fract. des Arab-Gheraba, tribu. Com. ind., cant. jud. et cerc. de Biskra, subd. de Batna. Pop. ind. des 2 fract. 861 hab. ; — à 105 kil. S.-O. de Biskra.

Ouled-Seblat. Fract. de M'khalif-Lazerag, tribu. Com. ind., cerc., cant. jud. de Laghouat, subd. de Médéa. Pop. ind. 149 hab.

Ouled-Sebt. Fract. du Sahel-Guebli, tribu. Com. ind.,

cerc. et subd. de Sétif, cant. jud. d'Akbou, arr. jud. de Bougie. Pop. ind. 49 hab.; — à 40 kil. E. d'Akbou et sur la rive droite de l'Oued-Bousellam, affluent du Sahèl.

Ouled-Seddik. Fract. des Ouled-Ghouïni, tribu. Com. ind., cerc. et cant. jud. de Djelfa, subd. de Médéa. Pop. ind. 212 hab.

Ouled-Seghour ou **Ouled-Serour.** Tribu dépendant des Hamyan-Djembâa. Non soumise à l'appl. du sén.-cons. Rattachée à la com. mix. et au cerc. de Sebdou. Cant. jud. et subd. de Tlemcen. Pop. ind. recensée avec les Hamyan-Djembâa.

Ouled-Sehaban ou **Ouled-Sahaban.** V. *Nouar* et *Ouled-Schaban*, fract. de la tribu des Arab-Gheraba. Com. ind., cant. jud. et cerc. de Biskra, subd. de Batna.

Ouled-Selama. (Sup. 3,681 hect.) Tribu délimitée et constituée en douar-com. par décret du 23 novembre 1867. V. *Ouled-Selama*, douar n° 50 de la carte. Com. mix. de Cassaigne, cant. jud. d'Inkermann, arr. de Mostaganem.

Ouled-Selama et Beni-Iddou. Tribus non soumises à l'appl. du sén.-cons. Rattachées à la com. ind. d'Aumale. Cant. jud., cerc. et subd. d'Aumale; — à 6 kil. S.-E. d'Aumale, sur le versant N.-E. du Djebel-Hadjar-sour-Tourba, point géodésique. Pop. ind. 1,082 hab. — NOTA : Le nom de la tribu des Beni-Iddou ne figure pas au tableau du dénombrement (1876).

Ouled-Selim. (Sup. 4,860 hect. env.) Tribu non soumise à l'appl. du sén.-cons. Rattachée à la com. ind. d'Aumale. Cant. jud., cerc. et subd. d'Aumale; — à 26 kil. N.-O. de cette ville et à l'E. de la route de l'Arba à Aumale. Pop. ind. 986 hab.

Ouled-Sélim. Fract. des Ouled-si-Ahmed, tribu. Com. ind., cerc. et cant. jud. de Djelfa, subd. de Médéa. Pop. ind. 891 hab.

Ouled-Sellem. (Sup. 64,145 hect.) Tribu délimitée et constituée en 4 douars-com. par décret du 1er avril 1868. V. les douars *M'cil*, n° 120, *Talkrent*, n° 121 et *El-Rhabat*, n° 122 de la carte. Com. ind., cant. jud., cerc. et subd. de Batna, annexe de Barika et le douar *Beïda-Bordj*, n° 119 de la carte, rattaché à la com. mix. des Eulma. Cant. jud. de St-Arnaud, arr. de Sétif. — NOTA ; Les douars-com. rattachés à la com. ind. de Batna se composent des fract. suivantes, savoir : *Talkrent* des fract. Ouled-oum-Saad, Ouled-Mira et Ouled-Saïd. Pop. ind. 1,255 hab. ; *M'cil* des fract. Ouled-bou-Saïd, Ouled-Haddad, Ouled-Rahdi, et Ouled-Freda, Pop. ind. 1,215 hab.; *El-Rhabat* des fract. Ouled-Embarek et Ouled-Messaoud. Pop. ind. 1,656 hab.

Ouled-Semohn. Fract. d'Aïn-Turk, tribu. Com. ind., cerc. et subd. de Sétif, cant. jud. d'Akbou, arr. jud. de Bougie. Pop. ind. 213 hab.

Ouled-Senan. (Sup. 4,573 hect.) Tribu délimitée et constituée en douar-com. par décret du 30 mai 1868. V. *Ouled-Senan*, douar n° 96 de la carte des douars. Com. mix., cant. jud. et arr. de Guelma.

Ouled-Senda. Fract. des Beni-Chaïb, tribu. Com. ind., cerc. et cant. jud. de Teniet-el-Had, subd. d'Orléansville. Pop. ind. 383 hab.; — à 24 kil. S.-O. de Teniet-el-Had.

Ouled-Senoussi ou **Ouled-S'noussi.** Fract. des Ouled-sidi-Younès, tribu. Com. ind., cerc. et cant. jud. de Djelfa, subd. de Médéa. Pop. ind. 149 hab.

Ouled-Serour ou **Ouled-Seghour.** Tribu dépendant des Hamyan-Djembâa. Non soumise à l'appl. du sén.-cons. Rattachée à la com. mix. et au cerc. de Sebdou, cant. jud. et subd. de Tlemcen. Pop. recensée avec les Hamyan-Djembâa.

Ouled-Serour ou **Ouled-Serhour.** Tribu non soumise à l'appl. du sén.-cons. Rattachée à la com. mix. et au cerc. de Géryville. Cant. jud. de Saïda, subd. de Mascara ; — à 105 kil. S.-E. de Saïda et à l'O. de la route de Saïda à Géryville. Pop. ind. 923 hab.

Ouled-Setita. Fract. du Djebel-Mesâad, tribu. Com. ind., cerc. et cant. jud. de Bou-Sâada, subd. d'Aumale. Pop. ind. 183 hab.

Ouled-Setti. Fract. des Beni-Chaïb, tribu. Com. ind., cerc. et cant. jud. de Teniet-el-Had, subd. d'Orléansville. Pop. ind. 284 hab.; — à 18 kil. O. de Teniet-el-Had et sur le versant N. du Djebel-Nerod.

Ouled-si-Abderrahman. Fract. des Ouled-sidi-Younès, tribu. Com. ind., cerc. et cant. jud. de Djelfa, subd. de Médéa. Pop. ind. 101 hab.

Ouled-si-Afif, Beni-Yahi. Fract. du Nador, tribu et kaïdat. Com. ind., cerc. de Souk-Ahras, cant. jud. de Guelma, subd. de Bône. Pop. ind. 1,554 hab. ; — à 15 kil. S. de Guelma et au S.-E. du douar-com. de Khezaras.

Ouled-si-Ahmed. Fract. des Beni-bel-Hassen, tribu. Com. ind., cerc. et cant. jud. de Teniet-el-Had, subd. d'Orléansville. Pop. ind. 219 hab.

Ouled-si-Ahmed. Tribu non soumise à l'appl. du sén.-cons. Rattachée à la com. ind. de Djelfa, cant. jud. et cerc. de Djelfa, subd. de Médéa; — à 24 kil. O. de Djelfa et au S. du Lac Zahrez-Rarbi. Pop. ind. 3,740 hab. Les Ouled-si-Ahmed se composent des fract. suivantes : Ouled-Chérif, Ouled-Sélim, Ouled-sidi-Salem, Ouled-el-Kaki, Ouled-Djabalah, Ouled-Chérik, Ouled-Maylob et Ouled-Djaïdat.

Ouled-si-Ahmed. Fract. des Ouled-bou-Abd-Allah, tribu. Com. ind., cerc. et cant. jud. de Djelfa, subd. de Médéa. Pop. ind. 554 hab.

Ouled-si-Ahmed-ben-Ali. Fract. des Beni-Maïda, tribu. Com. ind., cerc. et cant. jud. de Teniet-el-Had, subd. d'Orléansville. Pop. ind. 255 hab.; — à 34 kil. S.-O. de Teniet-el-Had.

Ouled-si-Ahmed-ben-el-Krider. Fract. des Ouled-Mohamed-el-M'barek, tribu. Com. ind., cerc. et cant. jud. de Bou-Sâada, subd. d'Aumale. Pop. ind. 93 hab.

Ouled-si-Ahmed-ben-M'ahmed. Fract. des Ouled-sidi-Younès, tribu. Com. ind., cerc. et cant. jud. de Djelfa, subd. de Médéa. Pop. ind. 111 hab.

Ouled-si-Ahmed-ben-Medjdoub ou **Ouled-Ali-Ahmed-Medjedoub.** V. *Ouled-sidi-Ahmed-ben-Medjdoub*, tribu. Com. mix. et cerc. de Sebdou, cant. jud. et subd. de Tlemcen.

Ouled-si-Ahmed-ben-Mohammed. V. *Ouled-sidi-Ahmed-ben-Mohamed*, tribu. Com. mix. et annexe de Zemmorah, cant. jud. de Relizane, subd. d'Oran.

Ouled-si-Ahmed-ben-Saïd ou **Ouled-sidi-Ahmed-ben-Saïd.** Tribu non soumise à l'appl. du sén.-cons. Rattachée à la com. ind. de Tiaret-Aflou, Cant. jud. et cerc. de Tiaret, subd. de Mascara; — à 90 kil. S.-E. de Tiaret et sur le chemin de cette ville à Aflou. Pop. ind. 687 hab.

Ouled-si-Ahmed-ben-Youssef. (Sup. 3,860 hect.) Tribu délimitée et constituée en douar-com. par décret du 23 septembre 1867. V. *Oued-Chaïr*, douar n° 36 de la carte. Com. ind., cerc., cant. jud. et subd. de Médéa. Les Ouled-si-Ahmed-ben-Youssef ou le douar-com. se composent des fract. suivantes : Zaouïa et Ouled-sid-el-Khider. Pop. ind. 510 hab.

Ouled-si-Ahmed-ben-Youssef. Fract. du douar-com. d'Oued-Ought de la tribu des Righa. Com. ind., cerc., cant. jud. et subd. de Médéa. Pop. ind. 215 hab.; — à 12 kil. S.-O. de Médéa et sur la rive droite du Chélif.

Ouled-si-Ahmed-Tedjini. Fract. d'Aïn-Madhi, ksar. Com. ind., cerc. et cant. jud. de Laghouat, subd. de Médéa. Pop. ind. 202 hab.; — à 48 kil. O. de Laghouat.

Ouled-si-Ali. Fract. de la tribu des Brareha. Com. ind., cerc. et cant. jud. de Tebessa, subd. de Constantine. Pop. ind. 615 hab.

Ouled-si-Ali. Grande fract. des Chorfat-el-Hamel, tribu. Comprenant les fract. de : El-Hadj-el-Aouïn-ben-Belgassem, El-Hadj-ben-Ahmed et Belgassem-ben-el-Arbi. Com. ind., cerc. et cant. jud. de Bou-Sâada, subd. d'Aumale. Pop. ind. 586 hab.

Ouled-si-Ali-ben-Aouf. Fract. des Ouled-Soltan, tribu. Com. ind., cant. jud., cerc. et subd. de Batna, annexe de Barika. Pop. recensée avec les Ouled-Abd-Allah-ben-Aouf des Ouled-Soltan, fract. de la même tribu.

Ouled-si-Ali-Tahamment. (Sup. 16,643 hect.) Ancienne tribu. Délimitée et érigée en douar-com. par décret du 20 février 1867. V. *Ouled-si-Ali-Tahamment*, douar n° 117 de la carte. Com. mix. et cant. jud. de Batna, arr. de Constantine.

Ouled-si-Amar. Fract. des Ouled-sidi-Aïssa-el-Adhab, tribu. Com. ind., cerc., cant. jud. et subd. de Médéa. Pop. ind. 115 hab.

Ouled-si-Ameur ou **Ouled-sidi-Ameur.** (Sup. 23,800 hect. env.) Tribu non soumise à l'appl. du sén.-cons. Rattachée à la com. ind. d'Aumale. Cant. jud., cerc. et subd. d'Aumale; — à 22 kil. S. de cette ville et à l'E. de la route d'Aumale à Bou-Sâada. Pop. ind. 1,247 hab.

Ouled-si-Ameur. Fract. du Djebel-Baten, tribu. Com. ind., cerc. et cant. jud. de Bou-Sâada, subd. d'Aumale. Pop. ind. 165 hab.

Ouled-si-Ameur. Fract. des Ouled-ben-Allia, tribu. Com. ind., cerc. et cant. jud. de Djelfa, subd. de Médéa. Pop. ind. 183 hab.

Ouled-si-Amor. Fract. des Beni-Yala, tribu. Com. ind., cerc. et subd. de Sétif, cant. jud. d'Akbou. Pop. ind. 640 hab.

Ouled-si-Atallah ou **Ouled-sidi-Attallah.** Tribu non soumise à l'appl. du sén.-cons. Rattachée à la com. ind. de Laghouat. Cant. jud. et cerc. de Laghouat, subd.

OULED-SI (RÉPERTOIRE ALPHABÉTIQUE DES TRIBUS) **OULED-SI**

de Médéa. Pop. ind. 730 hab. Les Ouled-si-Atallah se composent des fract. suivantes : Ouled-si-el-Dahr, Ouled-si-Djoudi, Ouled-sidi-el-Habchi, Ouled-sidi-Abd-errahman, Ouled-sidi-Zaatar, Ouled-sidi-M'barek et Ouled-sidi-Baïlich.

Ouled-si-bel-Kassem. Fract. des Ouled-oum-Hani, tribu. Com. ind., cerc. et cant. jud. de Djelfa, subd. de Médéa. Pop. ind. 196 hab.

Ouled-si-bel-Kheïr ou **Ouled-sidi-bel-Kheïr.** Fract. des Achèche, tribu. Com. ind., cant. jud., cerc. et subd. de Batna. Pop. ind. 360 hab.

Ouled-si-ben-Halima ou **Ouled-sidi-ben-Halyma.** Tribu dépendant des Sedama. Non soumise à l'appl. du sén.-cons. Rattachée à la com. mix. de Frendah-Mascara, Cerc. de Mascara, cant. jud. de Tiaret, subd. de Mascara ; — à 46 kil. S.-O. de Tiaret et sur la route de Tiaret à Mascara. Pop. ind. 960 hab.

Ouled-si-Daoud ou **Ouled-sidi-Daoud.** (Sup. 9,700 hect. env.) Tribu non soumise à l'appl. du sén.-cons. Rattachée à la com. ind. et au cerc. de Boghar. Cant. jud. de Boghari, subd. de Médéa ; — à 65 kil. S.-O. de Boghar, entre l'Oued-Belbela et l'Oued-Oureuk, affluents du Chélif. Pop. ind. 1,028 hab.

Ouled-si-Daoud. Fract. de l'Oued-Bousselah, kaïdat et tribu. Com. ind. et annexe de Fedj-Mezala, subd. de Constantine, cant. jud. de Mila. Pop. ind. 200 hab. ; — à 32 kil. S.-O. de Mila, sur l'Oued-Baharen, affluent de l'Oued-bou-Slah.

Ouled-sid-el-Khider. Fract. du douar-com. de l'Oued-Chaïr de la tribu des Ouled-si-Ahmed-ben-Youssef. Com. ind., cerc., cant. jud. et subd. de Médéa. Pop. ind. 270 hab.

Ouled-sid-Ennasser ou **Ouled-sidi-en-Nasseur.** Tribu non soumise à l'appl. du sén.-cons. Rattachée à la com. ind. de Tiaret-Aflou. Cant. jud. et cerc. de Tiaret, subd. de Mascara. Pop. ind. 810 hab.

Ouled-sidi-Abd-Allah. (Sup. 16,711 hect.) Tribu délimitée et constituée en 2 douars-com. par décret du 9 novembre 1867. V. *Ouled-bou-Abça*, douar n° 161 et *Ouled-sidi-Youssef*, douar n° 162 de la carte. Com. mix., cant. jud. et arr. de Mostaganem.

Ouled-sidi-Abd-el-Kader. Fract. du Hodna, tribu. Com. ind., cant. jud., cerc. et subd. de Batna, annexe de Barika. Pop. recensée avec les Ouled-Ariba et diverses autres fract. de la même tribu.

Ouled-sidi-Abd-el-Kader. Fract. des Ouled-sidi-Brahim, tribu. Com. ind., cerc. et cant. jud. de Bou-Sâada, subd. d'Aumale. Pop. ind. 153 hab.

Ouled-sidi-Abd-elly. V. *Ouled-sidi-el-Abd-elli*, tribu. Com. mix., cant. jud. et arr. de Tlemcen.

Ouled-sidi-Abd-errahman. Fract. des Ouled-ben-Chaa, tribu. Com. ind., cerc. et cant. jud. de Laghouat, subd. de Médéa. Pop. ind. 475 hab.

Ouled-sidi-Abd-errahman. Fract. des Ouled-Bessam-Cheraga, tribu. Com. ind., cerc. et cant. jud. de Teniet-el-Had, subd. d'Orléansville. Pop. ind. 255 hab. ; — à 32 kil. S.-O. de Teniet-el-Had et sur le versant N. du Kef-bou-Krendja.

Ouled-sidi-Abderrahman. Fract. des Ouled-sidi-Attallah ou Ouled-si-Atallah, tribu. Com. ind., cerc. et cant. jud. de Laghouat, subd. de Médéa. Pop. ind. 168 hab.

Ouled-sidi-Abid. (Sup. 178,500 hect.) Tribu délimitée et constituée en 3 douars-com. par décret du 15 décembre 1869. V. les douars *Bekkaria*, n° 336 ; *Sidi-Abid*, n° 335 et *El-Ma-el-Abiod*, n° 337 de la carte des douars. Com. ind., cant. jud. et cerc. de Tebessa, subd. de Constantine. Pop. ind. 1,084 hab. d'après le tableau de dénombrement (1876). Les Ouled-sidi-Abid se composent des fract. Zaouïa, Ouled-Youb et Temouchet. Cette dernière fract. est comprise dans le douar de Bekkaria. Les noms des douars Si-Abid et Ouled-Youb ne figurent pas au tableau du dénombrement.

Ouled-sidi-Adjerès. V. *Ouled-sidi-Hadjerès*, tribu. Com. ind., cant. jud., cerc. et subd. d'Aumale.

Ouled-sidi-Ahmed. Fract. des Abaziz, tribu. Com. ind., cerc. et cant. jud. de Djelfa, subd. de Médéa. Pop. ind. 616 hab.

Ouled-sidi-Ahmed-ben-Gassem. Fract. du Hodna, tribu. Com. ind., cant. jud., cerc. et subd. de Batna, annexe de Barika. Pop. recensée avec les Ouled-ben-Dahoua et les Ouled-el-Kodra, fract. de la même tribu, 744 hab.

Ouled-sidi-Ahmed-ben-Medjdoub ou **Ouled-sidi-Ahmed-ben-Medjedoub.** Tribu dépendant des Hamyan-Djembâa. Non soumise à l'appl. du sén.-cons. Rattachée à la com. mix. et au cerc. de Sebdou. Cant. jud. et subd. de Tlemcen. Pop. comprise dans les Hamyan-Djembâa.

Ouled-sidi-Ahmed-ben-Mohamed ou **Ouled-si-Ahmed-ben-Mohamed.** Tribu non soumise à l'appl. du sén.-cons. Rattachée à la com. mix. et à l'annexe de Zemmorah. Cant. jud. de Relizane, subd. d'Oran ; — à 12 kil. S. de Relizane, sur la rive gauche de l'Oued-Kheloug, affluent de l'Oued-Mina. Pop. ind. 1,572 hab.

Ouled-sidi-Ahmed-ben-Saïd. V. *Ouled-si-Ahmed-ben-Saïd*, tribu. Com. ind. de Tiaret-Aflou, cant. jud. et cerc. de Tiaret, subd. de Mascara.

Ouled-sidi-Ahmed-Dahra ou **Ouled-sidi-Ahmed-Dahya.** Fract. des Ouled-Sahia, tribu. Com. ind., cant. jud. et cerc. de Biskra, subd. de Batna. Pop. ind. 733 hab. ; — à 246 kil. S. de Biskra.

Ouled-sidi-Ahmed-Guebala. Fract. des Ouled-Sahia, tribu. Com. ind., cant. jud. et cerc. de Biskra, subd. de Batna. Pop. ind. 540 hab.

Ouled-sidi-Aïssa. Fract. des Maamra, tribu. Com. ind., cerc. et cant. jud. de Laghouat, subd. de Médéa. Pop. ind. 373 hab.

Ouled-sidi-Aïssa. (Sup. 20,000 hect. env.) Tribu non soumise à l'appl. du sén.-cons. Rattachée à la com. ind. d'Aumale. Cant. jud., cerc. et subd. d'Aumale ; — à 30 kil. S. d'Aumale et à l'O. de la route de cette ville à Bou-Sâada. Pop. ind. 2,834 hab.

Ouled-sidi-Aïssa. Fract. des Ouled-Abd-Allah, tribu. Com. ind., cerc., cant. jud. et subd. d'Orléansville. Pop. ind. 968 hab. ; — à 34 kil. N.-O. d'Orléansville et sur l'Oued-Miza.

Ouled-sidi-Aïssa-el-Adhab ou **Ouled-sidi-Aïssa-el-Adheb.** (Sup. 27,715 hect. env.) Tribu non soumise à l'appl. du sén.-cons. Rattachée à la com. ind. de Médéa. Cant. jud., cerc. et subd. de Médéa ; — à 120 kil. S.-E. de Médéa et à l'O. du lac Zahrez-ech-Chergui. Pop. ind. 724 hab. Les Ouled-sidi-Aïssa-el-Adhab se composent des fract. suivantes : Touahar, Rouabah, Ouled-si-Amar et Mekhalif.

Ouled-sidi-Aïssa-el-Ouerq. (Sup. 23,000 hect. env.) Tribu non soumise à l'appl. du sén.-cons. Rattachée à la com. ind. et au cerc. de Boghar. Cant. jud. de Boghari, subd. de Médéa ; — à 55 kil. S.-O. de Boghari et à cheval sur l'Oued-Touïl, affluent de l'Oued-Chélif. Pop. ind. 711 hab.

Ouled-sidi-Aïssa-Souaghi. (Sup. 28,800 hect. env.) Tribu non soumise à l'appl. du sén.-cons. Rattachée à la com. ind. et au cerc. de Boghar. Cant. jud. de Boghari, subd. de Médéa ; — à 70 kil. S.-O. de Boghari et sur l'Oued-Touïl, affluent du Chélif. Pop. ind. 886 hab.

Ouled-sidi-Ali-ben-Chaïb ou **Ouled-sidi-Ali-ben-Chaab.** (Sup. 10,923 hect. env.) Tribu de l'ancien aghalik des Ghossel. Non soumise à l'appl. du sén.-cons. Rattachée comme section à la com. mix. de Tlemcen. Cant. jud. et arr. de Tlemcen ; — à 25 kil. N.-E. de cette ville et sur l'Oued-Isser. Pop. ind. 1,410 hab. — Nota : Cette tribu renferme le centre européen de Tekbalet ou Aïn-Tekbalet. Pop. du centre, 111 français et 15 étrangers.

Ouled-sidi-Ali-ben-Youb. (Sup. 27,466 hect.) Tribu délimitée et constituée en douar-com. par décret du 22 avril 1868. V. *Tifiltès*, douar n° 116 de la carte. Com. mix. de Bou-Kanefis, cant. jud. et arr. de Sidi-bel-Abbès.

Ouled-sidi-Amar. Fract. des Arab-Chéraga, tribu. Com. ind., cant. jud. et cerc. de Biskra, subd. de Batna. Pop. ind. 842 hab., y compris les Ouled-Moumen et les Ouled-Moussa, fract. de la même tribu.

Ouled-sidi-Ameur-Chéraga. Fract. des Ouled-Allane-Bechich, tribu. Com. ind., cerc., cant. jud. et subd. de Médéa. Pop. ind. 216 hab.

Ouled-sidi-Ameur-Gheraba. Fract. des Ouled-Allane-Bechich, tribu. Com. ind., cerc., cant. jud. et subd. de Médéa. Pop. ind. 216 hab.

Ouled-sidi-Ameur-el-Morabat. Fract. des Ouled-Allane-Bechich, tribu. Com. ind., cerc., cant. jud. et subd. de Médéa. Pop. ind. 291 hab.

Ouled-sidi-Ameur-ou-el-Hadj. Fract. des Beni-Idjeur-Djebel, tribu. Com. ind., cerc. et cant. jud. de Fort-National, subd. de Dellys. Pop. ind. 167 hab.

Ouled-sidi-Atsman. Fract. du Hodna, tribu. Com. ind., cant. jud., cerc. et subd. de Batna, annexe de Barika. Pop. ind. 365 hab.

Ouled-sidi-Atsman. Fract. des Beni-bou-Akkach, tribu. Com. ind., cerc. et cant. jud. de Fort-National, subd. de Dellys. Pop. ind. 256 hab.

Ouled-sidi-Atsman. Fract. des Ouled-Kraled, tribu. Com. ind., cerc. et cant. jud. de Bou-Sâada, subd. d'Aumale. Pop. ind. 77 hab.

Ouled-sidi-Atsman. Fract. des Ouled-Kraled, tribu.

Com. ind., cerc. et cant. jud. de Bou-Sâada, subd. d'Aumale. Pop. ind. 73 hab.

Ouled-sidi-Attallah. V. *Ouled-si-Atallah*, tribu. Com. ind., cant. jud. et cerc. de Laghouat, subd. de Médéa.

Ouled-sidi-Baïlleh. Fract. des Ouled-si-Atallah, tribu. Com. ind., cerc. et cant. jud. de Laghouat, subd. de Médéa. Pop. ind. 55 hab.

Ouled-sidi-Békri. Fract. de Chaflia ou La Chaflia, tribu. Com. ind., cerc. et cant. jud. de La Calle, subd. de Bône, Pop. ind. 1,116 hab.; — à 32 kil. S.-O. de La Calle et sur l'Oued-Cheflia.

Ouled-sidi-Belgassem. Fract. des Ouled-sidi-Brahim, tribu. Com. ind., cerc. et cant. jud. de Bou-Sâada, subd. d'Aumale. Pop. ind. 202 hab.

Ouled-sidi-Belkassem. Fract. des Ouled-Zian, tribu. Com. ind., cerc. et cant. jud. de Laghouat, subd. de Médéa. Pop. ind. 19 hab.

Ouled-sidi-bel-Kheïr ou **Ouled-si-bel-Kheïr.** Fract. de la tribu des Achèche, tribu. Com. ind., cant. jud., cerc. et subd. de Batna. Pop. ind. 360 hab.

Ouled-sidi-ben-Halyma. V. *Ouled-si-ben-Halima*, tribu. Com. mix. de Frendah-Mascara, cerc. et subd. de Mascara, cant. jud. de Tiaret.

Ouled-sidi-bou-Abd-Allah. (Sup. 13,465 hect.) Tribu délimitée et constituée en douar-com. par décret du 30 mai 1868. V. *Taghria*, douar n° 57 de la carte. Com. mix. de Cassaigne, arr. de Mostaganem, cant. jud. d'Inkermann.

Ouled-sidi-Brahim. (Sup. 2,356 hect.) Tribu délimitée et érigée en douar-com. par décret du 12 novembre 1868. V. *Ouled-sidi-Brahim*, douar n° 131 de la carte. Com. mix., cant. jud. et arr. de Mostaganem.

Ouled-sidi-Brahim. (Sup. 25,658 hect. env.) Tribu non soumise à l'appl. du sén.-cons. Rattachée à la com. ind. de Bou-Sâada. Cant. jud. et cerc. de Bou-Sâada, subd. d'Aumale; — à 15 kil. N.-O. de Bou-Sâada. Pop. ind. 1,299 hab. Les Ouled-sidi-Brahim se composent des fract. suivantes : Benzou, Ouled-sidi-Belgassem, Ed-Dis, Ouled-sidi-Abd-el-Kader, Ouled-Sidi-Touati, Ouled-sidi-el-Aoubi et une zmala. — NOTA : Cette tribu est organisée en kaïdat indépendant.

Ouled-sidi-Brahim. Tribu dépendant des Adjalot. Non soumise à l'appl. du sén.-cons. Rattachée à la com. ind. de Tiaret-Aflou. Cant. jud. et cerc. de Tiaret, subd. de Mascara. Pop. ind. 581 hab.

Ouled-sidi-Brahim. Fract. des Ouled-Mansour-ou-Madhi, tribu. Com. ind., cerc. et cant. jud. de Bordj-bou-Arréridj, subd. de Sétif, annexe de M'sila. Pop. ind. 187 hab.; — à 60 kil. S.-O. de Bordj-bou-Arréridj, à 35 kil. O. de M'sila et sur la rive gauche de l'Oued-Guemoula, affluent de l'Oued-Chellal.

Ouled-sidi-Brahim ou **Ouled-sidi-Brahim-bou-Beker.** Fract. dépendant de la tribu des Ben-Daoud. Non soumise à l'appl. du sén.-cons. Rattachée à la com. ind. de Bordj-bou-Arréridj, subd. de Sétif; — à 43 kil. N.-O. de Bordj-bou-Arréridj et confinant au dép. d'Alger. Pop. ind. 1,382 hab.

Ouled-sidi-Brahim-ben-Touil. Fract. des Ouled-sidi-Younès, tribu. Com. ind., cerc. et cant. jud. de Djelfa, subd. de Médéa. Pop. ind. 91 hab.

Ouled-sidi-Chikr. Fract. de Roumana, tribu. Com. ind., cerc. et cant. jud. de Bou-Sâada, subd. d'Aumale. Pop. ind. 76 hab.

Ouled-sidi-Chikr. Fract. des Ouled-Ameur-Guebala, tribu. Com. ind., cerc. et cant. jud. de Bou-Sâada, subd. d'Aumale. Pop. ind. 116 hab.

Ouled-sidi-Daho. (Sup. 5,105 hect.) Tribu délimitée et constituée en douar-com. par décret du 25 décembre 1867. V. *Ouled-sidi-Daho*, douar n° 71 de la carte. Com. mix., cant. jud. et arr. de Mascara.

Ouled-sidi-Daoud. V. *Ouled-si-Daoud*, tribu. Com. ind. et cerc. de Boghar, cant. jud. de Boghari, subd. de Médéa.

Ouled-sidi-Daoud. V. *Ouled-si-Daoud*, fract. de la tribu de l'Oued-Bousselah. Com. ind. et annexe de Fedj-Mezala, subd. de Constantine, cant. jud. de Mila.

Ouled-sidi-Djenidi. Fract. des Ouled-sidi-Sliman, tribu. Com. ind., cerc. et cant. jud. de Laghouat, subd. de Médéa. Pop. ind. 180 hab.

Ouled-sidi-el-Abchi. V. *Ouled-sidi-el-Habchi*, fract. des Ouled-si-Atallah. Com. ind., cerc. et cant. jud. de Laghouat, subd. de Médéa.

Ouled-sidi-el-Abd-Elli. (Sup. 13,316 hect.) Tribu délimitée et constituée en douar-com. par décret du 7 octobre 1868. V. *Ouled-sidi-el-Abd-Elli*, douar n° 124 de la carte. Com. mix., cant. jud. et arr. de Tlemcen.

Ouled-sidi-el-Aoubl. Fract. des Ouled-sidi-Brahim, tribu. Com. ind., cerc. et cant. jud. de Bou-Sâada, subd. d'Aumale. Pop. ind. 115 hab.

Ouled-sidi-el-Azereg. (Sup. 3,600 hect. env.) Tribu non soumise à l'appl. du sén.-cons. Rattachée à la com. mix. et à l'annexe de Zemmorah. Cant. jud. de Relizane, subd. d'Oran; — à 12 kil. S.-E. de Relizane. Pop. ind. 944 hab.

Ouled-sidi-el-Baktl. Fract. des Ouled-Allane-Zékri, tribu. Com. ind., cerc., cant. jud. et subd. de Médéa. Pop. ind. 103 hab.

Ouled-sidi-el-Habchi. Fract. des Ouled-si-Atallah, tribu. Com. ind., cerc. et cant. jud. de Laghouat, subd. de Médéa. Pop. ind. 92 hab.

Ouled-sidi-el-Hadj. Fract. des Ouled-ben-Allia, tribu. Com. ind., cerc. et cant. jud. de Djelfa, subd. de Médéa. Pop. ind. 547 hab.

Ouled-sidi-el-Hadj-ben-Amour. Tribu et ksar. Non soumis à l'appl. du sén.-cons. Rattachés à la com. mix. et au cerc. de Géryville. Cant. jud. de Saïda, subd. de Mascara; — à 26 kil. S. de Géryville. Pop. ind. 177 hab.

Ouled-sidi-en-Nasseur ou **Ouled-sid-Ennasser.** Tribu non soumise à l'appl. du sén.-cons. Rattachée à la com. ind. de Tiaret-Aflou. Cant. jud. et cerc. de Tiaret, subd. de Mascara. Pop. ind. 810 hab.

Ouled-sidi-Hadjerès ou **Ouled-sidi-el-Hadjerès.** (Sup. 45,200 hect. env.) Tribu non soumise à l'appl. du sén.-cons. Rattachée à la com. ind. d'Aumale. Cerc., cant. jud. et subd. d'Aumale; — à 45 kil. S.-E. de cette ville et à l'E. de la route d'Aumale à Bou-Sâada. Pop. ind. 2,021 hab.

Ouled-sidi-Hamza. V. *Ouled-si-Hamza*, tribu. Com. ind. de Tiaret-Aflou, cant. jud. et cerc. de Tiaret, subd. de Mascara.

Ouled-sidi-Kaddour. V. *Oued-sidi-Kaddour*, fract. des Ouled-Choïkh, tribu. Com. ind., cerc. et cant. jud. de Miliana, subd. d'Orléansville. Pop. ind. 111 hab.; — à 30 kil. S.-O. de Miliana.

Ouled-sidi-Khaled. (Sup. 3,073 hect. env.) Tribu dépendant des Harrar-Chéraga. Non soumise à l'appl. du sén.-cons. Rattachée à la com. ind. de Tiaret-Aflou. Cant. jud. et cerc. de Tiaret, subd. de Mascara; — à 26 kil. S.-O. de Tiaret et sur le versant N.-E. du Djebel-Lakhdar. Pop. ind. 2,357 hab.

Ouled-sidi-Khaled. V. *Sidi-Khaled*, grande fract. de la tribu des Ouled-Djellal. Com. ind., cant. jud. et cerc. de Biskra, subd. de Batna.

Ouled-sidi-Khalifa. (Sup. 15,819 hect.) Tribu délimitée et constituée en douar-com. par décret du 27 octobre 1866. V. *Oum-el-Doud*, douar n° 118 de la carte. Com. mix. et cerc. de Daya, subd. de Tlemcen, cant. jud. de Sidi-bel-Abbès. Pop. ind. 423 hab.

Ouled-sidi-Khalifa ou **Ouled-sidi-Khelifa.** (Sup. 8,000 hect. env.) Tribu non soumise à l'appl. du sén.-cons. Rattachée à la com. ind. de Saïda. Cerc. et cant. jud. de Saïda, subd. de Mascara; — à 30 kil. S.-O. de Saïda et à cheval sur l'Oued-Fallette, affluent du Chott-ech-Chergui. Pop. ind. 312 hab.

Ouled-sidi-Khelif. V. *Ouled-Khelifa* et *Ouled-sidi-Khelif*, fract. des Ouled-Allane-Zékri, tribu. Com. ind., cerc., cant. jud. et subd. de Médéa. Pop. ind. 188 hab. pour les 2 fract.

Ouled-sidi-M'barek. Fract. des Ouled-si-Atallah, tribu. Com. ind., cerc. et cant. jud. de Laghouat, subd. de Médéa. Pop. ind. 114 hab.

Ouled-sidi-Medjahed. (Sup. 5,138 hect.) Tribu délimitée et constituée en douar-com. par décret du 20 juillet 1867. V. *Sidi-Medjahed*, douar n° 130 de la carte. Com. mix. et cerc. de Lalla-Maghrnia, cant. jud. de Nemours, subd. de Tlemcen. Pop. ind. 293 hab.

Ouled-sidi-Mehamed-el-Hadj ou **Ouled-sidi-Mohamed-el-Hadj.** Fract. des Ouled-Allane-Zékri, tribu. Com. ind., cerc., cant. jud. et subd. de Médéa. Pop. ind. 292 hab.

Ouled-sidi-Merats. Fract. de Roumana, tribu. Com. ind., cerc. et cant. jud. de Bou-Sâada, subd. d'Aumale. Pop. ind. 78 hab.

Ouled-sidi-Messaoud. Fract. des Ouled-sidi-Zian, tribu. Com. ind., cerc. et cant. jud. de Bou-Sâada, subd. d'Aumale. Pop. ind. 107 hab.

Ouled-sidi-Mohamed-Moussa. Fract. des Ouled-sidi-Salah, tribu. Com. ind., cant. jud. et cerc. de Biskra, subd. de Batna. Pop. ind. 167 hab.; — à 48 kil. S.-E. de Biskra et sur l'Oued-Biskra.

Ouled-sidi-Mohamed-Salah. Fract. des Ouled-sidi-Salah, tribu. Com. ind., cant. jud. et cerc. de Biskra, subd. de Batna. Pop. ind. 117 hab.

Ouled-sidi-Moussa. Fract. des Arab-Chéraga, tribu.

OULED-SI (RÉPERTOIRE ALPHABÉTIQUE DES TRIBUS) **OULED-SI**

Com. ind., cant. jud. et cerc. de Biskra, subd. de Batna. Pop. ind. 419 hab.

Ouled-sidi-Moussa. Fract. des Ouled-Soltan, tribu. Com. ind., cant. jud., cerc. et subd. de Batna, annexe de Barika. Pop. recensée avec les Ouled-si-Mansour, Ouled-Abd-el-Djebbar, Ouled-el-Khammès, ensemble, 1,421 hab.

Ouled-sidi-Moussa. Fract. des Ouled-Zian, tribu. Com. ind., cerc. et cant. jud. de Laghouat, subd. de Médéa. Pop. ind. 206 hab.

Ouled-sidi-Nadji. Fract. des Ouled-Deïd, tribu et douar-com. Com. ind., cerc., cant. jud. et subd. de Médéa. Pop. ind. 510 hab. ; — À 32 kil. S.-E. de Médéa, sur le versant S. du Djebel-Sebbah.

Ouled-sidi-Nadji. Fract. des Ouled-oum-el-Akhoua, tribu. Com. ind., cerc. et cant. jud. de Djelfa, subd. de Médéa. Pop. ind. 550 hab.

Ouled-sidi-Nahani. Fract. des Ouled-sidi-Sliman, tribu. Com. ind., cerc. et cant. jud. de Laghouat, subd. de Médéa. Pop. ind. 193 hab.

Ouled-sidi-Rabah. Fract. des Ouled-Bessam-Gheraba, tribu. Com. ind., cerc. et cant. jud. de Teniet-el-Had, subd. d'Orléansville. Pop. ind. 357 hab. ; — À 30 kil. S.-O. de Teniet-el-Had.

Ouled-sidi-Saad. Fract. des Ouled-oum-el-Akhoua, tribu. Com. ind., cerc. et cant. jud. de Djelfa, subd. de Médéa. Pop. ind. 166 hab.

Ouled-sidi-Salah ou **Ouled-Salah** (d'après la carte au 1/800,000e du dépôt de la Guerre). Tribu non soumise à l'appl. du sén.-cons. Rattachée à la com. ind. de Biskra. Cant. jud. et cerc. de Biskra, subd. de Batna ; — à 40 kil. S.-E. de Biskra et au N.-O. du Chott-Melrir. Pop. ind. 843 hab. Les Ouled-sidi-Salah se composent des fract. suivantes : Dreïssa, Ouled-sidi-Mohamed-Saïah, Ouled-sidi-Salah, Ouled-Abd-Allah, Ouled-sidi-Mohamed-Moussa et Ouled-Ahmed-ben-Abd-Allah. — Nota : Le nom de cette tribu ne figure pas dans la composition territoriale du cant. jud. de Biskra.

Ouled-sidi-Salah. Fract. des Ouled-sidi-Salah, tribu. Com. ind., cant. jud. et cerc. de Biskra, subd. de Batna. Pop. ind. 143 hab. ; — à 48 kil. S.-E. de Biskra et sur la rive droite de l'Oued-Dibia, affluent du Chott-Farfaria.

Ouled-sidi-Salem ou **Ouled-si-Salem**. (Sup. 8,925 hect. env.) Tribu non soumise à l'appl. du sén.-cons. Rattachée à la com. ind. d'Aumale. Cant. jud.,

cerc. et subd. d'Aumale ; — à 40 kil. N.-O. de cette ville et sur la rive droite de l'Oued-Isser. Pop. ind. 1,837 hab.

Ouled-sidi-Salem. Fract. des Ouled-si-Ahmed, tribu. Com. ind., cerc. et cant. jud. de Djelfa, subd. de Médéa. Pop. ind. 241 hab.

Ouled-sidi-Seddik. Fract. des Ouled-sidi-Sliman, tribu. Com. ind., cerc. et cant. jud. de Laghouat, subd. de Médéa. Pop. ind. 325 hab.

Ouled-sidi-Sliman. Tribu non soumise à l'appl. du sén.-cons. Rattachée à la com. ind., au cerc. et au cant. jud. de Laghouat, subd. de Médéa. Pop. ind. 698 hab. Cette tribu se compose des fract. de Ouled-sidi-Nahani, Ouled-sidi-Djenidi et Ouled-sidi-Seddik. — Nota : Le nom de cette tribu ne figure pas dans la composition territoriale du cant. jud. de Laghouat.

Ouled-sidi-Sliman. (Sup. 12,471 hect.) Tribu délimitée et constituée en douar-com. par décret du 8 novembre 1869. V. Aïn-el-Anseur, douar no 151 bis de la carte. Com. ind., cant. jud. et cerc. de Teniet-el-Had, subd. d'Orléansville. Pop. ind. 1,057 hab.

Ouled-sidi-S'liman. Fract. des Arab-Gheraba, tribu. Com. ind., cant. jud. et cerc. de Biskra, subd. de Batna. Pop. ind. 241 hab.

Ouled-sidi-Tifour ou **Ouled-sidi-Thefour.** Tribu dépendant de Lagouaz. Non soumise à l'appl. du sén.-cons. Rattachée à la com. ind. de Tiaret-Aflou. Annexe d'Aflou, cant. jud. de Tiaret, subd. de Mascara. Pop. ind. 478 hab. — Nota : Ouled-sidi-Tifent, orthographe d'après la délimitation du cant. jud. de Tiaret.

Ouled-sidi-Touati. Fract. des Ouled-sidi-Brahim, tribu. Com. ind., cerc. et cant. jud. de Bou-Sâada, subd. d'Aumale. Pop. ind. 127 hab.

Ouled-sidi-Yacoub. Fract. des Beni-Hassein, tribu. Com. ind., cerc., cant. jud. et subd. de Médéa. Pop. ind. 166 hab. ; — à 24 kil. S.-E. de Médéa et à l'E. de la route nationale d'Alger à Laghouat.

Ouled-sidi-Yacoub. Fract. des Ouled-sidi-Younès, tribu. Com. ind., cerc. et cant. jud. de Djelfa, subd. de Médéa. Pop. ind. 351 hab. ; — à 46 kil. S.-O. de Djelfa.

Ouled-sidi-Yahia. (Sup. 11,044 hect.) Tribu délimitée et constituée en douar-com. par décret du 25 septembre 1869. V. Dar-ben-Abd-Allah, douar no 141 de la carte. Com. mix. et annexe de Zemmorah, cant. jud. de Relizane, subd. d'Oran.

Ouled-sidi-Yahia ou **Ouled-si-Yahia** ou **Ouled-sidi-Yahia-ben-Thaleb.** Kaïdat et tribu. Territoire non soumis à l'appl. du sén.-cons. Rattaché à la com. ind. de Tebessa. Cant. jud. et cerc. de Tebessa, subd. de Constantine ; — à 10 kil. N. de Tebessa et sur le chemin de cette ville à Souk-Ahras et confinant à la régence de Tunis. Pop. ind. 8,474 hab. Cette tribu se compose des fract. suivantes : Ouled-Mouellah, Abadna, Delalla, Ourfella, Betaïchia, Touaïbia, Khenafsa, Hamaïlia, Ouled-Brick, Mrarsa ou Megharsa, Mâalim, Merazga et El-Méridj.

Ouled-sidi-Yahia. Fract. du Hodna, tribu. Com. ind., cant. jud., cerc. et subd. de Batna, annexe de Barika. Pop. ind. recensée avec les Ouled-Ariba et diverses autres fract. de la même tribu. Pop. ind. 2,159 hab.

Ouled-sidi-Yahia. Fract. des Beni-Aïdel, tribu. Com. ind., cerc. et cant. jud. d'Akbou, subd. de Sétif, arr. jud. de Bougie. Pop. ind. 1,320 hab. ; — à 14 kil. S.-E. d'Akbou.

Ouled-sidi-Yahia. Fract. des Ouled-Ahmed, tribu. Com. ind., cerc. et cant. jud. de Bou-Sâada, subd. d'Aumale. Pop. ind. 189 hab.

Ouled-sidi-Yahia. Fract. des Ouled-Ammar, tribu. Com. ind., cerc. et cant. jud. de Teniet-el-Had, subd. d'Orléansville. Pop. ind. 271 hab. ; — à 38 kil. S.-O. de Teniet-el-Had.

Ouled-sidi-Yahia. Fract. des Ouled-ben-Châa, tribu. Com. ind., cerc. et cant. jud. de Laghouat, subd. de Médéa. Pop. ind. 217 hab.

Ouled-sidi-Yahia-ben-Ahmed. (Sup. 4,460 hect. env.) Tribu non soumise à l'appl. du sén.-cons. Rattachée à la com. mix. et à l'annexe de Zemmorah. Cant. jud. de Relizane, subd. d'Oran ; — à 10 kil. S. de Relizane et sur la rive droite de l'Oued-Kheloug, affluent de l'Oued-Mina. Pop. ind. 593 hab.

Ouled-sidi-Younès. Tribu non soumise à l'appl. du sén.-cons. Rattachée à la com. ind. de Djelfa. Cant. jud. et cerc. de Djelfa, subd. de Médéa ; — à 45 kil. S.-O. de Djelfa et au S.-O. de Djebel-Senalba. Pop. ind. 1,111 hab. Les Ouled-sidi-Younès se composent des fract. suivantes : Ouled-sidi-Yacoub, Ouled-Senoussi, Ouled-sidi-Brahim-ben-Touïl, Ouled-si-Ahmed-ben-M'ahmed, Ouled-Mahmed-ben-Younès, Ouled-si-Abd-Errahman et El-Reddada.

Ouled-sidi-Younès et Cheurfa ou **Ouled-Younès et Cheurfa.** Ancienne division du Dahra d'Alger. V. *Dahra d'Alger*, tribu. Com. ind., cant. jud., cerc. et subd. d'Orléansville.

Ouled-sidi-Zaatar. Fract. des Ouled-si-Atallah, tribu. Com. ind., cerc. et cant. jud. de Laghouat, subd. de Médéa. Pop. ind. 102 hab.

Ouled-sidi-Zian. Tribu dépendant de l'aghalik et de la tribu de l'Oued-Châir. Non soumise à l'appl. du sén-cons. Rattachée à la com. ind. de Bou-Sâada. Cant. jud. et cerc. de Bou-Sâada, subd. d'Aumale. Pop. ind. 1,212 hab. Les Ouled-sidi-Zian se composent des fract. suivantes : Ouled-ben-Ali, Ouled-sidi-Messaoud, Ouled-bou-Dina, Ouled-ben-Tsameur, Ouled-el-Naoum, Ouled-Charef, Ouled-Saïdi, Ouled-ez-Zahaf et une zmala.

Ouled-si-Djoudi. Fract. des Ouled-si-Atallah, tribu. Com. ind., cerc. et cant. jud. de Laghouat, subd. de Médéa. Pop. ind. 102 hab. ; — à 38 kil. S.-O. de Laghouat.

Ouled-si-el-Bahr. Fract. des Ouled-si-Atallah, tribu. Com. ind., cerc. et cant. jud. de Laghouat, subd. de Médéa. Pop. ind. 97 hab.

Ouled-si-Hamza ou **Ouled-sidi-Hamza.** Tribu non soumise à l'appl. du sén.-cons. Rattachée à la com. ind. de Tiaret-Aflou. Cant. jud. et cerc. de Tiaret, subd. de Mascara. Pop. ind. 664 hab.

Ouled-si-Lahsen. Fract. des Ouled-Ali-ben-Sabor, tribu. Com. ind., cant. jud., cerc. et subd. de Batna, annexe de Barika. Pop. ind. 209 hab.

Ouled-si-Lahsen. Fract. des Ouled-Bessam-Gheraba, tribu. Com. ind., cerc. et cant. jud. de Teniet-el-Had, subd. d'Orléansville. Pop. ind. 433 hab. ; — à 38 kil. S.-O. de Teniet-el-Had et sur le versant S.-O. de Si-Lahsen, point géodésique, altitude 1,202 mètres.

Ouled-si-Lahsen. Fract. des Ouled-Soltan, tribu. Com. ind., cant. jud., cerc. et subd. de Batna, annexe de Barika. Pop. recensée avec les Ouled-Ahmed, Ouled-Medabis et Ouled-bel-Adi, fract. de la même tribu, 898 hab.

Ouled-si-Mancer. Fract. des Achèche, tribu. Com. ind., cant. jud., cerc. et subd. de Batna. Pop. ind. 891 hab.

Ouled-si-Mansour. Fract. des Ouled-Soltan, tribu. Com. ind., cant. jud., cerc. et subd. de Batna, annexe

Barika. Pop. ind. recensée avec les Ouled-sidi-Moussa et diverses autres fract. de la même tribu, ensemble 1,421 hab.

Ouled-si-Mohamed-Merabetine. Fract. des Rebaïa, tribu. Com. ind., cerc., cant. jud. et subd. de Médéa. Pop. ind. 295 hab.; — à 62 kil. S.-O. de Médéa.

Ouled-si-Moussa. Fract. des Mahatla, tribu. Com. ind., cerc. et cant. jud. de Souk-Ahras, subd. de Bône. Pop. ind. 559 hab.; — à 28 kil. S.-O. de Souk-Ahras et sur la rive droite de l'Oued-Tifech, affluent de l'Oued-Cherf et au S. des Ruines-Romaines de Dréa.

Ouled-si-Saïd. Fract. des Mahatla, tribu. Com. ind., cerc. et cant. jud. de Souk-Ahras, subd. de Bône. Pop. ind. 600 hab.

Ouled-si-Salem. Fract. de Chabet-Cheurfa, tribu, ou Cherfa, douar-com. Com. mix. d'Aïn-Abessa, cant. jud. et arr. de Sétif. Pop. ind. 295 hab.

Ouled-si-Tabet. Fract. des Ouled-Rechaïch, tribu. Com. ind., cant. jud. et cerc. de Khenchela, subd. de Batna. Pop. ind. 350 hab.; — à 52 kil. S. de Khenchela.

Ouled-si-Yagoub. Fract. des Aziz, tribu. Com. ind., cerc. et cant. jud. de Teniet-el-Had, subd. d'Orléansville. Pop. ind. 412 hab.; — à 43 kil. E. de Teniet-el-Had, sur le versant S.-O. du Djebel-Tengensa, point géodésique, altitude 1,731 mètres.

Ouled-si-Yahia ou **Ouled-sidi-Yahia-ben-Thaleb.** Tribu et kaïdat composés des fract. suivantes : Ouled-Mouellah, Abadna, Belalia, Ourfella, Betaïchia, Touaïbia, Khenafsa, Hamaïlia, Ouled-Brick, M'rarsa ou Megharsa, Mâallim, El-Méridj. Territoire non soumis à l'appl. du sén.-cons. Rattaché à la com. ind., au cant. jud. et au cerc. de Tebessa, subd. de Constantine; — à 10 kil. N. de Tebessa et sur le chemin de cette ville à Souk-Ahras. Pop. ind. tot. 8,474 hab.

Ouled-S'lim ou **Ouled-Selim.** Fract. des Ouled-Rechaïch, tribu. Com. ind., cant. jud. et cerc. de Khenchela, subd. de Batna. Pop. ind. 815 hab.

Ouled-Sliman. Tribu non soumise à l'appl. du sén.-cons. Rattachée à la com. ind. de Bou-Sâada. Cant. jud. et cerc. de Bou-Sâada, subd. d'Aumale. Pop. ind. 551 hab. Les Ouled-Sliman se composent des fract. suivantes : El-Badessa, Ouled-Mohamed-ben-Sâad, Ouled-Alahoum et Ouled-Djab-Allah. Cette tribu fait partie du grand kaïdat du Djebel-Meharga.

Ouled-Sliman. V. *Ouled-bou-Sliman*, tribu. Com. ind., cant. jud., cerc. et subd. d'Orléansville.

Ouled-Sliman. V. *Ouled-sidi-Sliman*, tribu. Com. ind., cant. jud. et cerc. de Teniet-el-Had, subd. d'Orléansville.

Ouled-S'liman. (Sup. 74,059 hect.) Tribu délimitée et constituée en 4 douars-com. par décret du 9 mars 1867. V. les douars *Sfisef*, n° 106; *Teltoum* ou *Tilouïn*, n° 105; *Oued-Mebtouch*, n° 104; *Bou-Djebda*, n° 103 de la carte des douars. Com. mix. de la Mekerra, cant. jud. et arr. de Sidi-bel-Abbès.

Ouled-Sliman. Fract. de la tribu des Brarcha. Com. ind., cerc. et cant. jud. de Tebessa, subd. de Constantine. Pop. ind. 630 hab.

Ouled-Sliman. Fract. des Douï-Hasseni, tribu. Com. ind., cerc. et cant. jud. de Teniet-el-Had, subd. d'Orléansville. Pop. ind. 161 hab.; — à 27 kil. S.-O. de Teniet-el-Had et à 4 kil. de la rive gauche de l'Oued-Nahr.

Ouled-Sliman. Fract. des Ouled-Soltan, tribu. Com. ind., cant. jud., cerc. et subd. de Batna, annexe de Barika. Pop. ind. recensée avec les Ouled-ben-Aïcha, fract. de la même tribu, 121 hab.

Ouled-Sliman. Fract. de Zekaska, tribu. Com. ind., cerc. et cant. jud. de Laghouat, subd. de Médéa. Pop. ind. 164 hab.

Ouled-Sliman-ben-Aïssa. Fract. des Ammar-Khaddou, tribu. Com. ind., cant. jud. et cerc. de Biskra, subd. de Batna. Pop. ind. 261 hab.

Ouled-Sliman-ben-Hamza. Fract. des Beni-bou-Sliman, tribu. Com. ind., cant. jud. et cerc. de Biskra, subd. de Batna. Pop. ind. 790 hab., y compris les Arch-Djerallah, Ouled-Abd-er-Rezeg et Ouled-Kassem, fract. de la même tribu.

Ouled-Sliman, Taïbin. Fract. des Ouled-Sahia, tribu. Com. ind., cant. jud. et cerc. de Biskra, subd. de Batna. Pop. ind. des 2 fract. 843 hab.

Ouled-Smaïn. Tribu dépendant de l'aghalik d'Ouargla. Non soumise à l'appl. du sén.-cons. Rattachée à la com. ind., cerc. et cant. jud. de Laghouat, subd. de Médéa. Pop. ind. 385 hab.

Ouled-Smir. V. *Isser-Ouled-Smir*, tribu. Com. mix. des Isser, cant. jud. de Bordj-Menaïel, arr. de Tizi-Ouzou.

Ouled-S'nour. V. *Ouled-Serour*, tribu. Com. mix. et cerc. de Géryville, cant. jud. de Saïda, subd. de Mascara.

Ouled-Soltan ou **Ouled-Sultan.** (Sup. 7,300 hect. env.) Tribu non soumise à l'appl. du sén.-cons. Rattachée à la com. ind. d'Aumale. Cant. jud., cerc. et subd. d'Aumale; — à 20 kil. O. de cette ville, sur la rive droite de l'Oued-Halleba, affluent de l'Oued-Isser. Pop. ind. 1,813 hab.

Ouled-Soltan ou **Ouled-Sultan.** Tribu non soumise à l'appl. du sén.-cons. Rattachée à la com. ind. de Batna. Cant. jud., cerc. et subd. de Batna, annexe de Barika; — à 38 kil. O. de Batna et sur le chemin de cette ville à Barika. Pop. ind. 6,219 hab., y compris 123 ind. de la zmala. Les Ouled-Soltan se composent des fract. suivantes : Ouled-Messaoud, Ouled-ben-T'meldjet, Ouled-Embarek, Ouled-Gamra, Ouled-bel-Kassem-ben-Yahia, Ouled-Dehemza, Ouled-ben-Aïcha, Ouled-S'liman, Ouled-sidi-Moussa, Ouled-si-Mansour, Ouled-Abd-el-Djebbar, Ouled-el-Khammès, Ouled-Djabalah, Ouled-bou-Harkat, Ouled-Ali-ben-Mohamed, Ouled-Ahmed, Ouled-Medabis, Ouled-bel-Adi, Ouled-si-Lahsen, Ouled-bou-Sâad, Ouled-Hamouna, Ouled-Abd-Errahman, Ouled-bou-Khalfa, Ouled-Yahia, Ouled-el-Arbâa, Ouled-Chaabna, Ouled-Akkab, Ouled-Saïd-ben-Mohamed, Ouled-bou-Ziza, Ouled-el-Ouïfi, Ouled-Abd-Allah-ben-Aouf, Ouled-Moklouf, Ouled-si-Ali-ben-Aouf, Ouled-Sâad-ben-Ali, Ouled-bou-Afla, Ouled-Ali-ben-Znaboub, Ouled-Abd-Allah-ben-Embarek, Ouled-Messaoud, Ouled-bel-Khir, Ouled-Ali-ben-Zeïna, Ouled-el-Ouennès, Ouled-Belgassem, Ouled-Ali-ben-Rouagued, Ouled-Amich et une zmala. — NOTA : Les Ouled-Soltan étaient autrefois divisés en 2 tribus : Ouled-Soltan-Dahra et Ouled-Soltan-Guebala.

Ouled-Soltan ou **Ouled-Sultan.** V. *Ouled-Mahmed, Ouled-Soltan, Ouled-Chaïb*, fract. des Arab-Ghéraba, tribu. Com. ind., cant. jud. et cerc. de Biskra, subd. de Batna. Pop. ind. 357 hab.

Ouled-Soltan-Dahra ou **Ouled-Sultan-Dahra** et **Ouled-Soltan-Guebala** ou **Ouled-Sultan-Guebala.** Ancienne organisation. V. *Ouled-Soltan*, tribu. Com. ind., cant. jud., cerc. et subd. de Batna, annexe de Barika.

Ouled-Souïd. (Sup. 4,422 hect.) Tribu délimitée et constituée en douar-com. par décret du 24 octobre 1868. V. *Ouled-Souïd*, douar nº 60 de la carte. Com. mix. et annexe de Zemmorah, cant. jud. de Relizane, subd. d'Oran. Pop. ind. 1,193 hab.

Ouled-Soukias. Fract. des Ouled-Khiar, tribu. Com. ind., cerc. et cant. jud. de Souk-Ahras, subd. de Bône. Pop. ind. 2,034 hab. ; — à 16 kil. S.-E. de Souk-Ahras et sur la rive gauche de l'Oued-Mellègue.

Ouled-Taabna. V. *Taabna*, tribu et douar. Com. mix., et cant. jud. de Collo, arr. de Philippeville.

Ouled-Tâan ou **Ouled-Thaane.** (Sup. 10,000 hect. env.) Tribu non soumise à l'appl. du sén.-cons. Rattachée à la com. ind. d'Aumale. Cant. jud., cerc. et subd. d'Aumale ; — à 35 kil. O. de cette ville et au N. du chemin stratégique d'Aumale à Médéa. Pop. ind. 1,613 hab.

Ouled-Tabet. Petite fract. des Achach de la tribu du Djebel-Chéchar. Com. ind., cant. jud. et cerc. de Biskra, subd. de Batna. Pop. ind. 377 hab. ; — à 107 kil. N.-E. de Biskra, sur l'Oued-Tagnit ou Oued-Selledj, affluent du Chott-Sellem.

Ouled-Tabet. V. *Ouled-Thabet*, tribu. Com. ind. et cerc. de Boghar, cant. jud. de Boghari, subd. de Médéa.

Ouled-Tahar. Fract. de la tribu des Beni-Foughal. Com. ind., cerc. et cant. jud. de Djidjelli, arr. jud. de Bougie, subd. de Constantine. Pop. ind. 620 hab.

Ouled-Taïer. (Sup. 7,506 hect.) Tribu délimitée et érigée en 2 douars-com. par décret du 24 juillet 1867. V. *Ouled-Taïer*, douar nº 152 et *Ouled-sidi-Amar*, nº 153 de la carte des douars. Com. ind., cant. jud. et cerc. de Bordj-bou-Arréridj, subd. de Sétif. Pop. ind. des 2 douars 1,238 hab.

Ouled-Taïr. Fract. dépendant de la tribu des Ben-Daoud ou Beni-Daoud. Non soumise à l'appl. du sén.-cons. Rattachée à la com. ind. de Bordj-bou-Arréridj. Cant. jud. et cerc. de Bordj-bou-Arréridj, subd. de Sétif ; — à 50 kil. O. de Bordj-bou-Arréridj. Pop. ind. recensée avec les Ouled-Trif, fract. de la même tribu, 939 hab.

Ouled-Takherlbet. Fract. des Ouled-Daoud, tribu. Com. ind., cant. jud., cerc. et subd. de Batna. Pop. ind. 500 hab.

Ouled-Taleb. Fract. de la tribu des Beni-Iddeur. Com. ind., cerc. et cant. jud. de Djidjelli, arr. jud. de Djidjelli, subd. de Constantine. Pop. ind. 1,074 hab.

Ouled-Taleb ou **Ouled-Thaleb.** Fract. des Ouled-Dhia, tribu. Com. ind., cerc. et cant. jud. de Souk-Ahras, subd. de Bône. Pop. ind. 533 hab. ; — à 20 kil. N.-E. de Souk-Ahras et sur la rive gauche de l'Oued-Melah, affluent rive gauche de l'Oued-Medjerda.

OULED-TA-TI (RÉPERTOIRE ALPHABÉTIQUE DES TRIBUS **OULED-TI-TR**

Ouled-Talha. Fract. des Dehemcha, tribu. Com. ind., annexe et cant. jud. de Takitount, subd. de Sétif, arr. jud. de Bougie. Pop. ind. 835 hab.

Ouled-Tamzelt. Fract. des Ouled-Abd-el-Djebar, tribu. Com. ind., cerc. et cant. jud. de Bougie, subd. de Sétif. Pop. ind. 3,740 hab.

Ouled-Taous. Fract. des Ouled-Amour-Dahra, tribu. Com. ind., cerc. et cant. jud. de Bou-Sâada, subd. d'Aumale. Pop. ind. 145 hab.

Ouled-Teben et Ouled-bou-Beker. Fract. de la tribu d'El-Aouana. Com. ind., cerc. et cant. jud. de Djidjelli, subd. de Constantine, arr. jud. de Bougie. Pop. ind. des 2 fract. 525 hab.

Ouled-Temut. Fract. des Beni-Maïda, tribu. Com. ind., cerc. et cant. jud. de Teniet-el-Had, subd. d'Orléansville. Pop. ind. 401 hab.

Ouled-Térif. V. *Ouled-Trif*, fract. des Ben-Daoud, tribu. Com. ind., cerc. et cant. jud. de Bordj-bou-Arréridj, subd. de Sétif.

Ouled-Thabet. (Sup. 8,400 hect. env.) Tribu non soumise à l'appl. du sén.-cons. Rattachée à la com. ind. et au cerc. de Boghar. Cant. jud. de Boghari, subd. de Médéa ; — à 75 kil. S.-O. de Boghari, sur la rive gauche de l'Oued-el-Ouache, affluent du Chélif. Pop. ind. 870 hab.

Ouled-Thabet. Fract. du douar-com. d'Haouara. Com. ind., cerc., cant. jud. et subd. de Médéa. Pop. ind. 460 hab. ; — à 12 kil. S. de Médéa.

Ouled-Thabet ou **Ouled-Tabet.** Fract. des Sahari-Ouled-Brahim, tribu. Com. ind., cerc., cant. jud. et subd. de Médéa. Pop. ind. 104 hab.

Ouled-Thaleb ou **Ouled-Taleb.** Fract. des Ouled-Dhia, tribu. Com. ind., cant. jud. et cerc. de Souk-Ahras, subd. de Bône. Pop. ind. 533 hab. ; — à 20 kil. N.-E. de Souk-Ahras et sur la rive gauche de l'Oued-Melah, affluent rive gauche de l'Oued-Medjerda.

Ouled-Thane. V. *Ouled-Tdan*, tribu. Com. ind., cant. jud., cerc. et subd. d'Aumale.

Ouled-Thounis. V. *Ouled-Toumi*, tribu. Com. mix. et cerc. de Sebdou, cant. jud. et subd. de Tlemcen.

Ouled-Tifent. V. *Ouled-sidi-Tifour*, tribu. Com. ind. de Tiaret-Allou, cant. jud. et cerc. de Tiaret, subd. de Mascara.

Ouled-Tiffourour. Petite fract. des Achach de la tribu du Djebel-Chéchar. Com. ind., cant. jud. et cerc. de Biskra, subd. de Batna. Pop. ind. 361 hab. ; — à 90 kil. E. de Biskra.

Ouled-Tkouts. V. *Ouled-Agab et Ouled-Tkouts*, fract. des Arab-Chéraga, tribu. Com. ind., cant. jud. et cerc. de Biskra, subd. de Batna. Pop. ind. 130 hab., y compris les Ouled-Aïda, fract. de la même tribu.

Ouled-T'lets. Fract. du douar-com. de Bitam de la tribu des Saharis. Com. ind., cerc. et cant. jud. de Biskra, subd. de Batna. Pop. ind. 522 hab. ; — à 65 kil. N.-O. de Biskra et sur l'Oued-el-Bitam.

Ouled-Toâba. Tribu non soumise à l'appl. du sén.-cons. Rattachée à la com. ind. de Djelfa. Cant. jud. et cerc. de Djelfa, subd. de Médéa ; — à 70 kil. S. de Djelfa et sur la rive gauche de l'Oued-Djedi. Pop. ind. 1,558 hab. Les Ouled-Toâba sont divisés en 2 fract., El-Yab-Allah et El-Begara.

Ouled-Touatl. Fract. des Ouled-Amara, tribu. Com. ind., cerc. et cant. jud. de Bou-Sâada, subd. d'Aumale. Pop. ind. 144 hab.

Ouled-Touati. Petite fract. des Ouled-Harkat de la tribu des Ouled-Zékri. Com. ind., cant. jud. et cerc. de Biskra, subd. de Batna. Pop. ind. 783 hab.

Ouled-Touidjine. Fract. du douar-com. de Cherfa ou de la tribu de Chabet-Cheurfa. Com. mix. d'Aïn-Abessa, cant. jud. et arr. de Sétif. Pop. ind. 318 hab. ; — à 21 kil. N.-O. de Sétif, sur le chemin de Sétif à Takitount.

Ouled-Toumi ou **Ouled-Thounis.** Tribu dépendant des Hamyan-Djembâa. Non soumise à l'appl. du sén.-cons. Rattachée à la com. mix. et au cerc. de Sebdou. Cant. jud. et subd. de Tlemcen. Pop. ind. recensée avec les Hamyan-Djembâa.

Ouled-Tourni. V. *Ouled-Toumi*, tribu. Com. mix. et cerc. de Sebdou, cant. jud. et subd. de Tlemcen.

Ouled-Trif ou **Ouled-Térif.** Fract. dépendant de la tribu des Ben-Daoud ou Beni-Daoud. Com. ind., cant. jud. et cerc. de Bordj-bou-Arréridj, subd. de Sétif ; — à 45 kil. O. de Bordj-bou-Arréridj. Pop. recensée avec les Ouled-Taïr, fract. de la même tribu, 930 ind.

Ouled-Troudi. Fract. des Ouled-Dhia, tribu. Com. ind., cerc. et cant. jud. de Souk-Ahras, subd. de Bône. Pop. ind. 619 hab. ; — à 22 kil. N.-E. de Souk-Ahras et près de la rive gauche de la Medjerda.

Ouled-Troudi. Fract. des Ouled-Zian, tribu. Com. ind., cant. jud. et cerc. de Biskra, subd. de Batna. Pop. ind. 566 hab.

Ouled-Turki. Fract. des Beni-bou-Yacoub, tribu et douar-com. Com. mix. de Ben-Chicao, cant. jud. de Médéa, arr. d'Alger. Pop. ind. 557 hab.; — à 24 kil. E. de Médéa et sur l'Oued-Turki, affluent de l'Oued-Ladrech.

Ouled-Yacoub ou **Ouled-Yagoub.** Fract. du Ferdjioua, tribu. Com. ind. et annexe de Fedj-Mezala, subd. de Constantine, cant. jud. de Mila. Pop. ind. 396 hab.; — à 45 kil. S.-O. de Mila, entre l'Oued-Djimila et l'Oued-R'rama, affluents de l'Oued-Endja.

Ouled-Yacoub ou **Ouled-Yakoub.** Fract. des Tittiri-Souhary-Deïmat, tribu. Com. ind., cerc., cant. jud. et subd. de Médéa. Pop. ind. 217 hab.

Ouled-Yacoub-el-Ghaba ou **Ouled-Yacoub-el-Raba.** Tribu dépendant des Beni-Hellal. Non soumise à l'appl. du sén.-cons. Rattachée à la com. ind. de Tiaret-Aflou, cant. jud. et cerc. de Tiaret, subd. de Mascara. Pop. ind. 922 hab.

Ouled-Yacoub-Chéraga ou **Ouled-Yakoub-Chéraga.** Tribu dépendant des Beni-Hellal. Non soumise à l'appl. du sén.-cons. Rattachée à la com. ind. de Tiaret-Aflou, cant. jud. et cerc. de Tiaret, subd. de Mascara. Pop. ind. 606 hab.

Ouled-Yacoub-Gheraba ou **Ouled-Yakoub-Zerara-Gheraba.** Tribu dépendant des Beni-Hellal. Non soumise à l'appl. du sén.-cons. Rattachée à la com. ind. de Tiaret-Aflou, cant. jud. et cerc. de Tiaret, subd. de Mascara. Pop. ind. 946 hab.

Ouled-Yahia. Fract. d'Aïn-Turk, tribu. Com. ind., cerc. et subd. de Sétif, cant. jud. d'Akbou, arr. jud. de Bougie. Pop. ind. 1,024 hab.; — à 58 kil. S.-E. d'Akbou et au N. de la route nationale d'Alger à Constantine.

Ouled-Yahia. Fract. des Beni-Yala-Ghéraba, tribu. Com. ind., cerc., cant. jud. et subd. d'Aumale, annexe des Beni-Mansour. Pop. ind. 557 hab.; — à 35 kil. N.-E. d'Aumale; à 30 kil. O. du Bordj des Beni-Mansour, entre la route nationale d'Alger à Constantine et l'Oued-Dhouss, affluent rive gauche du Sahel.

Ouled-Yahia. Fract. des Ouled-Allane-Bechich, tribu. Com. ind., cerc., cant. jud. et subd. de Médéa. Pop. ind. 754 hab.

Ouled-Yahia. Fract. des Sahari-Ouled-Brahim, tribu. Com. ind., cerc., cant. jud. et subd. de Médéa, Pop. ind. 386 hab.

Ouled-Yahia. Fract. du Sahel-Guebli, tribu. Com. ind., cerc. et subd. de Sétif, cant. jud. d'Akbou, arr. jud. de Bougie. Pop. ind. 223 hab.; — à 56 kil. E. d'Akbou.

Ouled-Yahia. Fract. des Ouled-Soltan, tribu. Com. ind., cant. jud., cerc. et subd. de Batna, annexe de Barika. Pop. recensée avec les Ouled-oum-Sâad et diverses autres fract. de la même tribu.

Ouled-Yahia. Fract. de la tribu des Zouagha. Com. ind. et annexe de Fedj-Mezala, subd. de Constantine, cant. jud. de Mila. Pop. ind. 1,045 hab.; — à 27 kil. N.-O. de Mila et sur la rive gauche de l'Oued-Endja, affluent de l'Oued-el-Kebir.

Ouled-Yahia. (Sup. 6,113 hect.) Tribu délimitée et constituée en douar-com. par décret du 1er mai 1867. V. *Chemela*, douar n° 65 de la carte. Com. mix. de l'Oued-Fodda, cant. jud. de Duperré, arr. d'Orléansville. Pop. ind. 1,570 hab.

Ouled-Yahia. (Sup. 9,863 hect.) Tribu délimitée et constituée en 2 douars-com. par décret du 17 mars 1869. V. *Ouled-Zid* et *El-Habecha*, douars n° 142 de la carte. Com. mix. et annexe de Zemmorah, subd. d'Oran, cant. jud. de Relizane.

Ouled-Yahia. V. *Ouled-sidi-Yahia*, tribu, aussi appelée *Ouled-sidi-Yahia-ben-Thaleb*. Com. ind., cant. jud. et cerc. de Tebessa, subd. de Constantine.

Ouled-Yahia. V. *Ouled-sidi-Yahia-ben-Ahmed*, tribu. Com. mix. et arr. de Zemmorah, cant. jud. de Relizane, subd. d'Oran.

Ouled-Yahia-ben-Salem. Tribu non soumise à l'appl. du sén.-cons. Rattachée à la com. ind. de Djelfa, cant. jud. et cerc. de Djelfa, subd. de Médéa; — à 50 kil. S. de Djelfa et à l'E. de la route nationale d'Alger à Laghouat. Pop. ind. 1,149 hab. Les Ouled-Yahia-ben-Salem se composent des fract. suivantes : Ouled-Djeneydi, Ouled-el-Aïchi, Ouled-Djaïch et Ouled-Sâad-Bouzid.

Ouled-Yahia-Sebahba. Fract. des Zab-Chergui, tribu. Com. ind., cant. jud. et cerc. de Biskra, subd. de Batna. Pop. ind. 693 hab., y compris les Ouled-Bourafa, fract. de la même tribu.

Ouled-Yaïch. (Sup. 9,379 hect.) Tribu délimitée et constituée en douar-com. par décret du 4 avril 1868. V. *Ouled-Yaïch*, douar n° 7 de la carte. Com. mix. et cerc. d'Ammi-Moussa, cant. jud. d'Inkermann, subd. d'Oran. Pop. ind. 2,520 hab.

Ouled-Youb. Fract. des Ammar-Khaddou, tribu. Com. ind., cant. jud. et cerc. de Biskra, subd. de Batna. Pop. ind. 355 hab. ; — à 65 kil. N.-E. de Biskra.

Ouled-Youb. (Sup. 7,378 hect.) Tribu délimitée et érigée en douar-com. par décret du 11 juin 1870. V. *Ouled-Youb*, douar n° 315 de la carte. Com. ind., cant. jud. et cerc. de La Calle, subd. de Bône. Pop. ind. 517 hab. Les Ouled-Youb font partie du kaïdat de l'Oued-el-Kébir.

Ouled-Youb. Fract. de la tribu des Ouled-sidi-Abid. Com. ind., cerc. et cant. jud. de Tebessa, subd. de Constantine. Pop. ind. 512 hab.

Ouled-Youïou. Petite fract. des Ouled-Sassy de la tribu des Ouled-Zékri. Com. ind., cant. jud. et cerc. de Biskra, subd. de Batna. Pop. ind. 513 hab., y compris les Ouled-Djoglaf, fract. de la même tribu.

Ouled-Younès. Fract. des Beni-Yala, tribu. Com. ind., cerc. et subd. de Sétif, cant. d'Akbou, arr. jud. de Bougie. Pop. ind. 832 hab.

Ouled-Younès ou **Ouled-sidi-Younès.** Ancienne division du Dahra d'Alger. V. *Dahra*, tribu. Com. ind., cant. jud., cerc. et subd. d'Orléansville.

Ouled-Younès. Fract. des Matmata, tribu. Com. ind., cerc. et cant. jud. de Miliana, subd. d'Orléansville. Pop. ind. 675 hab.

Ouled-Younès. Fract. des Sahary-el-Attaya, tribu. Com. ind., cerc. et cant. jud. de Djelfa, subd. de Médéa. Pop. ind. 750 hab.

Ouled-Youssef. Fract. des Beni-Maïda, tribu. Com. ind., cerc. et cant. jud. de Teniet-el-Had, subd. d'Orléansville. Pop. ind. 457 hab. ; — à 25 kil. S.-O. de Teniet-el-Had, sur la rive droite de l'Oued-bou-Kahla.

Ouled-Youyou. V. *Ouled-Youïou*, petite fract. des Ouled-Sassi de la tribu des Ouled-Zékri. Com. ind., cant. jud. et cerc. de Biskra, subd. de Batna.

Ouled-Zaïd ou **Ouled-Zeïd.** Fract. des Ouled-Dhia, tribu. Com. ind., cerc. et cant. jud. de Souk-Ahras, subd. de Bône. Pop. ind. 923 hab. ; — à 2 kil. N.-E. de Souk-Ahras et sur la rive gauche de l'Oued-Djedra, affluent de l'Oued-Medjerda.

Ouled-Zaïd. Fract. des Ouled-Rechaïch, tribu. Com. ind., cant. jud. et cerc. de Khenchela, subd. de Batna. Pop. ind. 1,456 hab.

Ouled-Zaïd ou **Ouled-Zeïd.** Fract. de la tribu du Zouagha. Com. ind. et annexe de Fedj-Mezala, subd. de Constantine, cant. jud. de Mila. Pop. ind. 1,102 hab.

Ouled-Zaïre. Fract. des Ouled-Amara, tribu. Com. ind., cerc. et cant. jud. de Bou-Sâada, subd. d'Aumale. Pop. ind. 113 hab.

Ouled-Zeïr. (Sup. 46,388 hect.) Tribu délimitée et divisée en 4 douars-com. par décret du 26 juin 1867. V. *Sidi-Daho*, douar n° 26 ; *Aoubellil*, douar n° 25 ; *Arhlal*, douar n° 24 et *Souf-el-Tel*, douar n° 23 de la carte. Com. mix. et cant. jud. d'Aïn-Temouchent, subd. d'Oran.

Ouled-Zékri. Tribu non soumise à l'appl. du sén.-cons. Rattachée à la com. ind. de Biskra. Subd. de Batna. Pop. ind. 6,524 hab., y compris 94 ind. de la zmala. Les Ouled-Zékri se divisent en 4 grandes fract. ou tribus et une zmala, savoir : 1° Ouled-Harkat formée des fract. de : Ouled-Guérin et Ouled-Hani et Ouled-Touati, pop. ind. 1,740 hab. ; 2° Ouled-Rabah, formée des fract. : Ouled-Attia et Ouled-Hamida, pop. ind. 1,561 hab. ; 3° Ouled-Sassi, formée des fract. : Ouled-Haouli et Ouled-Mahia, Ouled-Djoglaf et Ouled-Youïou et Ouled-Mahila, pop. ind. 1,396 hab. ; 4° Ouled-Rahma, formée des fract. : Ouled-Mammar, Ouled-Amran et Ouled-Chitiouï, pop. ind. 1,733 hab. et la zmala des Ouled-Zékri, 94 ind.

Ouled-Zékri. V. *Ouled-Allane-Zékri*, tribu. Com. ind., cant. jud., cerc. et subd. de Médéa.

Ouled-Zemira. V. *Ouled-Zmira*, fract. de la tribu du Hodna. Com. ind., cant. jud., cerc. et subd. de Batna, annexe de Barika.

Ouled-Zenich. Fract. de Ouled-ben-Chàa, tribu. Com. ind., cerc. et cant. jud. de Laghouat, subd. de Médéa. Pop. ind. 205 hab.

Ouled-Zenim ou **Ouled-Zénin.** (Sup. 10,000 hect. env.) Tribu non soumise à l'appl. du sén.-cons. Rattachée à la com. ind. d'Aumale. Cant. jud., cerc. et subd. d'Aumale ; — à 40 kil. S.-O. de cette ville et au S. du chemin stratégique de Médéa à Aumale. Pop. ind. 2,367 hab.

Ouled-Zertr. Fract. du Bou-Thaleb, tribu. Com. ind., cerc., cant. jud. et subd. de Sétif. Pop. ind. 148 hab. ; — à 30 kil. S. de Sétif.

Ouled-Zhour. Kaïdat. Ce kaïdat est formé des douars-com. de Beni-Messlem, Beni-bel-Aïd et Beni-Ferguen. Com. ind. et cerc. de El-Milia, cant. jud. de Mila, subd. de Constantine. Pop. ind. du kaïdat 7,738 hab.

Ouled-Ziad. Ancienne tribu réunie aux S'béah du Nord. V. *Sbéah du Nord*, tribu. Com. ind., cant. jud., cerc. et subd. d'Orléansville.

Ouled-Ziad-Chéraga. Tribu non soumise à l'appl. du sén.-cons. Rattachée à la com. mix. et au cerc. de Géryville. Cant. jud. de Saïda, subd. de Mascara ; — à 125 kil. S.-E. de Saïda et sur la route de ce dernier centre à Géryville. Pop. ind. 1,431 hab.

Ouled-Ziad-Gheraba. Tribu non soumise à l'appl. du sén.-cons. Rattachée à la com. mix. et au cerc. de Géryville. Cant. jud. de Saïda, subd. de Mascara ; — au N.-O. de Géryville et sur la route de ce centre à Saïda. Pop. ind. 1,371 hab.

Ouled-Zian. Tribu non soumise à l'appl. du sén.-cons. Rattachée à la com. ind. de Laghouat. Cant. jud. et cerc. de Laghouat, subd. de Médéa. Pop. ind. 647 hab. Les Ouled-Zian se composent des fract. suivantes : Ouled-sidi-Belkassem, Ouled-ben-Arouz, El-Mérazig, Ouled-Ghelem, Ouled-el-Heïmar et Ouled-sidi-Moussa.

Ouled-Zian. Fract. des Haraouat, tribu. Com. ind., cerc. et cant. jud. de Miliana, subd. d'Orléansville. Pop. ind. 146 hab.

Ouled-Zian. (Sup. 41,000 hect. env.) Tribu non soumise à l'appl. du sén.-cons. Rattachée à la com. ind. de Biskra. Cant. jud. et cerc. de Biskra, subd. de Batna ; — à 10 kil. N.-O. de Biskra, et sur la route nationale de Stora à Biskra. Pop. ind. 7,835 hab. Les Ouled-Zian se composent des fract. suivantes : Ouled-Amran, Fezara, El-Houamed, Ouled-Troudi, Chenachna, Ouled-M'rabot, Ouled-Sebgag, Zerara, Ouled-Saïd, Djemorah, Branis, Beni-Souïk et Beni-Ferah.

Ouled-Zian. Fract. des Ouled-Mokhtar-Chéraga et Mouïadat-Chéraga, tribu. Com. ind., cerc., cant. jud. et subd. de Médéa. Pop. ind. 579 hab.

Ouled-Zian-Cheraga. Tribu dépendant des Harrar-Chéraga. Non soumise à l'appl. du sén.-cons. Rattachée à la com. ind. de Tiaret-Aflou. Cerc. et cant. jud. de Tiaret, subd. de Mascara ; — à 20 kil. S. de Tiaret, séparée des Ouled-Zian-Gheraba par la tribu des Ouled-sidi-Khaled. Pop. ind. 470 hab.

Ouled-Zian-Gheraba. (Sup. 62,542 hect. env.) Tribu non soumise à l'appl. du sén.-cons. Rattachée à la com. mix. de Frendah-Mascara. Cant. jud. de Tiaret, subd. de Mascara ; — à 30 kil. S.-O. de Tiaret et sur le versant S.-E. du Djebel-Lakhdar. Pop. ind. 1,371 hab.

Ouled-Zid. Fract. des Arab-Gheraba, tribu. Com. ind., cant. jud. et cerc. de Biskra, subd. de Batna. — NOTA : Les ind. des Ouled-Zid, au nombre de 809, sont actuellement internés dans la tribu des Ouled-oum-el-Akhoua du cerc. et de la com. ind. de Djelfa, subd. de Médéa.

Ouled-Zir. Fract. des Ouled-Aïffa, tribu. Com. ind., cerc. et cant. jud. de Djelfa, subd. de Médéa. Pop. ind. 447 hab.

Ouled-Ziri. (Sup. 1,574 hect.) Ancienne tribu rattachée au territoire de la com. pl. ex. de Nemours, par décret du 27 janvier 1869. Cant. jud. de Nemours, arr. de Tlemcen ; — à 1,500 mètres S. de Nemours. Pop. comprise dans la com. pl. ex. de Nemours.

Ouled-Ziri. V. *Ouled-bou-Ziri*, tribu. Com. ind. de Tiaret-Aflou, cant. jud. et cerc. de Tiaret, subd. de Mascara.

Ouled-Zitoun. Fract. des Ouled-Rechaïch, tribu. Com. ind., cant. jud. et cerc. de Khenchela, subd. de Batna. Pop. ind. 493 hab.

Ouled-Z'mara et Ouled-M'doura. Fract. de la tribu des Beni-Afer et Djimla. Com. ind., cant. jud. et cerc. de Djidjelli, subd. de Constantine, arr. jud. de Bougie. Pop. ind. 802 hab. pour les 2 fract. ; — à 26 kil S.-E. de Djidjelli.

Ouled-Zmira. Fract. du Hodna, tribu. Com. ind., cant. jud., cerc. et subd. de Batna, annexe de Barika. Pop. recensée avec El-Kechaïch, fract. de la même tribu, 663 hab.

Ouled-Zouaï. (Sup. des terres labourables 1,046 hect.) Tribu dépendant des Harrar-Chéraga. Non soumise à l'appl. du sén.-cons. Rattachée à la com. ind. de Tiaret-Aflou. Cant. jud. et cerc. de Tiaret, subd. de Mascara ; — à 18 kil. S.-E. de Tiaret et sur le versant S.-E. du Djebel-sidi-Habed. Pop. ind. 729 hab.

Ouled-Z'rar ou Ouled-Zerar. Fract. de la tribu de l'Oued-Bousselah. Com. ind. et annexe de Fedj-Mezala, subd. de Constantine, cant. jud. de Mila. Pop. ind. 523 hab. ; — à 44 kil. S.-O. de Mila.

Oulhassen. (Sup. 5,100 hect. env.) Tribu non soumise à l'appl. du sén.-cons. Rattachée à la com. mix. de Bône.

Cant. jud. de Mondovi, arr. de Bône ; — à 28 kil. O. de Mondovi et au S. du lac Fezzara. Pop. ind. 660 hab.

Oulhassa-Chéraga. V. *Beni-Fouzech et Beni-Riman*, tribus situées sur la rive droite de la Tafna. Com. mix., cant. jud. et arr. de Tlemcen.

Oulhassa-Gheraba. Tribu formée des parties des Beni-Fouzech et des Beni-Riman, situées sur la rive gauche de la Tafna. Non soumise à l'appl. du sén.-cons. Rattachée à la com. et au cerc. de Nemours. Cant. jud. et subd. de Tlemcen ; — à 32 kil. N. de Tlemcen. Pop. ind. 1,977 hab.

Oumach. V. *R'raba d'Oumach*, fract. des Arab-Chéraga, tribu. Com. ind., cant. jud. et cerc. de Biskra, subd. de Batna. Pop. ind. 213 hab.

Oumach. Fract. des Ziban, tribu. Com. ind., cant. jud. et cerc. de Biskra, subd. de Batna. Pop. ind. 118 hab. ; — à 20 kil. S. de Biskra.

Oumani ou **Oamhani.** V. *Ouled-oum-Hani*, tribu. Com. ind., cant. jud. et cerc. de Djelfa, subd. de Médéa.

Oum-el-Abeïr. Kaïdat (commandement ind.) Ce kaïdat est composé des douars-com. de Aïn-Diss, Sidi-R'gheïss, El-Medfoun, Touzzeline et Aïn-Zitoun de l'ancienne tribu des Haracta. Com. ind., cerc. et cant. jud. d'Aïn-Beïda, subd. de Constantine. Pop. du kaïdat, 5,066 hab. ind.

Oum-el-Akhoua. V. *Ouled-oum-el-Akhoua*, tribu. Com. ind., cerc. et cant. jud. de Djelfa, subd. de Médéa.

Oum-el-Thiour. Fract. de l'Oued-R'ir, tribu. Com. ind., cant. jud. et cerc. de Biskra, subd. de Batna. Pop. ind. 24 hab. ; — à 76 kil. S.-E. de Biskra et sur le chemin de cette ville à Tuggurt, près du Chott Mérouan.

Oum-el-Nahla. V. *Menahla*, fract. des Ziban, tribu. Com. ind., cant. jud., cerc. et subd. de Biskra, subd. de Batna.

Oum-el-Rekha ou **Merekha.** Fract. de l'Oued-Abdi, tribu. Com. ind., cant. jud., cerc. et subd. de Batna. Pop. ind. 259 hab.

Oum-Sâad. V. *Ouled-oum-Sdad*, fract. des Ouled-Soltan, tribu. Com. ind., cant. jud., cerc. et subd. de Batna, annexe de Barika.

Oum-Sâad. V. *Ouled-oum-Sdad*, fract. du douar Taïkrent de la tribu des Ouled-Sellem. Com. ind., cant. jud., cerc. et subd. de Batna.

Ounach. V. *Oumach*, fract. des Ziban, tribu. Com. ind., cerc. et cant. jud. de Biskra, subd. de Batna.

Ourfella. Fract. de la tribu des Ouled-sidi-Yahia. Com. ind., cerc. et cant. jud. de Tebessa, subd. de Constantine. Pop. ind. 707 hab.

Ouriach. V. *Ouled-Ouriach*, tribu ou *Sebdou*, douar-com. Com. mix. et cerc. de Sebdou, cant. jud. et subd. de Tlemcen.

Ourlal. Fract. des Ziban, tribu. Com. ind., cant. jud. et cerc. de Biskra, subd. de Batna. Pop. ind. 301 hab. ; — à 30 kil. S.-O. de Biskra et sur la rive gauche de l'Oued-Djeddi.

Ourlana. Fract. de l'Oued-R'ir, tribu. Com. ind., cant. jud., cerc. et subd. de Batna. Pop. ind. 316 hab. ; — à 143 kil. S.-E. de Biskra et à 52 kil. N. de Tuggurt, sur la route de Biskra à Tuggurt.

Ournid. V. *Beni-Ournid*, tribu ou *Terni*, douar-com. Com. mix., cant. jud. et arr. de Tlemcen.

Ourtilan. V. *Beni-Ourtilan*, tribu. Com. ind., cerc. et subd. de Sétif, cant. jud. d'Akbou.

Ourzddin ou **Ourzeddine.** V. *Beni-Ourzddin*, fract. de la tribu des Beni-Foughal. Com. ind., cerc. et cant. jud. de Djidjelli, subd. de Constantine.

Ourzeddin. V. *Beni-Ourzeddin*, tribu et douar-com. Com. mix., cant. jud. et arr. de Guelma.

Ourzellaguen ou **Ouzellaguen.** (Sup. 7,000 hect. env.) Tribu non soumise à l'appl. du sén.-cons. Rattachée à la com. et cerc. d'Akbou. Cant. jud. et cerc. d'Akbou, subd. de Sétif, arr. jud. de Bougie ; — à 10 kil. N.-E. d'Akbou, sur la rive gauche du Sahel et sur la route du Bordj des Beni-Mansour à Bougie. Pop. ind. 4,090 hab.

Oussin. V. *Beni-Oussin*, fract. de la tribu des Guergour. Com. ind., cerc. et subd. de Sétif, cant. jud. d'Akbou, arr. jud. de Bougie.

Ouzaghra. (Sup. 11,495 hect.) Tribu délimitée et constituée en douar-com. par décret du 12 novembre 1868. V. le douar *Oued-Ouaguenay*, n° 104 de la carte. Com. ind., cant. jud. et cerc. de Miliana, subd. d'Orléansville. Pop. ind. 1,627 hab.

Ouzana ou **El-Ouzana.** De l'ancienne tribu des Beni-Sliman. Actuellement fract. de la tribu des Beni-Maloum et Melouane. Non soumise à l'appl. du sén.-cons. Rattachée à la com. ind. et à l'annexe de l'Arba. Subd. d'Alger, cant. jud. de l'Arba; — à 35 kil. S. de l'Arba, sur la rive gauche de l'Oued-el-Malah, affluent de l'Oued-Isser. Pop. tot. des Beni-Maloum et Melouane et d'Ouzana, 1,935 hab. ind.

Ouzellaguen (dénombrement et carte au 1/800,000°) ou **Aouzellaguen** (carte au 1/200,000°, 1855) ou **Ellaguen** (carte au 1/200,000°, 1867) ou **Aouzellagen** (carte au 1/400,000°). V. *Ourzellaguen* (d'après le cant. jud.), tribu. Com. ind., cant. jud. et cerc. d'Akbou, subd. de Sétif.

Ouzera. (Sup. 16,251 hect.) Tribu délimitée et constituée en douar-com. par décret du 7 octobre 1868. V. *Ouzera*, douar-com. n° 51 de la carte. Com. mix. de Ben-Chicao, cant. jud. de Médéa, arr. d'Alger. Pop. ind. 4,134 hab. Les Ouzera se composent des fract. suivantes : Ouzera-el-Chéraga, Ouzera-el-Gheraba et Beni-Aïche. — NOTA : Une partie des Ouzera a servi à l'installation du centre européen d'Hassen-ben-Ali.

Ouzera-el-Chéraga ou **El-Chéraga**. Fract. de l'ancienne tribu ou du douar-com. de Ouzera. Com. mix. de Ben-Chicao, arr. d'Alger, cant. jud. de Médéa. Pop. ind. 1,408 hab. ; — à 11 kil. E. de Médéa, sur la rive droite de l'Oued-Ouara.

Ouzera-el-Gheraba ou **El-Gheraba**. Fract. de l'ancienne tribu d'Ouzera ou du douar-com. du même nom. Com. mix. de Ben-Chicao, cant. jud. de Médéa, arr. d'Alger. Pop. ind. 1,298 hab.

Ouzza. V. *Ouled-Ouzza*, fract. des Ouled-Daoud, tribu. Com. ind., cerc., cant. jud. et subd. de Batna. Pop. ind. 1,937 hab.

R

Rabah. V. *Ouled-Rabah*, fract. des Ouled-Zékri, tribu. Com. ind., cerc. et cant. jud. de Biskra, subd. de Batna. Pop. ind. 1,561 hab.

Rabta. Fract. dépendant de la tribu et du kaïdat de l'Oued-Ksob. Non soumise à l'appl. du sén.-cons. Rattachée à la com. ind. de Bordj-bou-Arréridj. Cant. jud. et cerc. de Bordj-bou-Arréridj. Com. ind. et subd. de Sétif; — à 20 kil. S. de Bordj-bou-Arréridj. Pop. ind. 2,268 hab.

Rabta. Fract. de Zouggara, tribu. Com. ind., cerc. et subd. d'Orléansville, cant. jud. de Cherchel. Pop. ind. 267 hab.; — à 52 kil. S.-O. de Cherchel et à 36 kil. N.-E. d'Orléansville.

Rached. V. *Beni-Rached*, tribu et douar-com. Com. ind., cant. jud., cerc. et subd. d'Orléansville. V. *Bou-Rached*, tribu et douar. Com. ind. et cerc. de Miliana. Com. mix. de Duperré, subd. d'Orléansville. V. *Ouled-Rached*, tribu. Com. mix. et annexe de Zemmorah, cant. jud. de Relizane, subd. d'Oran.

Radjeta. (Sup. 26,137 hect.) Tribu délimitée et constituée en douar-com. par décret du 22 février 1867. V. *Radjeta*, douar n° 44 de la carte. Com. mix. et cant. jud. de Jemmapes, arr. de Philippeville. — NOTA : Une partie des Radjeta a été prélevée par l'installation du centre européen de Djendel.

Rafa. V. *Ouled-Rafa*, tribu. Com. mix. et annexe de Zemmorah, cant. jud. de Relizane, subd. d'Oran.

Rafla et Chebabta. Fract. des Messaba, tribu. Com. ind., cerc. et cant. jud. de Biskra, subd. de Batna. Pop. ind. 663 hab. ; — à 165 kil. S.-E. de Biskra et à l'extrémité S. des chott Hadjela et Mouïat-el-Keuf.

Rahma. V. *Ouled-Rahma*, fract. des Ouled-Zékri, tribu. Com. ind., cerc. et cant. jud. de Biskra, subd. de Batna.

Rahman. Fract. de Zékaska, tribu. Com. ind., cerc. et cant. jud. de Laghouat, subd. de Médéa. Pop. ind. 68 hab.

Rahman-Chéraga. Tribu non soumise à l'appl. du sén.-cons. Rattachée à la com. ind. et au cerc. de Boghar. Cant. jud. de Boghari, subd. de Médéa ; — à 45 kil. S. de Boghari et à l'E. de la route d'Alger à Laghouat. Pop. ind. 2,697 hab.

Rahman-Gheraba. Tribu non soumise à l'appl. du sén.-cons. Rattachée à la com. ind. et au cerc. de Boghar. Cant. jud. de Boghari, subd. de Médéa ; — à 45 kil. S. de Boghari et à l'O. de la route nationale d'Alger à Laghouat. Pop. ind. 2,257 hab.

Rahmoun. V. *Ouled-Rahmoun*, ancienne terre domaniale.

V. *Djebel-Aougueb*, douar-com. Com. pl. ex. et cant. jud. de l'Oued-Atménia, arr. de Constantine.

Ralba. V. *Beni-Ralba*, fract. de la tribu des Beni-Chaïb. Com. ind., cerc. et cant. jud. de Teniet-el-Had, subd. d'Orléansville.

Ramra. Fract. de Tuggurt, tribu. Com. ind., cerc. et cant. jud. de Biskra, subd. de Batna. Pop. ind. 104 hab.; — à 179 kil. S. de Biskra et à 15 kil. N.-O. de Tuggurt.

Rander. Fract. d'Hannacha, tribu et douar-com. Com. ind., cerc., cant. jud. et subd. de Médéa. Pop. ind. 153 hab.

Ras-Ferdjioua. Fract. des Ferdjioua, tribu. Com. ind. et annexe de Fedj-Mezala, subd. de Constantine, cant. jud. de Mila. Pop. ind. 1,060 hab.

Rassira. (Sup. 20,000 hect.) Tribu délimitée et érigée en douar-com. par décret du 8 août 1869. V. *Rassira*, douar n° 217 de la carte. Com. ind., cant. jud. et cerc. de Biskra, subd. de Batna. Pop. ind. 2,206 hab. Le douar Rassira est actuellement rattaché à la tribu des Beni-bou-Sliman.

Rassoul ou **Ghassoul.** Ksar et territoire non soumis à l'appl. du sén.-cons. Rattaché à la com. mix. et au cerc. de Géryville. Cant. jud. de Saïda, subd. de Mascara; — à 185 kil. S.-E. de Saïda et à 36 kil. S.-E. de Géryville, sur la rive droite de l'Oued-Rassoul. Pop. ind. 420 hab.

Razila. Fract. des Beni-bou-Mileuk, tribu. Com. ind., cerc. et subd. d'Orléansville, cant. jud. de Cherchel. Pop. ind. 413 hab.

Rebaïa. Fract. des Achach, tribu. Com. ind., cerc. et cant. jud. de Biskra, subd. de Batna. Pop. ind. 975 hab. ; — à 175 kil. S.-E. de Biskra au N. et au S. du chott Asloudj.

Rebaïa. (Sup. 15,032 hect. env.) Tribu non érigée en douar-com. Rattachée à la com. ind., au cerc., au cant. jud. et à la subd. de Médéa. Pop. ind. 2,472 hab.; — à 46 kil. S.-E. de Médéa. Cette tribu se compose des fract. suivantes : Ouled-Attaf-Chéraga, 411 ind. ; Ouled-Attaf-Gheraba, 349 ind.; Ouled-Hamid-Fouaga, 289 ind.; Ouled-Hamid-Tahata, 336 ind.; Ouled-Salah-Gheraba, 427 ind.; Ouled-Salah-Chéraga, 365 ind. et Ouled-si-Mehamed-Merabetine, 205 ind.

Reboula. Fract. des Beni-Yala, tribu. Com. ind., cerc. et subd. de Sétif, cant. jud. d'Akbou, arr. jud. de Bougie. Pop. ind. 1,348 hab. ; — à 34 kil. E. d'Akbou et sur le versant N. du Ras-Agouf.

Rechaïch. V. *Ouled-Rechaïch*, tribu. Com. ind., cant. jud. et cerc. de Khenchela, subd. de Batna.

Redan. Fract. des Beni-Yala, tribu. Com. ind., cerc. et subd. de Sétif, cant. jud. d'Akbou, arr. jud. de Bougie. Pop. ind. 249 hab.

Reddada. V. *El-Reddada*, fract. de Ouled-sidi-Younès, tribu. Com. ind., cerc. et cant. jud. de Djelfa, subd. de Médéa. Pop. ind. 174 hab.

Refkate. Fract. du Sbouf, tribu. Com. ind., cerc. et cant. jud. de Teniet-el-Had, subd. d'Orléansville. Pop. ind. 717 hab. ; — à 30 kil. E. de Teniet-el-Had.

Reggad-Chéraga. V. *Ouled-Reggad-Chéraga*, tribu. Com. ind., cant. jud. et cerc. de Djelfa, subd. de Médéa.

Reggad-Gheraba. V. *Ouled-Reggad-Gheraba*, tribu. Com. ind., cant. jud. et cerc. de Djelfa, subd. de Médéa.

Regouïat. Fract. du douar-com. de Bitam, de la tribu des Saharis. Com. ind., cant. jud. et cerc. de Biskra, subd. de Batna. Pop. ind. 617 hab.

Rehanim-Summar. Fract. du Sahel-Guebli, tribu. Com. ind., cerc. et subd. de Sétif, cant. jud. d'Akbou, arr. jud. de Bougie. Pop. ind. 588 hab.

Rehanim-Zeghar ou **Rehanim-Zeggar.** Fract. du Sahel-Guebli, tribu. Com. ind., cerc. et subd. de Sétif, cant. jud. d'Akbou, arr. jud. de Bougie. Pop. ind. 522 hab.

Rehnan. Fract. des Ouled-Ali-Achicha, tribu. Com. ind., cerc. et cant. jud. de La Calle, subd. de Bône. Pop. ind. 184 hab.

Remougat. Fract. des Arab-Chéraga, tribu. Com. ind., cerc. et cant. jud. de Biskra, subd. de Batna. Pop. ind. 160 hab.

Reraba-d'Oumach. V. *R'raba-d'Oumach*, fract. des Arab-Chéraga, tribu. Com. ind., cerc. et cant. jud. de Biskra, subd. de Batna. Pop. ind. 213 hab.

Rerous ou **Rezous.** V. *El-Rezous*, fract. des Beni-Fraoucen, tribu. Com. ind., cerc. et cant. jud. de Fort-National, subd. de Dellys. Pop. ind. 146 hab.

Rezaïna-Chéraga. (Sup. [9,500 hect. env.) Tribu non soumise à l'appl. du sén.-cons. Rattachée à la com. ind. de Saïda. Cant. jud. et cerc. de Saïda, subd. de Mascara; — à 76 kil. S. de Saïda et au S. du chott Ech-Chergui. Pop. ind. 878 hab.

Rezaïna-Gheraba. (Sup. 7,800 hect. env.) Tribu non soumise à l'appl. du sén.-cons. Rattachée à la com. ind. de Saïda. Cant. jud. et cerc. de Saïda, subd. de Mascara; — à 76 kil. de Saïda. Pop. ind. 894 hab.

Rezazga. Fract. des Beni-bel-Hassen, tribu. Com. ind., cerc. et cant. jud. de Teniet-el-Had, subd. d'Orléansville. Pop. ind. 190 hab.

Rhached. V. *Ouled-Rached*, tribu. Com. mix. et arr. de Zemmorah, cant. jud. de Relizane, subd. d'Oran.

Rharaba. V. *Gharaba*, tribu. Com. mix. de St-Denis-du-Sig et de St-Lucien, cant. jud. de St-Denis-du-Sig et de Ste-Barbe-du-Tlélat, arr. d'Oran.

Rhemamta. V. *Ghemamta*, tribu. Com. ind. de Tiaret-Aflou, cerc. et cant. jud. de Tiaret, subd. de Mascara.

Rherazla. V. *Gherazla*, tribu et douar. Com. mix. d'Aïn-Abessa, cant. jud. et arr. de Sétif.

Rhiatra-Ouled-Ahmed. V. *Ghiatra-Ouled-Ahmed*, tribu. Com. mix. et cerc. de Sebdou, cant. jud. et subd. de Tlemcen.

Rhiatra-Ouled-Messaoud. V. *Ghiatra-Ouled-Messaoud*, tribu. Com. mix. et cerc. de Sebdou, cant. jud. et subd. de Tlemcen.

Rhibs. V. *Ghribs*, tribu et douar. Com. ind., cant. jud., cerc. et subd. de Médéa.

Rhobri ou **Robri.** V. *Beni-Ghobri*, tribu. Com. ind., cerc. et cant. jud. de Fort-National, subd. de Dellys.

Rhomérian. V. *Beni-Ghomérian*, tribu et douar. Com. mix. d'Oued-Fodda, cant. jud. de Duperré, arr. d'Orléansville.

Rhomérian. V. *Ghomérian*, fract. des Ouled-Kebbeb ou Ouled-Khebbeb, tribu. Com. ind. et annexe de Fedj-Mezala, cant. jud. de Mila, subd. de Constantine.

Rhossel. V. *Aghalik des Ghossels* (ancien commandement indigène). Com. mix., cant. jud. et arr. de Tlemcen.

Rhouïni ou **Rouïni.** V. *Ouled-el-Ghouïni* ou *Ouled-Ghouïni*, tribu. Com. ind., cant. jud. et cerc. de Djelfa, subd. de Médéa.

Riah. V. *Ouled-Riah*, aghalik (commandement indigène). Com. mix. de Tlemcen et de Lalla-Maghrnia, cant. jud., arr. et subd. de Tlemcen.

Riah. V. *Ouled-Riah*, tribu dépendant de l'aghalik des Ouled-Riah. Com. mix. et cerc. de Lalla-Maghrnia, cant. jud. et subd. de Tlemcen.

Riah. V. *Ouled-Riah*, tribu ou *Nekmaria*, douar-com. Com. mix. et cant. jud. de Cassaigne, arr. de Mostaganem.

Riah. V. *Ouled-bou-Riah*, tribu et douar-com. Com. mix. et cerc. d'Ammi-Moussa, cant. jud. d'Inkermann, subd. d'Oran.

Riahat. Fract. des Beni-bou-Khannous, tribu. Com. ind., cerc., cant. jud. et subd. d'Orléansville. Pop. ind. 526 hab.

Richla. Fract. des Babor, tribu. Com. ind., annexe et cant. jud. de Takitount, subd. de Sétif, arr. jud. de Bougie. Pop. ind. 1,033 hab. ; — à 24 kil. N.-E. de Takitount et sur le versant E. du Dra-Setha.

Righa. (Sup. 27,923 hect.) Tribu délimitée et constituée en douar-com. par décret du 24 octobre 1868. V. *Oued-Oughat*, douar n° 50 de la carte. Com. ind., cant. jud., cerc. et subd. de Médéa. Pop. ind. 3,414 hab. Les Righa ou le douar-com. Oued-Oughat se composent des fract. suivantes : Ouled-Aïssat, Ababda et Kouaret, Hefaïer, Ouled-Laounta, Ouled-bou-Hadi, Ouled-Laouar, Ouled-si-Ahmed-ben-Youssef, Ouled-ben-Aïssa, Ouled-bou-Achera, Ouled-Ouenuld, Senahdja et Ouled-Messaoud.

Righa. (Sup. 15,019 hect.) Tribu délimitée et constituée en douar-com. par décret du 21 septembre 1868. V. *Adélia*, douar n° 78 de la carte. Com. mix. d'Adélia, cant. jud. et arr. de Miliana.

Righa-Dahra. (Sup. 68,321 hect.) Ancienne tribu délimitée et divisée en 14 douars com. par décret du 6 septembre 1866. V. les douars *Ouled-Tebben*, n° 125 ; *Ouled-Braham*, n° 126 ; *Ouled-si-Ahmed*, n° 127 ; *Bled-Larbaa*, n° 128 ; *Ouled-Abd-el-Ouahad*, n° 129 ; *Aïn-Titest*, n° 130 ; *Bled-Madjouba*, n° 131 ; *Bled-Ras-el-Ma* ou *Ras-el-Ma*, n° 132 ; *Ouled-Mahalla*, n° 133 ; *Guebelt-Z'edim*, n° 134 ; *Ouled-Bouthara*, n° 135 ; *Chott-el-Malah*, n° 136 ;˙ *Kherbet-Ksar-el-Thir*, n° 137 et *Aïn-el-Ksar*, n° 138 de la carte des douars. Com. ind., cant. jud., cerc. et subd. de Sétif. Pop. tot. 7,171 ind. Ces 14 douars font actuellement partie du kaïdat et de la tribu du Bou-Thaleb.

— 174 —

RI-RO (RÉPERTOIRE ALPHABÉTIQUE DES TRIBUS RO-RR

Righa-Guebala. (Sup. 75,600 hect. env.) Ancienne organisation. Tribu non soumise à l'appl. du sén.-cons. Rattachée à la com. ind., au cant. jud., au cerc. et à la subd. de Sétif ; — à 20 kil. S. de cette ville. Pop. ind. 7,928 hab. Les Righa-Guebala font partie de la tribu et du kaïdat du Bou-Thaleb et se composent des fract. suivantes : Ouled-Hadjez, El-Anoual, Bou-Thaleb, Ouled-bou-S'lama, El-Amouassa, El-Hamma, Cherachera, Ouled-el-Ouassa, Ouled-Sebâa, Ouled-el-Madassi, Ouled-bou-Abdallah, Ouled-Checkour, Ouled-Zerir, Ouled-Mahnain, El-Frikat et Ouled-Kemedja.

Righar ou **Righas.** V. *Beni-Righar*, fract. des Beni-Hassen, tribu. Com. ind., cerc., cant. jud. et subd. de Médéa. Pop. ind. 433 hab.

Rilassa. Fract. dépendant du kaïdat et de la tribu de l'Oued-Ksob. Non soumise à l'appl. du sén.-cons. Rattachée à la com. ind. de Bordj-bou-Arréridj. Cant. jud. et cerc. de Bordj-bou-Arréridj, subd. de Sétif. Pop. ind. 1,424 hab.

R'ir. V. *Oued-R'ir*, tribu. Com. ind., cant. jud. et cerc. de Biskra, subd. de Batna.

Rirha. V. *Righa*, tribu ou *Adélia*, douar-com. Com. mix. d'Adélia, cant. jud. et arr. de Miliana.

Rirha. V. *Righa*, tribu ou *Oued-Oughat*, douar-com. Com. ind., cant. jud., cerc. et subd. de Médéa.

Rirha-Dahra. V. *Righa-Dahra*, tribu du Bou-Thaleb. Com. ind., cant. jud., cerc. et subd. de Sétif.

Rirha-Guebala. V. *Righa-Guebala*, tribu. Ancienne organisation. Dépendant actuellement du Bou-Thaleb. Com. ind., cant. jud., cerc. et subd. de Sétif.

Robeh ou **Kobeh.** V. *El-Robeh*, fract. des Ouled-Mohamed-el-M'barek, tribu. Com. ind., cerc. et cant. jud. de Bou-Sâada, subd. d'Aumale. Pop. ind. 105 hab.

Romériane. V. *Ghomériane*, fract. des Ouled-Kebbeb ou Khebbeb, tribu. Com. ind. et annexe de Fedj-Mezala, cant. jud. de Mila, subd. de Constantine. Pop. ind. 2,165 hab.

Rouabah. Fract. des Ouled-sidi-Aïssa-el-Adhab, tribu. Com. ind., cerc., cant. jud. et subd. de Médéa. Pop. ind. 320 hab.

Rouached et Tiberguent. Fract. des Ouled-Kebbeb ou Ouled-Khebbeb, tribu. Com. ind. et annexe de Fedj-Mezala, cant. jud. de Mila, subd. de Constantine. Pop. ind. des 2 fract. 799 hab.

Rouadi. V. *Gouadi*, tribu. Com. mix. de Frendah-Mascara, cerc. et subd. de Mascara, cant. jud. de Tiaret.

Rouïssat. Ksar dépendant de l'aghalik de Chamba d'Ouargla. Com. ind., cerc. et cant. jud. de Laghouat, subd. de Médéa. Pop. ind. 227 hab. ; — à 300 kil. S.-E. de Médéa et à 4 kil. S.-E. de Laghouat.

Roumana. Tribu dépendant du grand kaïdat du Djebel-Meharga. Non soumise à l'appl. du sén.-cons. Rattachée à la com. ind. de Bou-Sâada. Cant. jud. et cerc. de Bou-Sâada, subd. d'Aumale. Pop. ind. 937 hab. Cette tribu se compose des fract. suivantes : Ouled-Aïssa, Ouled-ben-Assida, Ouled-sidi-Mérats, Ouled-Ogba, Ouled-Kraled, Ouled-sidi-Chikr et El-Meraksa. — NOTA : Le nom de cette tribu ne figure pas dans la composition territoriale du cant. jud. de Bou-Sâada.

Roussia. Fract. du Ferdjioua, tribu. Com. ind. et annexe de Fedj-Mezala, cant. jud. de Mila, subd. de Constantine. Pop. ind. 1,199 hab.

R'raba d'Oumach ou **Reraba d'Oumach.** Fract. des Arab-Chéraga, tribu. Com. ind., cerc. et cant. jud. de Biskra, subd. de Batna. Pop. ind. 213 hab.

R'rous. V. *Oued-R'rous*, tribu nouvellement organisée. Com. ind., cerc. et cant. jud. de Biskra, subd. de Batna. Pop. ind. 273 hab.

S

SA

Sâada. V. *Beni-Sâada*, fract. des Beni-Attafs, tribu. Com. ind., cerc. et cant. jud. de Fort-National, subd. de Dellys. Pop. ind. 843 hab.

Sâad-ben-Adjila. V. *Ouled-ben-el-Akredar* et *Sdad-ben-Adjila*, fract. des Ouled-Mohamed-el-M'barek, tribu.

SA

Com. ind., cerc. et cant. jud. de Bou-Sâada, subd. d'Aumale.

Sabeur. V. *Ouled-Sabeur*, tribu et douar-com. Com. mix. et cerc. d'Ammi-Moussa, cant. jud. d'Inkermann, subd. d'Oran.

Sadana. V. *Beni-Sadana*, fract. des Beni-Chaïb, tribu. Com. ind., cerc. et cant. jud. de Teniet-el-Had, subd. d'Orléansville. Pop. ind. 241 hab.

Safen. V. *Igueur-Safen* et *Aït-Terrach*, fract. des Beni-Idjeur-Sahël, tribu. Com. ind., cerc. et cant. jud. de Fort-National, subd. de Dellys. Pop. ind. 425 hab.

Sahabate. Fract. des Ouled-Mokhtar-Cheraga et Mouïadat-Chéraga, tribus. Com. ind., cerc., cant. jud. et subd. de Médéa. Pop. ind. 261 hab.

Sahaniu. Fract. des Beni-Ouazan, tribu. Com. ind., cerc., cant. jud. et subd. d'Orléansville. Pop. ind. 495 hab.

Sahari. (Sup. 150,708 hect.) Tribu délimitée et divisée en 4 douars-com. par décret du 27 juillet 1870. V. les douars *Bitam*, n° 311; *M'doukal*, n° 310; *El-Kantara*, n° 312 et *El-Outaïa*, n° 313 de la carte. Com. ind., cant. jud. et cerc. de Biskra, subd. de Batna. Pop. ind. des 4 douars 7,385 hab. D'après le tableau de dénombrement, le douar Bitam est formé des fract. de M'zarig, Ouled-Mansour, Regouïat, Ouled-Amar, Ouled-Daoud, Ouled-T'lets et le douar El-Kantara des fract. d'Ouled-Bellil, Ouled-Mahmed et Ouled-Ali-ben-Mahmed.

Sahari. (Sup. 6,842 hect.) Tribu délimitée et constituée en douar-com. par décret du 21 décembre 1867. V. *Mina*, douar n° 54 de la carte. Com. mix. et cant. jud. de Relizane, arr. de Mostaganem.

Sahari-Cheraga ou **Sahary-Chéraga.** Tribu non soumise à l'appl. du sén.-cons. Rattachée à la com. ind. de Tiaret-Aflou. Cant. jud. et cerc. de Tiaret, subd. de Mascara. Pop. ind. 967 hab.

Saharidj. Fract. des M'chedallah, tribu. Com. ind., cerc., cant. jud. et subd. d'Aumale, annexe de Beni-Mansour. Pop. ind. 53 hab.; — à 10 kil. 1/2 N.-O. du Bordj des Beni-Mansour; à 58 kil. N.-E. d'Aumale, sur la rive droite du Acif-el-Fal, affluent de l'Oued-Sahël.

Sahari-el-Attaya ou **Sahary-el-Attaya.** Tribu non soumise à l'appl. du sén.-cons. Rattachée à la com. ind. de Djelfa. Cant. jud. et cerc. de Djelfa, subd. de Médéa; — à 20 kil. N. de Djelfa et sur la route nationale d'Alger à Laghouat. Pop. ind. 897 hab. Cette tribu se compose des fract. suivantes : Ouled-Younès et Ouled-Kouanin.

Sahari-Khobeïzat ou **Sahary-Khobeïzat.** Tribu non soumise à l'appl. du sén.-cons. Rattachée à la com. ind. de Djelfa. Cant. jud. et cerc. de Djelfa, subd. de Médéa; — à 48 kil. N. de Djelfa et au S.-O. du lac Zahrez-Chergui. Pop. ind. 658 hab. Cette tribu se compose des fract. suivantes : Ouled-Rached, Ouled-Bakhita et Er-Reddada.

Sahari-Ouled-Brahim ou **Sahary-Ouled-Brahim.** (Sup. 39,795 hect. env.) Tribu non soumise à l'appl. du sén.-cons. Cant. jud., cerc. et subd. de Médéa; — à 100 kil. S.-E. de Médéa et sur le chemin stratégique de cette ville à Bou-Saâda. Pop. ind. 1,760 hab. Cette tribu se compose des fract. suivantes : Ouled-bel-Kheïr, Ouled-Thabet, Ouled-Sâad, Ouled-Ali-ben-Sâad, Hezal, Ouled-Yahia et Chetihat.

Sahary ou **Souhari.** V. *Titteri-Sauhary* et *Deïmat*, tribus. Com. ind., cant. jud., cerc. et subd. de Médéa.

Sahël. Fract. des Beni-Idjeur-Sahël, tribu. Com. ind., cerc. et cant. jud. de Fort-National, subd. de Dellys. Pop. ind. 525 hab. ; — à 23 kil. E. de Fort-National et sur la rive droite de l'Oued-Sahël, affluent du Sebaou.

Sahël. Fract. des Beni-Khelili, tribu. Com. ind., cerc. et cant. jud. de Fort-National, subd. de Dellys. Pop. ind. 384 hab. ; — à 11 kil. S.-E. de Fort-National.

Sahël-Guebli. (Sup. 22,322 hect. env.) Tribu non soumise à l'appl. du sén.-cons. Rattachée à la com. ind. de Sétif. Cerc. et subd. de Sétif, cant. jud. d'Akbou ; — à 40 kil. E. de cette ville. Pop. ind. 8,049 hab. Cette tribu se compose des fract. suivantes : Ouled-Fadhel, Ouled-bel-Kassem, El-Debba, Ouled-Chouck, Guembouck, Ouled-Yahia, Trounat-el-Mers, Ouled-el-Bekkaï, Rehanim-Summar, Rehanim-Zoghar, Ouled-Sâada, Mesalta, Beni-Abd-Allah, Ouled-Adjel, Beni-Nemdil, Ouled-el-Kelil ou Ouled-el-Kelef, Ouled-Rezoug, Ouled-Ayad et Ouled-Sebt.

Sahya. V. *Ouled-Sahia*, tribu. Com. ind., cerc. et cant. jud. de Biskra, subd. de Batna.

Sahira. Fract. des Ziban, tribu. Com. ind., cerc. et cant. jud. de Biskra, subd. de Batna. Pop. ind. 94 hab. ; — à 37 kil. S.-O. de Biskra, sur la rive gauche de l'Oued-Djedi.

Saïdat. V. *Douar-Saïdat*, fract. du Hodna. Com. ind., cerc. et cant. jud. de Bordj-bou-Arréridj, annexe de M'sila, subd. de Sétif. Pop. ind. 1,938 hab., y compris la pop. des douars-com. Ouled-Abd-el-Hack, Ouled-Matoug et Bribri de l'ancienne tribu des Ouled-Madhi. — NOTA : Cette fract. du Hodna n'a pas été érigée en douar-com.

Saïd-Atba. Tribu dépendant de l'aghalik de Chamba d'Ouargla. Non soumise à l'appl. du sén.-cons. Rattachée à la com. ind., au cerc. et au cant. jud. de Laghouat, subd. de Médéa. Pop. ind. 1,314 hab.; — à 155 kil. S.-E. de Laghouat, à 140 kil. N.-O. d'Ouargla et au N.-O. de la Confédération des Beni-M'zab.

Saïd-ouled-Amor ou **Saïd-ouled-Ahmor.** Fract. de Tomacin et Saïd-ouled-Ahmor, tribus. Com. ind., cerc. et cant. jud. de Biskra, subd. de Batna. Pop. ind. 1,005 hab.; — à 208 kil. S. de Biskra et à 12 kil. S. de Tuggurt.

Saïd-ouled-Ahmor. V. *Tomacin et Saïd-ouled-Ahmor*, tribu. Com. ind., cant. jud. et cerc. de Biskra, subd. de Batna.

Salah. V. *Beni-Salah*, tribu ou *Ouled-bou-Youssef*, douar-com. Com. ind., cant. jud. et cerc. de Djidjelli, subd. de Constantine. — V. *Beni-Salah*, tribu ou *Sid-el-Fodhil et Sid-el-Kébir*, douars-com. Com. pl. ex. de Blida, arr. d'Alger. — V. *Beni-Salah*, tribu ou *Ouled-Serim et Reguegma*, douar-com. Com. mix. de Bône et com. ind. de Bône. — V. *Beni-Salah*, tribu ou *Aïn-Tabia*, douar-com. Com. ind. et cerc. d'El-Milia, cant. jud. et annexe de Collo, subd. de Constantine. — V. *Ouled-Salah*, tribu. Com. ind., cant. jud. et cerc. de Laghouat, subd. de Médéa. — V. *Ouled-Salah*, tribu. Com. ind., cant. jud. et annexe de Takitount, cerc. et subd. de Sétif.

Salem. V. *Ouled-sidi-Salem*, tribu. Com. ind., cant. jud., cerc. et subd. d'Aumale.

Sanedja. V. *Senadja*, fract. des Ouled-Abd-el-Djebar, tribu. Com. ind., cerc. et cant. jud. de Bougie, subd. de Sétif. Pop. ind. 1,967 hab.

Saoud. V. *Ouled-Saoud*, tribu. Com. ind., cant. jud. et cerc. de Biskra, subd. de Batna.

Saoula. V. *Ouled-Saoula*, fract. du Zab-Chergui, tribu. Com. ind., cerc. et cant. jud. de Biskra, subd. de Batna. Pop. ind. 380 hab.

Sba. Fract. des Beni-Lent, tribu. Com. ind., cerc. et cant. jud. de Teniet-el-Had, subd. d'Orléansville. Pop. ind. 392 hab.; — à 28 kil. S.-O. de Teniet-el-Had.

S'ba-Chiouk ou **Seba-Chiouk.** De l'ancien aghalik des Ghossels. (Sup. 3,803 hect.) Tribu non soumise à l'appl. du sén.-cons. Rattachée à la com. mix. de Tlemcen. Cant. jud. et arr. de Tlemcen; — à 28 kil. N.-O. de Tlemcen. Pop. ind. 1,110 hab.

Sbahïa. (Sup. 5,562 hect.) Tribu délimitée et constituée en douar-com. par décret du 31 décembre 1866. V. *Sbahia*, douar n° 62 de la carte. Com. pl. ex. d'Affreville, cant. jud. et arr. de Miliana.

Sbeah. L'aghalik se compose des douars-com. suivants : Zeboudj-el-Ouest, Taflout, Sobah, Ouled-Ziad, M'chaïa et Herenfa et des tribus de Ouled-Abd-Allah et Dahra. Com. ind., cerc. et subd. d'Orléansville. Pop. ind. de l'aghalik 18,206 hab.

Sbeah du Nord et Ouled-Ziad. (Sup. 41,127 hect.) Tribus délimitées et constituées en 4 douars-com. par décret du 27 novembre 1868. V. *Herenfa*, douar n° 101; *M'chaïa*, douar n° 102; *Sobah*, douar n° 100 et *Ouled-Ziad*, n° 103 de la carte. Com. ind., cant. jud., cerc. et subd. d'Orléansville. Pop. ind. des 4 douars 8,886 hab. Ces 4 douars-com. font partie de l'aghalik de Sbeah.

Sbeah du Sud. (Sup. 29,707 hect.) Tribu délimitée et constituée en 2 douars-com. par décret du 26 juin 1867. V. *Taflout*, douar n° 81 et *Zeboudj-el-Ouest*, douar n° 82 de la carte. Com. mix. de Charon, cant. jud., cerc. et subd. d'Orléansville. Pop. ind. des 2 douars 5,132 hab. — Nota : Le territoire du centre de Charon a été prélevé sur les 2 douars-com. Taflout et Zeboudj-el-Ouest font partie de l'aghalik de Sbeah.

S'beta et Ouled-Arid. (Sup. des 2 tribus 8,299 hect.) Tribus délimitées et constituées en un douar-com. par décret du 12 octobre 1868. V. *Khanguet-Aoûn*, douar n° 101 de la carte. Com. ind., cant. jud. et cerc. de La Calle, subd. de Bône. Pop. ind. 745 hab. — Nota : Le douar Khanguet-Aoûn dépend actuellement de la tribu des Nehed et du kaïdat de l'Oued-el-Kebir.

Seba. (Sup. 11,727 hect.) Tribu délimitée et érigée en douar-com. par décret du 5 février 1868. V. *Seba*, douar n° 99 de la carte. Com. ind., cant. jud. et cerc. de La Calle, subd. de Bône.

Sebabena. Fract. des Beni-bou-Douan, tribu. Com. ind. et cerc. de Miliana, cant. jud. de Duperré, subd. d'Orléansville. Pop. ind. 329 hab.; — à 47 kil. S.-O. de Duperré et à 56 kil. S.-O. de Miliana.

Seba-Chiouk. V. *Sba-Chiouk*, tribu. Com. mix., cant. jud. et arr. de Tlemcen.

Sebaou-el-Kedim. (Sup. 1,005 hect.) Tribu délimitée et constituée en douar-com. par décret du 24 mars 1866. V. *Sebaou-el-Kedim*, douar n° 18 de la carte. Com. mix. des Isser, cant. jud. de Bordj-Menaïel, arr. de Tizi-Ouzou.

Sebgag. V. *Ouled-Sebgag*, fract. des Ouled-Zian, tribu. Com. ind., cerc. et cant. jud. de Biskra, subd. de Batna. Pop. ind. 450 hab.

Seblhi. V. *Beni-S'bihi*, tribu et douar. Com. ind. et cerc. d'El-Milia, cant. jud. de Mila, subd. de Constantine.

Sebkha. V. *Ahl-el-Ksar et Sebkha*, tribus. Com. ind., cant. jud., cerc. et subd. d'Aumale, annexe des Beni-Mansour.

Sebkha. Fract. d'*Ahl-el-Ksar et Sebkha*, tribus. Com. ind., cerc., cant. jud. et subd. d'Aumale, annexe des Beni-Mansour. Pop. ind. 684 hab.

Sedama. Commandement indigène, composé des tribus suivantes : Ouled-bou-Zirl, 1,852 hab. ind.; Ouled-si-ben-Halima, 960 hab. ind.; Mahoudia, 830 hab. ind.; Khallafa-Chéraga, 853 hab. ind.; Khallafa-Gheraba, 1,072 hab. ind.; Beni-Ouïndjel, 588 hab. ind.; Haouaret, 1,792 hab. ind.; K'selna, 1,003 hab. ind. Com. mix. de Frendah-Mascara, cerc. et subd. de Mascara, cant. jud. de Tiaret.

Seddouk. Fract. des Beni-Aïdel, tribu. Com. ind., cerc. et cant. jud. d'Akbou, subd. de Sétif, arr. jud. de Bougie. Pop. ind. 1,841 hab.; — à 17 kil. N.-E. d'Akbou.

Sedjerara. (Sup. 10,382 hect.) Tribu délimitée et constituée en douar-com. par décret du 30 septembre 1868. V. *Sedjerara*, douar n° 76 de la carte. Com. mix. et arr. de Mascara, cant. jud. de Perréguax.

Sedka-Chenacha. V. *Beni-Sedka-Chenacha*, tribu. Com. ind., cant. jud. et cerc. de Fort-National, subd. de Dellys.

Sedka-Ogdal. V. *Beni-Sedka-Ogdal*, tribu. Com. ind., cant. jud. et cerc. de Fort-National, subd. de Dellys.

Sedka-Ouadhia. V. *Beni-Sedka-Ouadhia*, tribu. Com. ind., cant. jud. et cerc. de Fort-National, subd. de Dellys.

Sedratas. V. *Cedratas*, tribu et kaïdat. Com. ind. et cerc. d'Aïn-Beïda, subd. de Constantine. Pop. ind. 5,102 hab. Cette tribu (le kaïdat) se compose des fract. de : Beni-Oudjana, Cedratas et Ouled-bou-Afia.

Sédrata ou **Cédrata** aussi appelée **Ouled-bou-Nab.** Fract. des Hachem. Com. mix. et cant. jud. de Bordj-bou-Arréridj, arr. de Sétif. V. *Hachem*, tribu.

Sefia. (Sup. 31,004 hect.) Tribu délimitée et constituée en 5 douars-com. par décret du 26 juin 1868. V. *Megana*, n° 102; *Dahouara*, n° 103; *Mechata*, n° 104; *Mahïa*, n° 105 et *Aouaïd*, n° 106 de la carte des douars. Com. ind., cant. jud. et cerc. de Souk-Ahras, subd. de Bône. Pop. tot. des 5 douars, 8,485 ind. — NOTA : La plus grande partie du territoire de Megana a été livrée à la colonisation pour l'installation des villages de Laverdure, Aïn-Seynour et Oued-Cham.

Sefissifa ou **Aïn-Sfissifa.** V. *S'fissifa*, ksar. Com. mix. et cerc. de Sebdou, cant. jud. et subd. de Tlemcen.

Sefra. V. *Aïn-Sefra*, ksar. Com. mix. et cerc. de Sebdou, cant. jud. et subd. de Tlemcen.

Seghour. V. *Ouled-Serour*, tribu. Com. mix. et cerc. de Sebdou, cant. jud. et subd. de Tlemcen.

Segnia. (Sup. 111,258 hect.) Ancienne tribu et ancien kaïdat. Tribu délimitée et érigée en 8 douars-com. par décret du 11 juillet 1870. V. les douars *Ouled-Sekhar*, n° 258; *Ouled-Khaled*, n° 260; *Ouled-Djehich*, n° 259; *Ouled-Gassem*, n° 261; *Ouled-M'saad* ou *Messaad*, n° 262; *Ouled-Achour*, n° 263; *Ouled-Sebah*, n° 264 et *Ouled-si-Ounès*, n° 265 de la carte. Com. mix. d'Aïn-M'lila, cant. jud. des Ouled-Rahmoun, arr. de Constantine. D'après le tableau de dénombrement (1876), le douar-com. Ouled-si-Ounès comprend la fract. des Ouled-Mahboub-Dahra, d'une pop. ind. de 995 hab. et le douar Ouled-Achour, celle des Ouled-Sassi d'une pop. ind. de 532 hab.

Segoual. V. *Beni-Segoual*, tribu. Com. ind., annexe et cant. jud. de Takitount, cerc. et subd. de Constantine.

Selalha. Fract. du Hodna, tribu. Com. ind., cerc., cant. jud. et subd. de Batna, annexe de Barika. Pop. ind. 992 hab.

Selama. V. *Ouled-Selama*, tribu et douar. Com. mix. de Cassaigne, cant. jud. d'Inkermann, arr. de Mostaganem.

Selama et Beni-Iddou. V. *Ouled-Selama et Beni-Iddou*, tribus. Com. ind., cant. jud., cerc. et subd. d'Aumale.

Selamats. (Sup. 25,000 hect. env.) Tribu non soumise à l'appl. du sén.-cons. Rattachée à la com. ind. d'Aumale. Cant. jud., cerc. et subd. d'Aumale; — à 65 kil. S.-E. de cette ville et à cheval sur la route d'Aumale à Bou-Sâada. Pop. ind. 2,155 hab.

Selib. (Sup. 3,301 hect.) Tribu délimitée et constituée en douar-com. par décret du 27 octobre 1869. V. *Selib*, douar n° 340 de la carte. Com. mix., cant. jud. et arr. de Guelma.

Selim. V. *Ouled-Selim*, tribu. Com. ind., cant. jud., cerc. et subd. d'Aumale.

Seliman. V. *Beni-Sliman*, tribu. Com. ind. et cerc. de Miliana, subd. d'Orléansville, cant. jud. de Duperré. — V. *Beni-Sliman*, tribu. Com. ind., cant. jud. et annexe de Takitount, cerc. et subd. de Sétif. — V. *Beni-Sliman*, fract. de la tribu et du kaïdat de l'Oued-Ksob. Com. ind., cant. jud. et cerc. de Bordj-bou-Arréridj, subd. de Sétif. — V. *Beni-Sliman*, ancienne tribu. Com. ind. et annexe de l'Arba, cant. jud. de l'Arba, subd. d'Alger. — V. *Beni-Sliman*, kaïdat. Com. ind., cant. jud., et subd. d'Aumale. — V. *Beni-bou-Sliman*, tribu. Com. ind., cant. jud. et cerc. de Biskra, subd. de Batna. — V. *Beni-Sliman-Chéraga et Beni-Sliman-Gheraba*, provenant de l'ancienne tribu des Beni-Sliman. Com. ind., cant. jud. et annexe de l'Arba, subd. d'Alger. — V. *Ouled-bou-Sliman*, tribu. Com. ind., cant. jud., cerc. et subd. d'Orléansville. — V. *Ouled-Sliman*, tribu. Com. mix. de la Mekerra, cant. jud. et arr. de Sidi-bel-Abbès. — V. *Ouled-sidi-Sliman*, tribu. Com. ind., cant. jud. et cerc. de Teniet-el-Had, subd. d'Orléansville.

Sellaoua-Announa. Azels de l'ancienne tribu des Kherareb-Sellaoua désignés sous le nom d'Oued-Cherf (azels). (Sup. 11,593 hect.) Non érigés en douar-com. Forment actuellement une section de la com. mix. d'Oued-Zenati, cant. jud. de l'Oued-Zenati, arr. de Constantine. Pop. 2 français, 1 étranger et 1,834 ind. ; — à 5 kil. E. d'Oued-Zenati et sur la rive gauche de l'Oued-Cherf, affluent rive droite de la Seybouse.

Sellaoua ou **Kherareb-Sellaoua** ou **Khorareb-Sellaoua.** (Sup. 36,051 hect. env.) Tribu délimitée (mais le décret de répartition n'est pas intervenu). Rattachée à la com. mix. de l'Oued-Zenati et divisée en 4 sections communales : 1º Mellouk ou Aïn-Melouck, 2º Sidi-Marh, 3º Bir-Mouten et 4º Sellaoua-Announa ou Azels de l'Oued-Cherf ; — à 26 kil. E. et S. du centre européen de l'Oued-Zenati et sur l'Oued-Cherf, affluent de la Seybouse. Cant. jud. de l'Oued-Zenati, arr. de Constantine. Pop. ind. 13 européens, 7,074 ind.

Sellem. V. *Ouled-Sellem*, tribu. Com. mix. des Eulma et com. ind. de Biskra, arr. de Sétif et subd. de Batna.

Selloum. Fract. des Beni-Kani, tribu. Com. ind., cerc., cant. jud. et subd. d'Aumale, annexe des Beni-Mansour. Pop. ind. 269 hab. ; — à 63 kil. N.-E. d'Aumale, à 8 kil. N. du Bordj des Beni-Mansour. Le village kabyle de Selloum est situé à 844 mètres d'altitude.

Selmana. Fract. des Ksours de Djelfa. Com. ind., cerc. et cant. jud. de Djelfa, subd. de Médéa. Pop. ind. 95 hab. ; — à 60 kil. S.-E. de Djelfa et sur le chemin de Laghouat à Bou-Sâada.

Selmia. V. *Meggar-Selmia*, fract. de Tuggurt, tribu. Com. ind., cerc. et cant. jud. de Biskra, subd. de Batna. Pop. ind. 200 hab.

Selmia. V. *Sidi-Sliman-Selmia*, fract. de Tuggurt, tribu. Com. ind., cerc. et cant. jud. de Biskra, subd. de Batna. Pop. ind. 95 hab.

Semaïl. V. *Beni-Smaïl*, tribu. Com. mix. et cant. jud. de Dra-el-Mizan, arr. de Tizi-Ouzou.

Semaïl. V. *Beni-Smaïl*, tribu. Com. ind., cant. jud. et annexe de Takitount, cerc. et subd. de Sétif.

Senada ou **Seunada.** Ancienne fract. de la tribu des Hachem. V. *Hachem*, tribu. Com. mix. et cant. jud. de Bordj-bou-Arréridj, arr. de Sétif.

Senadja ou **Sanedja** ou **Souhadja.** Fract. des Ouled-Abd-el-Djebar, tribu. Com. ind., cerc. et cant. jud. de Bougie, subd. de Sétif. Pop. ind. 1,967 hab. ; — à 25 kil. S.-O. de Bougie, sur la rive droite de l'Oued-Sahel.

Senadja ou **Senahdja** ou **Senhadja.** (Sup. 12,150 hect. env.) Tribu non soumise à l'appl. du sén.-cons. Rattachée à la com. mix. de Palestro. Cant. jud. de Ménerville, arr. d'Alger ; à 25 kil. S.-E. de Ménerville. Pop. tot. 4,314 hab. — NOTA : Une partie du territoire des Senadja a été livrée à la colonisation pour l'installation des fermes isolées dites des Senadja et pour l'agrandissement du centre européen de Palestro.

Senadja ou **Senahdja** ou **Senhadja.** (Sup. 17,711 hect., y compris la terre des Tebiga, appartenant à la famille de Salah-Bey). Tribu de l'ancien kaïdat de l'Edough. Non soumise à l'appl. du sén.-cons. Rattachée à la com. mix. d'Aïn-Mokra. Arr. de Bône, cant. jud. de Jemmapes et d'Aïn-Mokra, arr. jud. de Bône et de Philippeville ; — à 24 kil. N.-E. de Jemmapes et à 10 kil. O. d'Aïn-Mokra, sur l'Oued-Kébir. Pop. recensée avec la tribu de Fedj-Moussa, 4 français et 2,133 ind.

Senahdja. Fract. du douar-com. d'Oued-Oughat de la tribu des Righa. Com. ind., cerc., cant. jud. et subd. de Médéa. Pop. ind. 403 hab.

Sendan. Tribu dépendant des Hamyan-Djembâa. Non soumise à l'appl. du sén.-cons Rattachée à la com. mix.

et au cerc. de Sebdou, cant. jud. et subd. de Tlemcen. Pop. comprise dans les Hamyan-Djembâa.

Sendjès. (Sup. 30,257 hect.) Tribu délimitée et constituée en 3 douars-com. par décret du 30 septembre 1868. V. *Harchoun*, douar n° 91 ; *T'sighaout*, douar n° 92 et *Guerboussa*, n° 93 de la carte. Com. ind., cant. jud., cerc. et subd. d'Orléansville. Pop. ind. des 3 douars, 6,876 hab.

Sendjès ou **Sindjès**. Fract. des Ouled-bou-Sliman, tribu. Com. ind., cerc., cant. jud. et subd. d'Orléansville. Pop. ind. 404 hab. ; — à 35 kil. S.-E. d'Orléansville et sur la rive droite de l'Oued-Ardjem.

Senhadja. V. *Senadja*, tribu de l'ancien kaïdat de l'Edough. Com. mix. d'Aïn-Mokra, arr. de Bône, cant. jud. de Jemmapes et d'Aïn-Mokra, arr. jud. de Philippeville et de Bône.

Senous ou **S'nous.** V. *Beni-S'nous*, kaïdat. Com. mix. et cerc. de Sebdou, cant. jud. et subd. de Tlemcen.

Serahna. Fract. des Ammar-Khaddou, tribu. Com. ind., cerc. et cant. jud. de Biskra, subd. de Batna. Pop. ind. 355 hab. ; — à 71 kil. E. de Biskra et sur la rive droite de l'Oued-Guechtane.

Serahna. Fract. des Ouled-Bessam-Chéraga, tribu. Com. ind., cerc. et cant. jud. de Teniet-el-Had, subd. d'Orléansville. Pop. ind. 122 hab.

Sériana. Fract. des Ziban, tribu. Com. ind., cerc. et cant. jud. de Biskra, subd. de Batna. Pop. ind. 270 hab.; — à 17 kil. E. de Biskra, sur la rive droite de l'Oued-Biraz.

Serour. V. *Ouled-Serour*, tribu. Com. mix. et cerc. de Sebdou, cant. jud. et subd. de Tlemcen.

Serour. V. *Ouled-Serour*, tribu. Com. mix. et cerc. de Géryville, cant. jud. de Saïda, subd. de Mascara.

Serraouïa (Zone des). Anciens azels beylik. (Sup. 3,034 hect.) Érigés en un douar-com. par décret du 27 octobre 1869. V. *Serraouïa*, douar n° 295 de la carte. Com. mix. et cant. jud. de Mila, arr. de Constantine.

Setitten ou **Stitten.** V. *Ahel-Stitten*, tribu et ksar. Com. mix. et cerc. de Géryville, cant. jud. de Saïda, subd. de Mascara.

Settara. Kaïdat. Ce kaïdat est formé des douars-com. de El-Gourn, Bou-Aouch, Ouessah, Aïn-Babouch et Aïn-Snob de l'ancienne tribu des Haracta. Com. ind., cant. jud. et cerc. d'Aïn-Beïda, subd. de Constantine. Pop. ind. 6,742 hab. ; — au N. de la com. pl. ox. d'Aïn-Beïda.

S'fissifa ou **Aïn-Sfissifa.** Ksar et territoire ind. Non soumis à l'appl. du sén.-cons. Rattachés à la com. mix. et au cerc. de Sebdou. Cant. jud. et subd. de Tlemcen ; — à 240 kil. S.-E. de Tlemcen et sur le chemin de cette ville à l'Oasis du Figuig (Maroc). Pop. comprise dans les Ksours de Sebdou.

Sfraïn. Fract. de Tadjemout, ksar et tribu. Com. ind., cerc. et cant. jud. de Laghouat, subd. de Médéa. Pop. ind. 506 hab. — Le ksar de Tadjemout est situé à 30 kil. N.-O. de Laghouat et sur la rive gauche de l'Oued-M'zi, affluent de l'Oued-Djedi.

S'ghour. V. *Ouled-Serour*, tribu. Com. mix. et cerc. de Sebdou, cant. jud. et subd. de Tlemcen.

S'gnia. V. *Segnia*, ancienne tribu et ancien kaïdat. Com. mix. d'Aïn-M'lila, cant. jud. des Ouled-Rahmoun, arr. de Constantine.

Siar. V. *Beni-Siar*, tribu. Rattachée partie à la com. mix. de Duquesne, cant. jud. de Djidjelli, arr. de Bougie et partie à la com. ind. de Djidjelli, cant. jud. et cerc. de Djidjelli, subd. de Constantine.

Siar. V. *El-Ouendoura, Siar*, fract. de la tribu du Djebel-Chéchar. Com. ind., cerc. et cant. jud. de Biskra, subd. de Batna. Pop. ind. des 2 fract. 332 hab. ; — Siar à 4 kil. S. d'El-Ouendoura.

Si-Atallah ou **Sidi-Attallah.** V. *Ouled-si-Atallah*, tribu. Com. ind., cant. jud. et cerc. de Laghouat, subd. de Médéa.

Si-bel-Kheïr. V. *Ouled-sidi-bel-Kheïr*, fract. des Achèche, tribu. Com. ind., cerc., cant. jud. et subd. de Batna. Pop. ind. 360 hab.

Si-Daoud. V. *Ouled-si-Daoud*, fract. de l'Oued-Bousselah, tribu et kaïdat. Com. ind. et annexe de Fedj-M'zala, cant. jud. de Mila, subd. de Constantine. Pop. ind. 200 hab.

Sidi-Abbou. V. *Aït-sidi-Akbou*, tribu. Com. ind., cant. jud. et cerc. de Bougie, subd. de Sétif.

Sidi-Abd-el-Melek. Ancienne fract. de la tribu des Mouïa, non érigée en douar-com. Rattachée comme section à la com. mix. de Mila. Cant. jud. de Mila, arr. de Constantine ; — à 12 kil. N.-E. de Mila et sur la rive droite du Rhummel. Pop. ind. 1,892 hab.

Sidi-Abd-es-Selam ou **Abd-es-Selam**. Terre habbous réunie à l'azel beylick des Hassahas, provenant de l'ancienne tribu des Tréat. (Sup. tot. 1,384 hect.) Ce territoire, situé à 38 kil. O. de Bône est borné : au N. par la tribu des Tréat, à l'E. par cette même tribu et celle des Ouled-Attia qui la limite également au S., à l'O. par la tribu des Senhadja. Constituée en douar-com. sous le nom d'Abd-es-Selam, par décret du 29 juin 1870. — NOTA : Par suite d'une omission, le douar-com. d'Abd-es-Selam qui se trouve enclavé dans la com. mix. et dans le cant. jud. d'Aïn-Mokra, n'a été désigné ni dans l'acte constitutif de la com. mix. d'Aïn-Mokra, ni dans celui du cant. jud. La carte du sén.-cons. ne fait pas mention de ce douar.

Sidi-Abid. V. *Ouled-sidi-Abid*, tribu. Com. ind., cant. jud. et cerc. de Tebessa, subd. de Constantine.

Sidi-Ahmed-ben-Mohamed. V. *Ouled-sidi-Ahmed-ben-Mohamed*, tribu. Com. mix. et annexe de Zemmorah, cant. jud. de Relizane, subd. d'Oran.

Sidi-Aïssa. V. *Ouled-sidi-Aïssa*, tribu. Com. ind., cant. jud., cerc. et subd. d'Aumale.

Sidi-Aïssa-el-Adheb. V. *Ouled-sidi-Aïssa-el-Adhab*, tribu. Com. ind., cant. jud., cerc. et subd. de Médéa.

Sidi-Aïssa-el-Ouerg. V. *Ouled-sidi-Aïssa-el-Ouerg*, tribu. Com. ind. et cerc. de Boghar, cant. jud. de Boghari, subd. de Médéa.

Sidi-Aïssa-Souaghi. V. *Ouled-sidi-Aïssa-Souaghi*, tribu. Com. ind. et cerc. de Boghar, cant. jud. de Boghari, subd. de Médéa.

Sidi-Akbou. V. *Aït-sidi-Akbou*, tribu. Com. ind., cant. jud. et cerc. de Bougie, subd. de Sétif.

Sidi-Ali-ben-Chaïb. V. *Ouled-sidi-Ali-ben-Chaïb*, tribu de l'ancien aghalik des Ghossels. Com. mix., cant. jud. et arr. de Tlemcen.

Sidi-Ali-ben-Youb. V. *Ouled-sidi-Ali-ben-Youb*, tribu ou *Tifillès*, douar-com. Com. mix. de Bou-Kanefis, cant. jud. et arr. de Sidi-bel-Abbès.

Sidi-Amran. Fract. de l'Oued-R'ir, tribu. Com. ind., cerc. et cant. jud. de Biskra, subd. de Batna. Pop. ind. 136 hab. ; — à 148 kil. S. de Biskra et à 45 kil. N. de Tuggurt.

Sidi-Aoun. Fract. des Ouled-Saoud, tribu. Com. ind., cerc. et cant. jud. de Biskra, subd. de Batna. Pop. ind. 209 hab. ; — à 179 kil. S.-E. de Biskra, à 20 kil. N. d'El-Oued et à 90 kil. N.-E. de Tuggurt.

Sidi-Békri. V. *Ouled-sidi-Bekri*, fract. de La Cheffia, tribu. Com. ind., cerc. et cant. jud. de La Calle, subd. de Bône. Pop. ind. 1,116 hab.

Sidi-Brahim. V. *Ouled-sidi-Brahim*, tribu. Cant. jud. et arr. de Mostaganem.

Sidi-Brahim. V. *Ouled-sidi-Brahim*, tribu. Com. ind., cant. jud. et cerc. de Bou-Sâada, subd. d'Aumale.

Sidi-Brahim. V. *Ouled-sidi-Brahim*, tribu dépendant des Adjalot. Com. ind. de Tiaret-Aflou, cant. jud. et cerc. de Tiaret, subd. de Mascara.

Sidi-Brahim-bou-Beker. V. *Ouled-sidi-Brahim-bou-Beker*, fract. de la tribu des Ben-Daoud. Com. ind., cant. jud. et cerc. de Bordj-bou-Arréridj, subd. de Sétif.

Sidi-Cheïkh. V. *El-Abiod-sidi-Cheikh*, tribu et ksar. Com. mix. et cerc. de Géryville, cant. jud. de Saïda, subd. de Mascara.

Sidi-Daho. V. *Ouled-sidi-Daho*, tribu et douar-com. Com. mix., cant. jud. et arr. de Mascara.

Sidi-Daoud. V. *Ouled-si-Daoud*, tribu. Com. ind. et cerc. de Boghar, cant. jud. de Boghari, subd. de Médéa.

Sidi-el-Abd-Elli. V. *Ouled-sidi-el-Abd-Elli*, tribu et douar-com. Com. mix., cant. jud. et arr. de Tlemcen.

Sidi-el-Azereg. V. *Ouled-sidi-el-Azereg*, tribu. Com. mix. et annexe de Zemmorah, cant. jud. de Relizane, subd. d'Oran.

Sidi-el-Hadj-ben-Amour. V. *Ouled-sidi-el-Hadj-ben-Amour*, tribu. Com. mix. et cerc. de Géryville, cant. jud. de Saïda, subd. de Mascara.

Sidi-Embarek. Fract. de l'ancienne tribu des Hachem. Com. mix. et cant. jud. de Bordj-bou-Arréridj, arr. de Sétif. V. *Hachem*, tribu.

Sidi-en-Nasseur. V. *Ouled-sidi-en-Nasseur*, tribu. Com. ind. de Tiaret-Aflou, cant. jud. et cerc. de Tiaret, subd. de Mascara.

Sidi-Hadjerès. V. *Ouled-sidi-Hadjerès*, tribu. Com. ind., cant. jud., cerc. et subd. d'Aumale.

Sidi-Hamza. V. *Ouled-si-Hamza*, tribu. Com. ind. de Tiaret-Aflou, cant. jud. et cerc. de Tiaret, subd. de Mascara.

Sidi-Khaled. Grande fract. de la tribu des Ouled-Djellal. Non soumise à l'appl. du sén.-cons. Rattachée à la com. ind. de Biskra. Cant. jud. et cerc. de Biskra, subd. de Batna; — à 82 kil. S.-O. de Biskra et sur l'Oued-Djedi. Pop. ind. 1,049 hab. Les Sidi-Khaled se composent des fract. suivantes : Ouled-ben-Khelifa, Ouled-Ali, Ouled-Daoud et Ouled-Abed.

Sidi-Khaled. V. *Ouled-sidi-Khaled*, tribu. Com. ind. de Tiaret-Aflou, cant. jud. et cerc. de Tiaret, subd. de Mascara.

Sidi-Khalifa. V. *Ouled-sidi-Khalifa*, tribu ou *Douer-ouin-el-Doud*. Com. mix. et cerc. de Daya, cant. jud. de Sidi-bel-Abbès, subd. de Tlemcen.

Sidi-Khalifa. V. *Ouled-sidi-Khalifa*, tribu. Com. ind., cant. jud. et cerc. de Saïda, subd. de Mascara.

Sidi-Khanned. Fract. dépendant d'Aïn-Adjadja, ksar. Com. ind., cerc. et cant. jud. de Laghouat, subd. de Médéa. Pop. ind. 294 hab., y compris la pop. du ksar Aïn-Adjadja.

Sidi-Khelil. Fract. de l'Oued-R'ir, tribu. Com. ind., cerc., cant. jud. de Biskra, subd. de Batna. Pop. ind. 270 hab.; — à 110 kil. S. de Biskra et à 83 kil. N. de Tuggurt.

Sidi-Khelil. Fract. des Ziban, tribu. Com. ind., cerc. et cant. jud. de Biskra, subd. de Batna. Pop. ind. 110 hab.; — à 12 kil. S.-E. de Biskra.

Sidi-Marh. Fract. de l'ancienne tribu des Kherareb-Sellaoua. (Sup. 12,574 hect.) Non érigée en douar-com. Forme actuellement une section de la com. mix. d'Oued-Zenati, cant. jud. d'Oued-Zenati, arr. de Constantine. Pop. 10 européens et 1,647 ind.; — à 15 kil. S. d'Oued-Zenati, sur la rive gauche de l'Oued-Cherf, affluent rive droite de la Seybouse.

Sidi-Medjahed. V. *Ouled-sidi-Medjahed*, tribu et douar. Com. mix. et cerc. de Lalla-Maghrnia, cant. jud. de Nemours, subd. de Tlemcen.

Sidi-Mohamed-Moussa. V. *Ouled-sidi-Mohamed-Moussa*, fract. des Ouled-sidi-Salah. Com. ind., cerc. et cant. jud. de Biskra, subd. de Batna. Pop. ind. 167 hab.

Sidi-Mohamed-Salah. V. *Ouled-si-Mohamed-Salah*, fract. des Ouled-sidi-Salah, tribu. Com. ind., cerc. et cant. jud. de Biskra, subd. de Batna. Pop. ind. 117 hab.

Sidi-Nadji. V. *Khanga-sidi-Nadji*, fract. du Djebel-Chéchar, tribu. Com. ind., cerc. et cant. jud. de Biskra, subd. de Batna. Pop. ind. 668 hab.

Sidi-Okba. Fract. des Ziban, tribu. Com. ind., cerc. et cant. jud. de Biskra, subd. de Batna. Pop. ind. 2,339 hab.; — à 20 kil. S.-E. de Biskra.

Sidi-Rached. Fract. de Tuggurt, tribu. Com. ind., cerc. et cant. jud. de Biskra, subd. de Batna. Pop. ind. 285 hab.; — à 165 kil. S. de Biskra et à 28 kil. N.-O. de Tuggurt.

Sidi-Salah. V. *Ouled-sidi-Salah*, tribu et fract. de la même tribu. Com. ind., cerc. et cant. jud. de Biskra, subd. de Batna.

Sidi-Sliman-Selmin. Fract. de Tuggurt, tribu. Com. ind., cerc. et cant. jud. de Biskra, subd. de Batna. Pop. ind. 95 hab.; — à 172 kil. S. de Biskra et à 22 kil. N. de Tuggurt.

Sidi-Yahia. Fract. de l'Oued-R'ir, tribu. Com. ind., cerc. et cant. jud. de Biskra, subd. de Batna. Pop. ind. 141 hab.; — à 144 kil. S. de Biskra et à 50 kil. N. de Tuggurt.

Sidi-Yahia. V. *Ouled-sidi-Yahia*, fract. des Beni-Aïdel, tribu. Com. ind., cerc. et cant. jud. d'Akbou, arr. jud. de Bougie, subd. de Sétif. Pop. ind. 1,320 hab.

Si-Mancer ou **Si-Mansar.** V. *Ouled-si-Mancer*, fract. des Achèche, tribu. Com. ind., cerc., cant. jud. et subd. de Batna. Pop. ind. 891 hab.

Sindjès. V. *Sendjès*, fract. des Ouled-bou-Sliman, tribu. Com. ind., cant. jud., cerc. et subd. d'Orléansville. Pop. ind. 404 hab.

Sindjes ou **Sindjis.** V. *Sendjès*, tribu. Com. ind., cant. jud., cerc. et subd. d'Orléansville.

Sinfita. (Sup. 12,335 hect.) Tribu délimitée et érigée en douar-com. par décret du 16 juin 1869. V. *Sinfita*, douar n° 108 de la carte. Com. mix. et cant. jud. de Ténès, arr. d'Orléansville.

Slouf. (Sup. 4,078 hect. env.) Tribu non soumise à l'appl. du sén.-cons. Rattachée à la com. ind. de Teniet-el-Had. Cant. jud. et cerc. de Teniet-el-Had, subd. d'Orléansville; — à 25 kil. E. de Teniet-el-Had et sur le chemin stratégique de ce centre à Boghar. Pop. ind. 1,912 hab. Cette tribu se compose des fract. suivantes : Aouamed, Ouled-T'saleb et Refikate.

Si-Tabet. V. *Ouled-si-Tabet*, fract. des Ouled-Rechaïch, tribu. Com. ind., cerc. et cant. jud. de Khenchela, subd. de Batna. Pop. ind. 350 hab.

Skikda. V. *Arb-Skikda*, tribu et douar. Com. mix. et cant. jud. de Jemmapes, arr. de Philippeville.

Sliman. V. *Beni-Sliman*, tribu. Com. ind., cant. jud. et annexe de l'Arba, subd. d'Alger. — V. *Beni-Sliman*, tribu. Com. ind. et cerc. de Miliana, cant. jud. de Duperré, subd. d'Orléansville. — V. *Beni-Sliman*, tribu. Com. ind., cant. jud. et annexe de Takitount, cerc. et subd. de Sétif. — V. *Beni-Ilman*, tribu, désignée à tort sous le nom de *Beni-Sliman*, dans la délimitation du cant. jud. de Bordj-bou-Arréridj. Com. ind. et cerc. de Bordj-bou-Arréridj, subd. de Sétif. — V. *Beni-bou-Sliman*, tribu. Com. ind., cant. jud. et cerc. de Biskra, subd. de Batna. — V. *Ouled-bou-Sliman*, tribu. Com. ind., cerc. et subd. d'Orléansville. — V. *Ouled-sidi-Sliman*, tribu. Com. ind., cant. jud. et cerc. de Teniet-el-Had, subd. d'Orléansville. — V. *Ouled-Sliman*, tribu. Com. mix. de la Mekerra, cant. jud. et arr. de Sidi-bel-Abbès.

Slyem. V. *Beni-Slyem*, tribu. Com. mix. et cant. jud. de Dellys, arr. de Tizi-Ouzou.

Smaël. V. *Beni-Smaïl*, tribu. Com. ind., cant. jud. et annexe de Takitount, cerc. et subd. de Sétif.

Smaïl. V. *Beni-Smaïl*, tribu. Com. mix. et cant. jud. de Dra-el-Mizan, arr. de Tizi-Ouzou.

Smaïl. Fract. des Arab-Chéraga, tribu. Com. ind., cerc. et cant. jud. de Biskra, subd. de Batna. Pop. ind. 429 hab.

Smala ou **Zmala.** De la tribu des Arab-Chéraga. Com. ind., cerc. et cant. jud. de Biskra, subd. de Batna. Pop. ind. 571 hab.

Smala ou **Zmala.** De la tribu des Ouled-oum-el-Akhoua. Cerc. de Djelfa, subd. de Médéa. Pop. ind. 175 hab.

Smiel. V. *Beni-Smiel*, tribu. Com. mix. et cerc. de Sebdou, cant. jud. de Lamoricière, subd. de Tlemcen.

Soama ou **Souamas.** Tribu non soumise à l'appl. du sén.-cons. Rattachée à la com. ind. de Bordj-bou-Arréridj. Cant. jud. et cerc. de Bordj-bou-Arréridj, annexe de M'sila, subd. de Sétif; — à 50 kil. S. de Bordj-bou-Arréridj. Pop. ind. 1,154 hab. Les Soama se composent des fract. suivantes : Ouled-Abd-Allah, El-Hadjaress, Loudani, Ouled-Khaled et Ouled-Hadidan.

Soltan. V. *Ouled-Soltan*, tribu. Com. ind., cant. jud., cerc. et subd. d'Aumale.

Soltan. V. *Ouled-Soltan*, tribu. (Nouvelle organisation.) Com. ind., cant. jud., cerc. et subd. de Batna, annexe de Barika.

Soltan-Dahra et Soltan-Guebala. V. *Ouled-Soltan-Dahra et Ouled-Soltan-Guebala*, ancienne division de la tribu des Ouled-Soltan. Com. ind., cant. jud., cerc. et subd. de Batna, annexe de Barika.

Souaïah. V. *Souhaïa*, tribu. Com. ind., cant. jud. et cerc. de Teniet-el-Had, subd. d'Orléansville.

Soualia. V. *Souhalia*, tribu. Rattachée partie à la com. mix. et au cant. jud. de l'Oued-Zenati, arr. de Constantine ; partie à la com. pl. ex. de Condé-Smendou, cant. jud. et arr. de Constantine ; partie à la com. mix. et au cant. jud. d'El-Arrouch, arr. de Philippeville.

Soualia. V. *Souhalia*, tribu et douar-com. Com. mix., cant. jud. et cerc. de Nemours, subd. de Tlemcen.

Souahlia. Fract. du Dahra d'Alger, tribu. Com. ind., cerc., cant. jud. et subd. d'Orléansville. Pop. ind. 170 hab. ; — à 23 kil. N.-O. d'Orléansville.

Souama. Fract. des Beni-bou-Chaïb, tribu. Com. ind., cerc. et cant. jud. de Fort-National, subd. de Dellys. Pop. ind. 1,006 hab. ; — à 12 kil. E. de Fort-National et près de Souk-el-Had.

Souamas ou **Soama.** Tribu non soumise à l'appl. du sén.-cons. Rattachée à la com. ind. de Bordj-bou-Arréridj. Cant. jud. et cerc. de Bordj-bou-Arréridj, subd. de Sétif, annexe de M'sila ; — à 50 kil. S. de Bordj-bou-Arréridj. Pop. ind. 1,154 hab. Cette tribu se compose des fract. suivantes : Ouled-Abd-Allah, El-Hadjaress, Loudani, Ouled-Khaled et Ouled-Hadidan.

Souhadja. V. *Senadja*, fract. des Ouled-Abd-el-Djebar, tribu. Com. ind., cerc. et cant. jud. de Bougie, subd. de Sétif. Pop. ind. 1,067 hab.

Souarak. (Sup. 7,370 hect.) Tribu délimitée et érigée en douar-com. par décret du 15 décembre 1869. V. le douar *Souarak*, n° 206 de la carte. Com. ind., cant. jud. et cerc. de La Calle, subd. de Bône. — NOTA : Le douar Souarak est actuellement rattaché à la tribu des Nehed et au kaïdat de l'Oued-el-Kebir.

Souf. Tribu non soumise à l'appl. du sén.-cons. Rattachée à la com. ind. de Biskra. Cant. jud. et cerc. de

Biskra, subd. de Batna; — à 20 kil. S.-E. de Biskra et sur le chemin de cette ville au ksar Berresof. Cette tribu renferme le centre ind. d'El-Oued. — NOTA: Le nom de cette tribu ne figure pas au tableau du dénombrement (1876).

Souhaïa. (Sup. 10,093 hect.) Tribu délimitée et érigée en douar-com. par décret du 17 octobre 1869. V. *Taza*, douar n° 152 *bis* de la carte. Com. ind., cant. jud. et cerc. de Teniet-el-Had, subd. d'Orléansville.

Souhalia. (Sup. 7,304 hect.) Tribu délimitée et divisée en 4 douars-com. par décrets des 4 décembre 1864 et 19 avril 1865. V. les douars-com. *Ouled-Ahmed*, n° 36; *Ouled-Sassy*, n° 37; *Beni-Ahmed*, n° 35 de la carte des douars et *Eulma-Medjabria*, sans n°. Les 2 premiers rattachés à la com. mix. de l'Oued-Zenati, cant. jud. de l'Oued-Zenati, arr. de Constantine; le troisième à la com. mix. et au cant. jud. d'El-Arrouch, arr. de Philippeville; le dernier à la com. mix., pl. ex. de Condé-Smendou, cant. jud. et arr. de Constantine.

Souhalia. (Sup. 7,991 hect.) Tribu délimitée et constituée en 2 douars-com. par décret du 7 septembre 1867. V. *Souhalia-Tahta et Souhalia-Fouaga*, douars. Ces 2 douars ne portent qu'un seul n° (127) de la carte. Com. mix., cerc. et cant. jud. de Nemours, subd. de Tlemcen. Pop. ind. des 2 douars-com. 3,193 hab.

Souhary. V. *Titteri-Souhary et Deïmat*, tribus. Com. ind., cant. jud., cerc. et subd. de Médéa.

Souïd. V. *Ouled-Souïd*, tribu et douar. Com. mix. et annexe de Zemmorah, cant. jud. de Relizane, subd. d'Oran.

Souigate. V. *Es-Souigate*, fract. des Ouled-Mohamed-el-M'barek, tribu. Com. ind., cerc. et cant. jud. de Bou-Sâada, subd. d'Aumale. Pop. ind. 231 hab.

Souïk. V. *Beni-Souïk*, fract. des Ouled-Zian, tribu. Com. ind., cerc. et cant. jud. de Biskra, subd. de Batna. Pop. ind. 512 hab.

Souklas. V. *Ouled-Soukias*, fract. des Ouled-Khiar, tribu. Com. ind., cerc. et cant. jud. de Souk-Ahras, subd. de Bône. Pop. ind. 2,034 hab.

Soumata. (Sup. 25,604 hect.) Tribu délimitée et divisée en 2 douars-com. par décret du 5 décembre 1866. V. *Oued-Djer*, douar n° 55 de la carte. Rattaché à la com. mix. de Meurad, cant. jud. de Marengo, arr. d'Alger et *Oued-Sebt*, n° 56 de la carte. Rattaché à la com. mix. d'Adélia. Cant. jud. et arr. de Miliana.

Soumeur. Fract. des Beni-Ittourar, tribu. Com. ind., cerc. et cant. jud. de Fort-National, subd. de Dellys. Pop. ind. 224 hab.; — à 19 kil. S.-E. de Fort-National et sur le versant S.-E. du Djebel-Ourdja, point géodésique, altitude 1,356 mètres.

Soumeur. V. *Beni-Soumeur*, tribu. Com. ind., cant. jud. et cerc. de Teniet-el-Had, subd. d'Orléansville.

Soummar. V. *Rehanim-Summar*, fract. du Sahël-Guebli, tribu. Com. ind., cerc. et subd. de Sétif, cant. jud. d'Akbou. Pop. ind. 588 hab.

Srir-ben-Ahmed. Fract. d'El-Bekakia de la tribu des Chorfat-el-Hamel, tribu. Com. ind., cerc. et cant. jud. de Bou-Sâada, subd. d'Aumale. Pop. ind. 158 hab.

Stitten. V. *Ahel-Stitten*, ksar et tribu. Com. mix. et cerc. de Géryville, cant. jud. de Saïda, subd. de Mascara.

Sultan. V. *Ouled-Soltan*, tribu. Com. ind., cant. jud., cerc. et subd. de Batna, annexe de Barika.

Sultan-Dahra et Sultan-Guebala. V. *Ouled-Soltan-Dahra et Ouled-Soltan-Guebala*, ancienne division de la tribu des Ouled-Soltan. Com. ind., cant. jud., cerc. et subd. de Batna, annexe de Barika.

Summar. V. *Rehanim-Summar*, fract. du Sahël-Guebli, tribu. Com. ind., cerc. et subd. de Sétif, cant. jud. d'Akbou. Pop. ind. 588 hab.

T

Taabna. (Sup. 4,640 hect.) Tribu délimitée et constituée en douar-com. par décret du 25 avril 1868 V. *Taabna*, douar n° 87 de la carte. Com. mix. et cant. jud. de Collo, arr. de Philippeville.

Tâan. V. *Ouled-Tâan*, tribu. Com. ind., cant. jud., cerc. et subd. d'Aumale.

Taaroust. Fract. des Iril-Nezekri, tribu. Com. ind.,

cerc. et cant. jud. de Fort-National, subd. de Dellys. Pop. ind. 207 hab.

Tababort. Fract. dépendant du kaïdat et de la tribu du Tababort. Com. ind., cant. jud. et cerc. de Djidjelli, subd. de Constantine., arr. jud. de Bougie. Pop. ind. 678 hab.

Tababort. (Sup. 18,700 hect. env.) Tribu et kaïdat. Tribu non soumise à l'appl. du sén.-cons. Rattachée à la com. ind. de Djidjelli. Cant. jud. et cerc. de Djidjelli, subd. de Constantine, arr. jud. de Bougie; — à 30 kil. S.-O. de Djidjelli et sur le chemin de cette ville à Bougie. Pop. ind. 4,684 hab. Le Tababort se compose des fract. suivantes : Ouled-Behar ou Oued-el-Behar, En-Nadour, Bir-Ghezala, El-Alem, Tababort, Mansouria et Taghzout.

Tabazourt ou **Tabaourt.** Fract. des Iril-Nezekri, tribu. Com. ind., cerc. et cant. jud. de Fort-National, subd. de Dellys. Pop. ind. 669 hab. ; — à 35 kil. N.-E. de Fort-National et près de la rive droite de l'Oued-el-Hammam.

Tabbourt. Fract. des Beni-Ghobri, tribu. Com. ind., cerc. et cant. jud. de Fort-National, subd. de Dellys. Pop. ind. 115 hab. ; — à 21 kil. N.-E. de Fort-National.

Tabet. V. *Ouled-Thabet*, tribu. Com. ind. et cerc. de Boghar, cant. jud. de Boghari, subd. de Médéa.

Tabet. V. *Doui-Thabet*, tribu et douar. Com. mix., cant. jud. et cerc. de Saïda, subd. de Mascara.

Tablabalt. Fract. des Beni-Iraten-ou-Fella, tribu. Com. ind., cerc. et cant. jud. de Fort-National, subd. de Dellys. Pop. ind. 350 hab.

Tablat. (Sup. 7,056 hect. env.) De l'ancienne tribu des Beni-Sliman. Actuellement des Beni-Sliman-Chéraga (nouvelle organisation). Tribu non érigée en douar-com. Rattachée à la com. ind. et à l'annexe de l'Arba. Cant. jud. de l'Arba, subd. d'Alger; — à 16 kil. S.-E. de l'Arba, à cheval sur la route d'Alger à Aumale et sur la rive gauche de l'Oued-Issor. Pop. ind. 3,047 hab. Cette tribu renferme le centre européen de Tablat.

Tabouda. Fract. des Illoula-ou-Malou, tribu. Com. ind., cerc. et cant. jud. de Fort-National, subd. de Dellys. Pop. ind. 298 hab. ; — à 23 kil. 1/2 S.-E. de Fort-National.

Taboudouch. Fract. des Beni-Djenad-el-Bahr, tribu. Com. ind., cerc. et cant. jud. de Fort-National, subd. de Dellys. Pop. ind. 1,134 hab. ; — à 24 kil. N.-E. de Fort-National et sur la rive droite de l'Oued-Guezguezou.

Taboul-Ahmed. V. *Tebi-Ahmed*, fract. du Djebel-Chéchar, tribu. Com. ind., cant. jud. et cerc. de Biskra, subd. de Batna.

Taceft-Guezra. Fract. des Beni-Iraten-ou-Fella, tribu. Com. ind., cerc. et cant. jud. de Fort-National, subd. de Dellys. Pop. ind. 214 hab.

Tacheta. (Sup. 12,760 hect. env.) Tribu non soumise à l'appl. du sén.-cons. Rattachée à la com. ind. d'Orléansville. Cerc. et subd. d'Orléansville, cant. jud. de Cherchel; — à 64 kil. S.-O. de cette dernière ville et sur la rive droite de l'Oued-Dahmous. Pop. ind. 2,239 hab. Les Tacheta se composent des fract. suivantes : Ouled-Addi, Ouled-Salah, Ouled-Ali, Ouled-Bessa, Ouled-Khebabza et Ouled-Mhaafa.

Taddert-bou-Adda. Fract. des Beni-Iraten-ou-Fella, tribu. Com. ind., cerc. et cant. jud. de Fort-National, subd. de Dellys. Pop. ind. 513 hab.

Taddert-el-Djeddid ou **Taddert-el-Djedid.** Fract. des Beni-Ouakour, tribu. Com. ind., cerc., cant. jud. et subd. d'Aumale, annexe des Beni-Mansour. Pop. ind. 623 hab. ; — à 60 kil. N.-E. d'Aumale.

Taddert-ou-Adda. V. *Taddert-bou-Adda*, fract. des Beni-Iraten-ou-Fella. Com. ind., cant. jud. et cerc. de Fort-National, subd. de Dellys.

Taddert-ou-Fella. Fract. des Beni-Iraten-ou-Fella. Com. ind., cerc. et cant. jud. de Fort-National, subd. de Dellys. Pop. ind. 398 hab.

Tadjemout. Ksar et tribu. Tribu non soumise à l'appl. du sén.-cons. Rattachée à la com. ind. de Laghouat. Cant. jud. et cerc. de Laghouat, subd. de Médéa ; — à 30 kil. N.-O. de Laghouat et sur la rive gauche de l'Oued-M'zi, affluent de l'Oued-Djedi. Pop. ind. 809 hab. Cette tribu se compose des fract. de Sfraïn et Ouled-Mohamed.

Tadjerouna. Tribu et ksar. Tribu non soumise à l'appl. du sén.-cons. Rattachée à la com. ind. de Tiaret-Aflou. Cant. jud. et cerc. de Tiaret, subd. de Mascara ; — à 222 kil. S.-E. de Tiaret et à 75 kil. S.-O. de Laghouat. Pop. ind. 431 hab., y compris la pop. de Maïa, ksar.

Tachchah. V. *Tahechah*, fract. des Beni-Sedka-Ogdal, tribu. Com. ind., cerc. et cant. jud. de Fort-National, subd. de Dellys.

Taffreg ou **Teffreg.** Fract. dépendant de la tribu des Beni-Yadel. Com. ind., cant. jud. et cerc. de Bordj-bou-

TA ET DES FRACTIONS DE TRIBUS) **TA**

Arréridj, subd. de Sétif; — à 22 kil. N. de Bordj-bou-Arréridj et sur la rive gauche de l'Oued-Lakrenach, affluent de l'Oued-Mahadjar. Pop. ind 2,692 hab.

Tafna. (Sup. 16,732 hect. env.) Tribu de l'ancien aghalik des Ghossels. Non soumise à l'appl. du sén.-cons. Rattachée à la com. mix. de Tlemcen. Cant. jud. et arr. de Tlemcen; — à 22 kil. N.-O. de Tlemcen et à cheval sur l'Oued-Tafna. Pop. ind. 1,230 hab. — NOTA : Une partie du territoire de cette tribu est destinée aux villages projetés de Remchi et de Sidi-Amara.

Tafraount. Fract. de la tribu des Djafra-Chéraga. Non soumise à l'appl. du sén.-cons. Rattachée à la com. ind. de Saïda. Cerc. et cant. jud. de Saïda, subd. de Mascara. Pop. recensée avec les Djafra-Chéraga; — à 4 kil. S.-O. de Saïda.

Tafraout. Fract. des Beni-Yahia, tribu. Com. ind., cerc. et cant. jud. de Fort-National, subd. de Dellys. Pop. ind. 195 hab.; — à 13 kil. 1/2 S.-E. de Fort-National et sur le Djebel-Tagounit.

Tafrent. Kaïdat. Formé des douars-com. suivants : Ras-Zebar, Dalah, M'toussa, Baghaï et Aïn-Thouïla provenant de l'ancienne tribu des Haracta. Com. ind., cant. jud. et cerc. d'Aïn-Beïda, subd. de Constantine; — à 30 kil. S. d'Aïn-Beïda. Pop. ind. du kaïdat, 5,420 hab.

Taghzout ou **Tarzout.** Fract. dépendant de la tribu et du kaïdat du Tababort. Com. ind., cant. jud. et cerc. de Djidjelli, subd. de Constantine, arr. jud. de Bougie. Pop. ind. 518 hab.; — à 28 kil. S.-O. de Djidjelli.

Tagounite ou **Tagounitz.** Fract. des Beni-Yahia, tribu. Com. ind., cerc. et cant. jud. de Fort-National, subd. de Dellys. Pop. ind. 699 hab.; — à 13 kil. S.-E. de Fort-National.

Tagoust ou **Takoust.** Fract. de l'Oued-Abdi, tribu. Com. ind., cerc., cant. jud. et subd. de Batna. Pop. ind. 555 hab.

Taguemount. Fract. des Beni-Sedka-Chenacha, tribu. Com. ind., cerc. et cant. jud. de Fort-National, subd. de Dellys. Pop. ind. 707 hab.; — à 18 kil. S.-O. de Fort-National.

Taguemount-bou-Fenand. Fract. des Azzouza, tribu. Com. ind., cerc. et cant. jud. de Fort-National, subd. de Dellys. Pop. ind. 550 hab.

Taguemount-el-Djedid. Fract. des Beni-Sedka-Ouadhia, tribu. Com. ind., cerc. et cant. jud. de Fort-National, subd. de Dellys. Pop. ind. 829 hab.; — à 11 kil. S.-O. de Fort-National et à 4 kil. N. du Souk-el-Had.

Taguemount-Goundfel. Fract. des Beni-Iraten-ou-Fella, tribu. Com. ind., cerc. et cant. jud. de Fort-National, subd. de Dellys. Pop. ind. 159 hab.; — près du centre de Fort-National.

Taguemount-Iadaden. Fract. des Beni-Iraten-ou-Fella, tribu. Com. ind., cerc. et cant. jud. de Fort-National, subd. de Dellys. Pop. ind. 254 hab.; — près du centre de Fort-National.

Taguemount-Iguer-Moumen. Fract. de Tigrin, tribu. Com. ind., cerc. et cant. jud. de Fort-National, subd. de Dellys. Pop. ind. 148 hab.; — à 42 kil. N.-E. de Fort-National.

Taguemount-Naït-All-ou-Loul. Fract. des Beni-Sedka-Ogdal, tribu. Com. ind., cerc. et cant. jud. de Fort-National, subd. de Dellys. Pop. ind. 639 hab.; — à 15 kil. S.-O. de Fort-National.

Taguercift. Fract. des Beni-Djenad-el-Cheurg, tribu. Com. ind., cerc. et cant. jud. de Fort-National, subd. de Dellys. Pop. ind. 1,100 hab.; — à 20 kil. 1/2 N.-E. de Fort-National, sur la rive gauche de l'Oued-ed-Diss.

Tahallaït. (Sup. 8,881 hect.) Tribu délimitée et constituée en 2 douars-com. par décret du 5 mai 1866. V. *Sidi-Ali-Chérif*, douar n° 20 et *Khrouf*, douar n° 19 de la carte. Com. mix. et cant. jud. de St-Denis-du-Sig, arr. d'Oran.

Tahamment. V. *Ouled-si-Ali-Tahamment*, tribu et douar-com. Com. mix. et cant. jud. de Batna, arr. de Constantine.

Taharin. Fract. des Beni-Iddour, tribu. Com. ind., cerc. et cant. jud. de Djidjelli, subd. de Constantine, arr. jud. de Bougie. Pop. ind. 1,124 hab.; — à 27 kil. S.-E. de Djidjelli.

Tahechah ou **Tachchah.** Fract. des Beni-Sedka-Ogdal, tribu. Com. ind., cerc. et cant. jud. de Fort-National, subd. de Dellys. Pop. ind. 493 hab.; — à 9 kil. S.-O. de Fort-National.

Taïa. V. *Taya*, tribu et douar-com. Com. mix., cant. jud. et arr. de Guelma.

Taïbet-el-Gueblin. Fract. des Ouled-Sahia, tribu. Com. ind., cerc. et cant. jud. de Biskra, subd. de Batna. Pop. ind. 366 hab., y compris El-Alia, fract. de la même tribu; — à 205 kil. S.-E. de Biskra, à 33 kil. E. de

Tuggurt et à 49 kil. S.-O. d'El-Oued, sur le chemin de Temacin à El-Oued.

Taïbin. V. *Ouled-Sliman*, *Taïbin*, fract. des Ouled-Sahia, tribu. Com. ind., cerc. et cant. jud. de Biskra, subd. de Batna.

Taïer. V. *Ouled-Taïer*, tribu. Com. ind., cant. jud. et cerc. de Bordj-bou-Arréridj, subd. de Sétif.

Taïlman. (Sup. 911 hect.) Tribu délimitée et constituée en douar-com. par décret du 25 avril 1868. V. *Taïlman*, douar n° 33 de la carte. Com. ind. et cerc. d'El-Milia, cant. jud. de Mila, subd. de Constantine. Pop. ind. 420 hab.

Taïr. V. *Ouled-Taïr*, fract. de la tribu des Ben-Daoud. Com. ind., cant. jud. et cerc. de Bordj-bou-Arréridj, subd. de Sétif.

Taka. Fract. des Beni-Yahia, tribu. Com. ind., cerc. et cant. jud. de Fort-National, subd. de Dellys. Pop. ind. 1,904 hab.; — à 12 kil. E. de Fort-National et à 2 kil. N. de la Djema-Sahél, point géodésique, altitude 1,145 mètres.

Takena ou **Takenna.** Fract. des Beni-Yahia, tribu. Com. ind., cerc. et cant. jud. de Fort-National, subd. de Dellys. Pop. ind. 141 hab.; — à 16 kil. 1/2 S.-E. de Fort-National et sur la rive gauche de l'Oued-Tagounit, affluent du Sahél.

Takenent. Fract. des Dehemcha, tribu. Com. ind., annexe et cant. jud. de Takitount, subd. de Sétif, arr. jud. de Bougie. Pop. ind. 605 hab.

Takerbouzt ou **Takerboust.** Fract. des Beni-Kani, tribu. Com. ind., cerc. et cant. jud. et subd. d'Aumale, annexe des Beni-Mansour. Pop. ind. 725 hab.; — à 10 kil. N. du Bordj des Beni-Mansour et à 64 kil. N.-E. d'Aumale. Le village kabyle de Takerbouzt est situé à 952 mètres d'altitude.

Takhelldjt-Iadaden. Fract. des Beni-Illilten, tribu. Com. ind., cerc. et cant. jud. de Fort-National, subd. de Dellys. Pop. ind. 136 hab.

Takhelldjt-Naït-Atson. Fract. des Beni-Illilten, tribu. Com. ind., cerc. et cant. jud. de Fort-National, subd. de Dellys. Pop. ind. 203 hab.

Takheribet. V. *Ouled-Takheribet*, fract. des Ouled-Daoud, tribu. Com. ind., cerc., cant. jud. et subd. de Batna. Pop. ind. 560 hab.

Takoucht. Fract. des Beni-Idjeur-Sahël, tribu. Com. ind., cerc. et cant. jud. de Fort-National, subd. de Dellys. Pop. ind. 335 hab.; — à 26 kil. S.-E. de Fort-National, sur la rive droite de l'Oued-Sahël, affluent du Sebaou. Le village kabyle de Takoucht est situé à 632 mètres d'altitude.

Takoust. V. *Tagoust*, fract. de l'Oued-Abdi, tribu. Com. ind., cerc., cant. jud. et subd. de Batna.

Talabort. V. *Tababort*, tribu et kaïdat. Com. ind., cant. jud. et cerc. de Djidjelli, subd. de Constantine, arr. jud. de Bougie.

Tala-Malla ou **Talla-Malla.** Fract. des Beni-Hassaïn ou Beni-Haçaïn, tribu. Com. ind., cerc. et cant. jud. de Fort-National, subd. de Dellys. Pop. ind. 252 hab.; — à 39 kil. N.-E. de Fort-National et sur la rive gauche du Beharisen.

Tala-N'taguena. Fract. des Beni-Djenad-el-Cheurg, tribu. Com. ind., cerc. et cant. jud. de Fort-National, subd. de Dellys. Pop. ind. 1,185 hab.; — à 19 kil. N.-E. de Fort-National.

Tala-N'tazert. Fract. des Beni-bou-Drar, tribu. Com. ind., cerc. et cant. jud. de Fort-National, subd. de Dellys. Pop. ind. 855 hab.; — à 17 kil. S. de Fort-National.

Talha. (Sup. 9,294 hect.) Tribu délimitée et constituée en douar-com. par décret du 21 mars 1870. V. *Talha*, n° 327 de la carte des douars. Com. mix. et arr. de Bône, cant. jud. de Mondovi.

Talloula. Fract. des Beni-Fraoucen, tribu. Com. ind., cerc. et cant. jud. de Fort-National, subd. de Dellys. Pop. ind. 224 hab.; — à 6 kil. N.-E. de Fort-National et à 2 kil. O. de la Djema-Godda.

Tallaït. V. *Tahallaït*, fract. Com. mix. et cant. jud. de St-Denis-du-Sig, arr. d'Oran.

Tamazirt. Fract. des Beni-Iraten-bou-Adda, tribu. Com. ind., cerc. et cant. jud. de Fort-National, subd. de Dellys. Pop. ind. 998 hab.

Tamda ou **Temda.** Fract. des Amraoua, tribu. Com. ind., cerc. et cant. jud. de Fort-National, subd. de Dellys. Pop. ind. 1,016 hab.; — à 8 kil. 1/2 N. de Fort-National et sur la rive droite du Sebaou.

Tamdellt. Fract. des Beni-Khellil, tribu. Com. ind., cerc. et cant. jud. de Fort-National, subd. de Dellys. Pop. ind. 177 hab.

Tamdrara. V. *Temdrara*, fract. de la tribu des Chouchaoua. Com. ind., cant. jud., cerc. et subd. d'Orléansville.

Tamelahat ou **Tamelaht**. (Sup. 5,917 hect. env.) Tribu non soumise à l'appl. du sén.-cons. Rattachée à la com. ind. d'Orléansville. Cant. jud., cerc. et subd. d'Orléansville; — à 36 kil. S.-E. de cette ville. Pop. ind. 1,368 hab. Cette tribu se compose des fract. suivantes: El-Ghrib, T'sâabba et Louata.

Tamelith. V. *Tamlith et Ifira*, fract. de la tribu des Beni-Ghobri. Com. ind., cant. jud. et cerc. de Fort-National, subd. de Dellys.

Tamerna-Djedida. Fract. de l'Oued-R'ir, tribu. Com. ind., cerc. et cant. jud. de Biskra, subd. de Batna. Pop. ind. 550 hab.; — à 155 kil. S.-E. de Biskra, à 39 kil. N.-O. de Tuggurt et sur le chemin reliant ces deux centres.

Tamerna-Guedima. Fract. de l'Oued-R'ir, tribu. Com. ind., cerc. et cant. jud. de Biskra, subd. de Batna. Pop. ind. 595 hab.; — à 153 kil. S.-E. de Biskra et à 41 kil. N.-O. de Tuggurt.

Tamjout. V. *Temjout*, fract. des Beni-Menguellet, tribu. Com. ind., cerc. et cant. jud. de Fort-National, subd. de Dellys.

Tamlith et Ifira. Fract. de la tribu des Beni-Ghobri. Com. ind., cant. jud. et cerc. de Fort-National, subd. de Dellys. Pop. ind. de Tamlith, 49 hab. et d'Ifira, 880 hab.

Tamoun. V. *Beni-Tamoun*, tribu et douar. Com. mix. et cant. jud. de Ténès, arr. d'Orléansville.

Tanalt. Fract. des Beni-Ittourar, tribu. Com. ind., cerc. et cant. jud. de Fort-National, subd. de Dellys. Pop. ind. 260 hab. — NOTA: Cette fract. a été omise dans la composition territoriale de la tribu des Beni-Ittourar, p. 34, 1re colonne.

Taourga. (Sup. 1,134 hect.) Tribu délimitée et constituée en douar-com. par décret du 8 septembre 1869. V. *Taourga*, douar-com. Com. pl. ex. et cant. jud. de Dellys, arr. de Tizi-Ouzou.

Taourirt. Fract. des Beni-Idjeur-Djebel, tribu. Com. ind., cerc. et cant. jud. de Fort-National, subd. de Dellys. Pop. ind. 351 hab.; — à 24 kil. S.-E. de Fort-National et sur la rive droite de l'Oued-Sahel, affluent du Sebaou.

Taourirt. Fract. des Beni-Mansour, tribu. Com. ind., cerc., cant. jud. et subd. d'Aumale, annexe des Beni-Mansour. Pop. ind. 403 hab.; — à 59 kil. N.-E. d'Aumale, à 3 kil. S.-O. du Bordj des Beni-Mansour et sur la route nationale d'Alger à Constantine.

Taourirt. Fract. des Beni-Menguellet, tribu. Com. ind., cerc. et cant. jud. de Fort-National, subd. de Dellys. Pop. ind. 810 hab.

Taourirt-Abdallah. Fract. des Beni-Sedka-Ouadhia, tribu. Com. ind., cerc. et cant. jud. de Fort-National, subd. de Dellys. Pop. ind. 444 hab.; — à 10 kil. S.-O. de Fort-National et sur la route de ce centre à Dra-el-Mizan.

Taourirt-Aden. Fract. des Beni-Fraoucen, tribu. Com. ind., cerc. et cant. jud. de Fort-National, subd. de Dellys. Pop. ind. 448 hab.; — à 4 kil. 1/2 N.-E. de Fort-National et sur la rive droite de l'Oued-Talerlour, affluent rive gauche du Sebaou.

Taourirt-Aït-Ali-ou-Naceur. Fract. des Beni-Ittourar, tribu. Com. ind., cerc. et cant. jud. de Fort-National, subd. de Dellys. Pop. ind. 572 hab.; — à 21 kil. S.-E. de Fort-National et sur le versant S.-E. de la Djema-Tamesguida, point géodésique, altitude 1,549 mètres.

Taourirt-Amokrane. Fract. des Beni-Iraten-bou-Adda, tribu. Com. ind., cerc. et cant. jud. de Fort-National, subd. de Dellys. Pop. ind. 1,165 hab.

Taourirt-Amran. Fract. des Beni-bou-Youssef, tribu. Com. ind., cerc. et cant. jud. de Fort-National, subd. de Dellys. Pop. ind. 663 hab.; — à 14 kil. S.-E. de Fort-National.

Taourirt-Amrous. Fract. des Beni-Illilten, tribu. Com. ind., cerc. et cant. jud. de Fort-National, subd. de Dellys. Pop. ind. 72 hab.

Taourirt-Bonas. Fract. des Beni-Zikki, tribu. Com. ind., cerc. et cant. jud. de Fort-National, subd. de Dellys. Pop. ind. 77 hab.

Taourirt-el-Hadjadj. Fract. des Beni-Yenni, tribu. Com. ind., cerc. et cant. jud. de Fort-National, subd. de Dellys. Pop. ind. 348 hab.; — à 8 kil. 1/2 S.-E. de Fort-National et sur le versant S. du Djebel-Missourah, point géodésique, altitude 846 mètres.

Taourirt-Mimoun. Fract. des Beni-Yenni, tribu. Com. ind., cerc. et cant. jud. de Fort-National, subd. de Dellys. Pop. ind. 770 hab.; — à 8 kil. S. de Fort-National, et sur le versant S. du Djebel-Beni-Lassen, point géodésique, altitude 992 mètres.

Taourirt-Yacoub. Fract. des Beni-Yala, tribu. Com. ind., cerc. et subd. de Sétif, cant. jud. d'Akbou, arr. jud. de Bougie. Pop. ind. 241 hab.; — à 36 kil. S.-E. d'Akbou.

Taouzient. Fract. des Beni-Oudjana, tribu. Com. ind., cerc. et cant. jud. de Khenchela, subd. de Batna. Pop. ind. 1,857 hab. ; — à 38 kil. O. de Khenchela.

Tarzout ou **Tarzoude.** Fract. des Ouled-Saoud, tribu. Com. ind., cerc. et cant. jud. de Biskra, subd. de Batna. Pop. ind. 1,194 hab. ; — à 178 kil. S.-E. de Biskra et à 14 kil. N.-O. d'El-Oued.

Tarzout. V. *Taghzout*, fract. de la tribu et du kaïdat du Tababort. Com. ind., cant. jud. et cerc. de Djidjelli, subd. de Constantine, arr. jud. de Bougie.

Tarzout. Fract. des Beni-Illilten, tribu. Com. ind., cerc. et cant. jud. de Fort-National, subd. de Dellys. Pop. ind. 163 hab.

Tasga-Melloul. Fract. des Beni-Menguellet, tribu. Com. ind., cerc. et cant. jud. de Fort-National, subd. de Dellys. Pop. ind. 318 hab.

Tas-Kenfout. Fract. des Beni-Menguellet, tribu. Com. ind., cerc. et cant. jud. de Fort-National, subd. de Dellys. Pop. ind. 215 hab. ; — à 10 kil. S.-E. de Fort-National et à 850 mètres N. de la djema Si-Saïd, point géodésique, altitude 1,070 mètres.

Tasselent. Fract. des Illoulas, tribu. Com. ind., cerc. et cant. jud. d'Akbou, subd. de Sétif, arr. jud. de Bougie. Pop. ind. 1,138 hab. ; — à 4 kil. N.-O. d'Akbou et près de la rive droite de l'Oued-Tasselent, affluent rive gauche du Sahel.

Tassera. Fract. de l'ancienne tribu des Hachem. V. *Hachem*, tribu. Com. mix. et cant. jud. de Bordj-bou-Arréridj, arr. de Sétif.

Taya. (Sup. 3,638 hect.) Tribu délimitée et constituée en douar-com. par décret du 21 octobre 1869. V. *Taya*, douar-com. n° 339 de la carte. Com. mix., cant. jud. et arr. de Guelma.

Taza. Fract. des Beni-Iraten-ou-Fella, tribu. Com. ind., cerc. et cant. jud. de Fort-National, subd. de Dellys. Pop. ind. 255 hab.

Tazerout. Fract. des Beni-Idjeur-Sahel, tribu. Com. ind., cerc. et cant. jud. de Fort-National, subd. de Dellys. Pop. ind. 223 hab. ; — à 24 kil. E. de Fort-National et sur le versant O. du Bou-Alem, point géodésique, altitude 1,202 mètres.

Tazga-Ihaggoun ou **Tazga-Haggoun.** Fract. des Iril-Nezekri, tribu. Com. ind., cerc. et cant. jud. de Fort-National, subd. de Dellys. Pop. ind. 267 hab. ; — à 33 kil. N.-E. de Fort-National.

Tazgaït. (Sup. 3,000 hect. env.) Tribu non soumise à l'appl. du sén.-cons. Rattachée à la com. mix. et au cant. jud. de Cassaigne, arr. de Mostaganem ; — à 8 kil. N.-E. de Cassaigne et sur le chemin de Mostaganem à Inkermann. Pop. : 4 français, 64 étrangers et 586 ind.

Taziza. Fract. des Ouled-Allane-Zekri, tribu. Com. ind., cerc., cant. jud. et subd. de Médéa. Pop. ind. 802 hab.

Tazrout. Fract. des Beni-bou-Youssef, tribu. Com. ind., cerc. et cant. jud. de Fort-National, subd. de Dellys. Pop. ind. 806 hab. ; — à 15 kil. S.-E. de Fort-National.

Tebesbest. Fract. de Tuggurt, tribu et kaïdat. Com. ind., cerc. et cant. jud. de Biskra, subd. de Batna. Pop. ind. 1,012 hab.

Tebessa. (Sup. 18,808 hect.) Tribu délimitée et constituée en douar-com. par décret du 9 mars 1867. V. *Tebessa*, douar n° 62 de la carte. Com. mixte de Tebessa, cant. jud. et cerc. de Tebessa, subd. de Constantine.

Tebi-Ahmed ou **Taboul-Ahmed.** Fract. du Djebel-Chéchar, tribu. Com. ind., cant. jud. et cerc. de Biskra, subd. de Batna. Pop. ind. 255 hab. ; — à 88 kil. N.-E. de Biskra et sur la rive gauche de l'Oued-el-Arab, affluent du Chott Farfaria.

Tebiga. Terre melk comprise dans la tribu des Senhadja, Com. mix. et cant. jud. d'Aïn-Mokra, arr. de Bône ; — à 2 kil. S.-O. d'Aïn-Mokra et à cheval sur la route départementale de Philippeville à Bône. Pop. recensée avec la tribu des Senhadja.

Teffreg. V. *Taffreg*, fract. de la tribu des Beni-Yadel. Com. ind., cant. jud. et cerc. de Bordj-bou-Arréridj, subd. de Sétif.

Teharita. Fract. du douar-com. d'Oued-Seghouan de la tribu des Abid. Com. ind., cerc., cant. jud. et subd. de Médéa. Pop. ind. 248 hab. ; — à 26 kil. S.-E. de Médéa.

Telabine ou **Tiabine.** Fract. des Khobbaza, tribu. Com. ind., cerc. et cant. jud. de Miliana, subd. d'Orléansville. Pop. ind. 157 hab. ; — à 36 kil. S.-O. de Miliana et sur la rive gauche de l'Oued-Lirah.

Telaghma. (Sup. 42,778 hect.) Tribu délimitée et divisée en 4 douars-com. par décret du 12 novembre 1868. V. *Meghalsa*, douar n° 177 ; *Aïoun-el-Hadjez*, douar n° 178 ; *Ras-Seguin*, douar n° 179 et *Tim-Telaein*, douar n° 180 de la carte. Com. mix. de Châteaudun, cant. jud. de l'Oued-Atménia, arr. de Constantine.

Telets. V. *T'lets*, tribu et douar-com. Com. ind., cant. jud., cerc. et subd. de Batna.

Telilen. V. *Beni-Telilen*, tribu et douar. Com. mix. et cant. jud. de Mila, arr. de Constantine.

Temacin et Saïd-Ouled-Ahmor. Tribu non soumise à l'appl. du sén.-cons. Rattachée à la com. ind. de Biskra. Cant. jud. et cerc. de Biskra, subd. de Batna; — Temacin à 205 kil. S. de Biskra et à 12 kil. S. de Tuggurt; Saïd-Ouled-Ahmor à 210 kil. S. de Biskra et à 17 kil. S. de Tuggurt. Pop. ind. 4,629 hab. Les Temacin et Saïd-Ouled-Ahmor se composent des fract. suivantes : El-Hadjira, Saïd-Ouled-Ahmor, Temacin et Bledet-Amor.

Temacin et Bledet-Amor. Ksar et fract. de la tribu des Temacin et Saïd-Ouled-Ahmor. Com. ind., cant. jud. et cerc. de Biskra, subd. de Batna; — à 205 kil. S. de Biskra et à 12 kil. S. de Tuggurt. Pop. des 2 fract. 2,991 hab. ind.

Temaznia. (Sup. 10,690 hect.) Tribu délimitée et constituée en douar-com. par décret du 27 octobre 1869. V. *Temaznia*, douar n° 186 de la carte. Com. mix. de Frendah-Mascara, cant. jud., cerc. et subd. de Mascara. Pop. ind. 1,401 hab.

Temda. V. *Tamda*, fract. des Amraoua, tribu. Com. ind., cant. jud. et cerc. de Fort-National, subd. de Dellys. Pop. ind. 1,016 hab.; — à 8 kil. 1/2 N. de Fort-National et sur la rive droite du Sebaou.

Temdrara. (Sup. 8,881 hect. env.) Fract. de la tribu des Chouchaoua. Com. ind., cant. jud., cerc. et subd. d'Orléansville; — à 16 kil. S.-E. d'Orléansville. Pop. ind. 1,275 hab.

Temjout ou **Tamjout** ou **Tenjout.** Fract. des Beni-Menguellet, tribu. Com. ind., cerc. et cant. jud. de Fort-National, subd. de Dellys. Pop. ind. 323 hab.; — à 12 kil. 1/2 S.-E. de Fort-National, et sur le versant S.-O. de la djema Si-Saïd, point géodésique, altitude 1,070 mètres.

Temouchet-Beccaria. Fract. des Ouled-sidi-Abid, tribu ou Bekkaria, douar-com. n° 336 de la carte. Com. ind., cerc. et cant. jud. de Tebessa, subd. de Constantine. Pop. ind. 320 hab.; — à 10 kil. 1/2 S.-E. de Tebessa.

Tenedla. V. *Tinedla*, fract. de l'Oued-R'ir, tribu. Com. ind., cerc. et cant. jud. de Biskra, subd. de Batna. Pop. ind. 79 hab.

Tenlet-el-Abed. Fract. de l'Oued-Abdi, tribu. Com. ind., cerc. et cant. jud. et subd. de Batna. Pop. ind. 302 hab.; — à 35 kil. S. de Batna, et sur la rive gauche de l'Oued-Abdi, affluent rive gauche de l'Oued-Biskra.

Tenonbel ou **Beni-Tenonbel.** Fract. des Beni-Sliman, tribu. Com. mix. des Braz, cant. jud. de Duperré, arr. de Miliana. Pop. ind. 115 hab.

Terrach ou **Aït-Terrach.** V. *Igueur-Safen* et *Aït-Terrach*, fract. des Beni-Idjeur-Sahël, tribu. Com. ind., cant. jud. et cerc. de Fort-National, subd. de Dellys. Pop. de Terrach 323 ind. et d'Igueur-Safen 102 ind.

Tesquifin-el-Asfel ou **Teskifin-el-Asfel.** Fract. de l'Oued-Abdi, tribu. Com. ind., cerc., cant. jud. et subd. de Batna. Pop. ind. 150 hab.

Tesquifin-el-Fougani ou **Teskifin-el-Fougani.** Fract. de l'Oued-Abdi, tribu. Com. ind., cerc., cant. jud. et subd. de Batna. Pop. ind. 88 hab.

Thane. V. *Ouled-Tâan*, tribu. Com. ind., cant. jud., cerc. et subd. d'Aumale.

Thouda ou **Toudha.** Fract. des Ziban, tribu. Com. ind., cerc. et cant. jud. de Biskra, subd. de Batna. Pop. ind. 236 hab.; — à 16 kil. S.-E. de Biskra.

Tiabine ou **Teïabine.** Fract. de la tribu des Khobbaza. Com. ind., cant. jud. et cerc. de Miliana, subd. d'Orléansville. Pop. ind. 157 hab.; — à 36 kil. S.-O. de Miliana et sur la rive gauche de l'Oued-Lirah.

Tiara. Fract. de l'ancienne tribu des Beni-Sliman dépendant actuellement de la tribu des Beni-Silem. (Sup. 4,173 hect. env.) Non érigée en douar-com. Rattachée à la com. ind. de l'Arba. Annexe et cant. jud. de l'Arba, subd. d'Alger. Pop. ind. 2,841 hab.; — à 30 kil. S. de l'Arba.

Tiberguent. V. *Rouached et Tiberguent*, fract. des Ouled-Kebbeb, tribu. Com. ind. et annexe de Fedj-Mezala, cant. jud. de Mila, subd. de Constantine. Pop. ind. des 2 fract. 709 hab.

Tifellkine. Fract. des Beni-bou-Hattab, tribu. Com. ind. et cerc. de Miliana, cant. jud. de Duperré, subd. d'Orléansville. Pop. ind. 174 hab.

Tiferdoud. Fract. des Beni-bou-Youssef, tribu. Com. ind., cerc. et cant. jud. de Fort-National, subd. de Dellys. Pop. ind. 476 hab.; — à 14 kil. 1/2 S.-E. de Fort-National. Le village kabyle est situé à 1,132 mètres d'altitude.

Tiffourour. V. *Ouled-Tiffourour*, petite fract. des Achach de la tribu du Djebel-Chéchar. Com. ind., cerc. et cant. jud. de Biskra, subd. de Batna. Pop. ind. 361 hab.

Tifilkount. Fract. des Beni-Illilten, tribu. Com. ind., cerc. et cant. jud. de Fort-National, subd. de Dellys. Pop. ind. 676 hab.; — à 23 kil. S.-E. de Fort-National, sur le versant N. du Tirourda, point géodésique, altitude 1,877 mètres.

Tifra. Fract. des Flisset-el-Bahr, tribu. Com. ind., cerc. et cant. jud. de Fort-National, subd. de Dellys. Pop. ind. 1,153 hab. ; — à 23 kil. N. de Fort-National.

Tifra-bou-Madhi. Fract. des Beni-Sedka-Chenacha, tribu. Com. ind., cerc. et cant. jud. de Fort-National, subd. de Dellys. Pop. ind. 411 hab.

Tifrat. V. Aït-Ameur et Tifrat, tribus. Com. ind., cant. jud. et cerc. de Bougie, subd. de Sétif.

Tifrit. Fract. des Beni-Idjeur-Djebel, tribu. Com. ind., cerc. et cant. jud. de Fort-National, subd. de Dellys. Pop. ind. 427 hab.; — à 27 kil. N.-E. de Fort-National et sur le versant S.-E. du Djebel-Affroun, point géodésique, altitude 1,315 mètres.

Tifrit ou **Tifrit.** Fract. des Illoulas, tribu. Com. ind., cerc. et cant. jud. d'Akbou, subd. de Sétif, arr. jud. de Bougie. Pop. ind. 1,549 hab.

Tifrit-Naït-el-Hadj. Fract. des Beni-Flik, tribu. Com. ind., cerc. et cant. jud. de Fort-National, subd. de Dellys. Pop. ind. 287 hab.; — à 26 kil. N.-E. de Fort-National.

Tifzouin. Fract. des Zerkfaoua, tribu. Com. ind., cerc. et cant. jud. de Fort-National, subd. de Dellys. Pop. ind. 826 hab.

Tighezert ou **Oued-Tighezert et Djebel-el-Louhe.** Ancienne division de la tribu des Matmata. V. Matmata, tribu. Com. ind., cerc. et cant. jud. de Miliana, subd. d'Orléansville.

Tigoumounine ou **Tiguemounine.** Fract. des Beni-bou-Akkach, tribu. Com. ind., cerc. et cant. jud. de Fort-National, subd. de Dellys. Pop. ind. 456 hab.

Tigou-Seft. Fract. des Beni-Sedka-Ogdal, tribu. Com. ind., cerc. et cant. jud. de Fort-National, subd. de Dellys. Pop. ind. 240 hab.

Tigrin. Fract. de la tribu de Tigrin. Com. ind., cant. jud. de Fort-National, subd. de Dellys. Pop. ind. 331 hab.; — à 42 kil. N.-E. de Fort-National et sur le versant N. du Adrar-bou-Rouma.

Tigrin ou **Beni-Tighrin.** Tribu non soumise à l'appl. du sén.-cons. Rattachée à la com. ind. de Fort-National. Cant. jud. et cerc. de Fort-National, subd. de Dellys; — à 42 kil. N.-E. de Fort-National. Pop. ind. 631 hab. Cette tribu se compose des fract. suivantes : Ibarizen, Taguemount-Iguer-Moumen et Tigrin.

Tiguedidine. Fract. de l'Oued-R'ir, tribu. Com. ind., cerc. et cant. jud. de Biskra, subd. de Batna. Pop. ind. 109 hab.

Tiguemounin. V. Iril-Tiguemounin, fract. des Beni-Iraten-ou-Fella, tribu. Com. ind., cerc. et cant. jud. de Fort-National, subd. de Dellys.

Tiguenatin. Fract. des Beni-Flik, tribu. Com. ind., cerc. et cant. jud. de Fort-National, subd. de Dellys. Pop. ind. 298 hab. ; — à 30 kil. N.-E. de Fort-National et à 3 kil. de la rive gauche de l'Oued-si-Ahmed-ou-Youssef.

Tiguerourine. Fract. des Beni-Flik, tribu. Com. ind., cerc. et cant. jud. de Fort-National, subd. de Dellys. Pop. ind. 226 hab.; — à 30 kil. 1/2 N.-E. de Fort-National et sur le versant S.-E. du Tamgout, signal géodésique, altitude 1,278 mètres.

Tikezal. Fract. des Beni-bou-Douan, tribu. Com. ind. et cerc. de Miliana, cant. jud. de Duperré, subd. d'Orléansville. Pop. ind. 341 hab.

Tikichourt. Fract. des Beni-Ouassif, tribu. Com. ind., cerc. et cant. jud. de Fort-National, subd. de Dellys. Pop. ind. 900 hab.; — à 13 kil. S. de Fort-National.

Tikidount. Fract. des Beni-Ouassif, tribu. Com. ind., cerc. et cant. jud. de Fort-National, subd. de Dellys. Pop. ind. 865 hab.; — à 15 kil. S. de Fort-National.

Tikilsa. Fract. des Beni-Ittourar, tribu. Com. ind., cerc. et cant. jud. de Fort-National, subd. de Dellys. Pop. ind. 220 hab. ; — à 22 kil. S.-E. de Fort-National et au S.-E. du Tamesguida, point géodésique, altitude 1,426 mètres.

Tikioucht. Fract. des Beni-Sedka-Ouadhia, tribu. Com. ind., cerc. et cant. jud. de Fort-National, subd. de Dellys. Pop. ind. 210 hab.; — à 13 kil. S.-O. de Fort-National.

Tikxiriden ou **Tixiriden.** Fract. des Beni-Kani, tribu. Com. ind., cerc., cant. et subd. d'Aumale, annexe de Beni-Mansour. Pop. ind. 148 hab. ; — à 63 kil. N.-E. d'Aumale, à 7 kil. 1/2 N. du Bordj des Beni-

Mansour et sur la rive droite de l'Oued-Tixiriden, affluent du Sahël.

Tillit. Fract. des Beni-Menguellet, tribu. Com. ind., cerc. et cant. jud. de Fort-National, subd. de Dellys. Pop. ind. 451 hab. ; — à 10 kil. S.-E. de Fort-National et sur la rive droite de l'Oued-Djema, affluent du Sebaou.

Timengache. Fract. des Beni-Yala, tribu. Com. ind., cerc. et subd. de Sétif, cant. jud. d'Akbou, arr. jud. de Bougie. Pop. ind. 336 hab.

Timereras. Fract. des Beni-Sedka-Ogdal, tribu. Com. ind., cerc. et cant. jud. de Fort-National, subd. de Dellys. Pop. ind. 557 hab.

Timizar. Fract. des Beni-Djenad-el-Rorb, tribu. Com. ind., cerc. et cant. jud. de Fort-National, subd. de Dellys. Pop. ind. 606 hab. ; — à 23 kil. N.-E. de Fort-National.

Tinedia ou **Tenedia.** Fract. de l'Oued-R'ir, tribu. Com. ind., cerc. et cant. jud. de Biskra, subd. de Batna. Pop. ind. 79 hab. ; — à 128 kil. S.-E. de Biskra et à 66 kil. N. de Tuggurt.

Tiouririn. Fract. de Beni-Oughlis, tribu de douar-com. Com. ind., cerc. et cant. jud. de Bougie, subd. de Sétif. Pop. ind. 1,493 hab.

Tiout ou **Thiout** ou **Thyout.** Ksar dépendant des ksours de Sebdou. Non soumis à l'appl. du sén.-cons. Rattaché à la com. mix. et au cerc. de Sebdou. Cant. jud. et subd. de Tlemcen ; — à 240 kil. S. de cette ville et sur le chemin de Figuig à Géryville. Pop. comprise dans les ksours du cerc. de Sebdou.

Tirlit-bou-Ksas. Fract. des Beni-Flik, tribu. Com. ind., cerc. et cant. jud. de Fort-National, subd. de Dellys. Pop. ind. 224 hab.

Tirlite. Fract. des Beni-Mansour, tribu. Com. ind., cerc., cant. jud. et subd. d'Aumale, annexe de Beni-Mansour. Pop. ind. 251 hab. ; — à 3 kil. S.-O. du Bordj des Beni-Mansour; à 58 kil. N.-E. d'Aumale et au S. de la route nationale d'Alger à Constantine.

Tirlit-el-Hadj-Ali. Fract. des Beni-Iraten-ou-Fella, tribu. Com. ind., cerc. et cant. jud. de Fort-National, subd. de Dellys. Pop. ind. 140 hab.

Tiroual. Fract. des Beni-bou-Akkach, tribu. Com. ind., cant. jud. et cerc. de Fort-National, subd. de Dellys. Pop. ind. 1,020 hab.

Tirourda. Fract. des Beni-Illilten, tribu. Com. ind., cerc. et cant. jud. de Fort-National, subd. de Dellys.

Pop. ind. 189 hab. ; — à 21 kil. S.-E. de Fort-National et à 3 kil. N. du Col de Tirourda.

Tirzert. Fract. des Beni-Haçaïn ou Beni-Hassaïn, tribu. Com. ind., cerc. et cant. jud. de Fort-National, subd. de Dellys. Pop. ind. 87 hab. ; — à 38 kil. N.-E. de Fort-National et sur la rive gauche de l'Oued-Beharisen.

Titteri-Souhary-Deïmat. (Sup. 19,760 hect. env.) Tribu non soumise à l'appl. du sén.-cons. Rattachée à la com. ind. de Médéa, Cant. jud., cerc. et subd. de Médéa ; — à 60 kil. S.-E. de Médéa. Pop. ind. 1,538 hab. Cette tribu se compose des fract. suivantes : Ouled-Ostman, Ouled-Debab, Mahadba, Ouled-Deïd-Souhary, Ouled-Yacoub, Ouled-Amour et Deïmat.

Tittery. Fract. du douar-com. de Rétal de la tribu des Douaïrs. Com. ind., cerc., cant. jud. et subd. de Médéa. Pop. ind. 243 hab. ; — à 37 kil. S.-E. de Médéa et sur l'Oued-Sedd, affluent rive droite du Chélif.

Tixiriden ou **Tihsiriden.** Fract. des Beni-Kani, tribu. Com. ind., cerc., cant. jud. et subd. d'Aumale, annexe de Beni-Mansour. Pop. ind. 148 hab. ; — à 63 kil. N.-E. d'Aumale ; à 7 kil. 1/2 N. du Bordj des Beni-Mansour, sur la rive droite de l'Oued-Tixiriden, affluent du Sahël.

Tizerouïn ou **Tizer'ouïn.** Fract. des Beni-Haçaïn ou Beni-Hassaïn, tribu. Com. ind., cerc., cant. jud. de Fort-National, subd. de Dellys. Pop. ind. 348 hab. ; — à 41 kil. N.-E. de Fort-National et sur la rive droite du Acif-N'kroua.

Tizert. Fract. d'El-Harrach, tribu et kaïdat. Com. ind., cerc. et cant. jud. d'Akbou, subd. de Sétif, arr. jud. de Bougie. Pop. ind. 290 hab.

Tizi. V. *Beni-Tisi*, tribu. Com. ind., cant. jud. et annexe de Takitount, cerc. et subd. de Sétif, arr. jud. de Bougie.

Tizi-Aïdel ou **Tizi-Aydel.** Fract. des Beni-Aïdel, tribu. Com. ind., cerc. et cant. jud. d'Akbou, subd. de Sétif, arr. jud. de Bougie. Pop. ind. 857 hab.

Tizi-Amellal. Fract. des Beni-Sedka-Chenacha, tribu. Com. ind., cerc. et cant. jud. de Fort-National, subd. de Dellys. Pop. ind. 493 hab.

Tizi-bou-Aman. Fract. des Beni-Khelili, tribu. Com. ind., cerc. et cant. jud. de Fort-National, subd. de Dellys. Pop. ind. 258 hab. ; — à 8 kil. 1/2 N.-E. de Fort-National. Le village kabyle de Tizi-bou-Aman est situé à 841 mètres d'altitude, point géodésique.

Tizi-el-Kern ou **Tizi-el-Korn**. Fract. des Aït-Ameur et Tifra, tribu. Com. ind., cerc. et cant. jud. de Bougie, subd. de Sétif. Pop. ind. 1,628 hab.; — à 34 kil. O. de Bougie.

Tizi-Guefrès. Fract. des Beni-Ittourar, tribu. Com. ind., cerc. et cant. jud. de Fort-National, subd. de Dellys. Pop. ind. 440 hab.; — à 20 kil. S.-E. de Fort-National, sur la rive gauche du Acif-ou-Hallil, affluent du Sebaou.

Tizi-Naït-Zerga. Fract. des Beni-Fraoucen, tribu. Com. ind., cerc. et cant. jud. de Fort-National, subd. de Dellys. Pop. ind. 205 hab.

Tizi-N'tridet. Fract. des Beni-Ghobri, tribu. Com. ind., cerc. et cant. jud. de Fort-National, subd. de Dellys. Pop. ind. 71 hab.

Tizi-Rached. Fract. des Beni-Iraten-ou-Fella, tribu. Com. ind., cerc. et cant. jud. de Fort-National, subd. de Dellys. Pop. ind. 1,303 hab.

Tiziri ou **Tizzirt**. Fract. des Beni-Yenni, tribu. Com. ind., cerc. et cant. jud. de Fort-National, subd. de Dellys. Pop. ind. 552 hab.; — à 8 kil. S. de Fort-National.

Tizirt. Fract. des Beni-Illilten, tribu. Com. ind., cerc. et cant. jud. de Fort-National, subd. de Dellys. Pop. ind. 518 hab.; — à 24 kil. S.-E. de Fort-National.

Tizougarin. Petite fract. des Beni-Barbar de la tribu du Djebel-Chéchar. Com. ind., cerc. et cant. jud. de Biskra, subd. de Batna. Pop. ind. 379 hab., y compris El-Amra et Zaouïa-sidi-Messaoud, fract. composant les Beni-Barbar. — Nota : La pop. des Beni-Barbar est de 379 hab. ind. au lieu de 711 hab. ind. portés à la p. 26, 2e colonne.

T'kout. Fract. des Beni-bou-Sliman, tribu. Com. ind., cant. jud., cerc. de Biskra, subd. de Batna. Pop. ind. 226 hab., y compris la zmala du kaïd ; — à 46 kil. N.-E. de Biskra.

T'kouts. V. *Ouled-Agab, Ouled-T'kouts*, fract. des Arab-Chéraga, tribu. Com. ind., cerc. et cant. jud. de Biskra, subd. de Batna.

T'laghma. V. *Telaghma*, ancienne tribu. Com. mix. de Châteaudun, cant. jud. d'Oued-Atménia, arr. de Constantine.

T'lets. (Sup. 11,395 hect.) Tribu délimitée et constituée en un douar-com. par décret du 20 février 1867. V. *T'lets*, douar (en 2 groupes), no 118 de la carte des douars. Com. ind., cant. jud., cerc. et subd. de Batna. Pop. ind. 478 hab. Les T'lets font partie du kaïdat de Batna.

Touaba. V. *Ouled-Toaba*, tribu. Com. ind., cant. jud. et cerc. de Djelfa, subd. de Médéa.

Tolga ou **Tolka**. Fract. des Ziban, tribu. Com. ind., cerc. et cant. jud. de Biskra, subd. de Batna. Pop. ind. 1,578 hab.; — à 35 kil. S.-O. de Biskra et à 10 kil. de la rive gauche de l'Oued-Djedi.

Touahar. Fract. des Ouled-sidi-Aïssa-el-Adhab, tribu. Com. ind., cerc., cant. jud. et subd. de Médéa. Pop. ind. 278 hab.

Touaïbia. Fract. des Ouled-si-Yahia, tribu. Com. ind., cerc. et cant. jud. de Tebessa, subd. de Constantine. Pop. ind. 520 hab.

Touamria. Fract. des Ouled-Salah, tribu. Com. ind., cerc. et cant. jud. de Laghouat, subd. de Médéa. Pop. ind. 172 hab.

Touarès. Fract. des Beni-Meraheba, tribu. Com. ind. et cerc. de Miliana, cant. jud. de Duperré, subd. d'Orléansville. Pop. ind. 314 hab. — Nota : V. *aux errata* les fract. de la tribu des *Beni-Meraheba*.

Touddert. V. *Aït-Touddert*, fract. des Beni-Sedka-Ogdal, tribu. Com. ind., cerc. et cant. jud. de Fort-National, subd. de Dellys.

Toudha ou **Thouda**. Fract. des Ziban, tribu. Com. ind., cerc. et cant. jud. de Biskra, subd. de Batna. Pop. ind. 236 hab.; — à 16 kil. S.-E. de Biskra.

Toudja. (Sup. 7,200 hect. env.) Tribu non soumise à l'appl. du sén.-cons. Rattachée à la com. ind. de Bougie. Cant. jud. et cerc. de Bougie, subd. de Sétif; — à 12 kil. N.-O. de Bougie et sur la rive droite de l'Oued-Eddas. Pop. ind. 4,234 hab.

Toufout. V. *Beni-Toufout*, tribu. Com. ind. et cerc. d'El-Milia, annexe et cant. jud. de Collo, subd. de Constantine, arr. jud. de Philippeville.

Touggourt ou **Tuggurt**. Kaïdat. Ce kaïdat est formé de la tribu de Touggourt et de la tribu de l'Oued-R'ir (nouvelle organisation). Pop. ind. du kaïdat 10,903 hab. Com. ind., cant. jud. et cerc. de Biskra, subd. de Batna.

Touggourt ou **Tuggurt** ou **Tuggurth.** Tribu non soumise à l'appl. du sén.-cons. Rattachée à la com. ind. de Biskra. Cant. jud. et cerc. de Biskra, subd. de Batna ; — Le centre ind. de Touggourt est situé à 194 kil. S.-E. de Biskra. Pop. tot. de la tribu 5,624 hab. Cette tribu se compose des fract. suivantes : Touggourt, Nezla, Tebesbest, Zaouïa, Meggarin, Ksour, El-Harihira, Ramra, Bram, Meggar-Selmia, Sidi-Rached et Sidi-Sliman-Selmia.

Touggourt. Ksar. Fract. de la tribu du même nom. Rattaché à la com. ind., au cant. jud. et au cerc. de Biskra, subd. de Batna. Pop. ind. 1,335 hab. ; — à 194 kil. S.-E. de Biskra.

Tourtatsine de l'ancienne tribu de Beni-Sliman, dépendant actuellement de la tribu des Beni-Sliman-Gheraba (nouvelle organisation). (Sup. 12,502 hect. env.) Tribu non soumise à l'appl. du sén.-cons. Rattachée à la com. ind. de l'Arba, subd. d'Alger ; — à 15 kil. S. de l'Arba et sur la rive gauche de l'Oued-Isser. Pop. ind. 2,537 hab.

Traïffa. V. *El-Traïffa*, fract. des Ouled-Abd-el-Kader, tribu. Com. ind., cerc. et cant. jud. de Djelfa, subd. de Médéa. Pop. ind. 384 hab.

Trara ou **Grara** aussi appelée **Ahl-el-Oued.** Tribu. Rattachée au cant. jud. de Tlemcen, subd. de Tlemcen ; — à 38 kil. N.-O. de Tlemcen. — NOTA : Le nom de cette tribu ne figure pas au tableau de dénombrement.

Tréat. Tribu de l'ancien kaïdat de l'Edough. (Sup. 7,816 hect., distraction faite des 1,384 hect. du douar-com. d'Abd-es-Selam enclavé dans cette tribu.) Non soumise à l'appl. du sén.-cons. Rattachée à la com. mix. et au cant. jud. d'Aïn-Mokra, arr. de Bône ; — à 14 kil. N. d'Aïn-Mokra et sur le littoral. Pop. 101 français, 296 étrangers et 2,317 ind., y compris la pop. des Ouichaoua, tribu et d'Abd-es-Selam, douar-com.

Troudi. V. *Ouled-Troudi*, fract. des Ouled-Zian, tribu. Com. ind., cerc. et cant. jud. de Biskra, subd. de Batna. Pop. ind. 566 hab.

Trouna. Fract. d'El-Harrach, tribu. Com. ind., cerc. et cant. jud. d'Akbou, subd. de Sétif, arr. jud. de Bougie. Pop. ind. 422 hab. ; — à 21 kil. N.-E. d'Akbou et sur le versant N. du Djebel-Trouna, point géodésique, altitude 1,392 mètres.

Trounat-el-Mers. Fract. du Sahël-Guebli, tribu. Com. ind., cerc. et subd. de Sétif, cant. jud. d'Akbou, arr. jud. de Bougie. Pop. ind. 294 hab. ; — à 58 kil. E. d'Akbou et à 27 kil. N.-O. de Sétif.

Trounat-ech-Chabân. Fract. du Guergour, tribu. Com. ind., cerc. et subd. de Sétif, cant. jud. d'Akbou, arr. jud. de Bougie. Pop. ind. 767 hab. ; — à 48 kil. E. d'Akbou, à 35 kil. N.-O. de Sétif, sur la rive droite de l'Oued-Boussellam, affluent du Sahël.

T'sabba. Fract. de Tamelahat, tribu. Com. ind., cerc. cant. jud. et subd. d'Orléansville. Pop. ind. 326 hab. ; — à 24 kil. S.-E. d'Orléansville et sur la rive droite de l'Oued-Tamelat.

T'saaleb. Fract. du Hodna, tribu. Com. ind., cerc., cant. jud. et subd. de Batna, annexe de Barika. Pop. ind. 701 hab., y compris les Dramna, Ouled-Embarek et El-Ayadhat, fract. de la même tribu.

Tuggurt ou **Tuggurth.** V. *Touggourt*, kaïdat, tribu et ksar ou fract. de tribu. Com. ind., cant. jud. et cerc. de Biskra, subd. de Batna.

U - V

Urdjine. V. *Beni-Urdjine*, tribu et douar. Com. pl. ex. de Randon, com. mix. de Bône, cant. jud. et arr. de Bône.

Vallée de l'Oued-Drader. Territoire ind. situé à 6 kil. N.-O. de Philippeville ; — limité : au N., par le douar-com. de M'salla ; à l'E. par la mer et les com. pl. ex. de Stora et de Philippeville ; au S. et à l'O., par le douar-com. de M'salla. (Sup. 322 hect.) Pop. recensée avec le douar-com. de M'salla. Rattaché à la com. mix. de Philippeville. Cant. jud. et arr. de Philippeville. — NOTA : Ce territoire est désigné pour être soumis à l'appl. de la loi du 26 juillet 1873 et les travaux de la commission d'enquête sont en cours d'exécution.

Y

Yaballah. V. *El-Yab-Allah*, fract. des Ouled-Toaba, tribu. Com. ind., cerc. et cant. jud. de Djelfa, subd. de Médéa. Pop. ind. 802 hab.

Yacoub-Chéraga. V. *Ouled-Yacoub-Chéraga*, tribu. Com. ind. de Tiaret-Aflou, cant. jud. de Tiaret, cerc. de Tiaret-Aflou, subd. de Mascara.

Yacoub-Gheraba. V. *Ouled-Yacoub-Gheraba*, tribu. Com. ind. de Tiaret-Aflou, cant. jud. et cerc. de Tiaret, subd. de Mascara.

Yacoub-el-Ghaba. V. *Ouled-Yacoub-el-Ghaba*, tribu. Com. ind. de Tiaret-Aflou, cant. jud. et cerc. de Tiaret, subd. de Mascara.

Yadel. V. *Beni-Yadel*, tribu et kaïdat. Com. ind., cant. jud. et cerc. de Bordj-bou-Arréridj, subd. de Sétif.

Yadjes ou **Yadjis.** V. *Beni-Yadjes*, fract. de la tribu des Beni-Foughal. Com. ind., cant. jud. et cerc. de Djidjelli, subd. de Constantine, arr. jud. de Bougie.

Yahi. V. *Ouled-si-Affif*, *Beni-Yahi*, fract. de la tribu du Nador. Com. ind. et cerc. de Souk-Ahras, subd. de Bône, cant. jud. de Guelma.

Yahia. V. *Beni-Yahia*, tribu. Com. ind., cant. jud. et cerc. de Fort-National, subd. de Dellys.

Yahia. V. *Ouled-Yahia*, tribu. Com. ind. et cerc. de Miliana, cant. jud. de Duperré, subd. d'Orléansville.

Yahia. V. *Ouled-Yahia*, tribu. Com. mix. et annexe de Zemmorah, cant. jud. de Relizane et subd. d'Oran.

Yahia-ben-Salem. V. *Ouled-Yahia-ben-Salem*, tribu. Com. ind., cant. jud. et cerc. de Djelfa, subd. de Médéa.

Yahia-Sebahba. V. *Ouled-Yahia-Sebahba*, fract. des Zab-Chergui, tribu. Com. ind., cerc. et cant. jud. de Biskra, subd. de Batna.

Yaïch. V. *Ouled-Yaïch*, tribu et douar-com. Com. mix. et cerc. d'Ammi-Moussa, cant. jud. d'Inkermann, subd. d'Oran.

Yala. V. *Beni-Yala*, tribu. Com. ind., cant. jud., cerc. et subd. de Sétif, cant. jud. d'Akbou, arr. jud. de Bougie.

Yala-Chéraga. V. *Beni-Yala-Chéraga*, tribu. Com. ind., cant. jud., cerc. et subd. d'Aumale, annexe des Beni-Mansour.

Yala-Ghéraba. V. *Beni-Yala-Ghéraba*, tribu. Com. ind., cant. jud., cerc. et subd. d'Aumale, annexe de Beni-Mansour.

Yaskaren ou **Yaskren** ou **Yekaren.** Fract. de la tribu des Beni-Ouaguenoun. Com. mix. et cant. jud. de Dellys, arr. de Tizi-Ouzou; — à 23 kil. S.-E. de Dellys. Pop. tot. 2,216 hab.

Yenni. V. *Beni-Yenni*, tribu. Com. ind., cant. jud. et cerc. de Fort-National, subd. de Dellys.

Ymoula. V. *Cheurfa et Iril-Imoula*, tribus. Com. mix. et cant. jud. de Dra-el-Mizan, arr. jud. de Tizi-Ouzou.

Ymmel ou **Immel.** V. *Beni-Ymmel*, fract. des Ouled-Abd-el-Djebar, tribu. Com. ind., cerc. et cant. jud. de Bougie, subd. de Sétif. Pop. ind. 3,136 hab.

Youb. V. *Ouled-Youb*, tribu et douar-com. Com. ind., cant. jud. et cerc. de La Calle, subd. de Bône.

Youb. V. *Ouled-Youb*, fract. des Ouled-sidi-Abid, tribu. Com. ind., cerc. et cant. jud. de Tebessa, subd. de Constantine.

Youb. V. *Ouled-Youb*, fract. des Ammar-Khaddou, tribu. Com. ind., cerc. et cant. jud. de Biskra, subd. de Batna. Pop. ind. 355 hab.

Youyou. V. *Ouled-Youyou*, petite fract. des Ouled-Sassi de la tribu des Ouled-Zékri. Com. ind., cerc. et cant. jud. de Biskra, subd. de Batna.

Youks. Fract. des Allaouna, tribu. Com. ind., cerc. et cant. jud. de Tebessa, subd. de Constantine. Pop. ind. 397 hab.; — à 16 kil. O. de Tebessa et au S. du Bordj-el-Hammam.

Younès. V. *Ouled-Younès*, fract. des Beni-Yala, tribu. Com. ind., cerc. et subd. de Sétif, cant. jud. d'Akbou, arr. jud. de Bougie. Pop. ind. 832 hab.

Younès. V. *Ouled-Younès et Cheurfa*, ancienne division de la tribu du Dahra d'Alger. Com. ind., cant. jud., cerc. et subd. d'Orléansville.

Youssef. V. *Beni-Youssef*, fract. de Zouggara, tribu. Com. ind., cerc. et subd. d'Orléansville, cant. jud. de Cherchel.

Ysguen. V. *Beni-Isguen*, ksar dépendant de la confédération de Beni-M'zab. Com. ind., cant. jud. et cerc. de Laghouat, subd. de Médéa.

Yskaren. V. *Yaskaren*, fract. de la tribu des Beni-Ouaguenoun. Com. mix. et cant. jud. de Dellys, arr. de Tizi-Ouzou.

Ysmeur. V. *Ouled-Ismeur*, tribu et douar-com. Com. mix. et cerc. d'Ammi-Moussa, cant. jud. d'Inkermann, subd. d'Oran.

Yttourar. V. *Beni-Ittourar*, tribu. Com. ind., cant. jud. et cerc. de Fort-National, subd. de Dellys.

Z

ZA

Zaabria. Fract. des Ababda, tribu. Com. ind., cerc. et cant. jud. de Laghouat, subd. de Médéa. Pop. ind. 203 hab.

Zab-Chergui. Tribu non soumise à l'appl. du sén.-cons. Rattachée à la com. ind. de Biskra. Cant. jud. et cerc. de Biskra, subd. de Batna; — à 20 kil. S.-E. de Biskra. Pop. ind. 5,717 hab. Les Zab-Chergui se composent des fract. suivantes : Zorara-el-Alaouna, Ouled-Farès-ben-Rabah, Ouled-Bohour, Ouled-Yahia-Sebahba, Ouled-Bourafa, Ouled-Saoula, Ouled-Amor, Ouled-bou-Hadidja, Liana; El-Ksar, Badès, Zéribet-el-Oued et Zéribet-Ahmed.

Zaccar. Ksar et fract. des Ksours de Djelfa. Com. ind., cerc. et cant. jud. de Djelfa, subd. de Médéa. Pop. ind. 376 hab.; — à 26 kil. S.-E. de Djelfa et sur la rive gauche de l'Oued-el-Atrous, affluent de l'Oued-Djedi.

Zahahfa. V. *Ez-Zahahfa*, fract. des Ouled-Daoud, tribu. Com. ind., cerc., cant., jud. et subd. de Batna. Pop. ind. 1,719 hab.

Zahknoun. Fract. des Beni-bou-Akkach, tribu. Com. ind., cerc. et cant. jud. de Fort-National, subd. de Dellys. Pop. ind. 1,030 hab.

Zahrir. V. *Bou-Zahrir*, fract. des Beni-Fraoucen, tribu. Com. ind., cerc. et cant. jud. de Fort-National, subd. de Dellys.

Zaïd. V. *Ouled-Zaïd*, fract. des Ouled-Rechaïch, tribu. Com. ind., cerc. et cant. jud. de Khenchela, subd. de Batna. Pop. ind. 1,456 hab.

Zakmouta. Fract. des Ouled-Deïd, tribu et douar-com. Com. ind., cerc., cant. jud. de Médéa. Pop. ind. 235 hab.

Zalboun. V. *Ahel-Zalboun*, tribu. Com. mix., cant. jud. et arr. de Tlemcen.

Zaouïa. V. *Bigou-Zaouïa*, fract. des Ziban, tribu. Com. ind., cerc. et cant. jud. de Biskra, subd. de Batna.

Zaouïa. Fract. des Ouled-Ammar, tribu. Com. ind., cerc. et cant. jud. de Teniet-el-Had, subd. d'Orléansville. Pop. ind. 323 hab.

Zaouïa. Fract. de la tribu des Ouled-si-Ahmed-ben-Youssef. Com. ind., cerc., cant. jud. et subd. de Médéa. Pop. ind. 240 hab.

Zaouïa. Fract. des Ouled-sidi-Abid, tribu. Com. ind., cerc. et cant. jud. de Tebessa, subd. de Constantine. Pop. ind. 252 hab.

Zaouïa. Fract. de Touggourt, tribu. Com. ind., cerc. et cant. jud. de Biskra, subd. de Batna. Pop. ind. 715 hab.

Zaouïa-sidi-Ahmed ou **Zaouïa-Ouled-sidi-Ahmed.** (Sup. 2,295 hect. env.) Tribu non soumise à l'appl. du sén.-cons. Rattachée à la com. mix. de Lalla-Maghrnia, cerc. de Lalla-Maghrnia, cant. jud. et subd. de Tlemcen; — à 24 kil. O. de cette dernière ville et à cheval sur l'Oued-Tafna. Pop. ind. 290 hab.

Zaouïa-sidi-Messaoud. Petite fract. des Beni-Barbar de la tribu du Djebel-Chéchar. Com. ind., cerc. et cant. jud. de Biskra, subd. de Batna. Pop. ind. 379 hab., y compris El-Amra et Tizougarin, fract. de la même tribu; — à 122 kil. E. de Biskra.

Zaouïet-el-Mira. (Sup. 1,322 hect.) Tribu délimitée et constituée en douar-com. par décret du 8 avril 1868. V. *Zaouïet-el-Mira*, douar n° 122 de la carte. Com. mix.

cerc. et cant. jud. de Nemours, subd. de Tlemcen. Pop. ind. 459 hab.

Zaouïet-M'lili. Fract. des Ziban, tribu. Com. ind., cerc. et cant. jud. de Biskra, subd. de Batna. Pop. ind. 103 hab. ; — à 22 kil. S.-O. de Biskra et sur la rive gauche de l'Oued-Djedi.

Zaouïet-Rleb ou **Zaouïet-Riah.** Fract. de l'Oued-R'ir, tribu. Com. ind., cerc. et cant. jud. de Biskra, subd. de Batna. Pop. ind. 134 hab. ; — à 136 kil. S.-E. de Biskra et à 57 kil. N. de Touggourt.

Zardezas. V. *Zerdezas*, tribu. Com. mix. et cant. jud. d'El-Arrouch et de Jemmapes, arr. de Philippeville.

Zatima. Grand kaïdat. (Commandement ind.) Ce kaïdat se compose des tribus suivantes : Zouggara, Beni-bou-Milouk et Tacheta. Com. ind., cerc. et subd. d'Orléansville. Pop. tot. 5,220 hab. ind.

Zatima. (Sup. 5,100 hect. env.) Tribu non soumise à l'appl. du sén.-cons. Rattachée à la com. mix. de Gouraya. Cant. jud. de Cherchel, arr. d'Alger ; — à 43 kil. S.-O. de Cherchel, et sur le chemin de Gouraya au moulin Lafitte. Pop. tot. 1,946 hab. ind.

Zebala. Fract. des Matmata, tribu. Com. ind., cerc. et cant. jud. de Miliana, subd. d'Orléansville. Pop. ind. 412 hab.

Zeffoun. V. *Azzefoun*, fract. des Zerkfaoua, tribu. Com. ind., cerc. et cant. jud. de Fort-National, subd. de Dellys. Pop. ind. 1,349 hab.

Zeggan. V. *Aït-Saïd-ou-Zeggan*, fract. des Beni-Iraten-bou-Adda, tribu. Com. ind., cerc. et cant. jud. de Fort-National, subd. de Dellys.

Zeggan. V. *Bou-Zeggan*, fract. des Beni-Idjeur-Djebel, tribu. Com. ind., cerc. et cant. jud. de Fort-National, subd. de Dellys.

Zeggan. V. *Ouled-Ameur-ou-Zeggan*, fract. des Illoulas, tribu. Com. ind., cerc. et cant. jud. d'Akbou, subd. de Sétif, arr. jud. de Bougie. Pop. ind. 2,289 hab.

Zeggar. V. *Elti-Zeggar*, fract. de la tribu des Beni-Toufout. Com. ind. et cerc. d'El-Milia, cant. jud. et annexe de Collo, subd. de Constantine, arr. jud. de Philippeville.

Zeggueur. V. *Z'gueur*, fract. de la tribu et du kaïdat de l'Oued-Ksob. Com. ind., cant. jud. et cerc. de Bordj-bou-Arréridj, subd. de Sétif.

Zegoum. V. *Z'goum*, fract. des Ouled-Saoud, tribu. Com. ind., cerc. et cant. jud. de Biskra, subd. de Batna.

Zeïr. V. *Ouled-Zeïr*, tribu. Com. mix. et cant. jud. d'Aïn-Temouchent, arr. d'Oran.

Zekaska. Tribu non soumise à l'appl. du sén.-cons. Rattachée à la com. ind. de Laghouat. Cant. jud. et cerc. de Laghouat, subd. de Médéa. Pop. ind. 434 hab. Cette tribu se compose des fract. suivantes : Ouled-Ali, Ouled-Sliman, Ouled-Gana et Rahman.

Zekhfaoua ou **Zerkfaoua.** (Sup. 9,270 hect. env.) Tribu non soumise à l'appl. du sén.-cons. Rattachée à la com. ind., au cant. jud. et au cerc. de Fort-National, subd. de Dellys ; — à 32 kil. N.-E. de Fort-National et sur le littoral. Pop. ind. 4,251 hab. Cette tribu se compose des fract. suivantes : Iachouben, Azzefoun, Aït-sidi-Yahia, Tifzouin et Igouchdal, et forme, avec la tribu des Beni-Flik, une section de la com. ind. de Fort-National.

Zekri. V. *Ouled-Zékri*, tribu. Com. ind., cant. jud. et cerc. de Biskra, subd. de Batna.

Zelamta. Fract. des Beni-bou-Khannous, tribu. Com. ind., cerc., cant. jud. et subd. d'Orléansville. Pop. ind. 967 hab.

Zemala ou **Z'mala.** Fract. dépendant de la tribu et du kaïdat de l'Oued-Ksob. Com. ind., cant. jud. et cerc. de Bordj-bou-Arréridj, subd. de Sétif. Pop. ind. 1,797 hab.

Zeméla. V. *Z'méla*, tribu. Com. mix. de St-Lucien et cant. jud. de Ste-Barbe-du-Tlélat, arr. d'Oran.

Zemenzer. V. *Beni-Zemenzer*, tribu. Com. mix., cant. jud. et arr. de Tizi-Ouzou.

Zemmara. (Sup. 3,200 hect.) Tribu délimitée et constituée en douar-com. par décret du 10 avril 1869. V. le douar Zemmara, n° 140 de la carte. Com. mix. et cerc. de Lalla-Maghrnia, cant. jud. de Nemours, subd. de Tlemcen. Pop. ind. 210 hab.

Zemora ou **Zémoura.** Tribu. (Organisation actuelle.) Composée des douars-com. de Zemoura (moins la section de Chouïa, rattachée à la com. mix. de Bordj-bou-Arréridj, arr. de Sétif), de Tassameurt, provenant de l'ancienne tribu de Zémoura et des Ouled-Taïer de l'ancienne tribu du même nom ; — à 21 kil. N. de Bordj-bou-Arréridj. Com. ind., cant. jud. et cerc. de Bordj-bou-Arréridj, subd. de Sétif. Pop. ind. 4,655 hab., y compris la pop. ind. du douar-com. des Ouled-sidi-

ZE ET DES FRACTIONS DE TRIBUS) **ZE**

Amor, de l'ancienne tribu des Ouled-Taïer. La tribu de Zemora est actuellement constituée en kaïdat.

Zemoul. (Sup. 42,830 hect.) Tribu délimitée et constituée en 3 douars-com. par décret du 24 octobre 1868. V. les douars *El-Kouachi*, n° 18; *El-M'raouna*, n° 19 et *Ouled-Zouaï*, n° 20 de la carte. Com. mix. d'Aïn-M'lila, cant. jud. des Ouled-Rahmoun, arr. de Constantine.

Zemoul. (Sup. 2,224 hect.) Tribu délimitée et constituée en 2 douars-com. par décret du 29 janvier 1868. V. les douars-com. *Tourfa*, n° 20 et *Sidi-Stiman*, n° 21 de la carte. Arr. de Tizi-Ouzou. Ces 2 douars ont été livrés à la colonisation pour l'installation des villages d'Isserville, Haussonviller (Azib-Zamoun), et de fermes isolées de Kouanin.

Zemour. V. *Aouriz-ou-Zemour*, fract. des Akbils, tribu. Com. ind., cerc. et cant. jud. de Fort-National, subd. de Dellys. Pop. ind. 330 hab.

Zemoura. (Sup. 23,214 hect., non compris 5,340 hect. de la section de Chouïa.) Tribu délimitée et divisée en 2 douars-com. par décret du 10 avril 1867. V. *Tassamourt*, n° 151 et *Zemoura*, n° 150 de la carte des douars. Rattachée partie à la com. mix. de Bordj-bou-Arréridj, arr. de Sétif et partie à la com. ind. de Bordj-bou-Arréridj, subd. de Sétif.

Zenakha ou **Zenakhra.** Kaïdat formé des tribus de Zenakha-el-Gort et Zenakha-Maoucha. Cerc. de Boghar, subd. de Médéa. Pop. ind. du kaïdat, 3,806 hab.

Zenakha-el-Gort ou **Zenakhra-el-Gourt.** (Sup. 88,000 hect. env.) Tribu non soumise à l'appl. du sén.-cons. Rattachée à la com. ind. et au cerc. de Boghar. Cant. jud. de Boghari, subd. de Médéa; — à 20 kil. S.-O. de Boghari et à l'O. du Djebel-el-Gourin. Pop. ind. 1,526 hab. Cette tribu et le douar-com. de Boughzoul forment le kaïdat de Zenakha.

Zenakha-Maoucha. (Sup. 46,723 hect.) Tribu délimitée et constituée en douar-com. par décret du 19 mai 1869. V. *Boughzoul*, douar n° 112 de la carte. Com. ind. et cerc. de Boghar, cant. jud. de Boghari, subd. de Médéa. Pop. ind. 2,280 hab. Le douar Boughzoul et la tribu Zenakha-el-Gort forment le kaïdat de Zenakha.

Zenata. De l'ancien aghalik des Ghossels. (Sup. 9,024 hect. env.) Tribu non érigée en douar-com. Rattachée à la com. mix. et au cant. jud. de Tlemcen, arr. de Tlemcen; — à 18 kil. N.-O. de Tlemcen et sur la rive droite de l'Oued-Tafna. Pop. ind. 1,110 hab. — NOTA : Une partie du territoire de Zenata est destinée au village projeté de Remchi.

Zenati. V. *Oued-Zenati*, terres azels abandonnées aux ind. Com. mix. et cant. jud. de l'Oued-Zenati, arr. de Constantine.

Zenéglia. Fract. des Ouled-Salah, tribu. Com. ind., cerc. et cant. jud. de Laghouat, subd. de Médéa. Pop. ind. 147 hab.

Zenim ou **Zenin.** V. *Ouled-Zenim*, tribu. Com. ind., cant. jud., cerc. et subd. d'Aumale.

Zenina. Tribu et ksar de l'aghalik des Ouled-Nayls. Territoire non soumis à l'appl. du sén.-cons. Rattachée à la com. ind. de Djelfa. Cant. jud. et cerc. de Djelfa, subd. de Médéa; — à 65 kil. S.-O. de Djelfa, sur la route de ce centre à Aflou et à Tiaret. Pop. ind. 1,034 hab.

Zenthis. V. *Ben-Zenthis* ou *Beni-Zenthis*, tribu et douar-com., com. mix. de Cassaigne, cant. jud. d'Inkermann, arr. de Mostaganem.

Zéradma. Fract. des Allaouna, tribu. Com. ind., cerc. et cant. jud. de Tebessa, subd. de Constantine. Pop. ind. 802 hab.

Zéramna. (Sup. 4,696 hect.) Tribu délimitée et constituée en douar-com. par décret du 16 mai 1866. V. *Zéramna*, douar n° 64 de la carte. Com. mix., cant. jud. et arr. de Philippeville.

Zéramna et Mentoura. Fract. du Fordjioua, tribu. Com. ind. et annexe de Fedj-Mezala, cant. jud. de Mila, subd. de Constantine. Pop. ind. 618 hab.

Zérara. V. *Aït-Zérara*, fract. des Flissot-el-Bahr, tribu. Com. ind., cerc. et cant. jud. de Fort-National, subd. de Dellys. Pop. ind. 1,405 hab.

Zerara. Fract. des Ouled-Zian, tribu. Com. ind., cerc. et cant. jud. de Biskra, subd. de Batna. Pop. ind. 572 hab.

Zerara-Cheraga et Zerara-Gheraba. V. *Ouled-Yacoub-Zerara-Chéraya* et *Ouled-Yacoub-Zerara-Ghoraba*, tribus. Com. ind. de Tiaret-Aflou, cant. jud. et cerc. de Tiaret, subd. de Mascara.

Zerara-el-Alaouna. Fract. des Zab-Chergui, tribu. Com. ind., cerc. et cant. jud. de Biskra, subd. de Batna. Pop. ind. 662 hab.

Zérarta. Fract. des Ouled-Allane-Béchich, tribu. Com. ind., cerc., cant. jud. et subd. de Médéa. Pop. ind. 329 hab.

Zerdezas. (Sup. 74,584 hect.) Tribu délimitée et constituée en 9 douars-com. par décret du 22 novembre 1869. V. les douars-com. *El-Gh'dir*, n° 243 de la carte, rattachée à la com. mix. et au cant. jud. d'El-Arrouch ; *Tengout*, n° 244 ; *Bou-Taieb*, n° 245 ; *Ghezala*, n° 246 ; *Oum-el-Nehal*, n° 246 ; *Mellila*, n° 247 ; *El-Ghrar*, n° 249 ; *Meziet*, n° 250 et *Oued-Ghrara*, n° 251 de la carte, rattachés à la com. mix. et au cant. jud. de Jemmapes, arr. de Philippeville.

Zériba. Fract. d'Ahl-el-Ksar et Sebkha, tribus. Com. ind., cerc., cant. jud. et subd. d'Aumale, annexe de Beni-Mansour. Pop. ind. 540 hab. ; — à 37 kil. N.-E. d'Aumale et à 24 kil. S.-O. du Bordj des Beni-Mansour.

Zéribet-Ahmed. Fract. du Zab-Chergui, tribu. Com. ind., cerc. et cant. jud. de Biskra, subd. de Batna. Pop. ind. 163 hab. ; — à 88 kil. S.-E. de Biskra et près de la rive droite de l'Oued-Tifour.

Zéribet-el-Oued. Fract. des Zab-Chergui, tribu. Com. ind., cerc. et cant. jud. de Biskra, subd. de Batna. Pop. ind. 882 hab., y compris la Zmala du Kaïd ; — à 72 kil. S.-E. de Biskra et au confluent de l'Oued-el-Arab et de l'Oued-Guechtane.

Zérifa. (Sup. 2,500 hect. env.) Tribu non soumise à l'appl. du sén.-cons. Rattachée à la com. mix. de Cassaigne. Cant. jud. de Cassaigne, arr. de Mostaganem ; — à 20 kil. N.-E. de Cassaigne et sur le littoral. Pop. ind. 352 hab.

Zerkfaoua ou **Zekhfaoun** (Sup. 9,270 hect. env.) Tribu non soumise à l'appl. du sén.-cons. Rattachée à la com. ind., au cant. jud. et au cerc. de Fort-National, subd. de Dellys ; — à 32 kil. N.-E. de Fort-National et sur le littoral. Pop. ind. 4,251 hab. Cette tribu se compose des fract. suivantes : Inchouben, Azzefoun, Aït-sidi-Yahia, Tifzouin et Igouchdal et forme avec la tribu de Beni-Flik, une section de la com. ind. de Fort-National.

Zgoum ou **Zegoum.** Fract. des Ouled-Saoud, tribu. Com. ind., cerc. et cant. jud. de Biskra, subd. de Batna. Pop. ind. 1,517 hab. ; — à 185 kil. S.-E. de Biskra et à 13 kil. N. d'El-Oued.

Z'gueur. Fract. dépendant de la tribu et du kaïdat de l'Oued-Ksob. Non soumis à l'appl. du sén.-cons. Rattachée à la com. ind., au cant. jud. et au cerc. de Bordj-bou-Arréridj, subd. de Sétif. Pop. ind. 1,337 hab.

Zia. V. *Beni-Zia*, fract. de la tribu des Beni-Toufout. Com. ind. et cerc. d'El-Milia, cant. jud. et annexe de Collo, subd. de Constantine, arr. jud. de Philippeville.

Ziad. V. *Ouled-Ziad*, tribu réunie à celle des S'boah du Nord. Com. ind., cant. jud., cerc. et subd. d'Orléansville.

Ziad-Chéraga et **Ziad-Gheraba.** V. *Ouled-Ziad-Chéraga* et *Ouled-Ziad-Gheraba*, tribus. Com. mix. et cerc. de Géryville, cant. jud. de Saïda, subd. de Mascara.

Zian. V. *Ouled-Zian*, tribu. Com. ind., cant. jud. et cerc. de Biskra, subd. de Batna.

Zian. V. *Ouled-Zian*, tribu. Com. ind., cant. jud. et cerc. de Laghouat, subd. de Médéa.

Zian-Chéraga. V. *Ouled-Zian-Chéraga*, tribu. Com. ind. de Tiaret-Aflou, cant. jud. et cerc. de Tiaret, subd. de Mascara.

Zian-Gheraba. V. *Ouled-Zian-Gheraba*, tribu. Com. mix. de Frendah-Mascara, cerc. de Mascara, cant. jud. de Tiaret, subd. de Mascara.

Ziban ou **Zibans.** Kaïdat et tribu. Territoire non soumis à l'appl. du sén.-cons. Rattaché à la com. ind. de Biskra. Cant. jud. et cerc. de Biskra, subd. de Batna ; — à 4 kil. O. de Biskra et sur la rive gauche de l'Oued-Djedi. Pop. ind. 13,034 hab. Les Ziban se composent des fract. suivantes : Fillach, Oumach, Chetma, Droh, Sidi-Okba, Garta, Toudha, Seriana, Sidi-Khelil, M'lili, Zaouïet-M'lili, Bigou-Zaouïa, Ourlal, Monahla, Mekhadma, Ben-Thious, Lioua, Sahira, Bouchagroun, Lichana, Farfar, Tolga, El-Bordj, Foughala, El-Amri et Ahl-Amour.

Zikki. V. *Beni-Zikki*, tribu. Com. ind., cant. jud. et cerc. de Fort-National, subd. de Dellys.

Zioui. V. *Beni-Zioui*, tribu. Com. mix. de Gouraya, cant. jud. de Cherchel, arr. d'Alger.

Zitoun. V. *Ouled-Zitoun*, fract. des Ouled-Rechaïch, tribu. Com. ind., cerc. et cant. jud. de Khenchela, subd. de Batna. Pop. ind. 493 hab.

Z'mala. Fract. de la tribu et du kaïdat du Ferdjioua. Com. ind. et annexe de Fedj-Mezala, cant. jud. de Mila, subd. de Constantine. Pop. ind. 1,094 hab.

Z'méla. (Sup. 30,903 hect.) Tribu délimitée et divisée en 2 douars-com. par décret du 29 septembre 1867. V. *Tenqzet*, n° 21 et *Meftah*, n° 22 de la carte des douars. Com. mix. de St-Lucien, cant. jud. de Ste-Barbe-du-Tlélat, arr. d'Oran.

Z'moul. V. *Zemoul*, tribu et cant. jud. de Bordj-Menaïel, et arr. de Tizi-Ouzou.

Z'moul. V. *Zemoul*, tribu. Com. mix. d'Aïn-M'lila, cant. jud. des Ouled-Rahmoun, arr. de Constantine.

Zoua. (Sup. 37,619 hect.) Tribu délimitée et divisée en 2 douars-com. par décret du 15 mai 1869. V. *Makda*, n° 153 et *Benian*, n° 154 de la carte des douars. Com. mix., cant. jud. et arr. de Mascara.

Zouagha ou **Zone des Zouagha.** Anciens azels de la tribu des Zouagha. (Sup. 4,985 hect.) Délimités et érigés en douar-com. par décret du 2 avril 1870. V. *Kermouda*, douar n° 297 de la carte. Com. mix. et cant. jud. de Mila, arr. de Constantine. Le douar de Kermouda a été livré à la colonisation par l'installation des centres de Kermouda, Redjas-el-Ferada et Seraghna.

Zouagha. Fract. séquestrée de la tribu des Zouagha. Non soumise à l'appl. du sén.-cons. Rattachée à la com. mix. et au cant. jud. de Mila, arr. de Constantine; — à 8 kil. N.-O. de Mila et sur la rive droite de l'Oued-Endja, affluent de l'Oued-el-Kebir. Pop. 422 français et 997 ind. — NOTA : La plus grande partie de ce territoire séquestré a été livrée à la colonisation pour l'installation des centres de Zeraïa, Bou-Foua et Sidi-Mérouan et des fermes isolées de Ferdouah.

Zouagha. Kaïdat et tribu non soumise à l'appl. du sén.-cons. Rattachée à la com. ind. et à l'annexe de Ferdj-Mezala. Cant. jud de Mila, arr. de Constantine; — à 12 kil. N.-O. de Mila et sur la rive gauche de l'Oued-Endja, affluent de l'Oued-Kebir. Pop. ind. 5,871 hab. Le Zouagha se compose actuellement des fract. suivantes : Zouagha-Dahra, Ouled-Yahia, Ouled-Zaïd, Ouled-bou-Asli, Ouled-Khelif et Arb-el-Lalla. — NOTA : Le Zouagha comprenait autrefois les azels domaniaux constitués en douar-com. désignés sous le nom de Kermouda, et la partie séquestrée du Zouagha, rive droite de l'Oued-Endja.

Zouagha-Dahra. Fract. dépendant de la tribu et du kaïdat de Zouagha. Rattachée à la com. ind. et à l'annexe de Fedj-Mezala, subd. de Constantine, cant. jud. de Mila. Pop. ind. 1,515 hab.

Zouaï. V. *Ouled-Zouaï*, tribu dépendant des Harrar-Chéraga. Com. ind. de Tiaret-Aflou, cant. jud. et cerc. de Tiaret, subd. de Mascara.

Zouatna. (Sup. 8,164 hect.) Tribu délimitée et divisée en 2 douars-com. par décret du 9 mars 1869. V. *Bou-Derbala*, n° 123 et *Mosbaha*, n° 124 de la carte des douars-com. Com. mix. de Palestro, cant. jud. de Ménerville, arr. d'Alger. Pop. tot. 3,869 hab.

Zoubega. Fract. des Beni-Illiten, tribu. Com. ind., cerc. et cant. jud. de Fort-National, subd. de Dellys. Pop. ind. 505 hab.; — à 19 kil. S.-E. de Fort-National.

Zoubéga. Fract. de Beni-Ouassif, tribu. Com. ind., cerc. et cant. jud. de Fort-National, subd. de Dellys. Pop. ind. 293 hab.; — à 11 kil. S. de Fort-National.

Zougarah. (Sup. 7,941 hect.) Tribu délimitée et érigée en douar-com. par décret du 27 novembre 1868. V. *Touira*, douar n° 98 de la carte. Com. mix. et cant. jud. de Ténès, arr. d'Orléansville.

Zouggara. (Sup. 6,405 hect. env.) Tribu non soumise à l'appl. du sén.-cons. Rattachée à la com. ind. et au cerc. d'Orléansville. Cant. jud. de Cherchel, subd. d'Orléansville; — à 58 kil. S.-O. de Cherchel, et sur la rive droite de l'Oued-Dahmous. Pop. ind. 1,213 hab. Les Zouggara se composent des fract. suivantes : Zouggara, Beni-Youssef, Minha, El-Adouïa, Rabta.

Zouggara. Fract. de la tribu de Zouggara. Com. ind., cerc. et subd. d'Orléansville, cant. jud. de Cherchel. Pop. ind. 298 hab.

Zoui. (Sup. 22,692 hect.) Tribu délimitée et constituée en douar-com. par décret du 24 octobre 1868. V. *Zoui*, n° 123 de la carte des douars-com. Com. ind., cant. jud., cerc. et subd. de Batna. Pop. ind. 709 hab.

Zoui. Ancienne fract. de la tribu des Ouled-Derradj-Chéraga. V. *Ouled-Derradj-Chéraga* (ancienne organisation). Com. ind., cant. jud., cerc. et subd. de Batna.

Zoundaï. V. *Beni-Zoundaï*, fract. des Babor. Tribu et kaïdat. Com. ind., annexe et cant. jud. de Takitount, subd. de Sétif, arr. jud. de Bougie. Pop. ind. 759 hab.

Zouragh. V. *Beni-Zouragh*, fract. des Beni-Lent, tribu. Com. ind., cerc. et cant. jud. de Teniet-el-Had, subd. d'Orléansville. Pop. ind. 189 hab.

FIN DE LA Ire PARTIE

ERRATA

OMISSIONS

Aïn-Melouck. V. *Mellouk*, fract. de l'ancienne tribu des Kherareb-Sellaoua, p. 101, 1re colonne.
Beni-Hameïdan. Azel domanial (1,025 hect.) Constitué en douar-com. par décret du 1er septembre 1870. V. *Beni-Hameïdan*, douar. Com. pl. ex. de Bizot, cant. jud. et arr. de Constantine.
Beni-Ilman. V. *Beni-Sliman*, fract. dépendant de la tribu et du kaïdat de l'Oued-Ksob, Com. ind., cant. jud. et cerc. de Bordj-bou-Arréridj, subd. de Sétif.
Beni-Meddour. V. *Merkella et Beni-Meddour*, fract. de l'aghalik de Bouïra, Com. ind., cant. jud., cerc. et subd. d'Aumale.
Bledet-Amor. V. *Temacin et Bledet-Amor*, fract. et ksar de la tribu des Temacin et Saïd-ouled-Ahmor. Com. ind., cerc. et cant. jud. de Biskra, subd. de Batna. Pop. ind. des 2 fract., 2,291 hab.
El-Ayadhat. Fract. du Hodna, tribu et kaïdat. Com. ind., cant., cerc. et subd. de Batna. Pop. ind. 701 hab.
Ouled-Nessaïr. Fract. de la tribu des Ouled-Aïffa. Com. ind., cerc. et cant. jud. de Djelfa, subd. de Médéa. Pop. ind. 552 hab.
Ouled-T'nieleh. Fract. de la tribu des Siouf. Com. ind., cerc. et cant. jud. de Teniet-el-Had, subd. d'Orléansville. Pop. ind. 500 hab.

Fractions omises dans la composition territoriale des tribus suivantes :

PAGE	COL.	TRIBUS	FRACTIONS A AJOUTER
31	2e	**Beni-Ghobri.**	Ajouter : *Ifra*.
34	1re	**Beni-Ittourar.**	Id. *Tanalt*.
39	1re	**Beni-M'zab.**	Id. *El-Ateuf*, 1,228 ind.
57	1re	**Djafra-Chéraga.**	Id. *Tafraouat*.
112	1re	**Oued-R'ir.**	Id. *Sidi-Amran*.
114	1re	**Ouled-Abd-el-Djebar.**	Id. *Beni-Khateb*.

RECTIFICATIONS

PAGE	COL.		AU LIEU DE	LIRE
2	2e	**Abdou ou Addou.**	V. *Beni-Addou*.	V. BENI-BOU-ADDOU.
7	1re	**Ahmar-Khaddou.**	V. *Amar-Khaddou*.	V. AMMAR-KHADDOU.
19	2e	**Arbil.**	V. *Harbib*.	V. HARBIL.
20	1re	**Arib ou Ariba**, Kaïdat.	*Oued-Ridar*. Pop. totale du kaïdat, 7,019 hab. ind.	KOUDIAT-AMRA. Pop. tot. du kaïdat, 6,143 hab. ind.
20	1re	**Ariba**, tribu.	*Koudiat-Hamza*. Pop. tot. 7,019 hab. ind.	KOUDIAT-HAMRA. Pop. tot. 6,143 hab. ind.
22	2e	**Azzouza ou Azouza.**	*Aït-Hamad*.	AÏT-HAMMAD.
26	2e	**Beni-Barbar.**	711 hab. ind.	379 hab. ind.
31	1re	**Beni-Foughal.**	*Beni-Ourzedin*.	BENI-OURZEDDIN.
31	2e	**Beni-Ghobri ou Beni-Robri.**	*T'balloul, Jazougen*.	N'BALLOUL, IAZOUGEN.
31	2e	**Beni-Guecha.**	Cant. jud. de *Souk-Ahras*.	Cant. jud. de GUELMA.
33	2e	**Beni-Iraten ou Beni-Raten.**	*Aït-Aggue*.	AÏT-HAGGUE.
37	2e	**Beni-Mendil.**	*Beni-Mendil*, ancienne tribu annexée au territoire de la com. pl. ex. et au cant. jud. de Boufarik, arr. d'Alger. La pop. est comprise dans le tot. de la com. pl. ex. de Boufarik.	BENI-MENDIL. V. *Ouled-Mendil*, ancienne tribu annexée au territoire de la com. pl. ex. de Douéra, cant. jud. de Boufarik, arr. d'Alger.
38	1re	**Beni-Meraheba.**	*Ahl-el-Guebli, Beni-Tononbel, Beni-Bou-Khelf*. Pop. ind. 509 hab.	AHL-EL-HADJAR, TOUARÉS, NEDJADJERA. Pop. ind. 1,017 hab.
39	2e	**Beni-Ouarsour.**	*Beni-Ouarsour*.	BENI-OUARSOUS.
40	1re	**Beni-Oudjana.**	Arr. de Bône.	ARR. JUD. DE BÔNE.
48	1re	**Boufra**, aghalik.	Son territoire est formé : 1° des tribus *Ouled-el-Aziz et Ouled-Salem* et du douar de *Aïn-Hazem* de la com. ind. d'Aumale ; 2° du douar-com. *Oued-Bellil*.	Son territoire est formé des douars : OULED-BELLIL, AÏN-HAZEM et OUED-EL-BERDI, des fract. Merkella et Beni-Meddour et des tribus OULED-EL-AZIZ et OULED-SALEM. Pop. ind. de l'aghalik, 11,061 hab.
133	1re	**Ouled-Daoud.**	Rattachée à la com. ind. de *Sebdou*. Cant. jud. de *Sebdou*, subd. de *Tlemcen*.	Rattachée à la com. ind., au cerc. et au cant. jud. de SAÏDA, subd. de MASCARA.
151	2e	**Ouled-Rabah**, grande fract.	Pop. ind. 518 hab.	Pop. ind. 1,561 hab.
188	2e	**Telaghma.**	(Sup. 42,778 hect.)	(Sup. 34,778 hect.)

ALGER. — TYPOGRAPHIE ADOLPHE JOURDAN.

DEUXIÈME PARTIE

DOUARS ET FRACTIONS DE DOUARS

ABRÉVIATIONS

Appl. du sén.-cons.	Application du sénatus-consulte.
Arr.	Arrondissement administratif.
Arr. jud.	Arrondissement judiciaire.
B. O.	*Bulletin officiel des actes du Gouvernement.*
Cant. jud.	Canton judiciaire.
Cerc.	Cercle.
Com. ind.	Commune indigène.
Com. mix.	Commune mixte.
Com. pl. ex.	Commune de plein exercice.
Dép.	Département.
Douar-com.	Douar-commune.
Env.	Environ.
E.	Est.
Fract.	Fraction de tribu.
Hab.	Habitants.
Hab. ind.	Habitants indigènes.
Hect.	Hectares.
Ind.	Indigènes.
Jud.	Judiciaire.
Kil.	Kilomètres.
N.	Nord.
N.-E.	Nord-Est.
N.-O.	Nord-Ouest.
O.	Ouest.
P.	Page.
Pop. ind.	Population indigène.
Pop. tot.	Population totale.
Subd.	Subdivision.
S.	Sud.
S.-E.	Sud-Est.
S.-O.	Sud-Ouest.
Sup.	Superficie.
V.	Voyez.

RÉPERTOIRE ALPHABÉTIQUE
DES DOUARS
ET DES
FRACTIONS DE DOUARS

(Exécution des 1re et 2e parties du sénatus-consulte du 22 avril 1863)

Aaraara. Fract. du douar-com. de Tafrent. V. *Tafrent*, douar. Com. mix., cant. jud. et cerc. de Saïda, subd. de Mascara.

Aaziz. V. *Ouled-Aaziz*, douar. Com. mix. d'Aïn-M'lila, cant. jud. des Ouled-Rahmoun, arr. de Constantine.

Abacha. V. *El-Habécha*, douar. Com. mix. et annexe de Zemmorah, cant. jud. de Relizane, subd. d'Oran.

Abbès. V. *Ouled-el-Abbès*, douar. Com. mix. et cerc. d'Ammi-Moussa, cant. jud. d'Inkermann, subd. d'Oran.

Abça. V. *Ouled-bou-Abça*, douar. Com. mix., cant. jud. et arr. de Mostaganem.

Abd-Allah. V. *Dar-ben-Abd-Allah*, douar. Com. mix. et annexe de Zemmorah, cant. jud. de Relizane, subd. d'Oran.

Abd-el-Gouï. Provenant de l'ancienne tribu des Ouled-Khouïdem. (Sup. 8,534 hect.) Constitué en douar-com. par décret du 9 novembre 1867, *B. O.*, 1868, p. 244. Rattaché à la com. mix. et au cant. jud. d'Inkermann, arr. de Mostaganem; — à 1 kil. S. d'Inkermann et à cheval sur la route nationale et le chemin de fer d'Alger à Oran. Pop. tot. 1,878 hab. ind. N° 48 de la carte. — NOTA : Une partie de ce douar a été prélevée pour les agrandissements des centres de St-Aimé et d'Inkermann.

Abd-el-Hack. V. *Ouled-Abd-el-Hak*, douar. Com. ind., cerc. et cant. jud. de Bordj-bou-Arréridj, annexe de M'sila, subd. de Sétif.

Abd-Elli. V. *Ouled-sidi-el-Abd-Elli*, douar. Com. mix., cant. jud. et arr. de Tlemcen.

Abd-el-Ouahad. V. *Ouled-Abd-el-Ouahad*, douar. Com. ind., cant. jud., cerc. et subd. de Sétif.

Abd-es-Selam. Terre habbous réunie à l'azel beylik des Hassahas, distraits de la tribu des Tréat. (Sup. 1,384 hect.) Territoire constitué en un douar-com. par décret du 29 juin 1870, *B. O.*, p. 311. — NOTA : Le nom de ce douar-com. ne figure ni dans la composition territoriale de la com. mix. d'Aïn-Mokra, ni dans celle du cant. jud. d'Aïn-Mokra, arr. de Bône; — à 8 kil. N.-O. d'Aïn-Mokra. Pop. recensée avec les tribus des Tréat et des Ouïchaoua de la com. mix. d'Aïn-Mokra.

Abécha. V. *El-Habécha*, douar. Com. mix. et annexe de Zemmorah, cant. jud. de Relizane, subd. d'Oran.

Abid. Ancienne tribu du même nom. (Sup. 3,899 hect.) Constitué en douar-com. par décret du 27 juillet 1870,

B. O., p. 357. Rattaché partie à la com. pl. ex. de Dra-el-Mizan et partie à la com. mix. du même nom, cant. jud. de Dra-el-Mizan, arr. de Tizi-Ouzou. N° 152 de la carte. La plus grande partie du douar des Abid a été livrée au service de la colonisation; le surplus a été constitué en section communale de la com. mix. de Dra-el-Mizan, avec la tribu des M'kira ou des Flissa-Mekira.

Abid-Sedra. Fract. du douar-com. de Tahamda. V. *Tahamda*, douar. Com. mix. et cant. jud. de Relizane, arr. de Mostaganem.

Aboucha. V. *Haboucha*, douar. Com. mix. de Frendah-Mascara, cant. jud. de Relizane, cerc. et subd. de Mascara.

Acel. V. *Bel-Hacel*, douar. Com. mix. et cant. jud. de Relizane, arr. de Mostaganem.

Addada. V. *Haddada*, douar. Com. ind., cerc. et cant. jud. de Souk-Ahras, subd. de Bône.

Addar. V. *Oued-Addar*, douar. Com. ind. et cerc. d'El-Milia, subd. de Constantine, cant. jud. de Mila.

Adélia. Provenant de l'ancienne tribu des Righa. (Sup. 15,019 hect.) Constitué en douar-com. par décret du 21 septembre 1868, B. O., p. 978. Rattaché à la com. mix. d'Adélia, cant. jud. et de Miliana; — à 3 kil. N.-E. de Miliana, sur la route nationale et le chemin de fer d'Alger à Oran. N° 78 de la carte. Pop. tot. 2,688 hab. — NOTA : Les territoires de colonisation d'Oued-Zeboudj, Tafraout, Adélia et Arrioua, ont été prélevés sur ce douar.

Adh-el-Goui. V. *Abd-el-Goui*, douar. Com. mix. et cant. jud. d'Inkermann, arr. de Mostaganem.

Adjadja. V. *Hadjadja*, douar. Com. mix. et arr. de Mascara, cant. jud. de Perrégaux.

Adjama. Ancienne tribu du même nom. (Sup. 6,730 hect.) Constitué en douar-com. par décret du 27 février 1869, B. O., p. 78. Rattaché à la com. mix. et au cerc. d'Ammi-Moussa, subd. d'Oran, cant. jud. d'Inkermann; — à 24 kil. E. de cette dernière ville et sur la limite E. du dép. d'Oran. N° 11 de la carte. Pop. 1,364 hab. ind.

Adjeraf. V. *El-Adjeraf*, douar. Com. mix. de Malakoff, cant. jud. et arr. d'Orléansville.

Afenson. Provenant de l'ancienne tribu des Ouichaoua-Rifia. (Sup. 4,046 hect.) Constitué en douar-com. par décret du 4 septembre 1867, B. O., p. 1051. Rattaché à la com. ind. et au cerc. d'El-Milia, annexe et cant. jud. de Collo, arr. jud. de Philippeville, subd. de Constantine; — à 6 kil. O. de Collo. N° 72 de la carte. Une partie de ce douar a été prélevée pour la formation du village de Cheraïa. Pop. du douar et du village (partie), 55 européens et 1,094 ind. — NOTA : Ce douar est organisé en cheïkat indépendant.

Afensou. V. *Afenson*, douar. Com. ind. et cerc. d'El-Milia, annexe et cant. jud. de Collo, subd. de Constantine.

Aghlal. V. *Arhlal*, douar. Com. mix. et cant. jud. d'Aïn-Temouchent, arr. d'Oran.

Ahel-el-Aïd. Provenant de l'ancienne tribu des Gharaba. (Sup. 4,055 hect.) Constitué en douar-com. par décret du 2 mars 1867, B. O., p. 384. Rattaché à la com. mix. et au cant. jud. de St-Denis-du-Sig, arr. d'Oran; — à 8 kil. N.-O. de St-Denis-du-Sig. Pop. 0 français et 1,626 ind. N° 16 de la carte.

Ahel-el-Gorin. V. *Ahl-el-Gorin*, douar. Com. mix. de Cassaigne, cant. jud. d'Inkermann, arr. de Mostaganem.

Ahl-Dir. V. *Hall-el-Der*, douar. Com. ind. cant. jud. et cerc. de Bordj-bou-Arréridj, annexe de M'sila, subd. de Sétif.

Ahl-el-Aïd. V. *Ahel-el-Aïd*, douar. Com. mix. et cant. jud. de St-Denis-du-Sig, arr. d'Oran.

Ahl-el-Amour. Fract. du douar-com. d'Aïn-el-Guetar. V. *Aïn-el-Guetar*, douar. Com. mix. et cant. jud. de Relizane, arr. de Mostaganem.

Ahl-el-Der. V. *Hall-el-Der*, douar. Com. ind., cant. jud. et cerc. de Bordj-bou-Arréridj, annexe de M'sila, subd. de Sétif.

Ahl-el-Gorin. Provenant de l'ancienne tribu des Ouled-el-Abbès. (Sup. 5,000 hect.) Constitué en douar-com. par décret du 22 juin 1867, B. O., p. 646. Rattaché à la com. mix. de Cassaigne, cant. jud. d'Inkermann, arr. de Mostaganem; — à 8 kil. N.-O. d'Inkermann et sur la rive droite du Chélif. Pop. 2,485 hab. ind. N° 43 de la carte.

Ahl-el-Hassian. Provenant de la tribu des Bordjia. (Sup. 4,590 hect.) Constitué en douar-com. par décret du 9 novembre 1865, B. O., p. 488. Rattaché à la com. mix., au cant. jud. et à l'arr. de Mostaganem; — à 20 kil. S. de cette ville. N° 159 de la carte. Pop. 2 européens et 1,402 ind.

Ahmaïdja. Provenant de la tribu des Ouled-Aouf. (Sup. 21,690 hect.) Constitué en douar-com. par décret du 8

Ah-Aï. janvier 1868, *B. O.*, p. 508. Rattaché à la com. ind. de Saïda, cerc. et cant. jud. de Saïda, subd. de Mascara ; — à 35 kil. N.-E. de Saïda. Pop. ind. 588 hab. N° 89 de la carte.

Ahsasnah. Provenant de la tribu des Ameur-Chéraga. (Sup. 4,468 hect.) Constitué en douar-com. par décret du 16 juin 1866, *B. O.*, p. 402. Rattaché à la com. mix. et au cant. jud. de l'Oued-Zenati, arr. de Constantine ; — à 22 kil. de l'Oued-Zenati. N° 1 de la carte. Pop. 1,530 hab. ind.

Aïd-Zitoun. V. *Aïn-Zitoun*, douar. Com. mix., cerc. et cant. jud. d'Aïn-Beïda, subd. de Constantine.

Aïen. V. *Hayen*, douar. Com. ind., cerc. et cant. jud. de Djidjelli, subd. de Constantine, arr. jud. de Bougie.

Aïn-Babouch. Provenant de l'ancienne tribu des Haracta. (Sup. 18,830 hect.) Constitué en douar-com. par décret du 8 juin 1870, *B. O.*, p. 249. Rattaché à la com. ind., au cant. jud. et au cerc. d'Aïn-Beïda, subd. de Constantine ; — à 20 kil. N.-O. d'Aïn-Beïda. Pop. 1,579 hab. ind. N° 267 de la carte.

Aïn-Beïda. Terre domaniale comprise dans le douar-com. des Serraouïa. V. *Serraouïa*, douar. Com. mix. et cant. jud. de Mila, arr. de Constantine.

Aïn-Bessem. Provenant de l'ancienne tribu des Aribs. (Sup. 3,121 hect.) Constitué en douar-com. par décret du 13 mars 1867, *B. O.*, p. 462. Rattaché à la com. ind., au cerc., au cant. jud. et à la subd. d'Aumale ; — à 22 kil. N. d'Aumale. N° 28 de la carte. Une partie de ce douar a été livrée à la colonisation pour la formation du village d'Aïn-Bessem. Pop. de la partie laissée aux ind. 363 hab.

Aïn-Cheurfa. Provenant de l'ancienne tribu des Cheurfa-el-Guetarnia. (Sup. 17,779 hect.) Constitué en douar-com. par décret du 20 novembre 1867, *B. O.*, 1868, p. 275. Rattaché à la com. mix. et au cant. jud. de St-Denis-du-Sig, arr. d'Oran ; — à 5 kil. S. de St-Denis-du-Sig. Pop. 5 français, 280 étrangers et 2,964 ind. N° 112 de la carte.

Aïn-Defla. Provenant de l'ancienne tribu des Ouled-Abd-el-Ouahed. (Sup. 7,730 hect.) Constitué en douar-com. par décret du 31 octobre 1868, *B. O.*, p. 1142. Rattaché à la com. mix., au cant. jud. et à l'arr. de Mascara ; — à 10 kil. S.-E. de Mascara. Pop. 984 hab. ind. N° 73 de la carte. Une partie de ce douar a été prélevée pour la formation du hameau de Matemore.

Aïn-Diss. Provenant de l'ancienne tribu des Haracta. (Sup. 13,591 hect.) Constitué en douar-com. par décret du 8 juin 1870, *B. O.*, p. 249. Rattaché à la com. ind., au cerc. et au cant. jud. d'Aïn-Beïda, subd. de Constantine ; — à 30 kil. N.-O. d'Aïn-Beïda. Pop. 1,065 hab. ind. N° 266 de la carte.

Aïn-el-Anseur. Provenant de l'ancienne tribu des Ouled-sidi-Sliman. (Sup. 12,471 hect.) Constitué en douar-com. par décret du 8 novembre 1869, *B. O.*, p. 470. Rattaché à la com. ind., au cerc., au cant. jud. et au de Teniet-el-Had, subd. d'Orléansville ; — à 16 kil. E. de Teniet-el-Had. Pop. 1,057 hab. ind. N° 151 *bis* de la carte.

Aïn-el-Assafeur. Fract. du douar-com. d'El-Ksour. (Sup. 5,922 hect.) Le douar d'El-Ksour a été constitué par décret du 25 septembre 1869, *B. O.*, p. 292, et la fract. d'Aïn-el-Assafeur a été rattachée à la com. mix. et au cant. jud. de Batna, arr. de Constantine ; — à 4 kil. E. de Batna. Pop. 728 hab. ind. N° 218 de la carte.

Aïn-el-Guetar. Provenant de l'ancienne tribu des Mokhalia. (Sup. 10,114 hect.) Constitué en douar-com. par décret du 5 décembre 1867, *B. O.*, 1867, p. 40. Rattaché à la com. mix. et au cant. jud. de Relizane, arr. de Mostaganem ; — à 20 kil. N. de Relizane. Pop. 1,431 hab. ind. N° 36 de la carte. Le douar d'Aïn-el-Guetar est formé des fract. des Ouled-sidi-bou-Zid et des Ahl-el-Amour.

Aïn-el-Ksar ou **Aïn-el-Ksor.** V. *Aïn-Ksar*, douar. Com. ind., cerc., cant. jud. et subd. de Sétif.

Aïn-Fekan. V. *Fekan*, douar. Com. mix., cant. jud. et arr. de Mascara.

Aïn-Gheraba. V. *Aïn-Ghoraba*, douar. Com. mix. et cerc. de Sebdou, cant. jud. et subd. de Tlemcen.

Aïn-Ghorab. Provenant des anciennes tribus des Beni-Béchir et des Beni-Mehenna. (Sup. 6,869 hect.) Constitué en douar-com. par décret du 7 avril 1866, *B. O.*, p. 160. Rattaché à la com. pl. ex. de St-Charles, cant. jud. d'El-Arrouch, arr. de Philippeville ; — à 8 kil. N.-E. d'El-Arrouch, sur la rive droite du Saf-Saf. N° 43 de la carte. Pop. 1,285 hab. ind. — NOTA : 175 hect. 95 ares du domaine public et 346 hect. 85 ares de bois communaux, non compris dans la sup. mentionnée ci-dessus, sont à répartir entre ce douar et celui de l'Oued-Ksob.

Aïn-Ghoraba. Provenant de l'ancienne tribu des Beni-Hédiel. (Sup. 9,994 hect.) Constitué en douar-com. par décret du 29 avril 1868, *B. O.*, p. 915. Rattaché à la com.

mix. et au cerc. de Sebdou, subd. de Tlemcen, cant. jud. de Tlemcen; — à 12 kil. S. de cette ville. Pop. 1,285 hab. ind. N° 126 de la carte. — NOTA : Ce douar renferme le caravansérail d'Aïn-Ghoraba et les campements d'Aïn-Ghoraba et d'Hafir.

Aïn-Guebila. Terre azel réunie au douar-com. des Beni-Fathem. V. *Beni-Fathem*, douar. Com. ind., cant. jud. et cerc. de Miliana, subd. d'Orléansville.

Aïn-Hazem. Provenant de l'ancienne tribu des Beni-Amar. (Sup. 16,185 hect.) Constitué en douar-com. par décret du 17 octobre 1869, B. O., p. 391; Rattaché à la com. ind., au cant. jud., au cerc. et à la subd. d'Aumale; — à 4 kil. E. d'Aumale. N° 126 de la carte. Pop. 1,912 hab. ind. — NOTA : Aïn-Hazem dépend actuellement de l'aghalik de Bouïra. La grand'halte d'Anser-el-Abiod, est située dans ce douar (sup. 3 hect. 50 ares).

Aïn-Khiar. Ancienne tribu du même nom. (Sup. 2,731 hect.) Constitué en douar-com. par décret du 17 juillet 1867, B. O., p. 1002. Rattaché à la com. ind., au cerc. et au cant. jud. de La Calle, subd. de Bône; — à 18 kil. S.-O. de La Calle et sur la route de cette ville à Bône. N° 98 de la carte. Pop. 515 hab. ind. Ce douar fait actuellement partie du kaïdat de l'Oued-el-Kébir.

Aïn-Ksar. Provenant de l'ancienne tribu des Righa-Dahra. (Sup. 5,157 hect.) Constitué en douar-com. par décret du 6 septembre 1866, B. O., p. 610. Rattaché à la com. ind., au cant. jud., au cerc. et à la subd. de Sétif; — à 55 kil. S.-O. de Sétif. N° 138 de la carte. Pop. 458 hab. ind. Ce douar fait actuellement partie du kaïdat du Bou-Thaleb.

Aïn-Mira. Fract. du douar-com. des Ouled-sidi-Amor. V. *Ouled-sidi-Amor*, douar. Com. ind., cant.-jud. et cerc. de Bordj-bou-Arréridj, subd. de Sétif.

Aïn-Mouder. Provenant de la tribu des Isser-el-Djedian. (Sup. 1,475 hect.) Constitué en douar-com. par décret du 27 octobre 1866, B. O., p. 778. Rattaché à la com. pl. ex. de Bois-Sacré, cant. jud. de Bordj-Menaïel, arr. de Tizi-Ouzou; — à 16 kil. N.-E. de Bordj-Menaïel. N° 15 de la carte. Pop. tot. 681 hab.

Aïn-Neehma. Provenant de l'ancienne tribu du Djendel. (Sup. 5,105 hect.) Constitué en douar-com. par décret du 14 octobre 1867, B. O., p. 1150. Rattaché à la com. mix. d'Aïn-Mokra, arr. de Bône. N° 91 de la carte. La partie de ce douar située sur la rive droite de l'Oued-el-Kébir, connue sous le nom de Fettimat, est comprise dans le cant. jud. d'Aïn-Mokra, arr. jud. de Bône, la partie de rive gauche, connue sous le nom d'El-Hammam, dans le cant. jud. de Jemmapes, arr. jud. de Philippeville; — à 18 kil. N.-E. de Jemmapes et à 16 kil. O. d'Aïn-Mokra. La pop. du douar a été recensée avec la tribu des Ouled-Attia, 7 français, 6 étrangers et 1,756 ind.

Aïn-Rihana. Provenant de l'ancienne tribu des Ouled-Ali. (Sup. 3,600 hect.) Constitué en douar-com. par décret du 21 mars 1870, B. O., p. 130. Rattaché à la com. mix., au cant. jud. et à l'arr. de Guelma; — à 8 kil. N.-O. de Guelma. N° 342 de la carte. Pop. recensée avec le douar de Mouélfa, 778 hab. ind.

Aïn-Snob. Provenant de l'ancienne tribu des Haracta. (Sup. 17,561 hect.) Constitué en douar-com. par décret du 8 juin 1870, B. O., p. 249. Rattaché à la com. ind., au cant. jud. et au cerc. d'Aïn-Beïda, subd. de Constantine; à 15 kil. N.-E. d'Aïn-Beïda, sur le grand chemin de cette ville à Souk-Ahras. N° 270 de la carte. Pop. 1,276 hab. ind. Ce douar dépend actuellement du kaïdat de Settara.

Aïn-Sultan. Provenant de l'ancienne tribu des Ouled-Khaled-Chéraga. (Sup. 17,024 hect.) Constitué en douar-com. par décret du 10 juillet 1867, B. O., p. 870. Rattaché à la com. ind., au cant. jud. et au cerc. de Saïda, subd. de Mascara; — à 15 kil. N.-E. de Saïda. Pop. 1,262 hab. ind. N° 82 de la carte.

Aïn-Tabia. Provenant de l'ancienne tribu des Beni-Salah. (Sup. 6,582 hect.) Constitué en douar-com. par décret du 6 juillet 1867, B. O., p. 973. Rattaché à la com. ind. et au cant. jud., au cerc. d'El-Milia, annexe de Collo, arr. jud. de Philippeville, subd. de Constantine; — à 15 kil. S. de Collo. Pop. 2 européens et 1,569 ind. N° 78 de la carte. Ce douar fait actuellement partie du kaïdat de l'Oued-Guebli.

Aïn-Thouila. Provenant de l'ancienne tribu des Haracta. (Sup. 27,149 hect., y compris le communal de Ksar-el-Kelb). Constitué en douar-com. par décret du 8 juin 1870, B. O., p. 249. Rattaché à la com. ind., au cant. jud. et au cerc. d'Aïn-Beïda, subd. de Constantine; — à 18 kil. S. d'Aïn-Beïda. N° 291 de la carte. Pop. 1,457 hab. ind. Ce douar fait actuellement partie du kaïdat de Tafrent.

Aïn-Tiffrit. V. *Tiffrit*, douar. Com. ind., cerc. et cant. jud. de Saïda, subd. de Mascara.

Aïn-Titest. Provenant de l'ancienne tribu des Righa-

Dahra. (Sup. 3,533 hect.) Constitué en douar-com. par décret du 6 septembre 1866, B. O., p. 610. Rattaché à la com. ind., au cant. jud., au cerc. et à la subd. de Sétif; — à 55 kil. S.-O. de Sétif. Pop. 547 hab. ind. N° 130 de la carte. Ce douar fait actuellement partie du kaïdat et de la tribu du Bou-Thaleb. La ruine romaine dite d'Aïn-Toumella est située dans le douar (sup. 1 hect. 80 ares).

Aïn-Tizlret. Provenant de l'ancienne tribu des Aribs. (Sup. 5,658 hect.) Constitué en douar-com. par décret du 13 mars 1867, B. O., p. 462. Rattaché à la com. mix. de Bouïra, cant. jud., cerc. et subd. d'Aumale; — à 6 kil. N.-E. d'Aumale. Pop. 1,440 hab. ind. N° 27 de la carte. Ce douar dépend actuellement du kaïdat des Aribs.

Aïn-Toulla. V. *Aïn-Thoulla*, douar. Com. ind., cant. jud. et cerc. d'Aïn-Beïda, subd. de Constantine.

Aïn-Zitoun. Provenant de l'ancienne tribu des Haracta. (Sup. 74,480 hect., y compris le communal d'Enchir-Ghoraï. Constitué en douar-com. par décret du 8 juin 1870, B. O., p. 249. Rattaché à la com. ind., au cant. jud. et au cerc. d'Aïn-Beïda, subd. de Constantine; — à 30 kil. O. d'Aïn-Beïda. N° 270 de la carte. Pop. 735 hab. ind. Ce douar dépend actuellement du kaïdat d'Oum-el-Abeïr.

Aïocena. Fract. du douar-com. de Sidi-Simiane. V. *Sidi-Simiano*, douar. Com. mix. de Gouraya, cant. jud. de Cherchel, arr. d'Alger.

Aïoun-el-Béranis. Provenant des anciennes tribus des Ouled-Brahim et des Douï-Hassen. (Sup. 31,856 hect.) Constitué en douar-com. par décret du 29 mai 1869, B. O., p. 191. Rattaché à la com. ind., au cant. jud. et au cerc. de Saïda, subd. de Mascara; — à 22 kil. N.-E. de Saïda. Pop. 1,120 hab. ind. N° 138 de la carte.

Aïoun-el-Hadjez. Provenant de l'ancienne tribu des Telaghma. (Sup. 8,771 hect.) Constitué en douar-com. par décret du 12 novembre 1868, B. O., 1869, p. 24. Rattaché à la com. mix. de Châteaudun, cant. jud. d'Oued-Atménia, arr. de Constantine; — à 12 kil. S. de Oued-Atménia. Pop. 1,056 hab. ind. N° 178 de la carte.

Aït-Abd-Allah. Nom employé fréquemment pour désigner le douar-com. de *Mouqua*. Com. ind. et cant. jud. d'Akbou, arr. jud. de Bougie, subd. de Sétif.

Aït-Ameur-ou-Ali. Provenant de l'ancienne tribu des Mezzaïa. (Sup. 1,986 hect.) Constitué en douar-com. par décret du 13 juillet 1867, B. O., p. 994. Rattaché à la com. mix., au cant. jud. et à l'arr. de Bougie; — à 10 kil. O. de Bougie et sur le littoral. Pop. 2,761 hab. ind. N° 159 de la carte. — NOTA : l'île des Pisans appartenant au domaine de l'État a été rattachée à ce douar (sup. 1 hect. 20 ares).

Aït-Ouarest-ou-Ali. Provenant de l'ancienne tribu du même nom. (Sup. 3,205 hect.) Constitué en douar-com. par décret du 18 novembre 1868, B. O., 1869, p. 29. Rattaché à la com. ind., au cant. jud. et au cerc. de Bougie, subd. de Sétif; — à 16 kil. S.-E. de Bougie et sur le littoral. Pop. recensée avec les tribus des Beni-Melloul et des Beni-bou-Aïssi, 2,189 hab. ind. N° 176 de la carte.

Aït-R'zine. Provenant de l'ancienne tribu des Beni-Abbès. (Sup. 6,549 hect.) Constitué en douar-com. par décret du 13 mars 1869, B. O., 1870, p. 99. Rattaché à la com. ind., au cant. jud. et au cerc. d'Akbou, subd. de Sétif, arr. jud. de Bougie; — à 3 kil. S. d'Akbou et sur la rive droite de l'Oued-Sahèl. Pop. 3,559 hab. ind. N° 193 de la carte.

Aït-Temsilt. Provenant de l'ancienne tribu de Mezzaïa. (Sup. 496 hect.) Constitué en douar-com. par décret du 13 juillet 1867, B. O., p. 994. Rattaché à la com. mix., au cant. jud. et à l'arr. de Bougie; — à 5 kil. O. de Bougie et sur le littoral. Pop. 561 hab. ind. N° 158 de la carte.

Akbia. V. *El-Akbia*, douar. Com. ind. et cerc. d'El-Milia, cant. jud. de Mila, subd. de Constantine.

Alaïmla. Provenant de l'ancienne tribu de Gharaba. (Sup. 7,345 hect.) Constitué en douar-com. par décret du 2 mars 1867, B. O., p. 384. Rattaché à la com. mix. de St-Denis-du-Sig, cant. jud. de St-Cloud, arr. d'Oran; — à 14 kil. S.-E. de St-Cloud. Pop. 5 français, 10 étrangers et 2,571 ind. N° 15 de la carte.

Ali-ben-Nacer. V. *Ouled-Ali-ben-Nacer*, douar. Com. mix., cant. jud. et arr. de Sétif.

Ali-bou-Amoud ou **Ali-bou-Hamoud**. V. *Sidi-Ali-bou-Amoud*, douar. Com. mix. et cant. jud. d'Aïn-Temouchent, arr. d'Oran.

Ali-bou-Nab. V. *Sidi-Ali-bou-Nab*, douar. Com. mix. des Issers, cant. jud. de Bordj-Menaïel, arr. de Tizi-Ouzou.

Ali-Chérif. V. *Si-Ali-Chérif*, douar. Com. mix. et cant. jud. de St-Denis-du-Sig, arr. d'Oran.

Ali-Tahamment. V. *Ouled-si-Ali-Tahammemt*, douar. Com. mix. et cant. jud. de Batna, arr. de Constantine.

Allouan. V. *Bou-Hallouan*, douar. Com. mix. d'Adélia, cant. jud. et arr. de Miliana.

Amadéna. V. *Hamadéna*, douar. Com. mix. et cant. jud. d'Inkermann, arr. de Mostaganem.

Amal. V. *Ammal*, douar. Com. mix. de Palestro, cant. jud. de Ménerville, arr. d'Alger.

Amarna. Ancienne tribu du même nom. (Sup. 9,515 hect.) Constitué en douar-com. par décret du 26 octobre 1869, *B. O.*, p. 409. Rattaché à la com. mix. et à l'annexe de Zemmorah, subd. d'Oran, cant. jud. de Relizane; — à 24 kil. E. de cette dernière ville. Pop. 1,722 hab. ind. N° 166 de la carte.

Amarna. Fract. du douar-com. des Ouled-bou-Kamel. (Sup. 1,581 hect.) Rattachée à la com. pl. ex., au cant. jud. et à l'arr. de Mostaganem. Pop. comprise dans la com. pl. ex. de Mostaganem; — à 8 kil. N.-E. de cette ville, sur le littoral et à l'embouchure du Chélif (rive gauche). V. *Ouled-bou-Kamel*, douar.

Amarna. Fract. de l'ancienne tribu des Ouled-Brahim. (Sup. 1,051 hect.) Réunie à la com. pl. ex. de Sidi-bel-Abbès. Décret de répartition du 9 mars 1867, *B. O.*, p. 402. Cant. jud. et arr. de Sidi-bel-Abbès. Pop. comprise dans la com. pl. ex. de Sidi-bel-Abbès.

Amer. Fract. du douar-com. de Bou-Hadjar. V. *Bou-Hadjar*, douar. Com. mix. d'Aïn-Temouchent, arr. d'Oran.

Ameur-ou-Ali. V. *Aït-Ameur-ou-Ali*, douar. Com. mix., cant. jud. et arr. de Bougie.

Ameur-Serraouïa. V. *Ameur-Srahouïa*, douar. Com. mix. d'Aïn-M'lila, cant. jud. des Ouled-Rahmoun, arr. de Constantine.

Ameur-Srahouïa. Provenant de l'ancienne tribu des Ameur-Chéraga. (Sup. 3,139 hect.) Constitué en douar-com. par décret du 16 juin 1866, *B. O.*, p. 402. Rattaché à la com. mix. d'Aïn-M'lila, arr. de Constantine, cant. jud. des Ouled-Rahmoun; — à 15 kil. E. de cette dernière ville. Pop. 1,268 hab. ind. N° 3 de la carte.

Ammal. Ancienne tribu du même nom. (Sup. 6,249 hect.) Constitué en douar-com. par décret du 6 mars 1869, *B. O.*, 1870, p. 90. Rattaché à la com. mix. de Palestro, cant. jud. de Ménerville, arr. d'Alger; — à 3 kil. N. de Palestro, sur l'Oued-Isser et sur la route nationale d'Alger à Constantine. Pop. tot. 2,430 hab. N° 122 de la carte. Une partie de ce douar a été livrée à la colonisation pour l'agrandissement du centre de Palestro.

Ammama. V. *El-Hammama*, douar. Com. mix. d'Aïn-Abessa, cant. jud. et arr. de Sétif.

Amour ou **Ahmor.** Fract. du douar-com. d'Oued-Mebtouh. V. *Oued-Mebtouh*, douar. Com. mix. de la Mekerra, cant. jud. et arr. de Sidi-bel-Abbès.

Amrous. V. *Beni-Amrous*, douar. Com. mix., cant. jud. et arr. de Bougie.

Anaïdja. V. *Ahnaïdja*, douar. Com. ind., cerc. et cant. jud. de Saïda, subd. de Mascara.

Anencha. V. *Hanencha*, douar. Com. mix., cant. jud. et cerc. de Souk-Ahras, subd. de Bône.

Anini. V. *El-Anini*, douar. Com. mix. d'Aïn-Abessa, cant. jud. et arr. de Sétif.

Aokas. Provenant de l'ancienne tribu des Beni-M'hamed. (Sup. 2,908 hect.) Constitué en douar-com. par décret du 2 octobre 1860, *B. O.*, p. 312. Rattaché à la com. ind., au cant. jud. et au cerc. de Bougie, subd. de Sétif; — à 24 kil. S.-E. de Bougie et sur le littoral. Pop. 1,020 hab. ind. N° 235 de la carte.

Aouaïd. Provenant de l'ancienne tribu des Séfia. (Sup. 5,630 hect.) Constitué en douar-com. par décret du 25 janvier 1868, *B. O.*, p. 597. Rattaché à la com. ind., au cant. jud. et au cerc. de Souk-Ahras, subd. de Bône; — à 12 kil. O. de Souk-Ahras. Pop. 1,485 hab. ind. N° 106 de la carte.

Aouamed. V. *Haouamed*, douar. Com. ind., cerc. et cant. jud. de Bou-Sâada, subd. d'Aumale.

Aouara. V. *El-Aouara*, douar. Partie rattachée à la com. pl. ex. de Nechmeya et partie à la com. mix. de Bône, arr. de Bône, cant. jud. de Mondovi.

Aouara. V. *Haouara*, douar. Com. ind., cant. jud., cerc. et subd. de Médéa.

Aoubellil. Provenant de l'ancienne tribu des Ouled-Zeïr. (Sup. 8,370 hect.) Constitué en douar-com. par décret du 26 juin 1867, *B. O.*, p. 861. Rattaché à la com. mix. et au cant. jud. d'Aïn-Temouchent, arr. d'Oran; — à 18 kil. S.-E. d'Aïn-Temouchent. N° 25 de la carte. Pop. 1,360 ind. et 1 étranger.

Aouda. V. *Ben-Aouda*, douar, Com. mix. et annexe de Zemmorah, cant. jud. de Relizane, subd. d'Oran.

Aouïssat. Provenant de l'ancienne tribu. (Sup. 13,489 hect.) Constitué en douar-com. par décret du 31 octobre 1868, *B. O.*, p. 1161. Rattaché à la com. ind., au cant. jud. et au cerc. de Tiaret, subd. de Mascara ; — à 10 kil. E. de Tiaret et sur la limite du dép. d'Alger. N° 133 de la carte. Pop. 669 hab. ind.

Aouzalel. Provenant de l'ancienne tribu des Ouled-Aouf. (Sup. 25,122 hect.) Constitué en douar-com. par décret du 8 janvier 1868, *B. O.*, p. 508. Rattaché à la com. ind., au cant. jud. et au cerc. de Saïda, subd. de Mascara ; — à 40 kil. N.-E. de Saïda. N° 88 de la carte. Pop. 825 hab. ind.

Arab-Dahoura. V. *Dahouara*, douar. Com. ind., cant. jud. et cerc. de Souk-Ahras, subd. de Bône.

Arbâa. V. *Bled-Larbâa*, douar, Com. ind., cant. jud., cerc. et subd. de Sétif.

Arbatache. Provenant de l'ancienne tribu des Khachna de la plaine. (Sup. 13,502 hect.) Constitué en douar-com. par décret du 23 septembre 1867, *B. O.*, p. 1098. Rattaché provisoirement à la com. pl. ex. de Fondouk, cant. jud. de l'Arba, arr. d'Alger ; — à 10 kil. E. de l'Arba. Pop. tot. 3,132 hab. N° 3 de la carte. — NOTA : Une partie de ce douar a été remise à la Société dirigée par M. Bourelier pour la création du village d'Arbatache.

Arb-el-Goufi. Provenant de l'ancienne tribu des Beni-Ishaq du Goufi. (Sup. 7,089 hect.) Constitué en douar-com. par décret du 31 décembre 1866, *B. O.*, 1867, p. 218. Rattaché à la com. ind. et au cerc. d'El-Milia, cant. jud. et annexe de Collo, arr. jud. de Philippeville, subd. de Constantine ; — à 4 kil. O. de Collo. Pop. 185 européens et 1,000 ind. N° 63 de la carte. — NOTA : Une partie de ce douar a été prélevée pour la formation du centre européen de Cheraïa. Le surplus est organisé en cheïkat indépendant.

Arb-Estahya. Provenant de l'ancienne tribu des Beni-Ishaq de l'Oued-Guebli. (Sup. 12,463 hect.) Constitué en douar-com. par décret du 27 février 1867, *B. O.*, p. 308. Rattaché à la com. pl. ex. de Robertville, cant. jud. d'El-Arrouch, arr. de Philippeville ; — à 6 kil. O. d'El-Arrouch. Pop. 2,882 hab. ind. N° 81 de la carte.

Arb-Filfila. Ancienne tribu du même nom. (Sup. 6,628 hect.) Constitué en douar-com. par décret du 10 avril 1869, *B. O.*, 1870, p. 103. Rattaché à la com. pl. ex. de Philippeville, cant. jud. de Jemmapes, arr. de Philippeville ; — à 22 kil. N. de Jemmapes. Pop. 401 hab. ind. N° 205 de la carte.

Arb-Guerguera. Provenant de l'ancienne tribu des Beni-bou-Naïm. (Sup. 5,925 hect.) Constitué en douar-com. par décret du 27 février 1867, *B. O.*, p. 316. Rattaché à la com. mix. et au cant. jud. de Collo, arr. de Philippeville ; — à 8 kil. S.-E. de Collo, à cheval sur l'Oued-Guebli. Pop. 2,018 hab. ind. N° 67 de la carte.

Arb-Guerra. V. *Arb-Guerguera*, douar. Com. mix. et cant. jud. de Collo, arr. de Philippeville.

Arb-Kerkera. V. *Arb-Guerguera*, douar. Com. mix. et cant. jud. de Collo, arr. de Philippeville.

Arb-si-Achour. V. *Arb-sidi-Achour*, douar. Com. mix. et cant. jud. de Collo, arr. de Philippeville.

Arb-sidi-Achour. Provenant de l'ancienne tribu des Achach. (Sup. 1,781 hect.) Constitué en douar-com. par décret du 5 décembre 1866, *B. O.*, 1867, p. 15. Rattaché à la com. mix. et au cant. jud. de Collo, arr. de Philippeville ; — à 2 kil. N.-O. de Collo. Pop. 313 hab. ind. N° 83 de la carte.

Arb-Skikda. Provenant de l'ancienne tribu du même nom. (Sup. 6,951 hect.) Constitué en douar-com. par décret du 14 mars 1868, *B. O.*, p. 766. Rattaché à la com. mix. et au cant. jud. de Jemmapes, arr. de Philippeville ; — à 4 kil. N. de Jemmapes. Pop. 503 hab. ind. N° 49 de la carte. — NOTA : Une petite partie de ce douar a été livrée à la colonisation pour la formation du centre du Djendel.

Arch-el-Oustani. Fract. du douar-com. d'Oued-Chender. V. *Oued-Chender*, douar. Com. mix. des Issers, cant. jud. de Bordj-Menaïel, arr. de Tizi-Ouzou.

Archoun. V. *Harchoun*, douar. Com. ind., cant. jud., cerc. et subd. d'Orléansville.

Arhlal. Provenant de l'ancienne tribu des Ouled-Zeïr. (Sup. 13,350 hect.) Constitué en douar-com. par décret du 26 juin 1867, *B. O.*, p. 861. Rattaché à la com. mix. et au cant. jud. d'Aïn-Temouchent, arr. d'Oran ; — à 12 kil. S.-E. d'Aïn-Temouchent. Pop. 1,320 hab. ind. N° 24 de la carte. Une partie de ce douar a été prélevée pour la formation du centre européen d'Arhlal.

Arbs. Ancienne tribu du même nom. (Sup. 3,725 hect.) Constitué en douar-com. par décret du 24 avril 1867, *B. O.*, p. 645. Rattaché à la com. pl. ex. et au cant. jud. de

Duperré, arr. de Miliana ; — à 4 kil. E. de Duperré, sur le chemin de fer et la route nationale d'Alger à Oran. Pop. tot. 689 hab. N° 63 de la carte.

Arksib. V. *Ouled-Arksib*, douar. Com. ind. et cerc. d'El-Milia, cant. jud. et annexe de Collo, subd. de Constantine.

Arrar ou **Arrar du Chélif.** V. *El-Harrar-du-Chélif*, douar. Com. mix. de l'Oued-Fodda, cant. jud. de Duperré, arr. d'Orléansville.

Assaïnia. V. *Hassaïnia*, douar. Com. pl. ex. de Rivoli et d'Aboukir, com. mix. de Mostaganem, cant. jud. et arr. de Mostaganem.

Assasnah. V. *Ahsasnah*, douar. Com. mix. et cant. jud. d'Oued-Zenati, arr. de Constantine.

Assennoua. V. *Hassenaoua*, douar. Com. ind., cant. jud. et cerc. de Bordj-bou-Arréridj, subd. de Sétif.

Atamnia. Provenant de l'ancienne tribu des Hazedj. (Sup. 1,753 hect.) Constitué en douar-com. par décret du 25 avril 1866, *B. O.*, p. 256. Rattaché à la com. mix. de la Mekerra, cant. jud. et arr. de Sidi-bel-Abbès ; — à 18 kil. N.-O. de Sidi-bel-Abbès. Pop. 469 hab. ind. N° 109 de la carte.

Atba. V. *El-Atba*, douar. Com. mix. et cant. jud. de Collo, arr. de Philippeville.

Atba-Djellaba. Provenant de l'ancienne tribu des Ferraga. (Sup. 3,836 hect.) Douar formé des fract. d'Habra et de Chareb-er-Rih. Constitué par décret du 16 juin 1866, *B. O.*, p. 434. Rattaché à la com. mix. et au cant. jud. de St-Denis-du-Sig, arr. d'Oran ; — à 10 kil. E. de St-Denis-du-Sig et sur la ligne du chemin de fer d'Alger à Oran. Pop. 1,002 hab. ind. N° 62 de la carte.

Atsman. V. *Ouled-Atsman*, douar. Com. mix. et cant. jud. de Batna, arr. de Constantine.

Azazna. Fract. du douar-com. de Rouafa. V. *Rouafa*, douar. Com. mix. des Issers, cant. jud. de Bordj-Menaïel, arr. de Tizi-Ouzou.

Azels (1) **de la zone des Zouagha.** (Sup. tot. 9,173 hect.) comprenant 11 azels, savoir : 1° Redjas-el-Ferada, 1,900 hect. ; 2° Ouled-Ahmed, 350 hect., y compris 5 hect. occupés par M. Roque, de Mila ; 3° Kermouda, 1,250 hect. ; — 4° Seraghna, 950 hect. ; 5° Semara, 440 hect. Ces 5 azels ont formé le territoire du douar-com. de Kermouda. V. *Kermouda*, douar. Com. mix. et cant. jud. de Mila, arr. de Constantine. Le surplus de la zone des Zouagha se compose des azels suivants, qui demeurent propriété domaniale, savoir : Ferdhoua, 670 hect. ; Sidi-Mérouan, 770 hect. ; Ras-el-Bir, 750 hect. ; Bou-Fouh, 460 hect. ; Bou-Djerar, 780 hect. et Hammouïa, 853 hect. — Nota : Ces 11 azels sont aujourd'hui livrés, en totalité, à la colonisation.

Azelet-el-Messedja. Petite terre domaniale réunie à l'azel de Bakh-Bakha. V. *Bakh-Bakha*, azel domanial, attribué aux ind. Arr. de Constantine.

Azouania. V. *El-Azouania*, douar. Com. ind., cant. jud. et cerc. de Tiaret, subd. de Mascara.

---

(1) On a donné, ci-dessus, à la lettre *A*, au mot *AZELS* la composition territoriale de la Zone des Zouagha. Pour retrouver les azels de toutes les zones où le sénatus-consulte a été appliqué dans ses 1re et 2e parties, il faudra se reporter à la lettre *Z*, au mot *ZONE*.

B

Bache. Provenant de l'ancienne tribu des Beni-Menna. (Sup. 13,633 hect.) Douar formé des fract. des Chebaïbia et des Ouled-bou-Frid. Constitué par décret du 6 juillet 1870, *B. O.*, p. 324. Rattaché à la com. mix. et au cant. jud. de Ténès, arr. d'Orléansville ; — à 30 kil. S.-O. de Ténès et sur le littoral. Pop. tot. 1,735 hab. N° 136 de la carte.

Babouch. V. *Aïn-Babouch*, douar. Com. ind., cant. jud. et cerc. d'Aïn-Beïda, subd. de Constantine.

Bab'Trouch. Ancien azel. (Sup. 430 hect.) Territoire attribué aux indigènes par décret du 14 avril 1866, *B. O.*, p. 185 ; délimité et réparti par décret du 1er septembre 1869, *B. O.*, p. 246. Rattaché à la com. pl. ex. de Rouffach, cant. jud. de Mila, arr. de Constantine ; — à 20 kil. S. de Mila et sur la rive droite de l'Oued-K'ton. Pop. comprise dans la com. pl. ex. de Rouffach.

Baghaï. Provenant de l'ancienne tribu des Haracta. (Sup. 8,062 hect.) Constitué en douar-com. par décret du 8 juin

BA-BE   ET DES FRACTIONS DE DOUARS)   **BE**

1870, *B. O.*, p. 249. Rattaché à la com. ind., au cant. jud. et au cerc. d'Aïn-Beïda, subd. de Constantine; — à 28 kil. S.-O. d'Aïn-Beïda. Pop. 908 hab. ind. N° 287 de la carte. Ce douar fait actuellement partie du kaïdat de Tafrent.

Baghdoura. Ancienne tribu du même nom. (Sup. 4,326 hect.) Constitué en douar-com. par décret du 28 avril 1866, *B. O.*, p. 320. Rattaché à la com. mix. et au cant. jud. de Ténès, arr. d'Orléansville; — à 20 kil. S.-O. de Ténès et sur la limite N. de la com. mix. de Malakoff. Pop. tot. 1,461 hab. N° 96 de la carte.

Bahourat. Provenant de l'ancienne tribu des Ouled-Saïd. (Sup. 3,704 hect.) Constitué en douar-com. par décret du 25 avril 1866, *B. O.*, p. 264. Rattaché à la com. mix., au cant. jud. et à l'arr. de Mascara; — au N.-O. de la com. pl. ex. de Mascara et sur la route de cette ville à Oran. Pop. 678 hab. ind. N° 65 de la carte.

Bak-Bakha. Azel domanial, distrait de la tribu des Ouled-Abd-en-Nour. (Sup. 396 hect., y compris la petite terre domaniale dite Azelet-el-Messedja.) Territoire attribué aux indigènes par décret du 20 juin 1866, *B. O.*, p. 448. Cant. jud. de l'Oued-Atménia, arr. de Constantine.

Barkat. V. *Ouled-Barkat*, douar. Com. mix. et annexe de Zemmorah, subd. d'Oran, cant. jud. de Relizane.

Bazer. Provenant de l'ancienne tribu des Eulma. (Sup. 10,632 hect.) Constitué en douar-com. par décret du 5 mai 1869, *B. O.*, p. 119. Rattaché à la com. mix. des Eulma, cant. jud. de St-Arnaud, arr. de Sétif; — à 2 kil. S.-O. de St-Arnaud et sur la route nationale d'Alger à Constantine et le chemin de fer de cette ville à Sétif. Pop. 1 français, 3 étrangers et 2,067 ind. N° 202 de la carte.

Beccaria. V. *Bekkaria*, douar. Com. ind., cant. jud. et cerc. de Tebessa, subd. de Constantine.

Bechtout. Provenant de l'ancienne tribu des Ouled-Farès. (Sup. 5,476 hect.) Constitué en douar-com. par décret du 17 octobre 1867, *B. O.*, p. 172. Rattaché à la com. ind. de Tiaret-Aflou, au cant. jud. et au cerc. de Tiaret, subd. de Mascara; — à 20 kil. N.-O. de Tiaret. Pop. 525 hab. ind. N° 96 de la carte.

Beïda-Bordj. Provenant de l'ancienne tribu des Ouled-Sellem. (Sup. 13,440 hect.) Constitué en douar-com. par décret du 1er avril 1868, *B. O.*, p. 838. Rattaché à la com. mix. des Eulma et au cant. jud. de St-Arnaud, arr. de Sétif; — à 40 kil. S. de St-Arnaud. Pop. 33 français, 13 étrangers et 1,811 ind. N° 119 de la carte.

Bekkaria. Provenant de l'ancienne tribu des Ouled-sidi-Abid. (Sup. 8,323 hect.) Constitué en douar-com. par décret du 15 décembre 1869, *B. O.*, 1870, p. 75. Rattaché à la com. ind., au cant. jud. et au cerc. de Tebessa, subd. de Constantine; — à 10 kil. S.-E. de Tebessa et sur la frontière de Tunis. Pop. recensée avec la fract. de Temouchet, 320 hab. ind. N° 336 de la carte. — NOTA : Le douar de Bekkaria et ceux de Sidi-Abid et d'El-Ma-el-Abiod sont détenteurs, à titre temporaire, des territoires domaniaux et communaux désignés sous les noms de Région inhabitée et de Terrains sahariens.

Belafou. V. *Ouled-Belafou*, douar. Com. mix. de Duquesne, cant. jud. de Djidjelli, arr. de Bougie.

Bel-Aïd. V. *Beni-bel-Aïd*, douar. Com. ind. et cerc. d'El-Milia, cant. jud. de Mila, subd. de Constantine.

Bel-Hacel. Provenant de l'ancienne tribu des Ouled-Ahmed. (Sup. 6,080 hect.) Constitué en douar-com. par décret du 21 décembre 1867, *B. O.*, 1868, p. 481. Rattaché à la com. mix. et au cant. jud. de Relizane, arr. de Mostaganem; — à 10 kil. N.-E. de Relizane. Pop. 3 français, 8 étrangers et 968 ind. N° 53 de la carte.

Bellaa. Provenant de l'ancienne tribu des Eulma. (Sup. 5,914 hect., en 2 fract. isolées.) Constitué en douar-com. par décret du 5 mai 1869, *B. O.*, p. 118. Rattaché à la com. mix. des Eulma, cant. jud. de St-Arnaud, arr. de Sétif; — à 12 kil. N.-E. de St-Arnaud. Pop. 1,629 hab. ind. N° 199 de la carte. — NOTA : La sup. de la fract. E. est de 2,006 hect., et celle de la fract. O. de 3,908 hect.

Bellil. V. *Ouled-Bellil*, douar. Com. mix. de Bouïra, cerc. cant. jud. et subd. d'Aumale.

Belloua. Provenant de l'ancienne tribu des Beni-Amraoua. (Sup. 4,035 hect.) Constitué en douar-com. par décret du 7 avril 1869, *B. O.*, 1870, p. 155. Rattaché à la com. pl. ex. de Tizi-Ouzou par arrêté gouvernemental du 4 juillet 1870, cant. jud. et arr. de Tizi-Ouzou; — au N. de la ville de Tizi-Ouzou. Pop. tot. 1,538 hab. N° 118 de la carte. — NOTA : Une partie de ce douar a été livrée à la colonisation pour l'agrandissement du centre européen de Tizi-Ouzou.

Ben-Aouda. Territoire distrait de la tribu des Hassasna. (Sup. 1,720 hect.) Douar constitué par décrets des 31 octobre 1866 et 11 juillet 1870, *B. O.*, p. 348. Rattaché à la com. mix. et à l'annexe de Zemmorah, subd. d'Oran, cant. jud. de Relizane; — à 10 kil. S. de cette dernière ville. Ce douar se compose : 1° de Ben-Aouda, 520 hect.;

2° du territoire de la Mina, 1,200 hect. Pop. 523 hab. ind. N° 35 de la carte.

Ben-Dhlab. Provenant de l'ancienne tribu des Ameur-Guebala. (Sup. 10,561 hect.) Constitué en douar-com. par décret du 18 mai 1867, *B. O.*, p. 822. Rattaché à la com. mix., au cant. jud. et à l'arr. de Sétif; — à 12 kil. S.-E. de Sétif. Pop. 6 français et 1,804 ind. N° 144 de la carte.

Ben-Hanéfla. V. *Sidi-ben-Hanéfla*, douar. Com. mix., cant. jud. et arr. de Mascara.

Beni-Abd-Allah. Fract. du douar-com. d'El-Gourine. V. *El-Gourine*, douar. Com. mix. de Gouraya, cant. jud. de Cherchel, arr. d'Alger.

Beni-Addi. Ancienne tribu du même nom. (Sup. 4,728 hect.) Constitué en douar-com. par décret du 18 novembre 1869, *B. O.*, 1870, p. 20. Rattaché à la com. mix., au cant. jud. et à l'arr. de Guelma; — à 10 kil. O. de Guelma. Pop. recensée avec le douar de Fedjoudj, 1,448 hab. ind. N° 294 de la carte.

Beni-Ahmed. Provenant de l'ancienne tribu des Souhalia. (Sup. 2,764 hect.) Constitué en douar-com. par décrets des 4 décembre 1864, *B. O.*, p. 490 et 19 avril 1865, *B. O.*, p. 288. Rattaché à la com. mix. et au cant. jud. d'El-Arrouch, arr. de Philippeville; — à 30 kil. S.-E. d'El-Arrouch. Pop. 888 hab. ind. N° 35 de la carte.

Beni-Amar. Ancienne tribu du même nom. (Sup. 13,579 hect.) Constitué en douar-com. par décret du 29 septembre 1867, *B. O.*, p. 1111. Rattaché à la com. ind., au cant. jud. et au cerc. de La Calle, subd. de Bône; — à 20 kil. S.-O. de La Calle. Pop. 1,005 hab. ind. N° 97 de la carte. Ce douar fait actuellement partie du kaïdat de l'Oued-el-Kébir.

Beni-Amran. Fract. du douar-com. d'Oued-Chender. V. *Oued-Chender*, douar. Com. mix. des Issers, cant. jud. de Bordj-Menaïel, arr. de Tizi-Ouzou.

Beni-Amrous. Ancienne tribu du même nom. (Sup. 2,268 hect.) Constitué en douar-com. par décret du 27 novembre 1868, *B. O.*, p. 44. Rattaché à la com. mix., au cant. jud. et à l'arr. de Bougie; — à 12 kil. S.-E. de Bougie et sur le littoral. Pop. 522 hab. ind. N° 172 de la carte. Une partie des Beni-Amrous a été livrée à la colonisation pour l'installation des fermes isolées de l'Oued-Marsa. — NOTA : Ce douar renferme la source ferrugineuse de Aïoun-el-Mader.

Beniau. Provenant de l'ancienne tribu des Zoua. (Sup. 23,560 hect.) Constitué en douar-com. par décret du 15 mai 1869, *B. O.*, p. 136. Rattaché à la com. mix., au cant. jud. et à l'arr. de Mascara; — à 26 kil. S.-E. de Mascara. Pop. 1,654 hab. ind. N° 154 de la carte.

Beni-Arif. Fract. du douar-com. de Tala-Imedrane. V. *Tala-Imedrane*, douar. Com. mix. des Issers, cant. jud. de Bordj-Menaïel, arr. de Tizi-Ouzou.

Beni-Attia. Fract. du douar-com. de Sidi-Hamouda. V. *Sidi-Hamouda*, douar. Com. pl. ex. de Rovigo, cant. jud. de l'Arba, arr. d'Alger.

Beni-Azzoun. Fract. du douar-com. de Sidi-Hamouda. V. *Sidi-Hamouda*, douar. Com. pl. ex. de Rovigo, cant. jud. de l'Arba, arr. d'Alger.

Beni-bel-Aïd. Ancienne tribu du même nom. (Sup. 4,151 hect.) Constitué en douar-com. par décret du 27 octobre 1866, *B. O.*, p. 771. Rattaché à la com. ind. et au cerc. d'El-Milia, subd. de Constantine, cant. jud. de Mila; — à 55 kil. N. de cette dernière ville, sur la rive droite et à l'embouchure de l'Oued-el-Kébir. Pop. 2,627 hab. ind. N° 68 de la carte. Ce douar fait actuellement partie du kaïdat de l'Oued-Zhour.

Beni-ben-Salah. Fract. du douar-com. d'El-Gourine. V. *El-Gourine*, douar. Com. mix. de Gouraya, cant. jud. de Cherchel, arr. d'Alger.

Beni-Boukni. Ancienne tribu du même nom. (Sup. 4,994 hect.) Constitué en douar-com. par décret du 31 décembre 1866, *B. O.*, 1867, p. 212. Rattaché à la com. mix. de l'Oued-Fodda, arr. d'Orléansville, cant. jud. de Duperré; — à 10 kil. O. de Duperré et sur la rive droite du Chélif. Pop. 1,248 hab. ind. N° 57 de la carte.

Beni-bou-Naïm-Sfafa. Ancienne tribu du même nom. (Sup. 709 hect.) Constitué en douar-com. par décret du 14 avril 1866, *B. O.*, p. 193. Rattaché à la com. pl. ex. de Robertville, cant. jud. d'El-Arrouch, arr. de Philippeville; — à 12 kil. N. d'El-Arrouch. Pop. 363 hab. ind. N° 82 de la carte.

Beni-bou-Yacoub. Ancienne tribu du même nom. (Sup. 10,578 hect.) Constitué en douar-com. par décret du 12 mai 1869, *B. O.*, p. 122. Rattaché à la com. mix. de Ben-Chicao, cant. jud. de Médéa, arr. d'Alger; — à 20 kil. E. de Médéa. Pop. 3,758 hab. ind. N° 11 de la carte. — NOTA : D'après le tableau de dénombrement, 1876, ce douar se compose des fract. suivantes : Ouled-bou-Hezzi, 201 ind. ; Madala, 902 ind. ; Ouled-Turki, 557 ind. ; Ferna, 447 ind. ; Ouled-Meguebel, 489 ind. ; Ouled-Ameur,

233 ind.; Ouled-Ali, 238 ind.; Bedarna, 306 ind. et Merabetine, 325 ind.

Beni-Caïd. V. *Beni-Kaïd*, douar. Com. pl. ex. et cant. jud. de Djidjelli, arr. de Bougie.

Beni-Chenacha. Provenant de l'ancienne tribu des Beni-Amram. (Sup. 2,901 hect.) Douar formé des fract. des Beni-Chenoun et des Beni-Chenacha. Constitué par décret du 31 octobre 1868, *B. O.*, p. 1149. Rattaché à la com. mix. des Issers, cant. jud. de Bordj-Menaïel, arr. de Tizi-Ouzou; — à 12 kil. E. de Bordj-Menaïel. Pop. tot. 2,285 hab. N° 22 de la carte.

Beni-Chenoun. Fract. du douar-com. des Beni-Chenacha. V. *Beni-Chenacha*, douar. Com. mix. des Issers, cant. jud. de Bordj-Menaïel, arr. de Tizi-Ouzou.

Beni-Derdjin. Ancienne tribu du même nom. (Sup. 4,722 hect.) Constitué en douar-com. par décret du 10 août 1868, *B. O.*, p. 964. Rattaché à la com. ind., au cant. jud., au cerc. et à la subd. d'Orléansville; — à 26 kil. N.-E. d'Orléansville. Pop. 1,478 hab. ind. N° 94 de la carte.

Beni-Dergoun. Ancienne tribu du même nom. (Sup. 5,554 hect.) Constitué en douar-com. par décret du 20 novembre 1867, *B. O.*, 1868, p. 249. Rattaché à la com. mix. et à l'annexe de Zemmorah, subd. d'Oran, cant. jud. de Relizane; — à 24 kil. N.-E. de cette dernière ville. Pop. 1,854 hab. ind. N° 59 de la carte.

Beni-Djellal. Fract. du douar-com. de Sidi-Naceur. V. *Sidi-Naceur*, douar. Com. pl. ex. et cant. jud. de l'Arba, arr. d'Alger.

Beni-Fathem. Ancienne tribu du même nom. (Sup. 9,295 hect., y compris la sup. de l'azel d'Aïn-Gueblia.) Constitué en douar-com. par décret du 4 novembre 1868, *B. O.*, p. 1186. Rattaché à la com. ind., au cant. jud. et au cerc. de Miliana, subd. d'Orléansville; — à 22 kil. S. de Miliana. Pop. 1,860 hab. ind. N° 105 de la carte.
NOTA : Le décret de répartition du territoire de l'azel d'Aïn-Gueblia a été inséré au *B. O.*, 1870, p. 7.

Beni-Ferguen. Ancienne tribu du même nom. (Sup. 4,913 hect.) Constitué en douar-com. par décret du 20 juillet 1867, *B. O.*, p. 1020. Rattaché à la com. ind. et au cerc. d'El-Milia, subd. de Constantine, cant. jud. de Mila; — à 50 kil. N.-E. de Mila et sur le littoral. Pop. 2,713 hab. ind. N° 73 de la carte. Les Beni-Ferguen dépendent actuellement du kaïdat de l'Oued-Zhour.
NOTA : Le bivouac de Bou-Bazil est situé dans ce douar et sur le chemin de Philippeville à Djidjelli.

Beni-F'tah. Ancienne tribu du même nom. (Sup. 3,811 hect.) Constitué en douar-com. par décret du 10 avril 1869, *B. O.*, 1870, p. 168. Rattaché à la com. ind. et au cerc. d'El-Milia, subd. de Constantine, cant. jud. de Mila; — à 30 kil. N.-O. de Mila. Pop. 1,701 hab. ind. N° 204 de la carte. Les Beni-F'tah sont organisés en cheïkat indépendant.

Beni-Ghomérian. Ancienne tribu du même nom. (Sup. 4,558 hect.) Constitué en douar-com. par décret du 29 septembre 1867, *B. O.*, p. 1120. Rattaché à la com. mix. de l'Oued-Fodda, arr. d'Orléansville, cant. jud. de Duperré; — à 3 kil. N. de ce dernier centre et sur la rive droite du Chélif. Pop. 1,807 hab. ind. N° 73 de la carte.

Beni-Hablba. Fract. du douar-com. de Sidi-Simiane. V. *Sidi-Simiane*, douar. Com. mix. de Gourayn, cant. jud. de Cherchel, arr. d'Alger.

Beni-Hameïdan. Azel. (Sup. 1,025 hect., y compris les azels d'El-Haouïmer (totalité) et Takouk (partie) attribués aux ind. par décret du 14 avril 1866, *B. O.*, p. 184.) Constitué en douar-com. par décret du 1er septembre 1869, *B. O.*, p. 254. Rattaché à la com. pl. ex. de Bizot, cant. jud. et arr. de Constantine; — à 24 kil. N. de Constantine, sur la rive gauche de l'Oued-Smendou. Pop. comprise dans la com. pl. ex. de Bizot.

Beni-Haoua. Ancienne tribu du même nom. (Sup. 12,629 hect.) Constitué en douar-com. par décret du 5 juin 1869, *B. O.*, p. 158. Rattaché à la com. mix. et au cant. jud. de Ténès, arr. d'Orléansville; — à 18 kil. E. de Ténès et sur le littoral. Pop. tot. 3,278 hab. N° 107 de la carte.

Beni-Hasseïn. Ancienne tribu du même nom. (Sup. 4,278 hect.) Constitué en douar-com. par décret du 24 juin 1870, *B. O.*, p. 291. Rattaché à la com. ind., au cant. jud. et au cerc. de Bougie, subd. de Sétif; — à 24 kil. S.-E. de Bougie, sur le littoral et sur la route départementale de Sétif à Bougie. Pop. 808 ind. N° 303 de la carte.

Beni-Issad ou **Beni-Issâad.** Ancienne tribu du même nom. (Sup. 8,184 hect.) Constitué en douar-com. par décret du 27 octobre 1869, *B. O.*, p. 428. Rattaché à la com. mix. et à l'annexe de Zemmorah, subd. d'Oran, cant. jud. de Relizane; — à 30 kil. S.-E. de Relizane. N° 105 *bis* de la carte. Pop. 1,701 hab. ind.

Beni-Kaïd. Ancienne tribu du même nom. (Sup. 3,139

hect.) Constitué en douar-com. par décret du 28 juillet 1866, *B. O.*, p. 527. Rattaché à la com. pl. ex. de Djidjelli par décret du 17 octobre 1874. Cant. jud. de Djidjelli et arr. de Bougie; — à 6 kil. S.-O. de Djidjelli. Pop. 853 hab. ind. N° 51 de la carte.

Beni-Kharcha. Fract. du douar-com. de Sidi-Ali-bou-Nab. V. *Sidi-Ali-bou-Nab*, douar. Com. mix. des Issers, cant. jud. de Bordj-Menaïel, arr. de Tizi-Ouzou.

Beni-Khelil. Fract. du douar-com. d'Hammam-Melouane. V. *Hammam-Melouane*, douar. Com. pl. ex. de Rovigo et de Boufarik, arr. d'Alger.

Beni-Khemis. Provenant de l'ancienne tribu des Ouled-Saïd. (Sup. 8,531 hect.) Constitué en douar-com. par décret du 25 avril 1866, *B. O.*, p. 264. Rattaché à la com. mix. et à l'arr. de Mascara, cant. jud. de Perréguax; — à 8 kil. S. de cette dernière ville. Pop. 1,238 hab. ind. N° 64 de la carte.

Beni-Kichnith. Fract. du douar-com. de Sidi-Hamouda. V. *Sidi-Hamouda*, douar. Com. pl. ex. de Rovigo, cant. jud. de l'Arba, arr. d'Alger.

Beni-Maameur. Ancienne tribu du même nom. (Sup. 4,422 hect.) Constitué en douar-com. par décret du 12 octobre 1868, *B. O.*, p. 1071. Rattaché à la com. ind., au cant. jud. et au cerc. de Djidjelli, subd. de Constantine; — à 12 kil. E. de Djidjelli et sur le littoral. Pop. 1,128 hab. ind. N° 61 de la carte. Les Beni-Maameur dépendent du Kaïdat de la Plaine. — Nota : La fract. de ce douar, située sur la rive gauche de l'Oued-Nil, est comprise dans le périmètre de colonisation de Tahër, et fait partie de la com. mix. de Duquesne, arr. de Bougie.

Beni-M'ahmed. Fract. du douar-com. de Sidi-Hamouda. V. *Sidi-Hamouda*, douar. Com. pl. ex. de Rovigo, cant. jud. de l'Arba, arr. d'Alger.

Beni-Marmi. Ancienne tribu du même nom. (Sup. 4,360 hect.) Constitué en douar-com. par décret du 31 décembre 1866, *B. O.*, 1867, p. 60. Rattaché à la com. mix., au cant. jud. et à l'arr. de Guelma; — à 12 kil. S.-E. de Guelma et sur le chemin de fer de Bône à Guelma. Pop. 2 étrangers et 1,403 ind. N° 93 de la carte.

Beni-Meharez. Ancienne tribu du même nom. (Sup. 11,245 hect.) Constitué en douar-com. par décret du 16 juin 1866, *B. O.*, p. 444. Rattaché à la com. pl. ex. et au cant. jud. de Tenïet-el-Had, arr. de Miliana; — touchant au N.-E. et au S.-E. l'ancienne com. pl. ex. de Tenïet-el-Had. Pop. tot. 1,738 hab. N° 79 de la carte.

Une partie de ce douar a été prélevée pour la formation des fermes isolées, dites de l'Oued-Ghoul.

Beni-Mekla. Provenant de l'ancienne tribu des Beni-Amran. (Sup. 5,422 hect.) Douar formé de la fract. de Rom-Rassa. Constitué par décret du 31 octobre 1868, *B. O.*, p. 1149. Rattaché à la com. pl. ex. et au cant. jud. de Bordj-Menaïel, arr. de Tizi-Ouzou; — à 4 kil. S. de Bordj-Menaïel. Pop. tot. 3,013 hab. N° 25 de la carte.

Beni-Mellikeuch. Ancienne tribu du même nom. (Sup. 6,505 hect.) Constitué en douar-com. par décret du 4 juin 1870, *B. O.*, p. 226. Rattaché à la com. ind., au cant. jud. et au cerc. d'Akbou, subd. de Sétif, arr. jud. de Bougie; — à 8 kil. O. d'Akbou et sur la limite O. du dép. Pop. 2,906 hab. ind. N° 257 de la carte. D'après le tableau de dénombrement 1876, ce douar est formé des fract. suivantes : Aït-Ali, pop. 1,613 ind. et Ighzer-ou-Guentour, pop. 1,293 ind. Une partie de ce douar a été livrée à la colonisation.

Beni-Ménir. Ancienne tribu du même nom. (Sup. 12,650 hect.) Constitué en douar-com. par décret du 19 juillet 1869, *B. O.*, p. 174. Rattaché à la com. mix., au cant. jud. et au cerc. de Nemours, subd. de Tlemcen; — à 8 kil. E. de Nemours et sur le littoral. Pop. 2,824 hab. ind. N° 149 de la carte.

Beni-Mérit. Provenant de l'ancienne tribu des Beni-Menade. (Sup. 4,837 hect.) Constitué en douar-com. par décret du 22 septembre 1868, *B. O.*, p. 987. Rattaché à la com. mix. de Meurad, cant. jud. de Marengo, arr. d'Alger; — à 10 kil. S. de Marengo et sur la route nationale d'Alger à Oran. Pop. tot. 530 hab. N° 76 de la carte. Une partie de ce douar a été prélevée pour la formation du territoire de colonisation de Meurad.

Beni-Messiem. Ancienne tribu du même nom. (Sup. 1,686 hect.) Constitué en douar-com. par décret du 27 octobre 1866, *B. O.*, p. 660. Rattaché à la com. ind. et au cerc. d'El-Milia, cant. jud. de Mila, subd. de Constantine; — à 50 kil. N. de Mila et à cheval sur l'Oued-el-Kébir. Pop. 2,398 hab. ind. N° 70 de la carte. Ce douar fait partie du kaïdat de l'Oued-Zhour.

Beni-Mezzeline. Ancienne tribu du même nom. (Sup. 11,643 hect.) Constitué en douar-com. par décret du 18 novembre 1868, *B. O.*, 1869, p. 40. Rattaché à la com. mix., au cant. jud. et à l'arr. de Guelma; — à 12 kil. E. de cette ville. Pop. 1,970 hab. ind. N° 175 de la carte. — Nota : Ce douar renferme la ruine romaine connue sous le nom de Djenan-Rouman, et le bivouac de Fedj-Falcoun, sur la route de Guelma à Souk-Ahras.

Beni-Miscera. Provenant de l'ancienne tribu du même nom. (Sup. 14,667 hect.) Constitué en douar-com. par décret du 12 octobre 1868, *B. O.*, p. 1040. Rattaché à la com. ind. et au cant. jud. de l'Arba, annexe et subd. d'Alger; — à 18 kil. S.-O. de l'Arba. Pop. 1,240 hab. ind. N° 8 de la carte.

Beni-Mishel. Ancienne tribu du même nom. (Sup. 20,713 hect.) Constitué en douar-com. par décret du 15 juin 1870, *B. O.*, p. 280. Rattaché à la com. mix., au cant. jud. et au cerc. de Nemours, subd. de Tlemcen; — à 44 kil. S.-E. de Nemours et à cheval sur l'Oued-Tafna. Pop. 2,665 hab. ind. N° 179 de la carte.

Beni-N'cigh. Provenant de l'ancienne tribu du même nom. (Sup. 6,090 hect.) Douar formé des fract. des Beni-Mérouan et des Beni-N'cigh. Constitué par décret du 27 octobre 1866, *B. O.*, p. 714. Rattaché à la com. mix. et à l'arr. de Mascara, cant. jud. de Perrégaux; — à 6 kil. E. de ce dernier centre. Pop. 1,191 hab. ind. N° 67 de la carte.

Beni-Ouarz-ed-Dine. Fract. du douar-com. de Sidi-Ali-bou-Nab. V. *Sidi-Ali-bou-Nab*, douar. Com. des Issers, cant. jud. de Bordj-Menaïel, arr. de Tizi-Ouzou.

Beni-Ouazan. Ancienne tribu du même nom. (Sup. 13,018 hect.) Constitué en douar-com. par décret du 15 janvier 1868, *B. O.*, p. 514. Rattaché à la com. mix. de Tlemcen, cant. jud. de Lamoricière, arr. de Tlemcen; — à 12 kil. N.-O. de Lamoricière et sur la route nationale d'Oran à Tlemcen. Pop. 1,530 hab. ind. N° 129 de la carte. — NOTA : Les concessions dites de l'Amiguier, enclavées dans ce douar, font partie de la com. pl. ex. de Tlemcen, section du Pont de l'Isser. C'est par erreur que l'on a indiqué dans la 1re partie du *Répertoire alphabétique*, p. 39, 2e colonne, les *Beni-Ouazan*, comme rattachés au cant. jud. de Tlemcen.

Beni-Ouelban. Ancienne tribu du même nom. (Sup. 15,702 hect.) Constitué en douar-com. par décret du 9 juin 1869, *B. O.*, p. 162. Rattaché à la com. ind. et au cerc. d'El-Milia, annexe et cant. jud. de Collo, subd. de Constantine; — à 58 kil. S. de Collo. Pop. 4,354 hab. ind. N° 197 de la carte. Ce douar fait actuellement partie du kaïdat de l'Oued-Guebli.

Beni-Oughlis. Ancienne tribu du même nom. (Sup. 7,454 hect.) Constitué en douar-com. par décret du 15 juin 1870, *B. O.*, p. 274. Rattaché à la com. ind., au cant. jud. et au cerc. de Bougie, subd. de Sétif; — à 36 kil. S.-O. de Bougie, et sur la rive gauche de l'Oued-Sahel.

Pop. 9,105. hab. ind. N° 314 de la carte. Les Beni-Oughlis forment un kaïdat. D'après le tableau de dénombrement, 1876, ce douar se compose des fract. suivantes : Açammeur, 7,612 ind. et Tiouririn, 1,493 ind. — NOTA : Une partie des Beni-Oughlis a été livrée à la colonisation pour la création du hameau de Sidi-Aïch.

Beni-Ourzeddin. Ancienne tribu du même nom. (Sup. 3,066 hect.) Constitué en douar-com. par décret du 21 mars 1868, *B. O.*, p. 774. Rattaché à la com. ind., au cant. jud. et à l'arr. de Guelma; — à 10 kil. S. de cette ville. Pop. recensée avec le douar des Khezaras, 2,665 hab. ind. N° 94 de la carte. — NOTA : La partie de l'azel de Bled-ben-Ghaffar (395 hect.), a été remise au service de la colonisation et est rattachée à la com. pl. ex. de Petit.

Beni-Rached. Ancienne tribu du même nom. (Sup. 10,383 hect.) Constitué en douar-com. par décret du 17 juillet 1867, *B. O.*, p. 1008. Rattaché à la com. ind., au cant. jud., au cerc. et à la subd. d'Orléansville; — à 20 kil. N.-E. d'Orléansville et sur la rive droite du Chélif. Pop. 2,994 hab. ind. N° 80 de la carte.

Beni-Sbihi. Ancienne tribu du même nom. (Sup. 3,273 hect.) Constitué en douar-com. par décret du 14 avril 1869, *B. O.*, 1870, p. 13. Rattaché à la com. ind. et au cerc. d'El-Milia, subd. de Constantine, cant. jud. de Mila; — à 30 kil. N.-E. de cette dernière ville. Pop. 923 hab. ind. N° 194 de la carte.

Beni-Sellu. Azel (partie). Rattaché au douar-com. des Ouled-Derradj. V. *Ouled-Derradj*, douar. Com. mix. et cant. jud. d'El-Arrouch, arr. de Philippeville.

Beni-Serghin. Fract. du douar-com. de Sidi-Hamouda. V. *Sidi-Hamouda*, douar. Com. pl. ex. de Rovigo, cant. jud. de l'Arba, arr. d'Alger.

Beni-S'nouss. Fract. du douar-com. d'Ouizert. V. *Ouizert*, douar. Com. ind., cerc. et cant. jud. de Saïda, subd. de Mascara.

Beni-Tamoun. Ancienne tribu du même nom. (Sup. 11,700 hect.) Constitué en douar-com. par décret du 13 mars 1867, *B. O.*, p. 469. Rattaché à la com. mix. et au cant. jud. de Ténès, arr. d'Orléansville; — à 12 kil. S.-O. de Ténès et sur le littoral. Pop. tot. 1,741 hab. N° 95 de la carte.

Beni-Techfin. Fract. du douar-com. de Sidi-Naceur. V. *Sidi-Naceur*, douar. Com. pl. ex. et cant. jud. de l'Arba, arr. d'Alger.

Beni-Tellien. Ancienne tribu du même nom. (Sup. 7,181 hect.) Constitué en douar-com. par décret du 28 décembre 1867, *B. O.*, 1868, p. 502. Rattaché à la com. mix. de Mila, arr. de Constantine, cant. jud. de Mila; — à 16 kil. N.-E. de cette dernière ville. Pop. 2,955 hab. ind. N° 38 de la carte.

Beni-Thour. Ancienne tribu du même nom. (Sup. 4,038 hect.) Territoire délimité et réparti par décret du 30 octobre 1867, *B. O.*, 1868, p. 382. Rattaché à la com. pl. ex. et au cant. jud. de Dellys, arr. de Tizi-Ouzou; — à 4 kil. S. de Dellys et sur la rive droite du Sebaou. Pop. tot. 4,012 hab. — NOTA: Le territoire du village ind. de Thouabet (312 hect.), a été cantonné et les ayants-droit ont reçu des titres réguliers. (Opération de cantonnement de 1862.)

Beni-Tillen. V. *Beni-Tellien*, douar, Com. mix. et cant. jud. de Mila, arr. de Constantine.

Beni-Urdjine. Provenant de l'ancienne tribu du même nom. (Sup. 4,963 hect.) Constitué en douar-com. par décret du 28 avril 1866, *B. O.*, p. 288. Rattaché à la com. mix., au cant. jud. et à l'arr. de Bône; — à 15 kil. E. de Bône, sur la rive gauche de l'Oued-Mafrag. Pop. 801 hab. ind. N° 80 de la carte.

Beni-Yahi. Fract. du douar-com. d'Ouïllen. V. *Ouïllen*, douar. Com. ind., cant. jud. et cerc. de Souk-Ahras, subd. de Bône.

Beni-Yayi ou **Beni-Yahyi.** Provenant de l'ancienne tribu des Bordjia. (Sup. 8,421 hect.) Constitué en douar-com. par décret du 9 novembre 1865, *B. O.*, p. 488. Rattaché à la com. mix., au cant. jud. et à l'arr. de Mostaganem; — à 22 kil. S.-O. de cette ville. Pop. 1,437 hab. ind. N° 158 de la carte.

Beni-Zenthis. Ancienne tribu du même nom. (Sup. 9,154 hect.) Constitué en douar-com. par décret du 26 octobre 1869, *B. O.*, p. 413. Rattaché à la com. mix. de Cassaigne, au cant. jud. d'Inkermann, arr. de Mostaganem; — à 20 kil. N.-O. d'Inkermann. Pop. 2,029 hab. ind. N° 194 de la carte.

Ben-Naouri. Provenant de l'ancienne tribu des Ouled-Ayed. (Sup. 20,960 hect.) Constitué en douar-com. par décret du 2 octobre 1869, *B. O.*, p. 362. Rattaché à la com. ind., au cant. jud. et au cerc. de Teniet-el-Had, subd. d'Orléansville; — à 12 kil. S. de Teniet-el-Had. Pop. 3,246 hab. ind. N° 111 de la carte.

Ben-Zian. Smala dépendant du douar-com. d'Oued-Djelida. V. *Oued-Djelida*, douar. Com. ind., cerc. et cant. jud. de Miliana, subd. d'Orléansville.

Béranis. V. *Aïoun-el-Béranis*, douar. Com. ind., cant. jud. et cerc. de Saïda, subd. de Mascara.

Bessem. V. *Aïn-Bessem*, douar. Com. ind., cant. jud., cerc. et subd. d'Aumale.

Bethem. V. *El-Bothem*, douar. Com. pl. ex. de Bir-Rabalou, cant. jud. d'Aumale, arr. d'Alger.

Bey-Brahim. Haouch provenant de la tribu des Abid-el-Foraïlia. Rattaché au douar Oued-Ouaguenay par décret du 12 novembre 1868. V. *Oued-Ouaguenay*, douar.

Bidaff. Fract. du douar-com. d'El-Gourine. V. *El-Gourine*, douar. Com. mix. de Gouraya, cant. jud. de Cherchel, arr. d'Alger.

Birouëla. Fract. du douar-com. d'El-Aouara. (Sup. 532 hect., 70 ares.) Rattaché à la com. pl. ex. de Nechmeya, cant. jud. de Mondovi, arr. de Bône. Pop. comprise dans la com. de Nechmeya.

Bitam. Provenant de la tribu des Sahari. (Sup. 73,464 hect.) Constitué en douar-com. par décret du 27 juillet 1870, *B. O.*, p. 371. Rattaché à la com. ind., au cant jud. et au cerc. de Biskra, subd. de Batna; — à 26 kil. N.-O. de Biskra. Pop. 3,744 hab. ind. N° 314 de la carte. D'après le tableau de dénombrement, 1876, ce douar se compose des fract. suivantes : M'zarig, 928 ind.; Ouled-Mansour, 566 ind.; Regouïat, 617 ind.; Ouled-Amar, 706 ind.; Ouled-Daoud, 405 ind.; Ouled-T'lets, 522 ind.

Bled-Baala. Azel domanial réuni au douar-com. des Serraouïa. V. *Serraouïa*, douar. Com. mix. et cant. jud. de Mila, arr. de Constantine.

Bled-Lahmar. Terre domaniale. (Sup. 989 hect.) Provenant du douar-com. des Touarès. Attribué aux ind. par décret du 11 septembre 1869, *B. O.*, p. 223. Com. mix., cant. jud. et cerc. d'Ammi-Moussa, cant. jud. d'Inkermann, subd. d'Oran. Pop. comprise dans le douar des Touarès.

Bled-Larbâa. Provenant de l'ancienne tribu des Righa-Dahra. (Sup. 5,248 hect.) Constitué par décret du 6 septembre 1866, *B. O.*, p. 610. Rattaché à la com. ind., au cant. jud., au cerc. et à la subd. de Sétif; — à 50 kil. S. de Sétif. Pop. 491 hab. ind. N° 128 de la carte. Ce douar fait actuellement partie du kaïdat et de la tribu du Bou-Thaleb.

Bled-Madjouba. Provenant de l'ancienne tribu des Righa-Dahra. (Sup. 2,848 hect.) Constitué en douar-com. par décret du 6 septembre 1866, *B. O.*, p. 610. Rattaché à la com. ind., au cerc., au cant. jud. et à la subd. de Sétif; — à 55 kil. S.-O. de Sétif. Pop. 312 hab. ind. N° 131 de la carte. Ce douar fait actuellement partie du kaïdat et de la tribu du Bou-Thaleb.

Bled-Ouled-Salah. Azel domanial réuni au douar-com. des Serraouïa. V. *Serraouïa*, douar. Com. mix. et cant. jud. de Mila, arr. de Constantine.

Bled-Ras-el-Ma. Provenant de l'ancienne tribu des Righa-Dahra. (Sup. 2,025 hect.) Constitué en douar-com. par décret du 6 septembre 1866, *B. O.*, p. 610. Rattaché à la com. ind., au cant. jud., au cerc. et à la subd. de Sétif; — à 50 kil. S.-O. de Sétif. Pop. 419 hab. ind. N° 132 de la carte. Ce douar fait actuellement partie du kaïdat et de la tribu du Bou-Thaleb.

Boni. Provenant de l'ancienne tribu des Beni-Abbès. (Sup. 6,048 hect.) Constitué en douar-com. par décret du 13 mars 1869, *B. O.*, 1870, p. 100. Rattaché à la com. ind., au cant. jud. et au cerc. d'Akbou, subd. de Sétif; — à 10 kil. S. d'Akbou. Pop. 3,430 hab. ind. N° 192 de la carte. Ce douar est aussi désigné sous le nom de *Boni-ou-Galda*.

Bordj. V. *El-Bordj*, douar. Com. mix. de Frendah-Mascara, cerc., cant. jud. et subd. de Mascara.

Bossora. Fract. du douar-com. de Mechera-Sfa. V. *Mechera-Sfa*, douar. Com. ind., cerc. et cant. jud. de Tiaret, subd. de Mascara.

Bou-Abça. V. *Ouled-bou-Abça*, douar. Cant. jud. et arr. de Mostaganem.

Bou-Berak. Provenant de l'ancienne tribu des Isser-el-Djedian. (Sup. 2,414 hect.) Constitué en douar-com. par décret du 27 octobre 1866, *B. O.*, p. 778. Rattaché à la com. ind., ex. de Bois-Sacré, cant. jud. de Bordj-Menaïel, arr. de Tizi-Ouzou; — à 20 kil. N.-E. de Bordj-Menaïel et sur le littoral. Pop. tot. 1,118 hab. Une partie de ce douar a été livrée à la colonisation pour la formation du village de Bois-Sacré.

Bou-Cherf. Provenant de l'ancienne tribu des Achaïche. (Sup. 4,017 hect.) Constitué en douar-com. par décret du 9 octobre 1869, *B. O.*, p. 328. Rattaché à la com. ind. et au cerc. d'El-Milia, de Constantine, cant. jud. de Mila; — à 30 kil. N.-E. de cette dernière ville. Pop. 1,904 hab. ind. N° 238 de la carte. Ce douar fait actuellement partie du kaïdat de Bou-Cherf.

Bou-Derbala. Provenant de l'ancienne tribu des Zouatna. (Sup. 3,055 hect.) Constitué en douar-com. par décret du 3 mars 1869, *B. O.*, p. 83. Rattaché à la com. mix. de Palestro, cant. jud. de Ménerville (Beni-Aïcha), arr. d'Alger; — à 20 kil. S. de Ménerville. Pop. tot. 1,319 hab. N° 123 de la carte. Une partie de ce douar a été livrée à la colonisation pour l'agrandissement du centre de Palestro.

Bou-Djebla. Provenant de l'ancienne tribu des Ouled-Sliman. (Sup. 15,056 hect.) Douar formé des fract. des Ouled-si-Ahmed et des Bou-Djebla. Constitué par décret du 9 mars 1867, *B. O.*, p. 430. Rattaché à la com. mix. de la Mekerra, cant. jud. et arr. de Sidi-bel-Abbès; — à 24 kil. N.-E. de cette ville. Pop. 20 étrangers et 1,234 ind. N° 103 de la carte.

Boughzel. Provenant de l'ancienne tribu des Ouled-bou-Aoun. (Sup. 9,081 hect.) Constitué en douar-com. par décret du 14 décembre 1867, *B. O.*, 1868, p. 408. Rattaché à la com. ind., au cerc., au cant. jud. et à la subd. de Batna; — à 30 kil. N.-O. de Batna. Pop. 137 hab. ind. N° 225 de la carte.

Boughzoul. Provenant de l'ancienne tribu des Zenakha-Maoucha. (Sup. 46,723 hect.) Constitué en douar-com. par décret du 19 mai 1869, *B. O.*, p. 142. Rattaché à la com. ind. et au cerc. de Boghar, cant. jud. de Boghari, subd. de Médéa; — à 12 kil. S. de Boghari. Pop. 2,280 hab. ind. N° 112 de la carte.

Bou-Hadjar. Provenant de l'ancienne tribu des Douair. (Sup. 27,371 hect.) Constitué en douar-com. par décret du 22 novembre 1869, *B. O.*, 1870, p. 36. Rattaché à la com. mix. et au cant. jud. d'Aïn-Temouchent, arr. d'Oran; — à 10 kil. N. d'Aïn-Temouchent. Pop. 8 étrangers et 3,429 ind. N° 175 de la carte. Une partie de ce douar a été livrée à la colonisation pour la formation des centres de Bou-Hadjar et de Chabet-el-Leham et l'agrandissement du territoire de Rio-Salado. — NOTA : Le Service des Mines occupe, dans ce douar, un emplacement de 5 hect. 15 ares, pour le forage d'un puits artésien et pour la construction de la fontaine et du château-d'eau d'Aïn-Tounit.

Bou-Hallouan. Ancienne tribu du même nom. (Sup. 8,045 hect.) Constitué en douar-com. par décret du 31 décembre 1866, *B. O.*, 1867, p. 86. Rattaché à la com. mix. d'Adélia, cant. jud. et arr. de Miliana; — à 15 kil. E. de Miliana, traversé par le chemin de fer d'Alger à Oran. Pop. tot. 2,170 hab. N° 60 de la carte. Une partie de ce douar a été livrée au service de la colonisation.

Bou-Halloufa. Provenant de l'ancienne tribu du Mazouna. (Sup. 8,303 hect.) Constitué en douar-com. par décret du 18 novembre 1869, *B. O.*, 1870, p. 26. Rattaché à la com. mix. de Cassaigne, arr. de Mostaganem; cant. jud. d'Inkermann; — à 18 kil. N. de cette dernière ville. Pop. recensée avec les douars de Bou-Mata et de Kasbah-Mazouna, 9 français, 8 israélites et 5,648 ind. N° 195 de la carte.

Bou-Hamdane. Provenant de l'ancienne tribu des Beni-Brahim. (Sup. 8,399 hect.) Constitué en douar-com. par décret du 6 octobre 1869, *B. O.*, p. 318. Rattaché à la com. mix., au cant. jud. et à l'arr. de Guelma; — à 18 kil. S.-O. de Guelma. Pop. 1,554 hab. ind. N° 242 de la carte.

Bou-Haouch. Provenant de l'ancienne tribu des Haracta. (Sup. 13,933 hect.) Constitué en douar-com. par décret du 8 juin 1870, *B. O.*, p. 249. Rattaché à la com. ind., au cant. jud. et au cerc. d'Aïn-Beïda, subd. de Constantine; — à 4 kil. E. d'Aïn-Beïda. Pop. 1,183 hab. ind. N° 276 de la carte. Ce douar est aussi désigné sous le nom d'El-Hammamra et fait partie du kaïdat de Settara.

Bou-Kamel. V. *Ouled-bou-Kamel*, douar. Com. mix., cant. jud. et arr. de Mostaganem.

Bou-Kéram. Provenant de l'ancienne tribu des Beni-Amran. (Sup. 6,575 hect.) Constitué en douar-com. par décret du 27 novembre 1867, *B. O.*, 1868, p. 319. Rattaché à la com. ind. et au cant. jud. de l'Arba, annexe et subd. d'Alger; — à 15 kil. S.-E. de l'Arba. Pop. 2,106 hab. ind. N° 5 de la carte.

Bou-Kmira. Distrait de l'ancienne tribu des Beni-Urdjine. (Sup. 13,562 hect.) Territoire délimité et réparti par décret du 28 avril 1866, *B. O.*, p. 377. Rattaché à la com. pl. ex. de Randon, cant. jud. et arr. de Bône; — à 3 kil. S.-E. de Bône et sur la rive droite de la Seybouse. Pop. comprise dans la com. pl. ex. de Randon. N° 89 de la carte.

Bou-Kni. V. *Beni-Boukni*, douar. Com. mix. de l'Oued-Fodda, arr. d'Orléansville, cant. jud. de Duperré.

Bou-Ksaïba-M'ta-el-Djilali ou **Bou-Ksaïba.** Ancien azel. (Sup. 2,319 hect. y compris les azels Mecida et Dar-el-Oued.) Territoires attribués aux ind. par décret du 14 avril 1866, *B. O.*, p. 185 et répartis par décret du 1er septembre 1869, p. 239. Rattaché à la com. pl. ex. de Rouffach, cant. jud. de Mila, arr. de Constantine; — à 20 kil. E. de Mila, sur la rive gauche du Rhummel. Pop. comprise dans la com. pl. ex. de Rouffach.

Bou-Mad. Provenant de l'ancienne tribu des Beni-Menasser de Miliana. (Sup. 16,404 hect.) Constitué en douar-com. par décret du 17 octobre 1869, *B. O.*, p. 368. Rattaché à la com. ind., au cant. jud. et au cerc. de Miliana, subd. d'Orléansville; — à 10 kil. N.-O. de Miliana. Pop. 1,504 hab. ind. N° 128 de la carte.

Bou-Mata. Provenant de l'ancienne tribu de Mazouna. (Sup. 4,369 hect.) Constitué en douar-com. par décret du 18 novembre 1869, *B. O.*, 1870, p. 27. Rattaché à la com. mix. de Cassaigne, arr. de Mostaganem, cant. jud. d'Inkermann; — à 28 kil. N.-O. de cette dernière ville et sur la limite E. du dép. d'Oran. Pop. recensée avec les douars de Bou-Halloufa et Kasbah-Mazouna, 9 français, 8 israélites, 5,648 ind. N° 197 de la carte.

Bou-Naïm-Sfisfa. V. *Beni-bou-Naïm-Sfisfa*, douar. Com. pl. ex. de Robertville, cant. jud. d'El-Arrouch, arr. de Philippeville.

Bou-Rached. Ancienne tribu du même nom. (Sup. 8,603 hect.) Constitué en douar-com. par décret du 27 novembre 1868, *B. O.*, 1869, p. 50. Rattaché à la com. ind. et au cerc. de Miliana, subd. d'Orléansville, cant. jud. de Duperré; — à 6 kil. S.-O. de cette dernière ville. Pop. 2,266 hab. ind. N° 99 de la carte. Ce douar dépend actuellement de l'aghalik du Djendel.

Bou-Taleb. Provenant de l'ancienne tribu des Zerdézas. (Sup. 4,378 hect.) Constitué en douar-com. par décret du 22 novembre 1869, *B. O.*, 1870, p. 45. Rattaché à la com. mix. et au cant. jud. de Jemmapes, arr. de Philippeville; — à 14 kil. S.-O. de Jemmapes. Pop. 1,850 hab. ind. N° 245 de la carte.

Bou-Zegza. Provenant de l'ancienne tribu des Khachna de la Plaine. (Sup. 11,715 hect.) Constitué en douar-com. par décret du 23 septembre 1867, *B. O.*, p. 1092. Rattaché provisoirement à la com. pl. ex. de St-Pierre et St-Paul, cant. jud. de Ménerville, arr. d'Alger; — à 10 kil. S.-O. de Ménerville. Pop. tot. 3,101 hab. N° 4 de la carte.

Bou-Zehar. Provenant de l'ancienne tribu des Abid-el-Foraïlia. (Sup. 5,135 hect.) Constitué en douar-com. par décret du 30 septembre 1868, *B. O.*, p. 1015. Rattaché à la com. ind. et au cant. jud. de Duperré, arr. de Miliana; — à 4 kil. S. de Duperré, sur le chemin de fer et la route nationale d'Alger à Oran. Pop. tot. 1,072 hab. N° 74 de la carte.

BR — ET DES FRACTIONS DE DOUARS) — BR

Brabtia. Ancienne tribu du même nom. (Sup. 28,071 hect.) Constitué en douar-com. par décret du 2 mai 1870, *B. O.*, p. 196. Rattaché : 1° 9,200 hect. à la com. pl. ex. de La Calle, arr. de Bône ; 2° 18,871 hect. à la com. ind. et au cerc. de La Calle, subd. de Bône, cant. jud. de La Calle ; — à l'O. de cette dernière ville et sur le littoral. La pop. de la 1re partie est comprise dans la com. pl. ex. de La Calle, celle de la 2e est comprise dans le douar des Souarakh. N° 324 de la carte.

Braktias. Provenant de l'ancienne tribu des Ouled-Derradj. (Sup. 6,060 hect.) Constitué en douar-com. par décret du 13 avril 1867, *B. O.*, p. 632. Rattaché à la com. ind., au cant. jud. et au cerc. de Bordj-bou-Arréridj, annexe de M'sila, subd. de Sétif ; — à 50 kil. S. de Bordj-bou-Arréridj. Pop. recensée avec la fract. des Ouled-Adi-Guebala de la tribu du Hodna de Sétif. N° 168 de la carte.

Brana. V. *El-Brana*, douar. Com. mix. de Châteaudun, cant. jud. d'Oued-Atménia, arr. de Constantine.

Bribri. V. *El-Bribri*, douar. Com. ind., cant. jud. et cerc. de Bordj-bou-Arréridj, annexe de M'sila, subd. de Sétif.

Briket. V. *El-Briket*, douar. Com. ind., cant. jud., cerc. et subd. de Batna.

C

CA-CH — CH

Casbah. V. *Kasbah* (y compris la ville de Mazouna), douar. Com. mix. de Cassaigne, cant. jud. d'Inkermann, arr. de Mostaganem.

Casbah-Mazouna. V. *Kasbah-Mazouna*, douar. Com. mix. de Cassaigne, cant. jud. d'Inkermann, arr. de Mostaganem.

Chabia. Provenant de l'ancienne tribu des Amour-Dahra. (Sup. 2,975 hect.) Constitué en douar-com. par décret du 29 janvier 1868, *B. O.*, p. 616. Rattaché à la com. mix., au cant. jud. et à l'arr. de Sétif ; — à 5 kil. N.-O. de Sétif. Pop. recensée avec les Ouled-Mansour et les Ouled-Adouna, douars de l'ancienne tribu des Amour-Guebala, 2,272 hab. ind. N° 145 de la carte. Une partie de ce douar a été prélevée, pour la formation du territoire de colonisation de Fancigny.

Chaffa. V. *Ouled-Chaffa*, douar. Com. mix., cant. jud. et arr. de Mostaganem.

Chaïr. V. *Oued-Chaïr*, douar. Com. ind., cant. jud., cerc. et subd. de Médéa.

Chareb-er-Rih. Fract. du douar-com. d'Atba-Djellaba. V. *Atba-Djellaba*, douar. Com. mix. et cant. jud. de St-Denis-du-Sig, arr. d'Oran.

Chebelbla. Fract. du douar-com. de Bâache. V. *Bâache*, douar. Com. mix. et cant. jud. de Ténès, arr. d'Orléansville.

Cheddi. Provenant de l'ancienne tribu des Ouled-bou-Aoun. (Sup. 10,536 hect.) Constitué en douar-com. par décret du 14 décembre 1867, *B. O.*, 1868, p. 408. Rattaché à la com. ind., au cant. jud., au cerc. et à la subd. de Batna ; — à 18 kil. N.-O. de Batna. Pop. 246 hab. ind. N° 229 de la carte.

Cheddia. Provenant de l'ancienne tribu des Beni-Amran-Djebala. (Sup. 2,463 hect.) Constitué en douar-com. par décret du 14 octobre 1867, *B. O.*, 1868, p. 166. Rattaché à la com. mix. de Duquesne, cant. jud. de Djidjelli, arr. de Bougie ; — à 8 kil. S. de Djidjelli. N° 52 de la carte. Ce douar a été remis en entier au service de la colonisation, pour la formation des centres de Cheddia et de Duquesne. Pop. des 2 villages et territoire, 1,036 hab., savoir : 354 français, 6 étrangers et 676 ind.

Chekkala. Ancienne tribu du même nom. (Sup. 10,100 hect.) Constitué en douar-com. par décret du 27 octobre 1869, *B. O.*, p. 434. Rattaché à la com. mix. et au cerc. d'Ammi-Moussa, subd. d'Oran, cant. jud. d'Inkermann ; — à 30 kil. S.-E. d'Inkermann. Pop. 1,269 hab. ind. N° 198 de la carte.

Chelafa. Ancienne tribu du même nom. (Sup. 10,789 hect.) Constitué en douar-com. par décret du 20 mai 1868, *B. O.*, p. 930. Rattaché : 1° 2,572 hect. à la com. pl. ex. de Souk-el-Mitou ; 2° 8,218 hect. à la com. mix. de Mostaganem, cant. jud. et arr. de Mostaganem ; — à 20 kil. O. de cette ville. Pop. de la partie rattachée à la com. mix., 2,012 hab. ind. N° 164 de la carte.

Chembel. De la tribu des Ouled-Kossëir. (Sup. 5,269

hect.) Constitué en douar-com. par décret du 29 février 1868, *B. O.*, p. 677. Rattaché à la com. mix. de Malakoff, cant. jud. et arr. d'Orléansville ; — sur la limite N.-E. de la com. pl. ex. d'Orléansville. Pop. tot. 1,484 hab. N° 87 de la carte.

Chemela. Provenant de l'ancienne tribu des Ouled-Yahia. (Sup. 6,113 hect.) Constitué en douar-com. par décret du 24 avril 1867, *B. O.*, p. 680. Rattaché à la com. mix. de l'Oued-Fodda, arr. d'Orléansville, cant. jud. de Duperré ; — à 16 kil. O. de Duperré et sur la rive droite du Chélif. Pop. 1,570 hab. ind. N° 65 de la carte.

Chenalfa. Fract. du douar-com. de Tabellout. V. *Tabellout*, douar. Com. ind., cerc. et cant. jud. de Djidjelli, subd. de Constantine.

Chenacha. V. *Beni-Chenacha*, douar. Com. mix. des Issers, cant. jud. de Bordj-Menaïel, arr. de Tizi-Ouzou.

Chender. V. *Oued-Chender*, douar. Com. mix. des Issers, cant. jud. de Bordj-Menaïel, arr. de Tizi-Ouzou.

Chenoua. Ancienne tribu du même nom. (Sup. 11,444 hect.) Constitué en douar-com. par décret du 22 février 1868, *B. O.*, p. 617. Rattaché à la com. pl. ex. et au cant. jud. de Cherchel, arr. d'Alger ; — à l'E. de la ville de Cherchel. Pop. tot. 2,313 hab. Une partie de ce douar a été prélevée pour la formation du village du Nador.

Cheraba. Provenant de l'ancienne tribu des Ouled-Malef. (Sup. 3,598 hect.) Douar formé des fract. des Cheraba et des Ouled-Hamdan. Constitué par décret du 30 octobre 1867, *B. O.*, 1868, p. 628. La fract. des Cheraba a été rattachée aux com. suivantes : 1° 2,508 hect. à la com. pl. ex. d'Aboukir ; 2° 27 hect. à la com. pl. ex. de Rivoli ; 3° 238 hect. à la com. pl. ex. de Pélissier. La fract. des Ouled-Hamdan, d'une sup. de 825 hect., à la com. pl. ex. d'Aïn-Nouïssy, cant. jud. et arr. de Mostaganem. La pop. de Cheraba est comprise dans les com. précitées. — NOTA : La partie rattachée à Pélissier est connue sous le nom de Moualda.

Cherfa. Provenant de l'ancienne tribu des Ouled-Nabet. (Sup. 5,039 hect.) Constitué en douar-com. par décret du 6 juillet 1870, *B. O.*, p. 319. Rattaché à la com. mix. d'Aïn-Abessa, cant. jud. et arr. de Sétif ; — à 20 kil. N.-O. de Sétif. Pop. 1,069 hab. ind. D'après le tableau de dénombrement 1876, ce douar est formé des fract. suivantes : Ouled-Touïdjine, 318 ind. ; Ouled-el-Adjal, 364 ind. ; Ouled-si-Salem, 295 ind. et Ouled-Ammar, 92 ind. N° 252 de la carte.

Cheurfa. V. *Aïn-Cheurfa*, douar. Com. mix. et cant. jud. de St-Denis-du-Sig, arr. d'Oran.

Cheurfa-el-Hamadia. Ancienne tribu du même nom. (Sup. 2,264 hect.) Constitué en douar-com. par décret du 6 avril 1867, *B. O.*, p. 498. Rattaché : 1° 1,205 hect. à la com. pl. ex. d'Aïn-Boudinar ; 2° 1,059 hect. à la com. pl. ex. d'Aïn-Tédélès, cant. jud. et arr. de Mostaganem ; — à 12 kil. E. de Mostaganem. Pop. comprise dans les com. précitées.

Chiddi. V. *Cheddi*, douar. Com. ind., cerc., cant. jud. et subd. de Batna.

Chott-el-Malah. Provenant de l'ancienne tribu des Righa-Dahra. (Sup. 1,810 hect.) Constitué en douar-com. par décret du 6 septembre 1866, *B. O.*, p. 610. Rattaché à la com. ind., au cant. jud., au cerc. et à la subd. de Sétif ; — à 45 kil. S.-O. de Sétif. Pop. 291 hab. ind. N° 136 de la carte. Ce douar fait actuellement partie du kaïdat et de la tribu du Bou-Thaleb.

Chouachi. Provenant de l'ancienne tribu des Djebala. (Sup. 21,875 hect.) Constitué en douar-com. par décret du 10 août 1868, *B. O.*, p. 968. Rattaché à la com. mix. et au cant. jud. de Cassaigne, arr. de Mostaganem. Pop. 2,832 hab. ind. N° 56 de la carte. Une partie de ce douar a été prélevée pour la formation des centres de Cassaigne, Renault et Aïn-Ouïllis.

Chouïa. Fract. isolée du douar Zemoura. Rattachée à la com. mix. et au cant. jud. de Bordj-bou-Arréridj, arr. de Sétif ; enclavée dans l'ancienne tribu des Hachem. V. *Zemoura*, douar et *Hachem*, tribu. N° 150 de la carte.

Collo. Ancienne tribu du même nom. (Sup. 173 hect., ville et territoire). Constitué en douar-com. par décret du 27 novembre 1867, *B. O.*, 1868, p. 339. Rattaché à la com. mix. et au cant. jud. de Collo, arr. de Philippeville. Pop. 216 français, 11 israélites, 79 étrangers et 589 ind. N° 84 de la carte.

Coudiat-Oultlen. Provenant de l'ancienne tribu des Ouled-Derradj. (Sup. 1,867 hect.) Constitué en douar-com. par décret du 13 avril 1867, *B. O.*, p. 632. Rattaché à la com. ind., au cant. jud. et au cerc. de Bordj-bou-Arréridj, annexe de M'sila, subd. de Sétif ; — à 40 kil. S. de Bordj-bou-Arréridj. Pop. recensée avec la fract. des Ouled-Adi-Dahra de la tribu et du kaïdat du Hodna de Sétif. N° 166 de la carte.

D

Daho. V. *Ouled-sidi-Daho*, douar. Com. mix., cant. jud. et arr. de Mascara.

Daho. V. *Sidi-Daho*, douar. Com. mix. et cant. jud. d'Aïn-Temouchent, arr. d'Oran.

Dahouara. Provenant de l'ancienne tribu des Sefla. (Sup. 4,788 hect.) Constitué en douar-com. par décret du 25 janvier 1868, B. O., p. 597. Rattaché à la com. ind., au cant. jud. et au cerc. de Souk-Ahras, subd. de Bône; — à 16 kil. O. de Souk-Ahras. Pop. 1,807 hab. ind. N° 103 de la carte.

Dalah. Provenant de l'ancienne tribu des Haracta. (Sup. 10,530 hect.) Constitué en douar par décret du 8 juin 1870, B. O., p. 249. Rattaché à la com. ind., au cant. jud. et au cerc. d'Aïn-Beïda, subd. de Constantine; — à 24 kil. S.-E. d'Aïn-Beïda. Pop. 1,010 hab. ind. N° 202 de la carte. Ce douar fait actuellement partie du kaïdat de Tafrent.

Damber. Ancienne tribu du même nom. (Sup. 4,095 hect.) Constitué en douar-com. par décret du 28 octobre 1868, B. O., p. 1107. Rattaché à la com. pl. ex. et au cant. jud. de l'Oued-Atménia, arr. de Constantine; — à 3 kil. S.-E. de l'Oued-Atménia et sur la rive droite du Rhummel. Pop. comprise dans la com. de l'Oued-Atménia. N° 14 de la carte. Le service du Domaine possède dans ce douar une ruine romaine d'une sup. de 49 ares 60 centiares.

Dar-ben-Abdallah. Provenant de l'ancienne tribu des Ouled-sidi-Yahia. (Sup. 11,044 hect.) Constitué en douar-com. par décret du 25 septembre 1869, B. O., p. 283. Rattaché à la com. mix. et à l'annexe de Zemmorah, subd. d'Oran, cant. jud. de Relizane; — à 12 kil. S.-E. de cette dernière ville. Pop. 963 hab. ind. N° 141 de la carte. Le nom de Dar-ben-Allah a été emprunté à une redoute et à un pont bien connu dans le pays.

Dardara. V. *Oued-Dardara*, douar. Com. mix. et arr. de Bône, cant. jud. de Mondovi.

Dar-el-Oued. Azel domanial réuni au douar-com. de Bou-Ksaïba. V. *Bou-Ksaïba*, douar. Com. pl. ex. de Rouffach, cant. jud. de Mila, arr. de Constantine.

Debab. V. *Ouled-Debab*, douar. Com. ind., et cerc. d'El-Milia, cant. jud. de Mila, subd. de Constantine.

Debabsa. Fract. du douar-com. de Zarouria. V. *Zarouria*, douar. Com. ind., cant. jud. et cerc. de Souk-Ahras, subd. de Bône.

Debba. Territoire et village ind., réunis au douar-com. de Kalha. V. *Kalha*, douar. Com. mix. et cant. jud. de Relizane, arr. de Mostaganem.

Defelten. V. *Ouled-Defelten*, douar. Com. mix. et cerc. d'Ammi-Moussa, subd. d'Oran, cant. jud. d'Inkermann.

Defla. V. *Aïn-Defla*, douar. Com. mix., cant. jud. et arr. de Mascara.

Dehim. V. *Ouled-Dehim*, douar. Com. ind., cant. jud. et cerc. de Bordj-bou-Arréridj, annexe de M'sila, subd. de Sétif.

Deïd. V. *Ouled-Deïd*, douar. Com. ind., cant. jud., cerc. et subd. de Médéa.

Deïra. Fract. du douar-com. de Ouillen. V. *Ouillen*, douar. Com. ind., cerc. et cant. jud. de Souk-Ahras, subd. de Bône.

Demnia. Provenant de l'ancienne tribu des Ouled-Khezer. (Sup. 3,439 hect.) Constitué en douar-com. par décret du 23 septembre 1867, B. O., p. 1081. Rattaché à la com. mix. et au cant. jud. de Collo, arr. de Philippeville; — à 20 kil. S.-E. de Collo et sur la rive droite de l'Oued-Guebli. Pop. 1,018 hab. ind. N° 70 de la carte.

Denaïra. Provenant de l'ancienne tribu des Ouled-el-Hadj. (Sup. 7,618 hect.) Constitué par décret du 6 octobre 1869, B. O., p. 322. Rattaché à la com. ind. et au cerc. d'El-Milia, annexe et cant. jud. de Collo, subd. de Constantine; — à 40 kil. S. de Collo. Pop. 1,681 hab. ind. N° 237 de la carte.

Denaïra. V. *Denaïra*, douar. Com. ind. et cerc. d'El-Milia, cant. jud. et annexe de Collo, subd. de Constantine.

Derdjin. V. *Beni-Derdjin*, douar. Com. ind., cant. jud., cerc. et subd. d'Orléansville.

Dermnia. V. *Demnia*, douar. Com. mix. et cant. jud. de Collo, arr. de Philippeville.

Djebel-Augueb. Ancien azel des Ouled-Rahmoun. (Sup. 2,686 hect.) Constitué en douar-com. par décret du

25 septembre 1869, *B. O.*, p. 978. Rattaché à la com. pl. ex. et au cant. jud. de l'Oued-Atménia, arr. de Constantine; — à 10 kil. E. de l'Oued-Atménia et sur la limite O. de la com. pl. ex. d'Aïn-Smara. Pop. comprise dans la com. de l'Oued-Atménia.

Djedaoua. Fract. de l'ancienne tribu des Ouled-bou-Kamel. (Sup. 2,755 hect.) Constitué en douar-com. par décret du 20 novembre 1867, *B. O.*, p. 291. Rattaché, savoir : 341 hect. à la com. pl. ex. d'Aïn-Boudinard et 2,414 hect. à celle d'Aïn-Tédélès. La pop. de Djedaoua est comprise dans les com. pl. ex. précitées.

Djelida. V. *Oued-Djelida*, douar, Com. ind., cant. jud. et cerc. de Miliana, subd. d'Orléansville.

Djenah. V. *El-Djenah*, douar, Com. ind., cant. jud. et cerc. de Djidjelli, subd. de Constantine, arr. jud. de Bougie.

Djendel. Ancienne tribu du même nom. (Sup. 22,272 hect.) Constitué en douar-com. par décret du 11 avril 1866, *B. O.*, p. 171. Rattaché à la com. ind., au cant. jud. et au cerc. de Miliana, subd. d'Orléansville; — à 15 kil. S.-E. de Miliana, et à cheval sur le Chélif. Pop. 4,090 hab. ind. N° 58 de la carte. Ce douar fait actuellement partie de l'aghalik du Djendel. Il existe dans ce douar un caravansérail et un marché très-important.

Djendjen. V. *Oued-Djendjen*, douar, Com. mix. de Duquesne, cant. jud. de Djidjelli, arr. de Bougie.

Djer. V. *Oued-Djer*, douar, Com. mix. de Meurad, cant. jud. de Marengo, arr. d'Alger.

Djerara. Provenant de l'ancienne tribu des Akerma-Chéraga. (Sup. 4,424 hect.) Constitué en douar-com. par décret du 23 novembre 1867, *B. O.*, 1868, p. 298. Rattaché à la com. mix. et au cant. jud. d'Inkermann, arr. de Mostaganem; — à 20 kil. S.-O. d'Inkermann, et à cheval sur le chemin de fer d'Alger à Oran. Pop. 1,075 ind. et 1 français. N° 47 de la carte.

Djerma-Dahra. V. *Haracta-Djerma-Dahra*, douar, Com. mix. et cant. jud. de Batna, arr. de Constantine.

Djerma-Guebala. V. *Haracta-Djerma-Guebala*, douar, Com. mix. et cant. jud. de Batna, arr. de Constantine.

Djermouna. Ancienne tribu du même nom. (Sup. 3,351 hect.) Constitué en douar-com. par décret du 9 octobre 1869, *B. O.*, p. 338. Rattaché à la com. ind., à l'annexe et au cant. jud. de Takitount, cerc. et subd. de Sétif; — à 10 kil. O. de Takitount. Pop. 440 hab. ind. N° 300 de la carte.

Djézia. Provenant de l'ancienne tribu des Ouled-Attia. (Sup. 6,031 hect.) Constitué en douar-com. par décret du 17 juillet 1867, *B. O.*, p. 1014. Rattaché à la com. ind. et au cerc. d'El-Milia, cant. jud. et annexe de Collo, subd. de Constantine; — à 18 kil. S.-O. de Collo. Pop. 785 hab. ind. N° 75 de la carte. Ce douar fait actuellement parti du kaïdat des Ouled-Attia.

Djindjin. V. *Oued-Djindjen*, douar, Com. mix. de Duquesne, cant. jud. de Djidjelli, arr. de Bougie.

Djoua. Provenant de l'ancienne tribu des Beni-Mimoun. (Sup. 8,078 hect.) Constitué en douar-com. par décret du 7 mars 1868, *B. O.*, p. 732. Rattaché à la com. mix., au cant. jud. et à l'arr. de Bougie; — à 6 kil. S.-O. de Bougie et sur la route de cette ville à Sétif. Pop. 3,108 hab. ind. N° 161 de la carte. Une réserve domaniale d'une sup. de 2 hect. 10 ares est destinée à un bivouac. — Nota : Une partie de ce douar a été remise à la colonisation pour l'installation des fermes isolées de l'Oued-Marsa.

Djouldat Ancienne tribu du même nom. (Sup. 4,244 hect.) Constitué en douar-com. par décret du 4 novembre 1868, *B. O.*, p. 1175. Rattaché à la com. mix. et au cerc. de Lalla-Maghrnia, cant. jud. de Nemours, subd. de Tlemcen; — à 24 kil. S.-E. de Nemours. Pop. 280 hab. ind. N° 132 de la carte. Le domaine de l'État possède dans ce douar la terre de Blad-Chahaba (smala de spahis), 592 hect.; El-Hammam (source d'eau chaude), 35 hect. 60 ares; la partie du centre de Blad-el-Melhab, 112 hect.; réserve autour du Hammam-sidi-bou-Ghara, 3 hect. 10 ares et un campement de troupe, 5 hect. 20 ares.

Douair-Flitta. Ancienne tribu du même nom. (Sup. 8,380 hect.) Constitué en douar-com. par décret du 24 février 1869, *B. O.*, p. 72. Rattaché à la com. mix. et au cant. jud. de Relizane, arr. de Mostaganem; — à 12 kil. S.-O. de Relizane. Pop. 1,347 hab. ind. N° 144 de la carte. Le territoire de ce douar renferme trois sources abondantes : Aïn-Goléa, Aïn-Gededrous et Aïn-Hallouf; cette dernière est aménagée au compte du budget des centimes additionnels.

Douairs. Fract. du douar-com. d'Oued-Sebbah. V. *Oued-Sebbah*, douar, Com. mix. d'Aïn-Temouchent, arr. d'Oran.

Doud. V. *Oum-el-Doud*, douar, Com. mix. et cerc. de Daya, subd. de Tlemcen, cant. jud. de Sidi-bel-Abbès, arr. jud. d'Oran.

Douy-Thabet. Ancienne tribu du même nom. (Sup. 20,022 hect.) Constitué en douar-com. par décret du 22 avril 1868, B. O., p. 879. Rattaché à la com. mix., au cant. jud. et au cerc. de Saïda, subd. de Mascara, touchant à l'O. le territoire de colonisation de Saïda. Pop. 1,158 hab. ind. N° 90 de la carte. Un campement de troupe a été réservé dans ce douar, au lieu dit Blad-Touta.

Dra-ben-Khedda. Provenant de l'ancienne tribu des Amraoua. (Sup. 2,279 hect.) Constitué en douar-com. par décret du 7 avril 1869, B. O., 1870, p. 156. Rattaché partie à la com. mix. des Issers, cant. jud. de Bordj-Menaïel et partie à la com. mix. de Tizi-Ouzou, cant. jud. et arr. de Tizi-Ouzou. Une grande partie de ce douar a servi à l'établissement des fermes isolées de Dra-ben-Khedda. Pop. tot. de la partie rattachée à la com. mix. de Tizi-Ouzou 1,018 hab. N° 120 de la carte.

Dradeb. Ancienne tribu du même nom. (Sup. 5,406 hect.) Constitué en douar-com. par décret du 6 avril 1867, B. O., p. 523. Rattaché, savoir : à la com. pl. ex. de Pélissier, 1,289 hect. ; à Aboukir, 499 hect. ; à Aïn-Nouïssy, 1,290 hect. ; à Rivoli, 2,327 hect. Arr. et cant. jud. de Mostaganem ; — à 7 kil. E. de Motaganem. La pop. de ce douar est comprise dans les communes de Pélissier, d'Aboukir, d'Aïn-Nouïssi et de Rivoli.

Dramena. Ancienne tribu du même nom. (Sup. 5,143 hect.) Constitué en douar-com. par décret du 21 juillet 1866, B. O., p. 503. Rattaché à la com. mix. et à l'arr. de Bône, cant. jud. de Mondovi ; — à 10 kil. S.-O. de cette dernière ville. Pop. 1,379 hab. ind. N° 88 de la carte.

Dreïd. V. *Ouled-Dreïd*, douar. Com. mix. d'Aïn-M'Lila, cant. jud. des Ouled-Rahmoun, arr. de Constantine.

Drouh. V. *Oum-el-Drou*, douar. Com. mix. de Malakoff, cant. jud. et arr. d'Orléansville.

E

El-Abbès. V. *Oued-el-Abbès*, douar. Com. mix. et cerc. d'Ammi-Moussa, subd. d'Oran, cant. jud. d'Inkermann.

El-Abécha. V. *El-Habécha*, douar. Com. mix. et annexe de Zemmorah, cant. jud. de Relizane, subd. d'Oran.

El-Abiod. V. *El-Ma-el-Abiod*, douar. Com. ind., cant. jud. et cerc. de Tebessa, subd. de Constantine.

El-Adjama. V. *Adjama*, douar. Com. mix. et cerc. d'Ammi-Moussa, cant. jud. d'Inkermann, subd. d'Oran.

El-Adjeraf. Provenant de l'ancienne tribu des Ouled-Kosseïr ou Ouled-Khosseïr. (Sup. 7,552 hect.) Constitué en douar-com. par décret du 29 février 1868, B. O., p. 677. Rattaché à la com. mix. de Malakoff, cant. jud. et arr. d'Orléansville ; — au N. de la limite de la com. d'Orléansville, sur la rive droite du Chélif. Pop. tot. 2,521 hab. N° 86 de la carte.

El-Aïd. V. *Ahel-el-Aïd*, douar. Com. mix. et cant. jud. de St-Denis-du-Sig, arr. d'Oran.

El-Akbia. Provenant de l'ancienne tribu des Beni-Caïd. (Sup. 1,596 hect.) Constitué en douar-com. par décret du 21 octobre 1869, B. O., p. 404. Rattaché à la com. ind. et au cerc. d'El-Milia, cant. jud. de Mila, subd. de Constantine ; — à 20 kil. N.-E. de Mila. Pop. 1,010 hab. ind. N° 240 de la carte. Ce douar dépend actuellement du kaïdat de Bou-Cherf.

El-Alaïmia. V. *Alaïmia*, douar. Com. mix. de St-Denis-du-Sig, cant. jud. de St-Cloud, arr. d'Oran.

El-Amamra. V. *Amamra*, douar. Com. mix. et annexe de Zemmorah, cant. jud. de Relizane, subd. d'Oran.

El-Anini. Provenant de l'ancienne tribu des Ouled-Nabet. (Sup. 4,530 hect.) Constitué en douar-com. par décret du 6 juillet 1870, B. O., p. 319. Rattaché à la com. mix. d'Aïn-Abessa, cant. jud. et arr. de Sétif ; — à 22 kil. N.-O. de Sétif, sur le chemin des caravansérails de Sétif à Bougie. Pop. 1,754 hab. ind. Une partie de ce douar a été prélevée pour la formation du centre d'Aïn-Roua. N° 253 de la carte.

El-Anseur. V. *Aïn-el-Anseur*, douar. Com. ind., cant. jud. et cerc. de Teniet-el-Had, subd. d'Orléansville.

El-Aouara. Provenant de l'ancienne tribu des Beni-Kaïd. (Sup. 3,421 hect., non compris 533 hect. de la fract. de Birouëla.) Constitué en douar-com. par décrets des 10 et 30 avril 1870, B. O., p. 187. Rattaché à la com.

mix. et à l'arr. de Bône, cant. jud. de Mondovi; — à 18 kil. S.-O. de ce dernier centre. Pop. 903 hab, ind. N° 328 de la carte. La fract. de Birouëla, comprise dans la com. pl. ex. de Penthièvre, au moment de la répartition, fait actuellement partie de la com. pl. ex. de Nechmeya, cant. jud. de Mondovi, arr. de Bône.

El-Aoulesat. Fract. du douar-com. d'El-Ghomeri. V. *El-Ghomeri*, douar. Com. mix. de Relizane, arr. de Mostaganem, cant. jud. de Perrégaux.

El-Assi. V. *El-Hassi*, douar. Com. ind., cant. jud. et cerc. d'Aïn-Beïda, subd. de Constantine.

El-Atba. Provenant de l'ancienne tribu des Beni-Béchir. (Sup. 6,992 hect.) Constitué en douar-com. par décret du 10 août 1868, *B. O.*, p. 952. Rattaché à la com. mix. et au cant. jud. de Collo, arr. de Philippeville; — à 20 kil. S.-E. de Collo et sur la route de ce dernier centre à Philippeville. Pop. 2 européens et 1,983 ind. N° 86 de la carte. Ce douar renferme le caravansérail ou bordj de Tamalous qui occupe, avec ses dépendances, une surface de 5 hect. 7 ares.

El-Attha. V. *El-Atba*, douar. Com. mix. et cant. jud. de Collo, arr. de Philippeville.

El-Azayzia. Fract. du douar-com. de Kalâa. V. *Kalâa*, douar. Com. mix. et cant. jud. de Relizane, arr. de Mostaganem.

El-Azou-Ania ou **El-Azouania.** Provenant de l'ancienne tribu des Ouled-Messaoud. (Sup. 2,476 hect.) Constitué en douar-com. par décret du 10 avril 1867, *B. O.*, p. 554. Rattaché à la com. ind. de Tiaret-Aflou, cant. jud. et cerc. de Tiaret, subd. de Mascara; — à 12 kil. O. de Tiaret. Pop. 288 hab. ind. N° 92 de la carte.

El-Barbata. V. *Souk-el-Barbata*, douar. Com. mix. et arr. de Mascara, cant. jud. de Saïda.

El-Béranis. V. *Aïoun-el-Béranis*, douar. Com. ind., cant. jud. et cerc. de Saïda, subd. de Mascara.

El-Berdi. V. *Oued-el-Berdi*, douar. Com. ind., cant. jud., cerc. et subd. d'Aumale.

El-Betham. V. *El-Bethem*, douar. Com. pl. ex. de Bir-Rabalou, cant. jud. d'Aumale, arr. d'Alger.

El-Bethem. Provenant de l'ancienne tribu des Ouled-Brahim. (Sup. 12,161 hect.) Constitué en douar-com. par décret du 1er mai 1867, *B. O.*, p. 696. Rattaché à la com. pl. ex. de Bir-Rabalou, cant. jud. d'Aumale, arr. d'Alger; — à 18 kil. N.-O. d'Aumale et à cheval sur la route de cette ville à Alger. Pop. tot. 4,675 hab. N° 31 de la carte.

El-Biar. Fract. du douar-com. d'El-Ksour. V. *El-Ksour*, douar. Com. ind., cant. jud., cerc. et subd. de Batna.

El-Bordj. Provenant de l'ancienne tribu des Haïtia. (Sup. 8,015 hect.) Constitué en douar-com. par décret du 31 octobre 1868, *B. O.*, p. 1130. Rattaché à la com. mix. de Frendah-Mascara, cant. jud., cerc. et subd. de Mascara; — à 16 kil. N.-E. de cette ville, sur le chemin de Mascara à l'Hillil. Pop. 2,284 hab. ind. N° 75 de la carte. Une partie de ce douar a été prélevée pour la formation du centre d'Haïtia. Ce douar renferme le village ind. d'El-Bordj. Diverses constructions classées comme biens domaniaux, y ont été exécutées sur les fonds du budget des centimes additionnels, savoir : une mosquée, un puits, un lavoir et une fontaine avec abreuvoir désignée sous le nom d'Aïn-Zoundaï.

El-Braun ou **Ouled-el-Braun.** Provenant de l'ancienne tribu des Ouled-Abd-en-Nour. (Sup. 21,101 hect.) Constitué en douar-com. par décret du 20 mai 1868, *B. O.*, p. 922. Rattaché à la com. mix. de Châteaudun, cant. jud. d'Oued-Atménia, arr. de Constantine ; — à 16 kil. O. d'Oued-Atménia, à cheval sur la route nationale d'Alger à Constantine et sur le chemin de fer de Constantine à Sétif. Pop. 1,484 hab. ind. N° 29 de la carte. Ce douar renferme diverses ruines romaines d'une étendue de 23 hect. 79 ares. — NOTA : Une partie de ce douar a été prélevée pour l'installation du village de Moulin-Gassiot et des fermes isolées de Mordj-el-Harris.

El-Bribi. V. *El-Bribri*, douar. Com. ind., cant. jud. et cerc. de Bordj-bou-Arréridj, annexe de M'sila, subd. de Sétif.

El-Bribri. Provenant de l'ancienne tribu des Ouled-Madhi. (Sup. 10,405 hect.) Constitué en douar-com. par décret du 17 mars 1869, *B. O.*, 1870, p. 112. Rattaché à la com. ind., au cant. jud. et au cerc. de Bordj-bou-Arréridj, annexe de M'sila, subd. de Sétif ; — à 55 kil. S.-O. de Bordj-bou-Arréridj. Pop. comprise dans les 1,938 ind. de la fract. dite Douar-Saïdat de la tribu et du kaïdat du Hodna. N° 186 de la carte. — NOTA : Ce douar renferme la ruine romaine connue sous le nom d'El-Bribri.

El-Briket. Provenant de l'ancienne tribu des Lakhdar-Halfaouïa. (Sup. 8,897 hect.) Constitué en douar-com. par décret du 25 septembre 1869, *B. O.*, p. 292. Rattaché à la com. ind., au cant. jud., au cerc. et à la subd. de Batna ; — à 30 kil. S.-O. de Batna et sur la route nationale de Stora à Biskra. Pop. 560 hab. ind. N° 219 de la carte. — NOTA : 921 hect. ont été prélevés sur le douar El-Briket pour la formation du village d'Aïn-Touta. Pop. du village, 110 français et 2 étrangers. Le centre d'Aïn-Touta est rattaché à la com. mix. de Batna, arr. de Constantine.

El-Chouk. V. *Oum-ech-Chouk*, douar. Com. pl. ex. d'El-Kantour, cant. jud. d'El-Arrouch, arr. de Philippeville.

El-Debab. V. *Oum-el-Debab*, douar. Com. mix., cant. jud. et cerc. de Saïda, subd. de Mascara.

El-Djedian. Provenant de l'ancienne tribu des Isser-el-Djedian. (Sup. 2,220 hect.) Constitué en douar-com. par décret du 27 octobre 1866, *B. O.*, p. 778. Ce douar est composé de deux groupes isolés. Le groupe N., le plus important, a servi à la formation du centre de Bois-Sacré, dont l'érection en com. pl. ex. a été prononcée par décret du 23 juillet 1878. Le groupe S. a été rattaché à la com. mix. des Issers. Le douar El-Djerdian fait partie du cant. jud. de Bordj-Menaïel, arr. de Tizi-Ouzou ; — à 15 kil. N.-E. de Bordj-Menaïel. Pop. tot. 4,565 hab. ind. N° 17 de la carte.

El-Djenah. Ancienne tribu du même nom. (Sup. 2,331 hect.) Constitué en douar-com. par décret du 18 janvier 1868, *B. O.*, p. 565. Rattaché à la com. ind., au cant. jud. et au cerc. de Djidjelli, subd. de Constantine ; — à 22 kil. E. de Djidjelli et à l'embouchure de l'Oued-Kébir (rive gauche). Pop. 754 hab. ind. N° 59 de la carte. Ce douar dépend actuellement du Kaïdat de la Plaine. — NOTA : L'île rocheuse de Tazeroute fait partie du douar d'El-Djenah, sup. 4 hect. 32 ares 85 centiares.

El-Djorf. V. *Marabtins-d'el-Djorf*, douar. Com. ind., cant. jud. et cerc. de Bordj-bou-Arréridj, annexe de M'sila, subd. de Sétif.

El-Doud. V. *Oum-el-Doud*, douar. Com. mix. et cerc. de Daya, cant. jud. de Sidi-bel-Abbès, subd. de Tlemcen.

El-Drouh. V. *Oum-el-Drou*, douar. Com. mix. de Malakoff, cant. jud. et arr. d'Orléansville.

El-Ezébri. V. *El-Hézébri*, douar. Com. mix. d'Aïn-M'lila, cant. jud. des Ouled-Rahmoun, arr. de Constantine.

El-Fodhil. V. *Sid-el-Fodhil*, douar. Com. pl. ex. et cant. jud. de Blida, arr. d'Alger.

El-Gada. Provenant de l'ancienne tribu des Ouled-Ali. (Sup. 8,498 hect.) Douar formé de la fract. des Ouled-Ali-Mahadja. Constitué par décret du 21 décembre 1867, *B. O.*, 1868, p. 488. Rattaché à la com. mix. de St-Lucien, cant. jud. de Ste-Barbe-du-Tlélat, arr. d'Oran ; — à 18 kil. S.-E. de Ste-Barbe-du-Tlélat, sur le chemin de St-Denis-du-Sig à l'Oued-Imbert. Pop. 5 français, 1 israélite, 7 étrangers et 2,226 ind. N° 115 de la carte. — NOTA : Le territoire de colonisation d'Aïn-el-Affeurd, dépendant de la com. pl. ex. des Trembles, arr. de Sidi-bel-Abbès, cant. jud. de Ste-Barbe-du-Tlélat, est enclavé dans ce douar.

El-Gargar. V. *Merdja-el-Gargar*, douar. Com. mix. et cant. jud. d'Inkermann, arr. de Mostaganem.

El-Gh'aïr ou **El-Ghaïr.** Provenant de l'ancienne tribu des Zerdezas. (Sup. 4,797 hect.) Constitué en douar-com. par décret du 22 novembre 1869, *B. O.*, 1870, p. 45. Rattaché à la com. mix. et au cant. jud. d'El-Arrouch, arr. de Philippeville ; — à 8 kil. E. d'El-Arrouch. Pop. 4 français, 3 étrangers et 1,267 ind. N° 243 de la carte. Ce douar renferme un emplacement réservé pour le campement des troupes.

El-Ghelaz. V. *Oum-el-Ghelaz*, douar. Com. mix. de St-Lucien, cant. jud. de Ste-Barbe-du-Tlélat, arr. d'Oran.

El-Ghrar ou **El-Grar.** Provenant de l'ancienne tribu des Zerdezas. (Sup. 11,293 hect.) Constitué en douar-com. par décret du 22 novembre 1869, *B. O.*, 1870, p. 45. Rattaché à la com. mix. et au cant. jud. de Jemmapes, arr. de Philippeville ; — à 22 kil. S. de Jemmapes. Pop. 1,767 hab. ind. N° 249 de la carte. Ce douar renferme un emplacement réservé pour le campement des troupes.

El-Ghrara. V. *Oued-Ghrara*, douar. Com. mix. et cant. jud. de Jemmapes, arr. de Philippeville.

El-Ghomeri. Provenant de l'ancienne tribu des Beni-Gheddou. (Sup. 4,608 hect.) Douar formé des fract. des Ouled-Amar, El-Hadara, El-Aouïssat, Ouled-Arbia et Sebabna. Constitué par décret du 24 avril 1867, *B. O.*, p. 672. Rattaché à la com. mix. de Relizane, arr. de Mostaganem, cant. jud. de Perrégaux ; — N.-E. de ce dernier centre et sur le chemin de fer d'Alger à Oran. Pop. 1,190 hab. ind. N° 68 de la carte. Une partie du territoire de ce douar a été prélevée pour l'installation du village d'El-Ghomeri. Pop. 77 français et 8 étrangers. — NOTA : Ce douar renferme le caravansérail et le puits de Bir-el-Ghomeri.

El-Ginous. Orthographe employée dans le décret constitutif du douar. V. *El-Guious*, douar. Rattaché, partie à la com. pl. ex. de Bordj-Menaïel, arr. de Tizi-Ouzou et partie au douar-com. de Krachna-el-Djebel, com. mix. de Palestro, arr. d'Alger.

El-Giorin. V. *Ahl-el-Giorin*, douar. Com. mix. de Cassaigne, cant. jud. d'Inkermann, arr. de Mostaganem.

El-Giounm ou **El-Gounnl.** Azel domanial. (Sup. 805 hect.) Réuni au douar-com. de Zénatia, par décret du 4 juin 1870, B. O., p. 231. Com. mix. et cant. jud. d'Oued-Zenati, arr. de Constantine. V. *Zénatia*, douar.

El-Gioufi. V. *Arb-el-Goufi*, douar. Com. ind. et cerc. d'El-Milia, cant. jud. et annexe de Collo, subd. de Constantine, arr. jud. de Philippeville.

El-Goul. V. *Abd-el-Goul*, douar. Com. mix. et cant. jud. d'Inkermann, arr. de Mostaganem.

El-Gourine. Provenant de l'ancienne tribu des Beni-Menasser. (Sup. 18,387 hect.) Douar formé des fract. de Didali, Beni-ben-Salah, Beni-Abdallah et Ouled-Larbi. Constitué par décret du 29 juin 1870, B. O., p. 303. Rattaché à la com. mix. de Gouraya, arr. d'Alger, cant. jud. de Cherchel ; — à 8 kil. S.-E. de ce dernier centre. N° 142 de la carte. Pop. 3,311 hab. ind. Le village projeté d'El-Gourine, porté au programme de colonisation de 1878, sera établi dans ce douar. — NOTA : Ce douar renferme le café-poste connu sous le nom de Tizi-Franco.

El-Gouru. V. *Gourn*, douar. Com. ind., cant. jud. et cerc. d'Aïn-Beïda, subd. de Constantine.

El-Grar. V. *El-Ghrar*, douar. Com. mix. et cant. jud. de Jemmapes, arr. de Philippeville.

El-Guerouaou. Provenant de l'ancienne tribu des Ouled-el-Abbès. (Sup. 7,131 hect.) Constitué en douar-com. par décrets des 11 août 1866 et 22 juin 1867, B. O., p. 946. Rattaché à la com. mix. de Cassaigne, cant. jud. d'Inkermann, arr. de Mostaganem ; — à 11 kil. N.-O. d'Inkermann et sur la rive droite du Chélif. Pop. 1,507 hab. ind. N° 42 de la carte.

El-Guetar. V. *Aïn-el-Guetar*, douar. Com. mix. et cant. jud. de Relizane, arr. de Mostaganem.

El-Guethna. Provenant de l'ancienne tribu d'Oued-el-Hammam. (Sup. 23,761 hect.) Constitué en douar-com. par décret du 24 juillet 1869, B. O., p. 220. Rattaché à la com. mix., au cant. jud. et à l'arr. de Mascara ; — à 6 kil. O. de Mascara, sur la route de cette ville à Oran et sur le chemin de fer d'Arzew à Saïda. Pop. 181 français, 2,901 ind. et 58 étrangers. N° 148 de la carte. Une partie de ce douar a été livrée à la colonisation pour l'établissement du hameau de Matemore (400 hect. env.).

El-Guettar. V. *Aïn-el-Guetar*, douar. Com. mix. et cant. jud. de Relizane, arr. de Mostaganem.

El-Giulous. Provenant de l'ancienne tribu des Issers-Drouh. (Sup. 3,093 hect.) Constitué en douar-com. par décret du 29 septembre 1867, B. O., p. 1127. Rattaché à la com. pl. ex. de Bordj-Menaïel, cant. jud. de Tizi-Ouzou, cant. jud. de Bordj-Menaïel. Le territoire de ce douar a servi à la formation du centre d'Isserville, moins 100 hect. env. qui ont été rattachés au douar de Kachna-el-Djebel, com. mix. de Palestro, arr. d'Alger. N° 12 de la carte. — NOTA : Dans le décret constitutif précité, le nom de ce douar est : *El-Ginous*.

El-Habécha. Provenant de l'ancienne tribu des Ouled-Yahia. (Sup. 3,913 hect.) Constitué en douar-com. par décret du 17 mars 1869, B. O., 1870, p. 118. Rattaché à la com. mix. et à l'annexe de Zemmorah, subd. d'Oran, cant. jud. de Relizane ; — à 33 kil. S.-E. de Relizane, sur la route de Mostaganem à Tiaret, par Zemmorah, et sur la rive droite de l'Oued-Riou ou Ouled-Riah, affluent rive gauche du Chélif. Pop. 787 hab. ind. N° 142 de la carte. Ce douar renferme 2 postes de cantonniers avec maisons, d'une étendue de 80 ares 90 centiares.

El-Hadara. Fract. du douar-com. d'El-Ghomeri. V. *El-Ghomeri*, douar. Com. mix. de Relizane, arr. de Mostaganem, cant. jud. de Perrégaux.

El-Haddada. V. *Haddada*, douar. Com. ind., cant. jud. et cerc. de Souk-Ahras, subd. de Bône.

El-Hadjez. V. *Aïoun-el-Hadjez*, douar. Com. mix. de Châteaudun, cant. jud. d'Oued-Atménia, arr. de Constantine.

El-Hagoüymat ou **El-Haoüymer.** Azel domanial réuni aux Beni-Hamoïdan. V. *Beni-Hameïdan*, douar. Com. pl. ex. de Bizot, cant. jud. et arr. de Constantine.

El-Hamadia. V. *Cheurfa-el-Hamadia*, douar. Com. pl. ex. de Pélissier et d'Aïn-Tédelès, cant. jud. et arr. de Mostaganem.

El-Hamama. V. *El-Hammama*, douar. Com. mix. d'Aïn-Abessa, cant. jud. et arr. de Sétif.

El-Hammam. Provenant de l'ancienne tribu des Beni-Menade. (Sup. 9,067 hect.) Constitué en douar-com. par décret du 22 septembre 1868, B. O., p. 987. Rattaché à la com. mix. d'Adélia, cant. jud. et arr. de Miliana ; — à 4 kil. N.-E. de Miliana et sur la route nationale d'Alger à Oran. Pop. tot. 1,133 hab. N° 77 de la carte. — Nota : Le territoire du village d'Hammam-Righa a été prélevé sur ce douar. Le douar d'El-Hammam renferme l'emplacement thermal connu sous le nom d'Hammam-Righa (sources ferrugineuses et gazeuses) et l'hôpital militaire, d'une étendue totale de 5 hect. env.

El-Hammam. Partie du douar-com. d'Aïn-Nechma, située sur la rive gauche de l'Oued-el-Kebir et rattachée au cant. jud. d'Aïn-Mokra. V. *Aïn-Nechma*, douar.

El-Hammama. Provenant de l'ancienne tribu des Ouled-Nabet. (Sup. 4,911 hect.) Constitué en douar-com. par décret du 6 juillet 1870, *B. O.*, p. 319. Rattaché à la com. mix. d'Aïn-Abessa, cant. jud. et arr. de Sétif; — à 22 kil. N.-O. de Sétif. Pop. 941 hab. ind. N° 255 de la carte.

El-Hammamra. Nom employé pour désigner le douar Bou-Haouch. V. *Bou-Haouch*, douar.

El-Hamoul. V. *Oued-el-Hamoul*, douar. Com. mix. et annexe de Zemmorah, cant. jud. de Relizane, subd. d'Oran.

El-Harrar-du-Chélif. Ancienne tribu du même nom. (Sup. 4,445 hect.) Constitué en douar-com. par décret du 31 décembre 1866, *B. O.*, 1867, p. 208. Rattaché à la com. mix. de l'Oued-Fodda, cant. jud. de Duperré, arr. d'Orléansville ; — à 4 kil. N.-O. de Duperré, sur la route nationale, sur le chemin de fer d'Alger à Oran et à cheval sur le Chélif. Pop. 875 hab. ind. N° 61 de la carte.

El-Hassaïnia. V. *Hassaïnia*, douar. Cant. jud. et arr. de Mostaganem.

El-Hassi. Provenant de l'ancienne tribu des Haracta. (Sup. 16,042 hect.) Constitué en douar-com. par décret du 8 juin 1870, *B. O.*, p. 249. Rattaché à la com. ind., au cant. jud. et au cerc. d'Aïn-Beïda, subd. de Constantine; — à 4 kil. N. d'Aïn-Beïda. Pop. 1,016 hab. ind. N° 275 de la carte. El-Hassi dépend actuellement du kaïdat d'El-Beïda. Ce douar renferme diverses ruines romaines d'une étendue de 4 hect. 68 ares, un emplacement réservé pour le campement des troupes et plusieurs puits aménagés.

El-Hassian. V. *Ahl-el-Hassian*, douar. Com. mix., cant. jud. et arr. de Mostaganem.

El-Hezebri. V. *El-Hezébri*, douar. Com. mix. d'Aïn-M'lila, arr. de Constantine, cant. jud. des Ouled-Rahmoun.

El-Hezébri. Provenant de l'ancienne tribu des Béhira-Thoufla. (Sup. 8,318 hect.) Douar formé des fract. des Ouled-Aziz et des Eulma. Constitué par décret du 18 novembre 1868, *B. O.*, 1869, p. 31. Rattaché à la com. mix. d'Aïn-M'lila, cant. jud. des Ouled-Rahmoun, arr. de Constantine ; — à 18 kil. S.-E. des Ouled-Rahmoun. Pop. 3 français et 1,413 ind. N° 174 de la carte.

El-Kantara. Provenant de l'ancienne tribu des Sahari. (Sup. 23,779 hect.) Constitué en douar-com. par décret du 27 juillet 1870, *B. O.*, p. 370. Rattaché à la com. ind., au cant. jud. et au cerc. de Biskra, subd. de Batna ; — à 30 kil. N. de Biskra et sur la route nationale de Stora à Biskra. Pop. 2,053 hab. ind. N° 312 de la carte. D'après le tableau de dénombrement, 1870, ce douar se compose des fract. suivantes : Ouled-Bellil, 812 ind. ; Ouled-Mahmed, 625 ind. et Ouled-Ali-ben-Mahmed, 616 ind. — Nota : Ce douar renferme le caravansérail d'El-Kantara, diverses ruines romaines, un poste de cantonnier et un emplacement réservé pour le campement des troupes. Ces différents immeubles occupent une étendue de 20 hect. 54 ares 53 centiares.

El-Kçar. De l'ancienne tribu des Ouled-Ali. (Sup. 9,039 hect.) Douar formé de la fract. des Ouled-Ali-Tahta. Constitué par décret du 21 décembre 1867, *B. O.*, 1868, p. 488. Rattaché à la com. mix. de St-Lucien, cant. jud. de Ste-Barbe-du-Tlélat, arr. d'Oran ; — à 10 kil. S.-E. de Ste-Barbe-du-Tlélat, sur la route départementale et sur le chemin de fer d'Oran à Sidi-bel-Abbès. Pop. 21 français, 2,642 ind. et 28 étrangers. N° 117 de la carte. — Nota : Le Territoire de colonisation de Mékedra a été prélevé sur ce douar antérieurement au décret de délimitation de la tribu. Un nouveau prélèvement vient d'être effectué pour la formation du centre de St-Lucien.

El-Kçar. V. *El-Ksar*, douar. Com. ind., cerc., cant. jud. et subd. de Batna.

El-Kedadra. Provenant de l'ancienne tribu des Abid-Chéraga. (Sup. 3,400 hect.) Constitué en douar-com. par décret du 25 octobre 1865, *B. O.*, p. 462. Rattaché à la com. mix., au cant. jud. et à l'arr. de Mostaganem ; — à 22 kil. S.-O. de Mostaganem. Pop. 675 hab. ind. N° 157 de la carte.

El-Kelb. V. *Ksar-el-Kelb*, douar. Com. ind., cant. jud. et cerc. d'Aïn-Beïda, subd. de Constantine.

El-Khedrara. V. *El-Kedadra*, douar. Com. mix., cant. jud. et arr. de Mostaganem.

El-Khemaïs. Provenant de l'ancienne tribu des Beni-Soumeur. (Sup. 17,578 hect.) Constitué en douar-com. par décret du 11 juin 1870, *B. O.*, p. 268. Rattaché à la com. ind., au cant. jud. et au cerc. de Teniet-el-Had, subd. d'Orléansville; — à 10 kil. E. de Teniet-el-Had et sur la route de ce centre à Miliana, Pop. 1,408 hab. ind. N° 150 *bis* de la carte. — Nota : Ce douar est quelquefois désigné sous le nom d'Aïn-el-Khemaïs.

El-Koumchi. Provenant de l'ancienne tribu des Zemoul. (Sup. 11,107 hect.) Constitué en douar-com. par décret du 24 octobre 1868, *B. O.*, p. 1096. Rattaché à la com. mix. d'Aïn-M'lila, cant. jud. des Ouled-Rahmoun, arr. de Constantine; — à 16 kil. S.-O. des Ouled-Rahmoun et sur la route nationale de Stora à Biskra. Pop. 115 français, 3 israélites, 1,365 ind. et 17 étrangers. N° 18 de la carte. Une partie de ce douar a été prélevée pour la formation du village d'Aïn-M'lila et des fermes isolées d'Aïn-Haddada, de Fontaine-Blanche, de Fesguia et d'Aïn-Kercha.

El-Ksar ou **El-Ksar.** Provenant de l'ancienne tribu des Ouled-bou-Aoun. (Sup. 4,404 hect.) Constitué en douar-com. par décret du 14 décembre 1867, *B. O.*, 1868, p. 408. Rattaché à la com. ind., au cant. jud., au cerc. et à la subd. de Batna; — à 15 kil. N.-O. de Batna. Pop. 529 hab. ind. N° 230 de la carte.

El-Ksour. Provenant de l'ancienne tribu des Lakhdar-Halfaouïa. (Sup. 19,600 hect.) Douar formé des fract. de Aïn-el-Assafeur, d'El-Ksour et d'El-Biar. Constitué par décret du 25 septembre 1869, *B. O.*, p. 292. La 1re fract. rattachée à la com. mix. et au cant. jud. de Batna, arr. de Constantine et les deux dernières à la com. ind., au cant. jud., au cerc. et à la subd. de Batna; — El-Ksour, fract., à 20 kil. S.-O. de Batna et sur la route nationale de Stora à Biskra; El-Biar, fract., à 5 kil. S. de Batna et Aïn-el-Assafeur, à 7 kil. E. Pop. d'Aïn-el-Assafeur, 728 ind.; d'El-Ksour et d'El-Biar, 369 ind. Ces deux dernières fract. dépendent du kaïdat de Batna. N° 218 de la carte.

El-Ma. V. *Oued-el-Ma*, douar. Com. ind., cerc., cant. jud. et subd. de Batna.

El-ma-el-Abiod. Provenant de l'ancienne tribu des Ouled-sidi-Abid. (Sup. 17,732 hect.) Constitué en douar-com. par décret du 15 décembre 1869, *B. O.*, 1870, p. 75. Rattaché à la com. ind., au cant. jud. et au cerc. de Tebessa, subd. de Constantine; — à 10 kil. S. de Tebessa. N° 337 de la carte. — Nota : Les douars d'El-ma-el-Abiod, de Bekkaria et de Sidi-Abid, ont la jouissance des terrains domaniaux et communaux désignés sous les noms de : Région inhabitée et Terrains Sahariens, d'une sup. tot. de 141,375 hect.

El-Malah. V. *Chott-el-Malah*, douar. Com. ind., cant. jud., cerc. et subd. de Sétif.

El-Matrona. Provenant de l'ancienne tribu des Ouled-Nabet. (Sup. 8,875 hect.) Constitué en douar-com. par décret du 6 juillet 1870, *B. O.*, p. 319. Rattaché à la com. mix. d'Aïn-Abessa, cant. jud. et arr. de Sétif; — à 12 kil. N.-O. de Sétif. Pop. 1,324 hab. ind. N° 256 de la carte. Une partie du territoire de ce douar a été livrée à la colonisation pour la formation du centre d'Aïn-Abessa. L'ancienne smala de spahis d'une étendue de 2,634 hect. est comprise dans la sup. du douar donnée plus haut.

El-Matrouna. V. *El-Matrona*, douar. Com. mix. d'Aïn-Abessa, cant. jud. et arr. de Sétif.

El-M'cid ou **El-Mecid.** Provenant de l'ancienne tribu des Beni-Aïcha. (Sup. 2,627 hect.) Constitué en douar-com. par décret du 12 octobre 1868, *B. O.*, p. 1064. Rattaché à la com. ind. et au cerc. d'El-Milia, subd. de Constantine, cant. jud. de Mila; — à 40 kil. N.-O. de cette dernière ville. Pop. recensée avec le douar de Tamendjar 1,564 hab. ind. N° 21 de la carte. Ce douar et celui de Tamendjar forment le cheïkat indépendant de Beni-Aïcha.

El-Mechtal aussi appelé **Meskiana.** Provenant de l'ancienne tribu des Haracta. (Sup. 18,087 hect.) Constitué en douar-com. par décret du 8 juin 1870, *B. O.*, p. 249. Rattaché à la com. ind., au cant. jud. et au cerc. d'Aïn-Beïda, subd. de Constantine; — à 24 kil. S.-E. d'Aïn-Beïda. Pop. 1,284 hab. ind. N° 285 de la carte. Ce douar dépend actuellement du kaïdat d'Aïn-Sedjera.

El-Mechtob. V. *El-Mechtal*, douar. Com. ind., cant. jud. et cerc. d'Aïn-Beïda, subd. de Constantine.

El-Medad ou **El-Meddad.** Provenant de l'ancienne tribu des Ouled-Ayed. (Sup. 16,999 hect.) Constitué en douar-com. par décret du 2 octobre 1869, *B. O.*, p. 362. Rattaché à la com. ind., au cant. jud. et au cerc. de Teniet-el-Had, subd. d'Orléansville; — à 5 kil. O. de Teniet-el-Had et sur la limite O. de la com. pl. ex. de Teniet-el-Had. Pop. 3,185 hab. ind. N° 109 de la carte. Le territoire de ce douar forme actuellement la tribu ou le kaïdat de Beni-Hayane.

El-Meddad. V. *El-Medad*, douar. Com. ind., cant. jud. et cerc. de Teniet-el-Had, subd. d'Orléansville.

El-Medjabria. V. *Kulma-el-Medjabria*, douar. Com. pl. ex. de Condé-Smendou, cant. jud. et arr. de Constantine.

El-Merachda. Provenant de l'ancienne tribu des Amour-Chéraga. (Sup. 5,327 hect.) Constitué en douar-com. par décrets des 14 juillet 1865, *B. O.*, p. 353 et 16 juin 1866, *B. O.*, p. 402. Rattaché à la com. mix. et au cant. jud. de l'Oued-Zenati, arr. de Constantine; — à 30 kil. S.-O. d'Oued-Zenati. Pop. 10 français et 1,542 ind. N° 2 de la carte.

El-Messabehia ou **Messabehïa.** Provenant de l'ancienne tribu des Hassasna. (Sup. 3,786 hect.) Constitué en douar-com. par décret du 31 octobre 1866, *B. O.*, p. 802. Rattaché à la com. mix. et au cant. jud. de Relizane, arr. de Mostaganem; — à 3 kil. S. de Relizane et à cheval sur la route nationale d'Alger à Oran, et sur l'Oued-Mina, affluent rive gauche du Chélif. Pop. 11 français et 3,558 ind. N° 34 de la carte. Une partie de ce douar a été prélevée pour la formation du village dit : Les Silos. — NOTA : Le douar El-Messabehia possède, sur le territoire de la com. pl. ex. de Relizane, un communal de 19 hect. 28 ares 80 centiares formant les lots N°s 50, 51 et 51 *bis* du plan de lotissement de Relizane.

El-M'raouna. Provenant de l'ancienne tribu des Zemoul (Sup. 13,060 hect.) Constitué en douar-com. par décret du 24 octobre 1868, *B. O.*, p. 1096. Rattaché à la com. mix. d'Aïn-M'lila, cant. jud. de Ouled-Rahmoun, arr. de Constantine; — à 20 kil. S. des Ouled-Rahmoun, à l'E. de la route nationale de Stora à Biskra. Pop. 1,050 hab. ind. N° 19 de la carte.

El-Nehal. V. *Oum-el-Nehal*, douar. Com. mix. et cant. jud. de Jemmapes, arr. de Philippeville.

El-Oghbal. V. *Arhlal*, douar. Com. mix. et cant. jud. d'Aïn-Temouchent, arr. d'Oran.

El-Ouahad. V. *Ouled-Abd-el-Ouahad*, douar. Com. ind., cant. jud., cerc. et subd. de Sétif.

El-Ouessah. V. *Ouessah*, douar. Com. ind., cant. jud. et cerc. d'Aïn-Beïda, subd. de Constantine.

El-Ouïdan. V. *Issers-el-Ouïdan*. Com. pl. ex. de Blad-Guitoun, cant. jud. de Ménerville, arr. d'Alger.

El-Outaïa. Provenant de l'ancienne tribu des Sahari. (Sup. 36,199 hect.) Constitué en douar-com. par décret du 27 juillet 1870, *B. O.*, p. 370. Rattaché à la com. ind., au cant. jud. et au cerc. de Biskra, subd. de Batna; — à 8 kil. N.-O. de Biskra et sur la route nationale de Stora à Biskra. Pop. 388 ind. et 7 européens. N° 313 de la carte. Ce douar renferme le caravansérail dit d'El-Outaïa, divers postes de cantonnier, un emplacement réservé pour le campement des troupes, une carrière d'albâtre et l'ancienne salpêtrière ; ces différents immeubles ont une étendue tot. de 484 hect. 19 ares 27 centiares.

El-Outaya. V. *El-Outaïa*, douar. Com. ind., cant. jud. et cerc. de Biskra, subd. de Batna.

El-Rhabat. Provenant de l'ancienne tribu des Ouled-Sellem. (Sup. 10,477 hect.) Constitué en douar-com. par décret du 1er avril 1868, *B. O.*, p. 838. Rattaché à la com. ind., au cerc., au cant. jud. et à la subd. de Batna, annexe de Barika; — à 55 kil. O. de Batna, N° 122 de la carte. D'après le tableau de dénombrement, 1876, le douar d'El-Rhabat est formé des fract. suivantes : Ouled-Embarek, Ouled-Messaoud. Pop. ind. 1,656 hab.

El-Ténia. Provenant de l'ancienne tribu des Ouled-Ali. (Sup. 8,813 hect.) Douar formé de la fract. des Ouled-Ali-Founga. Constitué par décret du 21 décembre 1867, *B. O.*, 1868, p. 488. Rattaché à la com. mix. de St-Lucien, cant. jud. de Ste-Barbe-du-Tlélat, arr. d'Oran ; — à 14 kil. S. de Ste-Barbe-du-Tlélat, sur la route départementale et le chemin de fer d'Oran à Sidi-bel-Abbès. Pop. 28 français, 2 israélites, 2,243 ind. et 40 étrangers. N° 114 de la carte. Les centres de la Djema et d'Oued-Imbert ont été prélevés sur ce douar antérieurement au décret de délimitation de la tribu des Ouled-Ali ; un nouveau prélèvement vient d'être effectué pour l'agrandissement du centre d'Oued-Imbert.

El-Zerg appelé aussi **Oued-Cherf.** Provenant de l'ancienne tribu des Haracta. (Sup. 24,248 hect.) Constitué en douar-com. par décret du 8 juin 1870, *B. O.*, p. 249. Rattaché à la com. ind., au cant. jud. et au cerc. d'Aïn-Beïda, subd. de Constantine; — à 30 kil. N. d'Aïn-Beïda et sur l'Oued-Cherf, affluent de la Seybouse. Pop. 1,081 hab. ind. N° 269 de la carte.

Enchir-Ghoraï. Grand communal rattaché au douar-com. d'Aïn-Zitoun. V. *Aïn-Zitoun*, douar. Com. ind., cant. jud. et cerc. d'Aïn-Beïda, subd. de Constantine.

Ensigha. V. *Ouled-Ensigha*, douar. Com. ind., cerc. et cant. jud. de Khenchela, subd. de Batna.

Er-Raïcha. V. *Raïcha*, douar. Com. mix. des Issers, cant. jud. de Bordj-Ménaïel, arr. de Tizi-Ouzou.

Es-Semmar. Fract. du douar-com. de Kalâa. V. *Kalâa*, douar. Com. mix. et cant. jud. de Relizane, arr. de Mostaganem.

Estaïha. V. *Arb-Estaïha*, douar. Com. pl. ex. de Robertville, cant. jud. d'El-Arrouch, arr. de Philippeville.

Eulma-el-Medjabria ou **Eulma-Medjabria.** Provenant de la tribu des Souhalia. (Sup. 1,200 hect.) Constitué en douar-com. par décrets des 4 décembre 1864, *B. O.*, p. 490, et 19 avril 1865, *B. O.*, p. 288. Rattaché à la com. pl. ex. de Condé-Smendou, cant. jud. et arr. de Constantine; — à 24 kil. N.-E. de Constantine. La pop. d'Eulma-el-Medjabria a été recensée avec le douar-com. d'Oued-Sbikha.

Eulma. Fract. du douar-com. d'El-Hézébri. V. *El-Hézébri*, douar. Com. mix. d'Aïn-M'lila, cant. jud. des Ouled-Rahmoun, arr. de Constantine.

Eulma-Medjabia. V. *Eulma-el-Medjabria*, douar. Com. pl. ex. de Condé-Smendou, cant. jud. et arr. de Constantine.

Eumis. V. *Heumis*, douar. Com. mix. et cant. jud. de Ténès, arr. d'Orléansville.

Ezébri. V. *El-Hezébri*, douar. Com. mix. d'Aïn-M'lila, cant. jud. des Ouled-Rahmoun, arr. de Constantine.

F

Farès. V. *Ouled-Farès*, douar. Com. mix. de Malakoff, cant. jud. et arr. d'Orléansville.

Fedjoudj. Ancienne tribu du même nom. (Sup. 4,361 hect.) Constitué en douar-com. par décret du 21 mars 1870, *B. O.*, p. 124. Rattaché à la com. mix., au cant. jud. et à l'arr. de Guelma; — à 10 kil. N.-O. de Guelma, sur la route départementale de Guelma à Philippeville. Pop. recensée avec le douar des Beni-Addi, 1,448 hab. ind. N° 311 de la carte. Ce douar renferme la maison cantonnière du Fedjoudj, diverses sources thermales et la conduite d'eau servant à l'alimentation du village d'Enchir-Saïd. — NOTA : Diverses distractions territoriales, antérieures à la délimitation de la tribu, comprenant 16 concessions d'une étendue de 641 hect. 22 ares 56 centiares ont été maintenues ; cette sup. ne figure pas dans les 4,361 hect. du douar.

Fekan. Provenant de l'ancienne tribu des Metchatchi. (Sup. 10,135 hect.) Constitué en douar-com. par décret du 18 avril 1868, *B. O.*, p. 873. Rattaché à la com. mix., au cant. jud. et à l'arr. de Mascara; — à 25 kil. S.-O. de Mascara. Pop. 786 hab. ind. N° 79 de la carte. NOTA : 2,000 hect. env. ont été prélevés sur ce douar pour la formation du centre d'Aïn-Fekan.

Fekrina. V. *F'krina*, douar. Com. ind., cant. jud. et cerc. d'Aïn-Beïda, subd. de Constantine.

Feraguig. Provenant de l'ancienne tribu des Beni-N'cigh. (Sup. 5,465 hect.) Constitué en douar-com. par décret du 27 octobre 1866, *B. O.*, p. 714. Rattaché à la com. mix. et à l'arr. de Mascara, cant. jud. de Perrégaux, arr. jud. de Mostaganem ; — à 4 kil. S.-E. de Perrégaux. Pop. 957 hab. ind. N° 66 de la carte.

Feroukа. V. *Ferroukha*, douar. Com. pl. ex. de Souma, cant. jud. de Boufarik, arr. d'Alger.

Ferraga ou **Ferradja.** Provenant de l'ancienne tribu des Ferraga. (Sup. 8,720 hect.) Douar composé des fract. de Zehadlia, Ferraga-Fouaga et Ferraga-Tahta. Constitué par décret du 16 juin 1866, *B. O.*, p. 434. Rattaché à la com. mix. et au cant. jud. de St-Denis-du-Sig, arr. d'Oran ; — à 8 kil. E. de St-Denis-du-Sig, sur les chemins de fer d'Alger à Oran et d'Arzew à Saïda. Pop. 17 français, 1,276 ind. et 18 étrangers. N° 61 de la carte. — NOTA : Une partie de ce douar a été livrée à la colonisation pour la création du centre de Bou-Henni.

Ferraguia. V. *Feraguig*, douar. Com. mix. et arr. de Mascara, cant. jud. de Perrégaux.

Ferraguig. V. *Feraguig*, douar. Com. mix. et arr. de Mascara, cant. jud. de Perrégaux.

Ferroukha. Ancienne tribu du même nom. (Sup. 2,222 hect.) Constitué en douar-com. par décret du 27 octobre 1866, *B. O.*, p. 672. Rattaché à la com. pl. ex. de Souma, arr. d'Alger, cant. jud. de Boufarik ; — à 10 kil. S. de ce dernier centre. Pop. tot. 913 hab. N° 42 de la carte.

Fetah. V. *Beni-F'tah*, douar. Com. ind. et cerc. d'El-Milia, subd. de Constantine, cant. jud. de Mila.

Fettimat. Partie du douar d'Aïn-Nechma située sur la rive droite de l'Oued-el-Kébir et rattachée au cant. jud. de Jemmapes, arr. jud. de Philippeville. V. *Aïn-Nechma*, douar.

Filfila. V. *Arb-Filfila*, douar. Com. pl. ex. et arr. de Philippeville, cant. jud. de Jemmapes.

F'krina. Provenant de l'ancienne tribu des Haracta. (Sup. 17,925 hect.) Constitué en douar-com. par décret du 8 juin 1870, *B. O.*, p. 240. Rattaché à la com. ind., au cant. jud. et au cerc. d'Aïn-Beïda, subd. de Constantine ; — à 4 kil. S.-O. d'Aïn-Beïda. Pop. 1,319 hab. ind. N° 281 de la carte. Ce douar fait actuellement partie du kaïdat d'El-Beïda. Le douar de F'krina renferme diverses ruines romaines d'une étendue de 22 hect. 82 ares et un emplacement réservé pour le campement des troupes.

Flitta. V. *Douar-Flitta*, douar. Com. mix. et cant. jud. de Relizane, arr. de Mostaganem.

Fodda. Provenant de l'ancienne tribu des Attaf. (Sup. 9,364 hect.) Constitué en douar-com. par décret du 10 juillet 1867, *B. O.*, p. 987. Rattaché à la com. mix. de l'Oued-Fodda, cant. jud. et arr. d'Orléansville ; — à 20 kil. E. d'Orléansville et sur le chemin de fer et la route nationale d'Alger à Oran. Les territoires des centres d'Oued-Fodda, Bir-Saf-Saf et d'Ouled-Abbès ont été prélevés sur ce douar. Pop. de la partie laissée aux ind., 2,200 hab. et pop. du village d'Oued-Fodda, 597 hab. N° 66 de la carte. — Nota : Les villages de Bir-Saf-Saf et d'Ouled-Abbès n'étaient pas encore peuplés au moment du dénombrement quinquennal de 1876.

Founga. V. *Hachem-Darough-Founga*, douar. Arr. de Mostaganem.

Froha. Provenant de l'ancienne tribu des Metchatchil. (Sup. 9,356 hect.) Constitué en douar-com. par décret du 18 avril 1868, *B. O.*, p. 873. Rattaché à la com. mix., au cant. jud. et à l'arr. de Mascara ; — à 12 kil. S.-O. de Mascara et sur le chemin de fer d'Arzew à Saïda. Une partie de ce douar a été prélevée pour la formation du village de Froha. Pop. 1,535 hab. ind. N° 78 de la carte.

F'tah. V. *Beni-F'tah*, douar. Com. ind. et cerc. d'El-Milia, subd. de Constantine, cant. jud. de Mila.

G

Gada. V. *El-Gada*, douar. Com. mix. de St-Lucien, cant. jud. de Ste-Barbe-du-Tlélat, arr. d'Oran.

Gaïer. V. *Z'gaïer*, douar. Com. mix. et cant. jud. de Relizane, arr. de Mostaganem.

Garabas. V. *Gharabas*, douar. Com. mix. de Ben-Chicao, cant. jud. de Médéa, arr. d'Alger.

Garboussa. Provenant de l'ancienne tribu des Akerma-Ghéraba. (Sup. 2,067 hect.) Constitué en douar-com. par décret du 6 juin 1866, *B. O.*, p. 377. Rattaché à la com. mix. et au cant. jud. de Relizane, arr. de Mostaganem ; — à 16 kil. S.-O. de Relizane, sur la limite S. du territoire de colonisation de l'Hillil et sur l'Oued-Kalâa. Pop. 992 hab. ind. N° 31 de la carte.

Garboussa. V. *Guerboussa*, douar. Com. ind., cant. jud., cerc. et subd. d'Orléansville.

Gharabas. Provenant de l'ancienne tribu des Hassen-ben-Ali. (Sup. 4,562 hect.) Décret de délimitation du 15 juin 1864, *B. O.*, p. 287. Rattaché à la com. mix. de Ben-Chicao, cant. jud. de Médéa, arr. d'Alger ; — à 12 kil. S.-E. de Médéa. Pop. tot. 1,094 hab. N° 43 de la carte. Une partie de ce douar a été livrée à la colonisation pour l'installation du village d'Hassen-ben-Ali et du hameau de Ben-Chicao.

Ghedir. V. *El-Ghd'ir*, douar. Com. mix. et cant. jud. d'El-Arrouch, arr. de Philippeville.

Ghellaye. Ancienne tribu du même nom. (Sup. 3,751 hect.) Constitué en douar-com. par décret du 27 octobre 1866, *B. O.*, p. 706. Rattaché à la com. pl. ex. et au cant. jud. de Blida, arr. d'Alger ; — à 4 kil. S.-E. de Blida. Pop. tot. 690 hab. N° 42 de la carte.

Gheraba. V. *Gharabas*, douar. Com. mix. de Ben-Chicao, cant. jud. de Médéa, arr. d'Alger.

Gherazin. Ancienne tribu du même nom. (Sup. 11,919 hect.) Constitué en douar-com. par décret du 6 juillet 1870, *B. O.*, p. 330. Rattaché à la com. mix. d'Aïn-

Abessa, cant. jud. et arr. de Sétif ; — à 18 kil. S.-O. de Sétif, sur la route nationale d'Alger à Constantine et sur l'Oued-Bousselam. Pop. 2,477 hab. ind. N° 304 de la carte. Ce douar renferme la ruine romaine d'Aïn-Zada, le bivouac de Gueber-Atia, la grand'halte d'Abd-el-Bey, le Kenach d'Aïn-Turc (ancien campement des colonnes des Beys) et l'azel domanial de Sidi-Guermina, d'une sup. de 74 hect. 66 ares 50 centiares.

Gherazia. Provenant de l'ancienne tribu des Ouled-Attia. (Sup. 2,037 hect.) Constitué en douar-com. par décrets des 4 décembre 1864, *B. O.*, p. 484 et 19 avril 1865, *B. O.*, p. 288. Rattaché à la com. mix. et au cant. jud. d'El-Arrouch, arr. de Philippeville ; — à 24 kil. S.-E. d'El-Arrouch. Pop. 436 hab. ind. N° 6 de la carte.

Gherib. V. *Ghribs*, douar. Com. ind., cant. jud., cerc. et subd. de Médéa.

Ghezala. Provenant de l'ancienne tribu des Zerdezas. (Sup. 5,465 hect.) Constitué en douar-com. par décret du 22 novembre 1869, *B. O.*, 1870, p. 45. Rattaché à la com. mix. et au cant. jud. de Jemmapes, arr. de Philippeville ; — à 12 kil. S. de Jemmapes. Pop. 1,009 hab. ind. N° 248 de la carte. Ce douar renferme un emplacement réservé au campement des troupes, d'une étendue de 2 hectares 50 ares.

Ghomérian. V. *Beni-Ghomérian*, douar. Com. mix. de l'Oued-Fodda, cant. jud. de Duperré, arr. d'Orléansville.

Ghomri. V. *El-Ghomeri*, douar. Com. mix. de Relizane, cant. jud. de Perrégaux, arr. de Mostaganem.

Ghorib. V. *Ghribs*, douar. Com. ind., cant. jud., cerc. et subd. de Médéa.

Ghoualize. Provenant de l'ancienne tribu des Akerma-Gheraba. (Sup. 4,036 hect.) Constitué en douar-com. par décret du 6 juin 1866, *B. O.*, p. 377. Rattaché à la com. mix. et au cant. jud. de Relizane, arr. de Mostaganem ; — à 18 kil. O. de Relizane et sur la rive gauche de l'Oued-Hillil. Pop. 1,204 hab. ind. N° 20 de la carte.

Ghouflrat-Dani. V. *Ghouflrat-Ouled-Dani*, douar. Com. mix., cant. jud. et arr. de Mostaganem.

Ghouflrat-el-Bahri. Provenant de l'ancienne tribu des Ghouflrat. (Sup. 3,217 hect.) Constitué en douar-com. par décret du 6 avril 1867, *B. O.*, p. 546. Rattaché à la com. pl. ex. d'Aïn-Tédélès (2,438 hect.) et à celle d'Aïn-Boudinar (779 hect.), cant. jud. et arr. de Mostaganem ; — à 18 kil. N.-E. de Mostaganem. Pop. comprise dans les com. pl. ex. précitées.

Ghouflrat-el-Guebli. Provenant de l'ancienne tribu des Ghouflrat. (Sup. 2,706 hect.) Constitué en douar-com. par décret du 6 avril 1867, *B. O.*, p. 546. Rattaché à la com. pl. ex. de Blad-Touaria, cant. jud. et arr. de Mostaganem ; — à 18 kil. S.-E. de Mostaganem. Pop. comprise dans la com. pl. ex. de Blad-Touaria.

Ghouflrat-Ouled-Dani. Provenant de l'ancienne tribu des Ghouflrat. (Sup. 2,282 hect.) Constitué en douar-com. par décret du 6 avril 1867, *B. O.*, p. 546. Rattaché à la com. mix., au cant. jud. et à l'arr. de Mostaganem ; — à 32 kil. E. de Mostaganem. Pop. 192 hab. ind. N° 39 de la carte.

Ghouflrat-Seflsslfa. Provenant de l'ancienne tribu des Ghouflrat. (Sup. 2,777 hect.) Constitué en douar-com. par décret du 6 avril 1867, *B. O.*, p. 546. Rattaché, partie à la com. mix. de Mostaganem et partie à la com. pl. ex. de Blad-Touaria, cant. jud. et arr. de Mostaganem ; — à 24 kil. S.-E. de Mostaganem. Pop. de la partie rattachée à la com. mix., 1,125 hab. ind. N° 163 de carte. La sup. de la partie rattachée à la com. pl. ex. de Blad-Touaria est de 303 hect.

Ghrar. V. *El-Ghrar*, douar. Com. mix. et cant. jud. de Jemmapes, arr. de Philippeville.

Ghrara. V. *Oued-Ghrara*, douar. Com. mix. et cant. jud. de Jemmapes, arr. de Philippeville.

Ghribs. Ancienne tribu du même nom. (Sup. 16,038 hect.) Constitué en douar-com. par décret du 15 janvier 1868, *B. O.*, p. 523. Rattaché à la com. ind., au cant. jud., et à la subd. de Médéa ; — à 20 kil. S.-O. de Médéa et sur la rive gauche du Chélif. Pop. 3,509 hab. ind. N° 40 de la carte. D'après le tableau de dénombrement, 1876, ce douar se compose des fract. suivantes : Beni-Rached, 659 ind. ; Hédifa, 1,038 ind. ; Ouled-Ali, 1,114 ind. et Ouled-Madjenel, 698 ind.

Gomeri. V. *El-Ghomeri*, douar. Com. mix. de Relizane, cant. jud. de Perrégaux, arr. de Mostaganem.

Goualize. V. *Ghoualize*, douar. Com. mix. et cant. jud. de Relizane, arr. de Mostaganem.

Gouam ou **Gouani.** V. *El-Gouam*, terre domaniale réunie au douar de Zénatia. Com. mix. d'Oued-Zénati, arr. de Constantine. V. *Zénatia*, douar.

Gourine. V. *El-Gourine*, douar. Com. mix. de Gouraya, cant. jud. de Cherchel, arr. d'Alger.

Gourn. Provenant de l'ancienne tribu des Haracta. (Sup.

GR-GU ET DES FRACTIONS DE DOUARS) **GU**

11,994 hect.) Constitué en douar-com. par décret du 8 juin 1870, *B. O.*, p. 249. Rattaché à la com. ind., au cant. jud. et au cerc. d'Aïn-Beïda, subd. de Constantine; — à 26 kil. N. d'Aïn-Beïda. N° 268 de la carte. Pop. 1,569 hab. ind. Ce douar fait actuellement partie du kaïdat de Settara.

Grar. V. *El-Ghrar*, douar. Com. mix. et cant. jud. de Jemmapes, arr. de Philippeville.

Grlba. V. *Ghribs*, douar. Com. ind., cant. jud., cerc. et subd. de Médéa.

Guebelt-Z'dim. Provenant de l'ancienne tribu des Righa-Dahra. (Sup. 3,780 hect.) Constitué en douar-com. par décret du 6 septembre 1866, *B. O.*, p. 610. Rattaché à la com. ind., au cant. jud., au cerc. et à la subd. de Sétif; — à 45 kil. S.-O. de Sétif. Pop. 248 hab. ind. N° 134 de la carte. Ce douar fait actuellement partie du kaïdat du Bou-Thaleb.

Guedir. V. *El-Gh'dir*, douar. Com. mix. et cant. jud. d'El-Arrouch, arr. de Philippeville.

Guelthna. V. *El-Guethna*, douar. Com. mix., cant. jud. et arr. de Mascara.

Guellaïe. V. *Ghellaïe*, douar. Com. pl. ex. et cant. jud. de Blida, arr. d'Alger.

Guellal. Provenant de l'ancienne tribu des Amour-Dahra. (Sup. 6,048 hect.) Constitué en douar-com. par décret du 20 janvier 1868, *B. O.*, p. 617. Rattaché à la com. mix., au cant. jud. et à l'arr. de Sétif; — à 20 kil. S.-O. de Sétif. Pop. 45 français, 869 ind. N° 147 de la carte. Une partie de ce douar a été prélevée pour la formation des fermes isolées du Guellal.

Guellet-Zedin. V. *Guebelt-Z'dim*, douar. Com. ind., cant. jud., cerc. et subd. de Sétif.

Guelt-Zerg. V. *Guelt-Zerga*, douar. Com. pl. ex. et cant. jud. de St-Arnaud, arr. de Sétif.

Guelt-Zerga. Provenant de l'ancienne tribu des Amour-Dahra. (Sup. 8,202 hect.) Constitué en douar-com. par décret du 29 janvier 1868, *B. O.*, p. 617. Rattaché à la com. pl. ex. et au cant. jud. de St-Arnaud, arr. de Sétif; — à 4 kil. N. et N.-O. de St-Arnaud. Pop. 2,054 hab. ind. N° 140 de la carte.

Gueraïria. Provenant de l'ancienne tribu des Akerma-Gheraba. (Sup. 1,022 hect.) Constitué en douar-com. par décret du 6 juin 1866, *B. O.*, p. 377. Rattaché à la com. mix. et au cant. jud. de Relizane, arr. de Mostaganem; — à 18 kil. O. de Relizane et sur la limite O. du territoire de colonisation de l'Hillil. Pop. 1,156 hab. ind. N° 30 de la carte.

Guerboussa. Provenant de l'ancienne tribu des Sendjès. (Sup. 11,538 hect.) Constitué en douar-com. par décret du 30 septembre 1868, *B. O.*, p. 995. Rattaché à la com. mix., au cant. jud., au cerc. et à la subd. d'Orléansville; — à 6 kil. S.-O. d'Orléansville. Pop. 2,703 hab. ind. N° 93 de la carte.

Guerboussa. V. *Garboussa*, douar. Com. mix. et cant. jud. de Relizane, arr. de Mostaganem.

Guerdjoum. Provenant de l'ancienne tribu des Ouled-Abbad. (Sup. 12,151 hect.) Constitué en douar-com. par décret du 3 mars 1869, *B. O.*, p. 89. Rattaché à la com. mix., au cant. jud. et à l'arr. de Mascara; — à 22 kil. S. de Mascara et à cheval sur le chemin de fer d'Arzew à Saïda. Pop. 1,417 ind. et 7 étrangers. N° 145 de la carte. Une sup. de 670 hect. a été prélevée sur ce douar, pour l'établissement du centre de Traria ou Taria.

Guereïria. V. *Gueraïria*, douar. Com. mix. et cant. jud. de Relizane, arr. de Mostaganem.

Guerfa (Zone de). (Sup. 11,660 hect.) Azels domaniaux attribués aux ind. par décrets du 21 décembre 1867, *B. O.*, 1868, p. 440. Ces azels se composent, savoir: 1° dans la région S.-O. de la plaine: de Bou-Maraf-ben-Menasser, d'Aïchia, d'El-Guebli, de Ben-Zédira, d'une contenance de 3,305 hect.; 2° dans la région du S.-E. de l'Oued-Cherf supérieur: de Saakseli, de Railessi, de Dled-ben-Zaoui et d'El-Kebassi-ben-Kantouch, d'une étendue de 3,373 hect.; 3° la région du N. de l'Oued-Cherf inférieur est divisée en 2 groupes comprenant 8 azels, savoir: 1er groupe, Mohammed-ben-Djaballah, Mohammed-ben-el-Abiod, M'rabot-Abbas, El-Bedjaoui et Aïn-Delia, d'une sup. de 1,679 hect.; 2° groupe, Hassiben-Aoun, Chérif-ben-Aoun, Ben-Selman et El-Foudi, d'une étendue de 3,243 hect. Com. ind. et cerc. d'Aïn-Beïda, cant. jud. de Guelma, subd. de Constantine.

Guerguera. V. *Arb-Guerguera*, douar. Com. mix. et cant. jud. de Collo, arr. de Philippeville.

Guergour. Provenant de l'ancienne tribu des Amoucha. (Sup. 2,193 hect.) Constitué en douar-com. par décret du 10 juin 1869, *B. O.*, p. 168. Rattaché à la com. ind., au cant. jud. et à l'annexe de Takitount, cerc. et subd. de Sétif; — à 8 kil. S.-E. de Takitount. Pop. 350 hab. ind. N° 212 de la carte.

Guern-Amar. Provenant de l'ancienne tribu des Haracta. (Sup. 18,670 hect.) Constitué en douar-com. par décret du 8 juin 1870, *B. O.*, p. 249. Rattaché à la com. ind., au cant. jud. et au cerc. d'Aïn-Beïda, subd. de Constantine ; — à 10 kil. S.-E. d'Aïn-Beïda. Pop. 1,142 hab. ind. N° 283 de la carte. Ce douar fait actuellement partie du kaïdat d'Aïn-Sedjera.

Guern-O'mar. V. *Guern-Amar*, douar. Com. ind., cant. jud. et cerc. d'Aïn-Beïda, subd. de Constantine.

Guerouaou. V. *El-Guerouaou*, douar. Com. mix. de Cassaigne, cant. jud. d'Inkermann, arr. de Mostaganem.

Guerrouaou. V. *El-Guerouaou*, douar. Com. mix. de Cassaigne, cant. jud. d'Inkermann, arr. de Mostaganem.

Guerrouma. Provenant de l'ancienne tribu des Cheurfa-Dahra. (Sup. 11,298 hect.) Constitué en douar-com. par décret du 12 octobre 1868, *B. O.*, p. 1046. Rattaché à la com. et au cant. jud. de l'Arba, annexe et subd. d'Alger ; — à 20 kil. S.-E. de l'Arba. Pop. 3,846 hab. ind. N° 6 de la carte.

Guertoufa. Provenant de l'ancienne tribu des Ouled-Chérif-Gheraba. (Sup. 25,674 hect.) Constitué en douar-com. par décret du 27 octobre 1866, *B. O.*, p. 694. Rattaché à la com. ind. de Tiaret-Aflou, cant. jud. et cerc. de Tiaret, subd. de Mascara ; — à 4 kil. N.-O. de Tiaret. Pop. 1,838 hab. ind. N° 94 de la carte. Une partie de ce douar a été prélevée pour la formation du centre de Guertoufa.

Guethma. V. *El-Guethma*, douar. Com. mix., cant. jud. et arr. de Mascara.

Guidjal. Provenant de l'ancienne tribu des Amour-Guebala. (Sup. 12,578 hect.) Constitué en douar-com. par décret du 18 mai 1867, *B. O.*, p. 822. Rattaché à la com. mix., au cant. jud. et à l'arr. de Sétif ; — à 12 kil. S.-E. de Sétif. Pop. 3 français, 47 israélites, 4 étrangers et 2,020 ind. N° 143 de la carte.

Guitana. Fract. du douar-com. de Kalâa. V. *Kalâa*, douar. Com. mix. et cant. jud. de Relizane, arr. de Mostaganem.

H

Habacha. V. *El-Habécha*, douar. Com. mix. et annexe de Zemmorah, cant. jud. de Relizane, subd. d'Oran.

Habéba. V. *Ouled-Habébah*, douar. Com. mix. et cant. jud. d'El-Arrouch, arr. de Philippeville.

Habécha. V. *El-Habécha*, douar. Com. mix. et annexe de Zemmorah, cant. jud. de Relizane, subd. d'Oran.

Haboucha. Ancienne tribu du même nom. (Sup. 8,317 hect.) Constitué en douar-com. par décret du 27 octobre 1860, *B. O.*, p. 461. Rattaché à la com. mix. de Frendah-Mascara, cerc. et subd. de Mascara, cant. jud. de Relizane ; — à 24 kil. S.-O. de Relizane, à cheval sur l'Oued-Melah, affluent de la Mina. Pop. 1,013 hab. ind. N° 187 de la carte.

Habra. Fract. du douar-com. d'Atba-Djellaba. V. *Atba-Djellaba*, douar. Com. mix. et cant. jud. de St-Denis-du-Sig, arr. d'Oran.

Hacel. V. *Bel-Hacel*, douar. Com. mix. et cant. jud. de Relizane, arr. de Mostaganem.

Hachem-Darough-Founga. Provenant de l'ancienne tribu des Hachem-Darough. (Sup. 1,028 hect., déduction faite de 9 hect. du domaine public et un hect. du domaine de l'État.) Constitué en douar-com. par décret du 4 décembre 1864, *B. O.*, p. 472. Rattaché aux com. pl. ex. de Mostaganem, de Pélissier et d'Aboukir, cant. et arr. de Mostaganem ; — à 10 kil. E. et N.-E. de Mostaganem, sur le chemin de cette ville à Mazouna. Le territoire de ce douar est entièrement melk. La pop. est comprise dans les com. pl. ex. précitées.

Hachem-Darough-Tahta. Provenant de l'ancienne tribu des Hachem-Darough. (Sup. 3,362 hect., déduction faite de 149 hect. du domaine de l'État et 23 hect. du domaine public.) Constitué en douar-com. par décret du 4 décembre 1864, *B. O.*, p. 472. Rattaché à la com. pl. ex. de Tounin, cant. jud. et arr. de Mostaganem ; — à 5 kil. N.-E. de cette dernière ville. Le territoire de ce douar est entièrement melk. Pop. comprise dans la com. pl. ex. de Tounin.

Haddad. V. *Oued-Haddad*, douar. Com. mix. de Frendah-Mascara, cerc., cant. jud. et subd. de Mascara.

Haddada. Provenant de l'ancienne tribu des Ouillen. (Sup. 8,601 hect.) Constitué en douar-com. par décret du 15 décembre 1869, *B. O.*, 1870, p. 64. Rattaché à la com. mix., au cant. jud. et au cerc. de Souk-Ahras, subd. de Bône; — à 24 kil. E. de Souk-Ahras et sur la frontière de Tunis. Pop. 711 hab. ind. N° 333¹ de la carte. Ce douar fait actuellement partie du kaïdat des Ouillen. Diverses ruines romaines et un emplacement réservé pour le campement des troupes d'une étendue tot. de 10 hect. 50 ares font partie du domaine de l'État.

Hadjadja. Ancienne tribu du même nom. (Sup. 5,147 hect.) Constitué en douar-com. par décret du 8 avril 1868, *B. O.*, p. 856. Rattaché à la com. mix. et à l'arr. de Mascara, cant. jud. de Perrégaux; — à 12 kil. S.-E. de ce dernier centre et sur le chemin de Mascara à l'Hillil. Pop. 883 hab. ind. N° 72 de la carte. Le centre d'Aïn-Farès a été établi dans ce douar.

Hadjama. V. *Adjama*, douar. Com. mix. et cerc. d'Ammi-Moussa, subd. d'Oran, cant. jud. d'Inkermann.

Hall-el-Der. Provenant de l'ancienne tribu des Ouled-Derradj. (Sup. 1,341 hect.) Constitué en douar-com. par décret du 13 avril 1867, *B. O.*, p. 632. Rattaché à la com. ind., au cant. jud. et au cerc. de Bordj-bou-Arréridj, annexe de M'sila, subd. de Sétif; — à 45 kil. S.-O. de Bordj-bou-Arréridj. Pop. comprise dans la fract. des Ouled-Adi-Dahra du kaïdat et de la tribu du Hodna. N° 165 de la carte.

Hallouan. V. *Bou-Hallouan*, douar. Com. mix. d'Adélia, cant. jud. et arr. de Miliana.

Halloufa. V. *Bou-Halloufa*, douar. Com. mix. de Cassaigne, arr. de Mostaganem, cant. jud. d'Inkermann.

Hamadéna. Provenant de l'ancienne tribu des Akorma-Chéraga. (Sup. 8,746 hect.) Constitué en douar-com. par décret du 23 novembre 1867, *B. O.*, 1868, p. 208. Rattaché à la com. mix. et au cant. jud. d'Inkermann, arr. de Mostaganem; — à 12 kil. S.-O. d'Inkermann et sur le chemin de fer et la route nationale d'Alger à Oran. Pop. 2,202 hab. ind. N° 46 de la carte. Une partie de ce douar a été prélevée pour la formation du centre européen d'Hamadéna.

Hamdane. V. *Bou-Hamdane*, douar. Com. mix., cant. jud. et arr. de Guelma.

Hameïden. V. *Beni-Hameïdan*, douar. Com. pl. ex. de Bizot, cant. jud. et arr. de Constantine.

Hamidech. V. *Ouled-Hamidech*, douar. Com. ind. et cerc. d'El-Milia, cant. jud. et annexe de Collo, subd. de Constantine.

Hammam. V. *El-Hammam*, douar. Com. mix. d'Adélia, cant. jud. et arr. de Miliana.

Hammama. V. *El-Hammama*, douar. Com. mix. d'Aïn-Abessa, cant. jud. et arr. de Sétif.

Hammam-Melouane. Provenant de l'ancienne tribu des Beni-Miscera. (Sup. 7,745 hect.) Douar formé de la fract. de Beni-Khelil. Constitué en douar-com. par décret du 12 octobre 1868, *B. O.*, p. 1040. Ce douar est coupé en deux parties par l'Oued-el-Harrach ; la partie de la rive droite est rattachée à la com. pl. ex. de Rovigo et celle de la rive gauche à la com. pl. ex. de Boufarik, arr. d'Alger, cant. jud. de l'Arba ; — à 8 kil. S.-E. de Boufarik, à 3 kil. S.-O. de Rovigo et à 10 kil. S.-O. de l'Arba. Pop. de la partie rattachée à Boufarik, 1,377 hab. et à Rovigo, 535 hab. N° 7 de la carte. Ce douar renferme les sources thermales d'Hammam-Melouane et deux carrières de ciment d'une étendue de 23 hect. 40 ares.

Hamra. V. *Koudiat-Hamra*, douar. Com. ind., cant. jud., cerc. et subd. d'Aumale.

Hamyan. Ancienne tribu du même nom. (Sup. 13,807 hect.) Constitué en douar-com. par décret du 13 avril 1867, *B. O.*, p. 639. Rattaché à la com. mix. de la Mekerra, cant. jud. et arr. de Sidi-bel-Abbès ; — à 20 kil. S. de Sidi-bel-Abbès et à cheval sur l'Oued-Meir'ir. Pop. 67 étrangers et 655 ind. N° 102 de la carte. Une partie de ce douar a été prélevée pour la formation du centre de Tenira et du hameau de Trafiinet. — NOTA : Par arrêté du Gouverneur général, en date du 24 février 1876, 1,100 hect. de la forêt de Bou-Yetas ont été distraits du douar-com. d'Oued-Taourira, com. mix. de Daya et rattachés au douar des Hamyan, com. mix. de la Mekerra, arr. de Sidi-bel-Abbès.

Hamza. V. *Koudiat-Hamra*, douar. Com. ind., cerc., cant. jud. et subd. d'Aumale. — V. *Ouled-Hamza*, douar. Com. pl. ex. de Boghar et de Boghari, cant. jud. de Boghari, arr. d'Alger. — V. *Ouled-Hamza*, douar. Com. mix. et cant. jud. d'El-Arrouch, arr. de Philippeville.

Hanencha. Provenant de l'ancienne tribu du même nom. (Sup. 15,652 hect.) Douar formé de la fract. de Zmala. Constitué par décret du 25 mars 1868, *B. O.*, p. 815. Rattaché à la com. ind., au cant. jud. et au cerc. de Souk-Ahras, subd. de Bône; — à l'O. de la com. pl.

ex. de Souk-Ahras. Pop. 3,728 hab. ind. N° 107 de la carte. Une partie de ce douar (fract. de Zmala) a été prélevée pour l'installation du village d'Aïn-Seynour.

Hanich. V. *Ouled-Hanich*, douar. Com. ind., cant. jud. et cerc. de Bordj-bou-Arréridj, subd. de Sétif.

Hanini. V. *El-Anini*, douar. Com. mix. d'Aïn-Abessa, cant. jud. et arr. de Sétif.

Hannacha. Ancienne tribu du même nom. (Sup. 4,465 hect.) Constitué en douar-com. par décret du 23 septembre 1867, *B. O.*, p. 1075. Rattaché à la com. ind., au cant. jud., au cerc. et à la subd. de Médéa ; — à 12 kil. S.-O. de Médéa et sur la rive droite du Chélif. Pop. 1,054 hab. ind. N° 37 de la carte. D'après le tableau de dénombrement, 1876, ce douar se compose des fract. suivantes : Ouled-Hamouda, 376 ind. ; Ouled-bou-Halia, 255 ind. ; Rander, 153 ind. et Dra-Saboun, 270 ind.

Haouamed. Ancienne tribu du même nom. (Sup. 87,257 hect.) Constitué en douar-com. par décret du 3 mars 1869, *B. O.*, p. 94. Rattaché à la com. ind., au cant. jud. et au cerc. de Bou-Sâada, subd. d'Aumale ; — à 84 kil. S. de Bordj-bou-Arréridj, à 15 kil. E. de Bou-Sâada et au S.-O. du Chott-el-Hodna. Pop. recensée avec la tribu des Ouled-Feradj. N° 188 de la carte. Ce douar est compris dans la partie de l'ancien cerc. de Bou-Sâada rattachée au dép. d'Alger, par décision ministérielle du 1er avril 1874.

Haouammed. V. *Haouamed*, douar. Com. ind., cant. jud. et cerc. de Bou-Sâada, subd. d'Aumale.

Haouara. Ancienne tribu du même nom. (Sup. 8,269 hect.) Constitué en douar-com. par décret du 31 octobre 1868, *B. O.*, p. 1154. Rattaché à la com. ind., au cant. jud., au cerc. et à la subd. de Médéa ; — à 8 kil. S.-E. de Médéa. Pop. 1,990 hab. N° 106 de la carte. D'après le tableau de dénombrement, 1876, ce douar se compose des fract. suivantes : Ouled-Thabet, 460 ind. ; Ouled-Amran, 518 ind. ; Laouata, 588 ind. ; Ouled-Daoud, 207 ind. et Menasseria, 217 ind.

Haouch-bey-Drahim ou **Haouch-el-Bey**. Prélevé sur l'ancienne tribu des Abid-el-Feraïlia. (Sup. 1,466 hect.) Douar provisoire rattaché au douar Oued-Ouaguenay, V. *Oued-Ouaguenay*, douar. Com. ind., cerc. et cant. jud. de Miliana, subd. d'Orléansville.

Haracta-Djerma-Dahra. Ancienne tribu du même nom. (Sup. 4,922 hect.) Constitué en douar-com. par décret du 26 août 1865, *B. O.*, p. 396. Rattaché à la com. mix. et au cant. jud. de Batna, arr. de Constantine ; — à 10 kil. N.-E. de Batna et sur la route nationale de Stora à Biskra. Pop. 211 hab. ind. N° 111 de la carte.

Haracta-Djerma-Guebala. Ancienne tribu du même nom. (Sup. 2,355 hect.) Constitué en douar-com. par décret du 26 août 1865, *B. O.*, p. 396. Rattaché à la com. mix. et au cant. jud. de Batna, arr. de Constantine ; — à 10 kil. N.-E. de Batna et sur la route nationale de Stora à Biskra. Pop. 156 hab. ind. N° 110 de la carte. Une partie de ce douar a servi à la formation des villages d'El-Madher, de Fesdiss et de Kessaïa.

Harartsa. Ancienne tribu du même nom. (Sup. 5,440 hect.) Territoire délimité et réparti par décret du 1er mai 1860, *B. O.*, p. 111. Rattaché à la com. mix. et à l'annexe de Zemmorah, cant. jud. de Relizane, subd. d'Oran ; — à 16 kil. E. de Relizane. Pop. 1,543 hab. ind. N° 151 de la carte. Le centre de Zemmorah a été établi dans cette tribu. — Nota : Les Harartsa, faisant déjà partie de la com. mix. de Zemmorah au moment de la délimitation, n'ont pas été constitués en douar-com. La jouissance des biens communaux de ce douar appartient également au groupe européen de Zemmorah, centre créé par décret du 2 mars 1864, comme au groupe ind. Pop. du groupe européen, 228 français, 44 israélites, 34 ind. et 87 étrangers. Pop. du groupe ind. 1,543 hab.

Harchoun. Provenant de l'ancienne tribu des Sendjès. (Sup. 9,508 hect.) Constitué en douar-com. par décret du 30 septembre 1868, *B. O.*, p. 995. Rattaché à la com. ind., au cant. jud., au cerc. et à la subd. d'Orléansville ; — à 10 kil. S.-E. d'Orléansville et sur l'Oued-Fodda, affluent du Chélif. Pop. 1,962 hab. ind. N° 91 de la carte.

Harrar. V. *El-Harrar-du-Chélif*, douar. Com. mix. de l'Oued-Fodda, cant. jud. de Duperré, arr. d'Orléansville.

Harrid. V. *Ouled-Harrid*, douar. Com. mix., cant. jud. et arr. de Guelma.

Hassabas. Territoire azel prélevé sur la tribu des Tréat et réuni à la terre habbous des Abd-es-Selam. (Sup. tot. 1,384 hect.) Constitué en douar-com. par décret du 29 juin 1870, *B. O.*, p. 311, sous le nom d'Abd-es-Selam, *B. O.*, 1868, p. 628. V. *Abd-es-Selam*, douar, arr. de Bône.

Hassaïnia. Provenant de l'ancienne tribu des Ouled-Malef. (Sup. 7,360 hect.) Constitué en douar-com. par décret du 30 octobre 1867, *B. O.*, 1868, p. 628. Rattaché 1° 48 hect. 85 arcs à la com. pl. ex. de Rivoli ; 2° 1,557 hect. 47 ares à la com. d'Aboukir, section d'Aïn-sidi-Chérif, et 3° 5,702 hect. 80 ares à la com. mix. de Mos-

HA ET DES FRACTIONS DE DOUARS) **HA-HE**

taganem. Cant. jud. et arr. de Mostaganem; — à 18 kil. S. de cette ville, à l'O. de la route nationale d'Alger à Oran. Pop. ind. de la partie du douar comprise dans la com. mix. 1,093 hab. N° 160 de la carte. Une partie de ce douar a été prélevée pour la formation du centre de Sirat.

Hassasnah. V. *Ahsasnah*, douar. Com. mix. et cant. jud. de l'Oued-Zenati, arr. de Constantine.

Hassein. V. *Beni-Hassein*, douar. Com. ind., cant. jud. et cerc. de Bougie, subd. de Sétif.

Hassenaoua. Provenant de l'ancienne tribu de M'gueddem. (Sup. 6,392 hect.) Constitué en douar-com. par décret du 25 janvier 1868, *B. O.*, p. 588. Rattaché à la com. ind., au cant. jud. et au cerc. de Bordj-bou-Arréridj, subd. de Sétif; — à 8 kil. N.-E. de Bordj-bou-Arréridj. Pop. 1,886 hab. ind. N° 156 de la carte. Ce douar fait actuellement partie du kaïdat du Morissan.

Hassi. V. *El-Hassi*, douar. Com. ind., cant. jud. et cerc. d'Aïn-Beïda, subd. de Constantine.

Hayen. Provenant de l'ancienne tribu des Beni-Habibi. (Sup. 3,350 hect.) Constitué en douar-com. par décret du 21 décembre 1867, *B. O.*, 1868, p. 447. Rattaché à la com. ind., au cant. jud. et au cerc. de Djidjelli, subd. de Constantine; — à 18 kil. E. de Djidjelli et sur la rive gauche de l'Oued-Kébir. Pop. 1,173 hab. ind. N° 57 de la carte.

Hazabra. Provenant de l'ancienne tribu des Ouled-Attia. (Sup. 1,284 hect.) Constitué en douar-com. par décrets des 4 décembre 1864, *B. O.*, p. 484, et 19 avril 1865, *B. O.*, p. 288. Rattaché à la com. mix. et au cant. jud. d'El-Arrouch, arr. de Philippeville; — à 12 kil. S.-E. d'El-Arrouch. Pop. 694 hab. ind. N° 10 de la carte. Ce douar se compose de deux groupes isolés.

Hazébri. V. *El-Hezébri*, douar. Com. mix. d'Aïn-M'lila, arr. de Constantine, cant. jud. des Ouled-Rahmoun.

Helb. (Sup. 942 hect.) Terre collective de culture de l'ancienne tribu des Bordjia. Rattachée au douar de S'fafah par décret du 9 novembre 1865, *B. O.*, p. 495. Com. mix., cant. jud. et arr. de Mostaganem. Pop. comprise dans le douar de S'fafah. V. *S'fafah*, douar.

Herenfa. Provenant des anciennes tribus de Sbeah du Nord et des Ouled-Ziad. (Sup. 10,121 hect.) Constitué en douar-com. par décret du 27 novembre 1868, *B. O.*, 1869, p. 57. Rattaché à la com. ind., au cant. jud., au cerc. et à la subd. d'Orléansville; — à 18 kil. O. d'Orléansville. Pop. 1,963 hab. ind. N° 101 de la carte.

Heumis. Ancienne tribu du même nom. (Sup. 13,832 hect.) Constitué en douar-com. par décret du 24 mars 1866, *B. O.*, p. 128. Rattaché à la com. mix. et au cant. jud. de Ténès, arr. d'Orléansville; — à 18 kil. S. de Ténès et sur la route d'Orléansville à Ténès. Pop. tot. 3,423 hab. N° 85 de la carte. — NOTA : Le centre dit des Trois-Palmiers a été établi dans ce douar.

Heurmis. V. *Heumis*, douar. Com. mix. et cant. jud. de Ténès, arr. d'Orléansville.

Hezebri. V. *El-Hezébri*, douar. Com. mix. d'Aïn-M'lila, cant. jud. des Ouled-Rahmoun, arr. de Constantine.

I

IA-IG

Iamiden ou **Yamiden.** Provenant de l'ancienne tribu des Beni-Khettab. (Sup. 4,616 hect.) Constitué en douar-com. par décret du 4 mars 1868, *B. O.*, p. 717. Rattaché à la com. ind. et au cerc. d'El-Milia, subd. de Constantine, cant. jud. de Mila; — à 16 kil. N. de cette dernière ville et à cheval sur l'Oued-Kébir. Pop. 2,630 hab. ind. N° 13 de la carte. Ce douar fait actuellement partie du cheïkat indépendant des Beni-Khettab. Le territoire des Iamiden renferme un marché très-fréquenté.

Ighoud. Provenant de l'ancienne tribu des Ouled-Ayad. (Sup. 21,888 hect.) Constitué en douar-com. par décret du 28 octobre 1869, *B. O.*, p. 361. Rattaché à la com. ind., au cant. jud. et au cerc. de Teniet-el-Had, subd. d'Orléansville; — à 10 kil. S.-O. de Teniet-el-Had. Pop. 3,594 hab. ind. N° 110 de la carte.

IL

Ile des Pisans. Terrain domanial d'une sup. de 1 hect. 20 ares dépendant du douar-com. d'Aït-Ameur-ou-Ali. Com. mix., cant. jud. et arr. de Bougie. V. *Aït-Ameur-ou-Ali*, douar.

Ile de Tazeroute. Terrain domanial, d'une étendue de 1 hect. 32 ares 85 centiares, dépendant du douar-com. d'El-Djenah. Com. ind., cerc. et cant. jud. de Djidjelli, subd. de Constantine. V. *El-Djenah*, douar.

Herman. Provenant de l'ancienne tribu des Haracta-el-Madher. (Sup. 2,720 hect.) Constitué en douar-com. par décret du 21 octobre 1865, *B. O.*, p. 458. Rattaché à la com. mix. et au cant. jud. de Batna, arr. de Constantine ; — à 20 kil. N.-E. de Batna. Pop. 90 hab. Ind. N° 114 de la carte.

Insigha. V. *Ouled-Ensigha*, douar. Com. ind., cant. jud. et cerc. de Khenchela, subd. de Batna.

Ismeur. V. *Ouled-Ismeur*, douar. Com. mix. et cerc. d'Ammi-Moussa, cant. jud. d'Inkermann, subd. d'Oran.

Isser-el-Djedian. V. *El-Djedian*, douar. Com. pl. ex. de Bois-Sacré et com. mix. des Issers, cant. jud. de Bordj-Menaïel, arr. de Tizi-Ouzou.

Issers-el-Ouïdan. Provenant de l'ancienne tribu des Issers-Gharbi. (Sup. 8,925 hect.) Constitué en douar-com. par décret du 11 août 1866, *B. O.*, p. 584. Rattaché à la com. pl. ex. de Blad-Guitoun, cant. jud. de Ménerville, arr. d'Alger ; — à 10 kil. N.-E. de Ménerville. Pop. tot. du douar 2,303 hab. N° 14 de la carte. — NOTA: Les villages de Zâatra et de Zemouri et les fermes isolées d'Isserbourg et d'Issers-el-Ouïdan ont été établis dans ce douar.

Issers-el-Ouïdane. V. *Issers-el-Ouïdan*, douar. Com. pl. ex. de Blad-Guitoun, cant. jud. de Ménerville, arr. d'Alger.

K

KA

Kachena. V. *Khachna-el-Djebel*, douar. Com. mix. de Palestro, cant. jud. de Ménerville, arr. d'Alger.

Kachena. V. *Khachna* (civil). Territoire dépendant des com. pl. ex. de Ménerville, Blad-Guitoun et l'Alma, arr. d'Alger.

Kaf-Aogab ou **Kef-Aougueb.** Territoire ind. réuni au douar-com. de Sebaou-el-Kedim. Com. mix. des Issers, cant. jud. de Bordj-Menaïel, arr. de Tizi-Ouzou ; — à 12 kil. N.-E. de Bordj-Menaïel, sur la rive gauche de l'Oued-Sebaou. Pop. recensée avec les fermes isolées de Kouanin et le douar Sebaou-el-Kedim 1,207 hab.

Kahouna. Fract. du douar-com. de Tafrent. V. *Tafrent*, douar. Com. mix., cant. jud. et cerc. de Saïda, subd. de Mascara.

Kalâa. Ancienne tribu ou kaïdat du même nom. (Sup. 13,136 hect.) Douar comprenant : 1° la ville ind. de Kalâa divisée en quatre quartiers; 2° les villages ind. de Debba, Tillouanet et Messerata; 3° les fract. de Guitana, Es-Semmar et El-Azaïzia. Constitué en douar-com. par décret du 4 septembre 1867, *B. O.*, p. 1057. Rattaché à la com. mix. et au cant. jud. de Relizane, arr. de Mostaganem ; — à 20 kil. S.-O. de Relizane et sur le chemin de Mascara à l'Hillil. Pop. tot. 3,569 hab., savoir : 11 français et 3,558 ind. N° 70 de la carte.

Kalaoun ou **Kalaoum.** Provenant de l'ancienne tribu des Amoucha. (Sup. 2,458 hect.) Constitué en douar-com. par décret du 16 juin 1869, *B. O.*, p. 168. Rattaché à la com. ind., au cant. jud. et à l'annexe de Takitount, cerc. et subd. de Sétif, arr. jud. de Bougie ; — à 4 kil. O. de Takitount. Pop. 410 hab. Ind. N° 208 de la carte.

Kandek-Asla. V. *Khendek-Asla*, douar. Com. mix. et cant. jud. d'El-Arrouch, arr. de Philippeville.

Kanguet-Aoun. V. *Khanguet-Aoun*, douar. Com. ind., cant. jud. et cerc. de La Calle, subd. de Bône.

Kanguet-Sabath. V. *Khanguet-Sabath*, douar. Com. mix. et cant. jud. de l'Oued-Zenati, arr. de Constantine.

Kantara. V. *El-Kantara*, douar. Com. ind., cant. jud. et cerc. de Biskra, subd. de Batna.

Khamras. Fract. du douar-com. de Sidi-Bakhti. Rattaché provisoirement à la com. pl. ex. de Bousfer, cant. jud. et arr. d'Oran. V. *Sidi-Bakhti*, douar.

Karkara. Azel de la zone du Chettaba. (Sup. 645 hect.) Territoire délimité et réparti par décret du 1er septembre 1869, *B. O.*, p. 243. Rattaché à la com. pl. ex. de Rouffach, cant. jud. de Mila, arr. de Constantine; — à 30 kil. S.-E. de Mila. Pop. comprise dans la com. pl. ex. de Rouffach.

Karttoufa. V. *Guertoufa*, douar. Com. ind. de Tiaret-Aflou, cant. jud. et cerc. de Tiaret, subd. de Mascara.

Kasbah-Mazouna ou **Kasbah.** Y compris la ville ind. de Mazouna. Provenant de l'ancienne tribu des Mazouna. (Sup. 7,483 hect.) Constitué en douar-com. par décret du

18 novembre 1869, *B. O.*, 1870, p. 26. Rattaché à la com. mix. de Cassaigne, arr. de Mostaganem, cant. jud. d'Inkermann ; — à 24 kil. N.-O. de ce dernier centre. Pop. recensée avec les douars de Bou-Halloufa et de Bou-Mata 5,665 hab. N° 196 de la carte. Une partie du territoire de ce douar a été prélevée pour l'installation du village de Renault.

Kassem. V. *Ouled-Kassem*, douar. Com. ind. et cerc. d'El-Milia, subd. de Constantine, cant. jud. de Mila.

Kasserlou. V. *Kasserou*, terre domaniale. Com. mix. et cant. jud. de Batna, arr. de Constantine.

Kasserou. Terre domaniale distraite de l'ancienne tribu des Zouï. (Sup. 5,549 hect.) V. le décret du 24 octobre 1868, *B. O.*, p. 1118. Territoire soumis aux opérations du sén.-cons. non érigé en douar-com. Rattaché à la com. mix. et au cant. jud. de Batna, arr. de Constantine ; — à 8 kil. N. de Batna. Pop. 74 hab. ind. N° 345 de la carte.

Kedadra. V. *El-Kedadra*, douar. Com. mix., cant. jud. et arr. de Mostaganem.

Kedara. V. *Khedara*, douar. Com. mix., cant. jud. et cerc. de Souk-Ahras, subd. de Bône.

Kemaïs. V. *El-Khemaïs*, douar. Com. ind., cant. jud. et cerc. de Teniet-el-Had, subd. d'Orléansville.

Kenchela. V. *Khenchela*, douar. Com. mix., cant. jud. et cerc. de Khenchela, subd. de Batna.

Kendek-Asla. V. *Khendek-Asla*, douar. Com. mix. et cant. jud. d'El-Arrouch, arr. de Philippeville.

Kerbet-Ksar-et-Thir. V. *Khorbet-Ksar-et-Thir*, douar. Com. ind., cant. jud., cerc. et subd. de Sétif.

Kerkera. V. *Arb-Guerguera*, douar. Com. mix. et cant. jud. de Collo, arr. de Philippeville.

Kermouda. Provenant des azels de la zone des Zouagha. (Sup. 4,085 hect.) Douar formé des azels de Redjas-el-Ferada, Ouled-Ahmed, Kermouda, Seraghna et Semara. Constitué par décret du 2 avril 1870, *B. O.*, p. 148. Rattaché à la com. mix. et au cant. jud. de Mila, arr. de Constantine ; — à 4 kil. N.-O. de Mila. Pop. 422 français et 997 ind. N° 297 de la carte. Le douar de Kermouda a été livré à la colonisation pour la formation des centres de Kermouda, Seraghna et Redjas-el-Ferada.

Kezaras. V. *Khézaras*, douar. Com. mix., cant. jud. et arr. de Guelma.

Khachna (civils). Provenant de l'ancienne tribu du même nom. (Sup. 17,383 hect.) Territoire non érigé en douar-com. Réparti par décret du 6 avril 1867, *B. O.*, p. 528. Rattaché, au moment de la délimitation, à la com. pl. ex. de l'Alma, actuellement aux com. de l'Alma, de Blad-Guitoun et de Ménerville, cant. jud. de Ménerville, arr. d'Alger. Pop. recensée avec les com. pl. ex. précitées.

Khachna-el-Djebel. Provenant de l'ancienne tribu du même nom. (Sup. 5,004 hect.) Constitué en douar-com. par décret du 28 avril 1866, *B. O.*, p. 314. Rattaché, avec une petite partie du douar-com. d'El-Gulous, à la com. mix. de Palestro, cant. jud. de Ménerville, arr. d'Alger. Pop. tot. 3,450 hab. — NOTA : Les territoires de colonisation du Col-des-Beni-Amran et d'Aïn-N'sara ont prélevés sur ce douar.

Khaled. V. *Ouled-Khaled*, douar. Com. mix. d'Aïn-M'lila, cant. jud. des Ouled-Rahmoun, arr. de Constantine.

Khanguet-Aoûn. Provenant des anciennes tribus des Ouled-Arid et Sbeta. (Sup. 8,299 hect.) Constitué en douar-com. par décret du 12 octobre 1868, *B. O.*, p. 1058. Rattaché à la com. ind., au cant. jud. et au cerc. de La Calle, subd. de Bône ; — à 10 kil. S. de La Calle. Pop. 745 hab. ind. N° 101 de la carte. Ce douar fait actuellement partie du kaïdat de l'Oued-el-Kébir.

Khanguet-el-Aoun. V. *Khanguet-Aoûn*, douar. Com. ind., cant. jud. et cerc. de La Calle, subd. de Bône.

Khanguet-Sabath. Provenant de l'ancienne tribu des Eulma-Kehakcha. (Sup. 2,963 hect.) Constitué en douar-com. par décret du 24 juillet 1869, *B. O.*, p. 212. Rattaché à la com. mix. et au cant. jud. de l'Oued-Zénati, arr. de Constantine ; — à 16 kil. N.-O. de l'Oued-Zénati et sur le chemin de fer de Guelma à Constantine. Pop. recensée avec les douars des Ouled-Sassy et des Ouled-Ahmed, 7 français, 1,418 ind. N° 241 de la carte.

Khedara. Provenant de l'ancienne tribu des Ouillen. (Sup. 14,400 hect.) Constitué en douar-com. par décret du 15 décembre 1869, *B. O.*, 1870, p. 64. Rattaché à la com. ind., au cant. jud. et au cerc. de Souk-Ahras, subd. de Bône ; — à 20 kil. E. de Souk-Ahras, sur la frontière de Tunis et sur la rive droite de la Medjerda. Pop. 2,061 hab. ind. N° 333 *bis* de la carte. Ce douar fait actuellement partie du kaïdat d'Ouillen.

Khemaïs. V. *El-Khemaïs*, douar. Com. ind., cant. jud. et cerc. de Teniet-el-Had, subd. d'Orléansville.

Khemis. V. *Beni-Khemis*, douar. Com. mix. et arr. de Mascara, cant. jud. de Perrégaux.

Khenchela. Provenant de l'ancienne tribu des Amamra. (Sup. 7,130 hect.) Constitué en douar-com. par décret du 8 septembre 1869, *B. O.*, p. 272. Rattaché à la com. mix., au cant. jud. et au cerc. de Khenchela, subd. de Batna. Pop. tot. du douar, 1,067 hab., savoir : 329 français, 45 israélites, 54 étrangers et 639 ind. N° 223 de la carte. Une partie de ce douar a été prélevée pour l'installation du centre européen de Khenchela. — NOTA : Ce douar renferme une maison de commandement, un emplacement de bivouac, un emplacement affecté au marché de Khenchela et les ruines romaines de Mascula, d'une étendue de 35 hect. 51 ares.

Khendek-Aala. Provenant de l'ancienne tribu des Ouled-Attia. (Sup. 1,155 hect.) Constitué en douar-com. par décrets des 4 décembre 1864, *B. O.*, p. 490 et 19 avril 1865, *B. O.*, p. 288. Rattaché à la com. mix. et au cant. jud. d'El-Arrouch, arr. de Philippeville ; — à 16 kil. S.-E. d'El-Arrouch. Pop. 437 hab. ind. N° 8 de la carte.

Khorbet-Ksar-et-Thir. Provenant de l'ancienne tribu des Righa-Dahra. (Sup. 2,140 hect.) Constitué en douar-com. par décret du 6 septembre 1866, *B. O.*, p. 610. Rattaché à la com. ind., au cant. jud., au cerc. et à la subd. de Sétif ; — à 50 kil. S.-O. de Sétif. Pop. 692 hab. ind. N° 137 de la carte. Ce douar fait actuellement partie du kaïdat de Bou-Thaleb.

Khezaras. Ancienne tribu du même nom. (Sup. 5,066 hect.) Constitué en douar-com. par décret du 10 avril 1867, *B. O.*, p. 612. Rattaché à la com. mix., au cant. jud. et à l'arr. de Guelma ; — à 15 kil. S.-E. de Guelma. Pop. recensée avec les Beni-Ourzeddin, 2,665 hab. ind. N° 92 de la carte.

Khiar. V. *Aïn-Khiar*, douar. Com. ind., cant. jud. et cerc. de La Calle, subd. de Bône.

Khorfan. Provenant de l'ancienne tribu des Ouled-Attia. (Sup. 3,037 hect.) Constitué en douar-com. par décrets des 4 décembre 1864, *B. O.*, p. 484 et 19 avril 1865, *B. O.*, p. 288. Rattaché à la com. mix. et au cant. jud. d'El-Arrouch, arr. de Philippeville ; — à 24 kil. S.-E. d'El-Arrouch. Pop. 1,479 hab. ind. N° 5 de la carte.

Khrouf. Provenant de l'ancienne tribu des Tahallaït (Sup. 5,944 hect.) Constitué en douar-com. par décret du 5 mai 1866, *B. O.*, p. 331. Rattaché à la com. mix. et au cant. jud. de St-Denis-du-Sig, arr. d'Oran ; — à 5 kil. S. de cette dernière ville et à cheval sur l'Oued-Sig. Pop. 1,901 hab. ind. N° 19 de la carte.

Klaïba. Provenant de l'ancienne tribu des Ouled-Ahmed. (Sup. 9,090 hect.) Constitué en douar-com. par décret du 21 décembre 1867, *B. O.*, 1868, p. 481. Rattaché à la com. mix. d'Inkermann, cant. jud. de Relizane, arr. de Mostaganem ; — à 18 kil. N.-E. de Relizane, sur la rive droite de l'Oued-Mina et sur la rive gauche du Chélif. Pop. 1,087 hab. ind. N° 51 de la carte.

Kiar. V. *Aïn-Khiar*, douar. Com. ind., cant. jud. et cerc. de La Calle, subd. de Bône.

Korfan. V. *Khorfan*, douar. Com. mix. et cant. jud. d'El-Arrouch, arr. de Philippeville.

Kouachi. V. *El-Kouachi*, douar. Com. mix. d'Aïn-M'lila, cant. jud. des Ouled-Rahmoun, arr. de Constantine.

Koudiat-Hamra. Provenant de l'ancienne tribu des Aribs. (Sup. 4,642 hect.) Constitué en douar-com. par décret du 13 mars 1867, *B. O.*, p. 462. Rattaché à la com. ind., au cant. jud., au cerc. et à la subd. d'Aumale ; — à 18 kil. N. d'Aumale. Pop. 1,262 hab. ind. N° 30 de la carte.

Koudiat-Hamza. V. *Koudiat-Hamra*, douar. Com. ind., cant. jud., cerc. et subd. d'Aumale.

Koudiat-Ouïllen. V. *Coudiat-Ouïllen*, douar. Com. ind., cant. jud. et cerc. de Bordj-bou-Arréridj, annexe de M'sila, subd. de Sétif.

Kranguet-Sabat. V. *Khanguet-Sabath*, douar. Com. mix. et cant. jud. de l'Oued-Zenati, arr. de Constantine.

Krorfan. V. *Khorfan*, douar. Com. mix. et cant. jud. d'El-Arrouch, arr. de Philippeville.

Krouf. V. *Khrouf*, douar. Com. mix. et cant. jud. de St-Denis-du-Sig, arr. d'Oran.

Ksar. V. *Aïn-Ksar*, douar. Com. ind., cant. jud., cerc. et subd. de Sétif.

Ksar. V. *El-Kçar*. Com. mix. de St-Lucien, cant. jud. de Ste-Barbe-du-Tlélat, arr. d'Oran.

Ksar. V. *El-Ksar*, douar. Com. ind., cant. jud., cerc. et subd. de Batna.

Ksar-el-Kelb. Provenant de l'ancienne tribu des Haracta. (Sup. 9,217 hect.) Grand communal de la tribu des Haracta, réuni au douar-com. d'Aïn-Thouïla, par décret du 8 juin 1870, *B. O.*, p. 246. Com. ind., cant. jud. et cerc. d'Aïn-Beïda, subd. de Constantine. N° 293 de la carte.

Ksar-el-Tir. V. *Kherbet-Ksar-et-Tir*, douar. Com. ind., cant. jud., cerc. et subd. de Sétif.

Ksob. V. *Oued-Ksob*, douar. Com. pl. ex. de Gastonville, cant. jud. d'El-Arrouch, arr. de Philippeville.

K'sour. V. *El-Ksour*, fract. du douar du même nom. Com. ind., cant. jud., cerc. et subd. de Batna.

Ksour. V. *El-Ksour*, douar. Rattaché partie à la com. mix. de Batna, arr. de Constantine, et partie à la com. ind. de Batna, subd. de Batna, cant. jud. de Batna.

L

Lakhred. V. *Ouled-Lakhred*, douar. Com. ind. de Tiaret-Aflou, cant. jud. et cerc. de Tiaret, subd. de Mascara.

L'Arbaa. V. *Bled-Larbâa*, douar. Com. ind., cant. jud., cerc. et subd. de Sétif.

M

Maallah. V. *Ouled-Mahalla*, douar. Com. ind., cerc., cant. jud. et subd. de Sétif.

Mâallah. V. *Ouled-Mdallah*, douar. Com. mix. de Cassaigne, arr. de Mostaganem.

Mâameur. V. *Beni-Maameur*, douar. Partie à la com. ind. de Djidjelli, subd. de Constantine, et partie à la com. mix. de Duquesne, cant. jud. de Djidjelli, arr. de Bougie.

Maazir. V. *Mdaziz*, douar. Com. mix. et cerc. de Lalla-Maghrnia, cant. jud. de Nemours, subd. de Tlemcen.

Mdaziz. Ancienne tribu du même nom. (Sup. 9,004 hect.) Constitué en douar-com. par décret du 27 octobre 1869, *B. O.*, p. 424. Rattaché à la com. mix. et au cerc. de Lalla-Maghrnia, cant. jud. de Nemours, subd. de Tlemcen; — à 22 kil. S. de Nemours. Pop. 1,006 hab. ind. N° 181 de la carte. Ce douar renferme la source thermale d'Hammam-Chigr et la fontaine d'Aïn-Tata aménagées par le génie militaire.

Madala. Provenant de l'ancienne tribu des Mezzaïa. (Sup. 1,900 hect.) Constitué en douar-com. par décret du 13 juillet 1867, *B. O.*, p. 994. Rattaché à la com. mix., au cant. jud. et à l'arr. de Bougie; — à 5 kil. O. de Bougie. Pop. 1,819 hab. ind. N° 157 de la carte. Une partie de ce douar a été livrée à la colonisation pour l'établissement des fermes isolées de Madala.

Madjouba. V. *Bled-Madjouba*, douar. Com. ind., cant. jud., cerc. et subd. de Sétif.

Ma-el-Abiod. V. *El-Ma-el-Abiod*, douar. Com. ind., cant. jud. et cerc. de Tebessa, subd. de Constantine.

Mahalla. V. *Ouled-Mahalla*, douar. Com. ind., cant. jud., cerc. et subd. de Sétif.

Mahdid. Provenant de l'ancienne tribu des Hazedj. (Sup. 5,905 hect.) Constitué en douar-com. par décret du 25 avril 1866, *B. O.*, p. 256. Rattaché à la com. mix. de la Mekerra, cant. jud. et arr. de Sidi-bel-Abbès. Ce douar est divisé en deux parties : la partie N. à 6 kil. de Sidi-bel-Abbès et sur la ligne du chemin de fer d'Oran à Sidi-bel-Abbès; la partie N.-E., à 7 kil. Pop. 16 français, 15 étrangers et 698 ind. N° 111 de la carte.

Mahia. Provenant de l'ancienne tribu des Séfia. (Sup. 9,504 hect.) Constitué en douar-com. par décret du 25 janvier 1868, *B. O.*, p. 597. Rattaché à la com. ind., au cant. jud. et au cerc. de Souk-Ahras, subd. de Bône; — à 12 kil. O. de Souk-Ahras. Pop. 2,667 hab. ind. N° 105 de la carte. Ce douar fait actuellement partie du kaïdat de Séfia.

Main. V. *Main*, douar. Com. mix. et cant. jud. de Ténès, arr. d'Orléansville.

Maïn. Ancienne tribu du même nom. (Sup. 7,700 hect.)

Constitué en douar-com. par décret du 15 janvier 1868, *B. O.*, p. 526. Rattaché à la com. mix. et au cant. jud. de Ténès, arr. d'Orléansville; — à 8 kil. S.-E. de Ténès. Pop. tot. 1,329 hab. N° 97 de la carte. Ce douar renferme le Bordj des Rapta.

Makda. Provenant de l'ancienne tribu des Zoua. (Sup. 14,059 hect.) Constitué en douar-com. par décret du 15 mai 1869, *B. O.*, p. 136. Rattaché à la com. mix., au cant. jud. et à l'arr. de Mascara; — à 22 kil. S.-E. de Mascara. Pop. 1,101 hab. ind. N° 153 de la carte.

Malah. Provenant de l'ancienne tribu des Amour-Dahra. (Sup. 9,953 hect.) Constitué en douar-com. par décret du 20 janvier 1868, *B. O.*, p. 616. Rattaché à la com. mix., au cant. jud. et à l'arr. de Sétif; — à 16 kil. S.-O. de Sétif et sur la rive droite du Boussellam. Pop. 1,186 hab. ind. N° 146 de la carte.

Malah. V. *Chott-el-Malah*, douar. Com. ind., cant. jud., cerc. et subd. de Sétif.

Mamora. V. *Oued-Mamora*, douar. Com. ind., cant. jud., cerc. et subd. d'Aumale.

Mansour. V. *Ouled-Mansour*, douar. Com. mix., cant. jud. et arr. de Sétif.

Maoussa. Provenant de la tribu des Ahl-Eghris-Gheraba et Cheraga. (Sup. 7,761 hect.) Constitué en douar-com. par décret du 29 mai 1869, *B. O.*, p. 184. Rattaché à la com. mix., au cant. jud. et à l'arr. de Mascara; — à 8 kil. E. de Mascara. On a prélevé sur ce douar: 1° 135 hect. pour l'établissement des fermes d'Atela; 2° 1,174 hect. pour la formation du village de Maoussa. Pop. de la partie du douar laissée aux ind. 2,074 hab. N° 136 de la carte.

Marabtine-d'el-Djorf. Provenant de la tribu des Ouled-Derradj. (Sup. 2,362 hect.) Constitué en douar-com. par décret du 13 avril 1867, *B. O.*, p. 632. Rattaché à la com. ind., au cant. jud. et au cerc. de Bordj-bou-Arréridj, annexe de M'sila, subd. de Sétif; — à 48 kil. S. de Bordj-bou-Arréridj. N° 104 de la carte. La pop. de ce douar a été recensée avec la fract. des Ouled-Adi-Dahra de la tribu du Hodna.

Martoua. Ancienne tribu du même nom. (Sup. 7,150 hect.) Constitué en douar-com. par décret du 4 mars 1868, *B. O.*, p. 690. Rattaché à la com. mix. et au cerc. d'Ammi-Moussa, subd. d'Oran, cant. jud. d'Inkermann; — à 20 kil. S.-E de cette dernière ville. Pop. 1,800 hab. ind. N° 6 de la carte.

Marmi. V. *Béni-Marmi*, douar. Com. mix., cant. jud. et arr. de Guelma.

Matoug. V. *Ouled-Matoug*, douar. Com. ind., cant. jud. et cerc. de Bordj-bou-Arréridj, annexe de M'sila, subd. de Sétif.

Matrona. V. *El-Matrona*, douar. Com. mix. d'Aïn-Abessa, cant. jud. et arr. de Sétif.

Matroua. V. *El-Matrona*, douar. Com. mix. d'Aïn-Abessa, cant. jud. et arr. de Sétif.

Mazer. Fract. du douar-com. de Sidi-Simiane. V. *Sidi-Simiane*, douar. Com. mix. de Gouraya, arr. d'Alger, cant. jud. de Cherchel.

Mazouna. V. *Kasbah-Mazouna*, douar. Com. mix. de Cassaigne, cant. jud. d'Inkermann, arr. de Mostaganem.

Mazouz. V. *Ouled-Mazouz*, douar. Com. mix. et cant. jud. de Collo, arr. de Philippeville.

M'barek. V. *Ouled-M'barek*, douar. Com. ind. et cerc. d'El-Milia, subd. de Constantine, cant. jud. de Mila.

M'chaala. V. *Mechala*, douar. Com. ind., cant. jud. et cerc. de Souk-Ahras, subd. de Bône.

M'chaYa ou **Mehaya.** Provenant des anciennes tribus des Sbeah du Nord et Ouled-Ziad. (Sup. 9,916 hect.) Constitué en douar-com. par décret du 27 novembre 1868, *B. O.*, 1869, p. 56. Rattaché à la com. ind., au cant. jud., au cerc. et à la subd. d'Orléansville; — à 25 kil. O. d'Orléansville. Pop. 2,852 hab. ind. N° 102 de la carte. Ce douar renferme le bordj connu sous le nom d'Aïn-Méran.

M'chaYda. Azel. V. *M'souna et Mechmech*, azels attribués aux ind. Com. pl. ex. et cant. jud. d'El-Arrouch, arr. de Philippeville.

M'chat. Ancienne tribu du même nom. (Sup. 5,376 hect.) Constitué en douar-com. par décret du 3 février 1869, *B. O.*, p. 66. Rattaché à la com. ind. et au cerc. d'El-Milia, subd. de Constantine, cant. jud. de Mila; — à 40 kil. N. de cette dernière ville. Pop. 2,485 hab. ind. N° 171 de la carte. Le douar de M'chat dépend actuellement du kaïdat des Ouled-Aouat.

M'chounech. Ancienne tribu du même nom. (Sup. 46,180 hect.) Constitué en douar-com. par décret du 31 décembre 1866, *B. O.*, 1867, p. 100. Rattaché à la com. ind., au cant. jud. et au cerc. de Biskra, subd. de Batna; — à 20 kil. N.-E. de Biskra et à cheval sur l'Oued-el-Abiod. Pop. ind. 1,528 hab. N° 124 de la carte.

M'eïd. V. *El-M'eïd*, douar. Com. ind. et cerc. d'El-Milia, cant. jud. de Mila, subd. de Constantine.

M'eïl. Provenant de l'ancienne tribu des Ouled-Sellem. (Sup. 21,502 hect.) Constitué en douar-com. par décret du 1er avril 1868, *B. O.*, p. 838. Rattaché à la com. ind., au cerc., au cant. jud. et à la subd. de Batna, annexe de Barika ; — à 38 kil. O. de Batna. Pop. 1,215 hab. ind. N° 120 de la carte. D'après le tableau de dénombrement, 1870, ce douar comprend les fract. suivantes : Ouled-bou-Saïd, Ouled-Haddad, Ouled-Rahdi et Ouled-Freda.

M'doukal. Provenant de l'ancienne tribu des Sahari. (Sup. 17,326 hect.) Constitué en douar-com. par décret du 27 juillet 1870, *B. O.*, p. 370. Rattaché à la com. ind., au cant. jud. et au cerc. de Biskra, subd. de Batna ; — à 55 kil. N.-O. de Biskra. Pop. 1,200 hab. ind. N° 310 de la carte.

Mebtouh. V. *Oued-Mebtouh*, douar. Com. mix. de la Mekerra, cant. jud. et arr. de Sidi-bel-Abbès.

Mechaïa. V. *M'chaïa*, douar. Com. ind., cant. jud., cerc. et subd. d'Orléansville.

Mechaïda ou **M'chaïda.** Azel. V. *M'souna*, azel attribué aux ind. Com. pl. ex. et cant. jud. d'El-Arrouch, arr. de Philippeville.

Mechala. Provenant de l'ancienne tribu des Sefla. (Sup. 4,933 hect.) Constitué en douar-com. par décret du 25 janvier 1868, *B. O.*, p. 597. Rattaché à la com. ind., au cant. jud. et au cerc. de Souk-Ahras, subd. de Bône ; — à 22 kil. O. de Souk-Ahras. Pop. 1,343 hab. ind. N° 104 de la carte. Ce douar fait actuellement partie du kaïdat de Sefla.

Mechalan. V. *Mechala*, douar. Com. ind., cant. jud. et cerc. de Souk-Ahras, subd. de Bône.

Mechat. V. *M'chat*, douar. Com. ind. et cerc. d'El-Milia, subd. de Constantine, cant. jud. de Mila.

Mechera-Sfa. Provenant de l'ancienne tribu des Akerma. (Sup. 7,852 hect.) Douar formé des fract. des Ouled-Zydia (en 2 parties), Ouled-bou-Ali (en 2 parties), Ouled-Rezg, Ouled-Saoud, El-Athraf et Bossera. Constitué par décret du 10 juillet 1867, *B. O.*, p. 979. Rattaché à la com. ind., au cant. jud. et au cerc. de Tiaret, subd. de Mascara ; — à 18 kil. O. de Tiaret, sur la route de Mascara à Tiaret. Pop. 836 hab. ind. N° 9 de la carte. Ce douar renferme le caravansérail du même nom et un emplacement affecté à un bivouac.

Mech-Mech. Ancien azel domanial. V. *M'souna*, territoire attribué aux ind. Com. pl. ex. et cant. jud. d'El-Arrouch, arr. de Philippeville.

Mechounech. Ancienne tribu du même nom. V. *M'chounech*, douar. Com. ind., cant. jud. et cerc. de Biskra, subd. de Batna.

Mechta-Lahmar. V. *Bled-Lahmar*, terre domaniale du douar-com. de Touarès. Com. mix. et cerc. d'Ammi-Moussa, cant. jud. d'Inkermann, subd. d'Oran.

Mechtal. V. *El-Mechtal*, douar. Com. ind., cant. jud. et cerc. d'Aïn-Beïda, subd. de Constantine.

Meeid. V. *El-M'eïd*, douar. Com. ind. et cerc. d'El-Milia, subd. de Constantine, cant. jud. de Mila.

Meeida ou **Messida.** Azel domanial réuni à celui de Bou-Ksaïba. V. *Bou-Ksaïba*, douar-com. Com. pl. ex. de Rouffach, cant. jud. de Mila, arr. de Constantine.

Meeil. V. *M'eil*, douar. Com. ind., cerc., cant. jud. et subd. de Batna, annexe de Barika.

Medad. V. *El-Medad*, douar. Com. ind., cant. jud. et cerc. de Teniet-el-Had, subd. d'Orléansville.

Medfoun. Provenant de l'ancienne tribu des Haracta. (Sup. 20,739 hect.) Constitué en douar-com. par décret du 8 juin 1870, *B. O.*, p. 249. Rattaché à la com. ind., au cant. jud. et au cerc. d'Aïn-Beïda, subd. de Constantine ; — à 12 kil. O. d'Aïn-Beïda et au N. du lac d'El-Tarf. Pop. 1,580 hab. ind. N° 280 de la carte. Ce douar fait actuellement partie du kaïdat d'Oum-el-Abeir.

Medinet-Medjadja. Provenant de l'ancienne tribu des Medjadja. (Sup. 18,168 hect.) Constitué en douar-com. par décret du 5 décembre 1866, *B. O.*, 1867, p. 51. Rattaché à la com. ind., au cant. jud., au cerc. et à la subd. d'Orléansville ; — à 6 kil. N.-E. d'Orléansville et sur la rive droite du Chélif. Pop. 5,563 hab. ind. N° 84 de la carte. Ce douar renferme un centre ind. très-important dit Medinet-Medjadja.

Médionneeh. V. *M'chounech*, douar. Com. ind., cant. jud. et cerc. de Biskra, subd. de Batna.

Médiouna. Ancienne tribu du même nom. (Sup. 11,123 hect.) Constitué en douar-com. par décret du 8 juin 1870, *B. O.*, p. 257. Rattaché à la com. mix. de Cassaigne, cant. jud. d'Inkermann, arr. de Mostaganem ; — à 24 kil. N.-O. d'Inkermann. Pop. 3,837 hab. ind. N° 193 de la carte.

Medjabia. V. *Eulma-et-Medjabria*, douar. Com. pl. ex. de Condé-Smendou, cant. jud. et arr. de Constantine.

Medjadja. V. *Medinet-Medjadja*, douar. Com. ind., cant. jud., cere. et subd. d'Orléansville.

Medjadja. Provenant de l'ancienne tribu du même nom. (Sup. 8,815 hect.) Constitué en douar-com. par décret du 2 mai 1866, *B. O.*, p. 293. Rattaché à la com. mix., au cant. jud. et à l'arr. de Philippeville ; — à 16 kil. S.-O. de Philippeville. Pop. 2,207 hab. ind. N° 65 de la carte.

Medjahed. V. *Sidi-Medjahed*, douar. Com. mix. et cere. de Lalla-Maghrnia, subd. de Tlemcen, cant. jud. de Nemours.

Medjekan. V. *Ouled-Medjkan*, douar. Com. mix. de Palestro, cant. jud. de Ménerville, arr. d'Alger.

Medjounès. Provenant de l'ancienne tribu des Amour-Dahra. (Sup. 7,432 hect.) Constitué en douar-com. par décret du 29 janvier 1868, *B. O.*, p. 617. Rattaché à la com. mix., au cant. jud. et à l'arr. de Sétif ; — à 20 kil. N.-E. de Sétif. Pop. 1,219 hab. ind. N° 148 de la carte. Une partie de ce douar a été prélevée par le service de la colonisation pour l'établissement du village de Beni-Foudha.

Medoukal. V. *M'doukal*, douar. Com. ind., cant. jud. et cere. de Biskra, subd. de Batna.

Mefatah. V. *Meftah*, douar. Com. mix. de St-Lucien, cant. jud. de Ste-Barbe-du-Tlélat, arr. d'Oran.

Mefatah. V. *M'fatah*, douar. Com. ind. de Boghar, cant. jud. de Boghari, subd. de Médéa.

Mefta. V. *Meftah*, douar. Com. mix. de St-Lucien, cant. jud. de Ste-Barbe-du-Tlélat, arr. d'Oran.

Meftah. Provenant de l'ancienne tribu des Z'méla. (Sup. 14,982 hect.) Constitué en douar-com. par décret du 29 septembre 1867, *B. O.*, p. 1135. Rattaché à la com. mix. de St-Lucien, cant. jud. de Ste-Barbe-du-Tlélat, arr. d'Oran ; — à 18 kil. S.-O. de Ste-Barbe-du-Tlélat. Pop. 15 français, 2,760 ind. et 46 étrangers. N° 22 de la carte. Une partie de ce douar a été prélevée pour la formation du territoire de colonisation de Tamzoura et d'Arbal.

Megann. Provenant de l'ancienne tribu des Séfia. (Sup. 6,140 hect.) Constitué en douar-com. par décret du 25 janvier 1868, *B. O.*, p. 597. Rattaché à la com. ind., au cant. jud. et au cere. de Souk-Ahras, subd. de Bône ; — à 12 kil. N.-O. de Souk-Ahras. Pop. 1,183 hab. ind. N° 102 de la carte. Une grande partie de ce douar a été prélevée par le service de la colonisation pour l'installation des villages d'Oued-Cham, de Laverdure et d'Aïn-Seynour.

Meghalsa. Provenant de l'ancienne tribu des Telaghma. (Sup. 8,084 hect.) Constitué en douar-com. par décret du 12 novembre 1868, *B. O.*, 1869, p. 24. Rattaché à la com. mix. de Châteaudun, cant. jud. d'Oued-Atménia, arr. de Constantine ; — à 4 kil. S. de l'Oued-Atménia. Pop. 1,960 hab. ind. N° 177 de la carte.

Mehadid. V. *Mahdid*, douar. Com. mix. de la Mekerra, cant. jud. et arr. de Sidi-bel-Abbès.

Mehaïa. V. *Mahia*, douar. Com. ind., cant. jud. et cere. de Souk-Ahras, subd. de Bône.

Mehaïa. V. *M'chaïa*, douar. Com. ind., cant. jud., cere. et subd. d'Orléansville.

Meharez. V. *Beni-Meharez*, douar. Com. pl. ex. et cant. jud. de Teniet-el-Had, arr. de Miliana.

Mehenna. V. *Ouled-Mehenna*, douar. Com. ind., cant. jud., cere. et subd. de Batna.

Meil. V. *M'eil*, douar. Com. ind., cant. jud., cere. et subd. de Batna.

Mekhencha. V. *Ouled-Mekhencha*, douar. Com. mix. des Eulma, cant. jud. de St-Arnaud, arr. de Sétif.

Mekla. Provenant de l'ancienne tribu des Amraoua. (Sup. 5,871 hect.) Constitué en douar-com. par décret du 7 avril 1869, *B. O.*, 1870, p. 155. Rattaché à la com. ind., au cant. jud. et au cere. de Fort-National, subd. de Dellys ; — à 10 kil. N. de Fort-National. Pop. 898 hab. ind. N° 115 de la carte.

Mekla. V. *Beni-Mekla*, douar. Com. pl. ex. et cant. jud. de Bordj-Menaïel, arr. de Tizi-Ouzou.

Meknessa. Ancienne tribu du même nom. (Sup. 14,949 hect.) Constitué en douar-com. par décret du 2 octobre 1869, *B. O.*, p. 906. Rattaché à la com. mix. et au cere. d'Ammi-Moussa, subd. d'Oran, cant. jud. d'Inkermann ; — à 28 kil. S.-E. de cette dernière ville et sur la rive droite de l'Oued-Riou, affluent du Chélif. Pop. 3,388 hab. ind. N° 167 de la carte.

Melghir. V. *Mel'rir* douar. Com. mix., cant. jud. et arr. de Mascara.

Mellal. V. *Ouled-Mellal*, douar. Com. mix. de Ben-Chicao, cant. jud. de Médéa, arr. d'Alger.

Mellikeuch. V. *Beni-Mellikeuch*, douar. Com. ind., cant. jud. et cerc. d'Akbou, subd. de Sétif, arr. jud. de Bougie.

Mellila. Provenant de l'ancienne tribu des Zerdézas. (Sup. 13,081 hect.) Constitué en douar-com. par décret du 22 novembre 1869, *B. O.*, 1870, p. 45. Rattaché à la com. mix. et au cant. jud. de Jemmapes, arr. de Philippeville; — à 8 kil. S.-E. de Jemmapes. Pop. 150 français, 5 étrangers et 1,370 ind. N° 247 de la carte. Le village d'Aïn-Cherchar a été établi dans ce douar, à l'intersection des routes départementales de Bône et de Guelma.

Melouane. V. *Hammam-Melouane*, douar. Com. pl. ex. de Rovigo et de Boufarik, arr. d'Alger.

Melr'ir. Provenant de l'ancienne tribu des Ouled-Abbad. (Sup. 14,254 hect.) Constitué en douar-com. par décret du 3 mars 1869, *B. O.*, p. 89. Rattaché à la com. mix., au cant. jud. et à l'arr. de Mascara; — à 30 kil. S.-O. de Mascara et à cheval sur l'Oued-Melr'ir et l'Oued-Trarfa. Pop. 1,215 hab. ind. N° 146 de la carte.

Menkoura. Provenant de l'ancienne tribu des Ouled-Ali. (Sup. 7,225 hect.) Douar divisé en deux parties par la tribu des Ouled-el-Abbès. Constitué en douar-com. par décret du 30 octobre 1867, *B. O.*, 1868, p. 202. Rattaché à la com. mix. et au cerc. d'Ammi-Moussa, subd. d'Oran, cant. jud. d'Inkermann; — à 20 kil. S.-E. d'Inkermann. Pop. 1,266 hab. ind. N° 4 de la carte.

Mentano. Provenant de l'ancienne tribu des Amoucha. (Sup. 4,117 hect.) Constitué en douar-com. par décret du 16 juin 1869, *B. O.*, p. 168. Rattaché à la com. ind., au cant. jud. et à l'annexe de Takitount, cerc. et subd. de Sétif; — à 4 kil. E. de Takitount. Pop. 870 hab. ind. N° 210 de la carte.

Merabetin-d'el-Djorf. V. *Merabtins-d'el-Djorf*, douar. Com. ind., cant. jud. et cerc. de Bordj-bou-Arréridj, subd. de Sétif.

Merabet-Moussa. V. *M'rabet-Moussa*, douar. Com. mix. de Duquesne, cant. jud. de Djidjelli, arr. de Bougie.

Merachda. Provenant de l'ancienne tribu des Hassen-ben-Ali. (Sup. 5,131 hect.) Territoire délimité par décret du 15 juin 1864, *B. O.*, p. 287. Rattaché à la com. mix. de Ben-Chicao, cant. jud. de Médéa, arr. d'Alger. Pop. 844 hab ind. N° 48 de la carte.

Merachda. V. *El-Merachda*, douar. Com. mix. et cant. jud. de l'Oued-Zenati, arr. de Constantine.

Meraouna. V. *El-M'raouna*, douar. Com. mix. d'Aïn-M'lila, cant. jud. des Ouled-Rahmoun, arr. de Constantine.

Merdès. Provenant de l'ancienne tribu du même nom. (Sup. 19,601 hect.) Constitué en douar-com. par décret du 10 mars 1869, *B. O.*, p. 106. Rattaché à la com. mix., au cant. jud. et à l'arr. de Bône; — à 22 kil. S.-E. de Bône et à cheval sur l'Oued-Bésbès. Pop. 2,013 hab. ind. N° 207 de la carte.

Merdja-el-Gargar. Provenant de l'ancienne tribu des Ouled-Khouïdem. (Sup. 7,603 hect.) Constitué en douar-com. par décret du 9 novembre 1867, *B. O.*, 1868, p. 244. Rattaché à la com. mix. et au cant. jud. d'Inkermann, arr. de Mostaganem; — à 2 kil. E. d'Inkermann et sur la ligne du chemin de fer d'Alger à Oran. Pop. tot. 801 hab., savoir : 23 français et 778 ind. N° 1 de la carte. Une partie de ce douar a été prélevée pour l'agrandissement du centre d'Inkermann.

Merdja-el-Guergar. V. *Merdja-el-Gargar*, douar. Com. mix. et cant. jud. d'Inkermann, arr. de Mostaganem.

Merioud. Provenant de l'ancienne tribu des Eulma. (Sup. 5,117 hect.) Constitué en douar-com. par décret du 5 mai 1869, *B. O.*, p. 118. Rattaché à la com. mix. des Eulma, cant. jud. de St-Arnaud, arr. de Sétif; — à 6 kil. N.-E. de St-Arnaud. Pop. 3 français, 2 étrangers et 1,809 ind. N° 200 de la carte.

Mérit. V. *Beni-Mérit*, douar. Com. mix. de Meurad, cant. jud. de Marengo, arr. d'Alger.

Mérouana. V. *Oued-Merouana*, douar. Com. ind., cant. jud., cerc. et subd. de Batna.

Merouana. V. *El-M'raouna*, douar. Com. mix. d'Aïn-M'lila, cant. jud. des Ouled-Rahmoun, arr. de Constantine.

Mesalla. V. *M'salla*, douar. Com. mix., cant. jud. et arr. de Philippeville.

Mésida ou **Mecida** ou **Mesirda**. Azel. V. *Bou-Ksaïba*, douar. Com. pl. ex. de Rouffach, cant. de Mila, arr. de Constantine.

Mesila ou **Mezila**. V. *M'sila*, douar. Com. mix. et cant. jud. de Cassaigne, arr. de Mostaganem.

Meskiana. Employé quelquefois pour désigner le douar-com. d'El-Mechtal. Com. ind., cant. jud. et cerc. d'Aïn-Beïda, subd. de Constantine.

Meshoula. Provenant de l'ancienne tribu des Haracta. (Sup. 23,886 hect.) Constitué en douar-com. par décret du 8 juin 1870, *B. O.*, p. 249. Rattaché à la com. ind., au cant. jud. et au cerc. d'Aïn-Beïda, subd. de Constantine; — à 30 kil. E. d'Aïn-Beïda et sur la rive droite de l'Oued-Mellègue. Pop. 974 hab. ind. N° 278 de la carte. Ce douar dépend actuellement du kaïdat d'Aïn-Sedjera.

Mésouna. V. *M'souna*, terre azel attribuée aux ind. Com. pl. ex. et cant. jud. d'El-Arrouch, arr. de Philippeville.

Messabehia ou **Messabekia.** V. *El-Messabekia*, douar. Com. mix. et cant. jud. de Relizane, arr. de Mostaganem.

Messaoud. V. *Ouled-Messaoud*, douar. Com. mix. et cant. jud. d'El-Arrouch, arr. de Philippeville.

Messarata. Village ind. dépendant du douar-com. de Kalda. V. *Kalda*, douar. Com. mix. et cant. jud. de Relizane, arr. de Mostaganem.

Messer. Provenant de l'ancienne tribu des Ouled-Brahim-el-Amarna. (Sup. 26,129 hect.) Constitué en douar-com. par décret du 9 mars 1867, *B. O.*, p. 402. Rattaché partie à la com. mix. de Bou-Kanéfis et partie à celle de la Mekerra, cant. jud. et arr. de Sidi-bel-Abbès; — à 4 kil. S. de Sidi-bel-Abbès. Pop. 1,399 ind. et 16 étrangers européens. N° 99 de la carte. Les territoires de colonisation de Tabia et Tifilles (partie), ont été prélevés sur ce douar.

Messlem. V. *Beni-Messlem*, douar. Com. ind. et cerc. d'El-Milia, cant. jud. de Mila, subd. de Constantine.

Metarfa ou **Metarfas.** V. *M'tarfas*, douar. Com. ind., cant. jud. et cerc. de Bordj-bou-Arréridj, annexe de M'sila, subd. de Sétif.

Metletin. Provenant de l'ancienne tribu des Beni-Amran-Djebala. (Sup. 2,822 hect.) Constitué en douar-com. par décret du 14 octobre 1867, *B. O.*, 1868, p. 166. Rattaché à la com. ind., au cant. jud. et au cerc. de Djidjelli, subd. de Constantine; — à 12 kil. S. de Djidjelli. Pop. 950 hab. ind. N° 53 de la carte. Ce douar renferme un gîte d'étape. Metletin fait actuellement partie du kaïdat des Beni-Amran-Djebala.

Metoussa. V. *M'toussa*, douar. Com. ind., cant. jud. et cerc. d'Aïn-Beïda, subd. de Constantine.

Meubtouh. V. *Oued-Mebtouh*, douar. Com. mix. de la Mekerra, cant. jud. et arr. de Sidi-bel-Abbès.

Méziet. Provenant de l'ancienne tribu des Zerdezas. (Sup. 8,998 hect.) Constitué en douar-com. par décret du 22 novembre 1869, *B. O.*, 1870, p. 45. Rattaché à la com. mix. et au cant. jud. de Jemmapes, arr. de Philippeville; — à 20 kil. S.-E. de Jemmapes et à cheval sur l'Oued-Moudjer. Pop. 1,450 hab. ind. N° 250 de la carte. Ce douar renferme diverses ruines romaines très-importantes au point de vue archéologique d'une étendue de 75 hect.

Mezila. V. *M'zila*, douar. Com. mix. et cant. jud. de Cassaigne, arr. de Mostaganem.

Mezrit. V. *Méziet*, douar. Com. mix. et cant. jud. de Jemmapes, arr. de Philippeville.

Mezzeline. V. *Beni-Mezzeline*, douar. Com. mix., cant. jud. et arr. de Guelma.

M'fatah. Ancienne tribu du même nom. (Sup. 22,991 hect.) Constitué en douar-com. par décret du 28 mars 1868, *B. O.*, p. 822. Rattaché à la com. ind. de Boghar cant. jud. de Boghari, cerc. de Boghar, subd. de Médéa; — à 3 kil. O. de Boghari. Pop. 2,496 hab. ind. N° 52 de la carte — NOTA : Sur les 22,991 hect. de ce douar, 1,056 hect. ont été distraits pour former le territoire de colonisation du centre européen de Boghari, érigé en com. pl. ex. par décrets des 27 janvier 1869 et 1er octobre 1875.

Mina. Provenant de l'ancienne tribu de Sahari. (Sup. 6,842 hect.) Constitué en douar-com. par décret du 21 décembre 1867, *B. O.*, 1868, p. 429. Rattaché à la com. mix. et au cant. jud. de Relizane, arr. de Mostaganem; — à 8 kil. N. de Relizane et à cheval sur l'Oued-Mina, affluent du Chélif. Pop. 1,459 hab. ind. N° 54 de la carte.

Miscera. V. *Beni-Miscera*, douar. Com. ind. et cant. jud. de l'Arba, annexe et subd. d'Alger.

Mishel. V. *Beni-Mishel*, douar. Com. mix., cant. jud. et cerc. de Nemours, subd. de Tlemcen.

Mohammed-ben-Ferroudj. V. *Ouled-Mohammed-ben-Ferroudj*, douar. Com. ind., cant. jud., cerc. et subd. de Batna.

Mosbaha. Provenant de l'ancienne tribu des Zouatna. (Sup. 5,109 hect.) Constitué en douar-com. par décret du

3 mars 1869, *B. O.*, p. 83. Rattaché à la com. mix. de Palestro, cant. jud. de Ménerville (Beni-Aïcha), arr. d'Alger; — à 24 kil. S.-O. de Ménerville. Pop. tot. 2,550 hab. N° 124 de la carte. Une partie de ce douar a été prélevée pour l'agrandissement du centre de Palestro.

Mosly. V. *Ouled-Mosly*, douar. Com. mix., cant. jud. et arr. de Sétif.

Mouaïda. Fract. du douar-com. de Cheraba. Rattachée à la com. pl. ex. de Pélissier. V. *Cheraba*, douar.

Mouder. V. *Aïn-Mouder*, douar. Com. pl. ex. de Bois-Sacré, cant. jud. de Bordj-Menaïel, arr. de Tizi-Ouzou.

Moudjeur. V. *Ouled-Moudjeur*, douar. Com. mix. et cerc. d'Ammi-Moussa, cant. jud. d'Inkermann, subd. d'Oran.

Mouelfa. Ancienne tribu et ancienne terre azel. (Sup. 991 hect.) Constitué en douar-com. par décret du 8 septembre 1869, *B. O.*, p. 258. Rattaché à la com. mix., au cant. jud. et à l'arr. de Guelma; — à 14 kil. N.-E. de Guelma et sur la limite N.-O. de la com. de Guelma-bou-Sba. Pop. recensée avec le douar d'Aïn-Riahna, 778 ind. N° 213 de la carte.

Mouka. V. *Mouqua*, douar. Com. ind., cerc. et cant. jud. d'Akbou, subd. de Sétif.

Mouladheïn. Provenant de l'ancienne tribu des Haracta. (Sup. 21,133 hect.) Constitué en douar-com. par décret du 8 juin 1870, *B. O.*, p. 249. Rattaché à la com. ind., au cant. jud. et au cerc. d'Aïn-Beïda, subd. de Constantine; — à 30 kil. N.-E. d'Aïn-Beïda. Pop. 2,398 hab. ind. N° 271 de la carte. Ce douar dépend actuellement du kaïdat d'Aïn-Sedjora. Le territoire de Mouladhein renferme diverses ruines romaines d'une étendue de 31 hect. 97 ares et un emplacement affecté au campement des troupes.

Moumen. V. *Ouled-Moumen*, douar. Com. mix., cant. jud. et cerc. de Souk-Ahras, subd. de Bône.

Mouqua. Provenant de l'ancienne tribu des Beni-Abbès. (Sup. 11,784 hect.) Constitué en douar-com. par décret du 13 mars 1869, *B. O.*, 1870, p. 99. Rattaché à la com. ind., au cant. jud. et au cerc. d'Akbou, subd. de Sétif; — à 12 kil. S. d'Akbou. Pop. 3,719 hab. ind. N° 101 de la carte. — NOTA : Ce douar est quelquefois désigné sous le nom d'Aït-Abd-Allah.

Moussa. V. *M'rabot-Moussa*, douar. Com. mix. de Duquesne, cant. jud. de Djidjelli, arr. de Bougie.

Mouzaïa. Provenant de l'ancienne tribu des Mouzaïa. (Sup. 5,385 hect.) Décret de répartition du 23 septembre 1867, *B. O.*, p. 1089. Territoire annexé aux com. pl. ex. de la Chiffa et de Mouzaïaville, cant. jud. de Blida, arr. d'Alger. Pop. comprise dans les 2 com. précitées.

M'rabot. V. *Ouled-M'rabot*, douar. Com. ind. et cerc. d'El-Milia, annexe et cant. jud. de Collo, subd. de Constantine.

M'rabot-Moussa. Ancienne tribu des Beni-Ahmed. (Sup. 4,778 hect.) Constitué en douar-com. par décret du 27 octobre 1866, *B. O.*, p. 686. Rattaché à la com. mix. de Duquesne, cant. jud. de Djidjelli, arr. de Bougie; — à 6 kil. S.-O. de Djidjelli. Pop. 594 ind. et 37 français. N° 50 de la carte. Une partie de ce douar a été livrée à la colonisation pour l'installation des fermes isolées dites de M'rabot-Moussa.

M'rabtin. V. *Marabtins-d'El-Djorf*, douar. Com. ind., cant. jud. et cerc. de Bordj-bou-Arréridj, annexe de M'sila, subd. de Sétif.

M'raouna. V. *El-M'raouna*, douar. Com. mix. d'Aïn-M'lila, cant. jud. des Ouled-Rahmoun, arr. de Constantine.

M'sâad ou **Messaad.** V. *Ouled-M'sdad*, douar. Com. mix. d'Aïn-M'lila, cant. jud. des Ouled-Rahmoun, arr. de Constantine.

M'salla. Ancienne tribu du même nom. (Sup. 6,294 hect.) Constitué par décret du 31 octobre 1868, *B. O.*, p. 1167. Rattaché à la com. mix., au cant. jud. et à l'arr. de Philippeville; — à 6 kil. O. de Philippeville. Pop. 1,212 hab. ind. N° 182 de la carte. — NOTA : Dans les 1,212 ind. figure la pop. du territoire ind. dit Vallée de l'Oued-Drader.

M'sila. V. *M'sila*, douar. Com. mix. et cant. jud. de Cassaigne, arr. de Mostaganem.

M'souna. Provenant de l'ancien kaïdat des Ouled-Attia. (Sup. 858 hect.) Territoire formé des azels Mech-Mech (totalité), 528 hect., M'souna (partie), 330 hect. attribué aux ind. par décret du 8 septembre 1869, *B. O.*, p. 347. Rattaché à la com. pl. ex. et au cant. jud. d'El-Arrouch, arr. de Philippeville; — à 6 kil. S.-E. d'El-Arrouch. Pop. comprise dans la com. pl. ex. précitée. — NOTA : Par le même décret du 8 septembre 1869, l'azel de M'chaïda et le surplus de M'souna, d'une sup. d'ensemble 111 hect. ont été classés définitivement dans les biens domaniaux.

M'tarfa. V. *M'tarfas*, douar. Com. ind., cant. jud. et cerc. de Bordj-bou-Arréridj, subd. de Sétif.

M'tarfas. Provenant de l'ancienne tribu des Ouled-Derradj. (Sup. 17,225 hect.) Constitué en douar-com. par décret du 13 avril 1867, *B. O.*, p. 632. Rattaché à la com. ind., au cant. jud. et au cerc. de Bordj-bou-Arréridj, annexe de M'sila, subd. de Sétif; — à 40 kil. S.-O. de Bordj-bou-Arréridj, Pop. 1,231 hab. ind., y compris celle du douar des Ouled-Dehim. N° 162 de la carte. Le douar de M'tarfas fait actuellement partie du kaïdat et de la tribu du Hodna.

M'toussa. Provenant de l'ancienne tribu des Haracta.

(Sup. 11,783 hect.) Constitué en douar-com. par décret du 8 juin 1870, *B. O.*, p. 249. Rattaché à la com. ind., au cant. jud. et au cerc. d'Aïn-Beïda, subd. de Constantine ; — à 22 kil. S.-O. d'Aïn-Beïda, Pop. 1,280 hab. ind. N° 288 de la carte. Ce douar fait actuellement partie du kaïdat de Tafrent.

M'zila. Ancienne tribu du même nom. (Sup. 13,051 hect.) Constitué en douar-com. par décret du 10 avril 1869, *B. O.*, 1870, p. 175. Rattaché à la com. mix. et au cant. jud. de Cassaigne, arr. de Mostaganem ; — à 3 kil. S.-E. de Cassaigne. Pop. 3,356 hab. ind. N° 135 de la carte. Une petite partie de ce douar a été prélevée pour la formation du territoire du centre de Cassaigne.

N

NA-NB

Nacer. V. *Ouled-Ali-ben-Nacer*, douar. Com. mix., cant. jud. et arr. de Sétif.

Nacour. V. *Ouled-Nassour*, douar. Com. mix. d'Aïn-M'lila, cant. jud. des Ouled-Rahmoun, arr. de Constantine.

Nacour. V. *Sidi-Nacour*, douar. Com. pl. ex. et cant. jud. de l'Arba, arr. d'Alger.

Nacour. V. *Ouled-Ali-ben-Nacer*, douar. Com. mix., cant. jud. et arr. de Sétif.

Naman. V. *Sidi-Naman*, douar. Com. mix. et cant. jud. de Dellys, arr. de Tizi-Ouzou.

Naouri. V. *Ben-Naouri*, douar. Com. mix., cant. jud. et cerc. de Teniet-el-Had, subd. d'Orléansville.

Nassour. V. *Sidi-Nacour*, douar. Com. pl. ex. et cant. jud. de l'Arba, arr. d'Alger.

Nassour. V. *Ouled-Nassour*, douar. Com. mix. d'Aïn-M'lila, cant. jud. des Ouled-Rahmoun, arr. de Constantine.

Nassour. V. *Ouled-Ali-ben-Nacer*, douar. Com. mix., cant. jud. et arr. de Sétif.

Nassour. V. *Nouacour*, douar. Fract. du douar-com. d'Ouizert. Com. ind., cant. jud. et cerc. de Saïda, subd. de Mascara.

N'baïl. Fract. du douar-com. d'Ouillen. V. *Ouillen*,

NC-NE

douar. Com. ind., cant. jud. et cerc. de Souk-Ahras, subd. de Bône.

N'cigh. V. *Beni-N'cigh*, douar. Com. mix. et arr. de Mascara, cant. jud. de Perrégaux.

Nebaïl ou **N'baïl.** Fract. du douar-com. d'Ouillen. V. *Ouillen*, douar. Com. ind., cant. jud. et cerc. de Souk-Ahras, subd. de Bône.

Nechma. V. *Aïn-Nechma*, douar. Com. mix. d'Aïn-Mokra, arr. de Bône, cant. jud. de Jemmapes et d'Aïn-Mokra, arr. jud. de Bône et de Philippeville.

Nedromah. Ancienne tribu du même nom. (Sup. 2,156 hect.) Constitué en douar-com. par décret du 29 février 1868, *B. O.*, p. 664. Rattaché à la com. mix., au cant. jud. et au cerc. de Nemours, subd. de Tlemcen ; — à 12 kil. S.-E. de Nemours, sur la route de cette dernière ville à Lalla-Mahgrnia. Pop. 2,644 hab. ind. N° 128 de la carte. Ce douar renferme la petite ville indigène de Nédromah. Pop. européenne et israélite 372 hab., savoir : 13 français, 233 israélites naturalisés et 126 étrangers. Une école arabe-française y a été créée en 1865. Le Domaine possède le Café-Poste et l'emplacement du bivouac connus sous le nom des Deux-Frères. — Nota: Au moment de la délimitation de ce douar (29 février 1868), les israélites possédaient 22 maisons en ville.

Nehed. Provenant de l'ancienne tribu des Lakhdar et Aouaoucha. (Sup. 11,406 hect.) Constitué en douar-com. par décret du 16 décembre 1869, *B. O.*, 1870, p. 57. Rattaché

— 47 —

NE (ET DES FRACTIONS DE DOUARS) **NE-NI-NO**

à la com. ind., au cant. jud. et au cerc. de La Calle, subd. de Bône; — à 8 kil. S.-E. de La Calle. Pop. 2,296 hab. ind. N° 198 de la carte. Ce douar fait actuellement partie du kaïdat de l'Oued-el-Kébir. — NOTA : Le territoire de Nehed renferme le marché couvert de Rummel-Souk, la ruine romaine dite Enchir-el-Gasser, les Bordjs d'El-Aïoun et de Rummel-Souk et le lac de Tonga, d'une étendue de 2,025 hect.

Nekmaria. Provenant de l'ancienne tribu des Ouled-Riah. (Sup. 4,665 hect). Constitué en douar-com. par décret du 8 juin 1870, B. O., p. 238. Rattaché à la com. mix. et au cant. jud. de Cassaigne, arr. de Mostaganem; — à 22 kil. N.-E. de Cassaigne. Pop. 1,301 hab. ind. Ce douar renferme le Bordj de Nekmaria. N° 192 de la carte.

Nemaïcha. Provenant de l'ancienne tribu des Hazedj. (Sup. 2,669 hect.) Constitué en douar-com. par décret du 25 avril 1866, B. O., p. 256. Rattaché à la com. mix. de la Mekerra, cant. jud. et arr. de Sidi-bel-Abbès; — à 18 kil. N.-O. de Sidi-bel-Abbès. Pop. 7 français, 16 étrangers et 800 ind. N° 108 de la carte.

Nezlioua. Ancienne tribu du même nom. (Sup. 12,934 hect.) Constitué en douar-com. par décret du 1er juin 1870, B. O., p. 221. Rattaché à la com. mix. et au cant. jud. de Dra-el-Mizan, arr. de Tizi-Ouzou; — à 4 kil. S.-O. de Dra-el-Mizan. Pop. tot. 4,055 hab. N° 153 de la carte. Une partie de ce douar a été prélevée pour l'agrandissement du centre de Dra-el-Mizan et la formation du centre de Aomar.

Nezreg. Provenant de l'ancienne tribu des Ouled-Khaled-Gharaba.) Sup. 14,532 hect.) Douar formé des fract. des Ouled-Merin et Ouled-Sidi-Ali. Constitué par décret du 27 mars 1867, B. O., p. 491. Rattaché à la com. mix., au cant. jud. et au cerc. de Saïda, subd. de Mascara; — à 6 kil. N. de Saïda et sur la route de Mascara à Saïda et le chemin de fer d'Arzew à Saïda. Pop. 677 hab. ind. Ce douar renferme le centre européen de Nezreg. Pop. 116 français et 18 étrangers. N° 86 de la carte.

Nini. V. *Oued-Nini*, douar. Com. ind., cant. jud. et cerc. d'Aïn-Beïda, subd. de Constantine.

Nouaceur. Fract. du douar-com. d'Ouïzert. V. *Ouïzert*, douar. Com. ind., cant. jud. et cerc. de Saïda, subd. de Mascara.

Nouar. V. *Ouled-Nouar*, douar. Com. mix., cant. jud. et arr. de Philippeville.

O

OG-OUA

Oggaz. Provenant de l'ancienne tribu des Gharaba. (Sup. 4,246 hect.) Constitué en douar-com. par décret du 2 mars 1867, B. O., p. 384. Rattaché à la com. mix. et au cant. jud. de St-Denis-du-Sig, arr. d'Oran; — à 4 kil. O. de St-Denis-du-Sig et sur le chemin de fer d'Alger à Oran. Pop. 5 français, 1,488 ind. et 2 étrangers. N° 17 de la carte. Une partie de ce douar a été prélevée pour la formation du centre européen d'Oggaz. Pop. du centre, 165 français, 22 ind. et 61 étrangers.

Oghbal. V. *Arhlal*, douar. Com. mix. et cant. jud. d'Aïn-Temouchent, arr. d'Oran.

Otba. Fract. du douar-com. de Tahamda. V. *Tahamda*, douar. Com. mix. et cant. jud. de Relizane, arr. de Mostaganem.

Ouaguenay. V. *Oued-Ouaguenay*, douar. Com. ind., cant. jud. et cerc. de Miliana, subd. d'Orléansville.

Ouamri. Ancienne tribu du même nom. (Sup. 14,306 hect.) Constitué en douar-com. par décret du 26 juin

OUA

1867, B. O., p. 844. Rattaché à la com. ind., au cant. jud., au cerc. et à la subd. de Médéa; — à 8 kil. O. de Médéa. Pop. 3,431 hab. ind. N° 38 de la carte. D'après le tableau de dénombrement, 1876, ce douar se compose des fract. suivantes : Ouled-Dilmi, 916 ind. ; Ouled-Djouta, 1,284 ind. et Ouled-Moussa, 1,231 ind.

Ouarest-ou-Ali. V. *Aït-Ouarest-ou-Ali*, douar. Com. ind., cant. jud. et cerc. de Bougie, subd. de Sétif.

Ouarizan. Provenant de l'ancienne tribu des Ouled-el-Abbès. (Sup. 4,273 hect.) Constitué en douar com. par décret du 22 juin 1867, B. O., p. 946. Rattaché à la com. mix. de Cassaigne, cant. jud. d'Inkermann, arr. de Mostaganem ; — à 7 kil. N. d'Inkermann et sur la rive droite du Chélif. N° 44 de la carte. Pop. 1,504 hab. ind. Une partie de ce douar a été prélevée pour la formation du centre d'Inkermann.

Ouazan. V. *Beni-Ouazan*, douar. Com. mix. et arr. de Tlemcen, cant. jud. de Lamoricière.

Oued-Addar. Provenant de l'ancienne tribu des Ouled-Ali. (Sup. 2,741 hect.) Constitué en douar-com. par décret du 26 octobre 1869, *B. O.*, p. 418. Rattaché à la com. ind. et au cerc. d'El-Milia, subd. de Constantine, cant. jud. de Mila ; — à 32 kil. N. de cette dernière ville. Pop. 1,508 hab. ind. N° 231 de la carte. Ce douar est actuellement organisé en cheïkhat indépendant désigné sous le nom des Ouled-Ali.

Oued-Belafou. V. *Ouled-Belafou*, douar, Com. mix. de Duquesne, cant. jud. de Djidjelli, arr. de Bougie.

Oued-Berkech. Provenant de l'ancienne tribu des Dounir. (Sup. 28,287 hect.) Douar formé de la fract. des Ouled-Abdallah, constitué en douar-com. par décret du 22 novembre 1869, *B. O.*, 1870, p. 36. Rattaché à la com. mix. et au cant. jud. d'Aïn-Temouchent, arr. d'Oran ; — à 14 kil. E. d'Aïn-Temouchent et à cheval sur l'Oued-Melah ou Rio-Salado. Pop. tot. 3,781 hab., savoir : 4 français, 3,714 ind. et 63 étrangers. N° 178 de la carte. Une petite partie de ce douar a été prélevée pour la formation du centre d'Hammam-bou-Hadjar.

Oued-Besbès. Territoire prélevé sur l'ancienne tribu des Merdès. (Sup. 11,897 hect.) Délimité et réparti par décret du 10 mars 1869, *B. O.*, p. 105. Rattaché à la com. pl. ex. de Randon, cant. jud. et arr. de Bône ; — à 30 kil. S. de Bône et sur la rive droite de la Seybouse. Pop. comprise dans la com. pl. ex. de Randon. N° 207 de la carte. Ce territoire renferme l'azel d'Oued-Besbès, concédé à la Société générale algérienne et les villages de Morris et de Zérizer récemment créés.

Oued-Boutara. V. *Ouled-Bouthara*, douar. Com. ind., cant. jud., cerc. et subd. de Sétif.

Oued-bou-Youssef. Provenant de l'ancienne tribu des Beni-Salah. (Sup. 2,783 hect.) Constitué en douar-com. par décret du 14 mars 1868, *B. O.*, p. 738. Rattaché à la com. ind. et au cerc. de Djidjelli, subd. de Constantine, cant. jud. de Djidjelli, arr. jud. de Bougie ; — à 16 kil. E. de Djidjelli et sur le littoral. Pop. 459 hab. ind. N° 60 de la carte. Ce douar fait actuellement partie du Kaïdat de la Plaine.

Oued-Chaïr. Provenant de l'ancienne tribu des Ouled-si-Ahmed-ben-Youssef. (Sup. 3,860 hect.) Constitué en douar-com. par décret du 23 septembre 1867, *B. O.*, p. 1105. Rattaché à la com. ind., au cant. jud., au cerc. et à la subd. de Médéa ; — à 38 kil. S.-E. de Médéa. Pop. 510 hab. ind. N° 36 de la carte. D'après le tableau de dénombrement, 1876, ce douar est formé des fract. suivantes : Zaouïa, 240 ind. et Ouled-sid-el-Khider, 270 ind.

Oued-Chellal ou **Ouled-Chellal.** Provenant de l'ancienne tribu des Ouled-Madhi. (Sup. 20,837 hect.) Constitué en douar-com. par décret du 17 mars 1869, *B. O.*, 1870, p. 112. Rattaché à la com. ind., au cant. jud. et au cerc. de Bordj-bou-Arréridj, annexe de M'sila, subd. de Sétif ; — à 60 kil. S.-O. de Bordj-bou-Arréridj. Pop. comprise dans la tribu et le kaïdat du Hodna et recensée avec la fract. dite Douar-M'cif, 1,341 hab. ind. N° 187 de la carte. Ce douar renferme divers bivouacs et grand'haltes, des puits artésiens et des ruines romaines, d'une étendue de 13 hect. 25 ares.

Oued-Chender. Provenant de l'ancienne tribu des Beni-Amran. (Sup. 4,564 hect.) Douar formé des fract. des Beni-Amran, des Ouled-bou-Rouba et des Arch-el-Oustani. Constitué par décret du 31 octobre 1868, *B. O.*, p. 1140. Rattaché à la com. mix. des Issers, cant. jud. de Bordj-Ménaïel, arr. de Tizi-Ouzou ; — à 6 kil. S.-E. de Bordj-Ménaïel. Pop. tot. 4,247 hab. N° 23 de la carte.

Oued-Cherf. Employé quelquefois pour désigner El-Zerg, douar-com. V. *El-Zerg*, douar. Com. ind., cant. jud. et cerc. d'Aïn-Boïda, subd. de Constantine.

Oued-Dardara. Provenant de l'ancienne tribu des Ouled-bou-Aziz. (Sup. 10,547 hect.) Constitué en douar-com. par décret du 21 mars 1870, *B. O.*, p. 436. Rattaché à la com. mix. et à l'arr. de Bône, cant. jud. de Mondovi ; — à 18 kil. S.-E. de Mondovi. Pop. 1,108 hab. ind. N° 329 de la carte.

Oued-Derdeur. V. *Oued-Deurdeur*, douar. Com. pl. ex. d'Aïn-Sultan, cant. jud. et arr. de Miliana.

Oued-Deurdeur. Provenant de la tribu des Hachem. (Sup. 5,691 hect.) Constitué en douar-com. par décret du 31 décembre 1866, *B. O.*, 1867, p. 76. Rattaché à la com. pl. ex. d'Aïn-Sultan, cant. jud. et arr. de Miliana ; — à 15 kil. S. de Miliana, sur la rive gauche du Chélif. Pop. tot. 1,520 hab. N° 64 de la carte.

Oued-Djelida. Provenant des tribus des Ouled-Mira et des Ouled-Embarka. (Sup. 8,195 hect. y compris 1,296 hect. de la smala Ben-Zian, de la tribu des Abid-el-Feraïla. Constitué en douar-com. par décrets des 3 août 1867 et 30 septembre 1868, *B. O.*, p. 1018. Rattaché à la com. ind., au cant. jud. et au cerc. de Miliana, subd. d'Orléansville ; — à 12 kil. S.-O. de Miliana et sur la rive gauche du Chélif. Pop. 2,051 hab. ind. N° 72 de la carte. Ce douar possède une école arabe-française.

Oued-Djemâa. Provenant de l'ancienne tribu des Mehal. (Sup. 6,217 hect.) Constitué en douar-com. par décret du 10 avril 1867, *B. O.*, p. 605. Rattaché à la com. mix. et au cant. jud. de Relizane, arr. de Mostaganem ; — à 8 kil. N.-E. de Relizane, sur le chemin de fer et la route nationale d'Alger à Oran. Pop. 2,136 hab. ind. N° 40 de la carte. Une partie de ce douar a été prélevée pour la formation du centre européen d'Oued-Djemâa.

Oued-Djendjen. V. *Oued-Djindjen*, douar. Com. mix. de Duquesne, cant. jud. de Djidjelli, arr. de Bougie.

Oued-Djer. Provenant de l'ancienne tribu des Soumata. (Sup. 14,203 hect.) Constitué en douar-com. par décret du 5 décembre 1866, *B. O.*, 1867, p. 32. Rattaché à la com. mix. de Meurad, cant. jud. de Marengo, arr. d'Alger ; — à 6 kil. S.-E. de Marengo et sur le chemin de fer d'Alger à Oran. Pop. tot. 2,353 hab. N° 55 de la carte. Une partie de ce douar a été prélevée pour l'agrandissement du hameau de l'Oued-Djer.

Oued-Djindjen. Provenant de l'ancienne tribu de Beni-Amran-Seflin. (Sup. 3,766 hect.) Constitué en douar-com. par décret du 5 juin 1869, *B. O.*, p. 196. Rattaché à la com. mix. de Duquesne, cant. jud. de Djidjelli, arr. de Bougie. Pop. 310 hab. ind. Ce douar a été livré en entier à la colonisation pour la formation des centres de Strasbourg et de Taher. N° 214 de la carte.

Oued-Djindjin ou **Djindjin.** V. *Oued-Djindjen*, douar. Com. mix. de Duquesne, cant. jud. de Djidjelli, arr. de Bougie.

Oued-el-Berdi. Provenant de l'ancienne tribu des Beni-Amar. (Sup. 14,721 hect.) Constitué en douar-com. par décret du 17 octobre 1869, *B. O.*, p. 391. Rattaché à la com. ind., au cant. jud., au cerc. et à la subd. d'Aumale ; — à 16 kil. E. d'Aumale. Pop. 2,183 hab. ind. N° 125 de la carte. — NOTA : Une réserve de 9 hect. destinée à un emplacement de bivouac a été faite par le service des Domaines.

Oued-el-Hamoul. Provenant de l'ancienne tribu des Mehal. (Sup. 3,690 hect.) Constitué en douar-com. par décret du 10 avril 1867, *B. O.*, p. 605. Rattaché à la com. mix. et à l'annexe de Zemmorah, cant. jud. de Relizane, subd. d'Oran ; — à 19 kil. N.-E. de Relizane. Pop. 561 hab. ind. N° 41 de la carte.

Oued-el-Ma. Provenant de l'ancienne tribu des Ouled-bou-Aoun. (Sup. 15,767 hect.) Constitué en douar-com. par décret du 14 décembre 1867, *B. O.*, 1868, p. 408. Rattaché à la com. ind., au cant. jud., au cerc. et à la subd. de Batna ; — à 12 kil. N.-E. de Batna. Pop. 844 hab. ind. N° 231 de la carte. Ce douar renferme une maison du garde forestier, avec dépendances d'une étendue de 10 hect. 32 ares.

Oued-Ensigha. V. *Ouled-Ensigha*, douar. Com. ind., cant. jud. et cerc. de Khenchela, subd. de Batna.

Oued-Gazzi ou **Ouled-Ghazi.** V. *Ouled-Ghazzi*, douar. Com. mix. de la Mekerra, cant. jud. et arr. de Sidi-bel-Abbès.

Oued-Ghraru. Provenant de l'ancienne tribu des Zerdezas. (Sup. 11,501 hect., y compris les territoires de colonisation de Gastu et d'Enchir-Saïd.) Constitué en douar-com. par décret du 22 novembre 1869, *B. O.*, 1870, p. 45. Rattaché à la com. mix. de Jemmapes (moins Gastu et Enchir-Saïd, érigés en com. pl. ex.), cant. jud. de Jemmapes, arr. de Philippeville ; — à 18 kil. S.-E de Jemmapes et sur la route départementale de Philippeville à Guelma. Pop. 920 hab. ind. N° 251 de la carte. — NOTA : Le centre de Gastu est rattaché à l'arr. de Philippeville et celui d'Enchir-Saïd, à l'arr. de Guelma.

Oued-Haddad. Provenant de l'ancienne tribu des Ouled-el-Abbès. (Sup. 17,119 hect.) Constitué en douar-com. par décret du 9 octobre 1869, *B. O.*, p. 343. Rattaché à la com. mix. du Frendah-Mascara, cant. jud., cerc. et subd. de Mascara ; — à 24 kil. N.-E. de Mascara, sur le chemin de cette ville à Tiaret et sur la rive gauche de la Mina, affluent du Chélif. Pop. 1,703 hab. ind. N° 184 de la carte. Une partie de ce douar est destinée à la formation du centre projeté de Fortassa. Ce douar renferme le caravansérail de Sidi-Medjaref et un emplacement réservé pour le campement des troupes.

Oued-Hounet. Provenant de l'ancienne tribu des Beni-Méniarin-Tahta. (Sup. 16,027 hect.) Douar formé des fract. des Ouled-Saharaoui et Ouled-Melouk. Constitué par décret du 16 juin 1866, *B. O.*, p. 394. Rattaché à la com. ind., au cant. jud. et au cerc. de Saïda, subd. de Mascara ; — à 35 kil. N.-O. de Saïda et à cheval sur l'Oued-Hounet, affluent de l'Habra. Pop. 490 hab. ind. N° 80 de la carte.

Oued-Ksob. Provenant des anciennes tribus des Beni-Béchir et Beni-Mehenna. (Sup. 5,649 hect.) Constitué en douar-com. par décret du 7 avril 1866, *B. O.*, p. 158. Rattaché à la com. pl. ex. de Gastonville, arr. de Philippeville, cant. jud. d'El-Arrouch ; — à 2 kil. N.-E. de ce centre et sur la rive droite du Saf-Saf. Pop. 2,215 hab. ind. N° 42 de la carte. — NOTA : 175 hect. 95 ares du domaine public et 346 hect. 85 ares de bois communaux, non compris dans la sup. donnée ci-dessus, sont à répartir entre ce douar et celui d'Aïn-Ghorab.

Oued-M'ahmed-ben-Ferroudj. V. *Ouled-Mohammed-ben-Ferroudj*, douar. Com. ind., cant. jud., cerc. et subd. de Batna.

Oued-Mamora. Provenant de l'ancienne tribu de Bled-Mamora. (Sup. 3,975 hect.) Constitué en douar-com. par décret du 18 décembre 1867, B. O., 1868, p. 422. Rattaché à la com. ind., au cant. jud., au cerc. et à la subd. d'Aumale ; — à 15 kil. S.-O. d'Aumale. Pop. 1,504 hab. ind. N° 34 de la carte. Ce douar fait actuellement partie de l'aghalik du Dirah-Supérieur.

Oued-Mebtouch. V. *Oued-Mebtouh*, douar. Com. mix. de la Mekerra, cant. jud. et arr. de Sidi-bel-Abbès.

Oued-Mebtouh. Provenant de l'ancienne tribu des Ouled-Sliman. (Sup. 21,821 hect.) Douar formé des fract. des Ouled-sidi-Mustafa-ben-Kadda et des Amour. Constitué par décret du 9 mars 1867, B. O., p. 430. Rattaché à la com. mix. de la Mekerra, cant. jud. et arr. de Sidi-bel-Abbès ; — à 10 kil. N.-E. de Sidi-bel-Abbès et à cheval sur l'Oued-Sig. Pop. 4,595 hab. ind. N° 104 de la carte. Le centre de Zélifa a été prélevé sur le douar d'Oued-Mebtouh. (Ce prélèvement est antérieur à la date du décret constitutif du douar.)

Oued-Merouana. Provenant de l'ancienne tribu des Ouled-bou-Aoun. (Sup. 16,803 hect.) Constitué en douar-com. par décret du 14 décembre 1867, B. O., 1868, p. 408. Rattaché à la com. ind., au cant. jud., au cerc. et à la subd. de Batna ; — à 10 kil. O. de Batna. Pop. 4,108 hab. ind. N° 232 de la carte.

Oued-Meubtouh. V. *Oued-Mebtouh*, douar. Com. mix. de la Mekerra, cant. jud. et arr. de Sidi-bel-Abbès.

Oued-Nini. Provenant de l'ancienne tribu des Haracta. (Sup. 21,784 hect.) Constitué en douar-com. par décret du 8 juin 1870, B. O., p. 249. Rattaché à la com. ind., au cant. jud. et au cerc. d'Aïn-Beïda, subd. de Constantine ; — à 18 kil. S. d'Aïn-Beïda. Pop. 2 européens et 1,723 ind. N° 289 de la carte. Ce douar fait actuellement partie du kaïdat d'El-Beïda. — NOTA : Les ruines romaines situées dans ce douar forment une réserve domaniale d'une étendue de 64 hect. 45 ares. Les emplacements de campements de troupes sont également classés dans les biens domaniaux et occupent une étendue de 11 hect. 20 ares.

Oued-Ouaguenay. Provenant de l'ancienne tribu des Ouzaghra. (Sup. 11,495 hect., y compris le douar provisoire du Haouch-bey-Brahim (décret du 30 septembre 1868), 1,467 hect. distraits de l'ancienne tribu des Abid-el-Fraïlia.) Constitués en un seul douar-com. par décret du 12 novembre 1868, B. O., 1869, p. 18. Rattaché à la com. ind., au cant. jud. et au cerc. de Miliana, subd. d'Orléansville ; — à 25 kil. S.-O. de Miliana. Pop. 1,627 hab. ind. N° 104 de la carte. Le territoire d'Oued-Ouaguenay fait partie de l'aghalik du Djendel. Ce douar renferme une fontaine-abreuvoir construite sur les fonds des centimes additionnels.

Oued-Oughas. V. *Oued-Oughat*, douar. Com. ind., cant. jud., cerc. et subd. de Médéa.

Oued-Oughat. Provenant de l'ancienne tribu des Righa. (Sup. 27,023 hect.) Constitué en douar-com. par décret du 24 octobre 1868, B. O., p. 1077. Rattaché à la com. ind., au cant. jud., au cerc. et à la subd. de Médéa ; — à 6 kil. S. de Médéa et sur le Chélif. Pop. 3,414 hab. ind. N° 50 de la carte. D'après le tableau de dénombrement, 1876, ce douar est composé des fract. suivantes : Ouled-Aïssat, 372 ind. ; Ababda et Kouaret, 131 ind. ; Héfaïer, 251 ind. ; Ouled-Laouata, 283 ind. ; Ouled-bou-Hadi, 303 ind. ; Ouled-Laouar, 304 ind. ; Ouled-si-Ahmed-ben-Youssef, 215 ind. ; Ouled-ben-Aïssa, 258 ind. ; Ouled-bou-Achera, 246 ind. ; Ouled-Ouenuid, 201 ind. ; Senahdja, 403 ind. ; Ouled-Messaoud, 444 ind.

Oued-Refref. Provenant de l'ancienne tribu des Eulma-Massela. (Sup. 4,224 hect.) Constitué en douar-com. par décret du 4 mars 1868, B. O., p. 700. Rattaché à la com. pl. ex. et au cant. jud. d'El-Arrouch, arr. de Philippeville ; — à 3 kil. O. d'El-Arrouch et sur le chemin de fer de Philippeville à Constantine. Pop. 1,185 hab. ind. N° 48 de la carte.

Oued-Ridan. Provenant de l'ancienne tribu de Bled-Mamora. (Sup. 8,147 hect.) Constitué en douar-com. par décret du 18 décembre 1867, B. O., 1868, p. 422. Rattaché à la com. ind., au cant. jud. et à la subd. d'Aumale ; — à 15 kil. O. d'Aumale. Pop. 1,739 hab. ind. N° 33 de la carte. — NOTA : La smala d'Oued-Ridan occupe, dans la partie S.-O. de ce douar, une sup. de 3,078 hect. 76 ares 75 centiares classée dans les biens domaniaux.

Oued-S'blkha. Provenant de l'ancienne tribu des Eulma-Massoln. (Sup, 3,972 hect.) Constitué en douar-com. par décret du 4 mars 1868, *B. O.*, p. 700. Rattaché à la com. pl. ex. de Condé-Smendou, cant. jud. et arr. de Constantine ; — à 26 kil. N. de Constantine. Pop. ind. 6,226 hab. ind. N° 46 de la carte. — Nota : Dans ce chiffre figure la pop. de diverses fract. ind. dépendant de la com. de Condé-Smendou.

Oued-Sebbah. Provenant de l'ancienne tribu des Douair. (Sup. 23,422 hect.) Constitué en douar-com. par décret du 22 novembre 1869, *B. O.*, 1870, p. 36. Rattaché à la com. mix. et au cant. jud. d'Aïn-Temouchent, arr. d'Oran ; — à 22 kil. N.-E. d'Aïn-Temouchent et au S. du Grand lac salé. Pop. 5,551 ind. et 17 européens. N° 176 de la carte. — Nota : Les territoires des centres européens d'Aïn-el-Arba et du Khemis sont enclavés dans ce douar.

Oued-Seblkha. V. *Oued-S'bikha*, douar. Com. pl. ex. de Condé-Smendou, cant. jud. et arr. de Constantine.

Oued-Sebt. Provenant de l'ancienne tribu des Soumata. (Sup. 11,401 hect.) Constitué en douar-com. par décret du 5 décembre 1866, *B. O.*, 1867, p. 32. Rattaché à la com. mix. d'Adélia, cant. jud. et arr. de Miliana ; — à 30 kil. N.-E. de cette ville. Pop. tot. 2,760 hab. ind. N° 56 de la carte.

Oued-Sefioun ou **Oued-S'floun.** Provenant de l'ancienne tribu des Djafra-ben-Djafour. (Sup. 73,604 hect.) Constitué en douar-com. par décret du 30 novembre 1867, *B. O.*, 1868, p. 347. Rattaché à la com. mix. et au cerc. de Daya, subd. de Tlemcen, cant. jud. de Sidi-bel-Abbès ; — à 20 kil. S.-E. de cette dernière ville et à cheval sur l'Oued-Melr'ir et l'Oued-Séfloun. Une partie de son territoire (1,100 hect. de la forêt de Bou-Yetas) a été rattachée à la com. mix. de la Mekerra (douar des Hamyan) par arrêté gouvernemental du 24 février 1876. Pop. 2,064 hab. ind. N° 119 de la carte.

Oued-Seghouan. Provenant de l'ancienne tribu des Abid. (Sup. 14,942 hect.) Constitué en douar-com. par décret du 1er juin 1870, *B. O.*, p. 214. Rattaché à la com. ind., au cant. jud., au cerc. et à la subd. de Médéa ; — à 20 kil. S.-E. de Médéa et au S. de la com. pl. ex. de Berrouaghia. Pop. 3,153 hab. ind. N° 148 de la carte. D'après le tableau de dénombrement, 1876, ce douar se compose des fract. suivantes : El-Hakoum, 570 ind. ; El-Gheraba, 192 ind. ; Kessamtia, 590 ind. ; Ouled-Hédim, 214 ind. ; Ouled-Rihel, 194 ind. ; Chourfa, 216 ind. ; Labras, 929 ind. et Téharit, 248 ind. — Nota : Le territoire de colonisation de Berrouaghia provient de l'ancienne tribu des Abid ; sa sup. n'est pas comprise dans les 14,942 hect. mentionnés ci-dessus.

Oued-S'floun. V. *Oued-Sefloun*, douar, Com. mix. et cerc. de Daya, subd. de Tlemcen, cant. jud. de Sidi-bel-Abbès.

Oued-Sly. V. *Sly*, douar, Com. mix. de Malakoff, cant. jud. et arr. d'Orléansville.

Oued-Soummam. Provenant de l'ancienne tribu des Beni-bou-Messaoud. (Sup. 3,349 hect.) Constitué en douar-com. par décret du 24 avril 1867, *B. O.*, p. 680. Rattaché à la com. mix., au cant. jud. et à l'arr. de Bougie ; — à 6 kil. S. de Bougie et à cheval sur l'Oued-Soummam. Pop. 2,624 hab. ind. N° 100 de la carte.

Oued-Summam. V. *Oued-Soummam*, douar, Com. mix., cant. jud. et arr. de Bougie.

Oued-Talbenet. V. *Oued-Telbenet*, douar, Com. ind., cant. jud. et cerc. de Miliana, subd. d'Orléansville.

Oued-Tamza. Provenant de l'ancienne tribu des Amamra. (Sup. 38,519 hect.) Constitué en douar-com. par décret du 8 septembre 1869, *B. O.*, p. 270. Rattaché à la com. ind., au cant. jud. et au cerc. de Khenchela, subd. de Batna ; — à 18 kil. S.-O. de Khenchela. Pop. 1,868 hab. ind. N° 222 de la carte. — Nota : Ce douar est quelquefois désigné sous le nom d'Ouled-Yacoub.

Oued-Taourira. Provenant de l'ancienne tribu des Djafra-Thouama-et-M'hamid. (Sup. 127,038 hect.) Constitué en douar-com. par décret du 31 octobre 1868, *B. O.*, p. 1124. Rattaché à la com. mix. et au cerc. de Daya, subd. de Tlemcen, cant. jud. de Sidi-bel-Abbès ; — à 40 kil. S.-E. de cette dernière ville. Pop. 2,264 hab. ind. N° 120 de la carte. — Nota : Ce douar renferme la smala du Télagh, d'une sup. de 3,000 hect., prélevée sur la tribu précitée en 1858 et en 1862.

Oued-Telbenet. Provenant de l'ancienne tribu des Beni-Ahmed. (Sup. 12,529 hect.) Constitué en douar-com. par décret du 27 octobre 1866, *B. O.*, p. 722. Rattaché à la com. ind., au cant. jud. et au cerc. de Miliana, subd. d'Orléansville ; — à 22 kil. S.-E. de Miliana et à cheval sur l'Oued-Telbenet. Pop. 3,245 hab. ind. N° 59 de la carte. Ce douar fait actuellement partie de l'aghalik du Djendel. — Nota : Les biens domaniaux situés dans le douar sont les suivants : Haouch-Kadatsari, 346 hect. ; Haouch-Mchardja, 456 hect. ; Haouch-Selatna,

297 hect. ; Haouch-ben-Ali, 85 hect. ; Haouch-bou-Cherchara, 145 hect. et Bled-Oued-Djemâa, 602 hect.

Oued-Zaïm. V. *Ouled-Zaïm*, douar, Com. mix. des Eulma, cant. jud. de St-Arnaud, arr. de Sétif.

Oued-Zydia. Deux fract. du douar-com. de Mechera-Sfa. V. *Mechera-Sfa*, douar, Com. ind. de Tiaret-Aflou, cerc. et cant. jud. de Tiaret, subd. de Mascara.

Ouelben. V. *Beni-Ouelban*, douar, Com. ind. et cerc. d'El-Milia, cant. jud. et annexe de Collo, subd. de Constantine.

Ouelha. V. *Ouled-Ouelha*, douar, Com. ind., cerc. et cant. jud. de Bordj-bou-Arréridj, annexe de M'sila, subd. de Sétif.

Ouessah. Provenant de l'ancienne tribu des Haracta. (Sup. 17,041 hect.) Constitué en douar-com. par décret du 8 juin 1870, *B. O.*, p. 249. Rattaché à la com. ind., au cant. jud. et au cerc. d'Aïn-Beïda, subd. de Constantine ; — à 12 kil. N. d'Aïn-Beïda. Pop. 1,135 hab. ind. N° 274 de la carte. Le douar Ouessah fait actuellement partie du kaïdat de Settara. Ce douar renferme diverses ruines romaines d'une étendue de 5 hect. et un emplacement réservé au campement des troupes.

Oughlis. V. *Beni-Oughlis*, douar. Com. ind., cant. jud. et cerc. de Bougie, subd. de Sétif.

Ouïdane. V. *Issers-el-Ouïdan*, douar, Com. pl. ex. de Blad-Guitoun, cant. jud. de Ménerville, arr. d'Alger.

Ouillen Provenant de l'ancienne tribu du même nom. (Sup. 14,600 hect.) Douar formé des fract. des Beni-Yahi, des Deïra, des Ouled-Ghemri et des N'baïl. Constitué par décret du 15 décembre 1869, *B. O.*, 1870, p. 64. Rattaché à la com. ind., au cant. jud. et au cerc. de Souk-Ahras, subd. de Bône ; — à 12 kil. E. de Souk-Ahras et sur la rive droite de la Medjerda. Pop. 3,333 hab. ind. N° 333 de la carte. Ce douar fait actuellement partie du kaïdat d'Ouillen.

Ouïtlen V. *Coudiat-Ouïtlen*, Com. ind., cant. jud. et cerc. de Bordj-bou-Arréridj, annexe de M'sila, subd. de Sétif.

Ouïzeat. Provenant de l'ancienne tribu des Beni-Méniarin-Tahta. (Sup. 15,970 hect.) Douar-com. formé des fract. des Nouacour et des Beni-S'nouss. Constitué par décret du 16 juin 1866, *B. O.*, p. 394. Rattaché à la com. ind., au cant. jud. et au cerc. de Saïda, subd. de Mascara ; — à 18 kil. N.-O. de Saïda, sur l'Oued-Traria et l'Oued-Hounet. Pop. 918 hab. ind. N° 81 de la carte. Ce douar renferme la smala d'Ouïzert, d'une étendue de 1,533 hect.

Ouled-Aâziz. Provenant de l'ancienne tribu des Berrania. (Sup. 13,964 hect.) Constitué en douar-com. par décret du 24 octobre 1868, *B. O.*, p. 1086. Rattaché à la com. mix. d'Aïn-M'lila, cant. jud. des Ouled-Rahmoun, arr. de Constantine ; — à 45 kil. S.-O. de Constantine et à 22 kil. S.-O. des Ouled-Rahmoun. Pop. 2,805 hab. ind. N° 16 de la carte.

Ouled-Abdallah. Fract. du douar-com. d'Oued-Berkech. V. *Oued-Berkech*, douar, Com. mix. et cant. jud. d'Aïn-Temouchent, arr. d'Oran.

Ouled-Abd-el-Hack. V. *Ouled-Abd-el-Hak*, douar. Com. ind., cant. jud. et cerc. de Bordj-bou-Arréridj, annexe de M'sila, subd. de Sétif.

Ouled-Abd-el-Hak ou **Ouled-Abd-el-Hack.** Provenant de l'ancienne tribu des Ouled-Madhi. (Sup. 10,124 hect.) Constitué en douar-com. par décret du 17 mars 1869, *B. O.*, 1870, p. 112. Rattaché à la com. ind., au cant. jud. et au cerc. de Bordj-bou-Arréridj, annexe de M'sila, subd. de Sétif ; — à 60 kil. S.-O. de Bordj-bou-Arréridj. N° 184 de la carte. Pop. comprise dans la fract. dite Douar-Saïdat, de la tribu du Hodna. Ce douar renferme un bordj et divers bivouacs, grand-haltes et puits artésiens.

Ouled-Abd-el-Ouahad. Provenant de l'ancienne tribu des Righa-Dahra. (Sup. 2,419 hect.) Constitué en douar-com. par décret du 6 septembre 1866, *B. O.*, p. 610. Rattaché à la com. ind., au cant. jud., au cerc. et à la subd. de Sétif ; — à 55 kil. S.-O. de Sétif. Pop. 363 hab. ind. N° 129 de la carte. Ce douar fait actuellement partie du kaïdat du Bou-Thaleb.

Ouled-Abd-el-Ouhad ou **Ouled-Abd-el-Ouahed.** V. *Ouled-Abd-el-Ouahad*, douar, Com. ind., cant. jud., cerc. et subd. de Sétif.

Ouled-Achour Provenant de l'ancienne tribu des Segnia. (Sup. 16,886 hect.) Constitué en douar-com. par décret du 11 juillet 1870, *B. O.*, p. 338. Rattaché à la com. mix. d'Aïn-M'lila, cant. jud. des Ouled-Rahmoun, arr. de Constantine ; — à 22 kil. S. de ce dernier centre. Pop. 1,002 hab. ind. N° 263 de la carte. Ce douar renferme diverses ruines romaines d'une étendue de 4 hect. environ, classées dans les biens domaniaux. — NOTA : D'après le tableau de dénombrement, 1876, les Ouled-

OULED-AD-AL   ET DES FRACTIONS DE DOUARS)   **OULED-AL-AR**

Achour comprennent la fract. des Ouled-Sassi, d'une pop. ind. de 532 hab. Cette pop. figure dans les 1,002 ind. du douar.

Ouled-Addar. V. *Oued-Addar*, douar, Com. ind. et cerc. d'El-Milia, subd. de Constantine, cant. jud. de Mila.

Ouled-Addi. Provenant de l'ancienne tribu des Ouled-Ahmed. (Sup. 6,790 hect.) Constitué en douar-com. par décret du 21 décembre 1867, *B. O.*, 1868, p. 481. Rattaché à la com. mix. d'Inkermann, cant. jud. de Relizane, arr. de Mostaganem ; — à 16 kil. N.-E. de Relizane et au N. de la ligne du chemin de fer d'Alger à Oran. Pop. 1,432 hab. ind. N° 52 de la carte. Ce douar renferme un lac salé à proximité du chemin de fer.

Ouled-Adouan. Provenant de l'ancienne tribu des Amour-Guebala. (Sup. 1,975 hect.) Constitué en douar-com. par décret du 18 mai 1867, *B. O.*, p. 822. Rattaché à la com. mix., au cant. jud. et à l'arr. de Sétif; — à 20 kil. N. de Sétif. Pop. recensée avec les douars de Chabia et des Ouled-Mansour, 2,272 hab. ind. N° 139 de la carte.

Ouled-Aïssa. Provenant de l'ancienne tribu des Isser-Drouh. (Sup. 3,071 hect.) Constitué en douar-com. par décret du 29 septembre 1867, *B. O.*, p. 1127. Rattaché à la com. mix. des Issers, cant. jud. de Bordj-Menaïel, arr. de Tizi-Ouzou ; — à 12 kil. N.-E. de Bordj-Menaïel. Pop. tot. 2,481 hab. N° 9 de la carte.

Ouled-Ahmed. Provenant de l'ancienne tribu des Souhalia. (Sup. 965 hect.) Constitué en douar-com. par décrets des 4 décembre 1864, *B. O.*, p. 490 et 19 avril 1865, *B. O.*, p. 288. Rattaché à la com. mix. et au cant. jud. de l'Oued-Zenati, arr. de Constantine ; — à 12 kil. N.-O. de l'Oued-Zenati et sur la rive gauche de la rivière du même nom. Pop. recensée avec le douar des Ouled-Sassy et de Khanguet-Sabath, 7 français et 1,418 ind. N° 36 de la carte.

Ouled-Ali-ben-Nacer. Provenant de l'ancienne tribu des Amour-Guebala. (Sup. 9,108 hect.) Constitué en douar-com. par décret du 18 mai 1867, *B. O.*, p. 822. Rattaché à la com. mix., au cant. jud. et à l'arr. de Sétif; — à 16 kil. N.-E. de Sétif. Pop. 2,182 hab. ind. N° 141 de la carte.

Ouled-Ali-ben-Youb. Nom employé pour désigner le douar-com. de Tifilles. V. *B. O.*, 1868, p. 894, 1re ligne.

Ouled-Ali-Fouaga. Fract. du douar-com. d'El-Ténia.

V. *El-Ténia*, douar. Com. mix. de St-Lucien, cant. jud. de Ste-Barbe-du-Tlélat, arr. d'Oran.

Ouled-Ali-Ghoualem. Fract. du douar-com. de Sidi-Ghalem. V. *Sidi-Ghalem*, douar, Com. mix. de St-Lucien, cant. jud. de Ste-Barbe-du-Tlélat, arr. d'Oran.

Ouled-Ali-Mahadja. Fract. du douar-com. d'El-Gada. V. *El-Gada*, douar, Com. mix. de St-Lucien, cant. jud. de Ste-Barbe-du-Tlélat, arr. d'Oran.

Ouled-Ali-Tahta. Fract. du douar-com. d'El-K'ear. V. *El-K'ear*, douar. Com. mix. de St-Lucien, cant. jud. de Ste-Barbe-du-Tlélat, arr. d'Oran.

Ouled-Alsman. Provenant de l'ancienne tribu des Haracta-el-Madher. (Sup. 2,760 hect.) Constitué en douar-com. par décret du 21 octobre 1865, *B. O.*, p. 458. Rattaché à la com. mix. et au cant. jud. de Batna, arr. de Constantine ; — à 16 kil. N.-E. de Batna. Pop. 153 hab. ind. N° 112 de la carte. — NOTA : Ce douar renferme le village européen d'El-Madher.

Ouled-Amar. Fract. du douar-com. d'El-Ghomeri. V. *El-Ghomeri*, douar. Com. mix. de Relizane, arr. de Mostaganem, cant. jud. de Perrégaux.

Ouled-Amor. Fract. du douar-com. de Tabellout. V. *Tabellout*, douar, Com. ind., cant. jud. et cerc. de Djidjelli, subd. de Constantine.

Ouled-Anteur. Ancienne tribu du même nom. (Sup. 32,633 hect.) Constitué en douar-com. par décret du 22 avril 1868, *B. O.*, p. 880. Rattaché, partie aux com. pl. ex. de Boghar et de Boghari, arr. d'Alger et partie à la com. ind. et au cerc. de Boghar, subd. de Médéa. Cant. jud. de Boghari ; — à 4 kil. O. de Boghari. Pop. 1,687 hab. ind. pour la partie comprise dans la com. ind. N° 54 de la carte. Ce douar renferme les territoires de colonisation de Boghar et de Boghari.

Ouled-Aouat. Ancienne tribu du même nom. (Sup. 3,240 hect.) Constitué en douar-com. par décret du 7 décembre 1867, *B. O.*, p. 399. Rattaché à la com. ind. et au cerc. d'El-Milia, cant. jud. de Mila, subd. de Constantine ; — à 50 kil. N. de Mila et à cheval sur l'Oued-Rummel. Pop. 20 français, 7 étrangers et 1,728 ind. N° 41 de la carte. Ce douar renferme le poste militaire d'El-Milia, un cimetière européen et un emplacement de marché.

Ouled-Arbia. Fract. du douar-com. d'El-Ghomeri. V. *El-Ghomeri*, douar. Com. mix. de Relizane, arr. de Mostaganem, cant. jud. de Perrégaux.

OULED-AR-BE (RÉPERTOIRE ALPHABÉTIQUE DES DOUARS **OULED-BE-BO**

Ouled-Aréma. Azel attribué aux ind. (Sup. 1,817 hect.) Décret de répartition du 8 novembre 1869, *B. O.*, p. 464. Rattaché à la com. pl. ex. de l'Oued-Séguin, cant. jud. de l'Oued-Atménia, arr. de Constantine; — à 15 kil. S.-E. de l'Oued-Atménia. Pop. comprise dans la com. de l'Oued-Séguin.

Ouled-Arksib. Provenant de l'ancienne tribu des Ouled-el-Hadj. (Sup. 11,382 hect.) Constitué en douar-com, par décret du 6 octobre 1869, *B. O.*, p. 322. Rattaché à la com. ind. et au cerc. d'El-Milia, annexe et cant. jud. de Collo, subd. de Constantine; — à 24 kil. S. de Collo. Pop. 2,627 hab. ind. N° 236 de la carte. Ce douar renferme un gîte d'étape, d'une étendue de 1 hect. 96 ares, classé dans les biens domaniaux.

Ouled-Atsman. V. *Ouled-Atsman*, douar. Com. mix. et cant. jud. de Batna, arr. de Constantine.

Ouled-Aziz. V. *Ouled-Aazis*, douar. Com. mix. d'Aïn-M'lila, cant. jud. des Ouled-Rahmoun, arr. de Constantine.

Ouled-Aziz. Fract. du douar-com. d'El-Hezébri. V. *El-Hezébri*, douar. Com. mix. d'Aïn-M'lila, cant. jud. des Ouled-Rahmoun, arr. de Constantine.

Ouled-Barkat. Provenant de l'ancienne tribu du même nom. (Sup. 5,592 hect.) Constitué en douar-com, par décret du 11 juillet 1870, *B. O.*, p. 348. Rattaché à la com. mix. et à l'annexe de Zemmorah, subd. d'Oran, cant. jud. de Relizane; — à 40 kil. S.-E. de Relizane. Pop. 1,057 hab. ind. N° 165 bis de la carte. Il existe dans ce douar une grand'halte classée dans les réserves domaniales, d'une sup. de 4 hect. 50 ares. Le territoire de colonisation de Mendès est situé dans le douar.

Ouled-Belafou. Ancienne tribu du même nom. (Sup. 1,971 hect.) Constitué en douar-com, par décret du 4 novembre 1868, *B. O.*, p. 1180. Rattaché à la com. mix. de Duquesne, cant. jud. de Djidjelli, arr. de Bougie; — à 12 kil. S.-E. de Djidjelli. N° 181 de la carte. Ce douar a été livré à la colonisation pour la formation du centre de Taher. Le territoire des Ouled-Belafou renferme un gîte d'étape et la fontaine-abreuvoir, connue sous le nom d'Aïn-el-Coudia.

Ouled-Belaguel. Provenant de l'ancienne tribu des Berrania. (Sup. 12,980 hect.) Constitué en douar-com. par décret du 24 octobre 1868, *B. O.*, p. 1087. Rattaché à la com. mix. d'Aïn-M'lila, cant. jud. des Ouled-Rahmoun, arr. de Constantine; — à 16 kil. S.-O. des Ouled-Rahmoun. Pop. 1,999 hab. ind. N° 15 de la carte.

Ouled-bel-Aouchat. Provenant de l'ancienne tribu des Ouled-Abd-en-Nour. (Sup. 22,026 hect.) Constitué en douar-com, par décret du 20 mai 1868, *B. O.*, p. 922. Rattaché à la com. mix. des Eulma, cant. jud. de St-Arnaud, arr. de Sétif; — à 6 kil. S.-E. de St-Arnaud. Pop. 2,535 hab. ind. N° 23 de la carte. Une partie de ce douar a été livrée à la colonisation. Le territoire des Ouled-bel-Aouchat renferme un poste de cantonnier et diverses ruines romaines d'une étendue de 112 hect. 55 ares.

Ouled-bel-Kheïr. Provenant de l'ancienne tribu des Ouled-Abd-en-Nour. (Sup. 15,293 hect.) Constitué en douar-com. par décret du 20 mai 1868, *B. O.*, p. 922. Rattaché à la com. mix. des Eulma, cant. jud. de St-Arnaud, arr. de Sétif; — à 20 kil. O. de St-Arnaud. Pop. 1,079 hab. ind. N° 27 de la carte. Ce douar renferme diverses ruines romaines d'une étendue de 14 hect. 62 ares.

Ouled-Bellil. Ancienne tribu du même nom. (Sup. 3,440 hect.) Constitué en douar-com. par décret du 21 mars 1866, *B. O.*, p. 124. Rattaché à la com. mix. de Bouïra, cant. jud., cerc. et subd. d'Aumale; — à 30 kil. N.-E. de ce dernier centre, sur la route d'Alger aux Beni-Mansour. Pop. 814 hab. ind. N° 32 de la carte. Une partie de ce douar a été livrée à la colonisation pour l'installation du village de Bouïra. Le territoire des Ouled-Bellil renferme l'ancien fort turc dit Bordj-Bouïra, près duquel a été construit le centre européen du même nom.

Ouled-ben-Affan. Ancienne tribu du même nom. (Sup. 14,996 hect.) Constitué en douar-com. par décret du 24 juillet 1879, *B. O.*, p. 200. Rattaché à la com. ind. de Tiaret-Aflou, au cant. jud. et au cerc. de Tiaret, subd. de Mascara; — à 12 kil. S.-O. de Tiaret, sur la route de Mascara à Tiaret. Pop. 664 hab. ind. N° 150 de la carte.

Ouled-bou-Abça. Provenant de l'ancienne tribu des Ouled-Sidi-Abd-Allah. (Sup. 6,010 hect.) Constitué en douar-com. par décret du 9 novembre 1867, *B. O.*, 1868, p. 208. Rattaché 1,774 hect. à la com. pl. ex. de Blad-Taourla, arrêté préfectoral du 6 juillet 1869 et 4,236 hect. à la com. mix. de Mostaganem, cant. jud. et arr. de Mostaganem; — à 20 kil. S.-E. de cette dernière ville et sur la route nationale d'Alger à Oran. Pop. du douar dépendant de la com. mix. 1,512 hab. ind. N° 161 de la carte. Une partie de ce douar a été prélevée pour la formation du centre de Sirat.

Ouled-bou-Ali. Ancienne tribu du même nom. (Sup. 11,004 hect.) Constitué en douar-com. par décret du 15 mai 1869, *B. O.*, p. 179. Rattaché à la com. mix. et au cant. jud. de Relizane, arr. de Mostaganem; — à 6 kil. S.-O. de Relizane et sur la rive gauche de la Mina, affluent du Chélif. Pop. 1,809 hab. ind. N° 155 de la carte. Une fontaine-abreuvoir, connue sous le nom d'Aïn-Guettar, a été construite aux frais du budget de l'ancienne commune subdivisionnaire de Mascara.

Ouled-bou-Ali. Fract. en deux groupes du douar-com. de Mechera-Sfa. V. *Mechera-Sfa*, douar. Com. ind. de Tiaret-Aflou, cant. jud. et cerc. de Tiaret, subd. de Mascara.

Ouled-bou-Ameur. Fract. du douar-com. de Bou-Hadjar. V. *Bou-Hadjar*, douar. Com. mix. d'Aïn-Temouchent, arr. d'Oran.

Ouled-bou-Aoufan. Provenant de l'ancienne tribu des Ouled-Abd-en-Nour. (Sup. 17,468 hect.) Constitué en douar-com. par décret du 20 mai 1868, *B. O.*, p. 922. Rattaché à la com. mix. de Châteaudun, cant. jud. de l'Oued-Atménia, arr. de Constantine; — à 20 kil. S.-O. de l'Oued-Atménia, sur le chemin de fer de Constantine à Sétif. Pop. 977 hab. ind. N° 31 de la carte. Ce douar renferme diverses ruines romaines classées dans les réserves domaniales, d'une étendue de 2 hect. 51 ares.

Ouled-bou-Arif. Ancienne tribu du même nom. (Sup. 5,030 hect.) Constitué en douar-com. par décret du 29 juin 1870, *B. O.*, p. 298. Rattaché à la com. ind., au cant. jud., au cerc. et à la subd. d'Aumale; — à 15 kil. O. d'Aumale, sur les pentes N. du Djebel-Dira. Pop. 965 hab. ind. N° 154 de la carte.

Ouled-bou-Derhem. Provenant de l'ancienne tribu des Amamra. (Sup. 16,822 hect.) Constitué en douar-com. par décret du 8 septembre 1869, *B. O.*, p. 270. Rattaché à la com. ind., au cant. jud. et au cerc. de Khenchela, subd. de Batna; — à 8 kil. O. de Khenchela. Pop. 2,846 hab. ind. N° 7 de la carte.

Ouled-Boudjemah. Provenant de l'ancienne tribu des Haracta-el-Madher. (Sup. 4,800 hect.) Constitué en douar-com. par décret du 21 octobre 1865, *B. O.*, p. 458. Rattaché à la com. mix. et au cant. jud. de Batna, arr. de Constantine; — à 32 kil. N.-E. de Batna. Pop. 140 hab. ind. N° 115 de la carte.

Ouled-bou-Frid. Fract. du douar-com. de Bâacho. V. *Bâacho*, douar. Com. mix. et cant. jud. de Ténès, arr. d'Orléansville.

Ouled-bou-Ghedden. Provenant de l'ancienne tribu des Aouïssat. (Sup. 7,866 hect.) Constitué en douar-com. par décret du 31 octobre 1868, *B. O.*, p. 1161. Rattaché à la com. ind., au cant. jud. et au cerc. de Tiaret, subd. de Mascara; — à 8 kil. N.-E. de Tiaret. Pop. 676 hab. ind. N° 134 de la carte.

Ouled-bou-Ghenni. Fract. du douar-com. de Sidi-Saada. V. *Sidi-Saada*, douar. Com. mix. de Relizane, cant. jud. de Perrégaux, arr. de Mostaganem.

Ouled-bou-Ikni. Ancienne tribu du même nom. (Sup. 4,032 hect.) Constitué en douar-com. par décret du 28 juillet 1866, *B. O.*, p. 509. Rattaché à la com. mix. et au cerc. d'Ammi-Moussa, subd. d'Oran, cant. jud. d'Inkermann; — à 10 kil. S.-E. de ce dernier centre et sur la rive gauche de l'Oued-Riou, affluent du Chélif. Pop. 1,281 hab. ind. N° 8 de la carte.

Ouled-bou-Kamel. Ancienne tribu du même nom. (Sup. 11,291 hect.) Constitué en douar-com. et en fract. de douar par décret du 20 novembre 1867, *B. O.*, 1868, p. 291. Rattachés : 1° 1,581 hect., fract. dite d'Amarna, à la com. pl. ex. de Mostaganem; 2° 2,755 hect., fract. dite de Djedaoua, aux com. pl. ex. d'Aïn-Boudinar (ancienne com. de Pélissier) 341 hect. et d'Aïn-Tédélès, 2,414 hect.; 3° 6,954 hect. formant le douar-com. des Ouled-bou-Kamel, à la com. pl. ex. du Pont-du-Chélif, cant. jud. et arr. de Mostaganem; — la 1re fract. dite d'Amarna est située à 7 kil. N.-E. de Mostaganem, sur le littoral, sur la rive gauche et à l'embouchure du Chélif; la fract. dite de Djedaoua, à 9 kil. E. de Mostaganem et au S. et à l'O. du territoire d'Aïn-Tédélès; le douar proprement dit des Ouled-bou-Kamel, à 10 kil. N.-E. de Mostaganem et sur la rive droite du Chélif. Pop. du douar des Ouled-bou-Kamel, 2,406 hab. ind. et celle des fract. est comprise dans les com. pl. ex. précitées.

Ouled-Boulfâa. Provenant de l'ancienne tribu des Djebala. (Sup. 3,091 hect.) Constitué en douar-com. par décret du 27 octobre 1869, *B. O.*, p. 438. Rattaché à la com. ind. et au cerc. d'El-Milia, subd. de Constantine, cant. jud. de Mila; — à 45 kil. N. de cette dernière ville. Pop. 3,053 hab. ind. N° 79 bis de la carte. Ce douar fait actuellement partie du kaïdat des Ouled-Aoun.

Ouled-bou-Riah. (Sup. 13,450 hect.) Constitué en douar-com. par décret du 8 avril 1868, *B. O.*, p. 860. Rattaché à la com. mix. d'Oran, cant. jud. d'Inkermann; — à 18 kil. S. de ce dernier centre et sur la rive gauche de l'Oued-Riou. Pop. 2,523 hab. ind. N° 9 de la carte.

Ouled-bou-Rouba. Fract. du douar-com. d'Oued-Chender. V. *Oued-Chender*, douar. Com. mix. des Issers, arr. de Tizi-Ouzou, cant. jud. de Bordj-Menaïel.

Ouled-Bouthara. Provenant de l'ancienne tribu des Righa-Dahra. (Sup. 2,435 hect.) Constitué en douar-com. par décret du 6 septembre 1866, *B. O.*, p. 610. Rattaché à la com. ind., au cant. jud., au cerc. et à la subd. de Sétif ; — à 45 kil. S.-O. de Sétif. Pop. 283 hab. ind. N° 135 de la carte. Ce douar fait actuellement partie du kaïdat et de la tribu du Bou-Thaleb.

Ouled-bou-Youssef. V. *Oued-bou-Youssef*, douar. Com. ind., cant. jud. et cerc. de Djidjelli, subd. de Constantine.

Ouled-Braham. Provenant de l'ancienne tribu des Eulma-Massoula. (Sup. 5,671 hect.) Constitué en douar-com. par décret du 4 mars 1868, *B. O.*, p. 700. Rattaché à la com. pl. ex. de Bizot, cant. jud. et arr. de Constantine ; — à 20 kil. N. de Constantine et sur la rive droite de l'Oued-Smendou. Pop. 1,352 hab. ind. N° 45 de la carte.

Ouled-Braham. Provenant de l'ancienne tribu des Righa-Dahra. (Sup. 4,530 hect.) Constitué en douar-com. par décret du 6 septembre 1866, *B. O.*, p. 610. Rattaché à la com. ind., au cerc., au cant. jud. et à la subd. de Sétif ; — à 55 kil. S.-O. de Sétif. Pop. 663 hab. ind. N° 126 de la carte. Ce douar fait actuellement partie du kaïdat et de la tribu du Bou-Thaleb.

Ouled-Brahim. Provenant de l'ancienne tribu des Hassen-ben-Ali. (Sup. 1,714 hect.) Territoire délimité par décret du 15 juin 1864, *B. O.*, p. 287. Rattaché à la com. mix. de Ben-Chicao, cant. jud. de Médéa, arr. d'Alger ; — à 18 kil. S.-E. de Médéa. Pop. tot. 628 hab. ind. N° 44 de la carte.

Ouled-Chaffa. Ancienne tribu du même nom. (Sup. 3,202 hect.) Constitué en douar-com. par décret du 29 septembre 1867, *B. O.*, p. 1116. Rattaché à la com. mix., au cant. jud. et à l'arr. de Mostaganem ; — à 30 kil. S.-E. de Mostaganem. Pop. 1,199 hab. ind. N° 45 de la carte. — NOTA : Les 2 concessions Winkel, connues sous le nom d'Aïn-Madragh et enclavées dans ce douar, forment une annexe de la com. pl. ex. de Bouguirat, cant. jud. de Relizane.

Ouled-Chelih. Ancienne tribu du même nom. (Sup. 22,247 hect.) Constitué en douar-com. par décret du 27 mars 1867, *B. O.*, p. 484. Rattaché à la com. ind., au cant. jud., au cerc. et à la subd. de Batna ; — à 10 kil. S.-O. de Batna. Pop. 1,692 hab. ind. N° 116 de la carte. Ce douar dépend actuellement du kaïdat de Batna. — NOTA : Le territoire des Ouled-Chelih renferme les ruines romaines de Lambiridi, d'une étendue de 21 hect. 36 ares 45 centiares et la maison forestière d'Oued-Hamla et ses dépendances d'une contenance de 12 hect.

Ouled-Chellal. V. *Oued-Chellal*, douar. Com. ind., cant. jud. et cerc. de Bordj-bou-Arréridj, annexe de M'sila, subd. de Sétif.

Ouled-Chellih. V. *Ouled-Chelih*, douar. Com. ind., cant. jud., cerc. et subd. de Batna.

Ouled-Dahman. Provenant de l'ancienne tribu des M'gueddem. (Sup. 3,736 hect.) Constitué en douar-com. par décret du 25 janvier 1868, *B. O.*, p. 588. Rattaché à la com. ind., au cant. jud., et au cerc. de Bordj-bou-Arréridj, subd. de Sétif ; — à 10 kil. N. de Bordj-bou-Arréridj. Pop. 1,494 hab. ind. N° 154 de la carte. Ce douar fait actuellement partie du kaïdat de Morissan. Le territoire des Ouled-Dahman renferme diverses ruines romaines, d'une étendue de 5 hect. 75 ares et un emplacement réservé au campement des troupes de 1 hect. 10 ares.

Ouled-Dahmou. V. *Ouled-Dahman*, douar. Com. ind., cant. jud. et cerc. de Bordj-bou-Arréridj, subd. de Sétif.

Ouled-Dani. V. *Ghoufrat-Ouled-Dani*, douar. Com. mix., cant. jud. et arr. de Mostaganem.

Ouled-Dardara. V. *Oued-Dardara*, douar. Com. mix. et arr. de Bône, cant. jud. de Mondovi.

Ouled-Debab. Provenant de l'ancienne tribu des Ouled-Aïdoum. (Sup. 5,408 hect.) Constitué en douar-com. par décret du 11 décembre 1867, *B. O.*, 1868, p. 360. Rattaché à la com. ind. et au cerc. d'El-Milia, subd. de Constantine, cant. jud. de Mila ; — à 20 kil. N. de cette dernière ville. Pop. 3,199 hab. ind. N° 40 de la carte. Ce douar fait actuellement partie du cheïkat indépendant des Ouled-Aïdoun.

Ouled-Defeïten. Ancienne tribu du même nom. (Sup. 14,332 hect.) Constitué en douar-com. par décret du 31 octobre 1868, *B. O.*, p. 1131. Rattaché à la com. mix. et au cerc. d'Ammi-Moussa, subd. d'Oran, cant. jud. d'Inkermann ; — à 22 kil. S.-E. de ce dernier centre. Pop. 1,884 hab. ind. N° 10 de la carte. Ce douar renferme diverses ruines romaines d'une étendue de 1 hect.

Ouled-Dehim. Provenant de l'ancienne tribu des Ouled-Derradj. (Sup. 1,036 hect.) Constitué en douar-com. par décret du 13 avril 1867, B. O., p. 632. Rattaché à la com. ind., au cant. jud. et au cerc. de Bordj-bou-Arréridj, annexe de M'sila, subd. de Sétif; — à 58 kil. S.-O. de Bordj-bou-Arréridj. N° 163 de la carte. Ce douar fait actuellement partie du kaïdat et de la tribu du Hodna. Pop. recensée avec le douar de M'tarfas, 1,231 hab. ind.

Ouled-Deïd. Provenant de l'ancienne tribu du même nom. (Sup. 8,555 hect.) Constitué en douar-com. par décret du 25 mai 1870, B. O., p. 208. Rattaché à la com. ind., au cant. jud., au cerc. et à la subd. de Médéa; — à 24 kil. S.-E. de Médéa. Pop. 1,706 hab. ind. N° 155 de la carte. D'après le tableau de dénombrement, 1876, ce douar se compose des fract. suivantes : Hachalfa, 531 ind.; Ouled-sidi-Nadji, 510 ind.; Zakmouta, 235 ind.; Ouled-Aziz, 430 ind.

Ouled-Derradj. Provenant des azels des zones de Souhalia et d'Ouled-Attia. (Sup. 2,721 hect.) Douar formé des azels de Ouled-Derradj (totalité), Sedrata (partie) et Beni-Selin (partie). Constitué par décret du 24 juillet 1869, B. O., p. 207. Rattaché à la com. mix. et au cant. jud. d'El-Arrouch, arr. de Philippeville; — à 24 kil. S.-O. d'El-Arrouch. Pop. 826 hab. ind. N° 34 de la carte.

Ouled-Dieb. Ancienne tribu du même nom. (Sup. 12,401 hect.) Constitué en douar-com. par décret du 22 février 1868, B. O., p. 656. Rattaché à la com. ind., au cant. jud. et au cerc. de La Calle, subd. de Bône; — à 20 kil. O. de La Calle et sur le littoral. Pop. ind. 519 hab. N° 100 de la carte. Ce douar renferme un caravansérail du Bordj-Ali-Bey, un emplacement réservé pour le campement des troupes et trois petits lacs d'eau douce.

Ouled-Djama. Provenant de l'ancienne tribu des Ouled-Attia. (Sup. 8,755 hect.) Constitué en douar-com. par décret du 17 juillet 1867, B. O., p. 1014. Rattaché à la com. ind. et au cerc. d'El-Milia, annexe et cant. jud. de Collo, subd. de Constantine; — à 20 kil. O. de Collo et sur le littoral. Pop. 1,508 hab. ind. N° 74 de la carte. Le douar d'Ouled-Djama fait actuellement partie du kaïdat des Ouled-Attia.

Ouled-Djelich. Provenant de l'ancienne tribu des Seguia. (Sup. 9,230 hect.) Constitué en douar-com. par décret du 11 juillet 1870, B. O., p. 339. Rattaché à la com. mix., d'Aïn-M'lila, arr. de Constantine, cant. jud. des Ouled-Rahmoun; — à 6 kil. S. de ce dernier centre.

Pop. 1,597 hab. ind. N° 259 de la carte. Ce douar renferme diverses ruines romaines d'une étendue de 5 hect. 55 ares et le marais dit d'El-Guerah, d'une étendue de 153 hect. La conduite d'eau de Fesguia servant à l'alimentation de la ville de Constantine occupe une étendue de 3 hect. 25 ares.

Ouled-Djelida. V. *Oued-Djelida*, douar. Com. ind., cant. jud. et cerc. de Miliana, subd. d'Orléansville.

Ouled-Djemâa ou **Ouled-Djema.** V. *Oued-Djemâa*, douar. Com. mix. et cant. jud. de Relizane, arr. de Mostaganem.

Ouled-Dreïd. Provenant de l'ancienne tribu des Behira-Thouïla. Douar formé des fract. des Ouled-Mahouch et des Ouled-Dreïd. (Sup. 8,944 hect.) Constitué par décret du 18 novembre 1868, B. O., 1869, p. 34. Rattaché à la com. mix. d'Aïn-M'lila, cant. jud. des Ouled-Rahmoun, arr. de Constantine; — à 20 kil. E. des Ouled-Rahmoun. Pop. 1,655 hab. N° 173 de la carte. Ce douar renferme diverses ruines romaines d'une étendue de 21 hect. 45 ares.

Ouled-el-Abbès. Ancienne tribu du même nom. (Sup. 5,000 hect.) Constitué en douar-com. par décret du 11 août 1866, B. O., p. 566. Rattaché à la com. mix. et au cerc. d'Ammi-Moussa, subd. d'Oran, cant. jud. d'Inkermann; — à 16 kil. S.-E. de ce dernier centre. Pop. ind. 1,537 hab. N° 5 de la carte.

Ouled-el-Arbi. Provenant de l'ancienne tribu des Ouled-Abd-en-Nour. (Sup. 17,610 hect.) Constitué en douar-com. par décret du 20 mai 1868, B. O., p. 922. Rattaché à la com. mix. de Châteaudun, cant. jud. de l'Oued-Atménia, arr. de Constantine; — à 16 kil. N.-O. de l'Oued-Atménia. Pop. recensée avec le douar des Ouled-el-Haïf et le village européen d'Oued-Dékri : 65 français, 1 étranger et 2,876 ind. N° 26 de la carte. — Nota : Une partie de ce douar a été livrée au service de la colonisation pour l'installation du village de St-Donat. Pop. du village 152 français, 8 étrangers et 3 ind. Le territoire des Ouled-el-Arbi renferme une caserne de gendarmerie, un poste de cantonniers, un poste télégraphique et diverses ruines romaines d'une étendue de 51 hect. 84 ares.

Ouled-el-Arbi. Fract. du douar-com. d'El-Gourine. V. *El-Gourine*, douar. Com. mix. de Gouraya, arr. d'Alger, cant. jud. de Cherchel.

Ouled-el-Brana. V. *El-Brana*, douar. Com. mix. de

Ouled-el-Haïf. Provenant de l'ancienne tribu des Ouled-Abd-en-Nour. (Sup. 15,663 hect.) Constitué en douar-com. par décret du 20 mai 1868, B. O., p. 922. Rattaché à la com. mix. de Chateaudun, cant. jud. d'Oued-Atménia, arr. de Constantine; — à 30 kil. S.-O. d'Oued-Atménia. N° 28 de la carte. Une partie de ce douar a été livrée à la colonisation pour l'installation du village de St-Donat. La pop. des Ouled-el-Haïf a été recensée avec le douar des Ouled-el-Arbi et le village européen de l'Oued-Dékri : 65 français, 1 étranger et 2,876 ind.

Ouled-el-Hassen. Fract. du douar-com. de Tabellout. V. *Tabellout*, douar. Com. ind., cerc. et cant. jud. de Djidjelli, subd. de Constantine.

Ouled-el-Ma. V. *Oued-el-Ma*, douar. Com. ind., cant. jud., cerc. et subd. de Batna.

Ouled-Ensigha. Provenant de l'ancienne tribu des Amamra. (Sup. 16,349 hect.) Constitué en douar-com. par décret du 8 septembre 1869, B. O., p. 270. Rattaché à la com. ind., au cant. jud. et au cerc. de Khenchela, subd. de Batna ; — au S.-O. de Khenchela. Pop. 2,095 hab. ind. N° 90 de la carte.

Ouled-Farès. Ancienne tribu du même nom. (Sup. 17,944 hect.) Constitué en douar-com. par décret du 13 mars 1867, B. O., p. 475. Rattaché à la com. mix. de Malakoff, cant. jud. et arr. d'Orléansville ; — à 12 kil. N.-O. d'Orléansville et sur la route de ce com. centre à Ténès. Pop. tot. 5,038 hab. N° 83 de la carte. Une partie de ce douar a été livrée au service de la colonisation pour l'installation du village des Cinq Palmiers (Warnier).

Ouled-Fathma. Provenant de l'ancienne tribu des Ouled-bou-Aoun. (Sup. 8,486 hect.) Constitué en douar-com. par décret du 14 décembre 1867, B. O., 1868, p. 408. Rattaché à la com. ind., au cant. jud., au cerc. et à la subd. de Batna ; — à 20 kil. O. de Batna. Pop. 1,031 hab. ind. N° 233 de la carte.

Ouled-Ferguen. Provenant de l'ancienne tribu des Hassen-ben-Ali. (Sup. 5,677 hect.) Territoire délimité par décret du 15 juin 1864, B. O., p. 287. Rattaché à la com. mix. de Ben-Chicao, cant. jud. de Médéa, arr. d'Alger ; — à 20 kil. S.-E. de Médéa. Pop. 1,317 hab. ind. N° 45 de la carte.

Ouled-Ferha. Ancienne tribu du même nom. (Sup. 7,390 hect.) Constitué en douar-com. par décret du 1er avril 1868, B. O., p. 830. Rattaché à la com. ind., au cant. jud., au cerc. et à la subd. d'Aumale ; — à 10 kil. O. d'Aumale. Pop. 1,817 hab. ind. N° 35 de la carte. Les Ouled-Ferha font partie de l'aghalik du Dirah-Supérieur.

Ouled-Gassem. Provenant de l'ancienne tribu des Segnia. (Sup. 11,363 hect.) Constitué en douar-com. par décret du 11 juillet 1870, B. O., p. 339. Rattaché à la com. mix. d'Aïn-M'lila, arr. de Constantine, cant. jud. des Ouled-Rahmoun ; — à 10 kil. S. de ce village. Pop. 992 hab. ind. N° 261 de la carte. — NOTA : La conduite d'eau d'Aïn-Fesguia servant à l'alimentation de la ville de Constantine occupe, dans ce douar, une sup. de 1 hect. 25 ares.

Ouled-Gassem. V. *Ouled-Kassem*, douar. Com. ind. et cerc. d'El-Milia, cant. jud. de Mila, subd. de Constantine.

Ouled-Ghazzi. Provenant de l'ancienne tribu des Hazedj. (Sup. 3,820 hect.) Constitué en douar-com. par décret du 25 avril 1866, B. O., p. 256. Rattaché à la com. mix. de la Mekerra, cant. jud. et arr. de Sidi-bel-Abbès ; — à 15 kil. N. de Sidi-bel-Abbès. Pop. 654 hab. ind. N° 110 de la carte. — NOTA : Les ind. des Ouled-Ghazzi sont en possession de leurs titres de propriété (application de la loi du 26 juillet 1873).

Ouled-Ghemul ou **Ouled-Ghenin.** Fract. du douar-com. d'Ouillen. V. *Ouillen*, douar. Com. ind., cant. jud. et cerc. de Souk-Ahras, subd. de Bône.

Ouled-Gheral. V. *Oued-Ghrara*, douar. Com. mix. et cant. jud. de Jemmapes, arr. de Philippeville.

Ouled-Ghrara. V. *Oued-Ghrara*, douar. Com. mix. et cant. jud. de Jemmapes, arr. de Philippeville.

Ouled-Guesmia. Provenant de l'ancienne tribu des Ouled-Derradj. (Sup. 4,900 hect.) Constitué par décret du 13 avril 1867, B. O., p. 632. Rattaché à la com. ind., au cant. jud. et au cerc. de Bordj-bou-Arréridj, annexe de M'sila, subd. de Sétif ; — à 44 kil. S. de Bordj-bou-Arréridj. Pop. recensée avec la fract. dite des Ouled-Adi-Guebala de la tribu du Hodna, 1,599 hab. ind. N° 170 de la carte.

Ouled-Habéba. Provenant de l'ancienne tribu des Ouled-Djebarra. (Sup. 8,617 hect.) Constitué en douar-com. par décret du 12 mai 1869, B. O., p. 128. Rattaché à la com. mix. et au cant. jud. d'El-Arrouch, arr. de Philippeville ; — à 20 kil. S.-E. d'El-Arrouch, N° 196 de la carte. Pop. 1 français et 1,048 ind.

Ouled-Haddad. V. *Oued-Haddad*, douar. Com. mix. de Frendah-Mascara, cant. jud., cerc. et subd. de Mascara.

Ouled-Haïf. V. *Ouled-el-Haïf*, douar. Com. mix. de Châteaudun, cant. jud. de l'Oued-Atménia, arr. de Constantine.

Ouled-Hamdan. Fract. des Ouled-Malef. (Sup. 825 hect.) Territoire délimité et réparti par décret du 30 octobre 1867, *B. O.*, 1868, p. 628. Rattaché à la com. pl. ex. d'Aïn-Nouissy, arr. et cant. jud. de Mostaganem. Pop. comprise dans la com. d'Aïn-Nouissy.

Ouled-Hamidech. Ancienne tribu du même nom. (Sup. 2,360 hect.) Constitué en douar-com. par décret du 29 juin 1867, *B. O.*, p. 951. Rattaché à la com. ind. et au cerc. d'El-Milia, cant. jud. et annexe de Collo, subd. de Constantine ; — à 16 kil. N.-O. de Collo et sur le littoral. Pop. 330 hab. ind. N° 77 de la carte. Ce douar est actuellement organisé en choïkat indépendant.

Ouled-Hamza. Provenant de l'ancienne tribu des Ouled-Djebarra. (Sup. 2,766 hect.) Constitué en douar-com. par décret du 12 mai 1869, *B. O.*, p. 128. Rattaché à la com. mix. et au cant. jud. d'El-Arrouch, arr. de Philippeville ; — à 16 kil. S.-E. d'El-Arrouch. Pop. 914 hab. ind. N° 195 de la carte.

Ouled-Hamza. Ancienne tribu du même nom. (Sup. 6,031 hect.) Constitué en douar-com. par décret du 10 mars 1869, *B. O.*, p. 99. Rattaché, savoir : la partie située sur la rive gauche du Chélif, à la com. pl. ex. de Boghar et celle de la rive droite à la com. pl. ex. de Boghari. Cant. jud. de Boghari, arr. d'Alger ; — à 3 kil. N. de Boghar, N° 114 de la carte. Pop. de la partie rattachée à Boghar, 160 ind. Pop. de la partie rattachée à Boghari, 685 hab. — Nota : Le territoire de la smala de Moudjebeur fait partie de ce douar.

Ouled-Hanich. Provenant de l'ancienne tribu des M'gueddem. (Sup. 5,752 hect.) Constitué en douar-com. par décret du 25 janvier 1868, *B. O.*, p. 588. Rattaché à la com. ind., au cant. jud. et au cerc. de Bordj-bou-Arréridj, subd. de Sétif ; — à 12 kil. N.-E. de Bordj-bou-Arréridj. N° 155 de la carte. Pop. recensée avec le douar des Ouled-Dahman, 1,494 hab. ind. — Nota : Ce douar renferme diverses ruines romaines d'une sup. de 13 hect. env.

Ouled-Harrid. Ancienne tribu du même nom. (Sup. 4,077 hect.) Constitué par décret du 10 août 1868, *B. O.*, p. 959. Rattaché à la com. mix., au cant. jud. et à l'arr. de Guelma ; — à 10 kil. S.-O. de Guelma et sur la rive droite de l'Oued-Cherf, affluent rive droite de la Seybouse. Pop. recensée avec les Ouled-Senan, 1,009 ind. N° 95 de la carte.

Ouled-Hassa. Nom employé quelquefois pour désigner les tribus des Oulhassa-Chéraga et Oulhassa-Gheraba. Les Oulhassa-Chéraga (rive droite de la Tafna), sont actuellement désignés sous les noms de Beni-Fouzech et Beni-Riman et forment une section de la com. mix. de Tlemcen, cant. jud. et arr. de Tlemcen. Les Oulhassa-Gheraba (rive gauche de la Tafna) forment une section de la com. mix. de Nemours, cerc. de Nemours, cant. jud. et subd. de Tlemcen.

Ouled-Herman. V. *Herman*, douar. Com. mix. et cant. jud. de Batna, arr. de Constantine.

Ouled-Ismeur. Ancienne tribu du même nom. (Sup. 6,000 hect.) Constitué en douar-com. par décret du 14 octobre 1867, *B. O.*, p. 1161. Rattaché à la com. mix. et au cerc. d'Ammi-Moussa, subd. d'Oran, cant. jud. d'Inkermann ; — à 6 kil. E. de ce dernier centre. Pop. 1,582 hab. ind. N° 2 de la carte.

Ouled-Ismeur. V. *Ouled-Ismeur*, douar. Com. mix. et cerc. d'Ammi-Moussa, cant. jud. d'Inkermann, subd. d'Oran.

Ouled-Kassem. Provenant de l'ancienne tribu des Ouled-Aïdoun. (Sup. 7,377 hect.) Constitué en douar-com. par décret du 11 décembre 1867, *B. O.*, p. 360. Rattaché à la com. ind. et au cerc. d'El-Milia, subd. de Constantine, cant. jud. de Mila ; — à 30 kil. N. de cette dernière ville. Pop. 4,239 hab. ind. N° 39 de la carte. Les Ouled-Kassem font partie du choïkat des Ouled-Aïdoun. Ce douar renferme le bordj d'El-Milia (poste militaire et chef-lieu de la com. mix. et du cerc. du même nom), d'une sup. de 31 hect., y compris le cimetière européen.

Ouled-Kassem. V. *Ouled-Gassem*, douar. Com. mix. d'Aïn-M'lila, cant. jud. des Ouled-Rahmoun, arr. de Constantine.

Ouled-Khaled. Provenant de l'ancienne tribu des Segnia. (Sup. 11,393 hect.) Constitué en douar-com. par décret du 11 juillet 1870, *B. O.*, p. 339. Rattaché à la com. mix. d'Aïn-M'lila, arr. de Constantine, cant. jud. des Ouled-Rahmoun ; — à 10 kil. S.-E. de ce village. Pop. 6 français, 10 étrangers et 1,577 ind. N° 260 de la carte. Ce douar renferme le bordj de Sigus, 2 postes de cantonniers, un emplacement servant au campement des troupes et diverses ruines romaines.

Ouled-Kriche. Fract. du douar-com. d'Oum-el-Debab. V. *Oum-el-Debab*, douar. Com. mix., cant. jud. et cerc. de Saïda, subd. de Mascara.

Ouled-Lakhred. Ancienne tribu du même nom. (Sup. 28,351 hect.) Constitué en douar-com. par décret du 24 juin 1870, *B. O.*, p. 285. Rattaché à la com. ind. de Tiaret-Aflou, cant. jud. et cerc. de Tiaret, subd. de Mascara ; — à 20 kil. N.-E. de Tiaret et sur la limite du dép. d'Alger. Pop. 1,448 hab. ind. N° 201 de la carte.

Ouled-Lekhed. V. *Ouled-Lakhred*, douar. Com. ind. de Tiaret-Aflou, cant. jud. et cerc. de Tiaret, subd. de Mascara.

Ouled-Maallah. Ancienne tribu du même nom. (Sup. 8,672 hect.) Constitué en douar-com. par décret du 12 octobre 1868, *B. O.*, p. 1050. Rattaché à la com. mix. de Cassaigne, arr. de Mostaganem ; — à 16 kil. S.-E. de Cassaigne et sur la rive droite du Chélif. Pop. 1,690 hab. ind. N° 55 de la carte. Ce douar renferme un poste télégraphique.

Ouled-Mahalla. Provenant de l'ancienne tribu des Righa-Dahra. (Sup. 3,292 hect.) Constitué en douar-com. par décret du 6 septembre 1866, *B. O.*, p. 610. Rattaché à la com. ind., au cant. jud., au cerc. et à la subd. de Sétif ; — à 50 kil. S.-O. de Sétif. Pop. 325 hab. ind. N° 133 de la carte. Ce douar fait actuellement partie du kaïdat et de la tribu du Bou-Thaleb.

Ouled-Mansour. Provenant de l'ancienne tribu des Amour-Guebala. (Sup. 2,030 hect.) Constitué en douar-com. par décret du 18 mai 1867, *B. O.*, p. 822. Rattaché à la com. mix., au cant. jud. et à l'arr. de Sétif ; — à 12 kil. N.-E. de cette dernière ville. Pop. recensée avec les douars de Chabia et des Ouled-Adouan, 2,272 hab. ind. N° 140 de la carte.

Ouled-Matoug. Provenant de l'ancienne tribu des Ouled-Madhi. (Sup. 10,380 hect.) Constitué en douar-com. par décret du 17 mars 1869, *B. O.*, 1870, p. 112. Rattaché à la com. ind., au cant. jud. et au cerc. de Bordj-bou-Arréridj, annexe de M'sila, subd. de Sétif ; — à 55 kil. S.-O. de Bordj-bou-Arréridj. Pop. recensée avec la fract. dite Douar-Saïdat de la tribu et le kaïdat du Hodna, 1,038 hab. ind. N° 185 de la carte. Ce douar renferme un bordj, 2 emplacements réservés pour un bivouac et une grand'halte, diverses ruines romaines et des puits artésiens.

Ouled-Mazouz. Ancienne tribu du même nom. (Sup. 425 hect.) Constitué en douar-com. par décret du 14 avril 1866, *B. O.*, p. 210. Rattaché à la com. mix. et au cant. jud. de Collo, arr. de Philippeville ; — à 2 kil. S. de Collo. Pop. 113 hab. ind. N° 80 de la carte.

Ouled-M'barek. Ancienne tribu du même nom. (Sup. 3,259 hect.) Constitué en douar-com. par décret du 9 octobre 1869, *B. O.*, p. 333. Rattaché à la com. ind. et au cerc. d'El-Milia, subd. de Constantine, cant. jud. de Mila ; — à 24 kil. N. de cette dernière ville. Pop. 1,365 hab. ind. N° 239 de la carte. Ce douar fait actuellement partie du kaïdat de Bou-Cherf.

Ouled-M'barek. Fract. du douar-com. d'Ouled-Taïer. V. *Ouled-Taïer*, douar. Com. ind., cant. jud. et cerc. de Bordj-bou-Arréridj, subd. de Sétif.

Ouled-Medjekan. V. *Ouled-Medjkan*, douar. Com. mix. de Palestro, cant. jud. de Ménerville, arr. d'Alger.

Ouled-Medjkan. Provenant de l'ancienne tribu des Issers-Drouh. (Sup. 2,091 hect.) Constitué en douar-com. par décret du 20 septembre 1867, *B. O.*, p. 1127. Rattaché à la com. mix. de Palestro, cant. jud. de Ménerville (Beni-Aïcha), arr. d'Alger ; — à 12 kil. S.-E. de Ménerville et sur la rive droite de l'Oued-Isser. 100 hect. env. du douar El-Guious ont été réunis au douar d'Ouled-Medjkan. Pop. tot. 1,080 hab. N° 13 de la carte. Une partie de ce douar a été prélevée pour la formation des fermes isolées de Aïn-N'sara.

Ouled-Mehalla. V. *Ouled-Mahalla*, douar. Com. ind., cant. jud., cerc. et subd. de Sétif.

Ouled-Mehenna. Provenant de l'ancienne tribu des Ouled-bou-Aoun. (Sup. 10,338 hect.) Constitué en douar-com. par décret du 14 décembre 1867, *B. O.*, p. 408. Rattaché à la com. ind., au cant. jud., au cerc. et à la subd. de Batna ; — à 18 kil. N.-O. de Batna. Pop. 684 hab. ind. N° 228 de la carte. Ce douar renferme 3,808 hect. de biens domaniaux.

Ouled-Mehenna-el-Hassi. V. *Ouled-Mehenna*, douar. Com. ind., cant. jud., cerc. et subd. de Batna.

Ouled-Mekhencha. Provenant de l'ancienne tribu des Ouled-Abd-en-Nour. (Sup. 10,113 hect.) Constitué en douar-com. par décret du 20 mai 1868, *B. O.*, p. 622. Rattaché à la com. mix. des Eulma, cant. jud. de St-Arnaud, arr. de Sétif ; — à 16 kil. E. de St-Arnaud, sur la route nationale d'Alger à Constantine et sur le chemin de fer de Sétif à Constantine. Pop. 842 hab. ind. N° 25 de la carte. Une partie de ce douar a été prélevée par le service de la colonisation pour l'établissement du village

Ouled-Mellal. Provenant de l'ancienne tribu des Hassen-ben-Ali. (Sup. 1,367 hect.) Délimité et réparti par décret du 15 juin 1864, *B. O.*, p. 287. Rattaché à la com. mix. de Ben-Chicao, cant. jud. de Médéa, arr. d'Alger ; — à 18 kil. S.-E. de Médéa. Pop. tot. 502 hab. N° 46 de la carte.

Ouled-Mérin. Fract. du douar-com. de Nezreg. V. *Nezreg*, douar. Com. mix., cant. jud. et cerc. de Saïda, subd. de Mascara.

Ouled-Messaoud. V. *Ouled-M'saad*, douar. Com. mix. d'Aïn-M'lila, arr. de Constantine, cant. jud. des Ouled-Rahmoun.

Ouled-Messaoud. Provenant de l'ancienne tribu des Ouled-Attia. (Sup. 5,200 hect.) Constitué en douar-com. par décrets des 4 décembre 1864, *B. O.*, p. 484 et 19 avril 1865, *B. O.*, p. 288. Rattaché à la com. mix. et au cant. jud. d'El-Arrouch, arr. de Philippeville ; — à 6 kil. S.-E. d'El-Arrouch et sur l'Oued-Saf-Saf. Pop. 1,290 hab. ind. N° 9 de la carte.

Ouled-Mimoun. Ancienne tribu du même nom. (Sup. 36,475 hect.) Constitué en douar-com. par décret du 15 janvier 1868, *B. O.*, p. 538. Rattaché à la com. mix. et au cant. jud. de Lamoricière, arr. de Tlemcen ; — au N.-E. de Lamoricière. Pop. 2,511 hab. ind. N° 123 de la carte. Le territoire du village de Lamoricière a été prélevé sur ce douar.

Ouled-Mohammed-ben-Ferroudj. Provenant de l'ancienne tribu des Ouled-bou-Aoun. (Sup. 17,552 hect.) Constitué en douar-com. par décret du 14 décembre 1867, *B. O.*, 1868, p. 408. Rattaché à la com. ind., au cant. jud., au cerc. et à la subd. de Batna ; — à 25 kil. N.-O. de Batna. Pop. 300 hab. ind. N° 226 de la carte. Le domaine de l'État possède dans le douar 3,322 hect.

Ouled-Moudjeur. Ancienne tribu du même nom. (Sup. 7,275 hect.) Constitué en douar-com. par décret du 14 octobre 1867, *B. O.*, p. 1156. Rattaché à la com. mix. et au cerc. d'Ammi-Moussa, subd. d'Oran, cant. jud. d'Inkermann ; — à 15 kil. S.-E. de ce dernier centre et sur la rive droite de l'Oued-Riou, affluent du Chélif. Pop. 1,582 hab. ind. N° 12 de la carte. Ce douar renferme les ruines romaines connues sous le nom de Kaoua, d'une étendue de 50 ares.

Ouled-Moumen. Provenant de l'ancienne tribu des Ouillen. (Sup. 7,900 hect.) Constitué en douar-com. par décret du 15 décembre 1869, *B. O.*, 1870, p. 64. Rattaché à la com. ind., au cant. jud. et au cerc. de Souk-Ahras, subd. de Bône ; — à 5 kil. E. de Souk-Ahras et sur la rive droite de l'Oued-Medjerda. Pop. 1,583 hab. ind. N° 333ª de la carte. Les Ouled-Moumen font actuellement partie du kaïdat des Ouillen. — NOTA : Ce douar renferme diverses ruines romaines et un emplacement réservé pour le campement des troupes.

Ouled-M'rabot. Provenant de l'ancienne tribu des Ouïchaoua-Itifia. (Sup. 4,020 hect.) Constitué en douar-com. par décret du 4 septembre 1867, *B. O.*, p. 1051. Rattaché à la com. ind. et au cerc. d'El-Milia, cant. jud. et annexe de Collo, subd. de Constantine ; — à 6 kil. N.-O. de Collo et sur le littoral. Pop. 782 hab. ind. N° 71 de la carte. Les Ouled-M'rabot sont organisés en cheïkat indépendant.

Ouled-M'saad ou **Ouled-Messaud.** Provenant de l'ancienne tribu des Segnia. (Sup. 7,782 hect.) Constitué en douar-com. par décret du 11 juillet 1870, *B. O.*, p. 339. Rattaché à la com. mix. d'Aïn-M'lila, arr. de Constantine, cant. jud. des Ouled-Rahmoun ; — à 22 kil. S.-E. de ce village. Pop. 905 hab. ind. N° 262 de la carte. Ce douar renferme le bordj de Kercha et diverses ruines romaines classés dans les biens domaniaux.

Ouled-Nasseur. Provenant de l'ancienne tribu des Amour-Chéraga. (Sup. 3,810 hect.) Constitué en douar-com. par décret du 16 juin 1866, *B. O.*, p. 402. Rattaché à la com. mix. d'Aïn-M'lila, arr. de Constantine, cant. jud. des Ouled-Rahmoun ; — à 8 kil. O. de ce village. Pop. 1,247 hab. ind. N° 4 de la carte. Ce douar renferme l'azel de Biar-el-Tin, en litige entre le domaine et un particulier, sup. 434 hect. 75 ares.

Ouled-Nouar. Ancienne tribu du même nom. (Sup. 4,728 hect.) Constitué en douar-com. par décret du 30 septembre 1868, *B. O.*, p. 1001. Rattaché à la com. mix., au cant. jud. et à l'arr. de Philippeville ; — à 15 kil. N.-O. de Philippeville. N° 85 de la carte. Pop. 575 hab. ind.

Ouled-Ouaguenny. V. *Oued-Ouaguenay*, douar. Com. ind., cant. jud. et cerc. de Miliana, subd. d'Orléansville.

Ouled-Ouali et Ghenaïcia. Fract. du douar-com. de Sidi-Sâada. V. *Sidi-Sdada*, douar. Com. mix. de Relizane, arr. de Mostaganem, cant. jud. de Perrégaux.

Ouled-Ouelha. Provenant de l'ancienne tribu des Ouled-Derradj. (Sup. 10,261 hect.) Constitué en douar-com. par décret du 13 avril 1867, *B. O.*, p. 632. Rattaché à la com. ind., au cant. jud. et au cerc. de Bordj-bou-Arréridj, annexe de M'sila, subd. de Sétif ; — à 50 kil. S. de Bordj-bou-Arréridj. Ce douar ainsi que ceux de Braktias et d'Ouled-Guesmia ont été recensés avec la fract. des Ouled-Adi-Guebala de la tribu et du kaïdat du Hodna. Pop. 1,599 hab. ind. N° 169 de la carte.

Ouled-Rabah. Fract. du douar-com. des Ouled-Taïer. V. *Ouled-Taïer*, douar, Com. ind., cant. jud. et cerc. de Bordj-bou-Arréridj, subd. de Sétif.

Ouled-Rabah. V. *Ouled-Rebah*, douar, Com. ind. et cerc. d'El-Milia, subd. de Constantine, cant. jud. de Mila.

Ouled-Rafu. Ancienne tribu du même nom. (Sup. 5,595 hect.) Constitué en douar-com. par décret du 8 septembre 1869, *B. O.*, p. 263. Rattaché à la com. mix. et à l'annexe de Zemmorah, subd. d'Oran, cant. jud. de Relizane ; — à 20 kil. N.-E. de ce dernier centre. Pop. 481 hab. ind. N° 165 de la carte. Ce douar renferme une maison de cantonnier et le café-poste d'Aïn-Tabia.

Ouled-Razzi. V. *Ouled-Ghazzi*, douar, Com. mix. de la Mekerra, cant. jud. et arr. de Sidi-bel-Abbès.

Ouled-Rebah. Provenant de l'ancienne tribu des Beni-Khettab. (Sup. 7,494 hect.) Constitué en douar-com. par décret du 4 mars 1868, *B. O.*, p. 717. Rattaché à la com. ind. et au cerc. d'El-Milia, subd. de Constantine, cant. jud. de Mila ; — à 16 kil. N.-O. de cette dernière ville. Pop. 1,251 hab. ind. N° 12 de la carte.

Ouled-Rezg. Fract. du douar Mechera-Sfa. V. *Mechera-Sfa*, douar, Com. ind. de Tiaret-Aflou, cant. jud. et cerc. de Tiaret, subd. de Mascara.

Ouled-Riab. Provenant de la tribu des Hazedj. (Sup. 4,159 hect.) Constitué en douar-com. par décret du 25 avril 1866, *B. O.*, p. 256. Rattaché à la com. mix. de la Mekerra, cant. jud. et arr. de Sidi-bel-Abbès ; — à 12 kil. N.-O. de Sidi-bel-Abbès. Pop. 835 hab. ind. N° 107 de la carte.

Ouled-Sabeur. Ancienne tribu du même nom. (Sup. 4,200 hect.) Constitué en douar-com. par décret du 4 avril 1868, *B. O.*, p. 844. Rattaché à la com. mix. et au cerc. d'Ammi-Moussa, subd. d'Oran, cant. jud. d'Inkermann ; — à 16 kil S.-O. de ce dernier centre. Pop. 1,580 hab. ind. N° 58 de la carte. Ce douar renferme le café-poste de Guelt-bou-Zin et le grand'halte établi sur le chemin de Zemmorah à Ammi-Moussa.

Ouled-Sabor. Provenant de l'ancienne tribu des Ameur-Guebala. (Sup. 10,381 hect.) Constitué en douar-com. par décret du 18 mai 1867, *B. O.*, p. 822. Rattaché à la com. mix., au cant. jud. et à l'arr. de Sétif ; — à 10 kil. E. de Sétif. Pop. 8 français, 3 étrangers et 2,777 ind. N° 142 de la carte.

Ouled-Sacy. V. *Ouled-Sassy*, douar, Com. mix. et cant. jud. de l'Oued-Zenati, arr. de Constantine.

Ouled-Saïd. Provenant de l'ancienne tribu du même nom. (Sup. 8,527 hect.) Constitué en douar-com. par décret du 25 avril 1866, *B. O.*, p. 264. Rattaché à la com. mix. et à l'arr. de Mascara, cant. jud. de Perrégaux ; — sur la limite S. de la com. pl. ex. de Perrégaux. Pop. 1,305 hab. ind. N° 63 de la carte.

Ouled-Saoud. Fract. du douar-com. de Mechera-Sfa. V. *Mechera-Sfa*, douar, Com. ind. de Tiaret-Aflou, cant. jud. et cerc. de Tiaret, subd. de Mascara.

Ouled-Sassy. Provenant de l'ancienne tribu des Souhalia. (Sup. 1,883 hect.) Constitué en douar-com. par décrets des 4 décembre 1864, *B. O.*, p. 400 et 19 avril 1865, *B. O.*, p. 288. Rattaché à la com. mix. et au cant. jud. de l'Oued-Zenati, arr. de Constantine ; — à 12 kil. N. de l'Oued-Zenati. Pop. recensée avec les douars de Khanguet-Sabath et d'Ouled-Ahmed, 7 français et 1,418 ind. N° 37 de la carte.

Ouled-Sba. V. *Ouled-Sebah*, douar, Com. mix. d'Aïn-M'lila, cant. jud. d'Ouled-Rahmoun, arr. de Constantine.

Ouled-S'bikha. V. *Oued-S'bikha*, douar, Com. pl. ex. de Condé-Smendou, cant. jud. et arr. de Constantine.

Ouled-Sebah. Provenant de l'ancienne des Segnia. (Sup. 28,082 hect.) Constitué en douar-com. par décret du 11 juillet 1870, *B. O.*, p. 339. Rattaché à la com. mix. d'Aïn-M'lila, arr. de Constantine et cant. jud. des Ouled-Rahmoun ; — à 26 kil. S.-E. de ce village. Pop. 1,186 hab. ind. N° 264 de la carte. Ce douar renferme l'ancienne concession du sieur Léon Rouanet et diverses ruines romaines, d'une étendue tot. de 62 hect. 40 ares, classées dans les biens domaniaux.

Ouled-Sekhar. Provenant de l'ancienne tribu des Segnia. (Sup. 1,795 hect.) Constitué en douar-com. par décret du 11 juillet 1870, *B. O.*, p. 339. Rattaché à la com. mix. d'Aïn-M'lila, arr. de Constantine, cant. jud. des Ouled-Rahmoun ; — à 6 kil. S.-E. de ce village. Pop. 27 français, 17 étrangers et 208 ind. N° 258 de la carte.

Ouled-Selama. Ancienne tribu du même nom. (Sup. 3,681 hect.) Constitué en douar-com. par décret du 23 novembre 1867, *B. O.*, 1868, p. 314. Rattaché à la com. mix. de Cassaigne, arr. de Mostaganem, cant. jud. d'Inkermann ; — à 18 kil. N.-O. de ce dernier centre. Pop. 939 hab. ind. N° 50 de la carte.

Ouled-Selim. V. *Ouled-Serim*. Com. ind. et mix. de Bône, arr. et subd. de Bône, cant. jud. de Mondovi.

Ouled-Sellem. Provenant de l'ancienne tribu des Berrania. (Sup. 10,616 hect.) Constitué en douar-com. par décret du 24 octobre 1868, *B. O.*, p. 1,086. Rattaché à la com. mix. d'Aïn-M'lila, cant. jud. des Ouled-Rahmoun, arr. de Constantine ; — à 35 kil. S.-O. des Ouled-Rahmoun. Pop. 1,299 hab. ind. N° 17 de la carte.

Ouled-Senan. Ancienne tribu du même nom. (Sup. 4,573 hect.) Constitué en douar-com. par décret du 30 mai 1868, *B. O.*, p. 946. Rattaché à la com. mix., au cant. jud. et à l'arr. de Guelma ; — à 12 kil. S. du Guelma. Pop. recensée avec le douar Ouled-Harrid 1,009 ind. N° 96 de la carte.

Ouled-Senoussi. V. *Ouled-S'noussi*, douar. Com. mix., cant. jud. et arr. de Mostaganem.

Ouled-Serim. Provenant de l'ancienne tribu des Beni-Salah. (Sup. 30,654 hect.) Constitué en douar-com. par décret du 29 septembre 1866, *B. O.*, p. 301. Ce douar est formé de deux groupes séparés par la Seybouse : celui de la rive droite est rattaché à la com. ind., au cerc. et à la subd. de Bône. Pop. 1,160 hab. ind. ; celui de la rive gauche a été livré à la colonisation pour la formation des centres et hameaux de Bou-Daroua, d'El-Gheüir, du 45° kil. et du Pont de Duvivier. Ce dernier groupe fait partie de la com. mix. et de l'arr. de Bône. Pop. 80 français, 20 étrangers et 28 ind. Les deux groupes du douar Ouled-Serim sont compris dans le ressort de la justice de paix de Mondovi. N° 216 de la carte.

Ouled-Serouan. V. *Oued-Seghouan*, douar. Com. ind., cant. jud., cerc. et subd. de Médéa.

Ouled-si-Ahmed. Provenant de l'ancienne tribu des Righa-Dahra. (Sup. 11,302 hect.) Constitué en douar-com. par décret du 6 septembre 1866, *B. O.*, p. 610. Rattaché à la com. ind., au cant. jud., au cerc. et à la subd. de Sétif ; — à 55 kil. S.-O. de Sétif. Pop. 945 hab. ind. N° 127 de la carte. Ce douar fait actuellement partie de la tribu et du kaïdat du Bou-Thaleb.

Ouled-si-Ali-Tahamment. Ancienne tribu du même nom. (Sup. 16,643 hect.) Constitué en douar-com., par décret du 20 février 1867, *B. O.*, p. 278. Rattaché à la com. mix. et au cant. jud. de Batna, arr. de Constantine ; — à 35 kil. N.-E. de Batna et sur la route nationale de Stora à Biskra. Pop. 29 français, 12 étrangers et 937 ind. N° 117 de la carte. Ce douar renferme une caserne de gendarmerie, une auberge, un bivouac, le caravansérail et la fontaine-abreuvoir d'Aïn-Yagout et divers postes de cantonniers. Une partie de ce douar vient d'être prélevée pour la formation du centre d'Aïn-Yagout.

Ouled-sidi-Abdelly. V. *Ouled-sidi-el-Abd-Elli*, douar. Com. mix., cant. jud. et arr. de Tlemcen.

Ouled-sidi-Ayssa. Fract. du douar-com. de Tifech. V. *Tifech*, douar. Com. ind., cant. jud. et cerc. de Souk-Ahras, subd. de Bône.

Ouled-sidi-Ali. Deux fract. du douar-com. de Nezreg. V. *Nezreg*, douar. Com. mix., cant. jud. et cerc. de Saïda, subd. de Mascara.

Ouled-sidi-Amor. V. *Ouled-sidi-Amor*, douar. Com. ind., cant. jud. et cerc. de Bordj-bou-Arréridj, subd. de Sétif.

Ouled-sidi-Amor. Provenant de l'ancienne tribu des Ouled-Taïor. Douar formé des fract. d'Aïn-Mira et d'Ouled-sidi-Amor. (Sup. 2,325 hect.) Constitué par décret du 24 juillet 1867, *B. O.*, p. 1033. Rattaché à la com. ind., au cant. jud. et au cerc. de Bordj-bou-Arréridj, subd. de Sétif ; — à 20 kil. N.-E. de Bordj-bou-Arréridj. Pop. recensée avec le douar d'Ouled-Taïor 1,238 hab. ind. N° 153 de la carte. Ce douar fait actuellement partie du kaïdat de Zemora.

Ouled-sidi-Amor. Fract. du douar-com. de Souk-el-Barbata. V. *Souk-el-Barbata*, douar. Com. mix. et arr. de Mascara, cant. jud. de Saïda.

Ouled-sidi-Attalla. Fract. du douar-com. d'Ouled-Taïor. V. *Ouled-Taïor*, douar. Com. ind., cant. jud. et cerc. de Bordj-bou-Arréridj, subd. de Sétif.

Ouled-sidi-bou-Zid. Fract. du douar d'Aïn-el-Guetar. V. *Aïn-el-Guetar*, douar. Com. mix. et cant. jud. de Relizane, arr. de Mostaganem.

Ouled-sidi-Brahim. Ancienne tribu du même nom. (Sup. 2,356 hect.) Constitué en douar-com. par décret du 12 novembre 1868, *B. O.*, 1869, p. 13. Rattaché à la com. mix., au cant. jud. et à l'arr. de Mostaganem ; — à 38 kil. O. de Mostaganem et à cheval sur le Chélif. Pop.

Ouled-sidi-Daho. Ancienne tribu du même nom. (Sup. 5,105 hect.) Constitué en douar-com. par décret du 25 décembre 1867, *B. O.*, 1868, p. 493. Rattaché à la com. mix., au cant. jud. et à l'arr. de Mascara; — à 8 kil. N.-E. de cette ville, sur le chemin de Mascara à Kalâa. Pop. 1,754 hab. ind. N° 71 de la carte.

Ouled-sidi-el-Abdelli. Ancienne tribu du même nom. (Sup. 13,316 hect.) Constitué en douar-com. par décret du 7 octobre 1868, *B. O.*, p. 1033. Rattaché à la com. mix. et à l'arr. de Tlemcen, cant. jud. de Tlemcen (moins les terrains de la Société générale algérienne); — à 30 kil. N.-E. de Tlemcen, sur la route nationale d'Oran à Tlemcen. Pop. 1,946 hab. ind. N° 124 de la carte. Le centre d'Aïn-Tekbalet a été prélevé sur les Ouled-sidi-el-Abdelli. Ce douar renferme les terres remises à la Société générale, d'une étendue de 2,914 hect., les carrières de marbres d'Aïn-Tekbalet, le poste télégraphique de Filalis et diverses grottes d'une étendue tot. de 2 hect. 32 ares 40 cent., habitées par les ind. du douar. — NOTA: Le prélèvement du territoire de colonisation de Pont-de-l'Isser est antérieur à la date de la délimitation du douar.

Ouled-sidi-Hamla. Provenant de l'ancienne tribu des Ouled-Madhi. (Sup. 69,999 hect.) Constitué en douar-com. par décret du 17 mars 1869, *B. O.*, 1870, p. 112. Rattaché à la com. ind., au cant. jud. et au cerc. de Bordj-bou-Arréridj, annexe de M'sila, subd. de Sétif; — à 60 kil. S.-O. de Bordj-bou-Arréridj. Pop. recensée avec le douar d'Oued-Chellal et la fract. dite Douar-M'cif de la tribu et du kaïdat du Hodna 1,341 hab. ind. N° 183 de la carte. Ce douar renferme un bordj de commandement, des bivouacs, grand'haltes et diverses ruines romaines d'une importance réelle au point de vue archéologique. — NOTA: Le grand Chott-El-Hodna d'une étendue de 27,654 hect. a été classé dans les biens du domaine public de ce douar.

Ouled-sidi-Mejahel. V. *Sidi-Medjahed*, douar. Com. mix. et cerc. de Lalla-Maghrnia, cant. jud. de Nemours, subd. de Tlemcen.

Ouled-sidi-Mustapha-ben-Kadda. Fract. du douar-com. d'Oued-Mebtouh. V. *Oued-Mebtouh*, douar. Com. mix. de la Mekerra, cant. jud. et arr. de Sidi-bel-Abbès.

Ouled-sidi-Ouïss. Fract. du douar-com. de Sidi-Sâada. V. *Sidi-Sâada*, douar. Com. mix. de Rellzane, arr. de Mostaganem, cant. jud. de Perrégaux.

Ouled-sidi-Ounis. V. *Ouled-si-Ounis*, douar. Com. mix. d'Aïn-M'lila, cant. jud. des Ouled-Rahmoun, arr. de Constantine.

Ouled-sidi-Saïd. Fract. du douar-com. d'Ouled-Taïer. V. *Ouled-Taïer*, douar. Com. ind., cant. jud. et cerc. de Bordj-bou-Arréridj, subd. de Sétif.

Ouled-sidi-Youssef. Provenant de l'ancienne tribu des Ouled-sidi-Abd-Allah. (Sup. 10,701 hect.) Constitué en douar-com. par décret du 9 novembre 1867, *B. O.*, 1868, p. 208. Rattaché: 1° 2,900 hect. à la com. pl. ex. de Sourk-el-Mitou; 2° 7,801 hect. à la com. mix. de Mostaganem, cant. jud. et arr. de Mostaganem. Pop. de la partie rattachée à la com. mix. de Mostaganem, 1,271 ind. N° 162 de la carte.

Ouled-si-Hamla. V. *Ouled-sidi-Hamla*, douar. Com. ind., cant. jud. et cerc. de Bordj-bou-Arréridj, subd. de Sétif.

Ouled-si-Ounis. Provenant de l'ancienne tribu des Segnia. (Sup. 24,126 hect.) Constitué en douar-com. par décret du 11 juillet 1870, *B. O.*, p. 339. Rattaché à la com. mix. d'Aïn-M'lila, arr. de Constantine, cant. jud. des Ouled-Rahmoun; — à 20 kil. S.-E. de ce village. Pop. 1,458 hab. ind. (y compris la fract. d'Ouled-Mahboub-Dahra, 995 ind.) N° 265 de la carte. Ce douar renferme un poste de cantonnier, un emplacement réservé au campement de troupes et diverses ruines romaines, d'une étendue de 25 hect. 52 ares 50 centiares.

Ouled-Smir. Provenant de l'ancienne tribu des Isser-Ouled-Smir. (Sup. 7,558 hect.) Constitué en douar-com. par décret du 29 mai 1869, *B. O.*, p. 148. Rattaché à la com. mix. des Issers, cant. jud. de Bordj-Menaïel, arr. de Tizi-Ouzou; — à 8 kil. N. de Bordj-Menaïel, rive droite de l'Oued-Isser et sur le littoral. Pop. tot. 4,228 hab. N° 121 de la carte. Une partie de ce douar a été livrée à la colonisation pour la formation du hameau dit Cap-Djinet.

Ouled-Snoussi. Provenant de l'ancienne tribu des Abid-Chéraga. (Sup. 2,716 hect.) Constitué en douar-com. par décret du 25 octobre 1865, *B. O.*, p. 462. Rattaché à la com. mix., au cant. jud. et à l'arr. de Mostaganem; — à 26 kil. S.-O. de Mostaganem. Une partie du douar d'Ouled-Snoussi a été rattachée à la com. de la Stidia. Pop. de la partie rattachée à la com. mix. 519 hab. ind. N° 156 de la carte.

Ouled-Saïd. Ancienne tribu du même nom. (Sup. 4,421 hect.) Constitué en douar-com. par décret du 24 octobre 1868, *B. O.*, p. 1102. Rattaché à la com. mix. et

OULED-TA-YA (ET DES FRACTIONS DE DOUARS) **OULED-YO-ZI**

à l'annexe de Zemmorah, subd. d'Oran, cant. jud. de Relizane; — à 4 kil. E. de cette dernière ville. Pop. 1,193 hab. ind. N° 60 de la carte. Un prélèvement de 600 hect. env. attribués au centre de Relizane, a été effectué antérieurement à la date du décret constitutif.

Ouled-Taïer. Provenant de l'ancienne tribu du même nom. (Sup. 5,181 hect.) Douar formé des fract. de Ouled-Rabah, Ouled-M'barek, Ouled-sidi-Attalla et Ouled-sidi-Saïd. Constitué par décret du 24 juillet 1867, *B. O.*, p. 1033. Rattaché à la com. ind., au cant. jud. et au cerc. de Bordj-bou-Arréridj, subd. de Sétif; — à 30 kil. N.-E. de Bordj-bou-Arréridj. Pop. recensée avec le douar d'Ouled-sidi-Amor 1,238 hab. ind. N° 152 de la carte. Les Ouled-Taïer font actuellement partie du kaïdat de Zemoura. Ce douar renferme les ruines romaines de Kherbet-Guldra, d'une étendue de 54 hect. 29 ares.

Ouled-Taïr. V. *Ouled-Taïer*, douar, Com. ind., cant. jud. et cerc. de Bordj-bou-Arréridj, subd. de Sétif.

Ouled-Tebben. Provenant de l'ancienne tribu des Righa-Dahra. (Sup. 17,187 hect.) Constitué en douar-com. par décret du 6 septembre 1866, *B. O.*, p. 610. Rattaché à la com. ind., au cant. jud., et à la subd. de Sétif; — à 60 kil. S. de Sétif. Pop. 1,054 hab. ind. N° 125 de la carte. Ce douar fait actuellement partie du kaïdat et de la tribu du Bou-Thaleb.

Ouled-Térif ou **Ouled-Trif.** Provenant de l'ancienne tribu des Hassen-ben-Ali. (Sup. 5,004 hect.) Constitué en douar-com. par décret du 15 juin 1864, *B. O.*, p. 287. Rattaché à la com. mix. de Ben-Chicao, cant. jud. de Médéa, arr. d'Alger; — à 30 kil. S.-E. de Médéa. Pop. tot. 1,048 hab. N° 47 de la carte.

Ouled-Trif. V. *Ouled-Térif*, douar, Com. mix. de Ben-Chicao, cant. jud. de Médéa, arr. d'Alger.

Ouled-Yacoub. Employé quelquefois pour désigner le douar-com. d'Oued-Tamza. V. *Oued-Tamza*, douar, Com. ind., cant. jud. et cerc. de Khenchela, subd. de Batna.

Ouled-Yaïch. Ancienne tribu du même nom. (Sup. 9,370 hect.) Constitué en douar-com. par décret du 4 avril 1868, *B. O.*, p. 849. Rattaché à la com. mix. et au cerc. d'Ammi-Moussa, subd. d'Oran, cant. jud. d'Inkermann; — à 16 kil. S. de ce dernier centre, sur le chemin de Zemmorah à Ammi-Moussa et à cheval sur l'Oued-Djidioua, affluent rive gauche du Chélif. Pop. 2,520 hab. ind. N° 7 de la carte.

Ouled-Yaya. Provenant de l'ancienne tribu des Beni-Khettab. (Sup. 8,397 hect.) Constitué en douar-com. par décret du 4 mars 1868, *B. O.*, p. 716. Rattaché à la com. ind. et au cerc. d'El-Milia, subd. de Constantine, cant. jud. de Mila; — à 28 kil. N.-O. de cette dernière ville. Pop. 1,847 hab. ind. N° 11 de la carte. Les Ouled-Yaya font partie du cheïkat indépendant des Beni-Khettab.

Ouled-Youb. Ancienne tribu du même nom. (Sup. 7,378 hect.) Constitué en douar-com. par décret du 11 juin 1870, *B. O.*, p. 262. Rattaché à la com. ind., au cant. jud. et au cerc. de La Calle, subd. de Bône; — à 20 kil. S. de La Calle et sur la frontière de Tunis. Pop. 517 hab. ind. N° 315 de la carte. Ce douar fait actuellement partie du kaïdat de l'Oued-el-Kebir.

Ouled-Zaïd. Provenant de l'ancienne tribu des Haracta-el-Madher. (Sup. 3,490 hect.) Constitué en douar-com. par décret du 21 octobre 1865, *B. O.*, p. 458. Rattaché à la com. mix. et au cant. jud. de Batna, arr. de Constantine; — à 26 kil. N.-E. de Batna. Pop. 608 hab. ind. N° 113 de la carte.

Ouled-Zaïm. Provenant de l'ancienne tribu des Ouled-Abd-en-Nour. (Sup. 26,316 hect.) Constitué en douar-com. par décret du 20 mai 1868, *B. O.*, p. 922. Rattaché à la com. mix. des Eulmas, cant. jud. de St-Arnaud, arr. de Sétif; — à 8 kil. S.-E. de St-Arnaud. Pop. 2,169 hab. ind. N° 24 de la carte. Une partie de ce douar a été prélevée, par le service de la colonisation, pour l'établissement du village de Bir-el-Arch. Le territoire des Ouled-Zaïm renferme un poste télégraphique, une maison de cantonnier, un campement pour les troupes et diverses ruines romaines d'une étendue de 111 hect. 80 ares.

Ouled-Zerga. Provenant de l'ancienne tribu des Ouled-Abd-en-Nour. (Sup. 14,141 hect.) Constitué en douar-com. par décret du 20 mai 1868, *B. O.*, p. 922. Rattaché à la com. mix. de Châteaudun, cant. jud. d'Oued-Atménia, arr. de Constantine; — à 8 kil. N. d'Oued-Atménia. Une partie de ce douar a été prélevée, par le service de la colonisation, pour l'établissement des villages de Châteaudun et du Moulin-Cassiot. Pop. 305 français, 23 étrangers et 1,869 ind. N° 30 de la carte. Le territoire des Ouled-Zerga renferme un gîte d'étape et un poste de cantonnier.

Ouled-Ziad. Provenant des anciennes tribus des Ouled-Ziad et des Sbéah-du-Nord. (Sup. 10,479 hect.) Constitué en douar-com. par décret du 27 novembre 1868, *B. O.*, p. 56. Rattaché à la com. ind., au cant. jud., au cerc. et à

OULED-ZI OUM

la subd. d'Orléansville; — à 30 kil. S.-O. d'Orléansville, sur la rive droite du Chélif et sur la limite O. du dép. d'Alger. Pop. 1,609 hab. ind. N° 103 de la carte.

Ouled-Ziad. V. *Ouled-Zid*, douar. Com. mix. de Zemmorah, subd. d'Oran, cant. jud. de Relizane.

Ouled-Zid. Provenant de l'ancienne tribu des Ouled-Yahia. (Sup. 5,950 hect.) Constitué en douar-com. par décret du 17 mars 1869, *B. O.*, 1870, p. 118. Rattaché à la com. mix. et à l'annexe de Zemmorah, subd. d'Oran, cant. jud. de Relizane; — à 6 kil. S.-E. de cette dernière ville. Pop. 408 hab. ind. N° 142 de la carte.

Ouled-Zouaï ou **Ouled-Zouaouï.** Provenant de l'ancienne tribu des Zemoul. (Sup. 18,663 hect.) Constitué en douar-com. par décret du 24 octobre 1868, *B. O.*, p. 1096. Rattaché à la com. mix. d'Aïn-M'lila, cant. jud. des Ouled-Rahmoun, arr. de Constantine; — à 20 kil. S. des Ouled-Rahmoun. Pop. 7 français, 5 étrangers et 1,201 ind. N° 20 de la carte. Ce douar renferme un poste de cantonnier, un campement de troupe et diverses ruines romaines d'une étendue de 2 hect. 93 ares 50 centiares.

Oulmen. Provenant de l'ancienne tribu des Haracta. (Sup. 16,100 hect.) Constitué en douar-com. par décret du 8 juin 1870, *B. O.*, p. 249. Rattaché à la com. ind., au cant. jud. et au cerc. d'Aïn-Beïda, subd. de Constantine; — à 4 kil. S. d'Aïn-Beïda. Pop. 717 ind. et 8 européens. N° 282 de la carte. Ce douar fait actuellement partie du kaïdat d'El-Beïda. NOTA : Le territoire d'Oulmen renferme la terre domaniale d'Oulmen, 111 hect. 70 ares, diverses ruines romaines, 32 hect. 74 ares, un emplacement de 16 hect. pour le campement des troupes et 3 puits aménagés par le service du Génie.

Oum-Aghrioun. Provenant de l'ancienne tribu des Beni-Habibi (Sup. 4,132 hect.) Constitué en douar-com. par décret du 21 décembre 1867, *B. O.*, p. 447. Rattaché à la com. ind., au cant. jud. et au cerc. de Djidjelli, subd. de Constantine; — à 18 kil. S.-E. de Djidjelli. Pop. 1,657 hab. ind. N° 58 de la carte. Ce douar fait actuellement partie du Kaïdat de la Plaine. Un emplacement pour le campement des troupes a été réservé dans le douar d'Oum-Aghrioun.

Oum-Agrioun V. *Oum-Aghrioun*, douar. Com. ind., cant. jud. et cerc. de Djidjelli, subd. de Constantine.

Oum-Djellil. V. *Oum-el-Djellil*, douar. Com. ind. et cerc. de Boghar, cant. jud. de Boghari, subd. de Médéa.

Oum-ech-Chouk. Provenant de l'ancienne tribu des Medjadja. (Sup. 1,379 hect.) Constitué en douar-com. par décret du 2 mai 1866, *B. O.*, p. 293. Rattaché à la com. pl. ex. d'El-Kantour, cant. jud. d'El-Arrouch, arr. de Philippeville; — à 15 kil. O. d'El-Arrouch. Pop. 120 hab. ind. N° 66 de la carte.

Ou-Medour. V. *Sikh-ou-Meddour*, douar. Com. mix., cant. jud. et arr. de Tizi-Ouzou.

Oum-el-Debab ou **Oum-ed-Debbab.** Provenant de l'ancienne tribu des Ouled-Khaled-Gheraba. (Sup. 12,011 hect.) Douar formé des fract. des Ouled-Kricho et des Taoucha. Constitué par décret du 27 mars 1867, *B. O.*, p. 491. Rattaché à la com. mix., au cant. jud. et au cerc. de Saïda, subd. de Mascara; — à 40 kil. N.-E. de Saïda. Pop. 878 hab. ind. N° 87 de la carte.

Oum-el-Djelli. V. *Oum-el-Djellil*, douar. Com. ind. et cerc. de Boghar, cant. jud. de Boghari, subd. de Médéa.

Oum-el-Djellil ou **Oum-el-Djellil.** Provenant de l'ancienne tribu des Ouled-Ahmed-ben-Sâad. (Sup. 8,052 hect.) Constitué en douar-com. par décret du 30 mai 1868, *B. O.*, p. 940. Rattaché à la com. ind. et au cerc. de Boghar, subd. de Médéa, cant. jud. de Boghari; — à 4 kil. S.-O. de ce dernier centre. Pop. 615 hab. ind. N° 53 de la carte.

Oum-el-Doud. Provenant de l'ancienne tribu des Ouled-sidi-Khalifa. (Sup. 15,819 hect.) Constitué en douar-com. par décret du 27 octobre 1866, *B. O.*, p. 704. Rattaché à la com. mix. et au cerc. de Daya, subd. de Tlemcen, cant. jud. de Sidi-bel-Abbès; — à 75 kil. S.-E. de cette dernière ville. Pop. 423 hab. ind. N° 118 de la carte.

Oum-el-Drou. Provenant de l'ancienne tribu des Ouled-Kosseïr ou Ouled-Khosseïr. (Sup. 5,375 hect.) Constitué en douar-com. par décret du 29 février 1868, *B. O.*, p. 677. Rattaché à la com. mix. de Malakoff, cant. jud. et arr. d'Orléansville; — à l'E. de la com. pl. ex. d'Orléansville. Pop. tot. 1,430 hab. N° 88 de la carte.

Oum-el-Ghelaz. Provenant de l'ancienne tribu des Gharaba. (Sup. 4,769 hect.) Constitué en douar-com. par décret du 2 mars 1867, *B. O.*, p. 384. Rattaché à la com. mix. de St-Lucien, cant. jud. de Ste-Barbe-du-Tlélat, arr. d'Oran; — à 4 kil. N.-O. de Ste-Barbe-du-Tlélat, sur le chemin de fer d'Alger à Oran. Pop. 1,176 hab. ind. N° 13 de la carte.

Oum-el-Nehal. Provenant de l'ancienne tribu des Zerdézas. (Sup. 9,515 hect.) Constitué en douar-com. par décret du 22 novembre 1869, *B. O.*, 1870, p. 45. Rattaché à la com. mix. et au cant. jud. de Jemmapes, arr. de Philippeville ; — à 5 kil. S. de Jemmapes. Pop. 1,615 hab. ind. N° 246 de la carte. Une partie du territoire de ce douar a été affectée au service de la colonisation pour l'installation du village de la Robertsau. Le territoire d'Oum-el-Nehal renferme les sources thermales d'Oued-Hamimim. Une piscine et un établissement de bains y ont été construits.

Oum-Hadidan. Terre azel livrée à la colonisation. Com. pl. ex. de Bizot, cant. jud. et arr. de Constantine.

Oum-Nehal. V. *Oum-el-Nehal*, douar. Com. mix. et cant. jud. de Jemmapes, arr. de Philippeville.

Oum-Tiatsinn. V. *Mellelin*, douar. Com. ind., cant. jud. et cerc. de Djidjelli, subd. de Constantine.

Oum-Tletin. V. *Mellelin*, douar. Com. ind., cant. jud. et cerc. de Djidjelli, subd. de Constantine.

Ourzeddine. V. *Beni-Ourzeddine*, douar. Com. mix., cant. jud. et arr. de Guelma.

Outaïa. V. *El-Outaïa*, douar. Com. ind., cant. jud. et cerc. de Biskra, subd. de Batna.

Ouzera. Ancienne tribu du même nom. (Sup. 16,251 hect.) Constitué en douar-com. par décret du 7 octobre 1868, *B. O.*, p. 1024. Rattaché à la com. mix. de Ben-Chicao, cant. jud. de Médéa, arr. d'Alger ; — à 6 kil. N.-E. de Médéa. Pop. 4,134 hab. ind. N° 51 de la carte. D'après le tableau du dénombrement, 1870, ce douar est composé des fract. suivantes : Ouzera-el-Chéraga, 1,408 ind. ; Ouzera-el-Gheraba, 1,298 ind. et Beni-Aïche, 1,428 ind. Une partie de ce douar a été prélevée pour la formation du centre d'Hassen-ben-Ali. Le douar d'Ouzera renferme six postes de cantonniers et un emplacement de bivouac dit Camp-des-Chênes.

R

RA

Rabah. V. *Ouled-Rebah*, douar. Com. ind. et cerc. d'El-Milia, cant. jud. de Mila, subd. de Constantine.

Rabat. V. *El-Rhabat*, douar. Com. ind., cant. jud., cerc. et subd. de Batna, annexe de Barika.

Rached. V. *Beni-Rached*, douar. Com. ind., cant. jud., cerc. et subd. d'Orléansville.

Rached. V. *Bou-Rached*, douar. Com. ind. et cerc. de Miliana, cant. jud. de Duperré, subd. d'Orléansville.

Radjeta. Ancienne tribu du même nom. (Sup. 26,137 hect.) Constitué en douar-com. par décret du 27 février 1867, *B. O.*, p. 294. Rattaché à la com. mix. et au cant. jud. de Jemmapes, arr. de Philippeville ; — à 8 kil. N. et N.-E. de Jemmapes. Une partie du douar a été prélevée, en 1876, pour l'installation du village du Djendel. Pop. 135 français, 4 étrangers et 1,965 ind. N° 44 de la carte. — NOTA : Dans la sup. donnée ci-dessus ne figurent pas divers prélèvements ayant servi à la création des centres de Jemmapes, d'Ahmed-ben-Ali, de Sidi-Nassar et de Gastu. Depuis sa constitution en douar-com. le territoire des Radjeta a subi une distraction de 2,644 hect. représentant la sup. de l'azel de Gouersa, concédé à la Société générale algérienne et rattaché à la com. pl. ex. de Gastu (décret du 10 décembre 1868).

RA

Rafa. V. *Ouled-Rafa*, douar. Com. mix. et annexe de Zemmorah, cant. jud. de Relizane, subd. d'Oran.

Rahbat. V. *El-Rhabat*, douar. Com. ind., cant. jud., cerc. et subd. de Batna, annexe de Barika.

Rahia. Provenant de l'ancienne tribu des Haracta. (Sup. 15,708 hect.) Constitué en douar-com. par décret du 8 juin 1870, *B. O.*, p. 249. Rattaché à la com. ind., au cant. jud. et au cerc. d'Aïn-Beïda, subd. de Constantine ; — à 16 kil. E. d'Aïn-Beïda. Pop. 1,003 hab. ind. N° 284 de la carte. Ce douar fait actuellement partie du kaïdat d'Aïn-Sedjera.

Rahmoun. V. *Ouled-Rahmoun*, ancien azel constitué en douar-com. sous le nom de Djebel-Aougueb, Com. pl. ex. et cant. jud. de l'Oued-Atménia, arr. de Constantine.

Raïchn. Provenant de l'ancienne tribu des Isser-Drouh. (Sup. 3,760 hect.) Constitué en douar-com. par décret du 20 septembre 1867, *B. O.*, p. 1127. Rattaché à la com. mix. des Issers, cant. jud. de Bordj-Menaïel, arr. de Tizi-Ouzou ; — à 5 kil. N.-E. de Bordj-Menaïel. Pop. tot. 1,666 hab. N° 10 de la carte.

Ras-Delah. V. *Dalah*, douar. Com. ind., cant. jud. et cerc. d'Aïn-Beïda, subd. de Constantine.

Ras-el-Ma. V. *Bled-Ras-el-Ma*, douar. Com. ind., cant. jud., cerc et subd. de Sétif.

Ras-Seguin. Provenant de l'ancienne tribu des Telaghma. (Sup. 18,123 hect.) Constitué en douar-com. par décret du 12 novembre 1868, *B. O.*, 1869, p. 24. Rattaché à la com. mix. de Châteaudun, cant. jud. d'Oued-Atménia, arr. de Constantine; — à 18 kil. S. d'Oued-Atménia. Pop. recensée avec le douar de Tim-Telacin 2,038 hab. ind. N° 179 de la carte. Ce douar renferme diverses ruines romaines d'une sup. de 31 hect. 89 ares.

Rassira. Ancienne tribu du même nom. (Sup. 20,000 hect.) Constitué en douar-com. par décret du 8 août 1869, *B. O.*, p. 254. Rattaché à la com. ind., au cant. jud. et au cerc. de Biskra, subd. de Batna; — à 50 kil. N.-E. de Biskra. Pop. 2,206 hab. ind. N° 217 de la carte. Ce douar fait actuellement partie de la tribu et du kaïdat des Beni-bou-Slimun.

Ras-Zébar. Provenant de l'ancienne tribu des Haracta. (Sup. 9,090 hect.) Constitué en douar-com. par décret du 8 juin 1870, *B. O.*, p. 249. Rattaché à la com. ind., au cant. jud., et au cerc. d'Aïn-Beïda, subd. de Constantine; — à 22 kil. S.-E. d'Aïn-Beïda. Pop. 735 hab. ind. N° 290 de la carte. Ce douar fait actuellement partie du kaïdat de Tafrent.

Rebah. V. *Ouled-Rebah*, douar. Com. ind. et cerc. d'El-Milia, cant. jud. de Mila, subd. de Constantine.

Refref. V. *Oued-Refref*, douar. Com. pl. ex, et cant. jud. d'El-Arrouch, arr. de Philippeville.

Regheïss. V. *Sidi-R'gheïss*, douar. Com. ind., cant. jud. et cerc. d'Aïn-Beïda, subd. de Constantine.

Région-Inhabitée. Territoire provenant de l'ancienne tribu des Ouled-sidi-Abid, délimité par décret du 15 décembre 1869, *B. O.*, 1870, p. 77. (Sup. 48,258 hect.) se décomposant ainsi : 19,005 hect. de forêts, 29,042 de terres de labour, 181 hect. de ruines romaines et 30 hect. du domaine public. Com. ind., cant. jud. et cerc. de Tebessa, subd. de Constantine. Ce territoire, entièrement domanial, est laissé temporairement comme communal aux douars de Bekkaria, de Sidi-Abid et d'El-Ma-el-Abiod.

Reguegma. Provenant de l'ancienne tribu des Beni-Salah. (Sup. 34,700 hect.) Constitué en douar-com. par décret du 29 septembre 1869, *B. O.*, p. 301. Rattaché à la com. ind., au cerc. et à la subd. de Bône, cant. jud. de Mondovi; — à 18 kil. S.-E. de ce dernier centre. Pop. 1,679 hab. ind. N° 215 de la carte. Ce douar fait actuellement partie du kaïdat des Beni-Salah.

Rekada. V. *Rekkada*, douar. Com. ind., cant. jud. et cerc. de Djidjelli, subd. de Constantine.

Rekkada. Provenant de l'ancienne tribu des Beni-Amran-Djebala. (Sup. 6,935 hect.) Constitué en douar-com. par décret du 14 octobre 1867, *B. O.*, 1868, p. 166. Rattaché à la com. ind., au cant. jud. et au cerc. de Djidjelli, subd. de Constantine; — à 15 kil. S. de Djidjelli. Pop. 1,891 hab. ind. N° 54 de la carte. Ce douar renferme un emplacement affecté au campement des troupes.

Remila ou **R'mila.** Provenant de l'ancienne tribu des Amamra. (Sup. 29,072 hect.) Constitué en douar-com. par décret du 8 septembre 1869, *B. O.*, p. 272. Rattaché à la com. ind., au cant. jud. et au cerc. de Khenchela, subd. de Batna; — à 16 kil. N.-O. de Khenchela. Pop. 2,007 hab. ind. N° 224 de la carte. Ce douar renferme un emplacement affecté au campement des troupes connu sous le nom d'Oued-Gueïs, d'une étendue de 12 hect. env.

Retal. Provenant de l'ancienne tribu des Douaïr. (Sup. 9,740 hect.) Constitué en douar-com. par décret du 25 mai 1870, *B. O.*, p. 203. Rattaché à la com. ind., au cant. jud., au cerc. et à la subd. de Médéa; — à 30 kil. S.-E. de Médéa. Pop. 1,206 hab. ind. N° 150 de la carte. D'après le tableau de dénombrement, 1870, ce douar se compose des fract. suivantes : Ouled-Rabah-Ahl-el-Oued, 310 ind.; Ouled-Rabah-Ahl-el-Regueb, 325 ind.; Tittery, 243 ind.; El-Alalma, 328 ind.

Rezine. V. *Aït-R'zine*, douar. Com. ind., cant. jud. et cerc. d'Akbou, subd. de Sétif.

R'gheïss. V. *Sidi-R'gheïss*, douar. Com. ind., cant. jud. et cerc. d'Aïn-Beïda, subd. de Constantine.

Rhabat. V. *El-Rhabat*, douar. Com. ind., cant. jud., cerc. et subd. de Batna, annexe de Barika.

Righa. Nom employé dans la délimitation du cant. jud. de Miliana pour désigner le douar-com. d'Adélia. Com. mix. d'Adélia, arr. de Miliana.

Ridan. V. *Oued-Ridan*, douar. Com. ind., cant. jud., cerc. et subd. d'Aumale.

Rihana. V. *Aïn-Rihana*, douar. Com. mix., cant. jud. et arr. de Guelma.

Rira ou **Righa.** Noms employés fréquemment pour désigner le douar-com. d'Adélia. Com. mix. d'Adélia, cant. jud. et arr. de Miliana.

R'mila. V. *Remila*, douar. Com. ind., cant. jud. et cerc. de Khenchela, subd. de Batna.

Rom-Rassa. Fract. du douar-com. de Beni-Mekla. V. *Beni-Mekla*, douar. Com. pl. ex. et cant. jud. de Bordj-Menaïel, arr. de Tizi-Ouzou.

Rorab. V. *Aïn-Ghorab*, douar. Com. pl. ex. de St-Charles, cant. jud. d'El-Arrouch, arr. de Philippeville.

Rouafa. Provenant de la tribu des Beni-Amran. (Sup. 4,545 hect. y compris la fract. d'Azazna.) Constitué en douar-com. par décret du 31 octobre 1868, *B. O.*, p. 1149. Rattaché à la com. mix. des Issers, cant. jud. de Bordj-Menaïel, arr. de Tizi-Ouzou ; — à 3 kil. S.-E. de Bordj-Menaïel. Pop. tot. 4,246 hab. N° 24 de la carte.

Roufna. Provenant de l'ancienne tribu des Attaf. (Sup. 9,511 hect.) Constitué en douar-com. par décret du 10 juillet 1867, *B. O.*, p. 987 et érigé en com. pl. ex. sous le nom de St-Cyprien-des-Attaf. Cant. jud. de Duperré, arr. de Miliana ; — à 12 kil. S.-O. de Duperré et sur la ligne du chemin de fer d'Alger à Oran. Pop. de la partie du douar laissée aux ind. 1,470 hab. N° 69 de la carte. — NOTA : Le village de St-Cyprien-des-Attaf et le hameau de Ste-Monique sont situés dans ce douar. Ces deux centres fondés par Mgr Allemand-Lavigerie, archevêque d'Alger, possèdent une pop. tot. de 394 hab., savoir : 310 français, 17 israélites, 51 étrangers et 16 ind. musulmans.

Roumila. V. *Remila*, douar. Com. ind., cant. jud. et cerc. de Khenchela, subd. de Batna.

R'zine. V. *Aït-R'zine*, douar. Com. ind., cant. jud. et cerc. d'Akbou, subd. de Sétif.

S

Saâda. V. *Sidi-Sadda*, douar. Com. mix. de Relizane, cant. jud. de Perrégaux, arr. de Mostaganem.

Sabath. V. *Khanguet-Sabath*, douar. Com. mix. et cant. jud. d'Oued-Zenati, arr. de Constantine.

Sabeur. V. *Ouled-Sabeur*, douar. Com. mix. et cerc. d'Ammi-Moussa, cant. jud. d'Inkermann, subd. d'Oran.

Sabor. V. *Ouled-Sabor*, douar. Com. mix., cant. jud. et arr. de Sétif.

Sahari. Nom employé pour désigner le douar-com. de la *Mina*. Com. mix. et cant. jud. de Relizane, arr. de Mostaganem et le douar-com. de *Bitam*. Com. ind., cant. jud. et cerc. de Biskra, subd. de Batna.

Sahel. Provenant de l'ancienne tribu des Beni-Menade. (Sup. 10,888 hect.) Constitué en douar-com. par décret du 22 septembre 1868, *B. O.*, p. 987. Rattaché à la com. mix. de Mourad, cant. jud. de Marengo, arr. et dép. d'Alger ; — à 2 kil. S.-O. de Marengo. Pop. tot. 1,343 hab. N° 75 de la carte. Une partie de ce douar a été prélevée pour la formation du centre de Mourad et des fermes isolées de Bou-Yerseu et de Fedjana.

Sahouria. Provenant de l'ancienne tribu des Bordjia. (Sup. 2,933 hect.) Constitué en douar-com. par décret du 9 novembre 1865, *B. O.*, p. 488. Rattaché à la com. mix., au cant. jud. et à l'arr. de Mostaganem ; — à 28 kil. et à 34 kil. S. de Mostaganem. Pop. 927 hab. Ind. N° 33 de la carte. Ce douar est formé de trois groupes isolés. Une partie de son territoire a été prélevée pour l'établissement du village de Sahouria en voie de peuplement.

Saýd. V. *Ouled-Saïd*, douar. Com. mix. et arr. de Mascara, cant. jud. de Perrégaux.

Sakra. Provenant de l'ancienne tribu des Eulma. (Sup. 9,085 hect.) Constitué en douar-com. par décret du 5 mai 1869, *B. O.*, p. 118. Rattaché à la com. mix. des Eulmas, cant. jud. de St-Arnaud, arr. de Sétif ; — à 6 kil. E. de St-Arnaud. Pop. 1,937 hab. Ind. N° 201 de la carte.

Sassi ou **Sassy.** V. *Ouled-Sassy*, douar. Com. mix. et cant. jud. de l'Oued-Zenati, arr. de Constantine.

Sbahya. Ancienne tribu du même nom. (Sup. 5,562 hect.) Constitué en douar-com. par décret du 31 décembre 1866, *B. O.*, 1867, p. 80. Rattaché à la com. pl. ex. d'Affreville, cant. jud. et arr. de Miliana ; — à 15 kil. S. de Miliana et sur la rive gauche du Chélif. Pop. tot. 941 hab. N° 62 de la carte. — NOTA : Les habitants de ce douar sont presque tous fermiers ou khammès; les propriétaires ou ayants-droit résident la plupart à Miliana ou à Alger.

Sbaïa. V. *Sbahïa*, douar. Com. pl. ex. d'Affreville, cant. jud. et arr. de Miliana.

S'bihi. V. *Beni-S'bihi*, douar. Com. ind. et cerc. d'El-Milia, subd. de Constantine, cant. jud. de Mila.

S'bikha. V. *Oued-S'bikha*, douar. Com. pl. ex. de Condé-Smendou, cant. jud. et arr. de Constantine.

Seba. Ancienne tribu du même nom. (Sup. 11,727 hect.) Douar formé des fract. de Bou-Haoued et de Beni-Sarah. Constitué par décret du 5 février 1868, *B. O.*, p. 637. Rattaché à la com. ind., au cant. jud. et au cerc. de La Calle, subd. de Bône; — à 40 kil. O. de La Calle, sur le littoral et à cheval sur l'Oued-el-Kebir. Les Bou-Haoued occupent la rive droite et les Beni-Sarah la rive gauche. Pop. 672 hab. ind. N° 99 de la carte. Ce douar renferme la source d'Aïn-Saboun, les tombeaux des sept frères (Seba) et un emplacement affecté à un bivouac d'une étendue de 2 hect. 64 ares.

Sebabna. Fract. du douar-com. d'El-Ghomeri. V. *El-Ghomeri*, douar. Com. mix. de Relizane, arr. de Mostaganem, cant. jud. de Perrégaux.

Sebah. V. *Ouled-Sebah*, douar. Com. mix. d'Aïn-M'lila, cant. jud. des Ouled-Rahmoun, arr. de Constantine.

Sebah. V. *Seba*, douar. Com. ind., cant. jud. et cerc. de La Calle, subd. de Bône.

Sebahia. V. *Sbahïa*, douar. Com. pl. ex. d'Affreville, cant. jud. et arr. de Miliana.

Sebaou-el-Kedim. Ancienne tribu du même nom. (Sup. 1,005 hect.) Constitué en douar-com. par décret du 24 mars 1866, *B. O.*, p. 133. Rattaché à la com. mix. des Issers, cant. jud. de Bordj-Menaïel, arr. de Tizi-Ouzou; — à 10 kil. E. de Bordj-Menaïel et sur la route de Tizi-Ouzou. Pop. tot. 1,207 hab. y compris la pop. des fermes isolées de Kouanin et du petit territoire ind. de Kaf-Aogab. N° 18 de la carte.

Sebbah. V. *Oued-Sebbah*, douar. Com. mix. et cant. jud. d'Aïn-Témouchent, arr. d'Oran.

Sebdou. Provenant de l'ancienne tribu des Ouled-Ouriach. (Sup. 22,059 hect.) Constitué en douar-com. par décret du 29 septembre 1867, *B. O.*, p. 1144. Rattaché à la com. mix. et au cerc. de Sebdou, cant. jud. et subd. de Tlemcen; — à 24 kil. S. de cette ville. Pop. 1,345 hab. ind. N° 125 de la carte. Ce douar renferme le centre de Sebdou, poste militaire, d'une pop. de 80 français, 7 israélites et 120 étrangers, une prairie domaniale de 53 hect. 68 ares 80 centiares, un cimetière européen et diverses réserves militaires, d'une étendue de 65 hect. 31 ares.

Sedjerara. Ancienne tribu du même nom. (Sup. 10,382 hect.) Constitué en douar-com. par décret du 30 septembre 1868, *B. O.*, p. 1006. Rattaché à la com. mix. et à l'arr. de Mascara, cant. jud. de Perrégaux; — à 8 kil. N.-E. de Perrégaux et au S. de la ligne du chemin de fer d'Alger à Oran. Une partie de ce douar a été prélevée pour l'établissement des fermes isolées d'El-Malah ou Oued-Malah. Pop. de la partie du douar laissée aux ind. 2,086 hab. N° 76 de la carte. Ce douar renferme le puits connu sous le nom d'Hassi-Thouil.

Sedjerrara. V. *Sedjerara*, douar. Com. mix. et arr. de Mascara, cant. jud. de Perrégaux.

Sedrata. Azel domanial réuni, en partie, au douar-com. des Ouled-Derradj. Com. mix. et cant. jud. d'El-Arrouch, arr. de Philippeville.

Sefafah. V. *S'fafah*, douar. Com. mix., cant. jud. et arr. de Mostaganem.

Seferdjela. V. *S'ferdjla*, douar. Com. pl. ex. de Condé-Smendou, cant. jud. et arr. de Constantine.

Seferjela. V. *S'ferdjela*, douar. Com. pl. ex. de Condé-Smendou, cant. jud. et arr. de Constantine.

Sefioun. V. *Oued-Sefioun*, douar. Com. mix. et cerc. de Daya, cant. jud. de Sidi-bel-Abbès, subd. de Tlemcen.

Sefsef. V. *Sfsef*, douar. Com. mix. de la Mekerra, cant. jud. et arr. de Sidi-bel-Abbès.

Seghouan. V. *Oued-Seghouan*, douar. Com. ind., cant. jud., cerc. et subd. de Médéa.

Seggana. V. *Seygana*, douar. Com. ind., cant. jud., cerc. et subd. de Batna.

Seguin. V. *Ras-Seguin*, douar. Com. mix. de Châteaudun, cant. jud. d'Oued-Atménia, arr. de Constantine.

Sekhar. V. *Ouled-Sekhar*, douar. Com. mix. d'Aïn-M'lila, arr. de Constantine, cant. jud. des Ouled-Rahmoun.

Sekra. V. *Sakra*, douar. Com. mix. des Eulmas, cant. jud. de St-Arnaud, arr. de Sétif.

Selama. V. *Ouled-Selama*, douar. Com. mix. de Cassaigne, arr. de Mostaganem, cant. jud. d'Inkermann.

Selib. Provenant de l'ancienne tribu du même nom. (Sup. 3,301 hect.) Constitué en douar-com. par décret du 27 octobre 1869, *B. O.*, p. 440. Rattaché à la com. mix., au cant. jud. et à l'arr. de Guelma ; — à 18 kil. O. de Guelma. Pop. recensée avec le douar Taya, 4 français, 8 étrangers et 2,192 ind. N° 340 de la carte.

Sellem. V. *Ouled-Sellem*, douar. Com. mix. d'Aïn-M'lila, arr. de Constantine, cant. jud. des Ouled-Rahmoun.

Selman. Provenant de l'ancienne tribu des Ouled-Derradj. (Sup. 3,358 hect.) Constitué en douar-com. par décret du 13 avril 1867, *B. O.*, p. 632. Rattaché à la com. ind., au cant. jud. et au cerc. de Bordj-bou-Arréridj, annexe de M'sila, subd. de Sétif ; — à 50 kil. S. de Bordj-bou-Arréridj. Pop. recensée avec la fract. des Ouled-Adi-Dahra du Hodna, 981 ind. N° 167 de la carte. Ce douar renferme un emplacement réservé au campement des troupes, d'une étendue de 5 hect. 95 ares.

Sely. V. *Sly*, douar. Com. mix. de Malakoff, cant. jud. et arr. d'Orléansville.

Semir. V. *Ouled-Smir*, douar. Com. mix. des Issers, arr. de Tizi-Ouzou, cant. jud. de Bordj-Menaïel.

Senoussi. V. *Ouled-Snoussi*, douar. Com. mix., cant. jud. et arr. de Mostaganem.

Serahoula. V. *Ameur-S'rahoula*, douar. Com. mix. d'Aïn-M'lila, arr. de Constantine, cant. jud. des Ouled-Rahmoun.

Sérim. V. *Ouled-Serim*, douar. Com. mix. et ind. de Bône, arr. et subd. de Bône, cant. jud. de Mondovi.

Serraoula (Zone des) et anciens azels. (Sup. 3,034 hect., comprenant les azels d'Aïn-Beïda, Bled-Ouled-Salah et Bled-Bâala). Constitué en douar-com. par décrets des 14 avril 1866, *B. O.*, p. 181 et 27 octobre 1869, *B. O.*, p. 444. Rattaché à la com. mix. et au cant. jud. de Mila, arr. de Constantine ; — à 28 kil. S. de Mila. Pop. comprise dans la section communale de Sidi-Khalifa. N° 205 de la carte.

Setaïha. V. *Arb-Estahia*, douar. Com. pl. ex. de Robertville, arr. de Philippeville, cant. jud. d'El-Arrouch.

Seygana. Provenant de l'ancienne tribu des Lakhdar-Helfaouïa. (Sup. 28,023 hect.) Constitué en douar-com. par décret du 25 septembre 1866, *B. O.*, p. 202. Rattaché à la com. ind., au cant. jud., au cerc. et à la subd. de Batna ; — à 30 kil. S.-O. de Batna. Pop. 701 hab. ind. N° 221 de la carte. Ce douar fait actuellement partie du kaïdat de Batna. Le territoire de Seygana renferme un caravansérail, d'une étendue de 9 ares, classé dans les biens de l'ancienne commune subdivisionnaire, actuellement com. ind.

S'fafah. Provenant de l'ancienne tribu des Bordjia. (Sup. 3,034 hect., y compris 942 hect. de la terre Helb.) Constitué en douar-com. par décret du 9 novembre 1865, *B. O.*, p. 488. Rattaché à la com. mix. jud. et à l'arr. de Mostaganem ; — à 40 kil. S. de Mostaganem. Pop. 2 étrangers européens et 1,180 ind. N° 32 de la carte.

S'ferdjia. Provenant de l'ancienne tribu des Eulma-Massoula. (Sup. 5,583 hect.) Constitué en douar-com. par décret du 4 mars 1868, *B. O.*, p. 700. Rattaché à la com. pl. ex. de Condé-Smendou, cant. jud. et arr. de Constantine ; — à 30 kil. N. de cette ville. Pop. 3,101 hab. ind. N° 47 de la carte. Ce douar renferme un emplacement réservé pour le campement des troupes, d'une étendue de 6 hect. 50 ares.

S'floun. V. *Oued-Sefloun*, douar. Com. mix. et cerc. de Daya, subd. de Tlemcen, cant. jud. de Sidi-bel-Abbès.

Sliser ou **Aïn-S'liser.** Provenant de l'ancienne tribu des Ouled-Sliman. (Sup. 16,487 hect.) Douar formé des fract. d'Ouled-el-Arbi et Ouled-sidi-bou-Ras. (Sup. 16,487 hect.) Constitué par décret du 9 mars 1867, *B. O.*, p. 430. Rattaché à la com. mix. de la Mekerra, cant. jud. et arr. de Sidi-bel-Abbès ; — à 25 kil. E. de cette dernière ville. Pop. 5 français et 2,072 ind. N° 106 de la carte. Une partie de ce douar a été prélevée pour la création du centre de Mercier-Lacombe. Pop. du village 205 français, 2 israélites, 37 ind. et 130 étrangers.

Sfissifa. V. *Ghoufirat-Sefissifa*, douar. Cant. jud. et arr. de Mostaganem.

Si-Achour ou **Sidi-Achour.** V. *Arb-sidi-Achour*, douar. Com. mix. et cant. jud. de Collo, arr. de Philippeville.

Si-Ahmed. V. *Ouled-si-Ahmed*, douar. Com. ind., cant. jud., cerc. et subd. de Sétif.

Si-Ali-bou-Nab ou **Sidi-Ali-bou-Nab.** Provenant de l'ancienne tribu de l'Oued-el-Kseub. (Sup. 4,274 hect.) Constitué en douar-com. par décret du 17 octobre 1869, *B. O.*, p. 376. Rattaché à la com. mix. des Issers, cant.

jud. de Bordj-Menaïel, arr. de Tizi-Ouzou ; — à 16 kil. S.-E. de Bordj-Menaïel. Pop. tot. 4,310 hab. N° 129 de la carte.

Si-Ali-Chérif ou **Sidi-Ali-Chérif.** Provenant de l'ancienne tribu des Tahallaït. (Sup. 2,937 hect.) Constitué en douar-com. par décret du 5 mai 1866, *B. O.*, p. 331. Rattaché à la com. mix. et au cant. jud. de St-Denis-du-Sig, arr. d'Oran ; — à 10 kil. S. de St-Denis-du-Sig. Pop. 648 ind. et 4 étrangers. N° 20 de la carte.

Si-Ali-Tahament. V. *Ouled-si-Ali-Tahamment*, douar, Com. mix. et cant. jud. de Batna, arr. de Constantine.

Si-Amor. V. *Ouled-sidi-Amor*, douar. Com. ind., cant. jud. et cerc. de Bordj-bou-Arréridj, subd. de Sétif.

Sid-el-Fodhil. Provenant de l'ancienne tribu des Beni-Salah. (Sup. 5,329 hect.) Constitué en douar-com. par décret du 7 septembre 1866, *B. O.*, p. 618. Rattaché à la com. pl. ex. et au cant. jud. de Blida, arr. d'Alger ; — à 3 kil. S.-O. de Blida. Pop. tot. 2,708 hab. N° 39 de la carte.

Sid-el-Kébir. Provenant de l'ancienne tribu des Beni-Salah. (Sup. 4,926 hect.) Constitué en douar-com. par décret du 7 septembre 1866, *B. O.*, p. 618. Rattaché à la com. pl. ex. et au cant. jud. de Blida, arr. d'Alger ; — à 3 kil. S.-E. de Blida. Pop. tot. 2,054 hab. N° 40 de la carte.

Sidi-Abid. Provenant de l'ancienne tribu des Ouled-sidi-Abid. (Sup. 11,070 hect.) Constitué en douar-com. par décret du 15 décembre 1869, *B. O.*, 1870, p. 75. Rattaché à la com. ind., au cant. jud. et au cerc. de Tebessa, subd. de Constantine ; — à 16 kil. S.-E. de Tebessa et sur la frontière de Tunis. Pop. comprise dans la tribu des Ouled-sidi-Abid. N° 335 de la carte. Ce douar renferme le village ind. de Sidi-Abid et diverses ruines romaines, d'une étendue de 144 hect. — NOTA : Les terres de labour désignées sous le nom de Régions inhab. des sont laissées temporairement en jouissance aux douars de Sidi-Abid, Bekkakra et El-Ma-el-Abied et le grand communal dit Terrains Sahariens, d'une étendue de 93,117 hect. appartient en commun aux douars précités.

Sidi-Ali-bou-Hamoud ou **Sidi-Ali-bou-Amoud.** Provenant de l'ancienne tribu des Ouled-Khalfa. (Sup. 12,968 hect.) Constitué en douar-com. par décret du 18 janvier 1868, *B. O.*, p. 559. Rattaché à la com. mix. et au cant. jud. d'Aïn-Temouchent, arr. d'Oran ; — au S.-O. du territoire d'Aïn-Temouchent. Pop. 12 étrangers

européens et 2,362 ind. N° 28 de la carte. Ce douar renferme deux maisons de cantonniers avec leurs dépendances.

Sidi-Ali-bou-Hammoud. V. *Sidi-Ali-bou-Hamoud*, douar. Com. mix. et cant. jud. d'Aïn-Temouchent, arr. d'Oran.

Sidi-Ali-bou-Nab ou **Si-Ali-bou-Nab.** Provenant de l'ancienne tribu de l'Oued-el-Ksoub. (Sup. 4,274 hect.) Douar formé des fract. de Beni-Ouarz-ed-Dine, Ouled-Sâada, Beni-Kharcha et Haïdouça. Constitué par décret du 17 octobre 1869, *B. O.*, p. 376. Rattaché à la com. mix. des Issers, cant. jud. de Bordj-Menaïel, arr. de Tizi-Ouzou ; — à 16 kil. S.-E. de Bordj-Menaïel. Pop. tot. 4,310 hab. N° 129 de la carte.

Sidi-Ali-Chérif. V. *Si-Ali-Chérif*, douar. Com. mix. et cant. jud. de St-Denis-du-Sig, arr. d'Oran.

Sidi-Amor. V. *Ouled-sidi-Amor*, douar. Com. ind., cant. jud. et cerc. de Bordj-bou-Arréridj, subd. de Sétif.

Sidi-Bakhti. Provenant de l'ancienne tribu des Douair. (Sup. 37,332 hect., y compris les Khamras.) Constitué en douar-com. par décret du 22 novembre 1869, *B. O.*, 1870, p. 36. Rattaché : 1° la fract. des Khamras, provisoirement à la com. pl. ex. de Bou-Sfer ; 2° le surplus dit Sidi-Bakhti, à la com. mix. d'Aïn-Temouchent, cant. jud. et arr. d'Oran ; — à 44 kil. S.-O. de cette dernière ville. N° 174 de la carte. Pop. tot. de la partie rattachée à Bou-Sfer, section des Andalouses, 3,055 hab. et à la com. mix. d'Aïn-Temouchent, 1,935 hab., savoir : 3 français, 348 étrangers et 1,584 ind. — NOTA : Le village européen de Sidi-Bakhti a été prélevé sur la fract. des Khamras.

Sidi-ben-Hanéfia. Provenant de l'ancienne tribu d'Oued-el-Hammam. (Sup. 27,514 hect.) Constitué en douar-com. par décret du 24 juillet 1869, *B. O.*, p. 220. Rattaché à la com. mix., au cant. jud. et à l'arr. de Mascara ; — à 18 kil. S.-O. de Mascara. Pop. 2,531 hab. ind. N° 147 de la carte. Ce douar renferme un établissement de bains construit par les Turcs, près du marabout de Sidi-ben-Hanéfia, le caravansérail du même nom et un nouvel établissement de bains construit au compte du budget des centimes additionnels.

Sidi-bou-Hanéfia. V. *Sidi-ben-Hanéfia*, douar. Com. mix., cant. jud. et arr. de Mascara.

Sidi-ben-Moussa. Provenant de l'ancienne tribu des Ouled-Abd-el-Ouahed. (Sup. 8,448 hect.) Constitué en douar-com. par décret du 31 octobre 1868, *B. O.*, p.

1142. Rattaché à la com. mix., au cant. jud. et à l'arr. de Mascara; — à 10 kil. S. de Mascara. Pop. 1,849 hab. ind. N° 74 de la carte. Une partie de ce douar a été prélevée pour la formation du centre de Froha.

Sidi-bou-Adda. Provenant de l'ancienne tribu des Ouled-Khalfa. (Sup. 13,404 hect.) Constitué en douar-com. par décret du 18 janvier 1868, *B. O.*, p. 559. Rattaché à la com. mix. et au cant. jud. d'Aïn-Temouchent, arr. d'Oran; — à l'O. du territoire d'Aïn-Temouchent et sur le littoral. Pop. 27 français, 41 étrangers et 1,023 ind. N° 27 de la carte. Une partie de ce douar a été prélevée pour la formation du centre des Trois-Marabouts. — NOTA : Ce douar possède trois baies dont l'une, connue sous le nom de Mersa-sidi-Djelloul, offre seule quelque intérêt au point de vue de la navigation.

Sidi-Brahim. V. *Ouled-sidi-Brahim*, douar, Com. mix., cant. jud. et arr. de Mostaganem.

Sidi-Daho. Provenant de l'ancienne tribu des Ouled-Zeïr. (Sup. 13,484 hect.) Constitué en douar-com. par décret du 26 juin 1867, *B. O.*, p. 861. Rattaché à la com. mix. et au cant. jud. d'Aïn-Temouchent, arr. d'Oran; — à 24 kil. S.-E. d'Aïn-Temouchent. Pop. 22 français, 15 étrangers et 1,258 ind. N° 26 de la carte. — NOTA : Le centre d'Aïn-el-Hadjar est formé d'une partie du douar Sidi-Daho, arr. d'Oran et d'une partie du douar de Sidi-Yacoub, arr. de Sidi-bel-Abbès. Le territoire dudit centre se trouve compris partie dans le cant. jud. d'Aïn-Temouchent et partie dans celui de Sidi-bel-Abbès.

Sidi-Daho. V. *Ouled-sidi-Daho*, douar, Com. mix., cant. jud. et arr. de Mascara.

Sidi-el-Abd-Elli. V. *Ouled-sidi-el-Abdelli*, douar, Com. mix., cant. jud. et arr. de Tlemcen.

Sidi-el-Aroussi ou Sidi-el-Aroussy. Provenant de l'ancienne tribu des Ouled-Kosseïr ou Ouled-Khosseïr. (Sup. 9,293 hect.) Constitué en douar-com. par décret du 20 février 1868, *B. O.*, p. 677. Rattaché à la com. mix. de Malakoff, cant. jud. et arr. d'Orléansville; — à l'O. et au S. de la com. pl. ex. d'Orléansville. Pop. tot. 2,178 hab. N° 89 de la carte.

Sidi-Ghalem. Provenant de la tribu des Ouled-Ali. (Sup. 12,654 hect.) Douar formé de la fract. des Ouled-Ali-Ghoualem. Constitué par décret du 21 décembre 1867, *B. O.*, 1868, p. 488. Rattaché à la com. mix. de St-Lucien, cant. jud. de Ste-Barbe-du-Tlélat, arr. d'Oran; — à 12 kil. S.-O. de Ste-Barbe-du-Tlélat et sur la ligne du chemin de fer de Sidi-bel-Abbès. Pop. 15 français, 117 étrangers et 2,762 ind. N° 113 de la carte.

Sidi-Hamla ou **Si-Hamla.** V. *Ouled-sidi-Hamla*, douar, Com. ind., cant. jud. et cerc. de Bordj-bou-Arréridj, annexe de M'sila, subd. de Sétif.

Sidi-Hammouda. V. *Sidi-Hamouda*, douar. Com. pl. ex. de Rovigo, cant. jud. de l'Arba, arr. d'Alger.

Sidi-Hamouda. Provenant de l'ancienne tribu des Beni-Moussa. (Sup. 12,681 hect.) Douar formé des fract. de Beni-Attia, Beni-Serghin, Beni-Kichnith, Beni-Azzoum et Beni-M'ahmed. Constitué par décret du 28 juillet 1866, *B. O.*, p. 519. Rattaché à la com. pl. ex. de Rovigo par décret du 20 novembre 1875, cant. jud. de l'Arba, arr. d'Alger. Pop. tot. 3,065 hab. N° 2 de la carte.

Sidi-Hanéfia. V. *Sidi-ben-Hanefia*, douar, Com. mix., cant. jud. et arr. de Mascara.

Sidi-Kalifa. Provenant de l'ancienne tribu des Aribs. (Sup. 5,930 hect.) Constitué en douar-com. par décret du 13 mars 1867, *B. O.*, p. 402. Rattaché à la com. mix. de Bouïra, cant. jud., cerc. et subd. d'Aumale; — à 8 kil. N. d'Aumale. Pop. 1,143 hab. ind. N° 29 de la carte.

Sidi-Khelifa. V. *Sidi-Kalifa*, douar, Com. mix. de Bouïra, cant. jud., cerc. et subd. d'Aumale.

Sidi-Medjahed. Provenant de l'ancienne tribu des Ouled-sidi-Medjahed. (Sup. 5,138 hect.) Constitué en douar-com. par décret du 20 juillet 1867, *B. O.*, p. 1026. Rattaché à la com. mix. et au cerc. de Lalla-Maghrnia, subd. de Tlemcen, cant. jud. de Nemours; — à 50 kil. S.-E. de cette ville. Pop. ind. 293 hab. N° 130 de la carte.

Sidi-Nâaman. V. *Sidi-Naman*, douar, Com. mix. et cant. jud. de Dellys, arr. de Tizi-Ouzou.

Sidi-Naceur. Provenant de l'ancienne tribu des Beni-Moussa. (Sup. 9,641 hect.) Douar formé des fract. de Beni-Techfin et de Beni-Djelid. Constitué par décret du 28 juillet 1866, *B. O.*, p. 519. Rattaché à la com. pl. ex. de l'Arba par décret du 5 novembre 1875, cant. jud. de l'Arba, arr. d'Alger; — à 4 kil. S. de l'Arba. Pop. tot. 2,204 hab. N° 1 de la carte.

Sidi-Naman. Provenant de l'ancienne tribu des Amraoua. (Sup. 4,987 hect.) Constitué en douar-com. par décret du 7 avril 1869, *B. O.*, p. 155. Rattaché à la com. mix. et au cant. jud. de Dellys, arr. de Tizi-Ouzou; —

à 18 kil. S.-E. de Dellys, sur la rive droite du Sebaou. Pop. tot. 2,693 hab. N° 119 de la carte.

Sidi-Nasseur. V. *Sidi-Naceur*, douar. Com. pl. ex. et cant. jud. de l'Arba, arr. d'Alger.

Sidi-Ounis ou **Si-Ounis.** V. *Ouled-si-Ounis*, douar. Com. mix. d'Aïn-M'lila, arr. de Constantine, cant. jud. des Ouled-Rahmoun.

Sidi-R'gheïss. Provenant de l'ancienne tribu des Haracta. (Sup. 13,528 hect.) Constitué en douar-com. par décret du 8 juin 1870, *B. O.*, p. 249. Rattaché à la com. ind., au cant. jud. et au cerc. d'Aïn-Beïda, subd. de Constantine; — à 20 kil. N.-O. d'Aïn-Beïda. Pop. 1,081 hab. ind. N° 273 de la carte. Sidi-R'gheïss fait actuellement partie du kaïdat d'Oum-el-Abeïr. — NOTA : Ce douar renferme un caravansérail, un emplacement réservé au campement des troupes, diverses ruines romaines et plusieurs fontaines-abreuvoirs.

Sidi-Saada. Provenant de l'ancienne tribu des Beni-Gheddou. (Sup. 7,547 hect.) Douar formé des fract. de Ouled-bou-Ghenni, Ouled-sidi-Ouïss, Hadjadjira, Ouled-Ouali et Ghenaïcia. Constitué par décret du 24 avril 1867, *B. O.*, p. 672. Rattaché à la com. mix. de Relizane, arr. de Mostaganem, cant. jud. de Perrégaux; — à 22 kil. N.-E. de cette ville et sur le chemin de fer d'Alger à Oran. Pop. 2,000 hab. ind. N° 69 de la carte.

Sidi-Senoussi. V. *Ouled-S'noussi*, douar. Com. mix., cant. jud. et arr. de Mostaganem.

Sidi-Simian. V. *Sidi-Simiane*, douar. Com. mix. de Gouraya, cant. jud. de Cherchel, arr. d'Alger.

Sidi-Simiane. Provenant de l'ancienne tribu des Beni-Menasser. (Sup. 16,418 hect.) Douar formé des fract. de Beni-Habiba, Aïocena, Taourira et Mazer. Constitué par décret du 29 juin 1870, *B. O.*, p. 304. Rattaché à la com. mix. de Gouraya, arr. d'Alger, cant. jud. de Cherchel; — à 4 kil. 1/2 S.-O. de Cherchel. Pop. 3,320 hab. ind. N° 141 de la carte.

Sidi-Sliman. Provenant de l'ancienne tribu des Zemoul. (Sup. 840 hect.) Constitué en douar-com. par décret du 29 janvier 1868, *B. O.*, p. 608. Rattaché à la com. mix. des Issers, cant. jud. de Bordj-Menaïel, arr. de Tizi-Ouzou; — à 8 kil. E. de Bordj-Menaïel. N° 21 de la carte. Ce douar a été livré à la colonisation pour la formation du centre d'Haussonviller (Azib-Zamoun).

Sidi-Yacoub. Provenant de l'ancienne tribu des Ouled-Brahim-el-Amarna. (Sup. 11,452 hect.) Constitué en douar-com. par décret du 9 mars 1867, *B. O.*, p. 402. Rattaché à la com. mix. de Bou-Kanéfis, cant. jud. et arr. de Sidi-bel-Abbès; — à 8 kil. S.-O. de cette dernière ville. Pop. 1,035 ind. et 16 étrangers européens. N° 100 de la carte. Une partie de ce douar a été prélevée pour la formation du centre d'Aïn-el-Hadjar. — NOTA : Le territoire de colonisation d'Aïn-el-Hadjar est à cheval sur la limite des arr. d'Oran et de Sidi-bel-Abbès.

Sidi-Yakoub. V. *Sidi-Yacoub*, douar. Com. mix. de Bou-Kanéfis, cant. jud. et arr. de Sidi-bel-Abbès.

Sidi-Youssef. V. *Ouled-sidi-Youssef*, douar. Cant. jud. et arr. de Mostaganem.

Sidi-Zouïka. Provenant de l'ancienne tribu des Aribs. (Sup. 8,353 hect.) Constitué en douar-com. par décret du 13 mars 1867, *B. O.*, p. 462. Rattaché à la com. mix. de Bouïra, cant. jud., cerc. et subd. d'Aumale; — à 26 kil. N.-E. d'Aumale. Pop. 1,935 hab. ind. N° 26 de la carte.

Sighaout. V. *T'sighaout*, douar. Com. ind., cant. jud., cerc. et subd. d'Orléansville.

Sikh-ou-Meddour ou **Sik-ou-Medour.** Provenant de l'ancienne tribu des Amraoua. (Sup. 2,515 hect.) Constitué en douar-com. par décret du 7 avril 1869, *B. O.*, 1870, p. 155. Rattaché à la com. mix., au cant. jud. et à l'arr. de Tizi-Ouzou; — à 6 kil. E. de Tizi-Ouzou et sur l'Oued-Sebaou. Pop. tot. 1,447 hab. N° 117 de la carte.

Sinfita. Ancienne tribu du même nom. (Sup. 12,335 hect.) Constitué en douar-com. par décret du 16 juin 1869, *B. O.*, p. 453. Rattaché à la com. mix. et au cant. jud. de Ténès, arr. d'Orléansville; — à 12 kil. S.-E. de Ténès. Pop. tot. 1,521 hab. N° 108 de la carte.

S'kikda. V. *Arb-Skikda*, douar. Com. mix. et cant. jud. de Jemmapes, arr. de Philippeville.

Sly. Provenant de l'ancienne tribu des Ouled-Kosseïr ou Ouled-Khosseïr. (Sup. 6,667 hect.) Constitué en douar-com. par décret du 29 février 1868, *B. O.*, p. 677. Rattaché à la com. mix. de Malakoff, cant. jud. et arr. d'Orléansville; — à 12 kil. S.-O. d'Orléansville, sur la limite du dép. d'Oran et à cheval sur l'Oued-Sly. Pop. tot. 2,244 hab. N° 90 de la carte.

Smala-ben-Zian ou **Smala de Ben-Zian.** (Sup. 1,296 hect.) Distrait de l'ancienne tribu des Abid-el-Feraïlia. Territoire réuni au douar-com. d'Oued-Djelida par décret du 30 septembre 1868, *B. O.*, p. 1018. V.

SM-SN-SO ET DES FRACTIONS DE DOUARS) SO-SR-SU

Oued-Djelida, douar. Com. ind., cant. jud. et cerc. de Miliana, subd. d'Orléansville.

Smir. V. *Ouled-Smir*, douar. Com. mix. des Issers, cant. jud. de Bordj-Menaïel, arr. de Tizi-Ouzou.

S'nob. V. *Aïn-Snob*, douar. Com. ind., cant. jud. et cerc. d'Aïn-Beïda, subd. de Constantine.

Snoussi. V. *Ouled-Snoussi*, douar. Com. mix., cant. jud. et arr. de Mostaganem.

Sobah. Provenant de l'ancienne tribu des Sbeah-du-Nord. (Sup. 10,611 hect.) Constitué en douar-com. par décret du 27 novembre 1868, *B. O.*, 1869, p. 56. Rattaché à la com. ind., au cant. jud., au cerc. et à la subd. d'Orléansville ; — à 20 kil. S.-O. d'Orléansville. Pop. 2,462 hab. ind, N° 100 de la carte.

Sobahia. V. *Sbahia*, douar. Com. pl. ex. d'Affreville, cant. jud. et arr. de Miliana.

Sobha. V. *Sobah*, douar. Com. ind., cant. jud., cerc. et subd. d'Orléansville.

Soliman. V. *Sidi-Sliman*, douar. Com. mix. des Issers, cant. jud. de Bordj-Menaïel, arr. de Tizi-Ouzou.

Soltan. V. *Aïn-Sultan*, douar. Com. ind., cant. jud. et cerc. de Saïda, subd. de Mascara.

Souadek. Ancienne terre azel. Provenant de l'ancienne tribu des Ouled-Attia. (Sup. 445 hect.) Décrets de délimitation et de répartition des 4 décembre 1864, *B. O.*, p. 484 et 19 avril 1865, *B. O.*, p. 288. Rattaché à la com. pl. ex. de Condé-Smendou, cant. jud. et arr. de Constantine ; — à 30 kil. N.-E. de Constantine. Pop. comprise dans le douar de l'Oued-Sbikha.

Souarak. V. *Souarakh*, douar. Com. ind., cant. jud. et cerc. de La Calle, subd. de Bône.

Souarakh ou **Souarak.** Provenant de l'ancienne tribu du même nom. (Sup. 7,370 hect. déduction faite de 539 hect, formant la section d'Oum-Theboul de la com. pl. ex. de La Calle.) Constitué en douar-com. par décret du 15 décembre 1869, *B. O.*, 1870, p. 84. Rattaché à la com. ind., au cant. jud. et au cerc. de La Calle, subd. de Bône, kaïdat de l'Oued-el-Kebir ; — à 6 kil. N.-E. de La Calle, sur le littoral et sur la frontière Tunisienne.

Pop. 578 hab. ind. N° 206 de la carte. Le douar de Souarakh renferme les ruines d'un fort génois (Bordj-Seyleb), sur le bord de la mer et une maison du Génie à la Messida. — NOTA : Les riches mines de plomb argentifère du Kef-oum-Theboul sont situées dans la section communale d'Oum-Theboul, com. pl. ex. de La Calle.

Souf-el-Tel ou **Souf-el-Tel.** Provenant de l'ancienne tribu des Ouled-Zeïr. (Sup. 11,185 hect.) Constitué en douar-com. par décret du 26 juin 1867, *B. O.*, p. 861. Rattaché à la com. mix. et au cant. jud. d'Aïn-Temouchent, arr. d'Oran ; — à 5 kil. E. d'Aïn-Temouchent et sur le chemin de ce centre à Sidi-bel-Abbès. Pop. 1,625 hab. ind. N° 23 de la carte. Une partie du douar a été prélevée pour la formation du centre de Chabet-el-Leham.

Souhalia-Tahta et **Souhalia-Founga.** Anciennes tribus du même nom. (Sup. 2,868 hect. pour le 1er et 5,123 hect. pour le 2e) Constitués en 2 douars-com. par décrets des 11 août 1866, *B. O.*, p. 578 et 7 septembre 1867, *B. O.*, p. 1063. Rattachés à la com. mix., au cerc. et au cant. jud. de Nemours, subd. de Tlemcen ; — à 3 kil. S.-S.-E. de Nemours et sur le littoral. Pop. 3,193 hab. ind. N° 127 de la carte.

Souïd. V. *Ouled-Souïd*, douar. Com. mix. et annexe de Zemmorah, subd. d'Oran, cant. jud. de Relizane.

Souk-el-Darbata. Provenant de l'ancienne tribu des Beni-Meniarin-Fougha. (Sup. 9,220 hect.) Douar formé de la fract. des Ouled-sidi-Amor. Constitué par décret du 5 décembre 1866, *B. O.*, 1867, p. 8. Rattaché à la com. mix. et à l'arr. de Mascara, cant. jud. de Saïda ; — à 20 kil. N. de cette ville. Pop. de la partie du douar laissée aux ind. 439 hab. N° 85 de la carte. — NOTA : 832 hect. ont été prélevés pour la formation du centre de Fanchetti.

Soummam. V. *Oued-Soummam*, douar. Com. mix., cant. jud. et arr. de Bougie.

Srahouïa. V. *Ameur-Srahouïa*, douar. Com. mix. d'Aïn-M'lila, cant. jud. des Ouled-Rahmoun, arr. de Constantine. V. *Serraouïa*, douar. Com. mix. et cant. jud. de Mila, arr. de Constantine.

Sultan. V. *Aïn-Sultan*, douar. Com. ind., cant. jud. et cerc. de Saïda, subd. de Mascara.

T

Taabna. Ancienne tribu du même nom. (Sup. 4,640 hect.) Constitué en douar-com. par décret du 25 avril 1868, *B. O.*, p. 904. Rattaché à la com. mix. et au cant. jud. de Collo, arr. de Philippeville ; — à 20 kil. S.-E. de Collo. Pop. 1,749 hab. ind. Nº 87 de la carte.

Tabellout. Provenant de l'ancienne tribu des Beni-Khettab-Gheraba. (Sup. 3,990 hect.) Douar formé des fract. de Chenatfa, Ouled-Amor, Ouled-el-Hassen. Constitué par décret du 20 novembre 1867, *B. O.*, 1868, p. 258. Rattaché à la com. ind., au cant. jud. et au cerc. de Djidjelli, subd. de Constantine ; — à 20 kil. S.-E. de Djidjelli. Pop. 1,443 hab. ind. Nº 56 de la carte. Ce douar fait actuellement partie du kaïdat des Beni-Amran-Djebala. — NOTA : Il existe dans le douar un emplacement réservé pour le campement des troupes.

Tabet. V. *Boui-Thabet*, douar. Com. mix., cant. jud. et cerc. de Saïda, subd. de Mascara.

Tabia. V. *Aïn-Tabia*, douar. Com. ind. et cerc. d'El-Milia, cant. jud. et annexe de Collo, subd. de Constantine.

Taflout. Provenant de l'ancienne tribu des Sbeah du Sud. (Sup. 12,131 hect.) Constitué en douar-com. par décret du 26 juin 1867, *B. O.*, p. 851. Rattaché à la com. mix. de Charon, cant. jud., cerc. et subd. d'Orléansville ; — à 18 kil. S.-O. d'Orléansville et sur le chemin de fer d'Alger à Oran. Pop. tot. 2,578 hab. Nº 81 de la carte. Une partie de ce douar a été prélevée pour la création du centre de Charon.

Tafrent. Provenant de l'ancienne tribu des Beni-Méniarin-Fouagha. (Sup. 19,255 hect.) Douar formé des fract. de Kahaoua et d'Aaraara. Constitué par décret du 5 décembre 1866, *B. O.*, 1867, p. 8. Rattaché à la com. mix., au cant. jud. et au cerc. de Saïda, subd. de Mascara ; — à 8 kil. N. de Saïda. Nº 84 de la carte. Pop. 1,164 hab. ind.

Taghrin. Provenant de l'ancienne tribu des Ouled-sidi-bou-Abd-A... (Sup. 13,465 hect.) Constitué en douar-com. par décret du 30 mai 1868, *B. O.*, p. 934. Rattaché à la com. mix. de Cassaigne, cant. jud. d'Inkermann, arr. de Mostaganem ; — à 12 kil. O. d'Inkermann. Pop. tot. 2,359 hab., savoir : 2,356 ind. et 3 étrangers. Nº 57 de la carte.

Tahamda. Provenant de l'ancienne tribu des Mekhalia. (Sup. 3,718 hect.) Douar formé des fract. d'Otba et d'Abid-Sedra. Constitué par décret du 5 décembre 1866, *B. O.*, p. 40. Rattaché à la com. mix. et au cant. jud. de Relizane, arr. de Mostaganem ; — à 15 kil. O. de Relizane et sur le chemin de fer d'Alger à Oran. Pop. 1,287 hab. ind. Nº 38 de la carte.

Taïa. V. *Taya*, douar. Com. mix., cant. jud. et arr. de Guelma.

Taïeb. V. *Bou-Taïeb*, douar. Com. mix. et cant. jud. de Jemmapes, arr. de Philippeville.

Taïer. V. *Ouled-Taïer*, douar. Com. ind., cant. jud. et cerc. de Bordj-bou-Arréridj, subd. de Sétif.

Taïliman. Provenant de l'ancienne tribu du même nom. (Sup. 911 hect.) Constitué en douar-com. par décret du 25 avril 1868, *B. O.*, p. 899. Rattaché à la com. ind. et au cerc. d'El-Milia, subd. de Constantine, cant. jud. de Mila ; — à 40 kil. N.-O. de cette ville. Pop. 420 hab. ind. Nº 33 de la carte.

Takdempt. Ancienne fract. distraite de la tribu des Issor-el-Djedian. (Sup. 1,124 hect.) Territoire délimité et réparti par décret du 27 octobre 1866, *B. O.*, p. 778. Réuni à la com. pl. ex. de Dellys par décret du 31 décembre 1856, arr. de Tizi-Ouzou, cant. jud. de Dellys ; — à 3 kil. O. de Dellys et sur la rive droite de l'Oued-Sebaou. Pop. comprise dans la com. pl. ex. de Dellys.

Takdempt ou **Takdembt.** Provenant de l'ancienne tribu des Beni-Médian. (Sup. 23,483 hect.) Constitué en douar-com. par décret du 2 juin 1866, *B. O.*, p. 358. Rattaché à la com. ind. de Tiaret-Aflou, cant. jud. et cerc. de Tiaret, subd. et com. pl. ex. de Tiaret ; — à 6 kil. S.-O. de Tiaret. Pop. 1,649 hab. ind. Nº 95 de la carte. Ce douar renferme la terre domaniale de Takdempt provenant du beylick de l'émir Abd-el-Kader, d'une étendue de 261 hect. 86 ares 50 centiares et divers lieux de campement, d'une sup. tot. de 13 hect.

Takitount. Provenant de l'ancienne tribu des Amoucha. (Sup. 5,375 hect.) Constitué en douar-com. par décret du 16 juin 1869, *B. O.*, p. 168. Rattaché à la com. ind., au cant. jud. de Mascara, et au cerc., et subd. de Sétif. Pop. 29 européens et 1,050 ind. Nº 209 de la carte. Ce douar renferme le bordj de Takitount (poste militaire)

Takoka. Provenant de l'ancienne tribu des Ouled-Nabet. (Sup. 5,039 hect.) Constitué en douar-com. par décret du 6 juillet 1870, *B. O.*, p. 318. Rattaché à la com. mix. d'Aïn-Abessa, cant. jud. et arr. de Sétif; — à 18 kil. N.-O. de Sétif. Pop. 1,366 hab. ind. N° 254 de la carte. Une partie de ce douar a été prélevée pour l'établissement des villages d'Aïn-Abessa et de Faucigny. — NOTA : Un emplacement d'une étendue de 2 hect. a été réservé pour le campement des troupes.

Takouk. Partie d'azel réunie au douar-com. des Beni-Hameïdan. V. *Beni-Hameïdan*, douar. Com. pl. ex. de Bizot, cant. jud. et arr. de Constantine.

Tala-Imedran. V. *Tala-Imedrane*, douar. Com. mix. des Issers, cant. jud. de Bordj-Menaïel, arr. de Tizi-Ouzou.

Tala-Imedrane. Provenant de l'ancienne tribu de l'Oued-Kseub. (Sup. 6,168 hect.) Douar formé des fract. de Beni-Arif et Ouled-Yahia-ou-Moussa. Constitué par décret du 17 octobre 1869, *B. O.*, p. 375. Rattaché à la com. mix. des Issers, cant. jud. de Bordj-Menaïel, arr. de Tizi-Ouzou ; — à 16 kil. S.-E. de Bordj-Menaïel. Pop. tot. 4,302 hab. N° 130 de la carte.

Tala-Smedrane. V. *Tala-Imedrane*, douar. Com. mix. des Issers, cant. jud. de Bordj-Menaïel, arr. de Tizi-Ouzou.

Talassa. Provenant de l'ancienne tribu des Beni-Menna. (Sup. 10,461 hect.) Constitué en douar-com. par décret du 6 juillet 1870, *B. O.*, p. 324. Rattaché à la com. mix. et au cant. jud. de Ténès, arr. d'Orléansville ; — à 22 kil. S.-O. de Ténès et sur le littoral. Pop. tot. 976 hab. N° 137 de la carte. Ce douar renferme un emplacement réservé pour un marché.

Talha. Ancienne tribu du même nom. (Sup. 9,274 hect.) Constitué en douar-com. par décret du 21 mars 1870, *B. O.*, p. 142. Rattaché à la com. mix. et à l'arr. de Bône, cant. jud. de Mondovi ; — à 8 kil. S. de Mondovi et sur les routes de Bône à Guelma et de Bône à Souk-Ahras. Pop. 900 hab. ind. N° 327 de la carte. Ce douar renferme la fontaine d'Aïn-Djemil ou Sidi-Djemil, les puits de Bir-Maïzliet et de Bir-Djehaf, construits et aménagés par le service du Génie, un emplacement réservé pour le campement des troupes et les terres domaniales de Doukkara, Feïd-Allega, Missera et Bir-Chougran, d'une étendue tot. de 2,599 hect. 85 ares 45 centiares.

Talkhemt. V. *Talkrent*, douar. Com. ind., cant. jud., cerc. et subd. de Batna, annexe de Barika.

Talkrent. Provenant de l'ancienne tribu des Ouled-Sellem. (Sup. 18,726 hect.) Constitué en douar-com. par décret du 1er avril 1868, *B. O.*, p. 838. Rattaché à la com. ind., au cerc., au cant. jud. et à la subd. de Batna, annexe de Barika ; — à 38 kil. O. de Batna. Pop. 1,255 hab. ind. N° 121 de la carte. D'après le tableau de dénombrement, 1870, le douar Talkrent se compose des fract. suivantes : Ouled-oum-Saad, Ouled-Mira et Ouled-Saïd.

Tamendjar. Provenant de l'ancienne tribu des Beni-Aïcha. (Sup. 2,021 hect.) Constitué en douar-com. par décret du 12 octobre 1868, *B. O.*, p. 1064. Rattaché à la com. ind. et au cerc. d'El-Milia, subd. de Constantine, cant. jud. de Mila ; — à 40 kil. N.-O. de cette dernière ville. Pop. recensée avec le douar El-Mecid, 1,564 hab. ind. N° 22 de la carte. Ce douar et celui d'El-Mecid forment le cheïkat indépendant des Beni-Aïcha.

Tamesguida. Provenant de l'ancienne tribu des Mouzaïa. (Sup. 7,825 hect.) Constitué en douar-com. par décret du 23 septembre 1867, *B. O.*, p. 1089. Rattaché à la com. pl. ex. et au cant. jud. de Médéa, arr. d'Alger ; — à 8 kil. N. de Médéa et à cheval sur la route nationale d'Alger à Laghouat. Pop. tot. 8,597 hab. N° 68 de la carte. Ce douar renferme deux postes de cantonniers, un ancien poste télégraphique et un petit lac de 4 hect. 74 ares 70 centiares, enclavé dans le groupe domanial *A*.

Tamoun. V. *Beni-Tamoun*, douar. Com. mix. et cant. jud. de Ténès, arr. d'Orléansville.

Tamza. V. *Oued-Tamza*, douar. Com. ind., cant. jud. et cerc. de Khenchela, subd. de Batna.

Tangout. V. *Tengout*, douar. Com. mix. et cant. jud. de Jemmapes, arr. de Philippeville.

Tamaznia. V. *Temaznia*, douar. Com. mix. de Frendah-Mascara, cant. jud., cerc. et subd. de Mascara.

Taoucha. Fract. du douar-com. d'Oum-el-Debab. V. *Oum-el-Debab*, douar. Com. mix., cant. jud. et cerc. de Saïda, subd. de Mascara.

Taoufra ou **Toufra**. Provenant de l'ancienne tribu des Zougarah. (Sup. 7,941 hect.) Constitué en douar-com. par décret du 27 novembre 1868, *B. O.*, 1869, p. 61. Rattaché à la com. mix. et au cant. jud. de Ténès, arr. d'Orléansville ; — à 18 kil. E. de Ténès et sur le littoral.

Pop. tot. 883 hab. N° 98 de la carte. Le domaine de l'État possède dans ce douar 26 hect. 45 ares 95 centiares de biens habbous.

Taourga. Ancienne tribu du même nom. Territoire délimité par décret du 23 septembre 1867, *B. O.*, p. 1069. (Sup. 3,537 hect., y compris 1,134 hect. de l'azel de Taourga, attribués à 83 familles installées à titre permanent sur le territoire du dit azel, décret du 8 septembre 1869, *B. O.*, p. 350.) Rattaché à la com. pl. ex. de Dellys, cant. jud. de Dellys, arr. de Tizi-Ouzou. Pop. tot. 586 hab. — Nota : Un prélèvement antérieur à la délimitation des Taourga a servi à la création de Rébeval. Depuis 1871, d'autres prélèvements ont été effectués par le service de la colonisation.

Taourira. Fract. du douar-com. de Sidi-Simiane. V. *Sidi-Simiane*, douar. Com. mix. de Gouraya, cant. jud. de Cherchel, arr. d'Alger.

Taourira. V. *Oued-Taourira*, douar. Com. mix. et cerc. de Daya, cant. jud. de Sidi-bel-Abbès, subd. de Tlemcen.

Taourira. V. *Taouira*, douar. Com. mix. et cant. jud. de Ténès, arr. d'Orléansville.

Taria. V. *Tharia*, douar. Com. mix. de l'Oued-Fodda, arr. d'Orléansville, cant. jud. de Duperré.

Tarraguelt. V. *Terraguelt*, douar. Com. ind., cant. jud. et cerc. d'Aïn-Beïda, subd. de Constantine.

Tassameurt. Provenant de l'ancienne tribu des Zemoura. (Sup. 10,077 hect.) Constitué en douar-com. par décret du 10 avril 1867, *B. O.*, p. 621. Rattaché à la com. ind., au cerc. et au cant. jud. de Bordj-bou-Arréridj, sub. de Sétif ; — à 20 kil. N.-E. de Bordj-bou-Arréridj. Pop. 781 hab. ind. N° 151 de la carte. Ce douar fait actuellement partie du kaïdat de Zemoura. — Nota : Le domaine de l'État possède dans le douar, 201 hect. de biens habbous et 1 hect. 85 ares d'emplacements de ruines romaines ou turques.

Taya. Ancienne tribu du même nom. (Sup. 3,638 hect.) Constitué en douar-com. par décret du 21 octobre 1869, *B. O.*, p. 399. Rattaché à la com. mix., au cant. jud. et à l'arr. de Guelma ; — à 22 kil. O. de Guelma, sur la rive gauche de l'Oued-Hamdan. Pop. recensée avec le douar Selib, 4 français, 8 étrangers et 2,192 ind. N° 339 de la carte. — Nota : Une fontaine-abreuvoir a été construite à Aïn-Defla par le service du Génie. Le domaine de l'État possède 716 hect. 20 ares 60 centiares de forêts et les grottes du Taya, d'une étendue de 1 hect.

Taza. Provenant de l'ancienne tribu des Souhaïa. (Sup. 10,093 hect.) Constitué en douar-com. par décret du 17 octobre 1869, *B. O.*, p. 383. Rattaché à la com. ind., au cant. jud. et au cerc. de Teniet-el-Had, subd. d'Orléansville ; — à 20 kil. S.-E. de Teniet-el-Had. N° 152 *bis* de la carte. Pop. 1,365 hab. ind. Le domaine de l'État possède dans ce douar 7,762 hect. de terres et 257 hect. de forêts.

Tazemalt. Provenant de l'ancienne tribu des Beni-Abbès. (Sup. 3,382 hect.) Constitué en douar-com. par décret du 13 mars 1869, *B. O.*, 1870, p. 100. Rattaché à la com. mix., au cant. jud. et au cerc. d'Akbou, subd. de Sétif ; — à 8 kil. S.-O. d'Akbou et sur l'Oued-Sahel. N° 189 de la carte. Une partie de ce douar a été prélevée pour l'établissement du village de Tazemalt. Pop. recensée avec les villages d'Akbou et de Tazemalt, 385 français, 4 israélites, 40 étrangers, 2,176 ind. Ce douar renferme 2,415 pieds d'oliviers et 32 maisons (biens habbous), un emplacement affecté à un marché et un bordj. — Nota : Le bordj de Tazemalt est situé sur la rive droite de l'Oued-Sahel et le village de Tazemalt sur la rive gauche.

Tazeroute (Ile de). Propriété domaniale d'une étendue de 1 hect. 32 ares 85 centiares. Rattachée au douar-com. d'El-Djenah. Com. ind., cant. jud. et cerc. de Djidjelli, subd. de Constantine, arr. jud. de Bougie.

Tazla. Provenant de l'ancienne tribu des Beni-Khettab-Gheraba. (Sup. 2,072 hect.) Constitué en douar-com. par décret du 20 novembre 1867, *B. O.*, 1868, p. 258. Rattaché à la com. ind., au cant. jud. et au cerc. de Djidjelli, subd. de Constantine ; — à 18 kil. S.-E. de Djidjelli. N° 55 de la carte. Pop. 607 hab. ind. Il existe dans ce douar un emplacement réservé au campement des troupes.

Tazmalt. V. *Tazemalt*, douar. Com. mix. et cant. jud. d'Akbou, subd. de Sétif, arr. jud. de Bougie.

Tebben. V. *Ouled-Tebben*, douar. Com. ind., cant. jud., cerc. et subd. de Sétif.

Tebessa. Ancienne tribu ou kaïdat du même nom. (Sup. 18,808 hect.) Constitué en douar-com. par décret du 9 mars 1867, *B. O.*, p. 420. Le territoire de ce douar représente actuellement celui de la com. mix. de Tebessa. Cant. jud. et cerc. de Tebessa, subd. de Constantine. Pop. 185 français, 77 israélites, 69 étrangers et 2,571 ind., y compris la ville de Tebessa et le centre ind. de Zaouïa. N° 62 de la carte. — NOTA : Au moment de la délimitation de ce douar, le domaine de l'État possédait divers immeubles consistant en jardins, terres de labour, pâturages, prairies, ruines romaines, maisons, mosquées, lavoir, cimetière européen, bâtiments militaires (fortifications, mur d'enceinte, casbah, esplanade, cercle des officiers), forêts, ruines romaines (cirque romain, la basilique et le bordj-Kiça), le champ de manœuvres, un bivouac pour l'infanterie, d'une sup. tot. de 3,074 hect. 37 ares 61 centiares.

Tel. V. *Souf-et-Tel*, douar. Com. mix. et cant. jud. d'Aïn-Temouchent, arr. d'Oran.

Telbenet. V. *Oued-Telbenet*, douar. Com. ind., cant. jud. et cerc. de Miliana, subd. d'Orléansville.

Teletin. V. *Metletin*, douar. Com. ind., cant. jud. et cerc. de Djidjelli, subd. de Constantine.

Telets. V. *T'lets*, douar. Com. ind., cant. jud., cerc. et subd. de Batna.

Tellin. V. *Télilat*, douar. Com. mix. de St-Lucien, cant. jud. de Ste-Barbe-du-Tlélat, arr. d'Oran.

Télilat. Provenant de l'ancienne tribu des Gharaba. (Sup. 5,678 hect.) Constitué en douar-com. par décret du 2 mars 1867, *B. O.*, p. 384. Rattaché à la com. mix. de St-Lucien, cant. jud. de Ste-Barbe-du-Tlélat, arr. d'Oran ; — à 6 kil. E. de Ste-Barbe-du-Tlélat, sur la ligne du chemin de fer d'Alger à Oran. Pop. 2,371 hab. ind. N° 18 de la carte.

Telloum. Provenant de l'ancienne tribu des Ouled-Sliman. (Sup. 21,295 hect.) Douar formé des fract. de Hell-Taïeb, Khemamla et Hell-el-Hadj-Adda. Constitué par décret du 9 mars 1867, *B. O.*, p. 430. Rattaché à la com. mix. de la Mekerra, cant. jud. et arr. de Sidi-bel-Abbès ; — à 12 kil. E. de cette ville. Pop. 2 français, 25 étrangers, 1,660 hab. ind. N° 105 de la carte. Divers prélèvements ont été effectués pour la formation des centres d'El-Kçar et de Mouley-Abd-el-Kader (créations récentes).

Telta. Provenant de l'ancienne tribu des Eulma. (Sup. 14,343 hect.) Constitué en douar-com. par décret du 5 mai 1869, *B. O.*, p. 118. Rattaché à la com. mix. des Eulmas, cant. jud. de St-Arnaud, arr. de Sétif ; — à 15 kil. S. de St-Arnaud, entre les chotts d'El-Beïda et d'El-Fraïm ou Hasbeïn. Pop. 1,450 hab. ind. Ce douar renferme diverses ruines romaines, d'une étendue de 47 hect. 48 ares. N° 203 de la carte.

Temazula. Ancienne tribu du même nom. (Sup. 10,690 hect.) Constitué en douar-com. par décret du 27 octobre 1869, *B. O.*, p. 454. Rattaché à la com. mix. de Frendah-Mascara, cant. jud., cerc. et subd. de Mascara ; — à 28 kil. N.-E. de Mascara. Pop. 1,401 hab. ind. N° 186 de la carte.

Temsilt. V. *Aït-Temsilt*, douar. Com. mix., cant. jud. et arr. de Bougie.

Tenazet. Provenant de l'ancienne tribu des Z'méla. (Sup. 16,521 hect.) Constitué en douar-com. par décret du 20 septembre 1867, *B. O.*, p. 1134. Rattaché à la com. mix. de St-Lucien, cant. jud. de Ste-Barbe-du-Tlélat, arr. d'Oran ; — à 2 kil. S. de Ste-Barbe-du-Tlélat et sur la ligne du chemin de fer d'Alger à Oran. Pop. 17 français, 4 israélites, 4,427 ind. et 37 étrangers. N° 21 de la carte. Divers prélèvements effectués avant la délimitation de ce douar, ont été utilisés pour la formation des territoires de colonisation d'El-Hamoul et de Tafaraoui, rattachés à la com. pl. ex. de Ste-Barbe-du-Tlélat.

Tengout. Provenant de l'ancienne tribu des Zerdezas. (Sup. 5,555 hect.) Constitué en douar-com. par décret du 22 novembre 1869, *B. O.*, p. 45. Rattaché à la com. mix. et au cant. jud. de Jemmapes, arr. de Philippeville ; — à 8 kil. S.-O. de Jemmapes. Une partie du territoire de ce douar a été remise au service de la colonisation pour l'installation du village de la Robertsau (Souk-es-Sebt). Pop. 180 français, 3 étrangers et 1,429 ind. N° 244 de la carte. Ce douar renferme un emplacement affecté au campement des troupes et une forêt domaniale d'une étendue de 821 hect.

Ténia. V. *El-Ténia*, douar. Com. mix. de St-Lucien, cant. jud. de Ste-Barbe-du-Tlélat, arr. d'Oran.

Tenlet-et-Tin. Provenant de l'ancienne tribu des Amoucha. (Sup. 4,240 hect.) Constitué en douar-com. par décret du 16 juin 1869, *B. O.*, p. 168. Rattaché à la com. ind., au cant. jud. et à l'annexe de Takitount, cerc. et subd. de Sétif ; — à 8 kil. S. de Takitount. Pop. 510 hab. ind. N° 211 de la carte.

Terni. Ancienne tribu des Beni-Ournid. (Sup. 15,080 hect.) Constitué par décret du 10 juillet 1867, *B. O.*, p. 801. Rattaché à la com. mix., au cant. jud. et à l'arr. de Tlemcen, dép. d'Oran ; — à 4 kil. S. de Tlemcen. Une partie de son territoire a été remise au service de la colonisation pour l'installation du village de Terni. Pop. 960 hab. ind. N° 121 de la carte. — NOTA : Le nom du douar a été emprunté à une prairie domaniale d'une étendue de 342 hect. 90 ares.

Ternifine. V. *Tireunifine*, douar. Com. mix., cant. jud. et arr. de Mascara.

Terny. V. *Terni*, douar. Com. mix., cant. jud. et arr. de Tlemcen.

Terraguelt. Provenant de l'ancienne tribu des Haracta. (Sup. 24,469 hect.) Constitué en douar-com. par décret du 8 juin 1870, *B. O.*, p. 249. Rattaché à la com. ind., au cant. jud. et au cerc. d'Aïn-Beïda, subd. de Constantine ; — à 16 kil. E. d'Aïn-Beïda. Pop. 1,783 hab. ind. N° 277 de la carte. Ce douar renferme diverses ruines romaines d'une étendue de 19 hect. 10 ares ; un emplacement réservé pour le campement des troupes, 8 hect.

Terrains-Sahariens. Composés de biens domaniaux et communaux laissés provisoirement en jouissance aux douars-com. de Bekkaria, Sidi-Abid et El-Ma-el-Abiod, délimités par décret du 15 décembre 1869, *B. O.*, 1870, p. 77. (Sup. tot. 93,117 hect.) Se décomposant ainsi : ruines romaines, domaine de l'État, 16 hect. ; domaine public, 206 hect. ; terres de parcours, 92,895 hect. Ce territoire fait partie de la com. ind., du cant. jud. et du cerc. de Tebessa, subd. de Constantine.

Tesighaout. V. *T'sighaout*, douar. Com. ind., cant. jud., cerc. et subd. d'Orléansville.

Teurfa. Provenant de l'ancienne tribu des Zemoul. (Sup. 1,374 hect.) Constitué en douar-com. par décret du 29 janvier 1868, *B. O.*, p. 608. Le territoire des Teurfa a été livré en totalité à la colonisation pour la création d'Isserville. Com. pl. ex. et cant. jud. de Bordj-Menaïel, arr. de Tizi-Ouzou. Pop. tot. du centre d'Isserville 373 hab. N° 20 de la carte.

Thabet. V. *Bou-Thabet*, douar. Com. mix., cant. jud. et cerc. de Saïda, subd. de Mascara.

Tharia. Provenant de l'ancienne tribu des Ouled-Aïssa. (Sup. 7,663 hect.) Constitué par décret du 3 août 1867, *B. O.*, p. 1045. Rattaché à la com. mix. de l'Oued-Fodda, arr. d'Orléansville, cant. jud. de Duperré ; — à 30 kil. O. de ce dernier centre et sur la rive droite du Chélif. Pop. 2,102 hab. ind. N° 71 de la carte.

Thouabet. Village et territoire ind. Distrait de la tribu des Beni-Thour, cantonnement de 1862. (Sup. 342 hect.) Rattaché à la com. pl. ex. et au cant. jud. de Dellys, arr. de Tizi-Ouzou. Pop. recensée avec le douar de Beni-Thour.

Thouila. V. *Aïn-Thouila*, douar. Com. ind., cant. jud. et cerc. d'Aïn-Beïda, subd. de Constantine.

Thour. V. *Beni-Thour*, douar. Com. pl. ex. et cant. jud. de Dellys, arr. de Tizi-Ouzou.

Tiberkanin. Provenant de l'ancienne tribu des Attaf. (Sup. 10,907 hect.) Constitué en douar-com. par décret du 10 juillet 1867, *B. O.*, p. 987. Rattaché à la com. mix. de l'Oued-Fodda, cant. jud. et arr. d'Orléansville ; — à 20 kil. E. d'Orléansville. Pop. tot. 3,007 hab. N° 67 de la carte.

Tifrit. Provenant de l'ancienne tribu des Ouled-Khaled-Chéraga. (Sup. 12,022 hect.) Constitué en douar-com. par décret du 10 juillet 1867, *B. O.*, p. 870. Rattaché à la com. ind., au cant. jud. et au cerc. de Saïda, subd. de Mascara ; — à 20 kil. N.-E. de Saïda. Pop. 795 hab. ind. N° 83 de la carte.

Tifech. Provenant de l'ancienne tribu des Hanencha. (Sup. 12,077 hect.) Douar formé de la fract. des Ouled-sidi-Aïssa. Constitué par décret du 25 mars 1868, *B. O.*, p. 815. Rattaché à la com. ind., au cerc. et au cant. jud. de Souk-Ahras, subd. de Bône ; — à 20 kil. S.-O. de Souk-Ahras. Pop. 2,845 hab. ind. N° 108 de la carte. Ce douar fait actuellement partie du kaïdat de Hanencha.

Tifilès. Provenant de l'ancienne tribu des Ouled-sidi-Ali-ben-Youb. (Sup. 27,466 hect.) Constitué en douar-com. par décret du 22 avril 1868, *B. O.*, p. 894. Rattaché à la com. mix. de Bou-Kanéfis, cant. jud. et arr. de Sidi-bel-Abbès ; — à 18 kil. S.-O. de Sidi-bel-Abbès. Pop. 1 français, 293 étrangers et 1,037 ind. N° 116 de la carte. Ce douar renferme un terrain affecté au pénitencier ind. d'une étendue de 201 hect. et deux postes de cantonniers. — NOTA : Les territoires des centres de Lamtar, Tifilès (partie) et de Sidi-Ali-ben-Youb, village et hameau, ont été prélevés sur le douar de Tifilès.

Tifrit. V. *Tiffrit*, douar. Com. ind., cant. jud. et cerc. de Saïda, subd. de Mascara.

Tigrine. Provenant de l'ancienne tribu des Beni-Abbès. (Sup. 8,704 hect.) Constitué en douar-com. par décret du 13 mars 1869, *B. O.*, 1870, p. 99. Rattaché à la com. ind., au cant. jud. et au cerc. d'Akbou, subd. de Sétif ; — à 14 kil. S.-O. d'Akbou et sur l'Oued-Sahel. Pop. 2,141 hab. ind. N° 190 de la carte. Une partie de ce douar a été prélevée pour l'installation du village de Tazemalt.

Tiguiguest. Provenant de l'ancienne tribu des Ouled-Mansour. (Sup. 3,200 hect.) Constitué en douar-com. par décret du 4 mars 1868, *B. O.*, p. 710. Rattaché à la com. ind. de Tiaret-Aflou, cant. jud. et cerc. de Tiaret, subd. de Mascara ; — à 18 kil. N.-E. de Tiaret et sur l'Oued-Tiguiguest. Pop. 263 hab. ind. N° 97 de la carte.

Tikobaïn. Provenant de l'ancienne tribu des Amraoua. (Sup. 4,105 hect.) Constitué en douar-com. par décret du 7 avril 1869, *B. O.*, 1870, p. 155. Rattaché à la com. ind., au cant. jud. et au cerc. de Fort-National, subd. de Dellys ; — à 10 kil. N. de Fort-National. Pop. 1,598 hab. ind. N° 116 de la carte.

Tilatou. Provenant de l'ancienne tribu des Lakhdar-Halfaouïa. (Sup. 38,841 hect.) Constitué en douar-com. par décret du 25 septembre 1869, *B. O.*, p. 292. Rattaché à la com. ind., au cant. jud., au cerc. et à la subd. de Batna ; — à 38 kil. S.-O. de Batna, sur la route nationale de Stora à Biskra. Pop. 617 hab. ind. N° 220 de la carte. Tilatou fait actuellement partie du kaïdat de Batna. — NOTA : Le caravansérail des Tamarins est situé dans ce douar.

Tillouanet. Fract. du douar-com. de Kalâa. V. *Kalâa*, douar. Com. mix. et cant. jud. de Relizane, arr. de Mostaganem.

Tilloufn. V. *Telioum*, douar. Com. mix. de la Mekerra, cant. jud. et arr. de Sidi-bel-Abbès.

Tilmouni. Provenant de l'ancienne tribu des Hassasna. (Sup. 16,121 hect.) Constitué en douar-com. par décret du 26 juin 1867, *B. O.*, p. 831. Rattaché à la com. mix. de la Mekerra, cant. jud. et arr. de Sidi-bel-Abbès ; — à 4 kil. E. de Sidi-bel-Abbès. Pop. 22 français, 154 étrangers et 1,084 ind. N° 98 de la carte. — NOTA : La propriété individuelle a été constituée sur 7,355 hect. 43 ares, décret du 20 août 1870, *B. O.*, p. 380.

Tim-Telacin. Provenant de l'ancienne tribu des Telaghma. (Sup. 6,000 hect.) Constitué en douar-com. par décret du 12 novembre 1868, *B. O.*, 1869, p. 24. Rattaché à la com. mix. de Châteaudun, cant. jud. de l'Oued-Atménia, arr. de Constantine ; — à 18 kil. S. de l'Oued-Atménia. Pop. recensée avec le douar de Ras-Seguin 2,038 ind. N° 180 de la carte. Ce douar renferme diverses ruines romaines d'une étendue de 31 hect. 89 ares.

Tim-Telacin. V. *Tim-Telacin*, douar. Com. mix. de Châteaudun, cant. jud. d'Oued-Atménia, arr. de Constantine.

Tircine. Provenant des anciennes tribus des Ouled-Brahim et Douï-Hasson. (Sup. 24,538 hect.) Constitué en douar-com. par décret du 29 mai 1869, *B. O.*, p. 191. Rattaché à la com. ind., au cant. jud. et au cerc. de Saïda, subd. de Mascara ; — à 26 kil. N.-E. de Saïda. Pop. 855 hab. ind. N° 139 de la carte.

Tirénat. Provenant de l'ancienne tribu des Ouled-Brahim-el-Amarna. (Sup. 6,847 hect.) Constitué en douar-com. par décret du 9 mars 1867, *B. O.*, p. 402. Rattaché à la com. mix. de Bou-Kanéfis, cant. jud. et arr. de Sidi-bel-Abbès ; — à 4 kil. O. de cette dernière ville. Pop. 9 étrangers et 1,514 ind. N° 101 de la carte.

Tireunifine ou **Tireunifine**. Provenant de l'ancienne tribu des Ahl-Eghris-Gheraba et Cheraga. (Sup. 8,157 hect.) Constitué en douar-com. par décret du 29 mai 1869, *B. O.*, p. 185. Rattaché à la com. mix., au cant. jud. et à l'arr. de Mascara ; — à 12 kil. E. de Mascara, sur la route de ce centre à Tiaret. Une partie du territoire de ce douar a été livrée à la colonisation pour la formation du centre de Palikao. Pop. de la partie du douar laissée aux ind. 2,468 hab. N° 137 de la carte. Ce douar possède un café-poste situé sur la route de Mascara à Tiaret.

Titest. V. *Aïn-Titest*, douar. Com. ind., cant. jud., cerc. et subd. de Sétif.

Tiziret. V. *Aïn-Tiziret*, douar. Com. mix. de Bouïra, cant. jud., cerc. et subd. d'Aumale.

T'létin. V. *Métletin*, douar. Com. ind., cant. jud. et cerc. de Djidjelli, subd. de Constantine.

T'lets. Ancienne tribu du même nom. En 2 groupes isolés. (Sup. 11,305 hect.) Constitué en douar-com. par décret du 20 février 1867, *B. O.*, p. 286. Rattaché à la com. ind., au cant. jud., au cerc. et à la subd. de Batna ; — à 20 kil. N. de Batna. Pop. 478 hab. ind. N° 118 de la carte. Ce douar fait actuellement partie du kaïdat de Batna. Le domaine de l'État possède dans le douar : 5,307 hect. de forêts ; les habbous du Guergour, 45 hect. 68 ares 80 centiares ; un emplacement de bivouac, 1 hect. 75 ares 20 centiares et diverses ruines romaines, d'une étendue de 26 hect. 51 ares 95 centiares.

Tokin. Provenant de l'ancienne tribu des Ouled-Khezer. (Sup. 3,353 hect.) Constitué en douar-com. par décret du 23 septembre 1867, *B. O.*, p. 1081. Rattaché à la com. mix. et au cant. jud. de Collo, arr. de Philippeville ; — à 12 kil. S.-E. de Collo et sur le littoral. Pop. 1,061 hab. ind. N° 69 de la carte. — NOTA : Le domaine de l'État possède dans ce douar 5 hect. 19 ares 80 centiares de biens habbous, la grand'halte de Hadja-Djemla et le bivouac de Tokla, d'une étendue tot. de 2 hect. 34 ares 87 cent.

orrich. Provenant de l'ancienne tribu des Ouled-Chérif-Chéraga. (Sup. 24,819 hect.) Constitué en douar-com. par décret du 2 mars 1867, *B. O.*, p. 393. Rattaché à la com. ind. de Tiaret-Affou, cant. jud. et cerc. de Tiaret, subd. de Mascara; — à 4 kil. N. de Tiaret. Pop. 2,140 hab. ind. N° 93 de la carte. Le domaine de l'État possède dans ce douar le caravansérail et le café-poste de l'Oued-Temda et un bivouac, représentant une étendue tot. de 12 hect. 92 ares 20 centiares. — Nota : Le nom de ce douar a été emprunté à un col très-connu de la chaîne du Djebel-Guézoul.

ouabet. V. *Thouabet*, village et territoire ind. de l'ancienne tribu des Beni-Thour. Com. pl. ex. et cant. jud. de Dellys, arr. de Tizi-Ouzou.

ouarès. Provenant de l'ancienne tribu des Ouled-Khouïdem. (Sup. 9,446 hect., y compris 989 hect. de l'azel de Bled-Lahmar.) Constitué par décret du 9 novembre 1867, *B. O.*, 1868, p. 244. Rattaché à la com. mix. et au cerc. d'Ammi-Moussa, subd. d'Oran, cant. jud. d'Inkermann; — à 8 kil. S.-E. de ce dernier centre. Pop.
N° 3 de la carte. Nota : Sur les 989 hect. de l'azel Bled-Lahmar, 375 hect. ont été répartis entre les 28 familles ind. habitant l'azel (décret du 11 septembre 1869, *B. O.*, p. 223).

ouïlа. V. *Aïn-Thouila*, douar. Com. ind., cant. jud. et cerc. d'Aïn-Beïda, subd. de Constantine.

ouïra. V. *Taouïra*, douar. Com. mix. et cant. jud. de Ténès, arr. d'Orléansville.

Touniat. V. *Touniat*, douar. Com. mix. de St-Lucien, cant. jud. de Ste-Barbe-du-Tlélat, arr. d'Oran.

Touniat. Provenant de l'ancienne tribu des Gharaba. (Sup. 7,194 hect.) Constitué en douar-com. par décret du 2 mars 1867, *B. O.*, p. 384. Rattaché à la com. mix. de St-Lucien, cant. jud. de Ste-Barbe-du-Tlélat, arr. d'Oran; — à 3 kil. N. de Ste-Barbe-du-Tlélat. Pop. 6 français et 1,710 ind. N° 14 de la carte.

Tour. V. *Beni-Thour*, douar. Com. pl. ex. et cant. jud. de Dellys, arr. de Tizi-Ouzou.

Toussa. V. *M'toussa*, douar. Com. ind., cant. jud. et cerc. d'Aïn-Beïda, subd. de Constantine.

Touzzeline. Provenant de l'ancienne tribu des Haracta. (Sup. 8,964 hect.) Constitué en douar-com. par décret du 8 juin 1870, *B. O.*, p. 249. Rattaché à la com. ind., au cant. jud. et au cerc. d'Aïn-Beïda, subd. de Constantine; — à 30 kil. N.-O. d'Aïn-Beïda. Pop. 1,205 hab. ind. N° 272 de la carte. Le douar Touzzeline fait actuellement partie du kaïdat d'Oum-el-Aboïr. — Nota : Ce douar renferme diverses ruines romaines, d'une étendue de 14 hect. 13 ares, un bivouac et plusieurs fontaines-abreuvoirs construites et aménagées par le service du Génie.

Trif. V. *Ouled-Térif*, douar. Com. mix. de Ben-Chicao, arr. d'Alger, cant. jud. de Médéa.

T'sighaout. Provenant de l'ancienne tribu des Sendjès. (Sup. 9,151 hect.) Constitué en douar-com. par décret du 30 septembre 1868, *B. O.*, p. 995. Rattaché à la com. ind., au cant. jud., au cerc. et à la subd. d'Orléansville; — à 3 kil. S. de cette ville. Pop. 2,211 hab. ind. N° 92 de la carte.

T'siraout. V. *T'sighaout*, douar. Com. ind., cant. jud., cerc. et subd. d'Orléansville.

U-V

VA

Vallée de l'Oued-Drader. Arr. de Philippeville. V. *Vallée de l'Oued-Drader* au Répertoire alphabétique des Tribus et fractions de Tribus (1re Partie).

Y

YA

acoub. V. *Beni-bou-Yacoub*, douar. Com. mix. de Ben-Chicao, cant. jud. de Médéa, arr. d'Alger.

Yacoub. V. *Sidi-Yacoub*, douar. Com. mix. de Bou-Kanéfis, cant. jud. et arr. de Sidi-bel-Abbès.

rdjine. V. *Beni-Urdjine* et *Boukmira*, douars. Cant. jud. et arr. de Bône.

YA-YG ET DES FRACTIONS DE DOUARS) YI-YO

Yaïch. V. *Ouled-Yaïch*, douar. Com. mix. et cerc. d'Ammi-Moussa, subd. d'Oran.

Yamiden. V. *Iamiden*, douar. Com. ind. et cerc. d'El-Milia, cant. jud. de Mila, subd. de Constantine.]

Yaya. V. *Ouled-Yaya*, douar. Com. ind. et cerc. d'El-Milia, cant. jud. de Mila, subd. de Constantine.

Yayi. V. *Beni-Yayi*, douar. Com. mix., cant. jud. et arr. de Mostaganem.

Yghoud. V. *Ighoud*, douar. Com. ind., cant. jud. et cerc. de Teniet-el-Had, subd. d'Orléansville.

Yierman. V. *Ilerman*, douar. Com. mix. et cant. jud. de Batna, arr. de Constantine.

Youb. V. *Ouled-Youb*, douar. Com. ind., cant. jud. et cerc. de La Calle, subd. de Bône.

Youssef. V. *Oued-Bou-Youssef*, douar. Com. ind., cant. jud. et cerc. de Djidjelli, subd. de Constantine.

Youssef. V. *Ouled-sidi-Youssef*, douar. Arr. de Mostaganem.

Z

ZA

Zdatit. Provenant de l'ancienne tribu des Beni-Messaoud. (Sup. 7,865 hect.) Constitué en douar-com. par décret du 18 septembre 1860, *B. O.*, p. 228. Rattaché à la com. mix. de Ben-Chicao, cant. jud. de Médéa, arr. d'Alger; — à 12 kil. N.-E. de Médéa. Pop. 1,845 hab. ind. N° 113 de la carte. D'après le tableau de dénombrement, 1876, ce douar se compose des fract. suivantes : Djerah, 994 ind. ; Beni-Hamou, 304 ind. ; Ouled-Amour, 260 ind. et Ouled-bou-Ali, 287 ind.

Zaattit. V. *Zdatit*, douar. Com. mix. de Ben-Chicao, cant. jud. de Médéa, arr. d'Alger.

Zaccar. Provenant de l'ancienne tribu des Beni-Menasser de Miliana. (Sup. 12,588 hect.) Constitué en douar-com. par décret du 17 octobre 1860, *B. O.*, p. 368. Rattaché à la com. ind., au cant. jud. et au cerc. de Miliana, subd. d'Orléansville ; — à 2 kil. O. de Miliana. Pop. 2,319 hab. ind. N° 127 de la carte.

Zaïd. V. *Ouled-Zaïd*, douar. Com. mix. et cant. jud. de Batna, arr. de Constantine.

Zaïm. V. *Ouled-Zaïm*, douar. Com. mix. des Eulmas, cant. jud. de St-Arnaud, arr. de Sétif.

Zana. Provenant de l'ancienne tribu des Ouled-Bou-Aoun. (Sup. 6,694 hect.) Constitué en douar-com. par décret du 14 décembre 1867, *B. O.*, 1868, p. 408. Rattaché à la com. ind., au cant. jud., au cerc. et à la subd. de Batna ; — à 20 kil. N.-O. de Batna et sur l'Oued-Zana. Pop. 196 hab. ind. N° 227 de la carte. Ce douar renferme la prairie de Zana, d'une étendue de 156 hect. 23 ares 75 centiares, le Chott-Zana 78 hect. 41 ares et un emplacement affecté à un marché très-fréquenté.

ZA

Zaouïa-ben-Zaroug. Provenant de l'ancienne tribu des Ouled-Abd-en-Nour. (Sup. 20,736 hect.) Constitué en douar-com. par décret du 20 mai 1868, *B. O.*, p. 922. Rattaché à la com. mix. de Châteaudun, cant. jud. d'Oued-Atménia, arr. de Constantine ; — à 22 kil. S. d'Oued-Atménia. Pop. 908 hab. ind. N° 32 de la carte. Ce douar renferme diverses ruines romaines d'une étendue de 90 hect. 20 ares.

Zaouïet-el-Mira. Provenant de l'ancienne tribu du même nom. (Sup. 1,322 hect.) Constitué en douar-com. par décret du 8 avril 1868, *B. O.*, p. 867. Rattaché à la com. mix. de Nemours, cant. jud. et cerc. de Nemours, subd. de Tlemcen ; — à 15 kil. S.-O. de Nemours et sur l'Oued-Zelamet. Pop. 459 hab. ind. N° 122 de la carte. Ce douar renferme les villages ind. de Bou-Médine, Adjadjen et Déchera-el-Kobira situés sur le Djebel-Ali-ben-Salah et le puits d'Assi-Oued-el-Bir. — NOTA : Au S. du douar et sur la rive gauche de l'Oued-Zelamet, se trouve un palmier devenu célèbre dans l'histoire du pays ; c'est là, qu'au mois de décembre 1847, l'émir El-Hadj Abd-el-Kader a fait sa soumission.

Zaroug. V. *Zaouïa-ben-Zaroug*, douar. Com. mix. de Châteaudun, cant. jud. d'Oued-Atménia, arr. de Constantine.

Zarouria. Provenant de l'ancienne tribu des Hanencha. (Sup. 16,142 hect.) Douar formé des fract. de Debabsa et Zarouria. Constitué par décret du 25 mars 1868, *B. O.*, p. 815. Rattaché à la com. ind., au cant. jud. et au cerc. de Souk-Ahras, subd. de Bône ; — à 8 kil. S. de Souk-Ahras, sur l'Oued-Roukaïa, affluent de la Medjerda. Pop. 2,030 hab. ind. N° 109 de la carte.

Zeboudj-el-Ouest. Provenant de l'ancienne tribu des Sbeah du Sud. (Sup. 11,576 hect.) Constitué en douar-com. par décret du 26 juin 1867, B. O., p. 851. Rattaché à la com. mix. de Charon, cant. jud., cerc. et subd. d'Orléansville; — à 28 kil. S.-O. d'Orléansville, sur le chemin de fer d'Alger à Oran et sur la limite O. du dép. d'Alger. Pop. tot. 2,554 hab. N° 82 de la carte. Une partie de ce douar a été prélevée pour la formation du village de Charon.

Zeboudj-el-Ouest ou **Zeboudj-el-Ouest.** V. *Zeboudj-el-Ouest*, douar. Com. mix. de Charon, cant. jud., cerc. et subd. d'Orléansville.

Zdine. V. *Guebelt-Z'dim*, douar. Com. ind., cant. jud., cerc. et subd. de Sétif.

Zeddin. Provenant de l'ancienne tribu des Attaf. (Sup. 10,105 hect.) Constitué en douar-com. par décret du 10 juillet 1867, B. O., p. 987. Rattaché à la com. ind. et au cerc. de Miliana, subd. d'Orléansville, cant. jud. de Duperré; — à 12 kil. S.-O. de ce dernier centre. Pop. 2,073 hab. ind. N° 70 de la carte.

Zedim. V. *Guebelt-Z'dim*, douar. Com. ind., cerc., cant. jud. et subd. de Sétif.

Zegaïer. V. *Z'gaïer*, douar. Com. mix. et cant. jud. de Relizane, arr. de Mostaganem.

Zegza. V. *Bou-Zegza*, douar. Com. pl. ex. de St-Pierre, St-Paul, cant. jud. de Ménerville, arr. d'Alger.

Zehadlia. Fract. du douar-com. de Ferraga. V. *Ferraga*, douar. Com. mix. et cant. jud. de St-Denis-du-Sig, arr. d'Oran.

Zehar. V. *Bou-Zehar*, douar. Com. pl. ex. et cant. jud. de Duperré, arr. de Miliana.

Zellaga. Provenant de l'ancienne tribu des Metchatchii. (Sup. 3,397 hect.) Constitué en douar-com. par décret du 18 avril 1868, B. O., p. 873. Rattaché à la com. mix. de Mascara, cant. jud., et arr. de Mascara; — à 10 kil. S.-E. de ce centre. Pop. 1,153 hab. ind. N° 77 de la carte. Une partie du douar a été prélevée pour la formation du hameau de Matemore.

Zemarah. V. *Zemmara*, douar. Com. mix. et cerc. de Lalla-Maghrnia, cant. jud. de Nemours, subd. de Tlemcen.

Zemmara. Ancienne tribu du même nom. (Sup. 3,200 hect.) Constitué en douar-com. par décret du 10 avril 1869, B. O., 1870, p. 182. Rattaché à la com. mix. et au cerc. de Lalla-Maghrnia, cant. jud. de Nemours, subd. de Tlemcen; — à 20 kil. S. de Nemours. Pop. 210 hab. ind. N° 140 de la carte. Ce douar renferme l'ancienne redoute de la Mouilah, d'une étendue de 85 ares, classée dans les biens domaniaux.

Zemmora. Employé pour désigner l'ancienne tribu des Haratsa, actuellement section de la com. mix. de Zemmorah, subd. d'Oran.

Zemmorah. V. *Zémoura*, douar. Rattaché partie à la com. mix. de Bordj-bou-Arréridj, et partie à la com. ind. Cant. jud. de Bordj-bou-Arréridj, arr. et subd. de Sétif.

Zémoura. Provenant de l'ancienne tribu du même nom. (Sup. 18,477 hect. y compris la fract. de Chouïa). Constitué par décret du 10 avril 1867, B. O., p. 621. Rattaché : 1° la fract. de Chouïa (5,340 hect.), à la com. mix. de Bordj-bou-Arréridj, arr. de Sétif; 2° la fract. de Zémoura (13,137 hect.), à la com. ind., au cerc. de Bordj-bou-Arréridj et à la subd. de Sétif, cant. jud. de Bordj-bou-Arréridj; — à 20 kil. N.-E. de cette ville. Pop. de la partie rattachée à la com. mix. de Bordj-bou-Arréridj 2,636 hab. ind. N° 150 de la carte. Le domaine de l'État possède dans la fract. de Zémoura 337 hect. de biens habbous, 33 hect. de ruines romaines ou turques et 800 hect. de forêts.

Zenatia. Provenant de l'ancienne tribu ou du kaïdat de l'Oued-Zenati. (Sup. 8,309 hect.) Douar formé des azels Aïn-bou-R'naz, Bled-el-Djelili, Chabet-el-Hannencha, Ben-Mezoura et El-Gouani ou El-Gouam. Constitué par décret du 4 juin 1870, B. O., p. 230. Rattaché à la com. mix. et au cant. jud. de l'Oued-Zenati, arr. de Constantine; — à 16 kil. O. de l'Oued-Zenati. Pop. 1,287 hab. ind. N° 316 de la carte.

Zenthis. V. *Beni-Zenthis*, douar. Com. mix. de Cassaigne, cant. jud. d'Inkermann, arr. de Mostaganem.

Zéramna. Ancienne tribu du même nom. (Sup. 4,096 hect.) Constitué en douar-com. par décret du 16 mai 1866, B. O., p. 338. Rattaché à la com. mix., au cant. jud. et à l'arr. de Philippeville; — à 8 kil. S.-O. de Philippeville. Pop. 682 hab. ind. N° 64 de la carte. Ce douar renferme un emplacement affecté au campement des troupes d'une étendue de 1 hect. 40 ares.

Zerg. V. *El-Zerg*, douar. Com. ind., cant. jud. et cerc. d'Aïn-Beïda, subd. de Constantine.

Zerga. V. *Ouled-Zerga*, douar. Com. mix. de Châteaudun, cant. jud. de l'Oued-Atménia, arr. de Constantine.

Zerga. V. *Guelt-Zerga*, douar. Com. pl. ex. et cant. jud. de St-Arnaud, arr. de Sétif.

Z'garer. Provenant de l'ancienne tribu des Mekhalia. (Sup. 7,503 hect.) Constitué en douar-com. par décret du 5 décembre 1866, *B. O.*, 1867, p. 40. Rattaché à la com. mix. et au cant. jud. de Relizane, arr. de Mostaganem ; — à 15 kil. N.-O. de Relizane et à cheval sur la Mina, affluent rive gauche du Chélif. Pop. 734 hab. ind. N° 37 de la carte.

Zlabra. Provenant de l'ancienne tribu des Ouled-Attia. (Sup. 8,266 hect.) Constitué en douar-com. par décret du 17 juillet 1867, *B. O.*, p. 1014. Rattaché à la com. ind. et au cerc. d'El-Milia, annexe et cant. jud. de Collo, subd. de Constantine. Pop. 1,398 hab. ind. N° 76 de la carte.

Ziad. V. *Ouled-Ziad*, douar. Com. ind., cant. jud., cerc. et subd. d'Orléansville.

Zid. V. *Ouled-Zid*, douar. Com. mix. et annexe de Zemmorah, subd. d'Oran.

Zitoun. V. *Aïn-Zitoun*, douar. Com. ind., cant. jud. et cerc. d'Aïn-Beïda, subd. de Constantine.

Z'mala. Fract. de douar. V. *Hanencha*, douar. Com. ind., cant. jud. et cerc. de Souk-Ahras, subd. de Bône.

Zone des Abd-en-Nour. Azels situés dans l'ancienne tribu des Ouled-Abd-el-Nour. (Sup. tot. 18,626 hect.) Ces azels se composent, savoir : de Bled-ben-el-Khadem, 1,677 hect. ; Merabet-sidi-Sliman, 1,175 hect. ; Oued-Dekri, 2,560 hect. ; Bakh-Bakha, 465 hect. (dont 99 hect. concédés) ; Azelet-el-Messedja, 30 hect. ; Azelet-el-Mourzaïn ou Azelet-el-Bey-el-Fougania, 25 hect. ; Merdj-el-Harris-el-Fougania, 2,068 hect. ; El-Mamra, 2,442 hect. ; Aïn-el-M'chira, 3,190 hect. et Guedal-el-Beylik, 4,994 hect. Le décret du 20 juin 1866, *B. O.*, p. 448, attribue aux ind. : 1° le surplus de l'azel Bakh-Bakha, 366 hect. et la totalité de l'Azelet-el-Messedja, 30 hect. ; le restant des azels de la dite Zone des Abd-en-Nour demeure propriété de l'État. — NOTA : La plus grande partie de ces biens domaniaux a été livrée à la colonisation pour la formation des centres situés entre les villages de l'Oued-Atménia et de St-Donat, sur la route nationale d'Alger à Constantine.

Zone du Caïdat des Azels. (Sup. tot. 22,837 hect.)

Les attributions territoriales accordées aux ind. par décret du 28 avril 1866, *B. O.*, p. 281, portent sur la totalité de l'azel Ouled-Chateur et sur une partie de l'azel des Ouled-Arôma, d'une étendue tot. de 1,817 hect., le surplus de la dite zone, 21,020 hect., demeure définitivement acquis au domaine de l'État. Actuellement la partie attribuée aux ind. est rattachée, sous le nom d'Ouled-Arôma, à la com. pl. ex. d'Oued-Seguin, cant. jud. de l'Oued-Atménia, arr. de Constantine. V. douar d'*Ouled-Arôma*, délimité et réparti par décret du 8 novembre 1869, *B. O.*, p. 462.

Zone du cercle de Bône. Les azels de cette zone abandonnés aux ind. par décret du 28 octobre 1865, *B. O.*, p. 482, sont les suivants, savoir : 1° Beni-Guécha et Mouelfa, d'une étendue tot. de 1,450 hect. Mouelfa seul a été constitué en douar-com. V. *Mouelfa*, douar ; 2° Hassahas ou Hassahnas et Sidi-Abd-es-Selam, d'une étendue tot. de 1,384 hect. Constitués en un seul douar-com. V. *Abd-es-Selam*, douar.

Zone du Chettaba. Les attributions territoriales accordées aux ind. par décret du 14 avril 1866, *B. O.*, p. 178, se composent des azels Ouled-Rahmoun et Karkara ; le premier est actuellement rattaché à la com. pl. ex. et au cant. jud. de l'Oued-Atménia, arr. de Constantine. V. *Djebel-Aougueb*, douar ; le second fait partie de la com. pl. ex. de Rouffach, cant. jud. de Mila, arr. de Constantine. V. *Karkara*, douar.

Zone de Guerfa. V. *Guerfa* (zone de). Page 31, 2° colonne.

Zone de Mila. Les attributions territoriales ont été accordées aux ind. par décret du 14 avril 1866, *B. O.*, p. 181, mais le décret de répartition n'est pas intervenu. V. *Mila*, tribu.

Zone des Mouïa. Située dans l'ancienne tribu des Mouïa. (Sup. tot. 4,186 hect.) Les azels compris dans la zone des Mouïa se composent : de Seliana, 1,150 hect. ; Taïr-Mokrou, 1,054 hect. ; Selassel, 412 hect. ; Sekdel, 826 hect. et Dar-el-Fouïni, 744 hect. Le partage entre l'État et les familles originaires des Mouïa a été approuvé ainsi qu'il suit, par décret du 25 mars 1868, *B. O.*, p. 778 : Taïr-Mokrou et Sekdel aux ind. et Seliana, Dar-el-Fouïni au domaine de l'État. Taïr-Mokrou, Sekdel et Seliana sont situés dans la section communale de Sidi-Abd-el-Melek, Selassel et Dar-el-Fouïni dans celle de Guettara. Com. mix. et cant. jud. de Mila, arr. de Constine. — NOTA : Le décret de répartition n'a pas été rendu.

Zone de l'Oued-K'ton. Les attributions territoriales accordées aux ind., par décret du 14 avril 1866, *B. O.*, p. 180, se composent de deux groupes, savoir : le groupe N. formé des azels Dar-el-Oued, en entier, Mecida ou Meccida, en entier, et Bou-Ksaïba-M'ta-el-Djelili, en partie, d'une étendue tot. de 2,319 hect., a été constitué en douar-com. sous le nom de Bou-Ksaïba, par décret du 1er septembre 1869, *B. O.*, p. 240 ; le groupe S. formé de l'azel Bab-Trouch, en entier, d'une étendue de 430 hect. Constitué en douar-com. sous le nom de Bab-Trouch par décret du 1er septembre 1869, *B. O.*, p. 250.

Zone de l'Oued-Zenati. Le partage entre l'État et les ind. des terres azels situées dans la zone de l'Oued-Zenati a été effectué par décret du 2 novembre 1865. V. *Zenatia*, douar. Com. mix. et cant. jud. de l'Oued-Zenati, arr. de Constantine.

Zone des Segnia. Les attributions territoriales accordées aux ind. de cette zone portent sur l'azel Ouled-Sekhar et sur l'Aguedel-el-Beylik, décret du 15 mai 1867 et décision du Gouverneur général du 15 mars 1869. Constitué en douar-com. sous le nom de Ouled-Sekhar par décret du 11 juillet 1870, *B. O.*, p. 335.

Zone de Serraouïa. Formé des azels d'Aïn-Beïda, Bled-Ouled-Salah et Bled-Bàala. Décret du 14 avril 1866, *B. O.*, p. 185. Ces trois azels ont été constitués en douar par décret du 27 octobre 1869, *B. O.*, p. 444. V. *Serraouïa*, douar. Com. mix. et cant. jud. de Mila, arr. de Constantine.

Zone de Smendou ou **de l'Oued-Smendou.** Les attributions territoriales accordées aux ind. par décret du 14 avril 1866, *B. O.*, p. 179, portent sur les azels Beni-Hameïdan ou Beni-Hameïden, en entier, El-Haouïner ou El-Hagouïmat, en entier, Takkouk ou Takouk, en partie, d'une sup. tot. de 1,025 hect. V. *Beni-Hameïdan*, douar. Com. pl. ex. de Bizot, cant. jud. et arr. de Constantine.

Zone des Zouagha. V. *Azels de la zone des Zouagha.* Page 8, 2e colonne.

Zouaï ou **Zouaouï.** V. *Ouled-Zouaï*, douar. Com. mix. d'Aïn-M'lila, cant. jud. des Ouled-Rahmoun, arr. de Constantine.

Zoui. Ancienne tribu du même nom. (Sup. 22,692 hect.) Constitué en douar-com. par décret du 24 octobre 1868, *B. O.*, p. 1118. Rattaché à la com. ind., au cant. jud., au cerc. et à la subd. de Batna ; — à 18 kil. N.-E. de Batna. Ce douar fait actuellement partie du kaïdat de Batna. Pop. 709 hab. ind. N° 123 de la carte. Ce douar renferme diverses ruines romaines d'une étendue de 16 hect. 32 ares, l'emplacement de la grand'halte d'Aïn-Taga, une maison de cantonnier près de l'Oued-bou-Ilef et trois emplacements de carrières à plâtre.

Zouïka. V. *Sidi-Zouïka*, douar. Com. mix. de Bouïra, cant. jud., cerc. et subd. d'Aumale.

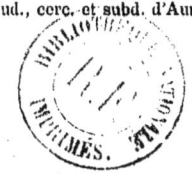

FIN

ERRATA

PAGE	COLONNE		AU LIEU DE	LIRE
18	1re	**Chemela.**	Par décret du 24 *avril 1867, B. O.*, p. 680.	Par décret du *1er mai 1867, B. O.*, p. 690.
21	1re	**El-Abbès.**	V. *Oued-el-Abbès.*	V. Ouled-el-Abbès.
33	2e	**Hamyan.**	Ont été distraits du douar-com. d'*Oued-Taourira*, etc.	Ont été distraits du douar-com. d'Oued-Sefioun, etc.
45	2e	**M'rabot-Moussa.**	Sup. 4,778 hect.	Sup. 4,798 hect.
48	2e	**Oued-Djelida.**	De la tribu des *Abid-el-Feraïla.*	De la tribu des Abid-el-Feraïlia.
50	2e	**Oued-Ouaguenay.**	1,467 hect. distraits de l'ancienne tribu des *Abid-el-Fraïlia.*	1,467 hect. distraits de l'ancienne tribu des Abid-el-Feraïlia.
52	1re	**Ouïzest.**	*Ouïzest.*	Ouïzert.
	2e	**Ouled-ben-Affan.**	Par décret du 24 juillet *1879.*	Par décret du 24 juillet *1869.*
55	2e	**Ouled-bou-Riah.**	Ouled-bou-Riah. (Sup. 13,450 hect.)	Ouled-bou-Riah. Provenant de l'ancienne tribu du même nom. (Sup. 13,450 hect.)

ALGER. — TYPOGRAPHIE ADOLPHE JOURDAN.

www.ingramcontent.com/pod-product-compliance
Lightning Source LLC
Chambersburg PA
CBHW070747170426
43200CB00007B/684